सामाजिक सर्वेक्षण और अनुसंधान की विधियाँ और प्रविधियाँ

Methods and Techniques of Social Survey and Research

समाजशास्त्र विषय में हमारे प्रकाशन

1. समाजशास्त्र के सिद्धान्त
2. भारतीय समाज संस्थायें और संस्कृति
3. सामाजिक सर्वेक्षण और अनुसंधान की विधियाँ और प्रविधियाँ
4. सामाजिक विघटन
5. भारत में सामाजिक परिवर्तन एवं सामाजिक समस्यायें

सामाजिक सर्वेक्षण और अनुसंधान की विधियाँ और प्रविधियाँ

रामनाथ शर्मा
राजेन्द्र कुमार शर्मा

ATLANTIC
PUBLISHERS & DISTRIBUTORS

प्रकाशक :

एटलांटिक पब्लिशर्स एण्ड डिस्ट्रीब्यूटर्स

बी–2, विशाल एन्क्लेव, राजौरी गार्डन के सामने, नई दिल्ली–110 027

दूरभाष : 25413460, 25429987, 25466842

विक्रय केन्द्र :

7/22, अन्सारी रोड, दरियागंज, नई दिल्ली–110 002

दूरभाष : 23273880, 23275880, 23280451

फैक्स सं॰ : 91-11-23285873

e-mail : info@atlanticbooks.com

web site : www.atlanticbooks.com

मुद्रक : राष्ट्रीय प्रिन्टर्स, दिल्ली

दो शब्द

यह पुस्तक बी॰ ए॰ समाजशास्त्र विषय में सभी भारतीय विश्वविद्यालयों के पाठ्य क्रमानुसार पाठ्य पुस्तक के रूप में लिखी गई है। इसमें कोई भी विषय छोड़ा नहीं गया है तथा फालतू कुछ भी नही है। पुस्तक की विषय सामग्री प्रामाणिक पुस्तकों एवं पत्र पत्रिकाओं से एकत्रित की गई है विषय को उपस्थित करने की प्रणाली विश्लेषणात्मक है जिसमें विभिन्न आकार के टाइपों से सभी बिन्दुओं की अलग-अलग व्याख्या की गई है। सब कहीं विद्वानों के उद्धरणों के हिन्दी अनुवाद के साथ साथ मूल अंग्रेजी उद्धरण भी दिये गए हैं। हिन्दी पारिभाषिक शब्दों के साथ-साथ अंग्रेजी शब्द भी दिये गए हैं ताकि पाठक को विषय को समझने में आसानी हो।

विवादास्पद विषयों के विवेचन में सब कहीं सर्वांग दृष्टिकोण अपनाया गया है। आकड़ों को भारत सरकार से प्रकाशित नवीनतम प्रकाशनों से एकत्रित किया गया है। प्रत्येक अध्याय के अन्त में हिन्दी और अंग्रेजी में अभ्यास के लिए प्रश्न दिये गए हैं जो विश्वविद्यालयों के प्रश्नपत्रों से लिये गए हैं। पुस्तक के अन्त में वस्तुनिष्ठ प्रश्न परीक्षा की दृष्टि से उपयोगी होगें। विषय के विवेचन की भाषा यथा संभव सरल रखते हुए भारतीय परिवेश से उदाहरण दिये गये हैं।

उपरोक्त विशेषताओं के साथ यदि यह पुस्तक पाठकों के लिए एक आदर्श पाठ्य पुस्तक बन सके तो लेखकगण अपने परिश्रम को सफल समझेगें। इस सम्बन्ध में सुझाव मिलने पर लेखकगण आभारी होंगे।

अर्चना
सिविल लाइन्स, मेरठ

डॉ॰ रामनाथ शर्मा
डॉ॰ राजेन्द्र कुमार शर्मा

समस्त विश्वविद्यालयों की बी॰ ए॰ और एम॰ ए॰ परीक्षाओं के लिए इस पुस्तक में सम्मिलित पाठ्यक्रम

1, Indian Society
2. Indian Social Institutions
3. Indian Society and Culture
4. Indian Society and Social Institutions
5. Contemporary Indian Society and Culture

विषय सूची

1

विज्ञान के रूप में समाजशास्त्र
(Sociology as a Science)

"समाजशास्त्र एक विज्ञान है।" इस कथन की व्याख्या करने से पहले यह जान लेना आवश्यक है कि विज्ञान क्या है? कुछ लोग किसी विशेष विषय-सामग्री को ही विज्ञान समझने लगते हैं जैसे रसायनशास्त्र या इंजीनियरिंग इत्यादि। साधारण लोग इसी अर्थ में विज्ञान को कला से अलग करते हैं। परन्तु विज्ञान क्या है, इस विषय में वैज्ञानिकों से ही पूछना अधिक उपयुक्त होता।

विज्ञान का अर्थ
(Meaning of Science)

विज्ञान की कुछ परिभाषायें निम्नलिखित हैं–

(1) बीसन्ज और बीसन्ज के अनुसार, "विज्ञान की कसौटी विषय-सामग्री नहीं बल्कि दृष्टिकोण है।"[1]

(2) ग्रीन के मत में, "विज्ञान अनुसंधान की एक पद्धति है।"[2]

(3) व्हाइट के अनुसार, "विज्ञान वैज्ञानीकरण है।"[3]

(4) बेनवर्ग और शेबेत का विचार है कि, "विज्ञान संसार की ओर देखने की एक निश्चित पद्धति है।"[4]

(5) कार्ल पियरसन के अनुसार, "समस्त विज्ञान की एकता उसकी पद्धति में है न कि उसकी विषय-सामग्री में।"[5]

---

1. ....it is approach rather than content that is the test of science."
—Biesanz J. and Biesanz. M., Modern Society, *An Introduction to Social Science* Prentice Hall Inc. New York (1954), p. 3.
2. Science is a way of investigation." —Green, *Sociology*, p. 2.
3. Science is Scienteing." —White, L.A. *The Science of Culture*, Farrar Straus and Company, (N.Y.) 1949, p. 1.
4. "Science is a certain way of looking at the world." —Weinhberg and Shabat. *Society and Man*, Prentice Hall Inc. (1956), p. 11.
5. The unity of all science consists alone in its method not in its material."-
—Karl Pearson, *The Grammar of Science.*

इन वैज्ञानिकों के अलावा कार (Car), चर्चमैन और एकॉफ (Churchman and Ackoff), गिलिन और गिलिन (Gillin and Gillin) तथा दूसरे बहुत से समाजशास्त्रियों ने भी विज्ञान को एक पद्धति ही माना है। पद्धति के कारण ही वह कला से भिन्न है। पद्धति के कारण ही सभी विज्ञानों का क्षेत्र अलग-अलग होने पर भी वे विज्ञान ही कहलाते हैं।

वैज्ञानिक पद्धति

वैज्ञानिक पद्धति में एक सीमित क्षेत्र की विषय-सामग्री का व्यवस्थित अध्ययन किया जाता है। इस पद्धति में बड़े धैर्य, साहस, कठोर परिश्रम, रचनात्मक कल्पना शक्ति और तटस्थता की आवश्यकता होती है। इस वैज्ञानिक अभिवृत्ति या भावना के बिना कोई भी व्यक्ति वैज्ञानिक पद्धति से लाभ नहीं उठा सकता। वैज्ञानिक पद्धति से कार्य प्रारम्भ करने से पहले अनुसंधान करने वाले को उस समस्या की सूक्ष्म व्याख्या करनी चाहिये जिस पर वह खोज करना चाहता है। यह व्याख्या जितनी ही अधिक स्पष्ट होगी, खोज करने में उतनी ही अधिक आसानी होगी। वैज्ञानिक पद्धति में मुख्य चरण निम्नलिखित हैं—

(1) अवलोकन (Observation)—वैज्ञानिक पद्धति में प्रथम चरण खोज की विषय-सामग्री का सूक्ष्म और सावधानी से अवलोकन करना है। इस अवलोकन में बहुधा यन्त्रों (Apparatus) से सहायता लेनी पड़ती है। इन यन्त्रों का सही होना अत्यन्त आवश्यक है।

(2) अवलोकन को लिखना (Recoding)—वैज्ञानिक पद्धति का दूसरा चरण इस अवलोकन को सावधानी से लिखना है। इसमें निष्पक्ष तटस्थता बड़ी आवश्यक है।

(3) वर्गीकरण (Classification)—अब एकत्रित सामग्री का वर्गीकरण और संगठन करना होता है। यह बड़ा ही गम्भीर कदम है। कार्ल पियरसन के शब्दों में, "तथ्यों का वर्गीकरण, अनेक क्रम का ज्ञान और उनके सापेक्षिक महत्व का परिचय प्राप्त करना विज्ञान का काम है।"[1] वर्गीकरण इस तरह किया जाता है जिससे बिखरे हुए तत्वों में एक सम्बन्ध और प्रतिमान दिखाई पड़े। इस तरह विषय-सामग्री को तर्क के आधार पर व्यवस्थित कर दिया जाता है।

(4) साधारणीकरण (Generalisation)—वैज्ञानिक पद्धति में चौथा चरण वर्गों में बाँटी हुई सामग्री के प्रतिमान के आधार पर सामान्य नियम निकालना अथवा साधारणीकरण करना है। यही सामान्य नियम वैज्ञानिक सिद्धान्त कहलाता है। मैकाइवर के शब्दों में, "ऐसा सिद्धान्त केवल सावधानी से वर्णन किये गये और समान रूप से दुबारा होने वाली घटनाओं के अनुक्रम का दूसरा नाम है।"[2]

---

1. "The classification of facts, the recognition of their sequence and relative significance is the function of science." —Karl Pearson, *Ibid.* p. 6.
2. "Such a law is simply another name for a carefully described and uniformly recurring sequence of conditions." —MacIver, R.M. *Social Causation*, Ginn & Co., (Boston), p.5.

(5) परीक्षण (Verification)—वैज्ञानिक पद्धति सामान्य नियम बना कर ही नहीं रुक जाती है। इन सामान्य सिद्धान्तों का परीक्षण होना भी आवश्यक है। वैज्ञानिक सिद्धान्तों की परीक्षा द्वारा जाँच की जा सकती है। यह प्रामाणिकता उनकी आवश्यक शर्त है। इसके बिना उनको वैज्ञानिक नहीं कहा जा सकता।

विज्ञान के लक्षण
(Attributes of Science)

वैज्ञानिक पद्धति के उपरोक्त विवेचन से यह स्पष्ट है कि विज्ञान कहलाने के लिए किसी भी अध्ययन में किन-किन बातों की आवश्यकता है। विज्ञान के ये आवश्यक तत्व या विशेषतायें निम्नलिखित हैं—

(1) विज्ञान तथ्यात्मक (Factual) **है**—विज्ञान तथ्यों का अध्ययन है। यह यथार्थ सत्यों की खोज करता है। उसकी विषय-सामग्री आदर्श नहीं बल्कि तथ्य है।

(2) विज्ञान कार्य-करण सम्बन्धों की खोज (Discovery of Cause effect relationship) **है**—विज्ञान अपनी विषय-सामग्री में कार्य-कारण के सम्बन्धों की खोज करता है और इस सम्बन्ध में सार्वभौम तथा प्रामाणिक नियम उपस्थित करता है।

(3) विज्ञान सार्वभौम (Universal) **है**—वैज्ञानिक सिद्धान्त सार्वभौम होते हैं। वे सभी देशों में सभी काल मे खरे उतरते हैं।

(4) विज्ञान प्रामाणिक (Veredical) **है**—वैज्ञानिक नियम प्रामाणिक होते हैं। उनकी प्रामाणिकता की कभी भी जाँच की जा सकती है। उनकी जितनी बार जाँच की जायेगी वे उतनी ही बार सच निकलेंगे।

(5) विज्ञान भविष्यवाणी (Prediction) **करता है**—कार्य-कारण के सम्बन्धों के बारे में सार्वभौम और प्रामाणिक नियमों के आधार पर विज्ञान उस विषय पर भविष्यवाणी कर सकता है। कार्य-कारणवाद में विश्वास पर ही विज्ञान की नींव टिकी हुई है। वैज्ञानिक यह मानता है कि ''क्या है'' के आधार पर ''क्या होगा'' का निश्चय किया जा सकता है क्योंकि कार्य-कारण का नियम सार्वभौम और अपरिवर्तनीय है।

विज्ञान के रूप में समाजशास्त्र की प्रकृति
(Nature of Sociology as a Science)

उपर्युक्त छः तत्वों के आधार पर समाजशास्त्र की निम्नलिखित विवेचना से मालूम होगा कि समाजशास्त्र मे एक विज्ञान के सभी आवश्यक तत्व मिलते हैं—

(1) समाजशास्त्र वैज्ञानिक पद्धति का प्रयोग करता है—समाजशास्त्र की सभी पद्धतियाँ वैज्ञानिक हैं। उनमें समाजमिति के पैमाने (Scales of Sociometry) अनुसूची (Schedule), प्रश्नावली (Questionnaire), साक्षात्कार (Interview) तथा जीवन इतिहास (Life-History) आदि वैज्ञानिक उपकरणों का प्रयोग किया

जाता है। उनमें सबसे पहले अवलोकन द्वारा तथ्य एकत्रित किये जाते हैं। फिर उनको व्यवस्थित रूप में लिखा जाता है। इसके पश्चात इस सामग्री का वर्गीकरण होता है और अन्त में स्वीकृत तथ्यों के आधार पर सामान्य सिद्धान्त बनाये जाते हैं। इन सिद्धान्तों की प्रामाणिकता का परीक्षण कर लिया जाता है।

(2) समाजशास्त्र तथ्यात्मक (Factual) **है**—समाजशास्त्र सामाजिक घटनाओं, सम्बन्धों और प्रक्रियाओं के तत्वों का अध्ययन करता है। रयूटर और हार्ट के शब्दों में, ''सामाजिक प्रक्रियाओं का वर्णन करना ही समाजशास्त्र ने अपने लिये सामान्य समस्या रखी है।''[1] इस प्रकार समाजशास्त्र तथ्यों का और उनमें छिपे हुए सामान्य सिद्धान्तों का अध्ययन करता है। काम्ट ने तो उसे सामाजिक भौतिक-शास्त्र (Social Physics) कह दिया था।

(3) समाजशास्त्र कार्य-कारण सम्बन्धों की व्याख्या करता है—समाजशास्त्र कार्य-कारण सम्बन्धों की व्याख्या करता है। उदाहरण के लिये वह यह बतलाता है कि पारिवारिक विघटन से तलाकों की संख्या बढ़ती है। तलाक और पारिवारिक विघटन के इस उदाहरण में तलाक कार्य है और पारिवारिक विघटन कारण है। इस प्रकार समाजशास्त्र ने तलाक और पारिवारिक विघटन में कार्य-कारण सम्बन्ध की खोज की। इसी प्रकार सामाजिक विघटन और समाज की दूसरी घटनाओं, प्रक्रियाओं तथा सम्बन्धों आदि में भी समाजशास्त्र कार्य-कारण सम्बन्ध की खोज करता है और फिर उस विषय गें नियम बनाता है। इस तरह समाजशास्त्र ''क्या'' के साथ-साथ ''कैसे'' का भी उत्तर देता है।

(4) समाजशास्त्र के सिद्धान्त सार्वभौम हैं—समाजशास्त्र के नियम सभी देश-काल में सही सिद्ध होते हैं। जब तक परिस्थितियाँ वही रहती हैं उनमें किसी अपवाद का अवसर नहीं आता। उदाहरण के लिये यह सिद्धान्त कि व्यक्तिगत विघटन तथा सामाजिक विघटन एक-दूसरे पर निर्भर हैं, सभी देश-काल में सही उतरेगा।

(5) समाजशास्त्र के सिद्धान्त प्रामाणिक हैं—इस तरह परीक्षण और पुनः परीक्षण करने पर भी समाजशास्त्र के नियम सदैव सही सिद्ध होते हैं। उनकी प्रामाणिकता की कोई भी कभी भी जाँच कर सकता है। उदाहरण के लिये यह सिद्धान्त लीजिये कि तलाक की संख्या बढ़ने से पारिवारिक विघटन में वृद्धि मालूम पड़ती है। जहाँ-जहाँ तलाकों की संख्या बढ़ेगी वहाँ निश्चय ही पारिवारिक विघटन भी बढ़ रहा होगा, यह सिद्धान्त कभी भी जाँच करके देखा जा सकता है एवं तलाक के आँकड़े प्राप्त किये जा सकते हैं।

(6) समाजशास्त्र भविष्यवाणी कर सकता है—कार्य-कारण सम्बन्धों के आधार पर समाजशास्त्र भविष्य का अनुमान लगा सकता है और सामाजिक

---

2. The general problem that sociology gets for itself is a description of the social process."
—Reuter and Hart, *Introduction to Sociology*, p. 6.

सम्बन्धों, प्रक्रियाओं, घटनाओं आदि के विषय में भविष्यवाणी कर सकता है। यदि परिवारों का विघटन बढ़ रहा है तो वह तलाकों की संख्या, अवैध सम्बन्धों की संख्या तथा अन्य बहुत सी बातों के विषय में भविष्यवाणी कर सकता है। कार्य-कारण सम्बन्धों को जान लेने से वह "क्या है" के आधार पर "क्या होगा" का निश्चय कर सकता है।

समाजशास्त्र एक विज्ञान है

उपर्युक्त विवेचन से यह स्पष्ट ज्ञात होता है कि समाजशास्त्र एक विज्ञान है। उसमें विचारकों के अमूर्त रूप हैं। अमूर्त रूपों से ही वैज्ञानिक अध्ययन सम्भव है। इन अमूर्त रूपों के नियम ही मूर्त वस्तुओं की प्रक्रियाओं को निश्चित करते हैं। इस प्रकार समाजशास्त्र के नियम क्रियात्मक रूप में सार्वभौम और प्रामाणिक होते हैं। समाजशास्त्र सामाजिक, पारिवारिक और व्यक्तिगत विघटन आदि सामाजिक व्याधियों तथा सम्बन्धों, घटनाओं और प्रक्रियाओं आदि सामाजिक तथ्यों में कार्य-कारण सम्बन्धों की खोज करता है। समाजशास्त्र ने मनुष्यों की धारणाओं में क्रान्तिकारी परिवर्तन किया है और भविष्य में मानव समाज के संगठन के लिए आशा प्रदान की है।

समाजशास्त्र को विज्ञान कहने में आपत्तियाँ
(Objections against Calling Sociology a Science)

समाजशास्त्र की वैज्ञानिक प्रकृति के विवेचन के पश्चात अब उसको विज्ञान कहने के विरुद्ध उठाई जाने वाली आपत्तियों का निराकरण किया जा सकता है। इससे समाजशास्त्र की वैज्ञानिक प्रकृति और भी स्पष्ट होगी।

समाजशास्त्र को विज्ञान कहने के विरुद्ध सबसे बड़ी आपत्ति यह उठाई जाती है कि समाजशास्त्र की अपनी प्रयोगशालायें नहीं है। समाजशास्त्र के विरुद्ध इस आपत्ति का विवेचन करने से पहले यह देखना आवश्यक है कि प्रयोगशाला क्या है या प्रयोगशाला पद्धति क्या है? गिलिन और गिलिन के शब्दों में, "....प्रयोगशाला पद्धति सूक्ष्म अवलोकन की एक सामान्य कार्य प्रणाली मात्र है।"[1]

(1) समाजशास्त्र की प्रयोगशालायें नहीं हैं—प्रयोगशाला पद्धति की कुछ विशेषतायें हैं—(i) परिस्थितियों पर नियन्त्रण, (ii) प्रयोग को दोहराने की सुविधा, (iii) तटस्थ अवलोकन, (iv) सहायक यन्त्र। अब यदि ध्यान से देखा जाय तो समाजशास्त्र की भी अपनी प्रयोगशाला है। समाजशास्त्र का विषय कक्षा के कमरे तक ही सीमित नहीं है, उसका अध्ययन वास्तविक जगत में किया जाता है। दैनिक संसार ही समाजशास्त्र की प्रयोगशाला है। यह ठीक है कि समाजशास्त्र में बाहरी दुनिया की परस्थितियों को भौतिक विज्ञानों के समान पूरी तरह तरह नियन्त्रित नहीं किया जा सकता, परन्तु ऐसा तो समाज मनोविज्ञान, असामान्य

---

1. "...The laboratory method is only one general procedure of accurate observation."
—Gillin & Gillin, *Cultural Sociology,* p. 15.

मनोविज्ञान, बाल मनोविज्ञान इत्यादि मनुष्य से सम्बन्धित अनेक विज्ञानों में भी है। यदि फिर भी वे विज्ञान कहे जा सकते हैं तो फिर समाजशास्त्र को ही विज्ञान कहने में क्या आपत्ति हो सकती है? संसार की प्रयोगशाला में समाजशास्त्री कुछ विशेष निश्चित परिस्थितियों को बदल नहीं सकता, परन्तु उनका सूक्ष्म अवलोकन तो कर ही सकता है। इस तरह यद्यपि उसके काम में कठिनाइयाँ अधिक हैं परन्तु उसके वैज्ञानिक होने में कोई सन्देह नहीं किया जा सकता।

बोगार्डस के सुझाव

समाजशास्त्र में भी अनेक नियमों के व्यवस्थित अध्ययन के लिए प्रयोगशाला बनाई जा सकती है यद्यपि प्रयोग की सामग्री समाज से ही प्राप्त होगी। यह कहना सत्य नहीं है कि समाजशास्त्र में प्रयोगशाला होती ही नहीं। बोगार्डस[1] ने समाजशास्त्र की प्रयोगशाला स्थापित करने के लिए निम्नलिखित सुझाव दिये हैं—

(i) टाइप करने वाली मशीनें, जोड़ने वाली मशीनें, हिसाब लगाने वाली मशीनें इत्यादि होनी चाहियें।

(ii) साक्षात्कार के लिये विशेष प्रकार का कमरा होना चाहिए।

(iii) व्यवस्थित रूप से फाइलें रखने के लिए, विशेष तरह की अलमारियाँ होनी चाहिये।

(iv) ड्राइंग टेबिल तथा ड्राइंग का सामान होना चाहिए।

(v) एक विशेष अनुसंन्धान पुस्तकालय होना चाहिए।

(vii) कान्फ्रेन्स और सेमीनार के लिए अलग कमरे होने चाहियें।

(viii) मानचित्र और चार्ट होने चाहिये जिनमें स्थानीय समुदाय की दशाओं का चित्रण हो।

(2) तटस्थता का अभाव—समाजशास्त्र को विज्ञान कहने के विरुद्ध आपत्ति यह उठाई जाती है कि समाजशास्त्र में निष्पक्ष और तटस्थ अध्ययन नहीं किया जा सकता। इसका एक विशेष कारण यह है कि समाजशास्त्री को वैध और रोगी की दोहरी भूमिका में कार्य करना पड़ता है। जिस समाज का वह अध्ययन करता है उसी का ही वह भी एक अंश है। उसकी विषय-सामग्री से उसका बड़ा निकट सम्बन्ध है। चार्ल्स वियर्ड लिखता है कि समाज वैज्ञानिक अपने सामाजिक संसार में कभी भी तटस्थ नहीं रह सकता। समाजशास्त्री धर्म, परिवार, आर्थिक व्यवस्था इत्यादि का अध्ययन करता है, परन्तु इन सब के विषय में उसके पहले से ही अपने दृष्टिकोण होते हैं। इसीलिए उसके अवलोकन में तटस्थता का अभाव होता हैं, परन्तु ध्यान देने से यह मालूम होगा कि न तो विज्ञान में इतनी अधिक तटस्थता होती है जितनी लोग समझते हैं और न ही समाजशास्त्री के अवलोकन में तटस्थता का बिल्कुल ही अभाव होता है। यह ठीक है कि यन्त्रों के प्रयोग से सूक्ष्मता बढ़

1. See Bogardus, *Sociology,* The Macmillan Co., New York. (1954), pp. 297-301.

सकती है परन्तु किसी अध्ययन की सूक्ष्मता बहुत कुछ उसकी प्रकृति पर ही निर्भर होती है। उससे अधिक सूक्ष्मता माँगना अनुचित है। उदाहरण के लिए मनोविज्ञान भौतिक विज्ञान के समान सूक्ष्म और यथार्थ कभी नहीं हो सकता, परन्तु इससे कोई यह नहीं कहता कि मनोविज्ञान विज्ञान नहीं है अथवा उसका वैज्ञानिक अध्ययन नहीं किया जा सकता। इसी प्रकार समाज के अध्ययन में भी उतनी सूक्ष्मता तथा तटस्थता नहीं हो सकती जितनी भौतिक विज्ञानों में हो सकती है, परन्तु इससे उसके विज्ञान होने में आपत्ति नहीं उठाई जा सकती क्योंकि वह वैज्ञानिक दृष्टिकोण से और वैज्ञानिक पद्धति से अपने विषय का अध्ययन करता है। फिर अभ्यास तथा नये-नये उपायों से समाजशास्त्र के अध्ययन में भी सूक्ष्मता और तटस्थता बढ़ाई जा सकती है। समाजशास्त्री ऐसे यन्त्रों की खोज में हैं जिनसे सूक्ष्मता बढ़ सके। समाजशास्त्र की प्रयोगशाला के विषय में बोगार्डस के सुझावों से भी इस दिशा में प्रगति हो सकती है। समाज का अंग होते हुए भी समाजशास्त्री समाज का उसी प्रकार अध्ययन कर सकता है जैसे डाक्टर अपने शरीर की थर्मामीटर आदि से परीक्षा कर सकता है अथवा जैसे मनोवैज्ञानिक अन्तर्दर्शन द्वारा अपने मन की भावनाओं का विश्लेषण कर सकता है।

(3) विषय-सामग्री मापने में असमर्थता—समाजशास्त्र को विज्ञान कहने से विरुद्ध तीसरी आपत्ति यह है कि वह अपनी विषय-सामग्री को माप नहीं पाता। भौतिक-शस्त्र में यन्त्रों की सहायता से विषय-सामग्री की भली प्रकार नाप-जोख हो जाती है। समाज का सूक्ष्म अध्ययन करने के लिए समाजशास्त्री के पास अणुवीक्षण यन्त्र, थर्मामीटर इत्यादि जैसे कोई यन्त्र नहीं है, परन्तु इससे यह नहीं कहा जा सकता कि समाजशास्त्र कोई विज्ञान ही नहीं है। वास्तव में मापने में और वैज्ञानिक पद्धति मे कोई आवश्यक सम्बन्ध नहीं है। मनोविज्ञान जैसे बहुत से विज्ञानों में तथ्यों का माप बिल्कुल ही नहीं हो सकता। ग्रीन के शब्दों में, "विज्ञान और माप के बीच वास्तव में कोई प्रत्यक्ष सम्बन्ध नहीं है।"[11]

(4) समाजशास्त्र यथार्थ (Exact) **नहीं है**—समाजशास्त्र को विज्ञान कहने के विरुद्ध एक अन्य आपत्ति यह है कि वह यथार्थ ज्ञान नहीं देता। इस मत को सिद्ध करने के लिए भौतिकशास्त्र इत्यादि से उदाहरण दिए जाते हैं, परन्तु सभी विज्ञानों में भौतिकशास्त्र के समान यथार्थता नहीं होती। अन्तरिक्ष विद्या, खगोल विद्या तथा मनोविज्ञान आदि से भौतिकशास्त्र के समान यथार्थता की आशा नहीं की जा सकती। वास्तव में किसी भी विज्ञान की यर्थाथता उसकी विषय-सामग्री की प्रकृति पर निर्भर है। यथार्थता एक सापेक्षिक गुण है। सभी विज्ञानों में अलग-अलग अंशो में यथार्थता होती है। समाजशास्त्र में उतनी ही यथार्थता हो सकती है जितनी समाज के अध्ययन में सम्भव है। समाज को तराजू में तोला नहीं जा सकता, न ही परखनली में डालकर उसकी परीक्षा की जा सकती है। समाज एक विशाल और गतिशील विषय है।

---

11. "There is actually no direct relationship between science and measurement."
--Green, *Sociology*, p. 2.

समाजशास्त्री उसका अंग है। स्पष्ट है कि भौतिकशास्त्र आदि की तुलना में समाजशास्त्र में यथार्थता कम होगी। दूसरी ओर यह भी ध्यान देने की बात है कि किसी भी विज्ञान में पूर्ण यथार्थता कहीं नहीं है। वैज्ञानिक सिद्धान्त अनिवार्य नहीं है, ये केवल सम्भावनायें है। चाहे व्यवहार में उनसे काम चलता रहता हो परन्तु नये-नये आविष्कारों और खोजों के कारण वे बदलते रहते हैं।

(5) समाजशास्त्र भविष्यवाणी नहीं कर सकता—समाजशास्त्र को विज्ञान कहने के विरुद्ध एक अन्य तर्क यह दिया जाता है कि समाजशास्त्र भविष्यवाणी नहीं कर पाता। यह आपत्ति कुछ दिन पहले कुछ ठीक प्रतीत हो सकती थी, परन्तु समाजशास्त्र के क्षेत्र में इन दिनों जो खोजें हुई हैं, उनसे समाजशास्त्र आश्चर्यजनक भविष्यवाणियां करने में समर्थ हो रहा है। उदाहरण के लिये. बकल ने यह आश्चर्यजनक भविष्यवाणी की है कि गेहूँ के दाम की बढ़ती-घटती का सम्बन्ध सीधा विवाहों की संख्या पर निर्भर करता है। उसने कहा है कि आत्महत्या, अवैध सन्तानें तथा गुम होने वाले पार्सलों की संख्या लगभग वही रहती है जो पहले थी। इस प्रकार समाजशास्त्र की भविष्यवाणी करने की सामर्थ्य बराबर बढ़ रही है और जैसा कि लुण्डबर्ग ने ठीक ही लिखा है, "यह विश्वास करने का प्रत्येक कारण है कि हम इस भविष्यवाणी करने की शक्ति को बहुत अधिक बढ़ा सकते हैं।"[1] परन्तु यहाँ यह स्मरण रखना चाहिए कि यथार्थता के साथ-साथ भविष्यवाणी करने की सामर्थ्य भी सभी विज्ञानों में एक-सी नहीं होती और विषय-सामग्री के अनुसार बदलती रहती है। उदाहरण के लिये मनोविज्ञान में भौतिक शास्त्र की अपेक्षा भविष्यवाणी करने की शक्ति बहुत कम है। समाजशास्त्र की विषय-सामग्री और भी जटिल हैं। स्पष्ट है कि समाज के सम्बन्धों, घटनाओं, प्रक्रियाओं आदि का अध्ययन करने वाले समाजशास्त्र से भी भविष्यवाणी की उस शक्ति की आशा नहीं की जा सकती जैसे कि भौतिकशास्त्र इत्यादि भौतिक विज्ञानों में मिल सकती है।

विज्ञानों के प्रकार

समाजशास्त्र को विज्ञान कहने के विरुद्ध उपरोक्त आपत्तियों के विवचेन से यह स्पष्ट होता है कि इन आपत्तियों में समाज विज्ञान और भौतिक विज्ञान के अन्तर को भुला दिया गया है। इस अन्तर को स्पष्ट करने से यह सिद्ध होगा कि ये आपत्तियाँ निराधार हैं। साधारण रूप से समाज विज्ञान और भौतिक विज्ञान में मुख्य अन्तर निम्नलिखित तालिका से मालूम हो सकते हैं—

समाज विज्ञान	*भौतिक विज्ञान*
1. समाज विज्ञान मनुष्य या मनुष्य के सामाजिक व्यवहार से संबधित नियमों का पता लगाते हैं।	1. भौतिक विज्ञान प्राकृतिक पदार्थों में भौतिक नियमों का पता लगाते हैं।

1. "There is every reason to believe that we can vastly extend this power."
—Lundberg, F.A. *Social Research,* Longmans Green & Co. (1951), p. 22.

समाज विज्ञान	भौतिक विज्ञान
2. समाज विज्ञान मनुष्य को केन्द्र मानकर चलते हैं।	2. भौतिक विज्ञानों में ऐसा नहीं है।
3. समाज विज्ञान के मूल तत्व मनुष्य और उनकी मानसिक अवस्थाओं में पारस्परिक सम्बन्ध तथा क्रियायें हैं।	3. भौतिक विज्ञान के मूल तत्व भौतिक तत्व जैसे हाइड्रोजन आदि हैं।
4. समाज विज्ञान के मूल तत्वों को विश्लेषण करके अलग-अलग नहीं किया जा सकता।	4. भौतिक विज्ञान के मूल तत्वों को विश्लेषण करके यथार्थ में अलग-अलग किया जा सकता है।
5. समाज विज्ञान के मूल तत्वों में मनोवैज्ञानिक सम्बन्ध होता है।	5. भौतिक विज्ञान के मूल तत्वों में भौतिक सम्बन्ध होता है।
6. समाज के अध्ययन से संबंधित होने के कारण समाज विज्ञान में अपेक्षाकृत कम यथार्थता होती है।	6. जड़ पदार्थों का अध्ययन करने के कारण भौतिक विज्ञान अधिक यथार्थ होता है।
7. कम यथार्थता के कारण समाज विज्ञान अपेक्षाकृत कम भविष्य-वाणियाँ कर सकता है।	7. अधिक यथार्थ होने के कारण भौतिक विज्ञान में अधिक भविष्य-वाणी की जा सकती हैं।
8. इसी कारण समाज विज्ञान में तटस्थता कठिन है।	8. भौतिक विज्ञान में तटस्थता आसान है।
9. समाज विज्ञान की अलग प्रयोग-शालायें बनाना कठिन है, समाज ही उनकी प्रयोगशाला है।	9. भौतिक विज्ञान की अपनी प्रयोग-शालायें होती हैं, क्योंकि जड़ वस्तुओं के अध्ययन के लिए आसानी से अलग प्रयोगशालायें बनाई जा सकती हैं।
10. अतः समाज विज्ञानों की विषय-सामग्री में माप का अवसर अपेक्षा-कृत कम है।	10. भौतिक वस्तुओं का अध्ययन करने में माप का अधिक अवसर है।

समाज विज्ञान तथा भौतिक विज्ञान के दृष्टिकोण, विषय-सामग्री तथा सिद्धान्त आदि के अन्तर को देखने से यह स्पष्ट हो गया होगा कि समाजशास्त्र को विज्ञान कहने का अर्थ उसको भौतिक विज्ञानों के समान यथार्थ इत्यादि मानना नहीं है। समाजशास्त्र एक विज्ञान है क्योंकि वह अपने अध्ययन में वैज्ञानिक पद्धति का प्रयोग करता है। उसकी विशेष विषय-सामग्री के कारण उसकी यथार्थता, भविष्यवाणी करने की शक्ति, माप का अवसर आदि भौतिक विज्ञानों से अपेक्षाकृत कम है। परन्तु इससे उसको विज्ञान मानने में कोई बाधा नहीं है क्योंकि इन सबके होते हुए भी

कितने ही अध्ययन विज्ञान माने जा चुके हैं जैसे मनोविज्ञान, खगोल विज्ञान आदि। समाजशास्त्र एक स्वतन्त्र सामाजिक विज्ञान है। बार्न्स और बेकर के शब्दों में, ''समाजशास्त्र न तो अन्य सामाजिक विज्ञानों की स्वामिनी मानी जाती है और न उनकी दासी, अपितु उनकी बहन मानी जाती है।''[1]

अभ्यास के लिए प्रश्न

प्रश्न 1. समाजशास्त्र एक विज्ञान है। विवेचना कीजिये।
Sociology is a Science. Discuss.

प्रश्न 2. समाजशास्त्र को विज्ञान कहने के विरुद्ध क्या आपत्तियाँ हैं? क्या समाजशास्त्र एक विज्ञान है? विवेचना कीजिए।
What are the objections against calling Sociology a Science? Is Sociology a Science? Discuss.

1. "Sociology is regarded neither as the mistress nor as the handmaid of the social science but as their sister." —Barnes and Becker.
Social Thought from Lore to Science, Vol. I, p. x.

2

संमकों के प्रकार तथा स्त्रोत
(Types and Sources of Data)

सामाजिक अध्ययन में सम्बन्धित सूचनाओं का विशेष महत्व होता है। आवश्यक सूचनाओं की प्राप्ति के बिना सामाजिक अनुसन्धान की प्रक्रिया चल ही नहीं सकती। जिस प्रकार इमारत बनाने के लिए ईंट-पत्थरों की आवश्यकता होती है उसी प्रकार सामाजिक अनुसन्धान के लिए सम्बन्धित सूचनाओं की आवश्यकता होती है। सूचनाओं के सहारे ही सामाजिक घटनाओं के विषय में ज्ञान प्राप्त किया जाता है। सामाजिक अनुसन्धान को सफल बनाने के लिए सूचनाओं का संकलन उचित स्त्रोत से होना चाहिए। जितना ही विश्वसनीय स्त्रोत होगा उतनी ही शुद्ध सूचना प्राप्त होगी और शुद्ध सूचना द्वारा ही सही एवं वास्तविक निष्कर्ष प्राप्त किये जा सकते हैं। अत: सामाजिक सूचनाओं के मुख्य स्त्रोतों के विषय में पर्याप्त जानकारी रखना अति आवश्यक है। सूचनाओं के स्त्रोतों के अतिरिक्त उनके प्रकारों के विषय में भी पूर्ण ज्ञान होना सदैव लाभदायक होता है। विभिन्न प्रकार के सामाजिक अध्ययनों में भिन्न प्रकार की सूचनायें लाभदायक होती हैं। अनुसन्धान की प्रकृति के अनुकूल प्रकार की सूचनाओं द्वारा अध्ययन करना ही हितकर होता है।

सूचना के प्रकार
(Kinds of Information)

सामाजिक अनुसन्धानों में अनेक प्रकार की सूचनाओं की आवश्यकता पड़ती है। इन सब प्रकार की सूचनाओं को प्राय: दो मुख्य वर्गों में विभाजित किया जाता है। सूचनाओं के ये मुख्य प्रकार निम्नलिखित हैं–

(i) प्राथमिक तथ्य (Primary Data)

(ii) द्वैतीयक तथ्य (Secondary Data)

अब तथ्यों अथवा सूचनाओं के इन मुख्य प्रकारों का थोड़ा विस्तार से वर्णन करना भी आवश्यक है।

(1) प्राथमिक तथ्य (Primary Data)–प्राथमिक तथ्य वे वास्तविक सूचनायें होती है जो सामाजिक अध्ययन के लिए अनुसन्धानकर्ता द्वारा सम्बन्धित क्षेत्र से प्राप्त

की जाती हैं। ये तथ्य प्रायः प्रश्नावलियों और अनुसूचियों द्वारा प्राप्त किये जाते हैं। कुछ क्षेत्रों में प्राथमिक तथ्यों को प्राप्त करने के लिए साक्षात्कार और अवलोकन पद्धतियाँ भी अपनाई जाती हैं। अवलोकन पद्धति में सहभागी और असहभागी दोनों प्रकार से तथ्य एकत्रित किये जाते हैं। इस प्रकार तथ्यों को प्राथमिक इसलिए कहा जाता है क्योंकि ये तथ्य अनुसन्धानकर्ता द्वारा अध्ययन क्षेत्र से सीधे एवं प्रथम बार प्राप्त किये जाते हैं। प्राथमिक तथ्य प्रायः दो प्रकार के स्रोत से प्राप्त किये जाते हैं। जीवित व्यक्ति प्राथमिक तथ्यों का प्रथम स्रोत होते हैं और दूसरे प्रकार के स्रोत होती हैं सम्बन्धित घटनायें। इन घटनाओं को अवलोकन द्वारा जाना जाता है। इसके अन्तर्गत सम्बन्धित समूह के रहन-सहन, रीति-रिवाजों और दैनिक जीवन के अनेक पहलुओं का ज्ञान प्राप्त हो जाता है। सहभागी अवलोकन द्वारा तो कभी-कभी ऐसे तथ्य भी प्रकाश में आ जाते हैं जिनको अन्य किसी भी साधन द्वारा नहीं जाना जा सकता।

(2) द्वैतीयक तथ्य (Secondary Data)—द्वैतीयक तथ्य वे सूचनायें होती हैं जिन्हें अनुसन्धानकर्ता स्वयं सम्बन्धित क्षेत्र से प्राप्त नहीं करता। इस प्रकार के तथ्य अन्य प्रकाशित अथवा अप्रकाशित सामग्री से प्राप्त किये जा सकते हैं। समय-समय पर जो सूचनायें व्यक्तियों अथवा संस्थाओं द्वारा एकत्रित की जाती हैं इनके आधार पर निगमित तथ्य द्वैतीयक तथ्य होते हैं। व्यक्तिगत डायरियों, पत्रों, सर्वेक्षणों की विज्ञप्तियों आदि से इन्हें प्राप्त किया जा सकता है। द्वैतीयक तथ्यों के भी सामान्य रूप से दो प्रकार के स्रोत होते हैं। प्रथम स्रोत होते हैं—व्यक्तिगत प्रलेख। इनमें मुख्य हैं डायरियाँ, पत्र और चित्र आदि। द्वैतीयक तथ्यों के दूसरे प्रकार के स्रोत सार्वजनिक प्रलेख होते हैं। सार्वजनिक प्रलेखों के अन्तर्गत पुस्तकें, पाण्डुलिपियाँ, रिकार्ड, जनगणना की रिपोर्ट, निजी संस्थानों के द्वारा किये गये सर्वेक्षणों की रिपोर्ट तथा समय-समय पर विभिन्न पत्र-पत्रिकाओं में प्रकाशित होने वाली सूचनायें आती हैं। श्री लुण्डबर्ग का कहना है कि शिला-लेखों, स्तूपों और खुदाई से प्राप्त वस्तुओं से प्राप्त होने वाली सूचनाओं को भी द्वैतीयक तथ्य ही मान लेना चाहिए।

सूचना के स्रोत
(Sources of Information)

सूचनायें या तथ्य दो प्रकार के होते हैं—प्राथमिक और द्वैतीयक। इन दोनों प्रकार के तथ्यों की प्रकृति में पर्याप्त अन्तर होता है। इसी कारण इन तथ्यों को प्राप्त करने के स्रोत भी भिन्न-भिन्न ही होते हैं। सूचनाओं के स्रोतों के वर्गीकरण के विषय में विभिन्न समाज वैज्ञानिकों के मत कुछ भिन्न हैं। नीचे कुछ मुख्य विद्वानों के मतों का संक्षिप्त विवरण दिया जा रहा है—

(1) पी॰ वी॰ यंग का मत—श्रीमती यंग[1] का मत है कि सामाजिक

---

1. P.V. Young, *Scientific Social Surveys and Research,* Asia Publishing House, Bombay, 1960, p. 127.

अध्ययनों के उपयोग में आने वाली सब सूचनाओं के स्रोतों को मुख्य रूप से दो वर्गों में विभाजित करना आवश्यक है। ये वर्ग हैं—(अ) प्रलेखीय स्रोत; और (ब) क्षेत्रीय स्रोत (Documentary Source)। श्रीमती यंग ने पुस्तकों, पाण्डुलिपियों, डायरियों और पत्रों आदि को प्रलेखीय स्रोत माना है और सामाजिक समस्या के विषय में वास्तविक जानकारी देने वाले व्यक्तियों को क्षेत्रीय स्रोत माना है।

(2) प्रोफेसर बागले का मत—प्रोफेसर बागले[1] के मतानुसार भी सामाजिक सूचनाओं के मुख्य दो ही स्रोत हैं। उन्होंने इन स्रोतों को (अ) प्राथमिक स्रोत, और (ब) द्वैतीयक स्रोत का नाम दिया है। इनके अनुसार प्राथमिक स्रोत के अन्तर्गत वे सब व्यक्ति आते हैं जो सामाजिक अध्ययन की समस्या के विषय में वास्तविक सूचनायें प्रदान करते हैं। व्यक्तियों के अतिरिक्त उनसे सम्बन्धित वे घटनायें भी प्राथमिक स्रोत ही मानी जाती हैं जिनके निरीक्षण से कुछ सूचनाओं या तथ्यों का पता चलता है। द्वैतीयक स्रोत के अन्तर्गत सब प्रकार के प्रकाशित अथवा अप्रकाशित लिखित प्रलेख सम्मिलित रहते हैं। ये लिखित प्रलेख कुछ सरकारी अथवा गैर-सरकारी विभागों द्वारा किये गये अध्ययनों की विज्ञप्ति और अन्य प्रकार की सूचनायें भी हो सकती हैं।

(3) लुण्डबर्ग का मत—श्री लुण्डबर्ग[2] ने सामाजिक सूचनाओं के स्रोतों का वर्गीकरण थोड़े भिन्न ढंग से किया है। उन्होंने सर्वप्रथम कुल स्रोतों को दो वर्गों में बाँटा है और तब उन दो वर्गों को पुनः दो-दो उपायों में विभाजित कर दिया है। उनके द्वारा किये गये वर्गीकरण को निम्न ढंग से प्रदर्शित कर सकते हैं—

(i) ऐतिहासिक स्रोत—
- (अ) प्रलेख, कागजात, शिलालेख आदि।
- (ब) खुदाई से प्राप्त होने वाली वस्तुएँ।

(ii) क्षेत्रीय स्रोत—
- (स) सम्बन्धित व्यक्तियों से प्राप्त सूचनाएँ।
- (द) सम्बन्धित व्यवहारों का निरीक्षण।

यहाँ पर ऐतिहासिक स्रोतों से लुण्डबर्ग का आशय उन वस्तुओं से है जो भूतकालीन घटनाओं का प्रतिनिधित्व करती हैं। उदाहरण के लिए अशोक के काल के कुछ शिलालेख आज भी उस काल की व्यवस्था एवं दशा का पूर्ण परिचय प्राप्त करने के साधन बने हुए हैं। ऐतिहासिक स्रोतों का यही महत्व है कि वे उन घटनाओं और दशाओं का भी परिचय प्राप्त करा देते हैं जिनका परिचय निरीक्षण अथवा अन्य किसी साधन द्वारा प्राप्त करना सम्भव नहीं होता।

ऊपर कुछ विद्वानों के मतों का विवरण दिया गया है। उस विवरण के आधार

---

2. Bagley W.A., *Facts and How to Find Them,* Pitman Publishing Corporation, London, (1938), p. 202.
3. Lundberg, G.A., *Social Research*, Longmans, Green and Co., New York (1951), p. 122.

पर सामाजिक सूचनाओं अथवा तथ्यों को प्राप्त करने के स्त्रोतों को हम मुख्य रूप से दो भागों में बाँट सकते है। ये मुख्य स्त्रोत हैं—प्राथमिक या क्षेत्रीय स्त्रोत, तथा द्वैतीयक या प्रलेखीय स्त्रोत। अब इन स्त्रोतों का विवरण कुछ विस्तार से दिया जायेगा।

प्राथमिक अथवा क्षेत्रीय स्त्रोत
(Primary or Regional Sources)

सम्बन्धित समस्या के विषय में जिन स्त्रोतों से प्रथम बार सूचना संकलित की जाती हैं उन्हें प्राथमिक स्त्रोत कहते हैं। इन स्त्रोतों से अनुसन्धानकर्ता स्वयं ही समस्या के विषय में जानकारी प्राप्त किया करते हैं। इस प्रकार के प्राथमिक स्त्रोत समस्या से सम्बन्धित व्यक्ति और उनके पर्यावरण की घटनायें होती हैं।

प्रायः प्राथमिक स्त्रोतों से तथ्य संकलन करने के लिये प्रत्यक्ष अवलोकन, साक्षात्कार, प्रश्नावलियों और अनुसूचियों को साधन के रूप में उपयोग किया जाता है। अब विषय को पूर्ण रूप से समझने के लिए इन साधनों का संक्षिप्त विवरण देना भी आवश्यक है।

(1) प्रत्यक्ष अवलोकन (Direct Observation)—सामाजिक घटनाओं के विषय में ज्ञान-प्राप्ति का मुख्य प्राथमिक स्त्रोत प्रत्यक्ष अवलोकन है। तथ्य संकलन की इस पद्धति के अर्न्तगत अनुसन्धानकर्ता अनुसन्धान से सम्बन्धित क्षेत्र में जाकर स्वयं सभी घटनाओं और दशाओं को देखता है। वहाँ के लोगों के रहन-सहन, जीवन-स्तर, व्यवहार-आचार, भाषा त्यौहार और रीति-रिवाजों के विषय में वास्तविक तथ्य एकत्रित करने के लिए प्रत्यक्ष अवलोकन सबसे अधिक विश्वसनीय ढंग है। इस कार्य में अनुसन्धानकर्ता को पूर्ण रूप से तटस्थ रहना चाहिये और वस्तुनिष्ठ दृष्टिकोण से तथ्यों को एकत्रित करना चाहिये। प्रत्यक्ष अवलोकन भी दो प्रकार का होता है—प्रथम सहभागी अवलोकन और द्वितीय असहभागी अवलोकन। सहभागी अवलोकन में अनुसन्धानकर्ता सम्बन्धित समूह या समुदाय का निरीक्षण करने के लिए उस समूह या समुदाय का सदस्य बन कर रहता है। वह इन लोगों के दैनिक कार्यकलापों में पूर्ण रूप से सम्मिलित होता है। इसके विपरीत असहभागी अवलोकन में अवलोकनकर्ता समूह या समुदाय के कार्यकलापों में भाग नहीं लेता। वह केवल दृष्टा मात्र के रूप में अवलोकन किया करता है।

(2) प्रश्नावलियाँ (Questionnaires)—प्राथमिक स्त्रोतों में प्रश्नावलियों का भी विशेष महत्व है। प्रश्नावलियों में समस्या से सम्बन्धित अनेक प्रश्नों का संकलन होता है। इनका उपयोग तब किया जाता है जब या तो अध्ययन का क्षेत्र अति विस्तृत हो जहाँ प्रत्यक्ष अवलोकन सम्भव न हो, या कुछ ऐसे तथ्य प्राप्त करने हों जो अवलोकन द्वारा ज्ञात नहीं हो पाते हैं, जैसे लोगों के विचार। प्रश्नावलियों को संबंधित व्यक्तियों के पास डाक द्वारा भेज दिया जाता है। तथ्य एकत्रित करने के लिए प्रश्नावलियों को केवल उसी दिशा में उत्तम स्त्रोत मानना चाहिए जबकि सम्बंधित

सूचनादाता पढ़े-लिखे हों। साथ ही सूचनादाताओं में अनुसन्धान के प्रति सहयोग की भावना का होना भी आवश्यक है।

(3) अनुसूचियाँ (Schedules)—सामाजिक सूचनाओं के प्राथमिक स्रोतों में अनुसूचियाँ भी अपना विशिष्ट स्थान रखती हैं। अनुसूचियाँ प्रश्नावलियों का ही एक विशिष्ट प्रकार है। इनमें भी प्रश्नावलियों के समान प्रश्नों का संकलन होता है। परन्तु प्रश्नावलियों और अनुसूचियों में मुख्य अन्तर यह होता है कि प्रश्नावलियों में तो सूचनादाता उत्तरों की पूर्ति किया करते हैं और अनुसूचियों में यह कार्य अनुसन्धानकर्ता किया करता है। अनुसूचियों को भरने के लिए अनुसन्धानकर्ता प्रत्येक सम्बन्धित व्यक्ति से प्रश्न पूछता है और उसके द्वारा बताये उत्तर को यथास्थान लिख लेता है। अनुसूचियों के उपयोग का मुख्य लाभ यह है कि उनके द्वारा अनपढ़ व्यक्तियों से भी सूचना एकत्रित की जा सकती है। अनुसूचियों के विषय में एक मुख्य बात यह है कि इनका उपयोग केवल सीमित क्षेत्र में ही किया जा सकता है।

(4) साक्षात्कार (Interviews)—साक्षात्कार भी तथ्य एकत्रित करने का एक साधन है। साक्षात्कार के अन्तर्गत अनुसन्धानकर्ता सम्बन्धित व्यक्तियों से मिलकर सामाजिक समस्या के विषय में बातचीत किया करते हैं। इसी बातचीत के माध्यम से आवश्यक तथ्यों का संकलन कर लिया जाता है। साक्षात्कार और अनुसूचियों में अन्तर है। अनुसूचियों में तो कुछ पूर्व-निश्चित प्रश्न होते हैं और अनुसन्धानकर्ता व्यक्तियों से वही प्रश्न एक निश्चित क्रम में पूछता है। परन्तु साक्षात्कार में प्रश्नों की कोई निश्चित व्यवस्था या क्रम नहीं होता। अनुसन्धानकर्ता अपनी सूझ-बूझ के आधार पर कुछ भी प्रश्न पूछ सकता है और कोई भी बात कर सकता है।

द्वैतीयक या प्रलेखीय स्रोत
(Secondary or Documentary Sources)

सामाजिक अनुसन्धानकर्ता के अतिरिक्त अन्य संस्थाओं या व्यक्तियों द्वारा अन्य प्रयोजनों के हेतु संकलित सूचनाओं या तथ्यों के भण्डार को सामाजिक सूचनाओं का द्वैतीयक या प्रलेखीय स्रोत कहा जाता है। ये द्वैतीयक स्रोत प्रकाशित अथवा अप्रकाशित लिखित सामग्री के रूप में हो सकते हैं। ये द्वैतीयक स्रोत सम्बन्धित सामाजिक घटनाओं, दशाओं और व्यवस्थाओं का प्रतिनिधित्व किया करते हैं। इसलिए सामाजिक अनुसन्धान के लिए इन स्रोतों से पर्याप्त सूचनाएं मिल जाती है। इन स्रोतों से भूतकालीन सूचनायें भी प्राप्त हो जाती हैं जो कि अन्य साधनों से प्राप्त करनी सम्भव नहीं होती। किसी वर्तमान सामाजिक रीति-रिवाज के विषय में पूर्ण जानकारी प्राप्त करने के लिए उनकी ऐतिहासिक पृष्ठभूमि को भी भलीभाँति जानना आवश्यक होता है। इस ऐतिहासिक पृष्ठभूमि को जानने के लिए सूचनाओं के द्वैतीयक स्रोत बहुत ही अधिक सहायक सिद्ध होते हैं। इसके अतिरिक्त द्वैतीयक स्रोतों से कई अन्य लाभ भी प्राप्त किए जा सकते हैं। प्रायः प्रत्येक सर्वेक्षण अथवा

शोध की विज्ञप्ति में अध्ययन के दौरान सम्मुख आने वाली कठिनाइयों, सावधानियों और अध्ययन पद्धतियों का विवरण दिया जाता है। इस प्रकार के विवरणों से अनुसन्धान के कार्य में विशेष सहायता मिलती है।

द्वैतीयक या प्रलेखीय स्त्रोतों के अन्तर्गत मुख्य रूप से पुस्तकों, सर्वेक्षण-विज्ञप्तियों, संस्मरणों, पत्रों और डायरियों आदि को सम्मिलित किया जाता है। ऐतिहासिक शिला-लेख, स्तूप और समय-समय पर प्रकाशित होने वाली पत्र-पत्रिकायें भी सूचनाओं के द्वैतीयक स्त्रोत ही माने जाते हैं। इन सभी द्वैतीयक स्त्रोतों को अध्ययन की सरलता के लिए दो वर्गों में विभाजित कर लिया जाता है। प्रथम प्रकार के स्त्रोतों को व्यक्तिगत प्रलेख के अन्तर्गत और दूसरे प्रकार के स्त्रोतों को सार्वजनिक प्रलेख के अन्तर्गत वर्गीकृत किया जाता है। अब इन दोनों प्रकार का विस्तृत वर्णन किया जायेगा।

(1) व्यक्तिगत प्रलेख (Personal Documents)—व्यक्तिगत प्रलेखों के अन्तर्गत वह समस्त प्रकाशित अथवा अप्रकाशित परन्तु लिखित सामग्री आती है जो समय-समय पर विभिन्न व्यक्तियों द्वारा प्रयोजनों के हेतु लिखी जाती है। इस प्रकार के व्यक्तिगत प्रलेखों को लिखने में प्राय: वैज्ञानिक पद्धतियों का प्रयोग नहीं किया जाता और न ही इनके लेखकों का दृष्टिकोण वस्तुनिष्ठ होता है। व्यक्तिगत प्रलेख प्राय: कुछ निजी विचारों, आदर्शों, मूल्यों और भावनाओं को प्रकट एवं सुरक्षित रखने के लिए लिखे जाते हैं। व्यक्तिनिष्ठ एवं अवैज्ञानिक होते हुए भी ये प्रलेख सामाजिक अनुसन्धान में कभी-कभी विशेष रूप से सहायक सिद्ध होते हैं। इन प्रलेखों से उनके समकालीन सामाजिक व्यवस्थाओं, जीवन के रहन-सहन आदि के विषय में परिचय प्राप्त हो जाता है। कम से कम कुछ विशिष्ट व्यक्तियों के समाज के प्रति दृष्टिकोण का परिचय भी इन प्रलेखों से प्राप्त हो ही जाता है। श्री आलपोर्ट के अनुसार व्यक्तिगत प्रलेख लिखने के मुख्य कारण निम्नलिखित होते हैं—

(i) अपने किसी कार्य के औचित्य को सिद्ध करने के लिए।
(ii) अपने दोषों की स्वीकृति के लिए।
(iii) क्रमबद्ध वर्णन करने की इच्छा की पूर्ति के लिए।
(vi) साहित्यिकता का आनन्द प्राप्त करने के लिए।
(v) व्यक्तिगत प्रलेखों में अनुसन्धान के लिए।
(vi) मानसिक तनाव से मुक्ति पाने के लिए।
(vii) धन की प्राप्ति के लिए।
(viii) किसी सौंपे हुए कार्य की पूर्ति के लिए, ऐसा तब होता है जब यह कार्य किसी अन्य व्यक्ति की आज्ञानुसार किया गया हो।
(ix) चिकित्सा सम्बन्धी विवरण देने के लिए, जैसे मानसिक चिकित्सा के लिए पिछली घटनाओं और अनुभवों का वर्णन किया जाता है।
(x) अपनी योग्यताओं के प्रदर्शन के लिए।
(xi) किसी सिद्धान्त या वाद को पुष्ट करने के लिए।

(xii) जन-सेवा और जन-कल्याण की भावना से प्रेरित होकर।
(xiii) अमरत्व की इच्छा से।

मुख्य व्यक्तिगत प्रलेख चार प्रकार के होते हैं। इन चार व्यक्तिगत प्रलेखों का विस्तृत विवरण निम्नलिखित है–

(अ) जीवन इतिहास (Case History)–जीवन इतिहास का आशय प्राय: आत्मकथाओं से लिया जाता है। समय-समय पर कुछ महान राजनीतिक नेता, सामाजिक नेता और बड़े-बड़े साहित्यकार अपनी आत्मकथाएँ लिखा करते हैं। ये आत्मकथाएँ उन व्यक्तियों के जीवन की विशिष्ट घटनाओं का संकलन मात्र नहीं होतीं। इन कथाओं से उस काल की सामाजिक, राजनीतिक, धार्मिक और साँस्कृतिक घटनाओं का भी पर्याप्त परिचय प्राप्त हो जाया करता है। कभी-कभी आत्मकथाओं में इनके लेखक कुछ ऐसी गुप्त बातों को भी प्रकाशित कर देते हैं जिनके विषय में अन्य साधनों से कुछ भी जान पाना प्राय: सम्भव नहीं होता। बड़े-बड़े राजनीतिक नेताओं की जीवनियों में ऐसी बातें कई बार मिल जाया करती हैं।

आत्मकथाएँ भी कई प्रकार की होती है। कुछ आत्मकथाएँ केवल अपने जीवन की विशिष्ट घटनाओं को सुरक्षित रखने के लिए लिखी जाती हैं। इस प्रकार की आत्मकथाएँ अपेक्षाकृत अधिक निष्पक्ष होती हैं। इनसें भिन्न कुछ आत्मकथायें केवल इसलिए लिखी जाती हैं कि इनको प्रकाशित किया जाये और धन का उपार्जन किया जाये। ऐसी आत्मकथायें प्राय: विश्वसनीयता से रहित होती हैं इनमें तथ्यों को कहीं घटाकर और कहीं बढ़ाकर प्रस्तुत किया जाता है। एक और प्रकार की भी जीवन कथाएँ होती हैं। इस प्रकार की कथाएँ किसी महान व्यक्ति की किसी अन्य व्यक्ति द्वारा लिखी जीवन गाथा होती है। इनमें भी सम्भव है कि तथ्यों का प्रतिपादन वस्तुनिष्ठता से न किया जाये। कुछ जीवनी लेखक चाटुकारिता के शिकार होकर सम्बन्धित व्यक्ति का जीवन अत्यधिक अतिशयोक्तिमय रूप से लिख दिया करते हैं।

जीवन गाथा चाहे जिस प्रकार की हो उसमें सामाजिक घटनाओं के विषय में ज्ञान अवश्य ही प्राप्त होता है। अच्छे जीवनी-लेखक सामाजिक घटनाओं के वर्णन के साथ-साथ तत्कालीन समाज में व्याप्त कुरीतियों, रूढ़ियों आदि को समाप्त करने के लिए सुझाव भी लिखा करते हैं। इन सब बातों से उन विशिष्ट व्यक्तियों के समाज के प्रति दृष्टिकोण का भी परिचय मिल जाया करता है। प्राय: प्रत्येक उत्तम आत्मकथा में उसके लेखक का समाज दर्शन भी निहित रहता है। आत्मकथाओं का एक और भी गुण होता है और वह यह है कि ये कथायें इतिहास के ग्रन्थों से अधिक सरल होती हैं।

कई गुण और महत्व होते हुए भी जीवन-कथाओं के कुछ दोष और सीमाएँ भी हैं। मनुष्य का स्वभाव है कि वह अपनी प्रशंसा चाहता है। इसी इच्छा की पूर्ति के लिए प्राय: लेखक आत्मकथाओं में अपने जीवन को ओर व्यक्ति को उभारने का अनावश्यक और अनुचित प्रयत्न किया करते हैं। इसके अतिरिक्त वे समाज की उन घटनाओं और व्यवस्थाओं को छिपाने का प्रयत्न किया करते हैं जिनके प्रकाशन

से इनके व्यक्तित्व का महत्व कम होता है और अनुकूल घटनाओं को अधिक महत्व दिया करते हैं। इन सब बातों से जीवन-कथाओं में विश्वसनीयता के तत्व की कमी हो जाती है।

(ब) डायरी (Diary)–अनेक पढ़े-लिखे लोगों को अपने जीवन की घटनाओं और सामाजिक सम्बन्धों के विषय में उल्लेखनीय बातों को लिख लेने का शौक अथवा आदत होती है। इस प्रकार कुछ लोग तो प्रतिदिन नियमित रूप से दिन भर की तमाम बातों को डायरी में लिख लेते हैं। इन व्यक्तियों की डायरी में खाने-पीने की बातों से लेकर प्रेम, शुत्रता तक की सब बातें लिखी रहती हैं। इनसे भिन्न कुछ व्यक्ति नियमित रूप से डायरी न लिख कर कभी-कभी विशेष घटना के घटित होने पर उसे डायरी में लिख लिया करते हैं।

डायरी लिखने के विभिन्न उद्देश्य ये होते है। कुछ लोग अपने जीवन की विशिष्ट घटनाओं को याद रखने के लिये डायरी में लिखा करते हैं। इसके अतिरिक्त कुछ लोग अपनी डायरी में वे बातें लिखा करते हैं जो वे किसी अन्य व्यक्ति के सामने प्रकट करने में संकोच करते हैं। डायरी में उन बातों को लिखकर वे अपने मन का तनाव व बोझ हल्का कर लिया करते हैं। कुछ लोग समय-समय पर जीवन का सिंहावलोकन करने के लिये डायरी लिखा करते हैं। सामाजिक अनुसन्धान में डायरी सूचनाओं के विश्वसनीय स्त्रोत का कार्य करती है। सूचनाओं के स्त्रोत के रूप में डायरी का विशेष महत्व है। डायरी लेखन का कार्य एक निजी एवं गोपनीय कार्य है। अतः डायरी में लिखित तथ्यों की विश्वसनीयता की अपेक्षाकृत अधिक सम्भावना होती है। अधिकांश डायरी-लेखकों का डायरी को प्रकाशित करवाने का इरादा नहीं हुआ करता। इस कारण से भी ऐसी आशा की जाती है कि डायरी में लिखी हुई बातें सत्य ही होंगी। इन सब कारणों के आधार पर कहा जा सकता है कि डायरी में लिखित तथ्य सामाजिक अनुसन्धान के कार्य में विशेष सहायक सिद्ध हो सकते हैं।

डायरी के दोष–सामाजिक अनुसन्धान में अनेक प्रकार से सहायक होते हुए भी डायरी के कुछ दोष और कुछ सीमायें भी हैं। मुख्य दोष निम्नलिखित हैं–

(i) डायरी में प्रायः नाटकीय और संघर्ष से सम्बन्धित जीवन की घटनाओं का अधिक बढ़ा-चढ़ा कर वर्णन किया जाता है और शान्त तथा सामान्य दिनचर्या के वर्णन की अवहेलना कर दी जाती है।

(ii) डायरी लेखन का उद्देश्य प्रायः निजी हुआ करता है। अतः डायरी में घटनाओं का कभी-कभी विस्तृत और पूर्ण विवरण न देकर संकेत मात्र दे दिया जाता है। घटना किस प्रसंग में घटित हुई यह आमतौर पर नहीं लिखा जाता। इस कारण घटना के वास्तविक रूप को समझना कठिन हो जाता है।

(iii) कभी-कभी कुछ व्यक्तियों का डायरी को प्रकाशित कराने का भी इरादा हुआ करता है या कुछ लोग कुछ प्रिय मित्रों को अपनी डायरी पढ़वाया करते हैं। ऐसी स्थिति में डायरी में लिखित तथ्यों में पर्याप्त कृत्रिमता आ जाने की संभावना

होती है।

(iv) अनियमित रूप से डायरी लिखने वाले व्यक्तियों की डायरी में वर्णित तथ्यों में आमतौर पर सम्बद्धता आ जाती है। उन तथ्यों में कोई ताल-मेल बिठाना कठिन हो जाता है।

इन कुछ दोषों के होते हुए भी डायरी का विशेष महत्व है। अन्य व्यक्तिगत प्रलेखों की अपेक्षा डायरी के तथ्य अधिक विश्वसनीय माने जाते हैं।

(स) पत्र—प्रत्येक व्यक्ति अपने जीवन में अनेक पत्र लिखा करता है। पत्रों के द्वारा लोग अपनी भावनाओं, जीवन की घटनाओं, राग-द्वेषों और अपनी योजनाओं की अपने सम्बन्धी व्यक्तियों को सूचना दिया करते हैं। ऐसे पत्र सदैव व्यक्तिगत होते हैं। अत: इनमें वर्णित तथ्य काफी विश्वसनीय हुआ करते हैं। लोगों के पारस्परिक सम्बन्धों के विषय में पत्रों के द्वारा सबसे अधिक विश्वसनीय सूचना प्राप्त हुआ करती है। मित्रता, प्रेम, वैवाहिक प्रस्ताव, पारिवारिक तनाव और तलाक जैसे निजी सम्बन्धों के विषय में सूचना प्राप्त करने के लिए पत्र विशेष सहायक सिद्ध हुआ करते हैं।

यह सत्य है कि सामाजिक अनुसन्धान में निजी पत्रों से विशेष सहायता मिला करती है तो भी अन्य स्रोतों के समान पत्रों के भी कुछ दोष एवं सीमाएँ हुआ करती हैं। मुख्य दोष निम्नलिखित हैं—

(i) निजी पत्रों को प्राप्त करना अत्यंत कठिन होता है। पहले तो लोग आमतौर पर अपने ऐसे निजी प्रलेख विशेषरूप से पत्र लम्बे समय तक रखते ही नहीं जिनसे किसी रहस्य का उद्घाटन होता है। दूसरे, कोई भी व्यक्ति अपने निजी पत्र किसी अन्य व्यक्ति को देने के लिए सरलता से तैयार नहीं होता है।

(ii) पत्रों के माध्यम से सम्बन्धित घटना का पूर्ण एवं विस्तृत विवरण प्राप्त नहीं हुआ करता।

(iii) आमतौर पर एक ही व्यक्ति के पत्र प्राप्त हो पाते हैं। इस दिशा में घटनाओं का आंशिक परिचय ही प्राप्त हुआ करता है और यह ज्ञात नहीं हो पाता कि किस घटना की प्रक्रिया के रूप में वह पत्र लिखा गया था।

(iv) पत्रों में वर्णित तथ्यों में कितनी सत्यता है, इस बात का अनुमान नहीं लगाया जा सकता। हो सकता है कि पत्र झूठा हो और छल करने के लिए ही लिखा गया हो। प्रेम-पत्र भी प्राय: अनावश्यक ढोंग और कृत्रिमता से भरे हुए हुआ करते हैं।

(इ) संस्मरण (Reminiscences)—कुछ लोग शौक के कारण अपनी यात्राओं, जीवन की रोमांचक घटनाओं, युद्धों और शिकार आदि के संस्मरण लिखा करते हैं या सुनाया करते हैं। आमतौर पर बड़े-बूढ़ों में यह आदत अधिक विकसित हो जाया करती है। इस प्रकार के संस्मरण भी सामाजिक अनुसंधान में सूचनाओं के स्रोत का कार्य किया करते हैं। कुछ अति प्राचीन संस्मरण तत्कालीन सामाजिक दशाओं का

बहुत ही अच्छा प्रतिनिधित्व किया करते हैं। भारत में आये विदेशी यात्री मेगास्थनीज, फाहियान, इब्नबतूता आदि के संस्मरण आज भी तत्कालीन सामाजिक व्यवस्था के विषय में पर्याप्त परिचय प्राप्त करने के साधन बने हुए हैं।

सामाजिक अनुसंधान के कार्य में सहायक होते हुए भी संस्मरणों में कुछ दोष हुआ करते हैं। आमतौर पर संस्मरण लिखते या सुनते समय व्यक्तियों का यह प्रयास रहा करता है कि उनके द्वारा सुनाये संस्मरण से लोग प्रभावित हों। इस कारण वे तथ्यों को घटा-बढ़ा कर वर्णित किया करते हैं। प्रायः वे अपने कारनामों को अतिश्योक्तिपूर्ण ढंग से सुनाया करते हैं। सेना से अवकाश प्राप्त व्यक्ति प्रायः अपने संस्मरणों में अपनी वीरता का ही बखान किया करते हैं। इन सब कारणों से संस्मरणों से प्राप्त तथ्यों को पूर्ण विश्वसनीय नहीं माना जा सकता।

व्यक्तिगत प्रलेखों का महत्व

सामाजिक अनुसन्धान में व्यक्तिगत प्रलेखों का विशेष महत्व है। प्रत्येक व्यक्तिगत प्रलेख से सामाजिक घटनाओं और दशाओं के विषय में विस्तृत ज्ञान प्राप्त होता है। साथ ही साथ उससे लेखकों के मनोभावों और दृष्टिकोणों का भी परिचय मिल जाया करता है। व्यक्तिगत प्रलेखों के आधार पर सामाजिक समस्याओं का मनोवैज्ञानिक विश्लेषण करना भी सरल हो जाता है। व्यक्तिगत प्रलेखों का दूसरा महत्व यह है कि इसके द्वारा प्राप्त होने वाले तथ्य अपेक्षाकृत अधिक विश्वसनीय हुआ करते हैं। यह महत्व उस दशा में और भी अधिक हो जाता है जब यह प्रलेख प्रकाशन के इरादे के बिना लिखे जाते हैं।

व्यक्तिगत प्रलेखों की सीमायें

सामाजिक अनुसंधान में अनेक प्रकार से सहायक होते हुए भी व्यक्तिगत प्रलेखों की कुछ सीमायें निम्नलिखित हैं–

(i) व्यक्तिगत प्रलेखों को प्राप्त करना कठिन है–व्यक्तिगत प्रलेखों को प्राप्त करना विशेष कठिन होता है। पहले तो बहुत कम लोग ऐसे प्रलेख लिखा करते हैं और कुछ लोग लिखकर उन्हें संग्रहित नहीं करते, समय-समय पर नष्ट कर दिया करते हैं। दूसरी बात यह है कि प्रायः प्रत्येक व्यक्तिगत प्रलेख-लेखक को अपने निजी प्रलेखों के साथ एक प्रकार का भावात्मक लगाव हो जाया करता है और वे उन्हें किसी अन्य व्यक्ति को देना पसन्द नहीं करते। कभी-कभी गोपनीयता को बनाये रखने के लिए भी लोग अपने प्रलेख को नहीं दिया करते।

(ii) तथ्यों की विश्वसनीयता–व्यक्तिगत प्रलेखों के प्राप्त हो जाने पर दूसरी समस्या जो सामने आती है वह है विश्वसनीयता की समस्या। व्यक्तिगत प्रलेखों में वर्णित तथ्यों की सत्यता की जाँच करने का कोई साधन नहीं होता। प्रायः प्रत्येक व्यक्तिगत प्रलेख व्यक्तिनिष्ठ दृष्टिकोण से लिखा जाता है। सम्बन्धित तथ्यों पर व्यक्ति के निजी विचारों, आदर्शों, रूचियों और अरूचियों का पर्याप्त रंग चढ़ा रहता है। अपने आपको महान एवं उच्च दर्शाने के लिये अपने पक्ष में तथ्यों को

बढ़ाकर और विपक्ष के तथ्यों को घटाकर लिखा जाता है। इन सब कारणों से व्यक्तिगत प्रलेखों के तथ्यों की विश्वसनीयता में कमी आ जाया करती है।

(iii) निष्कर्ष प्राप्त करने की समस्या—व्यक्तिगत प्रलेखों के आधार पर किसी सामाजिक समस्या के विषय में कोई निश्चित निष्कर्ष प्राप्त कर लेना आमतौर पर सरल नहीं हुआ करता। व्यक्तिगत प्रलेखों से प्राप्त तथ्य सम्बन्धित समस्या के विषय में तत्कालीन समाज का पूर्ण प्रतिनिधित्व नहीं किया करते क्योंकि इनके चुनाव में किसी वैज्ञानिक पद्धति का उपयोग नहीं किया जाता है। इसके अतिरिक्त एक अन्य विशेष उल्लेखनीय बात यह है कि आमतौर पर असामान्य व्यक्ति ही व्यक्तिगत प्रलेख अधिक लिखा करते हैं। इस आधार पर भी उन तथ्यों से कोई निश्चित परिणाम प्राप्त कर लेना सम्भव नहीं होता।

(2) सार्वजनिक प्रलेख (Public Documents)—सामाजिक अनुसन्धानों के लिये सूचना के द्वैतीयक स्रोतों में सार्वजनिक प्रलेखों का भी विशेष स्थान है। सार्वजनिक प्रलेख वह एकत्रित सामग्री कहलाती है जो सरकारी अथवा गैर-सरकारी संस्थाओं के द्वारा संकलित की जाती है। इस प्रकार के सार्वजनिक प्रलेख भी दो तरह के हुआ करते हैं। प्रथम प्रकार के सार्वजनिक प्रलेख आमतौर पर अप्रकाशित रूप में रहा करते हैं। इनके अर्न्तगत कुछ बड़ी-बड़ी कम्पनियों की रिपोर्टें, सरकारी विभागों तथा अन्य गैर-सरकारी संस्थाओं के गोपनीय रिकार्ड आदि सम्मिलित होते हैं। इस प्रकार के सार्वजनिक प्रलेखों को सामान्यतया प्रकाशित नहीं किया जाता। दूसरे प्रकार के सार्वजनिक प्रलेख सामान्य जनता के हित के लिए प्रकाशित किये जाते हैं। इस प्रकार के प्रलेख भी सरकारी अथवा गैर-सरकारी विभागों द्वारा तैयार किये जा सकते हैं। मुख्य सार्वजनिक प्रलेख निम्नलिखित हैं–

(अ) रिकार्ड (Records)—सार्वजनिक प्रलेखों में रिकार्डों का विशेष स्थान है। सरकारी एवं गैर-सरकारी विभागों में अनेक प्रकार के रिकार्ड सुरक्षित रखे जाते हैं। इन रिकार्डों में अनेक प्रकार की विस्तृत सूचनायें संकलित रहती हैं। उदाहरण के लिए पुलिस के प्रत्येक विभाग में अनेक प्रकार के रिकार्ड रहा करते हैं। प्रत्येक पुलिस थाने में उस क्षेत्र के सभी अपराधियों के पूर्ण रिकार्ड रहा करते हैं। इसके अतिक्ति निजी कम्पनियों में भी अनेक प्रकार के रिकार्ड रखे जाते हैं। ये रिकार्ड सामाजिक अनुसन्धान में अनेक प्रकार की सहायता प्रदान कर सकते हैं। इन रिकार्डों द्वारा प्राप्त होने वाली सूचनायें भी पर्याप्त विश्वसनीय हुआ करती हैं। परन्तु इन रिकार्डों को प्राप्त करना सरल नहीं होता। इनके प्रकाशन पर प्राय: कड़ा प्रतिबन्ध होता है।

(ब) प्रकाशित आँकड़े (Published Data)—सार्वजनिक प्रलेखों के अन्तर्गत सरकारी अथवा गैर-सरकारी संस्थाओं द्वारा एकत्रित आँकड़े भी अपना विशेष महत्व रखते हैं। प्राय: समाज के प्रत्येक पहलू के विषय में सरकारी अथवा गैर-सरकारी सर्वेक्षण होते ही रहते हैं, इन सर्वेक्षणों के निष्कर्ष अन्य सामाजिक अनुसन्धानों में विशेष सहायक सिद्ध हुआ करते हैं। जनसंख्या, जन्म दर एवं मृत्यु

दर, वार्षिक उपज, वार्षिक औसत आय, विदेशी व्यापार, विवाह और तलाक आदि के विषय में समय-समय पर आँकड़े एकत्रित एवं प्रकाशित किये जाते हैं। भारत सरकार द्वारा प्रतिवर्ष INDIA नाम की पुस्तक प्रकाशित की जाती है। इस पुस्तक में सब प्रकार के आँकड़े प्रकाशित किये जाते हैं।

(स) पत्र-पत्रिकाओं की सूचनायें (Information by Papers and Magazines)—भारत में अब पर्याप्त संख्या में पत्र-पत्रिकायें प्रकाशित होने लगी हैं। इन पत्र-पत्रिकाओं में सामाजिक घटनाओं और सामाजिक जीवन के विषय में लगभग हर प्रकार की सूचनाएँ प्रकाशित होती रहती हैं। ये सूचनायें अधिकांश रूप से सत्य एवं विश्वसनीय हुआ करती हैं। इन सूचनाओं को सामाजिक अनुसन्धान के लिये उपयोग में लाया जा सकता है। इसके अतिरिक्त आजकल प्रायः प्रत्येक पत्र-पत्रिका में, "आपकी समस्या", "आपकी राय" या "आपके पत्र" नामक स्थायी स्तम्भ भी हुआ करते हैं। इनके माध्यम से जन-साधारण के विचारों और दृष्टिकोणों को जानने में सहायता मिलती है।

(द) अन्य सामग्री (Other Material)—सार्वजनिक प्रलेखों के अन्तर्गत अन्य अनेक प्रकार की सामग्री भी सम्मिलित की जा सकती है। उदाहरण के लिये कहानियाँ, उपन्यास, लोक-साहित्य और चलचित्र आदि के प्रकाशन से अनेक प्रकार के सामाजिक जीवन से सम्बन्धित तथ्यों का ज्ञान प्राप्त होता है। ये सब स्रोत अपने समकालीन समाज का प्रतिनिधित्व किया करते हैं। यह सत्य है कि इस प्रकार के स्रोतों से प्राप्त होने वाली सूचनायें कल्पनामिश्रित होती हैं, तो भी सामाजिक अनुसन्धान में इनसे सहायता अवश्य ही मिलती है।

द्वैतीयक या प्रलेखीय स्रोतों की जाँच
(Scrutiny of Secondary or Documentary Sources)

द्वैतीयक स्रोतों से सूचनायें प्राप्त करनी तो सरल होती हैं, परन्तु इन सूचनाओं को सामाजिक अनुसन्धान के उपयोग में लाना पर्याप्त कठिन होता है। इस कार्य को विशेष सूझ-बूझ से करना चाहिए। द्वैतीयक सामग्री को किसी अनुसन्धान के कार्य में इस्तेमाल करने से पूर्व उसकी पूर्ण जांच कर लेनी चाहिए। इस जाँच के अन्तर्गत दो बातों का विशेष ध्यान रखना चाहिए—प्रथम हैं, तथ्यों की विश्वसनीयता (Reliability) और दूसरी हैं, तथ्यों की उपयुक्तता (Adequacy)।

(1) विश्वसनीयता की जाँच—किसी भी सामाजिक अनुसन्धान में तथ्यों को इस्तेमाल करने से पूर्व इन तथ्यों की विश्वसनीयता की जाँच कर लेनी अति आवश्यक है। तथ्यों की विश्वसनीयता की जाँच के लिए अनेक बातों का पता लगाना पड़ता है। सर्वप्रथम तथ्यों के संकलनकर्ता के विषय में जानकारी प्राप्त की जाती है। क्या संकलनकर्ता कोई अनुभवी एवं ईमानदार व्यक्ति है? उसके साधन पर्याप्त हैं या नहीं? इन प्रश्नों की जाँच के बाद तथ्यों की संकलन प्रणाली के विषय में भी जानकारी प्राप्त करनी अति आवश्यक होती है। क्या वस्तुनिष्ठ एवं वैज्ञानिक

प्रणाली का उपयोग किया गया है? निर्देशन के चुनाव में मनमर्जी से काम लिया गया है या द्वैध-निदर्शन चुनाव प्रणाली का प्रयोग किया गया है? सम्बन्धित निदर्शन समूह या समाज का प्रतिनिधित्व भी करता है या नहीं।

इसके बाद तथ्य संकलन के लिए तैयार किये गये संगठन की भी जाँच कर लेनी चाहिए। सम्बन्धित अध्ययन यन्त्रों की भी जाँच आवश्यक है। इसके अतिरिक्त सम्बन्धित विश्लेषण के विषय में भी विश्वसनीयता की जाँच कर लेनी चाहिए। इस्तेमाल किए गए समाजमितीय पैमानों पर भी एक नजर अवश्य ही डाल लेनी चाहिए।

सब प्रकार की जाँच के बाद अनुसंधानकर्ता को सम्बन्धित द्वैतीयक तथ्यों में कुछ तथ्यों को चुनकर इनकी वास्तविक ढंग से परीक्षा करनी चाहिए। इससे पूरे द्वैतीयक तथ्यों की विश्वसनीयता के विषय में अनुमान लगाया जा सकेगा।

(2) उपयुक्तता की जाँच–किसी भी अनुसंधान के लिए सम्बन्धित सामग्री का उपयुक्त होना भी आवश्यक है। अतः किसी सामग्री को अनुसंधान के कार्य में उपयोग में लाने के पूर्व उसकी जाँच कर लेनी आवश्यक है। सामग्री की उपयुक्ता की जाँच में निम्नलिखित बातों को ध्यान में रखना आवश्यक हैं–

(i) जो द्वैतीयक सामग्री प्राप्त की जाए वह उसी प्रकार के अनुसंधान के द्वारा संकलित होनी चाहिए अर्थात् जब वास्तव में उस सामग्री का संकलन किया गया हो तब के अध्ययन के उद्देश्य वर्तमान अनुसंधान के उद्देश्य से मिलते-जुलते होने चाहियें।

(ii) सम्बन्धित आँकड़ों की इकाइयों की भी जाँच करनी आवश्यक होती है। वर्तमान अनुसंधान में इस्तेमाल होने वाली इकाइयों से सम्बन्धित आँकड़े ही प्राप्त करने चाहियें। वे ही द्वैतीयक सामग्री के रूप में उपयुक्त माने जाते हैं।

भारत में सामाजिक आँकड़ें
(Social Statistics in India)

भारत में सांख्यिकीय सामग्री स्रोत अन्य प्रगतिशील देशों से कम विकसित है। इसके कई कारण हैं। एक तो भारत लम्बे समय तक परतन्त्र रहा है। परतन्त्रता के काल में तो भारत में सांख्यिकीय सामग्री के स्रोत बिल्कुल ही विकसित नहीं थे। दूसरा मुख्य कारण जो सांख्यिकीय सामग्री के संकलन में प्रायः बाधक सिद्ध होता है वह है भारत में धन की कमी। कभी-कभी धन्न के अभाव के कारण ऐसे कार्यों को व्यर्थ का अपव्यय मान लिया जाता है। परन्तु भारत में स्वतन्त्र होने के बाद इस दिशा में पर्याप्त ध्यान दिया गया है और सराहनीय सफलता भी प्राप्त की गई है। आज के भारत में सांख्यिकीय सामग्री संकलन का कार्य सरकारी स्तर पर बहुत अच्छा चल रहा है। परन्तु गैर-सरकारी और निजी क्षेत्र में धन और रुचि का अभाव है। निजी क्षेत्र में पहले तो सामाजिक अनुसंधान के कार्य होते ही कम हैं और

यदि होते भी हैं तो उनके परिणाम प्रायः बहुत ही कम प्रकाशित होते हैं। यह सब होते हुए भी हम कह सकते हैं कि सांख्यिकीय सामग्री के संकलन के कार्य में भारत प्रगति की दिशा में चल रहा है।

भारत में सांख्यिकी के मुख्य स्रोत

भारतीय संविधान में सांख्यिकीय सामग्री के संकलन के लिए विशेष व्यवस्था है। धारा 246 के अनुसार सुरक्षा, रेलवे, बैकिंग तथा मुद्रा, जनसंख्या और विदेशी व्यापार से सम्बन्धित आँकड़ों को एकत्रित करने एवं सुरक्षित रखने का उत्तरदायित्व केन्द्रीय सरकार का है। इसके अतिरिक्त कृषि, पशु धन, वन एवं शिक्षा के आँकड़ों को संकलित करने का कार्य राज्य सरकारों द्वारा किया जाता है। इस प्रकार भारत में सरकारी क्षेत्र में सांख्यिकीय सामग्री के संकलन का कार्य पर्याप्त विस्तृत रूप से किया जा रहा है। सरकारी क्षेत्र के अतिरिक्त भारत के सांख्यिकीय सामग्री संकलन करने के कुछ गैर-सरकारी विभाग भी हैं और कहीं-कहीं व्यक्तिगत स्तर पर भी यह कार्य किया गया है। इस प्रकार हम भारत में सांख्यिकीय सामग्री के स्रोतों को निम्नलिखित तीन भागों में विभाजित कर सकते हैं:-

(अ) सरकारी स्रोत (Government Sources)

(ब) गैर-सरकारी स्रोत (Non-Government Sources)

(स) व्यक्तिगत स्रोत (Personal Sources)

अब इन तीनों प्रकार के स्रोतों का विस्तृत वर्णन किया जायेगा।

(अ) सरकारी स्रोत (Government Sources)—प्रत्येक विकासशील देश के आर्थिक एवं सामाजिक विकास के लिए सम्बन्धित सांख्यिकीय सामग्री का पर्याप्त मात्रा में संकलन अनिवार्य होता है। भारत के स्वतन्त्रता प्राप्त कर लेने के बाद इस दिशा में विशेष ध्यान दिया गया है। आज सरकारी क्षेत्र में आंकड़े एकत्र करने का कार्य विभिन्न विभागों द्वारा किया जा रहा है। सांख्यिकीय सामग्री के मुख्य सरकारी स्रोत निम्नलिखित हैं—

(1) भारत की संगणना (Census of India)—भारत में जनगणना का कार्य बहुत दिनों से नियमित रूप से हो रहा है। यह कार्य हर दसवें वर्ष हुआ करता है। अन्तिम जनगणना का कार्य सन् 1991 में हुआ। यह कार्य गृह-मन्त्रालय के अधीन हुआ करता है। इस कार्य के अन्तर्गत पूरे भारत की जनसंख्या के विषय में अनेक प्रकार के आँकड़े प्राप्त किये जाते हैं। मुख्य रूप से भारतीय जनसंख्या के गुणों अर्थात आयु, लिंग, व्यवसाय, आय और धर्म आदि के विषय में आँकड़े एकत्रित किए जाते हैं। इन्हीं आँकड़ों के आधार पर सामान्य जीवन के विषय में अनेक निष्कर्ष भी निकाले जाते हैं।

(2) अर्थशास्त्र तथा सांख्यिकीय निदेशालय (Directorate of Economics and Statistics)—यह सांख्यिकीय सामग्री का महत्वपूर्ण स्रोत है। यह विभाग केन्द्रीय कृषि तथा खाद्य मन्त्रालय के अधीन है पूरे भारत में कृषि तथा

खाद्य-पदार्थों से सम्बन्धित आँकड़ों का संकलन करना इसी विभाग का कार्य है। यह विभाग केवल आंकड़ों का संकलन ही नहीं करता, वरन् उनका प्रकाशन भी करता है। आँकड़ों के प्रकाशन का मुख्य साधन निम्नलिखित पत्रिकायें हैं–

(a) Agricultural Statistics in India (Monthly), (b) Abstract of Agricultural Statistics (Annual), (c) Agricultural Wages in India (Annual).

(3) रिज़र्व बैंक ऑफ इण्डिया (Reserve Bank of india)–यह संस्था केन्द्रीय वित्त-मंत्रालय के अधीन कार्य करती है। यह ऋण तथा वित्त से सम्बन्धित आँकड़े एकत्रित तथा सुरक्षित रखा करती है। इन आँकड़ों को प्रकाशित करने का माध्यम निम्न पत्रिकायें हैं–

(a) Statistical Supplement (Weekly), (b) Statistical Statement Relating to Cooperative Movement in India (Annual).

(4) वाणिज्य तथा उद्योग मन्त्रालय (Ministry of Commerce and Industry)–इस विभाग का कार्य व्यापार और उद्योग से सम्बन्धित आँकड़े तथा सूचनायें एकत्रित करना है। इस विभाग द्वारा संकलित सूचनाओं का प्रकाशन एक साप्ताहिक पत्रिका India Trade Journal के द्वारा होता है।

(5) श्रम मन्त्रालय (Labour Ministry)–इस विभाग के द्वारा श्रमिकों से सम्बन्धित आँकड़ों का संकलन किया जाता है। श्रमिकों की औसत आय, कार्य के औसत घण्टे, बेकार और अर्ध-बेकार श्रमिकों के आँकड़ें आदि के विषय में सही-सही जानकारी प्राप्त करना एवं प्रकाशित करना इस विभाग का कार्य है। इन श्रमिकों से सम्बन्धित आँकड़ों का प्रकाशन Indian Labour Gazette नामक मासिक पत्रिका द्वारा होता है।

(6) रेल मन्त्रालय (Railway Ministry)–यह भी केन्द्रीय सरकार का एक मुख्य विभाग है। इस विभाग के द्वारा रेलवे से सम्बन्धित विभिन्न प्रकार के आँकड़ें एकत्रित किये जाते हैं। रेलवे की वार्षिक आय और व्यय का विवरण, दुर्घटनाओं का विवरण, चोरी और बिना टिकट के यात्रा करने वाले यात्रियों से सम्बन्धित आंकड़ें आदि प्राप्त करना इनका मुख्य कार्य हैं। इन संकलित आंकड़ों को रेल मन्त्रालय Monthly Railway Statistics के माध्यम से प्रकाशित किया करता है।

(7) परिवहन विभाग (Transport Department)–इस विभाग द्वारा अखिल भारतीय स्तर पर परिवहन सम्बन्धी आँकड़ों को एकत्रित किया जाता है। एकत्रित आंकड़ों को Traffic Survey द्वारा प्रकाशित किया जाता है।

(8) शिक्षा मन्त्रालय (Education Ministry)–इस विभाग द्वारा शिक्षा से सम्बन्धित सब प्रकार के आँकड़े एवं सूचनायें एकत्रित की जाती हैं। इन सूचनाओं का प्रकाशन एक वार्षिक पत्रिका Education in India के माध्यम से किया जाता है।

(9) सूचना एवं प्रसारण मन्त्रालय (Ministry of Information and

Communication)—इस विभाग द्वारा भारतीय समाज के अनेक पहलुओं के विषय में आंकड़ों एवं सूचनाओं का संकलन किया जाता है। यह विभाग सन् 1953 से इस कार्य में विशेष रूचि ले रहा है। प्रतिवर्ष इसी विभाग के द्वारा एक पुस्तक का प्रकाशन किया जाता है। यह पुस्तक है, India—A Reference Annual इस पुस्तक का हिन्दी संस्करण भी प्रकाशित किया जाता है। इस एक अकेली पुस्तक में भारत के सभी क्षेत्रों के सभी प्रकार के आंकड़ें एवं सूचनायें प्रकाशित होती हैं। मुख्य रूप से भारतीय भूमि और जनता, राष्ट्रीय प्रतीक, सामाजिक प्रतिमान, सरकार, प्रतिरक्षा, शिक्षा, सांस्कृतिक क्रियाकलाप, वैज्ञानिक शोध, स्वास्थ्य, समाज-कल्याण, अनुसूचित जाति एवं जन्-जातियाँ, संचार, आर्थिक स्थिति, विकास, कृषि, सिंचाई तथा जल-विद्युत उद्योग, व्यापार, परिवहन, श्रम, आवास आदि के विषय में सही-सही आंकड़ों का प्रकाशन इस पुस्तक में हुआ करता है।

(10) केन्द्रीय सांख्यिकीय संस्थान (Central Statistical Institute)—यह विभाग स्वयं आंकड़ों के संकलन का कार्य नहीं किया करता। इस विभाग का मुख्य कार्य केन्द्रीय सरकार के विभागों द्वारा संकलित सांख्यिकीय सामग्री को व्यवस्थित एवं समन्वित करना है। इस प्रकार व्यवस्थित एवं समन्वित आंकड़ों को प्रकाशित करने का कार्य भी इसी विभाग द्वारा सम्पन्न होता है। यह विभाग ही विभिन्न पत्र-पत्रिकाओं और पुस्तिकाओं का प्रकाशन किया करता है।

(11) राष्ट्रीय निर्देशन सर्वेक्षण निदेशालय (Directorate of National Sample Survey)—यह भारतीय सूचनाओं और सांख्यिकीय सामग्री का एक मुख्य स्रोत है। इस निदेशालय की स्थापना भारत में सन् 1950 से की गयी थी। इस विभाग का कार्य पंचवर्षीय योजनाओं के निर्माण में योजना आयोग की सहायता करना है। यह विभाग पंचवर्षीय योजनाओं से सम्बन्धित आवश्यक आंकड़ों को अखिल भारतीय स्तर पर एकत्रित करता है। इस विभाग के अन्तर्गत मुख्य रूप से परिवार, व्यय का स्वरूप, आवास की स्थिति, बेरोजगारी, कृषि मजदूरों की स्थिति आदि के विषय में आंकड़ों को संकलित किया जाता है।

(12) राज्य सरकारों के विभिन्न मन्त्रालय (Various State Ministries)—केन्द्रीय मन्त्रालयों के अतिरिक्त प्रत्येक राज्य में भी सांख्यिकीय सामग्री संकलित करने के लिए विभिन्न विभागों का निर्माण किया गया है। ये विभाग राज्य के स्तर पर सूचनाओं को एकत्रित किया करते हैं। इन विभागों का मुख्य कार्य स्वास्थ्य, शिक्षा, बेरोजगारी, श्रमिकों की दशा, आवास, सुरक्षा, अपराध आदिके विषय में आंकड़ों को संकलित एंव प्रकाशित करना होता है। केन्द्रीय स्तर के समान ही राज्य-स्तर पर भी विभिन्न प्रकार के आंकड़ों को व्यवस्थित एवं समन्वित करने के लिए एक सांख्यिकीय ब्यूरो (Statistical Bureau) की भी स्थापना हो चुकी है।

(ब) गैर-सरकारी स्रोत (Non-Governmental Sources)—सरकारी स्रोतों के अतिरिक्त कुछ गैर-सरकारी स्रोत भी है जिनसे पर्याप्त मात्रा में सांख्यिकीय सामग्री प्राप्त की जा सकती है। इन गैर-सरकारी स्रोतों में मुख्य स्रोत निम्नलिखित हैं—

(1) आजकल भारत के लगभग प्रत्येक बड़े विश्वविद्यालय में अनुसंधान केन्द्र एवं संस्थान स्थापित हो चुके हैं। इन अध्ययन एवं अनुसंधान संस्थानों द्वारा समय-समय पर विभिन्न विषयों के आँकड़ों को एकत्रित किया जाता है। इस प्रकार संकलित आंकड़ों को समय-समय पर संक्षिप्त पुस्तिकाओं के रूप में प्रकाशित भी किया जाता है। इस प्रकार के कुछ मुख्य संस्थानों के नाम इस प्रकार हैं–(1) Gokhale Institute of Politics and Economics, (2) Indian Institute of Community Development, (3) Statistical Institute of Calcutta, (4) Tata Institute of Social Sciences, (5) Agra Institute of Social Science, (6) Delhi School of Social Work.

(2) विभिन्न प्रकार की व्यापारिक संस्थायें और परिषदें भी कई प्रकार के आंकड़ों को एकत्रित किया करती हैं। Chamber of Commerce and Industry द्वारा भी कई प्रकार के आंकड़ों का संकलन एवं प्रकाशन हुआ करता है।

(3) कुछ बड़े-बड़े प्रकाशक भी वर्ष में एक या दो बार ऐसे विशेषांक प्रकाशित किया करते हैं जिनमें भारतीय समाज के विभिन्न पहलुओं के विषय में पर्याप्त सूचनायें दी जाती है। ये विशेषांक भी सांख्यिकीय सामग्री के स्रोत माने जा सकते हैं।

(4) समय-समय पर प्रत्येक पत्र-पत्रिका में तत्कालीन सामाजिक दशाओं के विषय में कुछ सांख्यिकीय सूचनायें भी प्रकाशित होती रहती है। इन सूचनाओं को भी वैध माना जा सकता है और किसी भी सामाजिक अनुसन्धान में द्वैतीयक सामग्री के रूप में उपयोग में लाया जा सकता है।

(स) व्यक्तिगत स्रोत (Personal Sources)–सामाजिक अनुसन्धान में रूचि रखने वाले कुछ विद्वानों ने व्यक्तिगत स्तर पर कुछ सामाजिक अध्ययन किये हैं, और उन अध्ययनों की रिपोर्टों को प्रकाशित करवाया है। इस प्रकार की प्रकाशित रिपोर्ट भी सांख्यिकीय सामग्री एवं सामाजिक सूचनाओं के स्रोत मानी जा सकती है। इस प्रकार की कुछ मुख्य रूप से उल्लेखनीय रिपोर्टें इस प्रकार हैं–श्री एस॰ एन॰ अग्रवाल की Attitude towards Family Planning in India, श्री सी॰ जी॰ पण्डित द्वारा प्रस्तुत Nutrition in India और श्री एम॰ एच॰ गोपाल द्वारा लिखित Studies in Indian Public Finance आदि। इन प्रकाशित पुस्तकों से भी अनेक प्रकार के आंकड़ें प्राप्त किये जा सकते हैं।

भारतीय सांख्यिकी के दोष

सांख्यिकीय स्रोतों के विकास की दिशा में भारत सरकार पर्याप्त ध्यान एवं रूचि से कार्य कर रही है, जिसके फलस्वरूप इस दिशा में सराहनीय प्रगति भी हुई है। परन्तु इस प्रगति के होते हुए भी इसमें अब भी कुछ दोष हैं। मुख्य दोष निम्नलिखित हैं–

(1) अपर्याप्तता–भारत में सभी प्रकार के स्रोतों से प्राप्त सामाजिक और

आर्थिक आंकड़े अभी बहुत सीमित है। किसी भी विषय में उपलब्ध आंकड़े उस विषय के सम्बन्ध में पूर्ण सूचनाओं का प्रतिनिधित्व नहीं कर पाते। इसके अतिरिक्त जीवन के अनेक ऐसे पक्ष हैं जिनके विषय में आंकड़ों का संकलन किया ही नहीं जाता। ऐसा शायद धन एवं साधनों की सीमितता के कारण है। इसके अतिरिक्त ऐसे कार्यों के प्रति भारतीय लोगों में अपेक्षाकृत रूचि भी कम है। विदेशों में बहुत से सर्वेक्षणों के आयोजन जिज्ञासा की पूर्ति के लिए भी किये जाते हैं।

(2) पुरानी सूचनायें—सरकारी अथवा गैर-सरकारी सांख्यिकीय प्रकाशनों में प्रायः पुरानी सूचनाओं का वर्णन मिलता है। इसके कई कारण है। एक तो सर्वेक्षण एवं तथ्य संकलन का कार्य धीमी गति से हुआ करता है। अतः सर्वेक्षण के कार्य को पूरा होने में काफी समय लग जाता है। ऐसी स्थिति में प्रकाशित होने के समय वह सामग्री दो-तीन वर्ष पुरानी सूचना को प्रस्तुत करती है। इसलिए किसी भी विषय के प्रति नवीनतम एवं सामयिक जानकारी प्राप्त नहीं हुआ करती। उदाहरण के लिए, जनसंख्या की गणना दस वर्ष बाद होती रही है और उस गणना के दो-तीन वर्षों बाद ही पूर्ण विस्तृत रिपोर्ट प्राप्त हुआ करती है। ऐसी स्थिति में वास्तविकता से हटकर एकमात्र अनुमान से ही कार्य किये जाते है।

(3) अविश्वसनीयता—सरकारी और गैर-सरकारी क्षेत्रों से उपलब्ध आँकड़ों की विश्वसनीयता में प्रायः सदैव ही सन्देह बना रहता है। सरकार अपनी नीतियों और लोकप्रियता को बनाये रखने के लिए कई बार वास्तविक आँकड़ों को घटा कर या बढ़ाकर बताया करती है। प्रायः साम्प्रदायिक दंगों में मरने वालों की संख्या, अपराधियों के विषय में सूचना और विदेशी व्यापार से सम्बन्धित आँकड़ों में हेर-फेर कर लिया जाता है। इस सब कारणों से सरकारी सूचनाओं पर भी पूर्ण रूप से निर्भर नहीं किया जा सकता।

(4) अव्यवस्थित आँकड़े—भारतीय संविधान के अनुसार आँकड़ों के संकलन में क्षेत्रों का विभाजन किया गया है। कुछ आँकड़े जिले और तहसील के स्तर पर एकत्रित किये जाते हैं, कुछ आँकड़ों का संकलन राज्यों के स्तर पर होता है। इस स्थिति में अखिल भारतीय स्तर पर सूचना प्राप्त करने के लिए आँकड़ों को व्यवस्थित एवं क्रमबद्ध करना अति आवश्यक है, परन्तु लापरवाही के कारण कई बार यह कार्य किया ही नहीं जाता। इस स्थिति में वास्तविक सूचनाओं की प्राप्ति प्रायः असम्भव हो जाती है।

(5) पत्र-पत्रिकाओं की अल्पता—अनुसन्धानों की रिपोर्ट और सांख्यिकीय सामग्री को प्रकाशित करने वाली पत्रिकायें भी भारत में आवश्यकता से कम है। इस कारण सामयिक सूचनाओं का प्रकाशन सुचारू रूप से नहीं हो पाता। प्रायः सामान्य सर्वेक्षणकर्ताओं के अध्ययनों के निष्कर्षों को प्रकाशित होने का अवसर ही नहीं मिल पाता।

दोषों को सुधारने के उपाय

ऊपर के विवरण से स्पष्ट होता है कि भारत में उपलब्ध सांख्यिकीय सामग्री में अनेक दोष हैं। परन्तु ये सब दोष इस प्रकार के नहीं हैं कि उन्हें समाप्त करना

ही सम्भव न हो। कुछ ऐसे सुझाव निम्नलिखित हैं जिनके द्वारा तथाकथित दोषों को सुधारा जा सकता है।

(1) कार्य-कुशलता बढ़ाकर—भारत में उपलब्ध सांख्यिकीय सामग्री में उपस्थित दोषों के पीछे मुख्य कारण सम्बन्धित विभागों के कर्मचारियों की अकुशलता है। प्रायः प्रत्येक सरकारी विभाग में कर्मचारी समय पर कार्य नहीं किया करते, टालते रहते हैं, जिसके फलस्वरूप आँकड़ों के प्रकाशन में आवश्यकता से अधिक देर हो जाया करती है। इसके अतिरिक्त बिना पर्याप्त नियन्त्रण के वैतनिक कर्मचारी प्रायः सरकारी कार्य को अधिक शुद्धता से भी नहीं करते। इन सब दोषों को सुधारने के लिए सम्बन्धित कर्मचारियों पर पर्याप्त नियन्त्रण होना अति आवश्यक है।

(2) निजी तथा संस्थागत शोध कार्यों को प्रोत्साहन—यदि हम चाहते हैं कि हमें विश्वसनीय और आधुनिकतम सूचनायें प्राप्त होती रहे तो निजी एवं संस्थागत शोध-कार्यों को अधिक से अधिक प्रोत्साहित करना अति आवश्यक है। इस प्रकार जब शोध-कार्य के प्रति व्यक्तिगत स्तर पर रूचि पैदा हो जायेगी तो हमें नित्य-नवीन शोध-निष्कर्ष प्राप्त हुआ करेंगे। इस दिशा में प्रगति करने के लिए विश्वविद्यालयों के समाज-विज्ञानों के छात्रों को प्रोत्साहित करना सबसे अधिक लाभदायक सिद्ध होगा।

(3) समन्वयकारी संस्थाओं की स्थापना—भारत में उपलब्ध सांख्यिकीय सामग्री में एक दोष आँकड़ों का अव्यवस्थित होना भी है। क्षेत्र के विभाजित होने के कारण अलग-अलग संकलित आँकड़ों का प्रायः समन्वय नहीं हो पाता और निश्चित निष्कर्ष प्राप्त नहीं हो पाते। इस दोष से मुक्त होने के लिए यह आवश्यक है कि अखिल भारतीय स्तर पर कुछ ऐसी संस्थाओं का निर्माण किया जाये जो कि केवल विभिन्न क्षेत्रों से संकलित विभिन्न प्रकार के आँकड़ों के संकलन का कार्य ही करें। इस प्रकार की संस्थाओं के निर्माण से कई प्रकार के दोषों से मुक्ति मिल जायेगी।

(4) सर्वेक्षण के साधनों के सुधार—सांख्यिकीय सामग्री के दोषों को कम अथवा समाप्त करने के लिए सर्वेक्षण और अनुसन्धान के साधनों में भी सुधार करना अति आवश्यक है। जितने ही वैज्ञानिक साधन अपनाये जायेंगे उतने ही शुद्ध निष्कर्षों की प्राप्ति की सम्भावना होगी। तथ्यों के संकलन में अधिक से अधिक यान्त्रिक साधनों के उपयोग से निष्कर्षों में वस्तुनिष्ठता की मात्रा को बढ़ाया जा सकता है। उदाहरण के लिए टेप-रिकार्डर, कैमरे, चलचित्र आदि को तथ्य संकलन का साधन बनाना अधिक उपयोगी होता है।

(5) प्रयोगशालाओं की स्थापना—स्थान-स्थान पर कुछ सांख्यिकीय प्रयोगशालाओं की भी स्थापना होनी चाहिये। ये प्रयोगशालायें सरकारी सहायता से स्थापित की जा सकती हैं। इन प्रयोगशालाओं में सम्बन्धित क्षेत्र से एकत्रित आँकड़ों के विवेचन तथा विश्लेषण का कार्य होना चाहिए। इन प्रयोगशालाओं के माध्यम से सामग्री एवं शोध-कार्य का प्रशिक्षण भी दिया जा सकता है।

(6) शीघ्र प्रकाशन की व्यवस्था—सामाजिक दशाओं से सम्बन्धित आँकड़ों में निरन्तर परिवर्तन होते रहते हैं। यदि उन्हें शीघ्र ही प्रकाशित न कर दिया जाये तो उनका महत्व स्वयं समाप्त हो जाता है। अतः लोगों के उपयोग एवं जानकारी के लिए आँकड़ों को शीघ्र से शीघ्र प्रकाशित करने का यत्न करना चाहिये। यह कार्य सरकार के उच्चाधिकारियों के सहयोग से ही हो सकता है।

(7) विश्वसनीयता की परीक्षा—प्रायः सामाजिक समस्याओं से सम्बन्धित आँकड़ों के विषय में अविश्सनीयता की समस्या का सदैव ही सामना करना पड़ता है। इस दोष का निवारण अति आवश्यक है। इस दोष से मुक्त होने के लिए आँकड़ों को वास्तविक रूप देने और प्रकाशित करने से पूर्व भली-भांति निश्चित कर लेना चाहिये। इन आँकड़ों की विश्वसनीयता की विभिन्न विधियों से जाँच कर लेनी चाहिये।

भारत में जनगणना का महत्व
(Importance of Census in India)

सांख्यिकीय सामग्री के स्रोतों के पीछे दिये गये विस्तृत वर्णन द्वारा यह स्पष्ट हो जाता है कि भारत में सांख्यिकीय सामग्री के संकलन एवं प्रकाशन का कार्य अभी पूर्ण रूप से सन्तोषजनक नहीं है। इस स्थिति में जनगणना का विशेष महत्व जान पड़ता है। यदि यह कहा जाये तो कुछ भी गलत नहीं होगा कि अखिल भारतीय स्तर पर सूचना प्राप्त करने का मुख्य व्यवस्थित स्रोत जनगणना ही है। जनगणना द्वारा हमें बहुपक्षीय सूचनाओं एवं आँकड़ों की प्राप्ति होती है। जनगणना की रिपोर्ट में पूरे भारत की जनसंख्या, परिवारों के आकार-प्रकार, धर्म, भाषा, विभिन्न प्रकार के धन्धों, शिक्षा, जन्म तथा मृत्यु दर, आयु, लिंग आदि के विषय में पर्याप्त और शुद्ध आँकड़े दिये जाते हैं। जनगणना की रिपोर्ट से सामाजिक समस्याओं के विषय में पर्याप्त जानकारी प्राप्त हो जाती है। इससे स्पष्ट है कि भारत में जनगणना कां अत्यधिक महत्व है। अध्ययन की सुविधा के लिए जनगणना के महत्व को निम्न प्रकार से वर्गीकृत किया जा सकता है—

(1) राजनीतिक महत्व—प्रशासनिक और राजनीतिक दृष्टिकोण से जनगणना का विशेष महत्व है। जनगणना के द्वारा पूरे भारत की जनसंख्या के विषय में विभिन्न प्रकार की जानकारी प्राप्त होती है। इस जानकारी से सरकार को विभिन्न योजनाओं एवं नीतियों के निर्माण में सहायता मिलती है। जनगणना द्वारा जनसंख्या के बढ़ने या घटने का स्पष्ट परिचय प्राप्त हो जाता है। इसी आधार पर सरकार नीति का निर्धारण करती है जैसे बड़े परिवारों को प्रोत्साहन देना है या परिवारों को सीमित और छोटा करने के लिए प्रचार करना है। शिक्षा से सम्बन्धित आँकड़ों के आधार पर शिक्षा-प्रणाली में सुधार, विभिन्न क्षेत्रों में आवश्यकतानुसार शिक्षा का अधिक प्रचार और शिक्षा-संस्थाओं की स्थापना आदि का कार्य किया जाता है। विभिन्न भाषाओं के आँकड़ों के आधार पर कई प्रकार की नीतियों का निर्माण किया जाता है। जनगणना की रिपोर्ट से कई पिछड़ी जातियों, जनजातियों आदि के विकास में भी सहायता मिलती है।

(2) आर्थिक महत्व—जनगणना की रिपोर्ट के आधार पर देश का आर्थिक नियोजन किया जाता है। जनगणना के माध्यम से देश भर में विभिन्न क्षेत्रों में विभिन्न प्रकार के व्यक्तियों की आय-व्यय से सम्बन्धित आँकड़ों का पर्याप्त ज्ञान प्राप्त होता है। इन आँकड़ों के आधार पर आवश्यकतानुसार विभिन्न क्षेत्रों में आर्थिक-स्थिति को सुधारने का प्रयत्न किया जाता है। इसके अतिरिक्त विभिन्न वर्गों के लोगों को भी आर्थिक रूप से विकास करने में सहायता दी जाती है। जनगणना के माध्यम से ही देश की औसत आय, न्यूनतम आय और अधिकतम आय का पता लगाया जाता है। इस आय के विवरण के आधार पर समाज में सन्तुलन बनाये रखने के लिए विभिन्न वर्गों पर अतिरिक्त कर लगाये जाते हैं और कुछ वर्गों पर कर में कमी कर दी जाती है। इस प्रकार स्पष्ट है कि जनगणना का देश के लिए अत्यधिक आर्थिक महत्व है।

(3) समाजशास्त्रीय महत्व—समाजशास्त्रीय दृष्टिकोण से भी जनगणना का विशेष महत्व है। जनगणना के माध्यम से समाज की विभिन्न दशाओं, कुरीतियों रीति-रिवाजों आदि का पता चल जाता है। जनगणना से प्राप्त परिचय के आधार पर ही अनेक सामाजिक अनुसन्धानों और सर्वेक्षणों के लिए योजना का निर्माण किया जाता है । उदाहरण के लिए, जनगणना की रिपोर्ट से यह ज्ञात होता है कि भारत में कहाँ-कहाँ बाल-विवाह हो रहे हैं। इस परिचय के आधार पर बाल-विवाह प्रथा के विषय में पर्याप्त विस्तृत अध्ययन एवं सुधार किया जा सकता है। इसके अतिरिक्त अन्य अनेक सामाजिक घटनाओं के विषय में परिचय प्राप्त होता है और उनके आधार पर समाज में सुधार तथा परिवर्तन करने के यत्न किये जाते हैं।

(4) व्यापारिक महत्व—उच्चस्तरीय व्यापार के कुशल संचालन के लिए भी समय-समय पर अनेक प्रकार की योजनाओं और नीतियों का निर्माण करना पड़ता है। इस प्रकार नीतियों और योजनाओं के निर्माण के लिए अनेक प्रकार की सूचनाओं और आँकड़ों की आवश्यकता होती है। इस प्रकार की सूचनाओं को प्राप्त करने में प्राय: जनगणना की रिपोर्ट भी सहायक सिद्ध होती है। उदाहरण के लिए जनगणना की रिपोर्ट से यह ज्ञात हो जाता है कि किस क्षेत्र की जनसंख्या किस प्रकार की है? कौन-कौन से क्षेत्रों में घनी आबादी है? इन तथ्यों के आधार पर व्यापारिक योजनाओं का निर्माण करने वाले विशेषज्ञ वस्तुओं की मांग के प्रकार एवं मात्रा का अनुमान लगा लेते है। विभिन्न देशों की जनगणनाओं के आधार पर अन्तर्राष्ट्रीय व्यापार-सम्बन्धी नीतियों का निर्धारण किया जाता है। इस संक्षिप्त विवेचन से स्पष्ट हो जाता है कि जनगणना का व्यापारिक वर्ग के लिए भी विशेष महत्व है।

उपरोक्त विवेचन से जनगणना का महत्व पर्याप्त रूप से स्पष्ट हो जाता है। इस महत्व को हम वास्तविक रूप से तभी प्राप्त कर सकते हैं जबकि जनगणना द्वारा संकलित सूचनाएँ एवं आँकड़े पर्याप्त प्रामाणिक एवं विश्वसनीय हों। इन तथ्यों की प्रामाणिकता और विश्वसनीयता सम्बन्धित कार्यकर्ताओं और अधिकारियों की रूचि और ईमानदारी पर निर्भर करती है।

अभ्यास के लिए प्रश्न

प्रश्न 1. सामाजिक अध्ययन में सूचनाओं का क्या महत्व है? सूचना के प्रमुख प्रकार बतलाओ।
What is the importance of information in Social Studies? Point-out the main kinds of inforamtion.

प्रश्न 2. सूचनाओं के स्त्रोतों का वर्गीकरण कीजिये। प्राथमिक स्त्रोतों की व्याख्या कीजिये।
Classify sources of information. Explain primary sources.

प्रश्न 3. सामाजिक अध्ययन में द्वैतीयक स्त्रोतों की विवेचना कीजिये।
Discuss secondary sources of social investigation.

प्रश्न 4. भारत में सामाजिक आँकड़ों के मुख्य स्त्रोत क्या हैं। इस सन्दर्भ में भारतीय जनगणना का महत्व बताइये?
What are the main sources of social statistics in India? Discuss the importance of the Census of India in this context.

प्रश्न 5. संक्षिप्त टिप्पणी लिखो—भारत में जनगणना का महत्व
Write short note on—Importance of Census investigation in India.

3

सामाजिक घटनाओं के अध्ययन में वैज्ञानिक विधियाँ (Scientific Methods in Studying Social Phenomena)

किसी भी विषय के विज्ञान कहलाने के लिए यह आवश्यक है कि उसका अध्ययन वैज्ञानिक पद्धति द्वारा किया जाये। वैज्ञानिक सफलतायें वैज्ञानिक पद्धति का ही फल हैं। विधायक विज्ञान दो प्रकार के होते हैं—प्राकृतिक विज्ञान और सामाजिक विज्ञान। प्राकृतिक विज्ञानों में भौतिक-शास्त्र, रसायन-शास्त्र, जीव-विज्ञान, भूगर्भ-शास्त्र आदि आते हैं। सामाजिक विज्ञान में समाजशास्त्र, अर्थशास्त्र, नीतिशास्त्र आदि आते हैं। प्राकृतिक विज्ञानों ने आज अपने-अपने क्षेत्र में आशातीत सफलता प्राप्त कर ली है। इसके विपरीत सामाजिक विज्ञान ने न तो उतनी अधिक सफलता ही प्राप्त की है और न उनके परिणाम ही इतने निश्चित होते हैं।

वास्तव में प्राकृतिक विज्ञानों और सामाजिक विज्ञानों में पर्याप्त अन्तर है। प्राकृतिक विज्ञानों में वैज्ञानिक पद्धति का प्रयोग बड़ी सफलता से किया जा सकता है। इसके विपरीत सामाजिक विज्ञानों में वैज्ञानिक पद्धति का प्रयोग उतनी सफलता एवं सरलता से नहीं किया जा सकता। इसका क्या कारण है? प्राकृतिक विज्ञानों की विषय-वस्तु सामान्यता जड़ एवं स्थूल होती है। सामाजिक विज्ञानों के अध्ययन की विषय-सामग्री चेतन एवं सूक्ष्म होती है। यही कारण है कि सामाजिक विज्ञानों में अध्ययन के लिए वैज्ञानिक पद्धति का उपयोग अधिक सुचारू रूप से नहीं हो पाता।

सामाजिक विज्ञानों के अध्ययन के लिए सर्वप्रथम सामाजिक घटना (Social Phenomenon) की प्रकृति जानना आवश्यक है। सामाजिक घटना की सही-सही प्रकृति जान लेने के बाद ही हम सामाजिक घटना के अध्ययन में वैज्ञानिक पद्धति का उपयोग करने में सफल हो सकते हैं।

सामाजिक घटना की विशेषतायें
(Characteristics of Social Phenomena)

प्राकृतिक विज्ञानों के अंतर्गत विभिन्न विज्ञानों की प्रकृति आपस में पूर्णतया समान नहीं होती, उनमें पर्याप्त अन्तर होते हैं, जैसे भौतिक शास्त्र और ऋतु-विज्ञान की प्रकृति में पर्याप्त अन्तर है परन्तु अन्तर के साथ-साथ उनमें पर्याप्त मात्रा में साम्य भी है। दूसरी ओर सामाजिक घटना में पाई जाने वाली विविधता, जटिलता, अनिश्चितता, गतिशीलता आदि उसे प्राकृतिक विज्ञानों से अलग कर देती है। सामाजिक घटना की मुख्य विशेषतायें निम्नलिखित हैं–

(1) जटिलता (Complexity)–सामाजिक घटना अति जटिल होती है। समाज मानवीय सम्बन्धों से बनता है। मानवीय सम्बन्ध मनुष्यों के पारस्परिक व्यवहारों में प्रकट होता हैं। मानवीय व्यवहार में अनेक विविधतायें देखने में आती हैं। इसी कारण मानवीय व्यवहार का वैज्ञानिक अध्ययन कठिन होता है। इस विषय में लुडबर्ग का कहना है, "सम्भवतया मानव समूह व्यवहार के वास्तविक विज्ञान की सर्वाधिक महत्वपूर्ण आवृत्तिमूलक बाधा इसकी विषय-सामग्री की जटिलता है।"[1] वास्तव में मानवीय सम्बन्धों एवं व्यवहार को प्रभावित करने वाले अनेक कारक हैं। मानवीय व्यवहार आर्थिक, भौतिक, सामाजिक, मनोवैज्ञानिक कारकों से निर्धारित एवं प्रभावित होता है। इनके अतिरिक्त कुछ अज्ञात कारक भी मानवीय व्यवहार पर प्रकाश डालते हैं।

प्राकृतिक विज्ञानों के अध्ययन में विषय-सामग्री पर प्रकाश डालने वाले कारकों को नियन्त्रित किया जा सकता है। उदाहरण के लिये रसायन शास्त्र के अध्ययन के लिये ताप, दबाव, चुम्बकत्व आदि कारकों को आवश्यकतानुसार परिवर्तित एवं प्रभावहीन किया जा सकता है। परन्तु सामाजिक व्यवहार पर प्रभाव डालने वाले कारकों को न तो पूर्ण रूप से नियन्त्रित किया जा सकता है और न ही उनके प्रभाव से बचा जा सकता है। एक साथ अनेक कारकों का प्रभाव पड़ने के कारण यह निश्चित करना भी कठिन होता है कि किस कारक का क्या और कितना प्रभाव है। सामाजिक सम्बन्धों पर प्रकाश डालने वाले कारक न तो स्थायी होते हैं और न ही सर्वत्र एक समान होते हैं। उदाहरण के लिये आर्थिक कारक सब कहीं और सदा एक-सा प्रभाव नहीं डालते। इन सब कारणों के आधार पर हम कह सकते हैं कि सामाजिक घटना की प्रकृति बहुत ही जटिल है।

यह सत्य है कि सामाजिक घटना की प्रकृति अत्यन्त जटिल है परन्तु उसे जटिल मानकर सामाजिक विज्ञान के क्षेत्र में अध्ययन नहीं छोड़ देना चाहिये। वास्तव में जटिलता एक सापेक्ष प्रत्यय है। जहाँ हमारा ज्ञान और हमारे उपलब्ध साधन कार्य नहीं कर पाते वहाँ मान लेते हैं कि विषय जटिल है, परन्तु यदि हमारे साधन एवं

1. "Perhaps the most frequently urged obstacle to a true science of human group behaviour is the complexity of its subject-matter."
—George, Lundberg, *Social Research* (1943), p. 16.

ज्ञान विकसित हो जायें तब वही विषय जटिल न रह कर सरल बन जाता है। यही तथ्य सामाजिक विज्ञानों के विषय में भी महत्व रखता है। ज्यों-ज्यों हमारे साधन विकसित होगें त्यों-त्यों सामाजिक घटना की प्रकृति भी सापेक्ष रूप से सरल एवं वैज्ञानिक अध्ययन के अनुकूल बन जायेगी।

(2) सार्वभौमिकता का अभाव (Absence of Universality)– प्राकृतिक विज्ञानों की विषय-सामग्री में गुणों और क्रियाओं-प्रतिक्रियाओं में सार्वभौमिकता पाई जाती है। उदाहरण के लिए आग सदा ही ताप देती है। पानी 100°C और निश्चित दबाव पर हमेशा ही खौलने लगता है। दूसरी ओर सामाजिक घटनाओं मे ऐसी सार्वभौमिकता कहीं भी दिखाई नहीं देती। हम मानवीय सम्बन्धों के विषय में निश्चित रूप से कुछ भी नहीं कह सकते। किन परिस्थितियों में कोई व्यक्ति कैसा व्यवहार करेगा यह कह पाना उतना सरल नहीं है जितना ही हाईड्रोजन और ऑक्सीजन से पानी के बन जाने की बात कहना सरल है। एक व्यक्ति एक ही बात किसी एक व्यक्ति के द्वारा सुनकर मुस्करा सकता है और वही बात किसी अन्य व्यक्ति के द्वारा कहने पर लड़ने-मरने को तैयार हो सकता है। इस प्रकार सामाजिक व्यवहार में सार्वभौमिकता का पर्याप्त अभाव है। सामाजिक सम्बन्धों एवं व्यवहारों में सार्वभौमिकता न होना भी सामाजिक घटना की एक विशेषता है।

सार्वभौमिकता का अभाव होते हुए भी सामाजिक घटनाओं में कहीं-कहीं समरूपता भी होती है। व्यक्ति-व्यक्ति में पर्याप्त अन्तर है, परन्तु तो भी मूल रूप से तो प्रत्येक व्यक्ति मनुष्य ही है। अतः उनके व्यवहार में भी कुछ न कुछ समानता अवश्य होनी चाहिये। वास्तव में सामाजिक व्यवहार को नापने एवं अध्ययन करने के पर्याप्त सूक्ष्म साधन हमारे पास नहीं हैं, अतः हम परिस्थितियों का वास्तविक ज्ञान प्राप्त नहीं कर सकते। यदि समस्त परिस्थितियाँ एक समान हों तब शायद प्रत्येक व्यक्ति समान व्यवहार करे। यह एक अलग बात है कि क्या बिल्कुल एक-सी परिस्थितियाँ जुटाना सम्भव है?

(3) गतिशीलता (Dynamism)–परिवर्तनशीलता सामाजिक घटना की एक मुख्य विशेषता है। इससे भिन्न प्राकृतिक विज्ञानों की घटनाओं में सामान्यतया परिवर्तन नहीं होते और जो परिवर्तन होते भी हैं, वे नगण्य माने जा सकते हैं। सामाजिक व्यवहार, रीति-रिवाज, प्रथाएँ आदि काफी तेजी से बदलती रहती हैं। सम्भव है कि एक ही सर्वेक्षण काल में युवक-युवतियों में प्रचलित फैशन कई बार बदल जायें। सामूहिक तौर पर व्यवहार में परिवर्तन होते रहते हैं। व्यक्तिगत स्तर पर भी कोई मनुष्य अकारण ही या किसी अज्ञात कारणवश अपना व्यवहार परिवर्तित कर सकता है। उदाहरण के लिये मांसभक्षी व्यक्ति किसी समय बिना स्पष्ट कारण के ही मांसभक्षण त्याग कर सकता है। नशा करने वाले लोग नशा छोड़ते देखे गये हैं। इस प्रकार स्पष्ट है कि सामाजिक घटना की प्रकृति अत्यधिक परिवर्तनशील एवं अस्थिर होती है।

(4) अगम्यता (Incomprehensibility)–प्राकृतिक घटनायें स्थूल होती हैं,

सामाजिक घटनायें सूक्ष्म होती हैं। भौतिक वस्तुओं को हम छू कर, चख कर, चोट मार कर, गरम करके आदि अनेक प्रकार से जाँच कर सकते हैं। उनकी नाप-तोल सरल एवं सम्भव है। इससे भिन्न सामाजिक घटनाओं को नापना-तोलना न तो सरल है और न ही सम्भव है। मानवीय व्यवहार एवं सम्बन्धों का वैज्ञानिक विश्लेषण करना सम्भव नहीं है। वास्तव में सामाजिक सम्बन्धों के विषय में पर्याप्त वैज्ञानिक ज्ञान उपलब्ध नहीं है। चूँकि सामाजिक घटनायें सूक्ष्म होती हैं, अतः इनका वर्णन प्रतीकात्मक भाषा में ही किया जा सकता है और प्रतीकात्मक भाषा में किया गया वर्णन उतना सही एवं निश्चित नहीं हो सकता जितना कि भौतिक वस्तुओं के गुणधर्मों का स्थूल वर्णन होता है।

(5) वस्तुनिष्ठता का अभाव (Absence of Objectivity)—सामाजिक घटना की प्रकृति में एक महत्वपूर्ण बात वस्तुनिष्ठता का अभाव है। भौतिक विज्ञानों के अध्ययन में वस्तुनिष्ठता पर्याप्त मात्रा में होती है। इन विज्ञानों की विषय-सामग्री जड़ एवं मूर्त हाती हैं, उससे प्रयोगकर्ता का कोई भावनात्मक लगाव नहीं होता। इससे भिन्न सामाजिक घटनाओं की प्रकृति के अध्ययन में वस्तुनिष्ठता अपनाना सरल नहीं होता। सामान्यतया सर्वेक्षणकर्ता स्वयं भी उसी समूह, समुदाय या समाज का सदस्य होता है जिसका सर्वेक्षण किया जा रहा होता है। अतः स्वाभाविक ही है कि वह अध्ययन की सामग्री से किसी न किसी प्रकार से प्रभावित हो जाये। प्रत्येक व्यक्ति के कुछ न कुछ पूर्वाग्रह होते हैं, वह इन पूर्वाग्रहों को छोड़ नहीं सकता। अतः वह तटस्थ होकर न तो व्यवहार कर सकता है और न ही घटनाओं का अवलोकन कर सकता है। उदाहरण के लिये कई बार यह देखने-सुनने में आता है कि अमुक सर्वेक्षणकर्ता सर्वेक्षण करते समय किसी सुन्दर युवती से प्रेम करने लगा या वेश्याओं के जीवन का सर्वेक्षण करते-करते स्वयं भी वेश्यागामी बन गया।

प्रत्येक जीवन किसी न किसी धर्म, जाति, प्रान्त या भाषा से संबंधित होता है और उसके प्रति लगाव रखता है। ऐसी दशा में वह सम्बन्धित घटना का अध्ययन तटस्थ रहकर नहीं कर सकता। इस प्रकार सामाजिक घटनाओं के प्रति वस्तुनिष्ठ दृष्टिकोण अपनाना सरल नहीं है। फिर भी भरसक प्रयत्न एवं प्रशिक्षण के द्वारा वस्तुनिष्ठता की मात्रा बढ़ाई जा सकती है अर्थात् व्यक्ति के पूर्वाग्रहों, पूर्व धारणाओं और पक्षपातों को कम किया जा सकता है।

(6) गुणात्मकता (Qualitativeness)—सामाजिक घटनाओं की एक अन्य मुख्य विशेषता गुणात्मकता है। प्राकृतिक घटनाओं की प्रकृति गणनात्मक या परिमाणात्मक होती है। उनको नापा तोला जा सकता है, उनकी नाप-तोल की इकाइयाँ निश्चित की जा सकती हैं। उदाहरण के लिए तापक्रम नापने के लिये सेन्टीग्रेड आदि इकाइयाँ होती हैं, तोलने के लिए किलोग्राम और लम्बाई नापने के लिए मीटर आदि का प्रयोग किया जाता है। इससे भिन्न सामाजिक घटनाओं की प्रकृति गुणात्मक होती है। सामाजिक घटनायें अमूर्त होती हैं। उन्हें नापा-तोला नहीं जा सकता। उनका वर्णन अमूर्त भाषा द्वारा ही होता है। सामाजिक निष्कर्ष प्रायः

मूल्यात्मक होते हैं। सामाजिक सम्बन्ध और व्यवहार तथा रीति-रिवाज, प्रथायें आदि सामाजिक घटनायें गुणात्मक होती हैं।

यद्यपि मूल रूप से सामाजिक घटनायें गुणात्मक होती हैं और उनका परिमाणत्मक अध्ययन करना सरल नहीं होता तो भी वैज्ञानिक विधियों के विकास के साथ-साथ इस दिशा में प्रगति की जा रही है। आजकल सामाजिक घटनाओं की नाप-तोल के लिये भी पैमाने तैयार किये जा रहे हैं। सांख्यिकीय प्रणालियों के द्वारा सामाजिक घटनाओं का परिणात्मक अध्ययन किया जा रहा है। समाजमिति की प्रणालियाँ भी इस दिशा में महत्वपूर्ण कदम हैं।

(7) भविष्यवाणी करने में कठिनाई (Difficulty in Prediction)– प्राकृतिक विज्ञानों में भविष्यवाणी करना सरल होता है। उदाहरण के लिये चन्द्रग्रहण या सूर्यग्रहण की भविष्यवाणी की जा सकती है। परन्तु समाजिक घटनाओं के विषय में निश्चित भविष्यवाणी करना सरल नहीं है। हम परिवारों, विवाहों या रीति-रिवाजों के विषय में कोई निश्चित भविष्यवाणी नहीं कर सकते। संस्थाओं के अतिरिक्त व्यक्तियों के व्यवहार के विषय में भी कोई भविष्यवाणी करना सरल नहीं हैं। हम पूर्ण निश्चितता से नहीं कह सकते कि अमुक व्यक्ति प्रेम में असफल होने पर आत्महत्या कर लेगा या मद्यपान करना प्रारम्भ कर देगा अथवा कविता लिखना प्रारम्भ करेगा।

सामाजिक घटनाओं के विषय में भविष्यवाणी न कर सकने के अनेक कारण हैं। ये जटिल, अमूर्त, परिवर्तनशील, गुणात्मक एवं असार्वभौमिक होती हैं। इन सब विशेषताओं के कारण किसी भी सामाजिक घटना के विषय में निश्चित भविष्यवाणी करना सरल नहीं होता। एक तो मनुष्य स्वयं भी स्वभाव से ही जटिल एवं परिवर्तनशील है, दूसरे यह भी निश्चित नहीं है कि पर्यावरण के किस कारक का किस समय किसी व्यक्ति पर क्या प्रभाव होगा। न तो परिस्थितियाँ और न ही परिस्थितियों के प्रभाव ही निश्चित हैं। इन सब कारणों से सामाजिक घटनाओं के विषय में भविष्यवाणी करना सरल नहीं है। परन्तु इसका अर्थ यह नहीं है कि ऐसा होना कभी भी सम्भव नहीं है। वास्तव में ज्यों-ज्यों हमारे वैज्ञानिक अध्ययन के साधन विकसित होगें त्यों-त्यों इस दिशा में प्रगति होगी। परिस्थितियों को नियन्त्रित करने एवं सम्बन्धित कारकों को निर्धारित करने की क्षमता प्राप्त कर लेने पर सामाजिक घटनाओं के विषय में भी अपेक्षाकृत निश्चित रूप से भविष्यवाणी की जा सकेगी।

सामाजिक नियमों की प्रकृति
(Nature of Social Norms)

उपर्युक्त विवेचन से स्पष्ट है कि सामाजिक घटनाओं के संबंध में सामाजिक नियम बनाने में सबसे बड़ी बाधा सामाजिक इकाइयों की जटिलता और सतत परिवर्तनशीलता है। सामुदायिक जीवन, समितियों और संस्थाओं की रचना में इतने

अधिक कारक काम करते हैं और ये कारक इतने अधिक परिवर्तनशील होते हैं कि इनकी घटनाओं के विषय में बनाये गये सामाजिक नियम अस्थायी और काम चलाऊ मात्र ही रहते हैं। उनके आधार पर की गई भविष्यवाणी के सही होने की सम्भावना अवश्य होती है, परन्तु निश्चय नहीं होता। इस प्रकार सामाजिक नियमों की प्रकृति भौतिक नियमों की प्रकृति से भिन्न है। भौतिक नियम स्थायी हैं, सामाजिक नियम अस्थायी हैं। भौतिक नियम अनिवार्य हैं, सामाजिक नियम सम्भावनायें मात्र हैं। भौतिक नियमों के आधार पर सही भविष्यवाणी की जा सकती है। सामाजिक नियमों के आधार पर सामाजिक घटनाओं के बारे में सम्भावनायें जानी जा सकती हैं।

सामाजिक घटनाओं और सामाजिक नियमों की प्रकृति के उपर्युक्त विवेचन से विज्ञान के रूप में सामाजिक विज्ञानों की सीमायें स्पष्ट हो जाती हैं। सामाजिक विज्ञान में वैज्ञानिक को अधिक सतर्क, धैर्यवान और नमनीय होने की आवश्यकता होती है। बहुधा उसके निरीक्षण और विवेचन में पक्षपात हो जाने की सम्भावना होती है क्योंकि वह जिन सामाजिक घटनाओं का अध्ययन कर रहा होता है उनमें स्वयं भी भाग ले रहा होता है। किन्तु इन कठिनाइयों से यह निष्कर्ष नहीं निकाला जा सकता कि सामाजिक घटनाओं का वैज्ञानिक अध्ययन सम्भव नहीं है यद्यपि भौतिक विज्ञान की तुलना में वह कठिन अवश्य है। समाजशास्त्र के विकास के इतिहास में प्रारम्भ में अनेक विद्वानों ने सामाजिक घटनाओं की अमूर्तता, परिवर्तनशीलता, आत्मगतता, अगम्यता, गुणात्मकता और जटिलता की ओर संकेत करके यह आशंका अभिव्यक्त की थी कि उनके विषय में सामाजिक नियमों का पता नहीं लगाया जा सकता किन्तु समाजशास्त्रियों के अथक प्रयास से आज सामाजिक घटनाओं के विषय में अनेक महत्वपूर्ण सामाजिक नियमों का पता लगाया जा चुका है और समान परिस्थितियों में इन सामाजिक नियमों के आधार पर सही भविष्यवाणी की जा सकती है। ज्यों-ज्यों समाज वैज्ञानिक सामाजिक घटनाओं में उलझे हुए तथ्यों की अधिकाधिक जानकारी प्राप्त करता जा रहा है और उनमें निहित कारकों को समझता जा रहा है त्यों-त्यों वह उनमें कार्य-कारण सम्बन्धों का पता लगाने में अधिक सफल हुआ है। सामाजिक नियमों का पता लगाने से सामाजिक घटनाओं का नियन्त्रण करने की शक्ति बढ़ी है जिससे आजकल सभी समाजों में कल्याण और आयोजन के विभिन्न कार्यक्रम अपनाए जा रहे हैं और यह आशा करने का पर्याप्त कारण उपस्थित है कि भविष्य में इस सम्बन्ध में और भी सफलता प्राप्त होगी।

अभ्यास के लिए प्रश्न

प्रश्न 1. सामाजिक घटना की प्रकृति की विवेचना कीजिए।
Discuss the nature of Social Phenomena. What are the difficulties in their scientific study?

प्रश्न 2. सामाजिक नियमों की प्रकृति का विवेचन कीजिये।
Discuss the nature of Social Norms.

4

विधियाँ और प्रविधियाँ

(Methods and Techniques)

विज्ञान की सबसे बड़ी विशेषता वैज्ञानिक विधि है। विज्ञान तथ्यों से नहीं बनते बल्कि उन विधियों के कारण बनते हैं जो कि उन्हें दर्शन से अलग करती हैं। विज्ञान और दर्शन का मुख्य अन्तर इतना अधिक क्षेत्र के कारण नहीं है जितना कि विधि के कारण है। वास्तव में किसी भी क्षेत्र में वैज्ञानिक विधि का प्रयोग करने से मिले निष्कर्षों को विज्ञान की संज्ञा दी जानी चाहिये। आधुनिक काल में विज्ञानों के विषय क्षेत्र, सामग्री तथा प्रविधियाँ आदि भिन्न-भिन्न हैं किन्तु इन सभी में वैज्ञानिक विधियाँ प्रयोग की जाती हैं।

विधि की व्याख्या

वैज्ञानिक विधि की मुख्य विशेषताएँ सत्यापनशीलता, निश्चितता, कार्यकारण सम्बन्ध का पता लगाना और भविष्यवाणी करने की क्षमता है। ऐन्साइक्लोपीडिया ब्रिटेनिका में लिखा गया है, "वैज्ञानिक विधि उन विभिन्न प्रक्रियाओं का संकेत करने वाला एक समूहवाचक पद है जिसकी सहायता से विज्ञान बनाये गये हैं। विस्तृत अर्थ में खोज की कोई भी विधि वैज्ञानिक विधि कहला सकती है जिसके द्वारा वैज्ञानिक अथवा अन्य तटस्थ और व्यवस्थित ज्ञान प्राप्त किया गया है।"[1] इस परिभाषा से स्पष्ट है कि वैज्ञानिक विधि की विशेषता यह है कि उससे तटस्थ और व्यवस्थित ज्ञान प्राप्त होता है। विज्ञान सीमित क्षेत्र का व्यवस्थित अध्ययन है। अस्तु, वैज्ञानिक विधि का व्यवस्थित होना अनिवार्य है। वैज्ञानिक विधि में निरीक्षण, वर्गीकरण अथवा व्याख्या सभी कुछ व्यवस्थित रूप में की जाती है। वैज्ञानिक विधि की यह विशेषता उसे सामान्य मनुष्यों की विधियों से भिन्न दिखलाती है। लुण्डबर्ग के शब्दों में "वैज्ञानिक विधि समंकों के व्यवस्थित निरीक्षण, वर्गीकरण और व्याख्या में सम्मिलित है। हमारे प्रतिदिन के सामान्यीकरणों और वैज्ञानिक विधि के रूप में स्वीकृति

---

1. "Scientific method is a collective term denoting the various processes by the aid of which the sciences are built up. In a wide sense any method of investigation by which scintific or other impartial and systematic knowledge is acquired, is called a scientific method."
--*Encyclopaedia Brittannica,* (1941) Vol. XX.

निष्कर्षों में मुख्य अन्तर औपचारिकता, कठोरता, सत्यापनशीलता और दूसरे की सामान्य प्रामाणिकता के अंश में है।''[1] इस प्रकार वैज्ञानिक विधि हमारे दैनिक जीवन की विधि से अधिक औपचारिक, कठोर, सत्यापनशील और प्रामाणिक होती है। उसमें वैज्ञानिक समंकों का निरीक्षण, वर्गीकरण की व्याख्या करता है। उसके द्वारा विशेष क्षेत्र में कार्यकारण सम्बन्ध की खोज की जाती है और सामान्य सिद्धान्तों के आधार पर भविष्यवाणी की जा सकती है। विज्ञान की भविष्यवाणी करने की क्षमता का श्रेय वैज्ञानिक विधि को ही है।

विधियों के प्रकार

यूँ तो वैज्ञानिक विधियाँ अनेक हैं किन्तु स्थूल रूप में मुख्य वैज्ञानिक विधियाँ निम्नलिखित हैं—

(1) आगमन (Induction)—इस विधि में विशेषों के ज्ञान के आधार पर सामान्य सिद्धान्त निकाला जाता है।

(2) निगमन (Deduction)—किसी सामान्य सिद्धान्त से कोई विशेष तथ्य निकालने की विधि को निगमन कहते हैं।

(3) ऐतिहासिक (Historical)—इस विधि में अध्ययन के विषय की तुलना से नवीन तथ्य निकाले जाते हैं।

(4) तुलनात्मक (Comparative)—इस विधि में विभिन्न विषयों की तुलना से नवीन तथ्य निकाले जाते हैं।

(5) संरचनात्मक (Structural)—इसमें विषय की संरचना का विश्लेषण करके उसमें निहित तत्वों को स्पष्ट किया जाता है।

(6) कार्यात्मक (Functional)—इसमें किसी भी पूर्ण में विशेष अंश के कार्य का अध्ययन किया जाता है अथवा किसी पूर्ण के कार्य का अध्ययन किया जाता है।

उपर्युक्त वैज्ञानिक विधियाँ लगभग सभी प्रकार के विज्ञानों में अपनाई गई है। आगमन और निगमन का प्रयोग तो सभी विज्ञानों का मूलाधार है। वैज्ञानिक सिद्धान्त आगमन के द्वारा निकाले जाते हैं और निगमन के द्वारा उनको विशेष परिस्थितियों में लागू किया जाता है। केवल विज्ञानों में ही नहीं बल्कि दर्शन में भी सीमित क्षेत्र में आगमन और निगमन का प्रयोग किया जाता है। आगमन और निगमन के प्रयोग का यह दार्शनिक क्षेत्र जो कि तर्कशास्त्र कहलाता है विज्ञान में भी गिना जाता है क्योंकि ये वैज्ञानिक विधियाँ हैं। ऐतिहासिक अध्ययन केवल सामाजिक विज्ञान में ही नहीं बल्कि भौतिक विज्ञानों में भी लाभदायक सिद्ध हुए हैं। तुलनात्मक विधि

---

1. "Scientific method consists of systematic observation, classification and interpretation of data. The main difference between our day to day generalisations and the conclusions usually recognised as scientific method lies in the degree of formality, rigorousness, verifiability and general validity of the latter." —Lundberg

का प्रयोग जीवशास्त्र, रसायनशास्त्र जैसे भौतिक विज्ञानों और समाजशास्त्र, मनोविज्ञान, मानवशास्त्र, अर्थशास्त्र आदि सामाजिक विज्ञानों में किया जाता है। संरचनात्मक और कार्यात्मक विधियाँ परस्पर पूरक हैं। इन दोनों को ही लगभग सभी विज्ञानों में व्यापक रूप से प्रयोग किया जाता है। इस प्रकार स्पष्ट है कि वैज्ञानिक विधि की एक मुख्य विशेषता यह है कि यह सभी विज्ञानों में समान रूप से प्रयोग की जाती है। इसका उद्देश्य तथ्यों का अध्ययन, सत्यापन, वर्गीकरण, विश्लेषण और सामान्यीकरण है। वैज्ञानिक विधि में जहाँ नये तथ्य निकाले जाते हैं वहाँ तथ्यों के विषय में प्रचलित विचारों की जाँच भी की जाती है। इन दोनों कार्यों के लिए सबसे पहले विशेष क्षेत्र में उपकल्पना का निर्माण किया जाता है। फिर इस उपकल्पना की जाँच के हेतु सामग्री का संग्रह और निरीक्षण किया जाता है। अब इस संगृहीत सामग्री से विश्लेषण और व्याख्या के आधार पर सामान्य सिद्धान्त निकाले जाते हैं।

प्रविधि का अर्थ
(Meaning of Technique)

गुडे और हाट के शब्दों में, "प्रविधियों में वे विशिष्ट प्रणालियाँ सम्मिलित हैं जिनके द्वारा समाजशास्त्री अपने समंकों को एकत्रित और व्यवस्थित करता है।"[1] प्रविधियों की इस परिभाषा में समाजशास्त्री शब्द के स्थान पर वैज्ञानिक शब्द रखकर प्रविधियों की एक सामान्य परिभाषा बनाई जा सकती है। इस प्रकार प्रविधियाँ वे विशिष्ट प्रणालियाँ है जिनके द्वारा कोई वैज्ञानिक अपने विशिष्ट क्षेत्र में समंकों को एकत्रित करता और व्यवस्थित करता है। स्पष्ट है कि भिन्न-भिन्न क्षेत्रों में विशिष्ट प्रयोजन को सिद्ध करने के लिए भिन्न-भिन्न प्रकार की प्रविधियाँ अपनानी होती हैं। उदाहरण के लिए मनोविज्ञान में वाह्य व्यापार के ज्ञान के साथ-साथ आन्तरिक अनुभव का ज्ञान भी आवश्यक है। इस आन्तरिक अनुभव का पता लगाने के लिए अन्तर्दर्शन की प्रविधि अपनायी जाती है। भौतिक विज्ञानों में न्यूनाधिक अन्तर देखा जा सकता है जैसे मनोविज्ञान और समाजशास्त्र की प्रविधियाँ भिन्न-भिन्न हैं। जबकि अन्तर्दर्शन मनोविज्ञान की विशिष्ट प्रविधि है, सर्वेक्षण, समाजशास्त्र और अर्थशास्त्र में विशेष रूप से प्रयोग की जाती हैं। प्रयोगात्मक प्रविधि का लगभग सभी विज्ञानों में प्रयोग किया जाता है किन्तु जबकि भौतिक विज्ञानों में इसका प्रयोग अधिक होता है सामाजिक विज्ञानों में सीमित क्षेत्र में ही इसका प्रयोग किया जाता है और कुछ क्षेत्रों में तो प्रयोग सम्भव ही नहीं होते। निरीक्षण विधि लगभग सभी विज्ञानों में मुख्य विधि है। इन विधियों के अतिरिक्त समाजशास्त्र में कुछ ऐसी प्रविधियों का प्रयोग किया जाता है जो सामाजिक अनुसन्धान में विशेष उपयोगी हैं जैसे ऐतिहासिक सामाग्री का अध्ययन व्यक्ति अध्ययन, डाक द्वारा प्रेषित प्रश्नावली, अनुसूची और साक्षात्कार प्रविधि इत्यादि। अध्ययन के विषय में अनुरूप प्रविधियों में बराबर सुधार होता रहता है और नयी-नयी प्रविधियाँ निकाली जाती रहती हैं।

---

1. "Techniques are thought of as comprising the specific procedure by which the sociologist gathers and orders his data." —Goode and Hatt.

विधि और प्रविधि में अन्तर
(Distinction between Method and Technique)

विधि और प्रविधि की उपरोक्त विवेचना से उनमें अन्तर स्पष्ट होता है। मुख्य अन्तर निम्नलिखित हैं—

(1) परिभाषा का अन्तर—वैज्ञानिक अध्ययन में प्रत्येक क्षेत्र में विधियों और प्रविधियों की बात की जाती है परन्तु कभी-कभी इनके अन्तर को भुला दिया जाता है। इनमें अनेक बार बहुत सी प्रविधियों की विधियों का नाम दे दिया जाता है। उदाहरण के लिए कुछ लोग निरीक्षण, प्रयोग, प्रश्नावली आदि प्रविधियों को विधियाँ कहने लगते हैं। इस गलती का मुख्य कारण विधि और प्रविधि की परिभाषा को भूल जाना है। वैज्ञानिक विधि, जैसा कि पीछे बतलाया जा चुका है, व्यवस्थित अध्ययन की विधि है दूसरी ओर प्रविधि से तात्पर्य समंकों को एकत्रित करने और व्यवस्थित करने की प्रणाली से हैं।

(2) विधियाँ सभी विज्ञानों में प्रयोग होती है किन्तु प्रविधियाँ नहीं—जैसा कि पीछे बतलाया जा चुका है, वैज्ञानिक विधियों का प्रयोग सभी विज्ञानों में होता है। वैज्ञानिक विधि में अवलोकन, अवलोकन को लिखना, वर्गीकरण, साधारणीकरण और परीक्षण ये पाँच सोपान अपनाये जाते हैं। सभी विज्ञानों में सबसे पहले तथ्यों का वर्गीकरण किया जाता है और उनको लिख लिया जाता है, उसके बाद इन तथ्यों का वर्गीकरण किया जाता है जिससे बिखरे हुए तथ्यों में सम्बन्ध और प्रतिमान स्पष्ट हो जायें। अब इन प्रतिमानों का साधारणीकरण किया जाता है अर्थात् इनके आधार पर सामान्य नियम बनाये जाते हैं। इन सामान्य नियमों को विशिष्ट घटनाओं पर आजमा कर उनकी परीक्षा की जाती है। दूसरी ओर, जैसा कि पीछे बतलाया जा चुका है, विभिन्न विज्ञानों के क्षेत्र में भिन्न-भिन्न विषय सामग्री का अध्ययन करने के लिये विभिन्न प्रविधियाँ तो भिन्न हैं ही किन्तु सामाजिक विज्ञानों में प्रविधियों के सम्बन्ध में भी अन्तर देखा जा सकता है। इस प्रकार समाजशास्त्र, मनोविज्ञान, अर्थशास्त्र, राजनीतिशास्त्र, मानवशास्त्र आदि विभिन्न सामाजिक विज्ञानों के क्षेत्र में भिन्न-भिन्न प्रविधियों का प्रयोग किया जाता है।

(3) विधियाँ निश्चित और प्रविधियाँ अनिश्चित होती हैं—जैसा कि पहले बतलाया जा चुका है, वैज्ञानिक विधियाँ निश्चित हैं। ये विधियाँ ज्ञान की प्रकृति पर आधारित हैं। ये ज्ञान प्राप्त करने की सार्वभौम विधियाँ हैं और जब तक मानव ज्ञान की प्रक्रिया में कोई अन्तर नहीं आ जाता तब तक वैज्ञानिक विधियों में संशोधन अथवा परितर्वन नहीं किया जा सकता। दूसरी ओर नये-नये क्षेत्रों में अनुसन्धान करने के लिए नई-नई प्रविधियों का विकास किया जाता है। इसी प्रकार अनेक वैज्ञानिकों ने विधियों में महत्वपूर्ण सुधार किये हैं।

(4) विधि से प्रविधि निकलती है किन्तु प्रविधि से विधि नहीं निकलती—जैसा कि पीछे बतलाया जा चुका है, वैज्ञानिक प्रविधियाँ सामान्य रूप से वैज्ञानिक विधि की सीमाओं में ही बनाई जाती है। प्रत्येक प्रविधि सामान्य

वैज्ञानिक विधि का अनुगमन करती है। दूसरे शब्दों में, सभी प्रविधियों में वैज्ञानिक विधि के मुख्य सोपान पाये जा सकते हैं। वैज्ञानिक विधि की विशेषताओं को प्राप्त करने के लिए प्रविधियों में समय-समय पर उन्नति की जाती है। उदाहरण के लिए दी हुई सामग्री के विश्लेषण और व्याख्या के लिये विज्ञान में अनुमापन, विचरण, माध्य, चित्रमय प्रदर्शन, बिन्दु रेखा तथा समाजमिति इत्यादि अनेक प्रविधियों का सहारा लिया जाता है। नये-नये यांत्रिक उपकरणों के आविष्कार से प्रविधियों का रूप बराबर बदलता जा रहा है किन्तु इससे वैज्ञानिक विधियों में कोई अन्तर नहीं आता।

(5) उद्देश्य में अन्तर—विधियों और प्रविधियों के उद्देश्य भिन्न-भिन्न हैं। जबकि विधि का उद्देश्य तथ्यों में परस्पर सम्बन्धों का पता लगाना और सामाजिक नियमों का विकास करना है प्रविधि का उद्देश्य इसके लिये सामग्री एकत्रित करना और उसको व्यवस्थित करना है। प्रविधि से सामान्य सिद्धान्त नहीं बनाये जाते, यह कार्य विधि के द्वारा किया जाता है। विधि का लक्ष्य तथ्यों का अध्ययन, सत्यापन और सामान्यीकरण है। प्रविधियों में तथ्यों का संकलन करके समान और असमान घटनाओं को अलग-अलग किया जाता है। इसीलिये कार्ल पियर्सन ने लिखा है, "तथ्य स्वयं विज्ञान नहीं बनाते किन्तु यह वह विधि बनाती हैं जिसके द्वारा वे प्रतिपादित किये जाते है।"[1]

(6) मुख्य प्रकारों में अन्तर—मुख्य वैज्ञानिक विधियाँ आगमन, निगमन ऐतिहासिक विधि, तुलनात्मक विधि, संरचनात्मक और कार्यात्मक विधियाँ हैं। दूसरी ओर, विभिन्न विज्ञानों में भिन्न-भिन्न प्रविधियों का प्रयोग किया जाता है। मुख्य समाजशास्त्रीय प्रविधियाँ हैं—निरीक्षण, प्रयोग, ऐतिहासिक सामग्री का अध्ययन, व्यक्तिगत अध्ययन, डाक द्वारा प्रेषित प्रश्नावली, अनुसूची और साक्षात्कार।

विधियों और प्रविधियों में उपरोक्त अन्तर के बावजूद ये दोनों परस्पर पूरक हैं। जैसा कि पीछे बतलाया जा चुका है, प्रविधियों से सामग्री का संकलन और व्यवस्थित करने कार्य सम्पन्न किया जाता हैं। दूसरी ओर विधियों के द्वारा इस सामग्री के आधार पर सामान्य सिद्धान्त निकाले जाते हैं। प्रत्येक विज्ञान में वैज्ञानिक विधियों के उद्देश्य की पूर्ति के लिये नई-नई प्रविधियाँ निकाली जाती हैं। विज्ञानों की समानतायें समान विधियों के कारण हैं जबकि उनमें अन्तर प्रविधियों के कारण होता है।

---

1. "It is not the facts themselves which make science but the method they are dealt with."
—Karl Pearson.

अभ्यास के लिए प्रश्न

प्रश्न 1. वैज्ञानिक विधि क्या हैं? उसके प्रकार बतलाइये।
What is Scientific Method? Mention its types.

प्रश्न 2. प्रविधि क्या है? विधि और प्रविधि में अन्तर करो।
What is Technique? Distinguish between method and technique.

5

सामाजिक घटनाओं का अध्ययन करने की विधियाँ
(Methods of Studying Social Phenomena)

सामाजिक घटनाओं में सामाजिक संरचना सम्बन्धी तत्व, सामाजिक संस्थायें और समितियाँ, सामाजिक समूह, सामाजिक नियन्त्रण और परिवर्तन की प्रक्रियायें इत्यादि अनेक घटनाओं का समावेश किया जाता है। समाजशास्त्र की वैज्ञानिक प्रकृति के साथ-साथ इन सामाजिक घटनाओं का अध्ययन करने के लिए अनेक विधियाँ प्रयोग की जा रही हैं। इन विधियों के गुण-दोषों का विवेचन करने से नवीन तथ्य प्रकाश में आये हैं। सामान्य रूप से इनमें से प्रत्येक विधि किसी-न-किसी विशेष प्रयोजन के लिए सामाजिक घटनाओं का अध्ययन करने में उपयोगी सिद्ध होती है। अस्तु, किसी-न-किसी रूप में आज भी प्रत्येक विधि का महत्व बना हुआ है। संक्षेप में, इनमें मुख्य विधियाँ हैं-आगमन, निगमन, ऐतिहासिक, तुलनात्मक, संरचनात्मक और क्रियात्मक विधियाँ। प्रस्तुत अध्याय में इन विधियों की संक्षिप्त विवेचना की जायेगी जिससे सामाजिक घटनाओं के अध्ययन में उनके गुण-दोषों और सीमाओं पर प्रकाश पड़ेगा।

आगमन विधि
(Induction)

आधुनिक विज्ञान विशेष घटनाओं के निरीक्षण के आधार पर बनाये हुए सामान्य सिद्धान्तों पर आधारित होते हैं। विशेष तथ्यों से सामान्य तथ्यों पर पहुँचने की प्रक्रिया आगमन कहलाती है। इसमें एक ही जाति के विभिन्न जीवों अथवा वस्तुओं के विषय में अलग-अलग खोज करके कोई सामान्य सिद्धान्त निकाला जाता है। विज्ञानों में आगमनात्मक विधि का प्रयोग प्रकृति में समरूपता के सिद्धान्त और कार्य-कारण के नियम पर आधारित है। इसके साधन, निरीक्षण और प्रयोग हैं। प्रकृति की समरूपता के सिद्धान्त के अनुसार प्रकृति में कही भी व्याघात नहीं हैं और

सब कहीं एक ही प्रकार के नियम काम करते हैं। प्रकृति की एकता के विषय में इस मान्यता पर समस्त विज्ञान टिके हुए हैं। यही मान्यता ज्ञात से अज्ञात पर पहुँचने का आधार है। आगमन विधि से ज्ञान की प्रक्रिया निम्नलिखित रूप से आगे बढ़ती हैं–

अ, ब, स, द मरणशील हैं।
अ, ब, स, द मनुष्य हैं।
∴ सब मनुष्य मरणशील हैं।

उपर्युक्त आगमनात्मक तर्क से विशिष्ट मनुष्यों की मरणशीलता के अनुभव से यह सामान्य सिद्धान्त निकाला गया है कि सभी मनुष्य मरणशील हैं। अपने अनुभव में हमने देखा है कि अ, ब, स, द जितने मनुष्य निरीक्षण में आये वे सब मरणशील सिद्ध हुए और चूंकि एक जाति के सदस्य होने के कारण सभी मनुष्य एक से होते हैं और प्रकृति में कोई व्याघात नहीं है इसलिए हमारे अनुभवों के आधार पर यह कहा जा सकता है कि सभी मनुष्य मरणशील हैं।'' यह ठीक ही है कि हमने सभी की मरणशीलता का अनुभव नहीं किया है परन्तु चूँकि प्रकृति में एकता पाई जाती है और कोई भी मनुष्य अमर सिद्ध नहीं हुआ है इसलिए जो मरे नहीं हैं उनके बारे में भी यह भविष्यवाणी की जा सकती है कि वे अवश्य मरेंगे। इसी प्रकार मनोविज्ञान, समाजशास्त्र, अर्थशास्त्र इत्यादि सभी विज्ञानों में कुछ थोड़े से प्रामाणिक निरीक्षणों अथवा प्रयोगों से मिले निष्कर्षों के आधार पर उस वर्ग की सभी वस्तुओं, घटनाओं और जीवों के विषय में सामान्य सिद्धान्त बना दिये जाते हैं।

समाजशास्त्र में सामाजिक संरचना, सामाजिक संस्थाओं, सामाजिक समूहों, सामाजिक नियन्त्रण और परिवर्तन की प्रक्रियाओं और साधनों इत्यादि विभिन्न प्रकार की सामाजिक घटनाओं के अध्ययन में सामान्य सिद्धान्त निकालने के लिए आगमन विधि का प्रयोग किया जाता है। उदाहरण के लिए अनेक समाजशास्त्रियों ने अनेक स्थानों पर परिवार समूह को प्रभावित करने वाले कारकों का अध्ययन किया। इन विशेष अध्ययनों से जो सामान्य निष्कर्ष निकले हैं उनके आधार पर परिवार समूह को प्रभावित करने वाले कारकों के विषय में सामान्य सिद्धान्त बनाये गये हैं। इसी प्रकार किशोरापराध के कारणों, अपराध के कारणों इत्यादि विभिन्न सामाजिक घटनाओं के कारणों के विषय में भिन्न-भिन्न समाजशास्त्रियों द्वारा किये गये विशिष्ट अध्ययनों के आधार पर सामान्य सिद्धान्त निकाले गये हैं। अनेक समाजशास्त्रियों ने प्रेम-विवाहों का अध्ययन करके यह देखा कि उनमें तलाक की दर माता-पिता द्वारा निर्धारित किये गये विवाहों की तुलना में अधिक होती है। इन विशिष्ट निरीक्षणों के आधार पर निगमन की सहायता से यह नियम निकाला गया कि प्रेम विवाहों के बढ़ने के साथ-साथ तलाक की संख्या भी बढ़ती है। समाजशास्त्र के व्यापक क्षेत्र में सामाजिक घटनाओं के विषय में सामान्य सिद्धान्त इसी प्रकार निकाले गये हैं। दार्शनिक दृष्टि से आगमन विधि में यह आक्षेप उठाया जाता है कि भले ही विशिष्ट वर्ग की वस्तुओं अथवा जीवों के व्यवहार के विषय में हमने कितने ही अधिक

विशिष्ट अध्ययन क्यों न किये हों, उनके आधार पर ऐसे सिद्धान्त नहीं बनाये जा सकते जो उस वर्ग की सभी वस्तुओं और जीवों पर लागू हो सकते हों क्योंकि ऐसा करने के लिए विशिष्ट वर्ग की सभी वस्तुओं का सभी देश-काल में अध्ययन करना पड़ेगा जो कि सम्भव नहीं है। आगमन की प्रक्रिया पर इस दार्शनिक आक्षेप से केवल यह कहा जा सकता है कि आगमनात्मक सामान्य सिद्धान्त अनिवार्य रूप से सत्य नहीं होते बल्कि उनके सत्य होने की सम्भावना होती है। समाजशास्त्रीय सामान्य सिद्धान्त अनिवार्य सत्य नहीं हैं बल्कि सत्य की सम्भावनायें हैं, किन्तु इससे उनकी वैज्ञानिकता कम नहीं होती क्योंकि यही बात सभी विज्ञानों के बारे में सत्य है। सच तो यह है कि जैसा कि ब्रिटिश दार्शनिक डेविड ह्यूम ने दिखलाया है, अनिवार्य सिद्धान्त केवल विचारों के क्षेत्र में अथवा गणित के क्षेत्र में पाये जा सकते हैं। चूँकि विज्ञान का सम्बन्ध तथ्यों से है इसलिये विज्ञान के क्षेत्र में सामान्य सिद्धान्त अनिवार्य न होकर सम्भावित मात्र होते हैं। अस्तु, समस्त विज्ञानों में ज्ञात तथ्यों से अज्ञात सामान्य सिद्धान्त पर पहुँचने के लिए आगमन विधि का प्रयोग किया जाता है। यही बात समाजशास्त्र के विषय में भी सत्य है।

निगमन विधि
(Deduction)

निगमन की प्रक्रिया में किसी व्यापक नियम अथवा सिद्धान्त से कोई विशिष्ट तथ्य निकाला जाता है। इसमें निम्नलिखित रूप में तर्क किया जाता है—

सब मुनष्य मरणशील हैं।
सब राजा मनुष्य हैं।
∴ सब राजा मरणशील हैं।

उपर्युक्त तर्क में सामान्य सिद्धान्त के आधार पर विशेष नियम निकाला गया है। इसमें प्रथम वाक्य सामान्य सिद्धान्त है। वह यह बतलाता है कि मनुष्यता और मरणशीलता में व्याप्त सम्बन्ध है। दूसरे शब्दों में, जो भी मनुष्य होगा वह अनिवार्य रूप से मरणशील होगा। मनुष्यों में कुछ राजा होते हैं अर्थात् सब राजा मनुष्य होते हैं। अस्तु, उनमें मनुष्यता का गुण मरणशीलता अवश्य होगा। इस प्रकार इस ज्ञात सामान्य सिद्धान्त से कि सब मनुष्य मरणशील हैं यह अज्ञात तथ्य निकाला गया कि सब राजा मरणशील हैं। समाजशास्त्र के क्षेत्र से उदाहरण दिया जाये तो युद्ध के बाद किशोरापराध बढ़ते हैं यह एक सामान्य सिद्धान्त है। यदि किसी विशिष्ट देश में किशोरापराध बढ़े हैं और हम यह जानते हैं कि वहाँ युद्ध होकर चुका है तो उपरोक्त सामान्य सिद्धान्त के आधार पर किशोरापराध की वृद्धि की घटना की व्याख्या की जायेगी। इसी प्रकार विभिन्न सामाजिक संस्थाओं जैसे परिवार, विवाह, इत्यादि तथा सामाजिक विघटन के विविध रूपों आदि के विषय में विशेष तथ्य की व्याख्या करने के लिए यह दिखलाया जाता है कि वह किस व्यापक नियम के अन्तर्गत आता है अथवा उसे किस व्यापक नियम से निगमित किया जा सकता है।

सभी विज्ञानों में घटनाओं के कारणों की व्याख्या की जाती है। कारण की व्याख्या करने में यह दिखलाना आवश्यक होता है कि वह घटना किस सामान्य नियम के अन्तर्गत आती है। उदाहरण के लिए यदि मोहन का पुत्र किशोरपराधी हो गया है तो उसके इस व्यवहार की व्याख्या करने के लिये यह दिखलाना पड़ेगा कि वह कौन-से सामान्य नियमों का उदाहरण है।

कुछ तर्कशास्त्री आगमन और निगमन विधि में से एक अथवा दूसरी विधि को अधिक महत्वपूर्ण ठहराते हैं। उदाहरण के लिए अरस्तू ने निगमन को मुख्य माना था और आगमन को निगमन का एक अंग ठहराया था, दूसरी ओर जे॰ एस॰ मिल वैज्ञानिक विधियों में आगमन को मुख्य मानता है और निगमन को उस पर आधारित ठहराता है। मिल के शब्दों में, "अनुमान मूल रूप से आगमनात्मक होता है।" दूसरी ओर, हैमिल्टन ने लिखा है, "अनुमान तत्व रूप में निगमनात्मक होता है।" अनुमान के विषय में ये दोनों ही मत एकांगी हैं क्योंकि तर्क की प्रक्रिया में आगमन और निगमन दोनों विधियाँ परस्पर पूरक हैं और दोनों में से कोई भी मुख्य अथवा गौण नहीं है। समाजशास्त्र के क्षेत्र में आगमन और निगमन दोनों ही विधियों का प्रयोग किया जाता है। आगमन विधि की सहायता से सामाजिक घटनाओं के विषय में सामान्य सिद्धान्त निकाले जाते हैं और निगमन विधि की सहायता से इन सामान्य सिद्धान्तों के आधार पर विशिष्ट सामाजिक घटना अथवा घटनाओं के समूह की व्याख्या की जाती है। बोसांके ने ठीक ही लिखा है, "आगमन और निगमन एक ही प्रक्रिया के दो पहलू हैं, उनमें कोई भी कठोर सम्बन्ध विच्छेद नहीं किया जा सकता।" आगमन के बिना निगमन नहीं हो सकता और निगमन के बिना आगमन सम्भव नहीं है। समाजशास्त्रीय घटनाओं की व्याख्या उनके सम्बन्ध में सामान्य सिद्धान्तों को जाने बिना नहीं की जा सकती। दूसरी ओर ये सामान्य सिद्धान्त विशिष्ट सामाजिक घटनाओं का अध्ययन करके सामान्यीकरण की प्रक्रिया से निकाले जाते हैं।

ऐतिहासिक विधि
(Historical Method)

आधुनिक काल में अनेक समाजशास्त्रियों ने विभिन्न सामाजिक संस्थाओं का ऐतिहासिक विधि से अध्ययन किया। इसका एक उत्तम उदाहरण वैस्टरमार्क (Wester-marck) की प्रसिद्ध पुस्तक History of Human Marriage है जिसमें विवाह की संस्था के क्रमशः विकास का ऐतिहासिक अध्ययन किया गया है। इस पर विकास के जैवकीय सिद्धान्त का स्पष्ट प्रभाव है। समाजशास्त्र में ऐतिहासिक विधि के प्रयोग का एक अन्य उदाहरण ओपनहीमर (Oppenheimer) की पुस्तक The State में मिलता है जिसमें राज्य की संस्था का ऐतिहासिक अध्ययन किया गया है। इनके अतिरिक्त गिन्सबर्ग, कार्ल मार्क्स, मैक्सवेबर, हर्बट स्पेन्सर, सी॰ राइट मिल्स (C. Wright Mills) तथा रेमन्ड आरन (Ramond Aron) आदि के अध्ययनों में ऐतिहासिक विधि का प्रयोग किया गया है।

यह ऐतिहासिक विधि क्या है? समाजशास्त्रीय क्षेत्र में इस विधि के प्रयोग करने वाले लेखकों पर इतिहास दर्शन और विकास के जैवकीय सिद्धान्त का स्पष्ट प्रभाव दिखाई पड़ता है। इसमें सामाजिक संस्थाओं, समाजों और सभ्यताओं के उद्गमों की खोज की जाती है और उनके विकास की स्थितियाँ दिखलाई जाती हैं। इसमें सम्पूर्ण मानव इतिहास की पृष्ठभूमि में विशिष्ट सामाजिक संस्था का अध्ययन किया जाता है। आगस्ट कौन्ट, हर्बर्ट स्पेन्सर और हाबहाउस ने सम्पूर्ण मानव इतिहास की पृष्ठभूमि में समाज की मुख्य संस्थाओं का अध्ययन किया।

सामाजिक घटनाओं के क्षेत्र में विकासवाद के सिद्धान्त को इस प्रकार लागू करने का अनेक विद्वानों ने विरोध किया। उनके अनुसार ऐतिहासिक विधि पर आधारित ये ग्रन्थ वास्तव में ऐतिहासिक विवरण मात्र थे। अठारहवीं और उन्नीसवीं शताब्दी में विज्ञानों के क्षेत्र में विकासवाद का बोलबाला होने के कारण समाजशास्त्रीय घटनाओं की व्याख्या करने में भी उसका प्रयोग किया गया। आधुनिक काल में समाजशास्त्र के क्षेत्र में ऐतिहासिक विधि का प्रयोग विशिष्ट ऐतिहासिक घटनाओं के अध्ययन के लिए किया जाता है क्योंकि यह समझ लिया गया है कि विभिन्न उद्गमों से निकलकर और विकास की विभिन्न रेखाओं का अनुगमन करते हुए विभिन्न सामाजिक घटनायें होती हैं। सामाजिक घटनाओं को विकासवादी सिद्धान्त के पूर्व निर्धारित खाँचें में भरने का प्रयास अधिक उपयुक्त नहीं है क्योंकि इससे व्याख्या स्वाभाविक न होकर कृत्रिम हो जाती है। इसका अर्थ यह नहीं है कि इस प्रकार के अध्ययन महत्वपूर्ण नहीं है अथवा समाजशास्त्र में उनका कोई योगदान नहीं है। इन अध्ययनों से सामाजिक परिवर्तनों के विषय में महत्वपूर्ण जानकारी प्राप्त हुई है।

आधुनिक काल में समाजशास्त्र में ऐतिहासिक विधि का प्रयोग मैक्सवेबर (Max Weber) के ग्रन्थों में दिखलाई पड़ता है। मार्क्स के विकासवाद का खण्डन करते हुए भी वेबर ने उसकी इतिहास की आर्थिक व्याख्या का स्वागत किया। वास्तव में आधुनिक समाजशास्त्री सम्पूर्ण मानव समाज का ऐतिहासिक विधि से अध्ययन करने के पक्ष में नहीं हैं यद्यपि विशिष्ट सामाजिक संस्थाओं का ऐतिहासिक विधि से अध्ययन करने से अनेक महत्वपूर्ण बातें पता लगाई जा सकती हैं। मैक्स वेबर ने पूँजीवाद, आधुनिक राजतन्त्र और विश्व के महान् धर्मों पर आर्थिक प्रभावों आदि का ऐतिहासिक विधि से अध्ययन किया। इससे सामाजिक घटनाओं में अनेक कार्य-कारण सम्बन्धों पर प्रकाश पड़ा। विशिष्ट सामाजिक घटनाओं अथवा सामाजिक संस्थाओं का अध्ययन करने में उनका विस्तृत ऐतिहासिक अध्ययन करना आवश्यक है क्योंकि भिन्न-भिन्न स्थानों पर विकास की प्रक्रिया भिन्न-भिन्न प्रकार से चली है। आधुनिक काल में सामाजिक घटनाओं की ऐतिहासिक व्याख्यायें देने के लिए, कारणों की व्याख्या करने के लिए और सामाजिक अनुसन्धान की समस्याओं को स्पष्ट करने के लिए, औद्योगिक समाजों में सामाजिक परिवर्तन और अविकसित समाजों में औद्योगीकरण का अध्ययन करने के लिए ऐतिहासिक विधि का प्रयोग

किया गया है। संक्षेप में यह कहा जा सकता है कि यह विधि विशिष्ट सामाजिक घटनाओं और सामाजिक संस्थाओं में अध्ययन में महत्वपूर्ण सिद्ध हुई है।

तुलनात्मक विधि
(Comparative Method)

समाजशास्त्रीय घटनाओं के अध्ययन में तुलनात्मक विधि को सबसे अधिक स्पष्ट रूप में सबसे पहले दुर्खीम ने अपनी पुस्तक The Rules of Sociological Methods में उपस्थित किया। दुर्खीम के अनुसार सामाजिक व्याख्या कार्य-कारण सम्बन्धों की स्थापना के द्वारा होती है और यह दिखलाने के लिए कि एक सामाजिक घटना दूसरी सामाजिक घटना का कारण है ऐसी घटनाओं का अध्ययन करना पड़ेगा जिसमें ये दो घटनायें साथ-साथ उपस्थित अथवा अनुपस्थित हों। इससे यह ज्ञात हो जाता है कि एक-दूसरे पर कहाँ तक निर्भर हैं। भौतिक विज्ञानों में कार्य-कारण सम्बन्धों का पता लगाने के लिए नियन्त्रित परिस्थितियों में प्रयोग की विधि से काम लिया जा सकता है किन्तु समाजशास्त्र के क्षेत्र में सामाजिक घटनाओं का नियन्त्रण कठिन होने के कारण प्रयोग की विधि से कार्य-कारण सम्बन्धों का पता नहीं लगाया जा सकता। अस्तु, दुर्खीम के अनुसार समाजशास्त्र के क्षेत्र में तुलनात्मक विधि का प्रयोग अनिवार्य है। इस विधि को दुर्खीम ने अप्रत्यक्ष प्रयोग (Indirect Experiment) की विधि भी कहा है। समाजशास्त्र की विषय सामग्री इतनी जटिल है कि उसमें कार्य-कारण सम्बन्धों का स्पष्ट रूप से पता लगाना कठिन है किन्तु तुलनात्मक विधि से यह अवश्य देखा जा सकता है कि सामान्य रूप से कौन-सी घटनायें पूर्ववर्ती और अनुवर्ती के क्रम में होती हैं।

समाजशास्त्र के क्षेत्र में अनेक अध्ययनों में तुलनात्मक विधि का सफलता के साथ प्रयोग किया गया है। हाबहाउस, व्हीलर (Wheeler) और गिन्सबर्ग ने आदिम समाजों में मुख्य सामाजिक संस्थाओं का तुलनात्मक विधि से अध्ययन किया। इस अध्ययन में आदिम समाजों में विभिन्न प्रकार की आर्थिक व्यवस्थाओं में अन्तर किया गया और फिर यह पता लगाया गया कि आर्थिक व्यवस्था में अन्तर होने से राजनीतिक संस्थाओं और सामाजिक स्तरीकरण पर कहाँ तक प्रभाव पड़ता है। आधुनिक काल में अन्तर्राष्ट्रीय समाजशास्त्रीय समिति द्वारा अमेरिका में औद्योगिक समाजों में सामाजिक स्तरीकरण और सामाजिक गतिशीलता के अध्ययन के लिए तुलनात्मक विधि का प्रयोग किया गया। तुलनात्मक विधि के प्रयोग के कुछ अन्य उदाहरण एस॰ एम॰ लिपसैट और आर॰ बैडिक्स का ग्रन्थ Social Mobility in Industrial Society और एस॰ एम॰ लिपसैट की पुस्तक Political Man है।

जहाँ तुलना विधि के द्वारा विभिन्न समाजों के तुलनात्मक अध्ययन किये गये हैं वहाँ इस विधि का प्रयोग विशिष्ट समाज के अन्तर्गत परिवर्तनों का अध्ययन करने के लिए भी किया गया है। इसका एक उदाहरण दुर्खीम की पुस्तक Le Suicide

है। इसमें विभिन्न सामाजिक सूमहों के लक्षणों और उनमें आत्महत्या की दरों में कार्य-कारण सम्बन्ध पता लगाने की चेष्टा की गई है। तुलनात्मक विधि के द्वारा विशिष्ट समाजों में सीमित क्षेत्र में अनेक महत्वपूर्ण अध्ययन किये गये हैं जिनसे अनेक महत्वपूर्ण सामाजिक तथ्य प्रकाश में आये हैं जैसे नगरीय जीवन का तलाक और किशोरापराध की दरों से सम्बन्ध, परिवार के आकार और सामाजिक गतिशीलता में सम्बन्ध, सामाजिक वर्ग और शैक्षिक सम्प्राप्ति में सम्बन्ध इत्यादि।

जैसा कि पीछे बतलाया जा चुका है, उन्नीसवीं शताब्दी में तुलनात्मक विधि को सामान्य समाजों के अध्ययन के लिए प्रयोग किया जाता था। बाद में एक ही समाज में विशिष्ट सामाजिक घटनाओं का अध्ययन करने के लिए इस विधि का प्रयोग किया जाने लगा। आजकल फिर से समाजों के तुलनात्मक अध्ययन में इस विधि का प्रयोग होने लगा है।

तुलनात्मक विधि की आलोचना करते हुए रैडक्लिफ ब्राऊन ने लिखा है, "तुलनात्मक विधि अकेली आपको कुछ नहीं देती। पृथ्वी से कुछ नहीं उगेगा जब तक कि आप उसमें बीज नहीं बोते। तुलनात्मक विधि परिकल्पनाओं का परीक्षण करने की एक विधि है।"[1] तुलनात्मक विधि की इस आलोचना से स्पष्ट है कि इस विधि का प्रयोग करने से पूर्व स्पष्ट परिकल्पना बनाना आवश्यक है। तुलनात्मक अध्ययनों से यह परिकल्पना सत्य अथवा असत्य सिद्ध होती है। परिकल्पना के अभाव में इस विधि का प्रयोग करने से कोई लाभ नहीं होता। तुलनात्मक विधि में एक दूसरी सीमा यह है कि इससे सम्पूर्ण समाजों की परस्पर तुलना कठिन है। एक ही समाज में विशिष्ट सामाजिक संस्थाओं का तुलनात्मक अध्ययन अधिक उपयोगी है। प्रत्येक समाज में प्रत्येक सामाजिक संस्था की विशिष्ट स्थिति होती है। उदाहरण के लिए विवाह की संस्था की भारतीय समाज में जो स्थिति है ठीक वही स्थिति पाश्चात्य समाज में नहीं है। अस्तु, सामाजिक पृष्ठभूमि से निकल कर भारतीय और पाश्चात्य विवाह संस्थाओं का तुलनात्मक अध्ययन अनुपयुक्त होगा। इसका अर्थ यह नहीं कि तुलनात्मक अध्ययन समाजशास्त्रीय घटनाओं के विषय में उपयुक्त नहीं है। वास्तव में यदि सीमित क्षेत्र में इस विधि का प्रयोग किया जाये तो इससे महत्वपूर्ण तथ्य ज्ञात होते हैं। इस विधि का प्रयोग करने से पहले स्थूल रूप से एक ही वर्ग में आने वाले समाजों की तुलना की जा सकती है और फिर उन्हीं में सामाजिक घटनाओं या संस्थाओं का तुलनात्मक अध्ययन किया जा सकता है। अस्तु, सीमित रूप में तुलनात्मक अध्ययन आज भी समाजशास्त्रीय घटनाओं का अध्ययन करने में प्रयोग किये जा रहे हैं।

---

1. "The comparative methods alone give you nothing. Nothing will grow out of the ground unless you put seeds into it. The comparative method is one way of testing hypothesis."
--Radcliffe Brown

संरचनात्मक विधि
(Structural Method)

समाजशास्त्रीय घटनाओं के अध्ययन में कुछ समाजशास्त्रियों ने संरचनात्मक विधि का प्रयोग किया है जिसमें विशेष तौर से सामाजिक संरचना के विभिन्न तत्वों के विश्लेषण की ओर ध्यान दिया गया है। सामाजिक संस्थाओं का अध्ययन जहाँ एक और सामाजिक संरचना में उनके कार्य पर दृष्टि रखकर किया जा सकता है वहाँ दूसरी ओर उनका अध्ययन करने में सामाजिक संरचना में उनका स्थान निर्धारित करने का प्रयास किया जा सकता है। दूसरे प्रकार के अध्ययनों में समाजशास्त्र के विशेषात्मक अथवा यथारूपेण सम्प्रदाय के समाजशास्त्रियों ने विशेष योगदान दिया है। जार्ज सिमेल के अनुसार समाजशास्त्र में प्रत्यक्ष और वास्तविक व्यवहारों का नहीं बल्कि सामाजिक व्यवहारों के रूपों का अध्ययन किया जाना चाहिए। उसमें सामाजीकरण, मानव सम्बन्ध और सामाजिक प्रक्रियाओं के रूप आते हैं जिनमें प्रतिस्पर्धा प्रभुत्व, अनुकरण, श्रम विभाजन, अधीनता आदि मुख्य हैं। संरचनात्मक अध्ययनों में सामाजिक घटनाओं के मूल तत्वों का विश्लेषण करने का प्रयास किया गया है इनसे कुछ महत्वपूर्ण बातें ज्ञात हुईं किन्तु आधुनिक काल में संरचनात्मक विधि के साथ कार्यात्मक विधि का प्रयोग आवश्यक माना जाता है।

कार्यात्मक विधि
(Functional Method)

समाजशास्त्रीय घटनाओं के अध्ययन में कार्यात्मक विधि का प्रयोग इस मौलिक मान्यता पर आधारित है कि समाज एक जैवकीय सावयव रचना (Organism) के समान होता है जिसमें विभिन्न सामाजिक संस्थायें भिन्न-भिन्न कार्य करती हैं। हर्बर्ट स्पेन्सर ने अपनी पुस्तक Principles of Sociology में इस विधि का प्रयोग किया है किन्तु इसके सबसे अच्छे उदाहरण दुर्खीम के ग्रन्थ The Division of Labour in Society तथा The Rules of Sociological Method हैं। दुर्खीम ने सामाजिक जीव की आवश्यकताओं से सामाजिक संस्था के संबंध को सामाजिक संस्था का कार्य माना है। उसने संस्था के सामान्य (Normal) और व्याधिकीय (Pathological) कार्य में अन्तर किया है।

समाजशास्त्र में कार्यात्मक विधि विकासवादी विधियों की प्रतिक्रिया के रूप में उत्पन्न हुई। इन समाजशास्त्रियों ने समाजशास्त्र में तुलनात्मक विधि और ऐतिहासिक विधि के प्रयोग की आलोचना की। इनके अनुसार विकासवाद का सिद्धान्त मनुष्य के सम्पूर्ण सामाजिक इतिहास की वैज्ञानिक व्याख्या नहीं उपस्थित कर सकता। किन्तु कार्यात्मक विधि की मूल मान्यता सन्तोषजनक न होने के कारण उसकी बड़ी आलोचना की गई। वास्तव में समाज और जैवकीय सावयव रचना में अनेक ऐसे अन्तर हैं जिनके आधार पर यह कहा जा सकता है कि समाज सावयव संरचना नहीं है। जबकि जीव के शरीर के अंग अपनी स्वतन्त्र सत्ता और चेतना नहीं रखते, समाज

के अंग व्यक्ति अपनी स्वतन्त्र सत्ता और चेतना रखते हैं। जबकि जीवधारी में शरीर अंगों के कार्यों को निर्धारित करता है, समाज में ऐसा नहीं होता। फिर भी कार्यात्मक विधि से सामाजिक मानवशास्त्र के क्षेत्र में आदिम मानव समाज में विभिन्न सामाजिक संस्थाओं के कार्य के महत्वपूर्ण अध्ययन किये गये हैं। इस विधि की सहायता से ग्रामीण समुदायों के अनेक महत्वपूर्ण अध्ययन किये गये हैं। इस सम्बन्ध में मैलिनोवस्की के अध्ययन उल्लेखनीय हैं किन्तु मैलिनोवस्की की इस मान्यता की आलोचना की गई है कि जीवधारी के समान समाज में भी विभिन्न अंगों में कार्यात्मक संकलन (Functional Integration) होता है। मैलिनोवस्की की इस मान्यता से समाज में सामाजिक परिवर्तन की व्याख्या में कठिनाई उत्पन्न हुई। अस्तु, आधुनिक समाजशास्त्री सीमित क्षेत्र में ही कार्यात्मक विधि का प्रयोग उपयुक्त मानते हैं और इस विधि का प्रयोग करने में अनेक सावधानियाँ रखनी आवश्यक मानी जाती हैं। इस सम्बन्ध में आर० के० मर्टन के सुझाव महत्वपूर्ण हैं। मर्टन ने कार्य (Function) और अकार्य (Dysfunction), व्यक्त और अव्यक्त कार्य (Manifest and Latent Function) में महत्वपूर्ण अन्तर किया। उसने इस तथ्य की ओर ध्यान दिलाया कि प्रत्येक सामाजिक संस्था के अनेक कार्य होते हैं और भिन्न-भिन्न समाजों में इनमें से एक अथवा दूसरा कार्य अधिक महत्वपूर्ण हो सकता है जिसका पता लगाने के लिए ऐतिहासिक और तुलनात्मक अध्ययन लाभदायक सिद्ध हो सकते हैं। बौटोमोर के शब्दों में, "कार्यात्मक दृष्टिकोण में सबसे अधिक महत्वपूर्ण बात इस सरल विचार पर अधिक जोर देना और स्पष्ट करना है कि प्रत्येक विशिष्ट समाज में विभिन्न सामाजिक क्रियायें परस्पर सम्बन्धित होती हैं। यह पता लगाना अभी बाकी है कि प्रत्येक मामले में कौन-सी क्रियायें सम्बन्धित हैं और वे किस प्रकार सम्बन्धित हैं।"

अभ्यास के लिए प्रश्न

प्रश्न 1. समाजशास्त्रीय विधियों में आगमन और निगमन की विवेचना कीजिये।
Discuss induction and deduction in sociological methods.

प्रश्न 2. संक्षिप्त टिप्पणी लिखो—ऐतिहासिक विधि
Write short note on—Historical Method

प्रश्न 3. संक्षिप्त टिप्पणी लिखो—तुलनात्मक विधि
Write short note on—Comparative Method

प्रश्न 4. संरचनात्मक और कार्यात्मक विधियों में अन्तर कीजिये।
Distinguish between Structural and Functional Method.

6
सामाजिक सर्वेक्षण
(Social Survey)

सामाजिक सर्वेक्षण का इतिहास

मानव समाज में सामाजिक सर्वेक्षण का इतिहास अत्यन्त प्राचीन है। यद्यपि सर्वेक्षण की प्राचीन और आधुनिक विधियों में भारी अन्तर पाया जाता है। लगभग तीन हजार वर्ष ईसा पूर्व में हैरोडोटस (Herodouts) ने मिश्र में जनंसख्या और सम्पत्ति के सर्वेक्षण का वर्णन किया है। हैराडोटस का यह वर्णन जिसका काल 447 से 425 ईसा पूर्व था ऐतिहासिक विवरण से अधिक नहीं है। यह वर्णन उन क्षेत्रों के लोगों की परम्पराओं, धार्मिक, विश्वासों, आर्थिक दशाओं और समस्याओं तथा युद्ध और क्रान्ति के प्रभावों में रूचि रखता था। इसी प्रकार के अनेक सामाजिक ऐतिहासिक विवरण प्राचीन काल में प्राप्त होते हैं। इसी प्रकार के अनेक सामाजिक ऐतिहासिक विवरण प्राचीन साहित्य में प्राप्त होते हैं। ग्यारहवी शताब्दी में विजेता विलियम की The Domesday Book सामाजिक अनुसन्धान के विषय में प्राचीन विचार उपस्थित करती है किन्तु वैज्ञानिक विधि से सामाजिक सर्वेक्षण का सबसे पहला उदाहरण जौन होवर्ड (John Howard) के इंगलैण्ड और वेल्स के बन्दीघरों के सर्वेक्षण है। सन् 1775 में होवर्ड ने विभिन्न यूरोपीय देशों में जेलों की दशाओं के तुलनात्मक अध्ययन किये जिनके परिणाम सन् 1789 में पुस्तककार प्रकाशित हुए। अठारहवीं शताब्दी में फ्रेड्रिक लीप्ले (Frederic Le Play) नाम के एक फ्रेंच समाज सुधारक और अर्थशास्त्री ने कुछ नई प्रकार के सामाजिक अध्ययन प्रस्तुत किये जो कि आधुनिक व्यक्ति इतिहास विधि में पूर्वगामी कहे जा सकते हैं। लीप्ले ने मूल इकाई के रूप में कुछ चुने हुए परिवारों का अध्ययन किया और उनके विश्लेषण तथा तुलना के आधार पर सामान्यीकरण प्रस्तुत किये। उसने परिवार को समाज में केन्द्रीय स्थान दिया और सर्वेक्षण पद्धति के द्वारा परिवार का अध्ययन किया। अध्ययन की इकाइयों को चुनने में लीप्ले ने निदर्शन प्रणाली का प्रयोग किया और अत्यन्त कुशलता, कार्य तत्परता, संलग्नता तथा परिश्रम का परिचय दिया। उसने परिवारों के बजट के सफल अध्ययन किये और उनके द्वारा विशिष्ट परिवारों की प्रकृति और संगठन का विश्लेषण किया। इसमें उसका उद्देश्य यूरोप के श्रमिक वर्गों का उनके बजट के आधार पर वस्तुगत जीवन स्तर निर्माण करना था। अपने

अध्ययनों में लीप्ले ने ऐसी इकाइयों को चुना जिनसे विस्तृत और सही सूचनाएँ प्राप्त हो सकती थीं और सूचनायें प्राप्त करने के लिये नवीन वैज्ञानिक विधियों का प्रयोग किया। उसने गुणात्मक विधि के साथ-साथ गणनात्मक विधि का प्रयोग किया। उसके अध्ययन सबसे पहले सन् 1855 में प्रकाशित हुए। सन् 1853 में ब्रूसेल्स मे सांख्यिकी अन्तर्राष्ट्रीय कांग्रेस में लीप्ले की प्रश्नावली का जिक्र किया गया था। इस प्रकार सामाजिक अनुसन्धानकर्ता के रूप में लीप्ले ने व्यापक यश प्राप्त किया। आधुनिक सामाजिक सर्वेक्षण के लीप्ले के अध्ययनों को वैज्ञानिक नहीं कहा जा सकता। साधारणतया उसके अध्ययनों में तार्किक समीचीनता पायी जाती है। उसका विशेष योगदान सामाजिक सर्वेक्षण की अनेक नवीन विधियों की खोज करने में हैं।

सन् 1821 से 1896 तक जर्मन विद्वान एन्जिल (Earnest Engel) ने सर्वेक्षण विधि की सहायता से उल्लेखनीय कार्य किये। एन्जिल सांख्यिकी और अर्थशास्त्र का विद्वान था। उस पर लीप्ले के विचारों का प्रभाव था। लीप्ले के समान उसने भी परिवारों के बजटों का अध्ययन किया और यह सिद्धान्त उपस्थित किया कि अमीरों और गरीबों के बजटों में अन्तर से उनकी इच्छाओं में भी अन्तर देखा जाता है। अपने अध्ययन के आधार पर एन्जिल ने अनेक महत्वपूर्ण मौलिक विचार प्रस्तुत किये जिसका उसके देश में सब कहीं स्वागत किया गया।

अमरीका मे लीप्ले के विचारों का समर्थन करने वाले विद्वानों में सबसे पहले सौरोकिन का नाम आता है। आधुनिक काल में जिमरमैन (Zimmerman) और फ्रेम्पटोन (Frampton) ने लीप्ले के विचारों का समर्थन किया है। इन्होंने लीप्ले की विधि से औरजार्क क्षेत्रों में समुदायों के अध्ययन किए। भौगोलिक और सांस्कृतिक क्षेत्रों में लिण्ड की 'Middle Town', लायड वारनर की 'Yankee City' और लिण्टन तथा कार्डिनर की 'Plain Valley' आदि पुस्तकें सामाजिक सर्वेक्षण के आधारपर लिखी गयी हैं। इसी के आधार पर लायड वार्नर और लो ने 'Social System of Modern Factory' नामक पुस्तक की रचना की। दूसरी ओर कुछ विद्वानों ने लीप्ले की पद्धति की आलोचना भी की है। इनमें जनेनिकी (Znaniecki) का नाम उल्लेखनीय हैं उसके अनुसार लीप्ले के अध्ययनों का वैज्ञानिक से अधिक सामाजिक महत्व है क्योंकि उसमें सैद्धान्तिक से अधिक व्यावहारिक पहलू पर जोर दिया गया है।

इंगलैंड के निवासी चार्ल्स बूथ (Charles Booth) ने जिसका कार्यकाल 1840 से 1916 तक था, लीप्ले के विचारों के आधार पर महत्वपूर्ण अध्ययन प्रस्तुत किये। आधुनिक काल में सामुदायिक जीवन के अध्ययन की पद्धति का जन्मदाता चार्ल्स बूथ को ही माना जाता है। चार्ल्स बूथ ने सन् 1886 में लन्दन की आर्थिक दशा के सर्वेक्षण के आधार पर The Life and Labour of the People of London नामक ग्रन्थ प्रकाशित किया जिसमें पूर्वी लन्दन समाज की निर्धनता का विस्तृत विवरण था। स्वयं अनुसन्धान करने के अतिरिक्त चार्ल्स बूथ ने इसके लिये अनेक मेधावी युवकों को प्रशिक्षण दिया जिसमें बीट्रीस पोटर, औक्टेविया हिल, ग्राहम

बालफोर, क्लेरा कोलेट तथा स्मिथ आदि के नाम उल्लेखनीय हैं। इन लोगों ने सर्वेक्षणकर्ताओं के रूप में महत्वपूर्ण कार्य किये। ये लन्दन की निर्धनता से अन्यन्त प्रभावित थे और उसके सर्वेक्षण में दिलचस्पी लेते थे। चार्ल्स बूथ ने अधिकतम अवधि के साक्षात्कार की प्रणाली भी प्रारम्भ की जिसमें साक्षात्कार की अधिक से अधिक अवधि बीस घण्टे थी। चार्ल्स बूथ ने सामाजिक सर्वेक्षण में प्रश्नावली, अवलोकन और साक्षात्कार की विधियों को अधिक महत्वपूर्ण माना था। उसका लक्ष्य वस्तुओं का ज्यों-का-त्यों वर्णन करना था। वह तथ्यों को शुद्ध रखने पर जोर देता था और वैज्ञानिक सत्यापन के बाद ही उन्हें स्वीकार करता था। उसने संकलित तथ्यों को प्रस्तुत करने के लिये रेखा-चित्रों, छायाचित्रों और सांख्यिकीय सारणी का प्रयोग किया। उसने सामाजिक नियन्त्रण की संस्थाओं के विषय में अनेक महत्वपूर्ण तथ्य प्रस्तुत किये। सिडनी और बीट्रिस वैब के अनुसार चार्ल्स बूथ के लन्दन की समस्त जनसंख्या के आर्थिक और सामाजिक अध्ययन किसी भी व्यक्ति द्वारा निजी तौर पर और अपने खर्चे से किये गये सबसे बड़े गणनात्मक अध्ययन थे। चार्ल्स बूथ ने अपना लक्ष्य सत्य की खोज करना माना था। अस्तु, उसकी रचनाओं में वस्तुगत और वैज्ञानिक दृष्टिकोण दिखलायी पड़ता है। चार्ल्स बूथ के समर्थक डब्ल्यू॰ सी॰ प्रैस्टन ने भी अत्यन्त प्रभावशाली सामाजिक सर्वेक्षण उपस्थित किये किन्तु उसकी अधिक प्रशंसा उसकी लेखन शैली के कारण थी, उसका कार्य इतना अधिक वैज्ञानिक नहीं था।

उन्नीसवी शताब्दी में बी॰ एस॰ राउण्ट्री (B.S. Rowntree) ने चार्ल्स बूथ से कहीं अधिक विस्तृत क्षेत्र में आर्थिक दशाओं का अध्ययन किया। उसने अपने सर्वेक्षणों में उपकल्पना से प्रारम्भ किया। उसने पारिवारिक मांगों के न्यूनतम स्तर के विषय में उपकल्पना बनायी और उसके आधार पर अध्ययन प्रारम्भ किये। इन अध्ययनों की प्रेरणा से अनेक अन्य वैज्ञानिक भी निर्धनों की आर्थिक दशा के सर्वेक्षण में रूचि लेने लगे। राउण्ट्री ने यॉर्क में 16362 परिवारों का अध्ययन किया। उनके सर्वेक्षण में उसने घर-घर जाकर लोगों के साथ रह कर प्रश्नावाली, अवलोकन और साक्षात्कार के द्वारा सही सूचनायें प्राप्त कीं। इस प्रकार के अध्ययन पहली बार सन् 1899 में और फिर सन् 1936 में किये गये तथा इन अध्ययनों से यह निष्कर्ष निकाला गया कि सन् 1899 से सन् 1936 में जीवन का स्तर 30 प्रतिशत ऊँचा उठा है। राउण्ट्री ने अपने सर्वेक्षणों के द्वारा जीवन स्तर में इस प्रगति के कारणों का भी विश्लेषण किया। उसकी अध्ययन पद्धति में सर्वेक्षण विधि के साथ-साथ निदर्शन प्रणाली का भी सफलतापूर्वक प्रयोग किया गया।

सन् 1912 से सन् 1914 में आर्थर बाऊले (Arthur Bowley) और ए॰ आर॰ बर्नेट हर्स्ट (A.R. Burnett Hurst) ने औद्योगिक नगरों के सर्वेक्षण किये और सन् 1915 में उनके परिणामों को पुस्तकाकार प्रकाशित किया। इसके दस वर्ष बाद बाऊले ने फिर से तुलनात्मक समानान्तर अन्वेषण करके उसके परिणाम प्रकाशित किये। सन् 1913-35 में सर हरबर्ट लेवलिन स्मिथ (Sir Herbert Llewelyn Smith) ने अपने अध्ययनों को पुस्तकाकार नौ भागों में प्रकाशित किया।

संयुक्त राष्ट्र अमरीका में सर्वेक्षण आन्दोलन

संयुक्त राष्ट्र अमरीका में सबसे पहला सर्वेक्षण आन्दोलन उन्नीसवीं शताब्दी में प्रारम्भ हुआ। सन् 1890 मे जैकब राईज (Jacob Ries) ने अमरीका के सघन नगरों की गन्दी गलियों मे रहने वाले निर्धन व्यक्तियों के जीवन स्तर का सर्वेक्षण पुस्तकाकार How the Other Half Lives के नाम से प्रकाशित किया। सन् 1902 में उसका एक अन्य महत्वपूर्ण अध्ययन Battle with the Slum के नाम से प्रकाशित हुआ। इन व्यक्तिगत प्रयत्नों के अतिरिक्त सन् 1900 में गर्वनर रूजवेल्ट ने न्यूयार्क में किराए के घरों में आयोग की स्थापना की जिसका लक्ष्य राज्य में किराए के घरों में रहने वाले लोगों की दशाओं के बारे में व्यापक सूचनायें प्राप्त करना था। इस प्रकार सरकार ने भी सामाजिक समस्याओं का अध्ययन करने के लिये सर्वेक्षण पद्धति का प्रयोग करने की दिशा में कदम उठाये। इस आयोग में किराये के घरों में रहने वाले लोगों के विषय मे महत्वपूर्ण तथ्य एकत्रित किये और उनके आधार पर उनकी दशा सुधारने के लिए सरकार को सुझाव दिये। इन सुझावों को लेकर सरकार ने इन्हें कार्यक्रम में परिणित करने के लिये एक पृथक विभाग की स्थापना की।

सन् 1904 में लिंकन स्टेफेन्स (Lincoln Steffens) ने अमरीका में सात बड़े नगरों का सर्वेक्षण किया और इस के द्वारा औद्योगिक केन्द्रों में आर्थिक तथा राजनैतिक संगठनों के सम्बन्धों को स्पष्ट किया। स्टेफेन्स के प्रयत्नों से अमरीका में सर्वेक्षण पद्धति का व्यापक प्रचार हुआ।

सन् 1906 में प्रसिद्ध लेखक उपटन सिंक्लयेर (Upton Sinclair) ने एक उपन्यास The Jungle प्रकाशित किया जिसमें धनिक वर्ग और श्रमिक वर्ग के संघर्ष की परिस्थितियों और सामाजिक विघटन के कारणों पर महत्वपूर्ण प्रकाश डाला गया था। यद्यपि यह उपन्यास सर्वेक्षण पद्धति पर आधारित नहीं था और न वैज्ञानिक अथवा वस्तुगण गुण रखता था और फिर भी इसने तत्कालीन सामाजिक स्थिति पर जो प्रकाश डाला उसके कारण लोगों में सामाजिक अध्ययनों की ओर रूचि उत्पन्न हुई। अस्तु, संयुक्त राष्ट्र अमरीका में सर्वेक्षण आन्दोलन के इतिहास में उपटन सिंक्लेयर के इस उपन्यास को भी स्थान दिया जाता है क्योंकि इससे देश में सामाजिक सर्वेक्षणों को महत्वपूर्ण प्रोत्साहन मिला।

अमरीका में सर्वेक्षण पद्धति का प्रचार करने में एक अन्य नाम कुमारी मेरी रिचमोण्ड (Mary Richmond) का है। इन्होंने अपने अध्ययनों और परीक्षणों के आधार पर सन् 1917 में सामाजिक रोग निदान पर एक अत्यन्त उच्च स्तर की पुस्तक Social Diagnosis प्रकाशित की। इस पुस्तक में सामाजिक गवाही तथा व्यक्तिगत सम्बन्ध की सामुदायिक समस्याओं आदि पर विशेष जोर दिया गया। रिचमौण्ड ने निदर्शन प्रणाली ने प्रतिनिधित्वता के गुणों का भी विवेचन किया है। उसकी यह पुस्तक सामाजिक अध्ययनों में महत्वपूर्ण स्थान रखती है।

किन्तु संयुक्त राष्ट्र अमरीका में सबसे अधिक सुव्यवस्थित और वैज्ञानिक

सर्वेक्षण पॉल कैलोग (Paul Kellogg) तथा उसके समूह ने उपस्थित किया। कैलोग ने नगरीय समाज पर आधुनिकीकरण की प्रक्रिया के प्रभाव का विश्लेषण किया। उसने सन् 1909 में पिट्सबर्ग पर नगरीयकरण के प्रभाव का विश्लेषण किया। इसमें उसने एक नवीन पद्धति का प्रयोग किया जिसे अन्र्तअनुशासनात्मक (Inter Indisciplinary) दृष्टिकोण कहते हैं। इस दृष्टिकोण में किसी सामाजिक घटना का अध्ययन करने के लिये किसी एक अनुशासन अथवा विज्ञान की सहायता न लेकर अनेक विज्ञानों की सहायता ली जाती है जिससे अधिक सर्वाणपूर्ण चित्र उपस्थित होता है और अनेक तथ्यों पर प्रकाश पड़ता है। अपने सर्वेक्षण में कैलोग ने अधिक से अधिक वस्तुगत और वैज्ञानिक सामान्यीकरण पर पहुँचने का प्रयास किया। अपने अनुभव के आधार पर सर्वेक्षण की प्रक्रिया और कार्य के विषय में कैलोग निम्नलिखित निष्कर्षों पर पहुँचता है–

(1) नगर की सामाजिक आवश्यकताओं की जाँच के लिये स्थानीय नेताओं के साथ विशेषज्ञों के समूह के सहयोग की आवश्यकता होती है।

(2) इन आवश्यकताओं का अध्ययन एक दूसरे के परस्पर सम्बन्ध, नगर के सम्पूर्ण क्षेत्र और जनतन्त्र के नागरिक उत्तरदायित्वों के सम्बन्ध में किया जाना चाहिये।

(3) नगरीय और औद्योगिक दोनों ही दशाओं को ध्यान में रखते हुए श्रमिक जनसंख्या पर अधिक से अधिक ध्यान दिया जाना चाहिये क्योंकि उसी पर इन दोनों दशाओं का सबसे अधिक प्रभाव पड़ता है।

(4) दशाओं को घर के अनुभव और मानव जीवन के शब्दों में घटाना चाहिये।

(5) इन खोजों को चुनौती देने वाली स्पष्ट और त्रुटिहीन बनाने के लिए ग्राफ पद्धतियों का प्रयोग किया जाना चाहिये।

कैलोग के अध्ययनों के अतिरिक्त रसल सेज फाऊंडेशन संस्था ने आर्थिक सहायता और सुविधाएं देकर अमरीका में महत्वपूर्ण सर्वेक्षण कार्य सम्पन्न कराए।

सन् 1914 में शैलबी हैरीसन (Shelby Harrison) ने स्प्रिंग फील्ड नामक स्थान का सर्वेक्षण किया। इस सर्वेक्षण के परिणाम सन् 1920 में प्रकाशित हुए। हैरीसन ने यह दिखलाया कि सर्वेक्षण में विभिन्न समस्यायें परस्पर इतनी गुँथी हुई होती हैं कि उनको अलग-अलग करके सुलझाना अत्यन्त कठिन हो जाता है। अस्तु, उन्हें सुलझाने के लिये मिले-जुले और एक दूसरे से सम्बन्धित प्रयास अधिक उपयोगी होते हैं। हैरीसन का कहना था कि अनुसन्धानकर्ता को अपने कार्यकर्त्ताओं पर विश्वास होना चाहिये और उन्हें उत्तरदायी कार्य सौंपने चाहियें। हैरीसन ने अपने सर्वेक्षण में ऐसा किया। उसके साथ 900 क्षेत्र कार्यकर्त्ता काम कर रहे थे जो 17 संस्थाओं के प्रतिनिधि थे। इनकी सहायता से हैरीसन ने अत्यन्त महत्वपूर्ण और सही तथ्य पता लगाये। उसने सर्वेक्षण से पहले और सर्वेक्षण में समय प्रचार करने के लिये विशेष पद्धतियाँ अपनायी जिससे सूचनादाताओं में सर्वेक्षण के प्रति रूचि

उत्पन्न हुई । इसका फल यह हुआ कि सूचनादाताओं ने उसे अत्यधिक सहयोग दिया और सर्वेक्षण कार्य सफलतापूर्वक सम्पन्न हो सका। हैरीसन के अध्ययनों और विचारों के प्रभाव से सामाजिक सर्वेक्षण को सामाजिक समस्याओं के समाधान के लिये सबसे अधिक उत्तम साधन मान लिया गया और क्रमशः इसका प्रचार बढ़ने लगा। सन् 1918 तक सर्वेक्षण आन्दोलन अपने चर्मोत्कर्ष पर पहुँच चुका था। 31 दिसम्बर सन् 1917 तक हुए सामाजिक सर्वेक्षणों की ईटन और हैरीसन ने एक सूची तैयार की जिसमें सर्वेक्षणों को दो वर्गो में विभाजित किया गया जिनमें से एक सामान्य सर्वेक्षण तथा दूसरा विशिष्ट सर्वेक्षण का वर्ग था। पूरी सूची में 2775 सामाजिक सर्वेक्षणें थे जिनमें से 2621 और 154 सामान्य थे।

सन् 1921–31 में न्यूयार्क क्षेत्रीय योजना आयोग (The New York Regional Planning Commission) द्वारा न्यूयार्क में किराये के घरों में रहने वाले मनुष्यों की कठिनाइयों के सम्बन्ध में हुए सर्वेक्षण के परिणाम 10 भागों में प्रकाशित किये गये। इनमें आठ भाग न्यूयार्क और उसके परिवेश के क्षेत्रीय सर्वेक्षण (The Regional Survey of New York and its Environs) के नाम से प्रकाशित हुए और दो भाग न्यूयार्क की क्षेत्रीय योजना (The Regional Plan of New York) के नाम से प्रकाशित हुए। इस सर्वेक्षण में किराये के मकानों में रहने वाले लोगों की कठिनाई से सम्बन्धित सभी तथ्यों का संकलन किया गया और उनके समाधान उपस्थित किये गये। इस प्रकार इसमें आदर्श सर्वेक्षण के सम्पूर्ण तत्व मिलते हैं। इस सर्वेक्षण को जनता को समझाने के लिये और भी परिष्कृत और सरल रूप में राबर्ट एल॰ डफस (Robert L. Duffus) ने न्यूयॉर्क टाइम्स में प्रकाशित कराया। इन प्रयत्नों से सर्वेक्षण कार्य गौण न रहकर सामाजिक महत्व की मुख्य पद्धति बन गया। सन् 1938 में फिलिप क्लाइन (Philip Klein) तथा उसके साथियों ने पिट्सबर्ग की समस्याओं और सामाजिक सेवाओं के विषय में सामाजिक सर्वेक्षण आयोजन किया और उसके परिणाम प्रकाशित कराये। इसमें विभिन्न संस्थाओं के आर्थिक और सामाजिक जीवन का विवरण दिया गया था। क्लाइन के बाद सन् 1940 तक अमरीका में कोई महत्वपूर्ण सामाजिक सर्वेक्षण नहीं हुआ। आजकल सामाजिक सर्वेक्षण का कार्य व्यक्तिगत संस्थाओं से हटकर सरकारी संस्थाओं द्वारा ही कराये जाते हैं। जो लोग आजकल भी व्यक्तिगत रूप से सर्वेक्षण कार्य कर रहे हैं उनमें डा॰ एन॰ डब्ल्यू शिन, (Ann W. Shyne), जे॰ एम॰ हण्ट, डोनाल्ड यंग (Donald Young) तथा ओटोपोलक (Otto Pollak) उल्लेखनीय हैं। इस प्रकार अमरीका में सर्वेक्षण पद्धति का क्रमशः विकास होकर आज वह निजी क्षेत्र से भी अधिक सरकारी क्षेत्रों में सामाजिक अध्ययन की मुख्य विधि बन गया है।

बी॰ एस॰ राउण्ट्री के अध्ययन

सामाजिक सर्वेक्षण में इतिहास के आधुनिक काल में बी॰ एस॰ राउण्ट्री (B.S. Rountree) के अध्ययन का विशेष महत्व है। उसने उत्तरी इंगलैंड के यॉर्क नगर में सन् 1899 मे सामाजिक सर्वेक्षण किया। उसके अध्ययन का विषय नगरीय जीवन

के अध्ययन में निर्धनता का अध्ययन करना था। सन् 1901 में इस अध्ययन के निष्कर्ष प्रकाशित हुए। यह अध्ययन श्रमिक वर्ग पर आधारित था और इसमें वैज्ञानिक पद्धतियों का प्रयोग किया गया था। राउण्ट्री ने सर्वेक्षण प्रारम्भ करने से पहले उपकल्पना के आधार पर पारिवारिक मांगों का न्यूनतम स्तर निश्चित किया। अब इस उपकल्पना को लेकर उसने घर-घर जाकर तथ्य एकत्रित किये। अनुसन्धान में निर्देशक के रूप में और वांछित सामग्री का संकलन करने के लिए राउण्ट्री उपकल्पना को अत्यन्त महत्वपूर्ण मानता था। उसने सूचनादाताओं के साथ रहकर उनमें घुल-मिलकर सूचनायें प्राप्त कीं और तुलनात्मक अध्ययन भी किये। सन् 1936 में तुलनात्मक अध्ययन के द्वारा उसने यार्क क्षेत्र में विषय में महत्वपूर्ण निष्कर्ष निकाले और यह दिखलाया कि सन् 1899 के अध्ययन की तुलना में सन् 1936 में 30 प्रतिशत परिवारों का जीवन स्तर ऊँचा दिखलायी पड़ता है।

राउण्ट्री के सामाजिक सर्वेक्षण के लक्ष्यों को स्थूल रूप से दो भागों में विभाजित किया जाता है एक तो चार्ल्स बूथ द्वारा किये गये पूर्वी इंगलैंड के अध्ययन की तुलना में अपने अध्ययन में अधिक वास्तविकता और परिशुद्धता उत्पन्न करना और दूसरे औद्योगिक नगरों से प्रभावित श्रमिक वर्ग की दशाओं के सम्बन्ध में। जबकि बूथ ने लन्दन की कुल जनसंख्या में निर्धन व्यक्तियों का अनुपात 30.7 दिखलाया था। राउण्ट्री के अनुसर इसका अनुपात 27.8 प्रतिशत था। पहले सर्वेक्षण का तुलनात्मक अध्ययन करने की दृष्टि से राउण्ट्री ने सन् 1936 में यार्क का दूसरा सर्वेक्षण किया जिसमें 16362 परिवारों का गहराई और सूक्ष्मता से अध्ययन किया गया। इस अध्ययन के आधार पर यह निष्कर्ष निकाला गया कि सन् 1899 की तुलना में सन् 1937 में यॉर्क क्षेत्र में आधे से अधिक परिवारों की आर्थिक स्थिति में सुधार हो चुका था। इस परिवर्तन के 3 मुख्य कारण बतलाये गये, एक तो परिवार के आकार का घटना, दूसरे, आय में वृद्धि और तीसरे, सामाजिक सेवाओं का विकास। राउण्ट्री के ये अध्ययन अत्यधिक विश्वसनीय और वैज्ञानिक माने जाते हैं। उसने ही सबसे पहले प्रत्यक्ष व्यक्तिगत साक्षात्कार के आधार पर सर्वेक्षण किया और निर्धनता की चक्राकार प्रकृति की ओर ध्यान आकर्षित किया। अस्तु, अमरीका में सामाजिक सर्वेक्षण के इतिहास में राउण्ट्री को अत्यधिक महत्वपूर्ण स्थान दिया जाता है।

सामाजिक सर्वेक्षण का अर्थ
(Meaning of Social Survey)

सर्वेक्षण शब्द Survey का हिन्दी रूपान्तर है। Survey शब्द दो शब्दों से मिलकर बना है—Sur अथवा Sor जिसका अर्थ है Over तथा Veeir अथवा Veoir जिसका अर्थ है To see इस प्रकार Survey का अर्थ हुआ to over see अथवा to look over से स्पष्ट है कि सर्वेक्षण का अर्थ निरीक्षण करना है। वैब्सटर्स कॉलिजियेट डिक्शनरी (Websters Collegiate Doctionary) के अनुसार सर्वेक्षण का अर्थ है, "सही सूचना प्रदान करने के लिये, बहुधा सरकारी, आलोचनात्मक निरीक्षण, बहुधा

किसी विशेष दशा अथवा विशेषता के बारे में एक क्षेत्र का एक अध्ययन, जैसे एक स्कूल का सर्वेक्षण।"[1]

पी० वी० यंग (P.V. Young) के अनुसार, "सामान्य रूप से इस समय हम यह देख सकते हैं कि सामाजिक सर्वेक्षण का सम्बन्ध (i) सामाजिक सुधार और उन्नति से एक रचनात्मक कार्यक्रम बनाने से है, (ii) जो कि सामाजिक व्याधिकीय प्रकृति की चालू अथवा तात्कालिक अवस्थाओं का सुधार करे, जिनकी निश्चित भौगोलिक सीमा है और निश्चित सामाजिक अर्थ तथा सामाजिक महत्व है, (iii) इन अवस्थाओं की ऐसी परिस्थितियों से तुलना तथा माप की जा सकती है जो कि आदर्श मानी जा सकती हैं।"[2] सामाजिक सर्वेक्षण की यह परिभाषा बहुत कुछ उपयुक्त है। इसमें यह स्पष्ट किया गया है कि सामाजिक सर्वेक्षण निश्चित भौगोलिक सीमा में किया जाता है। इसका सम्बन्ध सामाजिक महत्व की समस्याओं से होता है और वह रचनात्मक कार्यक्रमों के बनाने में सहायक होता है। मार्क अब्राम्स के अनुसार, "एक सामाजिक सर्वेक्षण एक प्रक्रिया है जिसके द्वारा एक समुदाय की संरचना और क्रियाओं के सामाजिक पक्षों के विषय में गणनात्मक तथ्य एकत्रित किये जाते हैं।"[3] सर्वेक्षण सुनिश्चित, भौगोलिक क्षेत्र में किसी समुदाय की रचना, क्रियाओं आदि का वैज्ञानिक अध्ययन है। ई० डब्ल्यू० बर्गेस ने सामाजिक सर्वेक्षण के रचनात्मक पहलू पर जोर देते हुए लिखा हैं, "सामाजिक प्रगति का एक रचनात्मक कार्यक्रम प्रस्तुत करने के प्रयोजन से उसकी दशाओं और आवश्कयताओं का वैज्ञानिक अध्ययन... सांख्यिकीय मापों और सामाजिक विशेषज्ञ के तुलनात्मक मानदण्डों से परीक्षित सामाजिक अन्तर्दर्शन की एक विधि है।"[4] इस प्रकार सामाजिक सर्वेक्षण सामाजिक प्रगति के लिए होता है। उसका उद्देश्य रचनात्मक है। इस रचनात्मक उद्देश्य को लेकर उसमें कुछ दशाओं और आवश्यकताओं का वैज्ञानिक अध्ययन किया जाता है। शैली एम० हैरीसन के अनुसार, सामाजिक सर्वेक्षण एक सहयोगी प्रयास है जो कि समकालीन सम्बन्धित सामाजिक समस्याओं और दशाओं के अध्ययन और उपचार के लिये वैज्ञानिक विधि को लागू करता है जिनकी

---

1. "A critical inspection, often official, to provide exct information, often a study of an area with respect to a certain condition or its prevalence, as a survey of the school."
--Webster's *Collegiate Dictionary*
2. "In general we may observe at this time that social surveys are concerned with (i) the formulation of a constructive programme of social reform and amelioration of; (ii) current or immediate conditions of a social pathological nature, which have definite geographic limits and definite social implications and significance; (iii) these conditions can be measured and compared with situations which can be accepted as a model."
—P.V. Young.
3. "A social survey is a process by which quantitative facts are collected about the social aspects of a community's composition and activities." —Mark Abrams.
4. "The scientific study of its conditions and needs for the purposes of presenting a constructive programme of social advance... A method of social introspection checked by statistical measurements and the comparative standards of the social expert."
—E.W. Burgess

कुछ निश्चित भौगोलिक सीमायें और लक्षण हैं, इसके साथ ही वह उसके तथ्यों, निष्कर्षों और सिफारिशों को फैलाता है जो कि उनको जहाँ तक सम्भव है समुदाय का सामान्य ज्ञान और बौद्धिक समन्वित कार्य के लिये एक शक्ति हैं।"[1]

सामाजिक सर्वेक्षण की उपरोक्त परिभाषाओं से स्पष्ट है कि वह सामाजिक समस्याओं का सर्वेक्षण है जिसका उद्देश्य सामग्री का संग्रह, अध्ययन और समस्या का उपचार है। इस प्रकार सर्वेक्षण सैद्धान्तिक के साथ-साथ व्यावहारिक भी है।

सामाजिक सर्वेक्षण के उद्देश्य
(Objectives of Social Survey)

सामाजिक सर्वेक्षण की उपरोक्त व्याख्या से उसके उद्देश्य स्पष्ट होते हैं। संक्षेप में, सामाजिक सर्वेक्षण के मुख्य उद्देश्य निम्नलिखित हैं–

(1) समुदाय के सामाजिक पक्ष से सम्बन्धित सामग्री का संग्रह– सामाजिक सर्वेक्षण का प्रमुख उद्देश्य समुदाय के सामाजिक पक्ष से सम्बन्धित वैज्ञानिक सामग्री एकत्रित करना है। इसके लिये सर्वेक्षणकर्ता अनेक विधियों से सूचनादाताओं से सूचनायें प्राप्त करता है। सर्वेक्षण गुणात्मक और गणनात्मक दोनों ही प्रकार के होते हैं। सर्वेक्षण प्रारम्भ करने से पूर्व उसका उद्देश्य निश्चित कर लिया जाता है। चूँकि सर्वेक्षण अन्य क्षेत्रों में भी होते हैं। इसलिये समाज के क्षेत्र में सर्वेक्षण को सामाजिक सर्वेक्षण कहा जाता है। इसमें विवरणात्मक और गणनात्मक पहलू के साथ-साथ रचनात्मक पहलू भी होता है अर्थात जहाँ इसमें एक ओर विवरण प्राप्त किये जाते हैं और गणना की जाती है, वहाँ साथ ही साथ यह भी देखना होता है कि सर्वेक्षण कहाँ कब कल्याणकारी है।

(2) सामाजिक समस्याओं, श्रमिक वर्गों तथा उनकी दशाओं का अध्ययन–सामाजिक सर्वेक्षण के इतिहास को देखने से यह स्पष्ट होता है कि उसका एक मुख्य उद्देश्य सामाजिक समस्याओं और श्रमिकों तथा निम्न वर्ग की दशाओं का अध्ययन करना है। इस अध्ययन के द्वारा उसमें कुछ निश्चित निष्कर्ष और जानकारी प्राप्त करके समस्याओं और दशाओं के सुधार और समाधान की योजना बनायी जाती है। समाज में श्रमिक और निम्न वर्गों की दशा अन्य वर्गों से गिरी हुई होती है। उनमें बीमारी, बेकारी, अपराध, किशोरापराध, निर्धनता, गन्दगी, जीवन का निम्न स्तर, हत्यायें और यौन व्यभिचार आदि सामाजिक समस्यायें अन्य वर्गों से कहीं अधिक दिखलाई पड़ती है। इन समस्याओं के सुलझाव निकालने से पहले इनके व्यवस्थित अध्ययन आवश्यक होते हैं। ये अध्ययन सामाजिक सर्वेक्षण

---

1. "In short, the social survey is a cooperative undertaking which applies scientific method to the study and treatment of current related social problems and conditions having definite geographical limits and bearings plus such a spreading of its facts, conclusions and recommendations as will make them as far as possible, the common knowledge of the community and a force for intelligent coordinated action."
—Shelly M. Harrison.

के द्वारा किये जाते हैं। अधिकतर समस्यायें एक दूसरे से सम्बन्धित होती हैं-जैसे बेकारी और गरीबी, अशिक्षा और गन्दगी, परस्पर सम्बन्धित दिखलाई पड़ती हैं। सामाजिक... सर्वेक्षण से विभिन्न समस्याओं के इस परस्पर सम्बन्ध पर भी प्रभाव पड़ता है। जैसा कि पीछे बतलाया जा चुका है, सामाजिक सर्वेक्षण केवल सामाजिक समस्याओं का अध्ययन करता है।

(3) व्यावहारिक अथवा उपयोगितावादी दृष्टिकोण—सामाजिक सर्वेक्षण का दृष्टिकोण व्यावहारिक और उपयोगितावादी है। उसके इसी लक्षण को लेकर उसे सामाजिक अनुसंधान से भिन्न माना जाता है। सामाजिक अनुसंधान जिज्ञासा पूर्ति अथवा ज्ञान प्राप्त करने के लिये किया जाता है। उसका लक्ष्य विशुद्ध रूप से सैद्धान्तिक है किन्तु सामाजिक सर्वेक्षण किसी सामाजिक समस्या के उपचार के लिये अथवा किसी सामाजिक वर्ग के कल्याण के लिये समस्या का समाधान करने के लिये किया जाता है। इसमें सबसे पहले विशिष्ट समुदाय की दशाओं और समस्याओं के विषय में तथ्य एकत्रित किये जाते हैं। इसके बाद इन तथ्यों के विश्लेषण से सामाजिक समस्याओं के कारणों का पता लगाकर उनको सुलझाने के हेतु रचनात्मक सुझाव दिये जाते हैं। सामाजिक सर्वेक्षण के उपरोक्त उद्देश्यों को समाजशास्त्री सी० ए० मौजर ने निम्नलिखित शब्दों में व्यक्त किया है —"समाजशास्त्री को सर्वेक्षणों को क्षेत्र के अन्वेषण के चारों ओर के और प्रत्यक्ष रूप से अध्ययन के विषय में तथ्यों को एकत्रित करने के लिये सबसे अधिक उपयोगी तरीकों में से एक समझना चाहिये ताकि समस्या को ध्यान में लाया जा सके और जानने योग्य बातों को सुझाया जा सके।"[1]

सामाजिक सर्वेक्षण के सोपान

(Steps of Survey Method)

सामाजिक सर्वेक्षण विधि के विभिन्न सौपानों का विस्तृत विवेचन निम्नलिखित हैं—

(1) समस्या का चुनाव—जैसा कि पीछे सामाजिक सर्वेक्षण की परिभाषा में बताया जा चुका है, इसमें सामाजिक समस्याओं का अध्ययन किया जाता है। अस्तु, इसमें सबसे पहला कदम अध्ययन की समस्या का चुनाव करना है। जब तक यह समस्या स्पष्ट नहीं होगी तब तक सर्वेक्षणकर्ता को यह पता नहीं चल सकता कि वह किस समय किस तरह काम शुरू करे। सर्वेक्षणकर्ता का उद्देश्य चाहे जिस समस्या को लेकर केवल जिज्ञासा पूर्ति के लिये अध्ययन करना नहीं है। उसका उद्देश्य व्यावहारिक है। अस्तु उसे अपने अध्ययन के लिए ऐसी समस्या का चुनाव करना है जो सामाजिक जीवन में महत्वपूर्ण स्थान रखती हो और जिसके सुलझाव

---

1. "The sociologist should look upon survey as a way, and a supremely useful one of exploring the fields of collecting data around as well as directly on the subject of study, so that the problem is brought into focus and the points worth pursuing are suggested." --C.A. Moser.

की आवश्यकता हो। यह बात ध्यान में रखकर के सामाजिक समस्या का चुनाव किया जाना चाहिए।

(2) उद्देश्य या विषय की परिभाषा—अब सर्वेक्षण के उद्देश्य और विषय निश्चित कर दिये जाने चाहिएं क्योंकि फिर कार्यकर्त्ता इन्हीं उद्देश्यों को प्राप्त करने के लिए काम करेंगे और उनकी सफलता की जांच भी इसी बात से होगी कि उन्होंने इन उद्देश्यों को कहाँ तक प्राप्त किया है। ये उद्देश्य सामान्य सर्वेक्षण और विशिष्ट सर्वेक्षण में भिन्न-भिन्न होते हैं। उदाहरण के लिये जनगणना और उत्पादन सम्बन्धी सामग्री सामान्य उद्देश्य के लिए संकलित की जाती है। विशिष्ट उद्देश्यों में श्रमिकों के जीवन-निर्वाह सर्वेक्षण अथवा समूह विशेष के ऋण सम्बन्धी आंकड़ें जैसे—तथ्यों का पता लगाया जाता है। कभी-कभी सर्वेक्षण का उद्देश्य किसी अपरिचित या कम परिचित वस्तु का परिचय देना होता है। जो भी हो, सबसे पहले सर्वेक्षण के उद्देश्य या विषय की परिभाषा की जानी चाहिए।

(3) अध्ययन की जाने वाली समस्या की परिभाषा—अब अध्ययन के लिए जो समस्या चुनी जाती है, परिभाषा की जानी चाहिए। इससे यह स्पष्ट होगा कि उसका विषय क्षेत्र क्या है और उसके क्या लक्षण हैं। उदाहरण के लिये यदि श्रमिक वर्ग में मद्यपान की समस्या का सर्वेक्षण किया जाना है तो सबसे पहले मद्यपान का अर्थ निश्चित किया जाना चाहिये जिससे यह स्पष्ट हो जाए कि इसमें क्या-क्या शामिल है।

(4) समस्या का अनुसूची में विश्लेषण—अब समस्या के भिन्न-भिन्न पहलुओं को एक दूसरे से अलग करके अनुसूची के रूप में उसका विश्लेषण किया जाना चाहिए। इस अनुसूची के आधार पर समस्या के विषय में तथ्यों को ज्ञात किया जा सकता है।

(5) सर्वेक्षण आयोग विभाग का संगठन—सरकार की ओर से किये जाने वाले सर्वेक्षणों में सबसे पहला व्यावहारिक कदम सर्वेक्षण आयोग विभाग का असंगठन होता है। इस आयोग की स्थापना के बाद भी सर्वेक्षण के कार्य क्षेत्र, विधि, कार्य-कर्ताओं और उनके कार्य आदि का निश्चय किया जाता है। आयोग विभाग की ओर से कार्य-कर्त्ताओं को उनके काम में उठने वाली कठिनाइयों के समाधान दिये जाते हैं और कार्य-प्रणाली के बारे में सूचनायें मिलती रहती हैं। सर्वेक्षण कें क्षेत्र कार्य समाप्त हो जाने पर आयोग के दफ्तर में ही समस्त सामग्री एकत्रित की जाती है और उसका सारणीयन, वर्गीकरण तथा विश्लेषण किया जाता है। आयोग में एक संचालक होता है और अनेक सदस्य होते हैं जो कि सर्वेक्षण की नीति और योजना निर्धारित करते हैं। आवश्यकता पड़ने पर योजना को कार्यान्वित करने के लिए अनेक कमेटियों तथा उप-कमेटियों का आयोजन कर लिया जाता है। आयोग में अनेक बातें परस्पर वाद-विवाद के द्वारा निश्चित कर ली जाती हैं।

(5) क्षेत्र निर्धारण—वैज्ञानिक अध्ययन सीमित विषय का व्यवस्थित अध्ययन है। विषय को सीमित किये बिना उसका व्यवस्थित अध्ययन नहीं किया जा सकता।

अस्तु, सर्वेक्षण प्रारम्भ करने से पहले उसका क्षेत्र निर्धारण आवश्यक है। इस कार्य में निम्नलिखित पाँच विधियों का सहारा लिया जाता है–

(i) राजनीतिक अथवा प्रशासनिक विभाजन जैसे देश, राज्य, जिला, नगर, मौहल्ला, गली आदि के रूप में सर्वेक्षण का क्षेत्र निर्धारित करना।

(ii) यातायात, व्यवसायिक वर्ग, धनिक वर्ग, निर्धन वर्ग, श्रमिक वर्ग आदि आर्थिक विभाजन के आधार पर अध्ययन का क्षेत्र निर्धारित करना।

(iii) बालक, युवा, वृद्ध, स्त्री-पुरुष, आदि जैवकीय अवस्थाओं के आधार पर सर्वेक्षण के क्षेत्र की सीमायें निर्धारित करना।

(iv) शिक्षित, अशिक्षित, विवाहित, अविवाहित, उच्च वर्ग, निम्न वर्ग आदि सामाजिक स्थितियों के आधार पर सर्वेक्षण का क्षेत्र निर्धारित करना।

(v) पहाड़ी इलाका, मैदान, रेगिस्तान इत्यादि भौगोलिक क्षेत्रों के आधार पर सर्वेक्षण का क्षेत्र निर्धारित करना।

(5) अध्ययन की अवधि निश्चित करना–सामाजिक सर्वेक्षण में प्रशिक्षित कार्यकर्ताओं की आवश्यकता होती है और काफी धन व्यय करना होता है। अस्तु, इसमें अवधि निश्चित करना आवश्यक है। कुछ समस्यायें अल्पकालीन होती हैं और अधिकतर समस्याओं का रूप समय के साथ बदलता रहता है। दोनों ही स्थितियों में अवधि निश्चित करना आवश्यक होता है जिससे कि परिवर्तन होने से पहले ही समस्या का अध्ययन कर लिया जाये। उदाहरण के लिए युद्ध के बाद जो सामाजिक परिस्थितियाँ उपस्थित होती हैं। उनके अध्ययन की अवधि निर्धारित न करने पर और अधिक देर लगाने पर परिस्थितियाँ बदल जाती हैं। यदि अध्ययन में बहुत अधिक समय लगा दिया जाता है तो प्रारम्भ में एकत्रित किये गये आंकड़े और बाद में लिये हुए तथ्य परस्पर मेल नहीं खाते क्योंकि कालान्तर में अनेक बातों में परिवर्तन हो जाता है। फिर, कुछ समस्या ऐसी होती है जिनको शीघ्र सुलझाने की आवश्यकता होती है और इसलिये उनके अध्ययन की अवधि निश्चित करना आवश्यक होता है। अवधि निश्चित करने में सम्पूर्ण अध्ययन के भिन्न-भिन्न सोपानों में समय का विभाजन किया जाता है। तभी पूरे अध्ययन को निश्चित काल में निबटाया जा सकता है। अध्ययन की अवधि निश्चित करते समय यह ध्यान रखना पड़ता है कि न तो वह इतनी अधिक हो कि उस पद अत्यधिक धन व्यय करना पड़े और कार्यकाल में समस्या में परिवर्तन हो जाए और न वह इतनी कम हो कि ठीक प्रकार से अध्ययन पूरा न किया जा सकता हो। निश्चित अवधि से तात्पर्य यह है कि यथासम्भव कम से कम समय में सर्वेक्षण कार्य पूरा कर लिया जाना चाहिये। सर्वेक्षण की अवधि निश्चित करते समय सर्वेक्षणकर्ता के सामान्य ज्ञान, प्रशिक्षण और अनुभव तथा सर्वेक्षण के विषय और क्षेत्र आदि का ध्यान रखना आवश्यक होता है। कभी-कभी सूचनादाताओं की सुविधा को ध्यान में रखकर भी अध्ययन की अवधि निश्चित करनी होती हैं उदाहरण के लिये, विद्यार्थियों के सर्वेक्षणों में यह ध्यान रखना होता है कि अवधि ऐसी रखी जायें जिसमें उनसे सम्पर्क स्थापित हो

सकता हो। लम्बी छुट्टियाँ आने पर फिर वे अपने-अपने घर चले जाते हैं और उनसे सूचनाएँ प्राप्त नहीं की जा सकतीं। सर्वेक्षण की अवधि बहुत कुछ सर्वेक्षण विधि पर भी आधारित होती है। उदाहरण के लिये अनुसूची, प्रश्नावली, अवलोकन, व्यक्ति इतिहास विधि, साक्षात्कार विधि आदि भिन्न-भिन्न विधियों में अवधि की मात्रा अलग-अलग होती है। सुशिक्षित कार्यकर्ता कम शिक्षित कार्य-कर्ताओं की तुलना में अल्प अवधि में ही काम निबटा लेते हैं। अस्तु, अध्ययन की अवधि निश्चित करते समय उपरोक्त सभी बातों का ध्यान रखा जाना चाहिए।

(6) सूचना प्राप्ति के साधनों का परीक्षण—सर्वेक्षण का आयोजन करने के बाद अब यह निश्चित करना होता है कि उसमें किन-किन साधनों से सूचनायें प्राप्त की जायेंगी। यदि सर्वेक्षण पहली बार हो रहा है तो वह प्राथमिक सर्वेक्षण कहलाता है और उसमें प्राप्त सामग्री के आधार पर आगे बढ़ना होता है। ये प्राप्त सूचनायें प्रारम्भिक सूचनायें कहलाती हैं। यदि किसी समस्या के क्षेत्र में पहले भी सर्वेक्षण हो चुका है तो सर्वेक्षण द्वैतीयक कहलाता है और प्राप्त सामग्री के स्रोत और सूचनायें द्वैतीयक कही जाती हैं। विभिन्न प्रकार के सर्वेक्षणों में सूचना प्राप्ति के भिन्न-भिन्न साधन अपनाये जाते हैं। अधिकतर सूचनायें साक्षात्कार, प्रश्नावली या अनुसूची के द्वारा व्यक्तियों अथवा संस्थाओं से प्राप्त की जाती हैं। द्वैतीयक सूचनायें पहले किए सर्वेक्षणों के प्रकाशित और अप्रकाशित परिणामों, पत्र-पत्रिकाओं, सरकारी और गैर-सरकारी रिपोर्टों आदि से प्राप्त की जाती हैं।

(7) सर्वेक्षण की इकाई का निश्चय—सर्वेक्षण प्रारम्भ करने से पूर्व उसकी इकाई (Unit) को निश्चित करना आवश्यक है। इससे क्षेत्र कार्यकर्ता भ्रम में नहीं पड़ते और आसानी से आवश्यक सामग्री का संकलन कर लेता है। इकाई सरल, स्पष्ट, स्थिर, निश्चित, एकरूप, विशिष्ट, भ्रमरहित, जांच किये जाने योग्य और शुद्ध की जा सकने वाली होनी चाहिये। प्रतिनिधि इकाइयाँ बनाने के लिये निदर्शन का आकार निश्चित करना होता है। यदि सभी इकाइयों का सर्वेक्षण होना हो तो सामग्री एकत्रित करने में विशेष कठिनाई नहीं होती किन्तु सर्वेक्षण का क्षेत्र बड़ा होने पर केवल प्रतिनिधि इकाइयों को लेना होता है। ये इकाइयाँ समय, विषय, सम्पत्ति, साधन और क्षेत्र के अनुसार निश्चित की जाती हैं। उनका आकार और संख्या सामग्री की प्रकृति पर आधारित होती है। निदर्शन प्रणाली का प्रयोग वहीं किया जा सकता है जहाँ विषय की अनेकरूपता तथा समय की असमानता न हो।

(8) तथ्यों की परिशुद्धता की सीमा का निश्चय—सर्वेक्षण प्रारम्भ करने से पहले यह निश्चय करना आवश्यक है कि तथ्यों में कहाँ तक परिशुद्धता होनी चाहिए। गणनात्मक सर्वेक्षण में शत-प्रतिशत शुद्धता आवश्यक मानी जाती है किन्तु गुणनात्मक सर्वेक्षण में यह असम्भव है। अस्तु, गुणात्मक सर्वेक्षण में सर्वेक्षणकर्ता के समय, धन, योग्यता, सर्वेक्षण का संगठन आदि के आधार पर परिशुद्धता की सीमा निश्चित की जाती है। स्मरण रहे कि साधारणतया किसी भी सर्वेक्षण में पूर्ण विशुद्धता सम्भव नहीं है और न इसे आवश्यक ही माना जाना चाहिये।

(9) अनुसन्धानकर्ताओं और प्रगणकों का चुनाव तथा प्रशिक्षण–अनुसंधान कार्य करने के लिये प्रशिक्षित क्षेत्र कार्यकर्ताओं की आवश्यकता होती है। समस्या की प्रगति और क्षेत्र को ध्यान में रखते हुये क्षेत्र कार्यकर्ताओं और प्रगणकों का चुनाव किया जाना चाहिये। चुनाव करने के बाद उन्हें आवश्यक प्रशिक्षण देना होता है। चुनाव करने में बौद्धिक जानकारी के अलावा व्यक्तित्व के गुणों को अत्यधिक महत्व दिया जाना चाहिये क्योंकि सामग्री एकत्रित करने में भिन्न-भिन्न स्वभाव के व्यक्तियों के सम्पर्क में आने के कारण क्षेत्र कार्यकर्ता का व्यवहार कुशल होना आवश्यक है। प्रगणकों को यथासम्भव सही सूचनायें एकत्रित करने की ओर ध्यान देना चाहिए।

(10) सूचनादाताओं की तैयारी–भिन्न-भिन्न सर्वेक्षणों में भिन्न-भिन्न वर्गों के सूचनादाताओं से सूचनायें एकत्रित की जाती हैं। सर्वेक्षण प्रारम्भ करने के पहले इन सूचनादाताओं को तैयार करना आवश्यक है। उदाहरण के लिये हमारे देश में सन् 1911 में हो रहे जनगणना सर्वेक्षण के लिए सरकार ने पहले से ही जनता से समाचार-पत्रों और अन्य माध्यमों से प्रगणकों के साथ सहयोग देने की अपील की है। शिक्षित सूचनादाताओं को समाचार-पत्रों और डाकपत्रों के द्वारा सर्वेक्षण कार्य के विषय में सूचना दी जा सकती है। यदि वे अशिक्षित हैं तो उन्हें स्थानीय नेताओं, अध्यापकों आदि के द्वारा समझाया जाना चाहिये। कहीं-कहीं पर सूचनादाताओं की तैयारी का कार्य प्रदर्शनियों, चार्टों, पैम्पलेटों और सिनेमा स्लाइडरों आदि के माध्यम के किया जाता है। इनसे सूचना देने के प्रति उत्साह उत्पन्न होता है और फिर जब क्षेत्र कार्यकर्ता सूचनादाताओं के पास पहुँचते हैं तो उन्हें बड़ी आसानी से उनका सहयोग प्राप्त हो जाता है।

(11) सर्वेक्षण विधियों का निर्धारण–अब कार्य शुरू करने से पहले यह देख लेना चाहिए कि उसमें कौन सी विधि का प्रयोग किया जाएगा। विधि का चुनाव सर्वेक्षण के विषय क्षेत्र, प्रकार आदि पर निर्भर होता है। प्रणाली निश्चित करने के बाद आगे का कार्य आसान हो जाता है। प्रश्नावली तथा डाक द्वारा प्रेषित अनुसूची आदि विधियों में क्षेत्र कार्य करने से पहले ही सूचनादाताओं के सामने उपस्थित किए जाने वाले प्रश्नों को निश्चित कर लिया जाता है।

(12) क्षेत्र कार्य–अब प्रशिक्षित क्षेत्र कार्यकर्ता सुनिश्चित प्रणाली से सूचनादाताओं से सूचनायें एकत्रित करने का कार्य करते हैं। इसके लिए उन्हें सूचनादाताओं की सुविधा के अनुसार उनके पास पहुँचकर उनसे अपने प्रश्नों के उत्तर प्राप्त करने होते हैं। इस कार्य में बड़ी कार्यकुशलता की आवश्यकता है जिससे कि सूचनादाताओं का सहयोग प्राप्त किया जा सके। क्षेत्र कार्य सर्वेक्षण के निर्देशक की देख-रेख में होता है। क्षेत्र कार्यकर्ता अपने-अपने क्षेत्र में सूचनायें एकत्रित करते हैं और सर्वेक्षण के समस्त क्षेत्र को अलग-अलग भागों में बाँट दिया जाता है।

(13) सामग्री की व्यवस्था, सारणीयन और सांख्यिकीय विश्लेषण–अब क्षेत्र कार्यकर्ताओं द्वारा प्राप्त की गयी सामग्री को सर्वेक्षण के दफ्तर में एकत्रित

किया जाता है। यहाँ पर योग्य अनुसन्धानकर्ता उसकी व्यवस्था, सारणीयन और सांख्यिकीय विश्लेषण करते हैं।

(14) परिणामों की व्याख्या—अब सर्वेक्षण से मिले परिणामों की योग्य वैज्ञानिकों द्वारा व्याख्या की जाती है जिससे सामाजिक समस्याओं का यथार्थ रूप और उनमें निहित कारक स्पष्ट होते हैं।

(15) रेखाचित्र द्वारा प्रस्तुत करना—अन्त में सर्वेक्षण के परिणामों को रेखाचित्रों और ग्राफ के रूप में प्रस्तुत किया जाता है जिससे एक नजर डालकर उनको आसानी से समझा जा सकता है। रेखा चित्र द्वारा प्रस्तुत सामग्री का तुलनात्मक अध्ययन करने में भी आसानी होती है।

इसके पश्चात सामाजिक सर्वेक्षण से मिले हुए परिणामों के आधार पर उपस्थित समस्या के कारणों को स्पष्ट करके इसको सुलझाने के लिए सुझाव दिये जाते हैं। इन सुझावों के पीछे वैज्ञानिक सर्वेक्षण का समर्थन होने के कारण ये प्रामाणिक और वैज्ञानिक माने जाते हैं। इन सुझावों के आधार पर सरकारी अथवा गैर-सरकारी संस्थायें समस्या के उपचार के लिए व्यावहारिक कदम उठाती हैं और क्योंकि सुझाव प्रामाणिक अध्ययन पर आधारित होते हैं इसलिए समस्या के उपचार में बहुत सफलता मिलती है जिससे सामाजिक सर्वेक्षण का महत्व और भी अधिक सिद्ध होता है। एक ही क्षेत्र में अनेक बार सर्वेक्षण होने पर नये सर्वेक्षण के परिणाम बहुधा पुराने सर्वेक्षण के परिणामों की पुष्टि करते हैं जिनसे निष्कर्ष और भी प्रामाणिक हो जाते हैं तथा पिछले सर्वेक्षण का सत्यापन हो जाता है। जैसा कि पीछे बतलाया जा चुका है, सर्वेक्षण के आधार पर सुझाव देते समय तथ्यों की परिशुद्धता जितनी ही कम होती है उसके आधार पर दिए गये सुझाव उतने ही नमनीय और उदार होने चाहियें। सर्वेक्षण के विभिन्न प्रकारों में विश्वसनीयता न्यूनाधिक रूप से भिन्न होती है जिससे उनकी व्यावहारिक उपयोगिता में अन्तर आ जाता है।

सामाजिक सर्वेक्षण के प्रकार
(Kinds of Social Survey)

आमतौर से सामाजिक सर्वेक्षण दो प्रकार के माने जाते हैं—सामान्य और विशिष्ट। सामान्य सर्वेक्षण (General Survey) में सम्पूर्ण समुदाय का सामान्य अध्ययन किया जाता है जैसे, देश, राज्य, शहर, गाँव या मौहल्ले आदि का अध्ययन। विशिष्ट सर्वेक्षण (Specialized or Topical Survey) में समुदाय के कुछ विशिष्ट पहलुओं का ही अध्ययन किया जाता है, जैसे बेकारी, स्वास्थ्य, सफाई, श्रम-कल्याण, बाल कल्याण आदि में से किसी का अध्ययन।

सामान्य और विशष्ट प्रकार के अलावा भी सामाजिक सर्वेक्षण के कुछ अन्य प्रकार हैं। मुख्य प्रकार और उनके मूल्य का विवरण निम्नलिखित है—

(1) प्रत्यक्ष अथवा अप्रत्यक्ष सर्वेक्षण (Direct or Indirect Survey)—प्रत्यक्ष सर्वेक्षण वह है जिसमें तथ्यों की गणनात्मक (Quantitative) व्याख्या की

जा सकती है। दूसरी ओर अप्रत्यक्ष सर्वेक्षण में तथ्यों की गणनात्मक व्याख्या संभव नहीं होती। उदाहरण के लिये, जनसंख्या के सर्वेक्षण प्रत्यक्ष होते हैं। दूसरी ओर स्वास्थ्य की दशा या पुष्टता के स्तर (Level of Nutrition) के सर्वेक्षण अप्रत्यक्ष होते हैं। समाज विज्ञान में भिन्न-भिन्न समस्याओं के अध्ययन में इन दोनों ही प्रकारों का प्रयोग किया जाता है।

(2) संगणना अथवा निदर्शन सर्वेक्षण (Census Survey or Sample Survey)—संगणना सर्वेक्षण में सम्पूर्ण क्षेत्र के विभिन्न अंगों का अलग-अलग अध्ययन करके उनके आंकड़े एकत्रित कर लिये जाते हैं और फिर उनको जोड़ लिया जाता है। दूसरी ओर सैम्पिल या निदर्शन सर्वेक्षण में पूरे क्षेत्र का सर्वेक्षण न करके उसके किसी ऐसे भाग को चुन लिया जाता है जो कि सम्पूर्ण क्षेत्र का प्रतिनिधित्व करता है। अब इसी भाग का सर्वेक्षण किया जाता है। भारत सरकार की ओर से ऐसे अनेक सैम्पिल सर्वे कराये गये हैं। संगणना सर्वेक्षण की तुलना में निदर्शन सर्वेक्षण कम खर्चीला होता है। अतः समाज विज्ञान में इसका व्यापक रूप में प्रयोग किया जाता है।

(3) प्राथमिक अथवा द्वैतीयक सर्वेक्षण (Primary or Secondary Survey)—प्राथमिक सर्वेक्षण में सर्वेक्षण का काम नये सिरे से शुरू किया जाता है। इसमें सर्वेक्षणकर्ता स्वयं अपने उद्देश्य के अनुरूप तथ्य एकत्रित करता है। अतः प्राथमिक सर्वेक्षण अधिक विश्वसनीय और अधिक शुद्ध होते हैं। परन्तु यदि किसी विषय पर पहले से ही कुछ सामग्री एकत्रित होती है तो उसमें नये सिरे से सर्वेक्षण करने की जरूरत नहीं पड़ती। ऐसी परिस्थिति में किया गया सर्वेक्षण द्वैतीयक सर्वेक्षण कहलाता है। स्पष्ट है कि द्वैतीयक सर्वेक्षण की दशा में समय और धन की काफी बचत हो जाती है।

(4) प्रारम्भिक या पुनरावर्तक सर्वेक्षण (Initial or Repetitive Survey)—यदि किसी क्षेत्र में पहली बार सर्वेक्षण हो रहा हो तो वह प्रारम्भिक तथा यदि उस क्षेत्र में पहले से एक या अधिक बार सर्वेक्षण हो चुका हो तो वह पुनरावर्तक सर्वेक्षण कहलाता है। प्रारम्भिक सर्वेक्षण में पुनरावर्तक की अपेक्षा अधिक परिश्रग करना पड़ता है तथा तुलनात्मक सामग्री भी नहीं प्राप्त होती। पुनरावर्तक सर्वेक्षण में अधिक विश्वसनीय और तुलनात्मक सामग्री प्राप्त होती है।

(5) सरकारी, अर्द्ध-सरकारी अथवा निजी सर्वेक्षण (Official, Semi-Official or Private Survey) जैसा कि नाम से स्पष्ट है सरकारी सर्वेक्षण सरकार द्वारा किये जाने वाले सर्वेक्षण, अर्द्ध-सरकारी सर्वेक्षण विश्वविद्यालयों, जिला बोर्डो, नगरपालिकाओं आदि अर्द्ध-सरकारी संस्थाओं द्वारा किए जाने वाले तथा निजी सर्वेक्षण व्यक्तियों द्वारा निजी तौर पर किए जाने वाले सर्वेक्षण को कहते हैं। इनमें सरकारी सर्वेक्षण में सफलता की अधिक सम्भावना होती है, क्योंकि उसमें न खर्चे की कमी होती है और न प्रशिक्षित व्यक्तियों की। अर्द्ध-सरकारी सर्वेक्षण खर्चीला भी अधिक होता है और कठिन भी होता है। निजी सर्वेक्षण में व्यय, समय

तथा प्रशिक्षित व्यक्तियों की समस्या और कठिन हो जाती है। फिर भी कभी-कभी कुछ अर्द्ध-सरकारी अथवा निजी सर्वेक्षण सरकारी सर्वेक्षण से भी अधिक उत्तम होते हैं।

(6) विस्तृत या सीमित सर्वेक्षण (Widespread or Limited Survey)—सर्वेक्षण के विस्तार या फैलाव के अनुसार उसको ये नाम दिये जाते हैं। अधिक व्यापक सर्वेक्षण विस्तृत तथा संकुचित क्षेत्र वाला सर्वेक्षण सीमित कहलाता है। सीमित सर्वेक्षण अधिक विश्वसनीय तथा विशुद्ध होता है परन्तु उसमें अध्ययन के विषय की अनेक बातें छूट जाने का भय है। दूसरी ओर विस्तृत सर्वेक्षण में अध्ययन के विषय में अनेक पहलू आ जाते हैं और पूरा चित्र उपस्थित होता है। परन्तु फिर अधिक विस्तार के कारण वह कम विश्वसनीय हो जाता है क्योंकि उसमें गलतियों की अधिक सम्भावना रहती है।

(7) सार्वजनिक या गुप्त सर्वेक्षण (Public or Confidential Survey)— जैसा कि इनके नाम से स्पष्ट है, सार्वजनिक सर्वेक्षण वे हैं जिनमें कार्यवाही अथवा परिणामों को गुप्त नहीं रखा जाता, जबकि गुप्त सर्वेक्षण में किसी कारण से उसकी कार्यवाही या परिणाम अन्य लोगों को जाहिर नहीं होने दिये जाते। सर्वेक्षण सार्वजनिक होगा या गुप्त वह उसकी प्रकृति और प्रयोजन पर निर्भर है।

(8) डाक द्वारा अथवा वैयक्तिक सर्वेक्षण (Postal or Personal Survey)—डाक द्वारा सर्वेक्षण में, जैसा कि उसके नाम से स्पष्ट है, सर्वेक्षणकर्ता डाक द्वारा प्रश्नावली भेजकर उत्तर मँगा लेता है। वैयक्तिक सर्वेक्षण में सर्वेक्षणकर्ता स्वयं सर्वेक्षण के क्षेत्र में जाकर और घूम-घूमकर सामग्री एकत्रित करता है। डाक द्वारा सर्वेक्षण में समय और श्रम तथा धन की बचत हो जाती है परन्तु उससे बहुत कम सूचनायें प्राप्त होती हैं और जो प्राप्त होती भी हैं वे उतनी विश्वसनीय नहीं होतीं। वैयक्तिक सर्वेक्षण में अधिक समय, शक्ति तथा धन व्यय होने के साथ-साथ अधिक सामग्री भी एकत्रित हो पाती है। यह सामग्री अधिक विश्वसनीय भी होती है।

(9) नियमित तथा अस्थायी सर्वेक्षण (Regular or Ad-Hoc Survey)— नियमित सर्वेक्षण निश्चित अवधि के बाद बराबर कराये जाते हैं। भारत में स्टेट बैंक इस प्रकार के सर्वेक्षण करता है। अस्थायी सर्वेक्षण के लिए बनाया गया संगठन अस्थायी होता है और सर्वेक्षण के बाद भंग कर दिया जाता है। अस्थायी सर्वेक्षण में नियमित सर्वेक्षण के मुकाबले में तुलनात्मक तथा विस्तृत जानकारी बहुत कम मिल पाती हैं परन्तु फिर उसमें समय, धन और शक्ति भी कम व्यय होते हैं।

सर्वेक्षण विधि के मुख्य चरण

The Social Survey in Town and Country Areas में Hermann N. Morse ने सामाजिक सर्वेक्षण की वैज्ञानिक प्रक्रिया के निम्नलिखित चरण माने जाते हैं—

(1) उद्देश्य या विषय की परिभाषा (Definition of the purpose of Object)

(2) अध्ययन की जाने वाली समस्या की परिभाषा (Definition of the Problem to be Studied)
(3) इस समस्या का अनुसूची में विश्लेषण (The Delimitation of this Problem in a Schedule)
(4) क्षेत्र का निर्धारण (The Delimitation of the Area or Scope)
(5) समस्त डाक्यूमेन्टरी स्रोतों का परीक्षण (Examination of all Documentary Sources)
(6) क्षेत्र कार्य (Field Work)
(7) सामग्री की व्यवस्था, सारणीयन एवं सांख्यिकीय विश्लेषण (The Arrangement, Tabulation and Statistical Analysis of Data)
(8) परिणामों की व्याख्या (The Interpretation of the Results)
(9) निगमन (The Deduction)
(10) रेखाचित्र द्वारा प्रकटीकरण (Graphic Expression)

सर्वेक्षण विधि का महत्व
(Importance of Survey Method)

सर्वेक्षण के भिन्न-भिन्न प्रकारों का वैज्ञानिक विधि के रूप में अलग-अलग महत्व है। सामान्य रूप से सर्वेक्षण से समस्या के विभिन्न पहलुओं पर प्रकाश पड़ता है और उसमें काम करने वाले कारक तथा उनका परस्पर सम्बन्ध स्पष्ट हो जाता है। सर्वेक्षण के आधार पर समस्या को सुलझाने के लिए व्यावहारिक सुझाव दिये जा सकते हैं। सामान्य अथवा विस्तृत सर्वेक्षण किसी भी समुदाय या समूह के विस्तृत अध्ययन में लाभदायक होता है। इसमें विभिन्न सामाजिक पक्षों का विस्तारपूर्वक अध्ययन किया जाता है। दूसरी ओर विशिष्ट सीमित सर्वेक्षण में विस्तार में मिलाकर गहराई से अध्ययन किया जाता है। इसलिये वैज्ञानिक दृष्टि से इसका अधिक महत्व है। डाक द्वारा सर्वेक्षण समय और धन की दृष्टि से बचतपूर्ण है। किन्तु यह केवल शिक्षित सूचनादाताओं के विषय में ही लागू किया जा सकता है और उसमें भी कम सूचनायें प्राप्त होती हैं। व्यक्तिगत सर्वेक्षण डाक द्वारा सर्वेक्षण की तुलना में अधिक विश्वसनीय और शुद्ध सूचनायें देता है किन्तु दूसरी ओर उसमें धन और समय अधिक व्यय होता है। सार्वजनिक सर्वेक्षण में सब दिलचस्पी लेते हैं। इसमें किसी बात को छिपाया नहीं जाता और इसलिये वह उन्हीं समस्याओं के विषय में किया जाता है जिनमें कुछ भी गोपनीय नहीं होता। दूसरी ओर विघटन, अनैतिकता, अपराध आदि विषयों में सावधान और विश्वस्त कार्यकर्ताओं के द्वारा गुप्त सर्वेक्षण कराया जाता है। इसका लाभ उन्हीं विषयों में है जिनमें सर्वेक्षण को गुप्त रखना आवश्यक होता है। नियमित सर्वेक्षण में तथ्यों की परिशुद्धता ओर विश्वसनीयता बढ़ती जाती है। विशेष सर्वेक्षण में रचनात्मक पहलू का अभाव देखा जाता है। मौलिक सर्वेक्षण

की सफलता कार्य प्रणाली पर निर्भर होती हैं इसमें तुलनात्मक सामग्री नहीं मिलती और काफी कठिनाई होती है। सतत अथवा पुनरावर्तक सर्वेक्षण जनगणना, राष्ट्रीय आय इत्यादि उन क्षेत्रों में किए जाते हैं जिनमें बराबर तुलनात्मक अध्ययन की आवश्यकता होती है प्राथमिक सर्वेक्षण मौलिक और महत्वपूर्ण होता है क्योंकि इसमें पहली बार तथ्यों को व्यवस्थित रूप में उपस्थित किया जाता है। द्वैतीयक सर्वेक्षण तभी मूल्यवान होता है जबकि उस विषय पर पहले से ही विश्वसनीय सामग्री उपलब्ध हो क्योंकि ऐसी स्थिति में द्वैतीयक सर्वेक्षण के द्वारा समय, शक्ति और धन की बचत होती है। संगणना सर्वेक्षण में धन, व्यवस्था, समय और कार्यकर्ताओं की अधिक आवश्यकता पड़ती है। इस प्रकार के सर्वेक्षण देशव्यापी होते हैं और इनके परिणाम अधिक विश्वसनीय और शुद्ध होते हैं। कम खर्चीले और सरल होने के कारण निदर्शन सर्वेक्षणों का सामाजिक विज्ञानों में व्यापक प्रयोग किया जाता है। सरकारी सर्वेक्षण सरकार के सामने उपस्थित विभिन्न समस्याओं के उपचार में सहायता के हेतु अथवा किसी अन्य व्यवहारिक उद्देश्य की पूर्ति के लिए किया जाता है। इसमें सफलता और विश्वसनीयता की सम्भावना बढ़ जाती है क्योंकि सरकार के पास धन और प्रशिक्षित कार्यकर्ताओं की कोई कमी नहीं होती। किन्तु कभी-कभी पर्याप्त देखभाल न होने के कारण सरकारी सर्वेक्षण ईमानदारी से नहीं किये जाते और कार्यकर्ता क्षेत्र में जाये बगैर ही सामग्री घड़ लेते हैं। ऐसी स्थिति में सर्वेक्षण बिल्कुल अप्रामाणिक होता है। अर्द्ध-सरकारी सर्वेक्षण सरकारी सर्वेक्षण की अपेक्षा अधिक खर्चीला और कठिन होता है क्योंकि इसमें सूचनादाताओं पर सरकारी सर्वेक्षण के समान कोई जोर नहीं होता। न तो इसमें सरकारी सर्वेक्षण के समान आर्थिक साधन ही उपलब्ध होते हैं और न ही इतनी अधिक्र संख्या में कुशल कार्यकर्ता ही मिल सकते हैं। अस्तु, यह केवल कुछ विशिष्ठ उद्देश्यों को लेकर सीमित क्षेत्र में किया जाता है। गैर सरकारी सर्वेक्षण में तो ये कठिनाइयाँ और भी बढ़ जाती हैं। इसीलिये ये बहुत कम किये जाते हैं। गणनात्मक तथ्यों से सम्बन्धित होने के कारण प्रत्यक्ष सर्वेक्षण अधिक शुद्ध और विश्वसनीय होता है जबकि अप्रत्यक्ष सर्वेक्षण की सफलता सूचनादाता और सर्वेक्षणकर्ता की योग्यता पर निर्भर होती है।

सर्वेक्षण के विभिन्न प्रकारों के महत्व के उपरोक्त विवेचन से स्पष्ट होता है कि उद्देश्य, साधन, समय आदि को ध्यान में रखते हुए समस्या की प्रगति के अनुसार सर्वेक्षण का प्रकार अपनाया जाना चाहिये, तभी सर्वेक्षण से पूरा लाभ उठाया जा सकता है।

अभ्यास के लिए प्रश्न

प्रश्न 1. सामाजिक सर्वेक्षण के इतिहास की संक्षिप्त रूपरेखा दीजिये।
Give a brief outline of the history of Social Survey.

प्रश्न 2. सामाजिक सर्वेक्षण क्या है? उसके उद्देश्य बतलाइये।
What is Social Survey? Point out its objectives.

प्रश्न 3. सामाजिक सर्वेक्षण के सोपानों की व्याख्या कीजिये।
Explain steps of Social Survey Method.

प्रश्न 4. सामाजिक सर्वेक्षण के प्रकारों की व्याख्या कीजिये।
Explain kinds of Social Survey.

प्रश्न 5. संक्षिप्त टिप्पणी लिखिये- सर्वेक्षण विधि का महत्व
Write short note on-Importance of Survey Method.

7

भारत में सामाजिक शोध, सर्वेक्षण तथा पुस्त-पालन (Social Research, Survey and Book-keeping in India)

भारत में सामाजिक सर्वेक्षण की स्थिति अन्य प्रगतिशील देशों की तुलना में काफी पिछड़ी हुई है। इस पिछड़ेपन के कई कारण है। इसका मुख्य कारण भारत की आर्थिक दशा का अच्छा न होना है। इसके अतिरिक्त भारत के लोगों में अन्य देशों के लोगों की अपेक्षा सामाजिक सर्वेक्षण जैसे कार्यो के प्रति रूचि भी कम है। पाश्चात्य देशों में प्राय: जिज्ञासा-पूर्ति के लिए भी कई प्रकार के सामाजिक सर्वेक्षण का आयोजन किया जाता है। भारत में ऐसे जिज्ञासुओं की कमी है। भारत की परतन्त्रता भी सामाजिक सर्वेक्षणों के विकास में बाधक रही है। इन कारणों के अतिरिक्त भारतीय जनता भी प्राय: सर्वेक्षणों में सहयोग नहीं दिया करती। सामान्य जनता का अनपढ़ एवं अज्ञानी होना भी सामाजिक सर्वेक्षणों के विकास में बाधक सिद्ध होता है। सामान्य जनता आवश्यकता से अधिक संकुचित विचारों वाली तथा रूढ़िवादी होती है। इस कारण सामाजिक सर्वेक्षण के कार्य अरूचिकर एवं कठिन हो जाते हैं। इस सब कारणों से भारत में सामाजिक सर्वेक्षणों का पर्याप्त विकास नहीं हुआ।

भारत में अब तक हुए सामाजिक सर्वेक्षणों के विकास को दो भागों में बाँटा जा सकता है—प्रथम भाग में हम स्वतन्त्रता-पूर्व भारत में होने वाले सर्वेक्षणों को स्थान देते हैं और दूसरे भाग में स्वतन्त्र भारत के सर्वेक्षणों को गिनते हैं। सामाजिक सर्वेक्षणों के भारत में विकास को पूरी तरह जानने के लिये इन दोनों भागों के सर्वेक्षणों पर अलग-अलग दृष्टिपात करना होगा।

(1) परतन्त्र भारत के सामाजिक सर्वेक्षण—भारत के परतन्त्रता काल में सम्पन्न होने वाले सामाजिक सर्वेक्षणों को हम मुख्य रूप से दो भागों में बाँट सकते हैं—प्रथम हैं सरकार द्वारा आयोजित सर्वेक्षण और दूसरे हैं निजी या व्यक्तिगत क्षेत्र में सम्पन्न हुए सर्वेक्षण। अध्ययन की सुविधा के लिये इन दोनों प्रकार के सर्वेक्षणों

का अलग-अलग विवरण दिया जायेगा।

(अ) सरकारी सर्वेक्षण–अंग्रेज सरकार भारत के लिये विदेशी सरकार थी। उनका भारत में आने एवं रहने तथा शासन करने का मुख्य उद्देश्य धन कमाना था। इसी कारण अंग्रेज सरकार ने भारत के सामाजिक विकास, जन-कल्याण और सामूहिक विकास की ओर ध्यान न देकर केवल भारत के आर्थिक शोषण को ही मुख्य कार्य समझा और पूरा किया। इसीलिए आवश्यकता होते हुए भी अंग्रेज सरकार ने भारत में सामाजिक सर्वेक्षणों जैसे महत्वपूर्ण कार्य को केवल धन एवं श्रम का अपव्यय ही समझा और इस कार्य को प्रोत्साहित भी नहीं किया।

कुछ प्रशासनिक कार्यों को सरल बनाने के लिये अंग्रेज सरकार ने समय-समय पर कुछ शाही आयोगों द्वारा सामाजिक और आर्थिक समस्याओं के विषय में आँकड़ों का संकलन करवाया था। इस प्रकार के आँकड़े प्रायः अकाल, श्रम, अशान्ति, बेकारी और स्वास्थ्य की समस्याओं से सम्बन्धित हुआ करते थे। ब्रिटिश सरकार के द्वारा होने वाले सर्वेक्षणों में मुख्य सर्वेक्षण यही आँकड़े के संकलन से सम्बन्धित सर्वेक्षण गिने जा सकते हैं।

कुछ राज्य सरकारें भी समय-समय पर अपने-अपने प्रदेश में सम्बन्धित क्षेत्र से सामाजिक, आर्थिक और राजनीतिक समस्याओं के विषय में सूचनाओं एवं आँकड़ों का संकलन करवाया करती थीं। कभी-कभी इस प्रकार के सर्वेक्षणों की रिपोर्ट भी प्रकाशित करवाई जाती थी।

ब्रिटिश काल में सरकारी क्षेत्र में सामाजिक सर्वेक्षणों के प्रति सन् 1850 में थोड़ा ध्यान दिया गया। इसी वर्ष भारत में सांख्यिकीय सचिवालय की स्थापना हुई। इस सचिवालय की स्थापना से सामाजिक सर्वेक्षणों को थोड़ा प्रोत्साहन मिला। इसके बाद सन् 1891 में भारत में अखिल भारतीय स्तर पर जनगणना का आयोजन हुआ। इसके बाद प्रत्येक दसवें वर्ष जनगणना का कार्य होने लगा। जनगणना का यह अभियान सामाजिक सर्वेक्षण की दिशा में महत्वपूर्ण कदम था। जनगणना के विस्तृत आयोजन के द्वारा पूरे भारत के विषय में अनेक प्रकार की सामाजिक, आर्थिक और सांस्कृतिक सूचनाओं का संकलन किया जाता था। इस प्रकार ब्रिटिश काल में सामाजिक सर्वेक्षणों की दिशा में सबसे महत्वपूर्ण कदम जनगणना आयोग की स्थापना का था। जनगणना की रिपोर्ट सामाजिक सूचनाओं के मुख्य स्रोत का कार्य किया करती थी।

(ब) निजी सर्वेक्षण–ब्रिटिश काल में ही कुछ जिज्ञासुओं ने निजी क्षेत्र में भी सामाजिक सर्वेक्षणों को कार्य-रूप दिया था। कुछ विशेष विद्वानों ने इस कार्य के लिए लोगों को प्रोत्साहन भी दिया। सर मोरीसन (Sir T. Morison) ने सन् 1913 में अपनी पुस्तक Economic Transition in India प्रकाशित करवाई। इस पुस्तक में सर मोरीसन ने कुछ शोधपूर्ण सुझाव प्रस्तुत किये थे। कृषि निदेशक श्री कीटिंग (G. Keating) ने भी सन् 1912 में एक पुस्तक Rural Economy in Bombay Deccan का प्रकाशन करवाया। इस पुस्तक में भी अनुसन्धानों के लिये सुझाव

प्रस्तुत किये गये थे। आगे चल कर इन्ही पुस्तकों के सुझावों से प्रेरित होकर कुछ सामाजिक सर्वेक्षण हुए। मुख्य रूप से इस दिशा में हम डॉ॰ जी॰ स्लेटर (Dr. Gilbert Slater) और डॉ॰ मन (H. H. Mann) के कार्यों को गिन सकते हैं। इन सर्वेक्षणकर्त्ताओं ने तमिलनाडु और महाराष्ट्र राज्यों के गाँवों में सामाजिक और आर्थिक समस्याओं के विषय में कुछ सर्वेक्षण किये। इनके द्वारा किये गये सर्वेक्षणों में वैज्ञानिकता तथा वस्तुनिष्ठता के पर्याप्त तत्व उपस्थित थे। इन्हीं दिनों पंजाब में सामाजिक सर्वेक्षणों के लिए एक 'आर्थिक अनुसन्धान बोर्ड' (Board of Economic Enquiry) की भी स्थापना हुई। इस बोर्ड ने पंजाब के 29 गाँवों में अध्ययन किया। सन् 1921 में इस बोर्ड ने लाहौर में दूध की समस्या के विषय में विस्तृत सर्वेक्षण किया था। इस बोर्ड का सर्वेक्षण कार्य भी पर्याप्त वैज्ञानिक था। सम्बन्धित क्षेत्र से सूचनाओं एवं आँकड़ों के संकलन के लिये इस बोर्ड ने विस्तृत प्रश्नावलियों का उपयोग किया था। इनकी प्रश्नावलियों में ग्रामीण जीवन से सम्बन्धित सभी मुख्य-मुख्य पक्षों के विषय में प्रश्न पूछे गये थे। खेती, उत्पादन, ऋण तथा बाजार की स्थिति से सम्बन्धित प्रश्नों को विशेष महत्व दिया गया था।

सन् 1928 में भारत के 'भारतीय कृषि के शाही आयोग' (Royal Commission of Indian Agriculture) ने आर्थिक परिवर्तनों के विषय में सर्वेक्षण करवाने के लिये आदेश एवं निर्देश दिये। इस आयोग के निर्देशों से प्रोत्साहित होकर 1929-30 में प्रो॰ एस॰ केशव अयेंगर (S. Kesava Iyenger) ने एक विस्तृत सर्वेक्षण कार्य किया। प्रोफेसर अयेंगर ने हैदराबाद के चार मुख्य जिलों के 48 गाँवों में सर्वेक्षण कार्य किया। इन्होंने अपने सर्वेक्षण को शुद्ध एवं वैज्ञानिक बनाने के लिए साक्षात्कार को अध्ययन पद्धति के रूप में चुना था। इसके बाद सन् 1937-38 में प्रो॰ डी॰ आर॰ गाडगिल (D. R. Gadgil) ने भी सर्वेक्षण कार्य किया। इन्होंने अपने सर्वेक्षण का क्षेत्र पूना नगर चुना था। इनके द्वारा हुए सर्वेक्षण की विशेष सराहना की गई थी। इन्होंने सन् 1932 से लेकर सन् 1952 तक Gokhale Institute of Politics and Economics में सामाजिक सर्वेक्षण के निर्देशन का भी कार्य किया। इस दौरान कुछ महत्वपूर्ण सर्वेक्षण भी हुए।

भारत में कुछ मानवशास्त्रियों द्वारा भी कुछ सामाजिक सर्वेक्षणों का आयोजन हुआ है। सन् 1906 में सर रिजले में टोडा जनजाति के सामाजिक जीवन का सर्वेक्षण किया था। मुण्डा आदिम जाति का सामाजिक सर्वेक्षण सन् 1912 में श्री राय द्वारा हुआ। जनजातियों के सामाजिक सर्वेक्षणों की ही परम्परा में सन् 1926 में नागा जनजाति का सामाजिक सर्वेक्षण श्री मिल्स (Mills) द्वारा हुआ।

इस प्रकार हम देखते हैं कि परतन्त्र भारत या ब्रिटिश प्रशासन काल के भारत में सामाजिक सर्वेक्षण का कार्य अपेक्षाकृत पिछड़ा हुआ तथा अविकसित प्रकार का था। जो थोड़े-बहुत सर्वेक्षणों का आयोजन इस काल में हुआ वह इतने बड़े देश के इतने लम्बे काल में नगण्य ही माना जाना चाहिये।

(2) स्वतन्त्र भारत के सामाजिक सर्वेक्षण—भारत के स्वतन्त्र होने के

बाद भारतीय सरकार ने सामाजिक सर्वेक्षणों के महत्व को समझा। देश के विभिन्न आर्थिक, सामाजिक और राजनीतिक विकास की योजनाओं के लिए विभिन्न प्रकार के आँकड़ों और सूचनाओं की आवश्यकता अनुभव की गई। इस आवश्यकता की पूर्ति के लिए भारत सरकार ने इस दिशा में दो प्रकार से कदम बढ़ाये। एक तो अनेक ऐसे सरकारी विभागों का निर्माण किया गया जिनका कार्य विभिन्न प्रकार के सर्वेक्षण करना और आँकड़ों का संकलन करना था। दूसरे, निजी, संस्थागत एवं व्यक्तिगत क्षेत्रों में भी सामाजिक सर्वेक्षण को प्रोत्साहित किया गया। इस कार्य के लिये सरकार ने सम्बन्धित व्यक्तियों और संस्थाओं को आर्थिक सहायता तथा सुविधायें उपलब्ध कराईं।

स्वतन्त्र भारत में सामाजिक सर्वेक्षण की दिशा में सरकार का मुख्य प्रयत्न सन् 1950 में आरम्भ हुआ। इस वर्ष भारत सरकार ने सामाजिक सर्वेक्षण को सम्पन्न कराने तथा निर्देशन के लिये 'नेशनल सैम्पल सर्वे निदेशालय' (Directorate of National Sample Survey) की स्थापना की। इस निदेशालय का मुख्य कार्य योजना आयोग की सहायता करना है। पंचवर्षीय योजनाओं के निर्माण के लिये योजना आयोग को विभिन्न प्रकार के आँकड़ों एवं सूचनाओं की समय-समय पर आवश्यकता पड़ती रहती है। योजना आयोग की इस प्रकार की आँकड़ों एवं सूचनाओं की आवश्यकता पूर्ति नेशनल सैम्पल सर्वे निदेशालय किया करता है। इस निदेशालय के सर्वेक्षण का प्रथम अभियान सन् 1950-51 में सम्पन्न हुआ। इसके अतिरिक्त समय-समय पर यह निदेशालय भारतीय जीवन से सम्बन्धित विभिन्न प्रकार के सर्वेक्षण किया करता है। इस प्रकार के सर्वेक्षणों से भारत में परिवार, आय-व्यय, रोजगार, कृषि, व्यापार, उत्पादन, आदि के विषय में पर्याप्त प्रामाणिक सूचनाओं एवं आँकड़ों का संकलन होता रहता है। इन सर्वेक्षणों की रिपोर्टों को भी समय-समय पर जनहित के लिए प्रकाशित किया जाता है। यह निदेशालय कभी-कभी कोई सर्वेक्षण अखिल भारतीय स्तर पर न करके अलग-अलग क्षेत्रीय स्तर पर भी किया करता है। इस प्रकार के सर्वेक्षणों के माध्यम से स्थानीय सूचनाओं का अधिक गहन अध्ययन सम्भव होता है और योजनाओं के निर्माण में सहायता मिलती है। उदाहरण के लिए किसी औद्योगिक संस्थान के विकास के लिए सम्बन्धित क्षेत्र का स्थानीय सर्वेक्षण करना अधिक लाभदायक होता है।

सन् 1954 के आस-पास भारत में कृषि एवं श्रम के विषय में एक अखिल भारतीय सर्वेक्षण का आयोजन किया गया था। यह सर्वेक्षण अत्यधिक विस्तृत एवं उत्तम प्रकार का सर्वेक्षण था। इस सर्वेक्षण में अब तक विकसित अध्ययन के नवीनतम साधनों का उपयोग किया गया था। सर्वेक्षण में पर्याप्त वैज्ञानिकता और वस्तुनिष्ठता को अपनाया गया था। इस सर्वेक्षण के विषय में Report of All India Agricultural Labour Enquiry द्वारा जानकारी प्राप्त होती है।

सामाजिक और आर्थिक समस्याओं के सर्वेक्षणों में National Council of Applied Economic Research का भी सहयोग सराहनीय है। इस संस्थान ने

समय-समय पर आर्थिक एवं सामाजिक पहलुओं के विषय में विभिन्न महत्वपूर्ण सर्वेक्षण किये हैं। दिल्ली में बचत-सम्बन्धी आर्थिक सर्वेक्षण इसी संस्थान का कार्य है। दिल्ली के अतिरिक्त बम्बई, मद्रास, कानपुर, आदि बड़े नगरों में भी संस्थान ने विभिन्न आर्थिक-सामाजिक सर्वेक्षणों का आयोजन किया है।

किसी भी जनतान्त्रिक राज्य में देश के विकास एवं प्रशासन तथा प्रगति के लिये जनमत को ठीक-ठीक जानना अति आवश्यक है। जनमत-सम्बन्धी सर्वेक्षणों के आयोजन तथा निर्देशन के लिये भारत में Indian Institute of Public Opinion की स्थापना की गई है। यह विभाग जनमत से सम्बन्धित विभिन्न सूचनाओं एवं आँकड़ों का संकलन किया करता है। इस विभाग द्वारा संकलित सूचनाओं का प्रकाशन भी हुआ करता है। सूचनाओं के प्रकाशन का माध्यम मासिक पत्रिका 'Monthly Public Opinion Survey' है। इस पत्रिका का प्रकाशन पिछले सात-आठ वर्षों से हो रहा है। इस पत्रिका के माध्यम से इस विभाग ने अब तक भारतीय जनता के आर्थिक, सामाजिक तथा राजनीतिक मतों और विचारों की झाँकी प्रस्तुत की है।

भारत एक बहुत बड़ा देश है। अतः अखिल भारतीय स्तर पर सभी सर्वेक्षणों को एक साथ करना प्रायः सरल नहीं होता। अध्ययन की सुविधा के लिये अनेक बार किसी एक ही समस्या के विषय में परिचय प्राप्त करने के लिये सम्बन्धित सर्वेक्षण को भिन्न-भिन्न क्षेत्रों में भिन्न-भिन्न समितियों अथवा संस्थाओं द्वारा करवा लिया जाता है। इस प्रकार के क्षेत्रीय सर्वेक्षणों से अलग-अलग क्षेत्रों से आँकड़ों एवं सूचनाओं का संकलन हो जाता है। इसके बाद यदि अखिल भारतीय स्तर पर उसी समस्या के विषय में ज्ञान प्राप्त करना हो तो संकलित आँकड़ों को समन्वित एवं व्यवस्थित करके परिणाम प्राप्त कर लिये जाते हैं। भारत में आँकड़ों को समन्वित एवं व्यवस्थित करने के कार्य के लिये एक कमेटी की स्थापना की गई है। इस कमेटी का नाम है—The Research Programmes Committee of the Planning Commission. यह कमेटी विभिन्न प्रकार के सर्वेक्षणों को प्रोत्साहित किया करती है। इस कमेटी ने सन् 1967 के अन्त तक भारत में लगभग 157 सर्वेक्षण योजनाओं को सहायता तथा सुझाव दिये थे। इसी कमेटी के निर्देशन में कई सर्वेक्षण कार्य चल रहे हैं।

एक और समिति भी सामाजिक सर्वेक्षणों में विशेष रुचि ले रही है। यह है—National Council of Applied Economic Research, New Delhi.। यह समिति भी अनेक प्रकार के औद्योगिक और आर्थिक सर्वेक्षणों को प्रोत्साहन दे रही है। यह सर्वेक्षण संस्थान अन्तरानुशासनीय विधियों द्वारा अध्ययन करने के पक्ष में है। इस संस्थान द्वारा आयोजित सर्वेक्षणों में विभिन्न विज्ञानों के विशेषज्ञों की खोजों को स्थान दिया जाता है। प्रत्येक सर्वेक्षण में रसायनशास्त्रियों, अर्थशास्त्रियों, वन विभाग के विशेषज्ञों, सांख्यिकीय विद्वानों तथा भूगोलशास्त्रियों की राय ली जाती है और इन सबकी राय के आधार पर निष्कर्ष निकाले जाते हैं।

वर्तमान भारत में कुछ और भी ऐसे संस्थान हैं जो सामाजिक सर्वेक्षणों के कार्य

में रुचि रखते हैं। ऐसे कुछ संस्थान भारत के मुख्य विश्वविद्यालयों में खोले गये हैं। इन संस्थानों के माध्यम से समय-समय पर विभिन्न प्रकार के सामाजिक, आर्थिक तथा जीवन के अन्य पहलुओं से सम्बन्धित सर्वेक्षणों का आयोजन किया जाता है। इस प्रकार के कुछ मुख्य सर्वेक्षण संस्थान निम्नलिखित हैं–

1. Gokhale Institute of Politics and Economics.
2. Indian Institute of Community Development.
3. Statistical Institute, Calcutta.
4. Tata Institute of Social Sciences.
5. Delhi School of Social Works.
6. Agra Institute of Social Sciences.

स्वतन्त्र भारत के सामाजिक सर्वेक्षणों के इस विवरण से स्पष्ट होता है कि भारत ने स्वतन्त्र होने के बाद इस दिशा में पर्याप्त प्रगति की है। वास्तव में प्रत्येक विकासशील देश में सामाजिक सर्वेक्षणों को अधिक-से-अधिक प्रोत्साहन देना आवश्यक होता है। सामाजिक सर्वेक्षण की दिशा में भारत अभी अन्य उन्नत देशों की अपेक्षा कुछ पीछे हैं परन्तु हम आशा करते हैं कि शीघ्र ही भारत इस दिशा में पर्याप्त प्रगति कर लेगा और अन्य देशों के समान समृद्ध एवं सम्पन्न हो जायेगा।

योजनाओं के निर्माण में सर्वेक्षणों का महत्व

सामाजिक सर्वेक्षणों द्वारा विभिन्न सामाजिक, आर्थिक, राजनीतिक तथा जीवन के अन्य अनेक पहलुओं के विषय में यथार्थ सूचनाओं और आँकड़ों का संकलन किया जाता है। किसी भी प्रकार की योजना बनाने के लिये उस योजना से सम्बन्धित अनेक प्रकार की सूचनाओं की आवश्यकता होती है। इन्ही सूचनाओं के आधार पर ही सूझ-बूझ से योजनाओं का निर्माण किया जाता है। जब तक भारत में ब्रिटिश सरकार थी तब तक भारत में योजनाओं का निर्माण नगण्य संख्या में ही हुआ करता था। भारत के स्वतन्त्र होने के बाद सरकार का तथा जनता का ध्यान देश की प्रगति और विकास की ओर आकृष्ट हुआ। किसी भी समाज या देश के विकास और प्रगति के लिए योजनाबद्ध कार्य होना आवश्यक है। इसी तथ्य को ध्यान में रखते हुए भारत में भी अनेक सरकारी तथा गैर-सरकारी योजनाओं का निर्माण प्रारम्भ हो गया है। ये योजनायें आर्थिक, राजनीतिक, व्यापारिक और सामाजिक-सुधार एवं कल्याण से सम्बन्धित हैं। अब इन योजनाओं के निर्माण के लिए सम्बन्धित सर्वेक्षणों की भी आवश्यकता हुई। इस दिशा में अनेक सर्वेक्षण संस्थाओं का निर्माण हुआ, जिनका वर्णन पीछे किया गया है। यहाँ पर योजनाओं के निर्माण में सर्वेक्षणों के महत्व का विवरण दिया जायेगा। सर्वेक्षणों के महत्व की विवचेना अलग-अलग प्रकार की योजनाओं के सन्दर्भ में की जायेगी।

(1) **प्रशासनिक योजनाओं के लिए महत्व**–प्रशासनिक योजनाओं के निर्माण के लिए भी सामाजिक सर्वेक्षणों का विशेष महत्व है। सर्वेक्षण द्वारा विभिन्न क्षेत्रों के लोगों के विचारों, धर्मों और अन्य अनेक पहलुओं से सम्बन्धित सूचनाओं

एवं आँकड़ों की प्राप्ति होती है। इन आँकड़ों के आधार पर प्रशासनिक योजनाओं का निर्माण होता है। किसी भी कानून निर्माण के पहले उससे सम्बन्धित सर्वेक्षण अति लाभदायक होते हैं। किसी नई प्रशासनिक नीति का जनता पर क्या प्रभाव होगा, यह जानने के लिए भी सर्वेक्षण करने पड़ते हैं। प्रान्तों की सीमाओं के निर्धारण के लिए या नये प्रान्त के निर्माण के लिए भी प्रायः भाषा से सम्बन्धित सर्वेक्षण किये जाते हैं। किसी जाति या जनजाति को सरकारी नौकरियों में कितनी विशेष छूट देनी होगी, यह भी सम्बन्धित सर्वेक्षण के ही आधार पर निर्धारित किया जाता है। इस प्रकार स्पष्ट हो जाता है कि प्रत्येक प्रशासनिक योजना एवं नीति के निर्धारण के लिए सम्बन्धित सर्वेक्षणों का विशेष महत्व होता है।

(2) समाज-सुधार की योजनाओं के लिए महत्व—प्रत्येक प्रगतिशील समाज में सुधार सम्बन्धी अनेक योजनाओं का समय-समय पर निर्माण होता रहता है। ऐसी योजनाओं का निर्माण प्रायः गैर-सरकारी संस्थाओं द्वारा होता है। प्रत्येक योजना के निर्माण के लिए सर्वप्रथम उस योजना से सम्बन्धित पर्याप्त जानकारी प्राप्त करनी आवश्यक है। ऐसी जानकारी सर्वेक्षण द्वारा ही प्राप्त की जा सकती है। उदाहरण के लिए बाल-विवाह या बाल-हत्या, आदि सामाजिक बुराइयों को समाप्त करने की योजना का निर्माण करना हो तो सर्वप्रथम विभिन्न सामाजिक सर्वेक्षण करने होंगे जिनके द्वारा इन बुराइयों के विषय में विस्तृत जानकारी प्राप्त की जायेगी। योजना के निर्माण के लिए यह जानना आवश्यक होगा कि भारत के किस भाग में ये बुराइयाँ अधिक हैं? क्या गाँवों में बाल-विवाह अधिक होते हैं? बाल-विवाह के मुख्य कारण क्या हैं? इन सब सम्बन्धित सूचनाओं के संकलन के लिए अनेक सामाजिक सर्वेक्षणों के आयोजन की आवश्यकता होती है। इस संक्षिप्त विवेचन से स्पष्ट होता है कि किसी भी प्रकार के सामाजिक सुधार की योजना के निर्माण के लिए सामाजिक सर्वेक्षणों का पर्याप्त महत्व होता है।

(3) औद्योगिक योजनाओं के लिए महत्व—स्वतन्त्रता प्राप्त करने के बाद भारत में औद्योगिक क्षेत्र में भी पर्याप्त प्रगति हुई है और निरन्तर हो रही है। औद्योगिक प्रगति एवं विकास के लिए आये दिन नई-नई योजनाओं का निर्माण हुआ करता है। औद्योगिक योजनाओं के निर्माण के लिए भी विभिन्न प्रकार के सर्वेक्षणों की आवश्यकता पड़ती है। किसी भी औद्योगिक केन्द्र को स्थापित करने से पूर्व अनेक बातों को जानना आवश्यक होता है। उदाहरण के लिए कच्चे माल के स्रोत कहाँ हैं? यातायात के साधन कैसे हैं? श्रमिक आसानी से मिल सकते हैं या नहीं? बिजली एवं पानी की व्यवस्था सरल है या कठिन? सम्बन्धित उद्योग के लिए उस क्षेत्र की जलवायु अनुकूल है या नहीं? इन सब के विषय में वास्तविक सूचना प्राप्त करने के लिए विभिन्न सर्वेक्षणों की आवश्यकता होती है। इस प्रकार स्पष्ट हो जाता है कि औद्योगिक योजनाओं के निर्माण के लिए भी सर्वेक्षणों का विशेष महत्व है।

(4) व्यापारिक योजनाओं के लिए महत्व—उच्चस्तरीय व्यापार के लिए भी समय-समय पर अनेक योजनाओं के निर्माण की आवश्यकता होती है। किसी

वस्तु का उत्पादन बढ़ा दिया जाये या घटा दिया जाये? विदेशों से माल मँगाया जाये या विदेशों को माल भेजा जाये? इन सब प्रकार की योजनाओं को क्रियान्वित करने के लिए समय-समय पर सर्वेक्षण करने की आवश्यकता होती है। किस क्षेत्र के लोग किस प्रकार की वस्तुओं की अधिक माँग करते हैं? किस समय किस प्रकार के फैशन के चलने की सम्भावना है? ऐसी-ऐसी अनेक प्रकार की सूचनाओं के लिए सर्वेक्षण करने पड़ते हैं। कहने का आशय यह है कि व्यापारिक योजनाओं या नीतियों के निर्माण के लिए भी सर्वेक्षणों की पर्याप्त आवश्यकता होती है।

भारत में सामाजिक शोध का विधिवत् चलन अधिक समय पहले नहीं था। कुछ समय पहले तक तो भारत में कुछ गिने-चुने सरकारी विभागों द्वारा ही सामाजिक शोधों का आयोजन हुआ करता था। भारत में समाजशास्त्र का एक विज्ञान के रूप में चलन भी अभी बहुत पुराना नहीं है। इस कारण से भी भारत में सामाजिक शोध का कार्य अभी पूर्णतः विकसित नहीं हो पाया है। भारतीय जनता में भी सामाजिक शोध के प्रति रुचि कुछ कम है। समाजशास्त्र के वैज्ञानिक अध्ययन के पूर्व भारत में कुछ अर्थशास्त्र के विशेषज्ञ भी सामाजिक शोध का कार्य किया करते थे। इन अर्थशास्त्रियों के शोध के मुख्य विषय श्रम तथा ग्रामीण जीवन की दशाओं से सम्बन्धित हुआ करते थे। परन्तु इन अर्थशास्त्रियों द्वारा किये गये शोध-कार्य पूर्ण रूप से वैज्ञानिक नहीं थे। इनकी अध्ययन विधियाँ तथा प्रविधियाँ आवश्यकता से कम विकसित थीं। इन आर्थिक शोधों की भी संख्या अधिक नहीं थी। भारत में सामाजिक शोध-कार्यों की यथार्थ तथा वास्तविक स्थिति समझने के लिए निम्नलिखित विवरण सहायक होगा:-

भारत में सामाजिक शोध का इतिहास

भारत में सामाजिक शोध-कार्य का इतिहास अधिक लम्बा नहीं है। फिर भी अध्ययन की सुविधा के लिए शोध-कार्यो के इतिहास को दो कालों में विभाजित किया जाता है-प्रथम काल वह है जब भारत में ब्रिटिश सरकार का शासन था, दूसरा काल ब्रिटिश शासन के समाप्त होने के बाद से अब तक का है। अब इन दोनों कालों में हुए सामाजिक शोध-कार्यो की स्थिति को जानने के लिए निम्नलिखित संक्षिप्त विवेचन पर दृष्टिपात करना होगा:-

परतन्त्र भारत में सामाजिक शोध

यदि वैज्ञानिक दृष्टिकोण से देखा जाये तो ब्रिटिश शासन काल में भारत में सामाजिक शोध का कार्य बहुत ही पिछड़ा हुआ था। इसके कई कारण थे, मुख्य कारण तो सरकार का इस कार्य के प्रति लगाव का अभाव था। सरकार के अतिरिक्त व्यक्तिगत क्षेत्र में भी सामाजिक शोध को अधिक महत्व नहीं दिया गया था। इसके मुख्य कारण रुचि एवं धन का अभाव था। इस काल में निजी क्षेत्र में सामाजिक शोध के कार्यों के लिए सरकार द्वारा किसी प्रकार की सहायता नहीं मिलती थी।

साथ ही इस काल में सामाजिक शोध के साधन भी अविकसित थे।

ब्रिटिश शासन काल में भारत में जो कुछ सामाजिक शोध के कार्य हुए भी हैं, उन्हें भी वास्तव में शोध-कार्य नहीं कहा जा सकता। ये तथाकथित शोध-कार्य भी वास्तव में सामाजिक सर्वेक्षण के ही रूप थे। इन शोध-कार्यो में शोध की विधियों और प्रविधियों का उपयोग नहीं किया गया था। वास्तव में साधारण सर्वेक्षणों पर ही आधारित अध्ययन को सामाजिक शोध का नाम दे दिया जाता था।

ब्रिटिश शासन काल में हुए सामाजिक शोध के कार्य मुख्य रूप से सरकारी क्षेत्र में ही सम्पन्न हुए थे। इस प्रकार के सरकारी क्षेत्र में हुए सामाजिक शोध-कार्यों के पीछे प्रशासनिक एवं राजनीतिक प्रयोजन हुआ करते थे। सरकार अपनी नीतियों तथा योजनाओं के निर्माण के लिए ही केवल आवश्यक सामाजिक शोध-कार्यों को प्रोत्साहन दिया करती थी। इस प्रकार ब्रिटिश सरकार केवल उन समस्याओं के विषय में सामाजिक शोध करवाती थी जिनका सम्बन्ध आर्थिक अथवा प्रशासनिक नीतियों से हुआ करता था। इस प्रकार की नीतियों के निर्धारण के लिए आवश्यक सूचनाओं एवं आँकड़ों के संकलन के लिए विभिन्न आयोगों की स्थापना की जाती थी। ये आयोग सम्बन्धित क्षेत्र में सर्वेक्षण की प्रविधियों द्वारा श्रम, रोजगार, पैदावार, अकाल, शिक्षा और स्वास्थ्य, आदि के विषय में आँकड़े एकत्रित किया करते थे। इन्ही आँकड़ों के आधार पर कुछ निष्कर्ष तथा परिणाम निकाल लिए जाते थे और इसी कार्य को सामाजिक शोध की संज्ञा दे दी जाती थी।

सामाजिक शोध के कार्यो को सरल एवं वैज्ञानिक बनाने के लिए सन् 1870 में भारत की तत्कालीन सरकार ने एक केन्द्रीय सचिवालय की स्थापना की थी। इस सचिवालय का मुख्य कार्य सामाजिक समस्याओं से सम्बन्धित विभिन्न विषयों का सांख्यिकीय विवरण प्राप्त करना था। इस सचिवालय की स्थापना से सामाजिक शोध-कार्य को थोड़ा व्यवस्थित एवं वैज्ञानिक बनने का अवसर प्राप्त हुआ। साथ ही इस सचिवालय की सहायता से शोध-कार्य कुछ विस्तृत भी हुआ। यह सचिवालय अखिल भारतीय स्तर पर शोध-कार्य करता था।

सन् 1891 में भारत में सर्वप्रथम जनगणना का आयोजन किया गया। यह कार्य अखिल भारतीय स्तर पर सरकार द्वारा होता था। जनगणना का कार्य पर्याप्त विस्तृत पैमाने पर हुआ। सामाजिक शोध के कार्य को इस जनगणना की रिपोर्ट से भी विशेष लाभ एवं प्रोत्साहन मिला। सामाजिक अनुसंधानकर्ताओं को जनगणना की रिपोर्ट से अनेक प्रकार की सामग्री तथा सूचनायें प्राप्त हुई। जनगणना का कार्यक्रम तब से आज तक हर दसवें वर्ष होता है।

सरकारी शोध-कार्यों के अतिरिक्त ब्रिटिश शासन काल में कुछ निजी एवं व्यक्तिगत स्तर पर भी सामाजिक शोध-कार्य हुए थे। ये शोध-कार्य कुछ जिज्ञासावश हुए थे। निजी क्षेत्र में मुख्य सामाजिक शोध-कार्य कुछ विद्वान् मानवशास्त्रियों द्वारा हुए थे। इन मानवशास्त्रियों ने भारतीय जन-जीवन के विषय में कुछ महत्त्वपूर्ण शोध-कार्य किये थे। इन शोधकर्त्ताओं की अध्ययन पद्धतियाँ भी पर्याप्त विकसित

एवं वैज्ञानिक थीं। मुख्य रूप से इन्होंने निरीक्षण, साक्षात्कार, व्यक्तिगत जीवन अध्ययन, आदि पद्धतियों का अपने अध्ययन कार्य में उपयोग किया था। इन मानवशास्त्रियों द्वारा निम्नलिखित शोध-ग्रन्थों की रचना की गई—

1. Risley, *The Todas*, 1906.
2. S.C. Roy, *The Mundas and Their Country*, 1936.
3. J.S. Mills, *The Rengma Naga*, 1936.
4. Inderjeet Singh, *Gondwana and the Gonds*, 1944.

ये कुछ मुख्य शोध-प्रबन्ध है। जिनमें भारतीय जन-जातियों का पर्याप्त प्रामाणिक एवं विश्वसनीय विवेचन मिलता है।

ब्रिटिशकालीन सामाजिक शोध-कार्यों की विशेषतायें

उपरोक्त विवेचन से स्पष्ट हो जाता है कि ब्रिटिशकालीन भारत मे शोध-कार्यों का अधिक विकास नहीं हुआ था। ब्रिटिशकालीन सामाजिक शोध-कार्यों की स्थिति को समझने के लिये उन शोध-कार्यों की सामान्य विशेषताओं को भी जानना आवश्यक है। मुख्य विशेषतायें निम्नलिखित हैं—

(1) ब्रिटिशकालीन सामाजिक शोध-कार्य केवल अकालों, श्रम की अवस्थाओं, कृषि और शिक्षा के विषयों तक ही सीमित थे।

(2) सामाजिक शोध-कार्यों की अध्ययन पद्धतियाँ पर्याप्त रूप से विकसित तथा वैज्ञानिक नहीं थीं। शोध-कार्य अल्प प्रामाणिक तथ्यों एवं सूचनाओं पर आधारित था।

(3) सामाजिक शोध-कार्यों के पीछे कोई न कोई प्रशासनिक या राजनीतिक उद्देश्य निहित रहता था। अतः केवल ब्रिटिश सरकार की नीतियों के अनुकूल तथ्यों का ही सकंलन एवं प्रकाशन किया जाता था। उन तथ्यों का संकलन एवं प्रकाशन नहीं किया जाता था जो ब्रिटिश सरकार के हित के विरुद्ध होते थे। कहने का आशय यह है कि अध्ययन में वस्तुनिष्ठ एवं वैज्ञानिक दृष्टिकोण का अभाव था।

(4) केवल मानवशास्त्रियों द्वारा आयोजित सामाजिक शोध-कार्य सराहनीय थे। मानवशास्त्रियों ने वैज्ञानिक एवं वस्तुनिष्ठ शोध-कार्य किये थे। परन्तु इनके शोध-कार्य भी अति सीमित थे। केवल भारत की कुछ जनजातियों और पिछड़ी हुई जातियों को ही इन्होंने अपने शोध का विषय बनाया था।

स्वतन्त्र भारत में सामाजिक शोध

स्वतन्त्रता प्राप्त करने के बाद भारतीय सरकार ने देश की सर्वांगीण उन्नति के लिए अनेक योजनाओं का निर्माण किया। विभिन्न योजनाओं के अन्तर्गत अनेक प्रकार के सामाजिक शोध-कार्यो का भी आयोजन किया गया। वर्तमान भारत में सरकारी तथा निजी दोनों क्षेत्रों में सामाजिक शोध-कार्यों के प्रति उत्साह एवं रूचि दिखलाई पड़ती है। आज स्वतन्त्र भारत की अनेक सामाजिक, राजनीतिक तथा

आर्थिक समस्यायें हैं जिनके विषय में शोध-कार्य होने आवश्यक हैं। देश के हर प्रकार के विकास के लिए सामाजिक शोध की पर्याप्त आवश्यकता होती है। इसी लिए आज की सरकार विभिन्न माध्यमों से शोध-कार्यों के लिए प्रोत्साहन तथा आर्थिक सहायता दे रही है।

सरकारी क्षेत्र में भी आज अनेक प्रकार के शोध-कार्य हो रहे हैं। भारत की सरकार ने कई आयोग तथा संस्थान केवल शोध-कार्यों के लिए ही स्थापित कर दिये हैं। कुछ मुख्य शोध संस्थान निम्नलिखित हैं—

1. भारतीय कृषि संस्थान (Indian Institute of Agriculture)
2. भारत्तीय सामुदायिक विकास संस्थान (Indian Institute of Community Development)
3. नेशनल सैम्पल सर्वे निदेशालय (Directorate of National Sample Survey)
4. विश्वविद्यालय अनुदान आयोग (University Grants Commission)

ये सब सरकारी संस्थान निरन्तर रूप से शोध-कार्यों में संलग्न है। विश्वविद्यालय अनुदान आयोग भी प्रत्येक वर्ष अनेक छात्रों को छात्रवृत्तियों के रूप में शोध-कार्यों के लिए सहायता देता है तथा प्रोत्साहित करता है।

सरकारी शोध-संस्थानों के अतिरिक्त अनेक गैर-सरकारी शोध संस्थान भी स्थापित हो चुके हैं। गैर-सरकारी शोध-संस्थानों में मुख्य संस्थान भारतीय विश्वविद्यालयों द्वारा स्थापित किये गये हैं। इन विश्वविद्यालयों के शोध संस्थानों में समय-समय पर विभिन्न विषयों से सम्बन्धित महत्वपूर्ण शोध-कार्यों का आयोजन होता रहता है। कुछ मुख्य शोध संस्थानों के नाम निम्नलिखित हैं—

1. Tata Institute of Social Sciences.
2. Delhi School of Social Works.
3. Indian Institute of Public Opinion.
4. Agra Institute of Social Sciences.

उपरोक्त शोध संस्थानों के अतिरिक्त विभिन्न राज्यों में अनेक जनजातीय शोध संस्थानों (Tribal Research Institutes) की भी स्थापना की गई है। ये शोध संस्थान अपने-अपने क्षेत्र की जनजातियों के कला, संस्कृति एवं अन्य सामाजिक पहलुओं के विषय में निरन्तर शोध-कार्य कर रहे हैं। आसाम की कुछ आदिम जातियों के सामाजिक जीवन से सम्बन्धित कुछ शोध-कार्य गोहाटी विश्वविद्यालय द्वारा हो रहे हैं। पश्चिमी बंगाल में एक 'सांस्कृतिक शोध संस्थान' (Cultural Research Institute) की स्थापना की गई है। इस संस्थान ने वहाँ की जनजातियों के जीवन के अनेक पहलुओं से सम्बन्धित शोध-कार्य किये हैं, और इन शोध-कार्यों के परिणाम भी प्रकाशित किये हैं। उदयपुर में भी शोध-कार्यों के लिए एक गैर-सरकारी संस्था, 'भारतीय लोक कला मण्डल' की स्थापना हो चुकी है। इस गैर सरकारी संस्था ने भी अनेक जनजातीय विषयों में शोध-कार्यो का सफल आयोजन किया है।

वर्तमान भारत में कहीं-कहीं व्यक्तिगत स्तर पर भी कुछ सामाजिक शोध कार्यों का आयोजन किया गया है। ऐसे शोधकर्ताओं में सर्वश्री घुरिये, श्री निवास, श्यामचरण दूबे, देसाई आदि सामाजिक शोधकर्ताओं के नाम मुख्य हैं। इन विद्वानों ने विभिन्न सामाजिक एवं मानवशास्त्रीय शोध-कार्यो का आयोजन एवं निर्देशन किया है।

भारत में सामाजिक शोध की आवश्यकता

प्रत्येक अल्पविकसित एवं अविकसित देश के विकास के लिए विभिन्न प्रकार के सामाजिक-आर्थिक शोध-कार्यों की विशेष आवश्यकता होती है। भारत अन्य उन्नत देशों की अपेक्षा अल्पविकसित देश है। भारत के बहुपक्षीय विकास के लिए विभिन्न प्रकार के सामाजिक, आर्थिक एवं राजनीतिक शोध-कार्यों की आवश्यकता है। वर्तमान भारत में अनेक प्रकार का अज्ञान, रूढ़िवादिता आदि सामाजिक बुराइयाँ उपस्थित हैं। इन सब सामाजिक बुराइयों अथवा समस्याओं के निवारण के लिए विभिन्न प्रकार के सामाजिक शोध-कार्यों की परमावश्यकता है। निम्नलिखित विवेचन से भारत में सामाजिक शोध की आवश्यकता और भी स्पष्ट हो जायेगी।

(1) अज्ञान को समाप्त करने के लिए—भारत एक लम्बे समय तक परतन्त्र रहा। परतन्त्रता के प्रभाव से भारतीय जनता के मन तथा विचारों में अनेक प्रकार के अज्ञान की धारणाओं ने घर कर लिया है। आज यद्यपि भारत स्वतन्त्र है, परन्तु अधिकांश भारतीय आज भी अनेक प्रकार के अन्धविश्वासों, रूढ़ियों तथा मिथ्या वादों के शिकार बने हुये हैं। इस प्रकार के अन्धविश्वासों, रूढ़ियों, आदि के प्रभाव से भारत के विकास एवं प्रगति मे बाधा उत्पन्न होती है। सामान्य लोग प्रायः बेकार के आपसी झगड़ों, मिथ्या संघर्षों आदि से अपनी शक्ति का अपव्यय किया करते हैं। इन सब झगड़ों, अन्धविश्वासों तथा रूढ़िवादिता का कारण सामान्य जनता का अज्ञानी होना है। इस सामान्य अज्ञान को समाप्त करने के लिए समय-समय पर सम्बन्धित सामाजिक समस्याओं के विषय में शोध-कार्यों का आयोजन करना लाभदायक सिद्ध होता है। सामाजिक बुराइयों के उन्मूलन के लिए शोध द्वारा उत्तम उपायों को ज्ञात किया जाता है, और इन उपायों के प्रचार एवं प्रसार से अज्ञान को समाप्त किया जा सकता है।

(2) योजनाओं की सफलता के लिए—प्रत्येक प्रगतिशील देश में समय-समय पर अनेक योजनाओं का निर्माण होता रहता है ये योजनायें विभिन्न प्रकार की होती हैं। किसी भी प्रकार की योजना के निर्माण तथा उसके सफलतापूर्वक क्रियान्वित होने के लिए अनेक प्रकार की सूचनाओं और तथ्यों की आवश्यकता होती है। इस आवश्यकता की पूर्ति के लिए विभिन्न प्रकार के सामाजिक शोध-कार्यो के आयोजन की आवश्यकता होती है। वर्तमान भारत में देश के सर्वांगीण विकास के लिए नित्य नवीन योजनाओं का निर्माण किया जाता है। आये दिन सामाजिक,

राजनीतिक, आर्थिक तथा अन्य कई योजनाओं का निर्माण होता रहता है। इन सब योजनाओं के निर्माण के लिए आवश्यक सूचनाओं तथा तथ्यों को प्राप्त करने के लिए अनेक शोध-कार्यों की भी आवश्यकता पड़ती रहती है।

(3) सामाजिक प्रवृत्तियों को जानने के लिए—प्रत्येक समाज में सदैव अनेक प्रकार के परिवर्तन होते रहते हैं। ये परिवर्तन समाज के लिए हितकर भी हो सकते हैं और अहितकर भी। कुछ परिवर्तन विकास में साधक और कुछ बाधक होते हैं। यदि सामाजिक परिवर्तनों की प्रकृति को समझ लिया जाये तो उनमें आवश्यकतानुसार दिशा का निर्धारण किया जा सकता है। प्रत्येक सामाजिक परिवर्तन को समाज के लिए हितकर बनाने के लिए सामाजिक प्रवृत्तियों को समझना आवश्यक है। सामाजिक प्रवृत्तियों को जानने के लिए समय-समय पर विभिन्न प्रकार के सामाजिक शोध-कार्यों का आयोजन अति आवश्यक है। उदाहरण के लिए समय-समय पर समाज में प्रचलित होने वाले फैशनों की प्रवृत्तियों को जानना आवश्यक होता है। समाज के बदलते हुए नैतिक मूल्यों तथा आदर्शों को भी जानना आवश्यक होता है। उदाहरण के लिए वर्तमान काल में परिवार तथा विवाह की संस्थाओं के बदलते हुए रूप को सही-सही जानना आवश्यक है। सामाजिक शोध-कार्यो के माध्यम से इस प्रकार के सामाजिक ज्ञान को प्राप्त किया जा सकता है।

(4) सामाजिक समस्याओं के समाधान के लिए—प्रत्येक समाज की प्रत्येक काल में अपनी कुछ समस्यायें होती है। भारत जैसे अल्पविकसित देशों में ये समस्यायें मुख्य रूप से निर्धनता, अपराध, बेरोजगारी, वर्ग-संघर्ष आदि से सम्बन्धित होती हैं। इन सामाजिक समस्याओं या बुराइयों को प्रत्येक समाज समाप्त करना चाहता है। इन समस्याओं के समाधान के लिये इनके कारणों का पता लगाना आवश्यक होता है। इस प्रकार की समस्याओं के कारण सब देश-कालों में समान नहीं होते। समय-समय पर विभिन्न समाजों में एक ही समस्या के भिन्न कारण हो सकते हैं। अतः किसी भी समाज की समस्याओं को समाप्त करने के लिए उस समाज की समस्याओं के वर्तमान कारण को जानना आवश्यक होता है। इस प्रकार के कारणों को जानने के लिए समय-समय पर सामाजिक शोध-कार्यो के आयोजन की आवश्यकता होती है। इस प्रकार स्पष्ट है कि प्रत्येक सामाजिक समस्या के उचित समाधान को ढूढँने के लिए सामाजिक शोध-कार्यो की आवश्यकता होती है।

(5) सामाजिक नियन्त्रण के लिए—प्रत्येक समाज में शान्ति एवं व्यवस्था को बनाये रखने के लिए विभिन्न प्रकार के सामाजिक नियन्त्रणों की व्यवस्था समाज द्वारा की जाती है। सामाजिक नियन्त्रण के साधन किसी समाज में स्थायी नहीं होते। समय और समस्याओं तथा परिस्थितियों के बदलने के साथ-साथ सामाजिक नियन्त्रण के प्रतिमानों में भी परिवर्तन करना पड़ता है। उदाहरण के लिए एक समय था जब सामाजिक नियन्त्रण का एकमात्र साधन धर्म और उसके नियम थे। परन्तु ज्ञान एवं विज्ञान के विकास के साथ-साथ सामाजिक नियन्त्रण के धार्मिक साधन

अपर्याप्त सिद्ध हुए। इसके बाद जाति, वर्ग आदि के माध्यम से सामाजिक नियन्त्रण की स्थापना की गई। सामाजिक रीति-रिवाज, प्रथायें तथा परम्परायें भी सामाजिक नियन्त्रण के साधन की भूमिका निभाते हैं। परन्तु आज के औद्योगिक एवं नागरिक समाजों में इस प्रकार के सामाजिक नियन्त्रण के साधन भी पर्याप्त एवं उचित नहीं रहे। आज प्रायः अधिकाँश सामाजिक नियन्त्रण कानून एवं पुलिस के द्वारा होते हैं। पुलिस एवं कानून द्वारा भी सामाजिक नियन्त्रण के प्रतिमानों में समय-समय पर आवश्यकतानुसार परिवर्तन करने अनिवार्य होते हैं। समाज के विकास तथा उन्नति के लिए समय-समय पर सामाजिक नियन्त्रण के प्रतिमानों तथा साधनों में परिवर्तन करना समाज के लिए हितकर होता है। किस देश-काल में किस प्रकार के सामाजिक नियन्त्रण की आवश्यकता होती है, इस तथ्य का ज्ञान सम्बन्धित सामाजिक शोध-कार्यो से प्राप्त होता है। इस आधार पर हम कह सकते हैं कि सामाजिक नियन्त्रण की उचित अवस्था के लिये सामाजिक शोध-कार्यों की विशेष आवश्यकता होती है।

(6) राष्ट्रीय एवं सामाजिक एकता को प्राप्त करने के लिए—भारत एक बहुत बड़ा राष्ट्र है। इस देश में अनेक भाषायें, अनेक धर्म और अनेक संस्कृतियों के अनुयायी लोग रहते हैं। अनेक प्रकार की विभिन्नताओं के कारण समय-समय पर आपसी मतभेदों तथा संघर्षों के पनपने के अवसर पैदा हो जाया करते हैं। जाति-पाँति के संघर्ष, साम्प्रदायिक झगड़े और भाषा-सम्बन्धी टकराव प्रायः देश की सामाजिक एवं राष्ट्रीय एकता के लिये घातक सिद्ध हो जाते हैं। देश की एकता को मजबूत करने के लिये इस प्रकार के मिथ्या मत-मतान्तरों को बिल्कुल समाप्त करना होगा। जिस राष्ट्र अथवा समाज में एकता हो वही राष्ट्र प्रगति एवं विकास की होड़ में आगे बढ़ता है। राष्ट्रीय एवं सामाजिक एकता की स्थापना में सामाजिक शोध-कार्यो के आयोजन विशेष सहायक होते हैं। सामाजिक शोध-आयोजनों द्वारा सिद्ध किया जाता है कि भारतीय सभ्यता एवं संस्कृति की विभिन्नता में भी एकता है। इस प्रकार के शोधपूर्ण ज्ञान के प्रचार एवं प्रसार से भारत की राष्ट्रीय एवं सामाजिक एकता की स्थापना के महान् कार्य को पूरा करने में विशेष सहायता मिल सकती है।

सामाजिक शोध एवं सामाजिक सर्वेक्षण के लिये सामाजिक घटनाओं के विषय में पर्याप्त ज्ञान की आवश्यकता होती है। प्रत्येक शोध अथवा सर्वेक्षण के कार्य को करते समय उससे पूर्व सम्पन्न हो चुके सामाजिक अनुसन्धानों के परिणामों एवं कार्य-पद्धतियों से पर्याप्त सहायता लेनी पड़ती है। इस प्रकार की सहायता प्राप्त होने पर सर्वेक्षण अथवा शोध के कार्य में अनेक लाभ होते हैं। एक तो सर्वेक्षणकर्त्ता को वास्तविक रूप से कार्य से सम्बन्धित कई बातों का पता लग जाता है। दूसरे, कार्य-प्रणालियों, आवश्यक सावधानियों और सम्भावित कठिनाइयों का पूर्व ज्ञान प्राप्त हो जाता है। कहने का आशय यह है कि प्रत्येक सर्वेक्षण एवं शोध के कार्य में सम्बन्धित सामाजिक घटनाओं के विषय में पूर्व संचित ज्ञान की बड़ी आवश्यकता

पड़ती है।

इस प्रकार सामाजिक सर्वेक्षणों अथवा अनुसन्धानों द्वारा प्राप्त हुए सब प्रकार के ज्ञान के व्यवस्थित एवं क्रमबद्ध संकलन को सामाजिक पुस्त-पालन (Social Book-keeping) कहा जाता है।

सामाजिक विषयों में कई प्रकार के सर्वेक्षण यदा-कदा होते रहते हैं। इन में से कुछ सरकार द्वारा किसी विशेष उद्देश्य की पूर्ति के लिये करवाये जाते हैं और कुछ व्यक्तिगत स्तर पर या संस्थागत स्तर पर भी होते रहते है। इन सब सर्वेक्षणों के कुछ-न-कुछ परिणाम प्राप्त हाते हैं, कुछ नये तथ्य प्रकाश में आते हैं। इन सब परिणामों एवं प्रणालियों का आने वाले सर्वेक्षणकर्ताओं के लिये विशेष महत्व होता है। अतः इस प्रकार के प्राप्त तथ्य सुरक्षित रहने अति आवश्यक हैं। इन सामाजिक ज्ञान के तथ्यों को सुरक्षित एवं क्रमबद्ध रूप से संकलित करने के लिये एक प्रणाली की रचना करनी पड़ी, इसी प्रणाली को सामाजिक पुस्त-पालन कहा जाता है।

सामाजिक पुस्त-पालन का महत्व

सामाजिक पुस्त-पालन के महत्व के विषय में मुख्य बातें निम्नलिखित हैं—

(1) **तुलनात्मक अध्ययन के लिये**—सामाजिक घटनाओं की प्रकृति प्राकृतिक घटनाओं की प्रकृति से भिन्न होती है। प्राकृतिक घटनाओं का अध्ययन सम्बन्धित प्रयोगशाला में किया जाता है। प्रयोगशाला में परिस्थितियों पर पर्याप्त नियन्त्रण रखा जाता है अर्थात् प्राकृतिक घटनाओं के अध्ययन के लिये नियन्त्रित अवलोकन सम्भव है। इससे भिन्न सामाजिक घटनाओं के वैज्ञानिक अध्ययन के लिये सम्बन्धित सभी परिस्थितियों को नियन्त्रित नहीं किया जा सकता। उदाहरण के लिये किसी अपराधी समूह के अध्ययन के लिये सम्बन्धित सामाजिक, आर्थिक, राजनीतिक और मनोवैज्ञानिक कारकों को एक साथ नियन्त्रित नहीं किया जा सकता। इसके अतिरिक्त सामाजिक घटनाओं में पुर्नअवलोकन भी प्रायः सम्भव नहीं होता। उदाहरण के लिये एक कातिल को पुनः कत्ल करने की आज्ञा केवल उसके अध्ययन करने के लिये नहीं दी जा सकती।

सामाजिक घटना की ऐसी विचित्र प्रकृति होने के कारण सामाजिक अध्ययनों को वैज्ञानिक बनाने के लिये तुलनात्मक अध्ययन पद्धति अपनाई जाती हैं। समय-समय पर कई मिलते-जुलते सामाजिक अध्ययन होते रहते हैं। इन अध्ययनों के परिणामों एवं कार्य परिस्थितियों की पारस्परिक तुलना करके अधिक निश्चित एवं वैज्ञानिक परिणाम निकाले जा सकते हैं। उदाहरण के लिये विवाह-विघटन के विषय में कोई अध्ययन किया जा रहा हो तो अधिक निश्चित परिणाम प्राप्त करने के लिये उससे पूर्व किये गये सम्बन्धित सर्वेक्षणों की विज्ञप्ति से सहायता ली जा सकती है।

सामाजिक घटनाओं के इस प्रकार के तुलनात्मक अध्ययनों के लिये पर्याप्त मात्रा में व्यवस्थित एवं क्रमबद्ध सामाजिक ज्ञान संकलित होना आवश्यक है। इस

आवश्यकता की पूर्ति के लिये सामाजिक पुस्त-पालन को विशेष महत्व देना अनिवार्य है।

(2) प्रशासनिक नीतियों के निर्माण के लिए—प्रशासनिक नीतियों के निर्माण के लिये प्रशासन को यह जानना आवश्यक होता है कि सम्बन्धित समूह, संस्था या समुदाय के समय-समय पर सामाजिक समस्याओं के प्रति कैसे विचार रहे हैं? उदाहरण के लिए हिन्दू विवाह-सम्बन्धी अधिनियम बनाने के लिये यह जानना भी आवश्यक था कि भारत में भूतकाल में समय-समय पर विवाह की संस्था का क्या स्वरूप था, उसमें क्या परिवर्तन हुए और उन परिवर्तनों के पीछे कौन-कौन से कारक एवं परिस्थितियाँ कार्य कर रही थीं। इसके अतिरिक्त आयकर, लगान, दण्ड-व्यवस्था और परिवार-नियोजन आदि से सम्बन्धित नीतियों को निर्धारित करने के लिये भी सम्बन्धित समूह अथवा समुदाय के विषय में पर्याप्त जानकारी प्राप्त करनी आवश्यक है।

इस प्रकार यह स्पष्ट हो जाता है कि प्रशासनिक नीतियों के निर्माण के कार्य में सामाजिक पुस्त-पालन से विशेष सहायता मिल सकती है। किसी भी नीति के निर्धारण के लिये सम्बन्धित संकलित ज्ञान से नीति के महत्व एवं व्यावहारिकता का पूर्वानुमान लगाया जा सकता है।

भारत में सामाजिक पुस्त-पालन

भारत में सामाजिक पुस्त-पालन का चलन अन्य प्रगतिशील देशों की अपेक्षा कम है। इसके कई कारण हो सकते हैं। शायद एक मुख्य कारण भारत की परतन्त्रता भी है। भारत में सामाजिक पुस्त-पालन की स्थिति को स्पष्ट करने के लिये दो भिन्न कालों में स्थिति का वर्णन करना उचित होगा। एक काल वह है जब भारत स्वतन्त्र नहीं था, दूसरा काल स्वतन्त्र भारत का काल है।

(1) परतन्त्र भारत में सामाजिक पुस्त-पालन—स्वतन्त्रता से पूर्व भारत में सामाजिक पुस्त-पालन के चलन का प्रायः अभाव ही था। उस काल में न तो सरकार ही इस कार्य में विशेष रुचि लेती थी और न ही व्यक्तिगत एवं संस्थागत स्तर पर ही इसका चलन था। इस काल में कुछ जनगणना की रिपोर्टें, कुछ सरकारी आयोगों की रिपोर्टें ही केवल सामाजिक पुस्त-पालन की प्रतीक थीं।

सन् 1870 में ब्रिटिश शासन द्वारा सामाजिक पुस्त-पालन की दिशा में कुछ प्रगति हुई। इस समय एक केन्द्रीय सचिवालय की स्थापना की गई, इस सचिवालय का कार्य देश के विभिन्न भागों से सांख्यिकीय तथ्य एकत्रित करना था। इस सचिवालय के अतिरिक्त कृषि-सम्बन्धी तथ्य संकलित करने के लिये भी कुछ विभाग खोले गये थे। इन विभागों का कार्य पर्याप्त विस्तृत था।

(2) स्वतन्त्र भारत में सामाजिक पुस्त-पालन—भारत के स्वतन्त्र होने के बाद अन्य प्रकार की प्रगतियों के साथ-साथ सामाजिक पुस्त-पालन की दिशा

में भी प्रगति हुई। सामाजिक पुस्त-पालन के विषय में भारत के संविधान में भी एक धारा दी गई है। इस धारा 246 के अनुसार सुरक्षा, रेलवे, बैंकिग तथा मुद्रा, जनसंख्या और विदेशी व्यापार से सम्बन्धित सामाजिक पुस्त-पालन का कार्य केन्द्रीय सरकार को करना होगा। कृषि, पशुधन, वन और शिक्षा से सम्बन्धित तथ्य संकलित एवं सुरक्षित रखने का कार्य सम्बन्धित राज्य सरकारें करेंगी।

वर्तमान काल में भारत में कई सरकारी विभाग तथ्य संकलन का कार्य कर रहे हैं। उदाहरण के लिये कृषि एवं खाद्य पदार्थों से सम्बन्धित तथ्य एकत्रित करने का कार्य Directorate of Economics and Statistics का विभाग कर रहा है। ऋण तथा वित्त से सम्बन्धित ज्ञान को प्राप्त करना एवं सुरक्षित रखना Reserve Bank of India का कार्य है। राज्य के स्तर पर विभिन्न विभाग तथ्य संकलन का कार्य कर रहे हैं और इन विभिन्न विभागों द्वारा एकत्रित तथ्यों को समन्वित करने के लिये Statistical Bureaus की स्थापना की गई है।

उपरोक्त वर्णन इस बात की ओर संकेत करता है कि स्वतन्त्र भारत में सामाजिक पुस्त-पालन की दिशा में प्रगति हो रही है। परन्तु यह प्रगति अन्य विकसित देशों के मुकाबले में निश्चित रूप से कम हैं। देश की सर्वांगीण प्रगति के साथ-साथ इस दिशा में भी प्रगति होगी।

सामाजिक पुस्त-पालन में कठिनाइयाँ

उपरोक्त वर्णन से यह सिद्ध हो जाता है कि सामाजिक पुस्त-पालन का विशेष महत्व है और उसे अधिक-से-अधिक प्रोत्साहन देना चाहिए। परन्तु वास्तव में यह कार्य सरल नहीं है। वास्तव में इस कार्य में कुछ कठिनाइयाँ भी है। मुख्य कठिनाइयाँ निम्नलिखित हैं:—

(1) धन का अभाव—सामाजिक पुस्त-पालन का कार्य कोई सरल कार्य नहीं है। इस कार्य के अन्तर्गत देश के कोने-कोने से प्राप्त तथ्य एकत्रित करने होते हैं, अर्थात् इसका क्षेत्र अति विस्तृत है। कार्य-क्षेत्र के विस्तृत होने के साथ-साथ यह कार्य गम्भीर भी है। इसलिये इस कार्य को सुचारू रूप से चलाने के लिये पर्याप्त धन की आवश्यकता होती है। भारत अपेक्षाकृत एक गरीब देश है, अत: यहाँ खर्च से बचने के लिये सामाजिक पुस्त-पालन जैसे कार्य को कभी-कभी अनावश्यक मान लिया जाता है और सम्बन्धित धन को अन्यत्र उपयोग कर लिया जाता है। इस कारण इस दिशा में विशेष कठिनाई का सामना करना पड़ता है।

(2) क्षेत्र-विभाजन सम्बन्धी कठिनाई—भारतीय संविधान के अनुसार सामाजिक पुस्त-पालन के कार्य को करने के लिये क्षेत्र का विभाजन किया गया है। कुछ विषयों से सम्बन्धित सामाजिक पुस्त-पालन का कार्य राज्य सरकारें करती है और अन्य विषयों से सम्बन्धित सामाजिक पुस्त-पालन केन्द्रीय सरकार करती है। राज्य सरकारें अपने उद्देश्यों की पूर्ति के लिये विशिष्ट प्रकार के तथ्यों का संकलन करवा लेती है। ऐसी स्थिति में किसी एक पद्धति या एक उद्देश्य से

सूचनाओं और आँकड़ों का संकलन नहीं हो पाता, अतः पूरे भारत के स्तर पर सामाजिक पुस्त-पालन की पर्याप्त उचित व्यवस्था नहीं हो पाती।

अभ्यास के लिये प्रश्न

प्रश्न 1. भारत में सामाजिक सर्वेक्षण के क्रमिक विकास पर प्रकाश डालिये। योजनाओं के निर्माण में सामाजिक सर्वेक्षण का क्या महत्व है?
Describe the gradual evolution of Social Survey in India. What is the need of Social Survey in the preparation of plans?

प्रश्न 2. सामाजिक शोध की भारत में हुई क्रमिक प्रगति की व्याख्या कीजिए। भारत जैसे विकासशील देशों में सामाजिक शोध की क्यों आवश्यकता है?
Explain the gradual progress of Social Research in India. Why is Social Research required in developing countries like India?

प्रश्न 3. सामाजिक पुस्त-पालन (Social Book-Keeping) से आप क्या समझते हैं? भारत में सामाजिक पुस्त-पालन की स्थिति पर प्रकाश डालते हुए इसके महत्व की व्याख्या कीजिये।
What do you understand by Social Book-keeping? Explain its importance pointing out the condition of Social Book-keeping in India.

8

सामाजिक अनुसंधान : अर्थ और प्रयोजन (Social Research : Meaning and Purpose)

सामाजिक अनुसन्धान की परिभाषा (Definition of Social Research)

समाजशास्त्र को वैज्ञानिक स्तर पर लाने का श्रेय सामाजिक अनुसन्धान को है। सामाजिक अनुसन्धान का इतिहास समाजशास्त्र से कहीं अधिक पुराना है। सामाजिक अनुसन्धान समाजशास्त्र के अतिरिक्त अन्य सामाजिक विज्ञानों में भी प्रयोग किया जाता हैं। वास्तव में सामाजिक अनुसन्धान वैज्ञानिक विधि का ही दूसरा नाम है। सामाजिक अनुसन्धान की विभिन्न परिभाषाओं से इस बात की पुष्टि होती है। अनुसन्धान का सामान्य अर्थ खोज करना है। यह खोज किसी भी क्षेत्र में की जा सकती है किन्तु जब अनुसन्धान के पहले "सामाजिक" शब्द लगा दिया जाता है तो इससे तात्पर्य सामाजिक तथ्यों के क्षेत्र में अनुसन्धान करने से है। पी० वी० यंग के शब्दों में, "हम सामाजिक अनुसन्धान को नये तथ्यों के अन्वेषण अथवा पुराने तथ्यों, उनके क्रमों, पारस्परिक सम्बन्धों, कारणीय व्याख्याओं और उनको संचालित करने वाले प्राकृतिक नियमों के सत्यापन की व्यवस्थित प्रणाली के रूप में परिभाषित कर सकते है।"[1] इस प्रकार सामजिक अनुसन्धान, सामाजिक प्रक्रियाओं, सामाजिक अवस्थाओं, सामाजिक धारणाओं, सामाजिक सूमहों, सामाजिक मूल्यों और सामाजिक संस्थाओं अदि के विषय में नवीन सत्यों का पता लगाता है अथवा पुराने तथ्यों की जाँच करता है। वह सामाजिक घटनाओं के कार्य-कारण अथवा अन्य सम्बन्धों का पता लगाता है और सामाजिक जीवन की विभिन्न विधाओं को संचालित करने वाले प्राकृतिक नियमों का सत्यापन करता है।

The New Century Dictionary में अनुसन्धान की परिभाषा करते हुए लिखा गया है, "किसी वस्तु अथवा किसी विषय की विशेष सावधानीपूर्वक जाँच करना,

---

1. "We may define social research as the systematic method of discovering new facts or verifying old facts, their sequences, interrlationships, causal explanations and the natural laws which govern them." —P.V. Young.

और साथ ही तथ्यों अथवा सिद्धान्तों का पता लगाने के लिये किसी विषय में लगातार सावधानीपूर्वक जाँच अथवा खोज करना.....।"[1] इसी बात को रेडमैन तथा मौरी ने दूसरे शब्दों में रखते हुए कहा है, "नवीन ज्ञान प्राप्त करने के लिये व्यवस्थित प्रयास को हम अनुसन्धान कहते है।"[2]

सामाजिक अनुसन्धान से सुनिश्चित तथ्यों का पता चलता है। इस बात को स्पष्ट करते हुए स्पार और स्वेनसन ने लिखा है कि सामाजिक अनुसन्धान, "सत्य के लिए, तथ्य के लिए अथवा निश्चितताओं के लिये खोज करने में काई भी विद्वत्तापूर्ण जांच का नाम है।"[3] अनुसंधान में विशुद्ध ज्ञान पर जोर दिया जाता है चाहे उससे व्यवहार में कोई लाभ हो या न हो। उसका महत्व नवीन ज्ञान की खोज में है भले ही खोज करने पर ज्ञान नवीन न सिद्ध हो। फ्रेड्रिक ऑस्टिन ऑग के शब्दों में, "अनुसन्धान सफल हो भी सकता है और नहीं भी, वह जो कुछ ज्ञात है उसमें कुछ जोड़ भी सकता है और नहीं भी। पर्याप्त है कि उसका लक्ष्य नवीन ज्ञान अथवा कम से कम ज्ञान का एक नवीन रूप या दृष्टिकोण है।"[4]

समाज विज्ञानों के विश्वकोष में डोनाल्ड स्लेसिंगर और मेरी स्टीफेन्सन ने अनुसन्धान की व्याख्या करते हुए लिखा है, "अनुसन्धान ज्ञान के विस्तार, संशोधन अथवा सत्यापन के प्रयोजन के लिये वस्तुओं, प्रत्ययों और प्रतीकों का प्रहस्तन है भले ही ज्ञान किसी सिद्धान्त की रचना करने में अथवा किसी कला के व्यवहार में लाभदायक हो। अस्तु, कारीगर अथवा चिकित्सक यदि समस्त स्वतः चालित वाहनों अथवा किसी वर्ग के समस्त रोगियों के विषय में सामान्यीकरण करने का प्रयास करता है तो वह एक अनुसन्धान कार्य करता है।"[5]

श्री लुंडबर्ग ने अनुसन्धान के प्रत्यय को इस प्रकार से स्पष्ट किया है,

---

1. "A searching for something or somebody specially with care, also, a continued careful enquiry or investigation into a subject in order to discover facts or principles." —*The New Century Dictionary,* Appleton Century Crofts Ins., New York, 1927, p. 153.
2. "Systematized effort to gain new knowledge we call research." —L.V. Redman and A.V.H. Mory, *The Romance of Research* (1932), p. 10.
3. "Any scholarly investigation in search for truth, for fact for certainties." —W.E. Spahar and R.J. Swenson. *Methods and Status of Scientific Research with particular application to the social science*. (1930), p. 1.
4. "Research may or may not come to success, it may or may not add anything to what is already known. It is sufficient that its objective be new knowledge or at least a new mode or orientation of knowledge." —F.A. Oagg.
5. "Research is the manipulation of things, concepts or symbols for the purpose of generalising to extend, correct and verify knowledge, whether that knowledge aids in the construction of a theory or in the practice of an art. The mechanic or physician therefore is a research worker, only he attempts to generalise about all automobiles or all patients of a given class." —Donald Slesinger and Mary Stephenson. *Encyclopaedia of Social Science*, The Macmillan Co., 1934, p. 330

"...अवलोकित सामग्री का सम्भावित वर्गीकरण, साधारणीकरण एवं सत्यापन करते हुए पर्याप्त वस्तुनिष्ठ एवं व्यवस्थित (पद्धति) है।"[1]

ऊपर दी गयी कुछ विद्वानों की परिभाषाओं से अनुसन्धान का अर्थ स्पष्ट हो जाता है। उपरोक्त विवेचन का संक्षिप्त रूप यह है कि अनुसंधान वह प्रक्रिया है जिसके द्वारा किसी भी क्षेत्र में नवीन ज्ञान का उद्घाटन होता है या ज्ञान में परिवर्तन किया जाता है अथवा उपस्थित वर्तमान ज्ञान को सत्यापित किया जाता है।

सामाजिक अनुसंधान का अर्थ
(Meaning of Social Research)

समाजशास्त्र के विकास के साथ-साथ सामाजिक अनुसंधानों का भी प्रचलन हो गया है। सामाजिक अनुंसधान भी एक वैज्ञानिक कार्य है। अतः इसमें भी वैज्ञानिक अनुसंधान के मुख्य तत्त्वों की उपस्थिति आवश्यक है। ये मुख्य तत्व होते हैं—निरीक्षण तथा कारण दर्शाना। निरीक्षण द्वारा कुछ तत्वों को देखकर उनका परिचय प्राप्त किया जाता है और "कारण दर्शाना" द्वारा प्राप्त तथ्यों के पारस्परिक सम्बन्धों आदि को ज्ञात किया जाता है। इस आधार पर हम कह सकते हैं कि सामाजिक अनुसंधान वह प्रक्रिया है जिसमें किसी सामाजिक घटना या समस्या के प्रति निरीक्षण द्वारा तथा कार्य-कारण सम्बन्धों को ज्ञात करके नवीन ज्ञान प्राप्त किया जाता है। नवीन ज्ञान की प्राप्ति के अतिरिक्त सामाजिक अनुसंधान के अन्तर्गत सामाजिक घटनाओं के विषय में प्राप्त ज्ञान का सत्यापन एवं पुनर्परीक्षण भी किया जाता है।

सामाजिक अनुसंधान के अर्थ को स्पष्ट करने के लिये कुछ वैज्ञानिकों द्वारा दी गयी परिभाषाओं को भी देख लेना आवश्यक है। मुख्य परिभाषाएँ निम्नलिखित हैं—

1. श्री मोसर द्वारा परिभाषा—"सामाजिक घटनाओं और समस्याओं के सम्बन्ध में नवीन ज्ञान प्राप्त करने के लिये किये गये व्यवस्थित अन्वेषण को हम सामाजिक अनुसंधान कहते हैं।"[2]

2. श्री बोगार्डस द्वारा परिभाषा—"एक साथ रहने वाले लोगों के जीवन में क्रियाशील अन्तर्निहित प्रक्रियाओं की खोज ही सामाजिक अनुसंधान है।"[3]

उपरोक्त परिभाषाओं से सामाजिक अनुसंधान का अर्थ स्पष्ट हो जाता है। सामाजिक अनुसंधान का सम्बन्ध सामाजिक घटनाओं एवं प्रक्रियाओं से है। विभिन्न सामाजिक समूहों, संस्थाओं एवं समुदायों के पारस्परिक सम्बन्धों को ज्ञात करने की

---

1. ..Sufficiently objective and systematic to make possible classification, generalization and verification of the data observed." —George A Lundburg. *The Logic of Sociology and Social Research*, 1951, Chapter X.
2. "Systematised investigation to gain new knowledge about social phenomena and problems we call social research." —Mojer, *Survey Methods in Social Investigation,* Heinemann, London, (1961), p. 3.
3. "Social research is the investigation of the underlying processes operative in the lives of persons who are in association." --Emory S. Bogardus, *Sociology,* p. 543.

व्यवस्थित प्रणाली को सामाजिक अनुसन्धान कहा जाता है। सामाजिक अनुसन्धान के अन्तर्गत सामाजिक घटनाओं तथा समस्याओं से सम्बन्धित नवीन तथ्यों की खोज की जाती है और वर्तमान तथ्यों एवं नियमों का सत्यापन भी किया जाता है। वास्तव में सामाजिक घटनाएँ प्रकृति से ही शीघ्र परिवर्तनशील होती हैं। अतः समय एवं परिस्थितियों के परिवर्तित होने पर सम्बन्धित सामाजिक नियमों एवं तथ्यों में भी परिवर्तन हुआ करता है। इस प्रकार के परिवर्तनों को भी सामाजिक अनुसन्धान द्वारा ही ज्ञात किया जाता है। समय-समय पर सामाजिक अनुसन्धानों के विभिन्न आयोजन करके आवश्यकतानुसार सामाजिक सिद्धान्तों में संशोधन किये जाते हैं। संक्षेप में यह कहा जा सकता है कि सामाजिक अनुसंधान सामाजिक नियमों, सम्बन्धों और घटनाओं को सही रूप में जानने के लिये व्यवस्थित एवं वैज्ञानिक प्रणाली है।

सामाजिक अनुसंधान के प्रयोजन
(Purpose of Social Research)

सामाजिक अनुसन्धान के मुख्य कार्यो या उद्देश्यों को हम दो भागों में बाँट सकते हैं। प्रथम भाग में उन कार्यों को स्थान दे सकते हैं जिनका सम्बन्ध सामाजिक सिद्धान्तों अथवा ज्ञान से है। दूसरे भाग या वर्ग में वे सब कार्य रखे जा सकते हैं जिनका सम्बन्ध सामाजिक सिद्धान्तों के व्यावहारिक पक्ष से है। सामाजिक अनुसन्धान के उद्देश्यों को स्पष्ट करते हुए श्रीमति पी॰ वी॰ यंग का कहना है, कि "अनुसन्धान का प्राथमिक उद्देश्य तुरन्त अथवा विलम्बित सामाजिक जीवन को समझना और उसके द्वारा सामाजिक व्यवहार पर अधिक नियन्त्रण प्राप्त करना है।"[1] अध्ययन की सुविधा के लिए सामाजिक अनुसन्धान के दोनों प्रकार के उद्देश्यों अथवा प्रयोजनों का पृथक-पृथक विवेचन किया जायेगा।

(अ) सैद्धान्तिक उद्देश्य अथवा प्रयोजन—प्रत्येक प्रकार के अनुसन्धानों के पीछे कोई न कोई सैद्धान्तिक उद्देश्य अवश्य हुआ करता है। सामाजिक अनुसन्धान भी इसका अपवाद नहीं है। सामाजिक अनुसन्धान के मुख्य सैद्धान्तिक उद्देश्य निम्नलिखित हैं—

(1) सामाजिक ज्ञान में वृद्धि—सामाजिक अनुसन्धान का मुख्य उद्देश्य या कार्य सामाजिक ज्ञान की वृद्धि करना है। सामाजिक अनुसन्धान के द्वारा विभिन्न सामाजिक घटनाओं एवं समस्याओं के विषय में बहुपक्षीय ज्ञान प्राप्त किया जाता है। यह ज्ञान कई प्रकार का हो सकता है। अब तक रहस्यमय बने हुए तथ्यों को ज्ञात करना एक मुख्य प्रकार है। इसके अतिरिक्त परिस्थितियों एवं समय के परिवर्तन के साथ-साथ पूर्व स्थापित तथ्यों एवं सामाजिक सिद्धान्तों में हुए परिवर्तन को ज्ञात करना भी सामाजिक अनुसन्धान का कार्य है। समय-समय पर सामाजिक

---

1. "The primary goal of research, immediate or distant, is to understand social life and thereby gain a greater measure of control over social behavour."
—P.V. Young. *Scientific Social Surveys and Research,* (1953), p. 85.

अनुसन्धानों के आयोजनों द्वारा विभिन्न सामाजिक नियमों एवं सिद्धान्तों में आवश्यक संशोधन किये जाते हैं। इस प्रकार के सामाजिक अनुसन्धानों द्वारा समाजशास्त्र प्रगतिशील बनता है और उसके सिद्धान्त आधुनिकतम होते हैं।

(2) प्रकार्यात्मक सम्बन्धों का ज्ञान—विभिन्न सामाजिक तथ्यों अथवा घटनाओं में अनेक प्रकार्यात्मक सम्बन्ध (Functional Relationships) हुआ करते हैं। सामाजिक अनुसंधान का एक सैद्धान्तिक उद्देश्य इन सम्बन्धों को ज्ञात करना भी है। सामाजिक घटनाओं अथवा समस्याओं को वास्तविक रूप में समझने के लिये इनमें पाये जाने वाले प्रकार्यात्मक सम्बन्धों को जानना अति आवश्यक है। उदाहरण के लिये, अपराध या मद्यपान की समस्या के विषय में पूर्ण ज्ञान प्राप्त करने के लिये यह भी जानना अनिवार्य है। कि इन घटनाओं का अन्य घटनाओं के साथ क्या सम्बन्ध है। कार्य-कारण सम्बन्धों को जाने बिना किसी समस्या का समाधान नहीं ढूँढा जा सकता। इस आधार पर सामाजिक अनुसन्धान का यह उद्देश्य भी विशेष महत्वपूर्ण है।

(3) सामाजिक कार्य-कारण नियमों का ज्ञान—आज के वैज्ञानिक युग में यह माना जाता है कि कोई घटना चाहे वह सामाजिक हो या प्राकृतिक आकस्मिक या बिना नियम के घटित नहीं होती। प्रत्येक घटना निश्चित नियमों से निर्देशित हुआ करती है। भूचाल, वर्षा, ज्वार-भाटा आदि प्राकृतिक घटनाओं के पीछे भी निश्चित नियम हैं। सामाजिक घटनाओं के क्षेत्र में भी यह तथ्य सही माना जाता है। आज के युग में किसी भी सामाजिक घटना को अनियमित नहीं माना जाता है। सामाजिक अनुसन्धानों का एक सैद्धान्तिक उद्देश्य इस प्रकार के नियमों को जानना भी है।

(4) सामाजिक प्रत्ययों या अवधारणाओं का निर्माण—सामाजिक अनुसंधान का एक और सैद्धान्तिक कार्य है—सामाजिक प्रत्ययों या अवधारणाओं का निर्माण। पुनः-पुनः सत्यापित तथ्यों एवं सिद्धान्तों के आधार पर प्रत्ययों का निर्माण किया जाता है। किसी भी विज्ञान के विकास एवं प्रगति के लिए विज्ञान से सम्बन्धित प्रत्ययों की आवश्यकता होती है। सामाजिक-विज्ञानों में अभी सम्बन्धित प्रत्ययों की कमी है। यह कमी सामाजिक अनुसन्धानों द्वारा पूरी की जा सकती है। उदाहरण के लिए, कुछ सामाजिक प्रत्यय इस प्रकार हैं—सांस्कृतिक विलम्बना, सांस्कृतिक संघर्ष, नागरीकरण, सामाजिक दूरी, सामाजिक गतिशीलता आदि।

(ब) व्यवहारिक अथवा उपयोगितावादी उद्देश्य अथवा प्रयोजन—सामाजिक अनुसन्धान के केवल सैद्धान्तिक उद्देश्य ही नहीं हैं, इसके अतिरिक्त सामाजिक जीवन के व्यवहारिक पक्ष से भी सामाजिक अनुसन्धान का सम्बन्ध है। सामाजिक अनुसन्धानों द्वारा प्राप्त ज्ञान से सामाजिक जीवन की व्यावहारिक समस्याओं के समाधान भी प्राप्त किये जा सकते हैं। इस प्रकार स्पष्ट है कि सामाजिक अनुसन्धान व्यावहारिक जीवन के लिए भी उपयोगी है। सामाजिक अनुसन्धान के मुख्य उपयोगितावादी उद्देश्य निम्नलिखित हैं—

(1) सामाजिक समस्याओं का निदान—आधुनिक युग में सामाजिक जीवन पहले से अति जटिल एवं पेचीदा हो गया है। विभिन्न प्रकार की सामाजिक समस्याओं का आये दिन सामना करना पड़ता है। नागरीकरण एवं औद्योगिक विकास

के साथ-साथ सामाजिक समस्यायें और भी अधिक उत्पन्न हो रही हैं। इन सब सामाजिक समस्याओं के समाधान प्राप्त करने के लिए वैज्ञानिक ज्ञान की आवश्यकता होती है। सामाजिक घटनाओं एवं समस्याओं से सम्बन्धित वैज्ञानिक ज्ञान सामाजिक अनुसन्धानों द्वारा प्राप्त किया जा सकता है। इस प्रकार सामाजिक समस्याओं के समाधान के लिए सम्बन्धित समाज सुधारकों एवं प्रशासनिक कार्यकर्ताओं को सामाजिक अनुसन्धानों के निष्कर्षों से विशेष सहायता मिलती है।

(2) योजनाओं को कार्यान्वित करने में सहायता—किसी भी विकासशील राष्ट्र अथवा समाज की प्रगति उसकी योजनाओं पर निर्भर करती है। योजनाओं के सफल आयोजन के लिए योजनाओं का व्यावहारिक होना एवं जनता का सहयोग प्राप्त होना आवश्यक है। इन दोनों लक्ष्यों को प्राप्त करने में सामाजिक अनुसन्धान से विशेष सहायता मिलती है। सामाजिक अनुसन्धान द्वारा सम्बन्धित समाज के लिए जनता का सहयोग प्राप्त करने के लिए भी सामाजिक अनुसन्धानों से सहायता मिलती है। सामाजिक अनुसन्धानों द्वारा सामान्य जनता को सामाजिक विकास की योजनाओं के महत्व एवं लाभ से अवगत कराया जाता है।

(3) सामाजिक नियन्त्रण में सहायता—प्रत्येक समाज में सामाजिक संगठन एवं व्यवस्था को बनाये रखने के लिए विभिन्न प्रकार के सामाजिक नियन्त्रणों की व्यवस्था करनी आवश्यक होती है। सामाजिक नियन्त्रण के साधनों को निर्धारित करने के लिये सम्बन्धित सामाजिक घटना या समस्या का विस्तृत एवं गहन ज्ञान होना आवश्यक है। इस प्रकार सामाजिक ज्ञान केवल सामाजिक अनुसन्धानों द्वारा ही प्राप्त हो सकता है। इस आधार पर हम कह सकते हैं कि सामाजिक अनुसन्धान का एक मुख्य उद्देश्य सामाजिक नियन्त्रण के साधनों को निर्धारित करने के लिए आवश्यक ज्ञान प्राप्त करना भी है। समय-समय पर सामाजिक नियन्त्रण के साधनों की उपयोगिता एवं वैधता की जाँच भी सामाजिक अनुसन्धान द्वारा ही की जा सकती है। प्रशासनिक नीतियों एवं कानूनों के निर्धारण में भी सामाजिक अनुसन्धानों के निष्कर्षों से सहायता मिलती है।

सामाजिक अनुसन्धान के द्वारा सामाजिक प्रक्रियाओं में और घटनाओं में कार्य-कारण सम्बन्ध स्थापित किया जाता है। इस प्रकार अभिवृत्तियों, स्वभावों तथा व्यवहार के विभिन्न पहलुओं के विषय में कार्यकारण नियमों का पता चलने से समाज वैज्ञानिक को विशेष घटना के कारणों का पता लगाने में सहायता मिलती है। इन कारणों के ज्ञान से समाज-सुधारक अथवा प्रशासक को इन कारणों को दूर करने में सहायता मिलती है।

किन्तु उपरोक्त विवेचन से यह नहीं समझा जाना चाहिये कि सामाजिक अनुसन्धान का उद्देश्य समाज सुधार करना है अथवा सामाजिक दोषों के उपचारों का पता लगाना है। इस सम्बन्ध में श्रीमती यंग ने सावधान करते हुए लिखा है, "सामाजिक अनुसन्धान व्याधिकीय समस्याओं से केवल वहीं तक सम्बन्धित है जहाँ तक वे मौलिक सामाजिक प्रक्रियाओं, मानव व्यवहार और व्यक्तित्व के विकास

अथवा विघटन पर प्रकाश डालती हैं।।''[1] इस बात को और भी स्पष्ट करते हुए यंग ने आगे लिखा है, ''सामाजिक अनुसन्धान न तो व्यावहारिक और निकट के सामाजिक आयोजन अथवा सामाजिक इन्जीनियरिंग से सम्बन्धित है और न सुधारवादी अथवा उपचारात्मक योजनाओं से सम्बन्धित है, वह न तो प्रशासनिक परिवर्तनों और प्रशासनिक विधियों के परिष्कार से सम्बन्धित है और न समाज-सुधार से ही सम्बन्धित है।'' इस प्रकार सामाजिक अनुसन्धान का लक्ष्य समाज-सुधार, सामाजिक परिवर्तन अथवा सामाजिक समस्याओं को सुलझाना नहीं है। न ही उनमें मानव व्यवहार के मूलभूत सामाजिक कारकों को पता लगाने का प्रयास किया जाता है। इस अध्ययन से जिन कार्य-कारण सम्बन्धों का पता चलता है उनसे विभिन्न सामाजिक क्षेत्रों में अनेक लाभ होते हैं। अन्त में यह याद रखना आवश्यक है कि सामाजिक अनुसन्धान के उपरोक्त दोनों लक्ष्य केवल मौखिक रूप से ही अलग किये जा सकते हैं। प्रत्येक सफल व्यवहार की एक सैद्धान्तिक पृष्ठभूमि होती है। दूसरी ओर मानव कल्याण के लिये किये गये विभिन्न सामाजिक प्रयासों के मूल में तद्विषयक सामाजिक सिद्धान्त काम करते हैं। अस्तु, सामाजिक अनुसन्धान के सैद्धान्तिक और उपयोगितावादी लक्ष्य परस्पर घनिष्ठ रूप से सम्बन्धित हैं।

सामाजिक अनुसन्धान में प्रेरक तत्व

श्रीमती पी॰ वी॰ यंग ने सामाजिक अनुसन्धान में निम्नलिखित चार प्रेरक कारकों का वर्णन किया है—

(1) अज्ञान के प्रति जिज्ञासा—जिज्ञासा मानव मस्तिष्क का एक मूल लक्षण है। जिज्ञासा की प्रेरणा से मनुष्य अपने चारों ओर के परिवेश में खोज करता है। छोटा बालक भी अपने चारों ओर की वस्तुओं, जीवधारियों और मनुष्य को समझने का प्रयास करता है। भिन्न-भिन्न क्षेत्रों में घटनाओं के मूल में हुए तथ्यों के प्रति जिज्ञासा को लेकर वैज्ञानिक उनकी खोज करते हैं। इस प्रकार मनुष्य जो कुछ अज्ञात है, उसे जानना चाहता है। उसके समस्त ज्ञान-विज्ञानों का जन्म अज्ञात के प्रति जिज्ञासा में हुआ है। विभिन्न सामाजिक घटनाओं में जिज्ञासा से नये-नये सामाजिक विज्ञानों का जन्म हुआ है। अस्तु, अज्ञात के प्रति जिज्ञासा सामाजिक अनुसन्धान की एक मूल प्रेरणा है।

(2) सामाजिक समस्याओं के कार्य-कारणों को जानने की इच्छा—विज्ञान मानव की इस आस्था पर आधारित है कि सभी घटनाओं के मूल में कुछ-न-कुछ कार्य-कारण सम्बन्ध निहित होते हैं। मनुष्य सब कहीं इन कार्य-कारण सम्बन्धों को जानने का प्रयास करते हैं। विभिन्न विज्ञानों में असंख्य वैज्ञानिको ने अतीत काल से ही कार्य-कारण सम्बन्धों का पता लगाने के लिए असीम मानव

1. "Social research is concerned with pathological only in so far as they throw light on the fundamental social processes, on human behaviour and the development or disorganisation of personality." —P.V. Young, *ibid,* p. 85.

शक्ति व्यय की है। इन प्रयासों से अनेक शंकायें दूर हुई हैं, अनेक अनिश्चितताओं का स्थान निश्चित तथ्यों ने लिया है और सामाजिक प्रक्रियाओं के मूल में काम करने वाले अनेक कारकों का पता चला है। सब कहीं वैज्ञानिक केवल घटनाओं का वर्णन ही नहीं बल्कि उनकी व्याख्या भी करना चाहते हैं। यह व्याख्या घटनाओं में निहित कार्यकारण सम्बन्धों के आधार पर की जाती है। अस्तु कार्यकरण को समझने की व्यापक इच्छा सामाजिक अनुसन्धान में एक प्रमुख प्रेरक तत्व है।

(3) नवीन और अप्रत्याशित परिस्थितियों का अध्ययन—मनुष्य के सामाजिक जीवन में समय-समय पर अनेक नवीन और अप्रत्याशित परिस्थितियाँ उत्पन्न होती रहती हैं जिनके कारण समाज में वैज्ञानिक बराबर सामाजिक अनुसन्धान में लगे रहते हैं। यदि ये न हों तो सामाजिक अनुसन्धान को प्रेरणा न मिले।

(4) विधियों और प्रविधियों के ज्ञान की इच्छा—सामाजिक अनुसन्धान में सामाजिक घटनाओं का अध्ययन करने के लिए विभिन्न प्रकार की विधियाँ और प्रविधियाँ प्रयोग में लाई जाती हैं। नई-नई विधियों और प्रविधियों का पता लगाने की प्रेरणा से समाज विज्ञानों में बारबर अनुसन्धान होते रहते हैं। यह भी सामाजिक अनुसन्धान हैं और इनकी सहायता से महत्वपूर्ण विधियों का पता लगा है। उदाहरण के लिए, आधुनिक काल में सामाजिक अनुसन्धान में सांख्यिकीय विधियों के प्रयोग के विषय में अधिक अनुसन्धान किया गया है।

सामाजिक अनुसन्धान की मूल मान्यतायें
(Basic Postulates of Social Research)

सामाजिक अनुसन्धान के प्रेरक तत्वों के उपरोक्त विवेचन से सामाजिक अनुसन्धान की कुछ मूल मान्यतायें स्पष्ट होती हैं। वास्तव में केवल सामाजिक अनुसन्धान ही नहीं, बल्कि सभी प्रकार का अनुसन्धान कुछ मूल मान्यताओं पर आधारित होता है। उदाहरण के लिए, कार्य-कारण सम्बन्ध का अस्तित्व सभी विज्ञानों की मूल मान्यता है। इस प्रकार एक मान्यता वैज्ञानिक विधियों के द्वारा सामाजिक घटनाओं के अध्ययन की सम्भावना है। अस्तु, यहाँ पर सामाजिक अनुसन्धान की मूल मान्यताओं का संक्षिप्त विवेचन प्रासंगिक होगा।

(1) कार्य-कारण सम्बन्ध—अन्य विज्ञानों के समान सामाजिक विज्ञानों में भी सब कहीं सामाजिक घटनाओं के मूल में कार्य-कारण सम्बन्धों का होना अनिवार्य माना जाता है। इसीलिए जब कभी कोई नई सामाजिक घटना हमारे सामने आती है तो हम तुरन्त यह मान लेते हैं कि उसके कुछ-न-कुछ कारण अवश्य होगें और इन कारणों के विषय में उपकल्पना बनाकर सामाजिक अनुसन्धान प्रारम्भ कर दिया जाता है। साधारणतया इस प्रकार के सामाजिक अनुसन्धान कार्य-कारण सम्बन्धों की मान्यता की पुष्टि होती है और यदि ये सम्बन्ध पता नहीं भी चलते तो भी इससे इस मान्यता में अविश्वास नहीं होता बल्कि यह मान लिया जाता है कि अनुसन्धान में कुछ-न-कुछ कमी रह गयी है और भविष्य में नये अनुसन्धान से इन

सम्बन्धों का अवश्य पता चलेगा।

(2) सामाजिक घटनाओं में व्यवस्था—समस्त विज्ञान इस मान्यता पर आधारित हैं कि प्राकृतिक घटनायें क्रमहीन और अव्यवस्थित नहीं होतीं, भले ही बाहर से देखने पर वे कितनी ही आकस्मिक और बेतुकी क्यों न मालूम पड़ें। अस्तु, सामाजिक अनुसन्धान में यह मान लिया जाता है कि विभिन्न सामाजिक घटनाओं में कोई-न-कोई क्रम, कोई-न-कोई व्यवस्था अवश्य है। इस मान्यता के आधार पर ही भूत और वर्तमान के अध्ययन से आगे आने वाली घटनाओं और परिस्थितियों के विषय में भविष्यवाणी की जाती है और साधारणतया यह भविष्यवाणी सही सिद्ध होती है।

(3) वैज्ञानिक अध्ययन की सम्भावना—जो लोग सामाजिक घटनाओं के क्षेत्र में वैज्ञानिक अध्ययन सम्भव नहीं मानते वे सामाजिक अनुसन्धान को व्यर्थ समझते हैं। दूसरी ओर सामाजिक अनुसन्धान इस आस्था पर आधारित है कि सामाजिक घटनाओं का वैज्ञानिक और तटस्थ अध्ययन किया जा सकता है। यह ठीक है कि भौतिक विज्ञानों की तुलना में समाज विज्ञानों में वैज्ञानिक विधि का प्रयोग कहीं अधिक कठिन है और उसमें पक्षपात और पूर्वाग्रह की सम्भावना कहीं अधिक है किन्तु प्रयास करने से सामाजिक अनुसन्धान को अन्य प्रकार के अनुसन्धानों के समान ही वैज्ञानिक और तटस्थ बनाया जा सकता है।

(4) आदर्श प्रारूपों का अस्तित्व—वैज्ञानिक अध्ययन वस्तुओं और जीवों के वर्गों के अध्ययन हैं। जब कभी किसी विशेष वस्तु अथवा जीव का अध्ययन किया भी जाता है तो उसे विशेष वर्ग का प्रतिनिधि मानकर ही यह अध्ययन किया जाता है। इसलिए इस अध्ययन के आधार पर विशेष वर्ग की वस्तुओं अथवा जीवों के व्यवहार के विषय में भविष्यवाणी की जाती है। अस्तु, सामाजिक अनुसन्धान अन्य प्रकार के अनुसन्धानों के समान इस मान्यता पर आधारित है कि आदर्श प्रारूप संभव है। इसलिए सामाजिक क्षेत्र में घटनाओं और व्यक्तियों को वर्गों में बाँट दिया जाता है, प्रत्येक वर्ग में आने वाली घटनाओं और व्यक्तियों में सामान्य लक्षण होते हैं और आदर्श प्रारूपों के अध्ययन के आधार पर सम्पूर्ण वर्ग के विषय में कुछ बातें कहीं जा सकती हैं।

(5) निदर्शन की सम्भावना—सामाजिक अनुसन्धान की यह मान्यता आदर्श प्रारूपों के अस्तित्व की मान्यता से लगी हुई है। आदर्श प्रारूपों के अस्तित्व को मानने से प्रतिनिधि निदर्शन की सम्भावना मानी जाती है। सामाजिक अनुसन्धान में निदर्शन विधि का व्यापक रूप से प्रयोग किया जाता है। क्योंकि किसी भी क्षेत्र में विभिन्न देशकाल में सभी सामाजिक घटनाओं का अध्ययन असम्भव है, अस्तु, सामाजिक अनुसन्धान में निदर्शन प्रविधि से सीमित क्षेत्र का अध्ययन किया जाता है और चूँकि ये निदर्शन प्रतिनिधि होते हैं इसलिए इनके आधार पर दिए हुए तथ्यों के सामान्यीकरण के द्वारा जो नियम निकाले जाते हैं वे उस वर्ग में आने वाली सभी घटनाओं पर सामान्य रूप से लागू होते हैं।

सामाजिक अनुसन्धान में तटस्थता में कठिनाइयाँ
(Difficulties in Maintaining Objectivity)

अत: अन्य प्रकार के अनुसन्धानों की तुलना में सामाजिक अनुसन्धान में तटस्थ होना कहीं अधिक कठिन है। लुण्डबर्ग के शब्दों में, "पक्षपात और पूर्वाग्रह सभी विज्ञानों में जटिलता उत्पन्न करने वाले कारक हैं, परन्तु उनका महत्व सामाजिक विज्ञानों की तुलना में भौतिक विज्ञानों में कहीं अधिक कम हैं।"[1] इसका एक मुख्य कारण यह है कि समाजशास्त्री जिस समाज का अध्ययन करता है उसी का वह स्वयं भी सदस्य होता है और इसलिए उसके दृष्टिकोण का सामाजिक कारकों से प्रभावित हो जाना सामान्य बात है। संक्षेप में सामाजिक अनुसन्धान में तटस्थता बनाये रखने में मुख्य कठिनाइयाँ निम्नलिखित हैं—

(1) भावात्मक कारकों का प्रभाव—जबकि भौतिक घटनाओं का निरीक्षण भावुक हुए बिना किया जा सकता है, सामाजिक घटनायें निरीक्षणकर्ता में नाना प्रकार के संवेग उत्पन्न करती है। उदाहरण के लिए, मानव समाज के तनावों और संघर्षों तथा व्यवहार का निरीक्षण इनसे प्रभावित हुए बिना नहीं किया जा सकता। ऐसी परिस्थिति में निरीक्षणकर्ता में पक्षपात आ जाना स्वाभाविक है किन्तु प्रयास करने से यह पक्षपात बहुत सीमा तक कम किया जा सकता है।

(2) सामान्य बोध के कारण पक्षपात—अनेक बातें हमारे सामान्य बोध को अधिक प्रभावित करती हैं और इस प्रभाव के कारण हम उनके विषय में कहे गये तटस्थ कथनों को भी उतना महत्व नहीं देते। अधिकतर लोग अपने सामान्य बोध से काम लेने के आदी होते हैं और एक सामान्य व्यक्ति के रूप में समाजशास्त्री भी सामान्य बोध से ही निर्देशित होता है। इससे उसे तटस्थता बनाये रखने में बड़ी कठिनाई होती है किन्तु यदि ध्यान से देखा जाये तो यह कठिनाई प्रयास करने से दूर की जा सकती है क्योंकि वैज्ञानिक अनुसन्धान करने के लिए अनुसन्धानकर्ता को सामान्य स्तर से उठकर वैज्ञानिक दृष्किोण ग्रहण करता पड़ता है।

(3) रूचियों और अभिवृत्तियों का प्रभाव—श्रीमती यंग ने सामाजिक अनुसन्धान में तटस्थता बनाये रखने में कठिनाई की ओर संकेत करते हुए लिखा है, "उनकी अपनी रूचियाँ बहुधा उसके अध्ययन के परिणामों से प्रभावित होती हैं और इसीलिए उनकी इच्छायें उनकी खोजों पर गम्भीर प्रभाव डाल सकती हैं।"[2] सामाजिक अनुसन्धान में जब कभी अनुसन्धानकर्ता को ऐसा लगता है कि अनुसन्धान के परिणाम उसकी इच्छाओं और रूचियों के विरुद्ध जा रहे हैं तो कभी-कभी वह ऐसे काम कर बैठता है जिनका अनुसन्धान के परिणामों पर प्रभाव होता है। अस्तु, सामाजिक अनुसंधान में अनुसंधानकर्ता को खोज के परिणामों से किसी प्रकार का

---

1. ".....lies and prejudices are complication factors in all sciences, but their importance is much less in physical than in social sciences." —G.A. Lundburd
2. "Their own interests are frequently affected by the results of their study hence their wishes may seriously affect the findings." —P.V. Young

लगाव नहीं होना चाहिए। तभी वह तटस्थ होकर अध्ययन कर सकेगा।

(4) पक्षपात—सामाजिक अनुसंधान में सबसे बड़ी बाधा विभिन्न प्रकार के पक्षपातों से उत्पन्न होती है। इनमें मुख्य प्रकार के पक्षपात निम्नलिखित हैं—

(i) **निरीक्षणकर्ता का पक्षपात**—सामाजिक अनुसंधान में अनुसन्धानकर्ता को खोज के विषय के सभी अंगों पर बराबर और लगातार दृष्टि रखनी चाहिए तथा इसमें किसी प्रकार का पूर्वाग्रह, व्यक्तिगत, रूचि, अरूचि, संवेग तथा नैतिक धारणा आदि का प्रभाव नहीं होना चाहिए। अनेक लोग सामाजिक घटनाओं को अच्छे-बुरे नैतिक वर्गों में बाँटकर उनका अध्ययन करने लगते हैं। इससे बड़ी कठिनाई उत्पन्न होती है। वास्तव में सामाजिक तथ्य नीति निरपेक्ष होते हैं और उनके विषय में किसी प्रकार के नैतिक निर्णय नहीं दिये जाने चाहिएं।

(ii) **सूचनादाताओं के पूर्वाग्रह**—सामाजिक अनुसन्धान में अनेक तथ्य सूचनादाताओं से प्राप्त किए जाते हैं। सूचनादाता तथ्यों को उपस्थित करने में अनेक प्रकार के पक्षपात से प्रभावित हो सकते हैं। उदाहरण के लिए, वे ऐसी बातों के विषय में झूठ बोलते सकते हैं जिन पर वे विवाद नहीं करना चाहते। वे भौतिक अथवा सामाजिक लाभ के लिए किसी तथ्य को अतिश्योक्तिपूर्ण रूप में उपस्थित कर सकते हैं। वे अनुसन्धानकर्ता को ऐसा उत्तर देने की कोशिश कर सकते हैं जैसाकि वह उनसे पाना चाहता है। कभी-कभी वे किसी व्यक्तिगत कारण से गलत सूचनायें भी देते हैं। कभी-कभी अनुसन्धानकर्ता के किसी प्रश्न को न समझ पाने के कारण ही सूचनादाता उसका गलत उत्तर देता है। वह जिन सूचनाओं को जाहिर नहीं करना चाहता उनके विषय में "नहीं जानता" कहकर छूट जाता है। इस प्रकार सूचनादाताओं के अनेक पक्षपातों के कारण सामाजिक अनुसन्धान पक्षपातपूर्ण बन जाता है।

(iii) **निदर्शन सम्बन्धी पक्षपात**—सामाजिक अनुसंधान तभी वस्तुगत हो सकता है जबकि उसमें अनुसन्धान के क्षेत्र में प्रतिनिधि निदर्शन (Representative Sample) प्राप्त किए गए हों। यदि निदर्शन चुनने की प्रणाली में गलती होने के कारण या अनुसंधानकर्ता में पक्षपात अथवा जल्दबाजी होने से गलत निदर्शन चुन लिये जाते हैं तो अनुसन्धान के परिणाम विश्वसनीय नहीं हो सकते। अस्तु, अनुसंधान की सफलता इस बात पर निर्भर है कि निदर्शन का चुनाव कहाँ तक सही प्रणाली से किया गया है।

(iv) **प्रश्न सूची की गलतियाँ**—सामाजिक अनुसन्धान में जिन प्रश्न सूचियों या अनुसूचियों का प्रयोग किया जाता है उनसे सम्बन्धित गलतियों से अनुसंधान पक्षपातपूर्ण हो सकता है। अनेक प्रश्न ऐसे होते हैं जिनके अनेक अर्थ किये जा सकते हैं। कुछ प्रश्नों की भाषा ऐसी होती है कि सूचनादाता उनके अर्थ नहीं समझ पाता, कुछ प्रश्न सूचनादाता में संवेग उत्पन्न करते हैं और उसका उत्तर संवेग से प्रभावित हो जाता है। अस्तु, सामाजिक अनुसन्धान में यथा सम्भव तटस्थ अनुसूची बनायी जानी चाहिए।

(v) **सामग्री संग्रह विधि में दोष**—सामाजिक अनुसन्धान की सफलता

इस बात पर निर्भर है कि सामग्री संग्रह करने की विधि कहाँ तक वैज्ञानिक है। इसके लिए प्रशिक्षित कार्यकर्ताओं की आवश्यकता होती है। यदि सामग्री संग्रह करने का कार्य अप्रशिक्षित और अनुभवहीन कार्यकर्ताओं पर छोड़ दिया जायेगा तो उनसे प्राप्त सामग्री विश्वसनीय नहीं हो सकती। अस्तु, सबसे पहले सामग्री संग्रह करने के लिए योग्य कार्यकर्ताओं का चुनाव करना आवश्यक है।

(vi) **विश्लेषण सम्बन्धी दोष**–सामग्री का संग्रह कर लेने के बाद दूसरा कार्य उसका उपयुक्त विश्लेषण है। तभी वैज्ञानिक सही निष्कर्षों पर पहुँच सकता है। अब यदि वर्गीकरण करने की विधि दोषपूर्ण है और विश्लेषण ठीक नहीं हुआ है तो सामाजिक अनुसन्धान के निष्कर्ष विश्वसनीय नहीं हो सकते।

(vii) **सामान्यीकरण सम्बन्धी दोष**–विश्लेषण के पश्चात् तार्किक नियमों के अनुसार सामान्यीकरण किया जाना चाहिये और इसमें किसी प्रकार का व्यक्तिगत झुकाव नहीं होना चाहिये। इसके अभाव में सामग्री के सही होते हुए भी सामान्यीकरण दोषपूर्ण हो जाता है और हम गलत निष्कर्षों पर पहुँच जाते हैं। अस्तु, सामाजिक अनुसंधान में सामान्यीकरण के तार्किक नियमों का ज्ञान अत्यन्त आवश्यक है।

तटस्थता प्राप्त करने में उपरोक्त कठिनाइयों को दूर करने के लिए वैज्ञानिक विधियों को प्रयोग किया जाना चाहिये। आजकल सामाजिक विज्ञानों में अनुभाषात्मक विधियों का अधिक से अधिक प्रयोग किया जाता है। अनुसूची, प्रश्नावली, साक्षात्कार आदि सामाजिक अनुसन्धान की प्रसिद्ध वैज्ञानिक विधियाँ हैं। अनुसंघान प्रारम्भ करने से पूर्व शब्दों, प्रत्ययों और वर्णन करने की अन्य इकाइयों को सुनिश्चित कर लेना चाहिए जिससे गलती होने की सम्भावना कम से कम रहे। जिन विषयों का अध्ययन प्रयोगात्मक विधि से किया जा सकता है उनमें इस विधि का अवश्य प्रयोग किया जाना चाहिये क्योंकि इस विधि से मिले निष्कर्ष अधिक से अधिक निश्चित और विश्वसनीय होते हैं।

(5) जन-रीतियों, रूढ़ियों और समाजदर्शन का प्रभाव–सामाजिक अनुसंधान में तटस्थता बनाये रखने में एक बड़ी कठिनाई अनुसंधानकर्ताओं और सूचनादाताओं पर प्रचलित जन-रीतियों, रूढ़ियों तथा उन पर अपने समाजदर्शन का प्रभाव है। श्रीमती यंग के शब्दों में, "किसी भी वैज्ञानिक के लिए समूह की जनरीतियों, रूढ़ियों और समाजदर्शन से अपने को अलग कर लेना कठिन कार्य है।"[1] सामाजिक सामग्री हमारे चारों ओर के परिवेश में मिलती है और इस परिवेश के प्रति प्रत्येक व्यक्ति अपनी-अपनी धारणायें बनाये रखता है। विभिन्न सामाजिक घटनाओं के विषय में अलग-अलग जनरीतियाँ और रूढ़ियाँ प्रचलित होती हैं। इन

1. "For a scientist to detach himself from them (folkways, mores and social philosophy of the group) is a difficult task. It is a major psychological feat to achieve objectivity required for scientific enquiry, specially on those frequent occasions when such an enquiry is apt to challenge existing frame of social reference." —P.V. Young.

सब कारकों से सामजिक अनुसंधान पर प्रभाव पड़ता है।

(6) कार्यकाल सम्बन्धी कठिनाई—कभी-कभी सामाजिक अनुसंधान को पूरा करने के लिए इतना कम समय दिया जाता है कि निष्कर्षो पर पहुँचने की जल्दबाजी में अनुसंधानकर्ता को जो भी निष्कर्ष तुरन्त दिखाई पड़ते हैं, उन्हीं को मान लेता है। समय की यह कठिनाई कभी-कभी इस कारण होती है कि अनेक सामाजिक समस्याओं का तुरन्त सुलझाव निकालना आवश्यक हो जाता है। परन्तु सामाजिक अनुसंधान में सही निष्कर्षों पर पहुँचने के लिए वर्षों तक धैर्यपूर्ण और सतत खोज करने की आवश्यकता होती है। इसमें किसी प्रकार की जल्दबाजी नहीं की जानी चाहिए। जो लोग शीघ्र किसी निर्णय पर पहुँचना चाहते हैं वे तुरन्त मिलने वाले सुझावों को ही सर्वोत्तम मान बैठते हैं।

सामाजिक अनुसन्धानकर्ता के आवश्यक गुण
(Necessary Qualities of Social Research)

अतः अन्य अनुसन्धान की अपेक्षा सामाजिक अनुसंधान में अनुसंधानकर्ता में बहुत से सामाजिक गुणों की आवश्यकता है। उसमें अन्य वैज्ञानिक अनुसंधानकर्ताओं के समान विषय का यथेष्ट ज्ञान, अनुसंधान विषयक अनुभव, सम्बन्धित पूर्व अध्ययनों और ऐतिहासिक तथ्यों का ज्ञान तथा दूसरों के अनुभवों से लाभ उठाने की योग्यता होनी चाहिए। उसे आवश्यक यन्त्रों का पूर्ण ज्ञान होना चाहिये तथा उनसे काम लेने की योग्यता भी होनी चाहिए। उसमें समय, स्थान तथा विषय के अनुसार संयत्रों के चुनाव की योग्यता भी होनी चाहिए। परन्तु अन्य वैज्ञानिक अनुसंधानकर्ताओं के समान उन गुणों के अलावा सामाजिक अनुसंधानकर्ताओं में कुछ विशेष गुण होने भी जरूरी हैं, क्योंकि जहाँ अन्य वैज्ञानिकों को प्रयोगशालाओं में काम करना पड़ता है, सामाजिक अनुसंधानकर्ता की प्रयोगशाला समाज है जिसमें उसे व्यक्तियों से व्यवहार करना पड़ता है और उनके सहयोग पर निर्भर होना पड़ता है। अतः उसमें आर्कषक, अनुकूलनमय तथा हंसमुख व्यक्तित्व की बड़ी आवश्यकता है। वह व्यवहारकुशल, चतुर, बुद्धिमान, निष्पक्ष, सतर्क, सक्रिय, सन्तुलित, बातचीत में पटु, सहनशील और रचनात्मक कल्पनायुक्त होना चाहिये। सामाजिक अनुसंधान में क्षेत्र कार्यकर्ता के आवश्यक गुणों को निम्नलिखित वर्गों में बाँटा जा सकता है—

(1) बुद्धि सम्बन्धी गुण—क्षेत्र कार्यकर्ता को समय-समय पर भिन्न-भिन्न लोगों से विभिन्न विषयों पर वार्तालाप और वाद-विवाद करने की आवश्यकता पड़ती है। इसमें सफलता के लिए उसमें दूसरों के प्रश्नों को समझने की योग्यता होनी चाहिये। उसे प्राप्त सामग्री को अधिक से अधिक विशुद्ध रखने का प्रयास करना चाहिये। उसमें तथ्यों के परस्पर सम्बन्धों की जानकारी होना आवश्यक है। सामाजिक अनुसंधान में तुरन्त निर्णय चाहने वाली परिस्थितियों में ठीक से काम करने के लिए क्षेत्र कार्यकर्त्ता में शीघ्र निर्णय करने की योग्यता होनी चाहिए। प्रशिक्षण देने से क्षेत्र कार्यकर्त्ता अपनी बौद्धिक शक्तियों को अनुसंधान में अधिक

अच्छी तरह प्रयोग कर सकता है। प्रशिक्षण के साथ-साथ उसे क्षेत्र के सम्बन्ध में प्रारम्भिक ज्ञान भी होना चाहिए।

(2) व्यक्तित्व सम्बन्धी गुण—चूँकि क्षेत्र कार्यकर्ता को व्यक्तियों से सूचनायें प्राप्त करनी होती हैं इसीलिये उसकी सफलता उसके व्यक्तित्व के गुणों पर आधारित है। आकर्षक व्यक्तित्व का कार्यकर्ता सूचनादाताओं को शीघ्र ही मित्र बना लेता है जिससे उसे विश्वसनीय सूचनायें आसानी से प्राप्त हो जाती हैं। रचनात्मक चिन्तन की योग्यता क्षेत्र कार्यकर्ता का एक आवश्यक गुण है। उसमें बौद्धिक ईमानदारी होनी चाहिये जिससे वह तथ्यों की शुद्धता कायम रख सके। उसे सतर्क और सक्रिय तथा उत्साही होना चाहिये। क्षेत्र कार्यकर्ता में धैर्य के महत्व पर जोर देते हुए स्पार और स्वेन्सन ने लिखा हैं, ''फिर भी, अनुसंधान में धैर्य केवल एक मुख्य गुण ही नहीं हैं, बल्कि एक निरपेक्ष आवश्यकता है।''[1] कार्यकर्ता को किसी भी परिस्थिति में आत्म-नियन्त्रण नहीं खोना चाहिये। उसे निष्पक्षतापूर्वक कार्य करना चाहिये और अपना ध्यान अध्ययन के विषय पर ही लगाये रखना चाहिये। क्षेत्र कार्यकर्ता का व्यवहार कुशल होना आवश्यक है क्योंकि उसे अपने काम में तरह-तरह के लोगों से सम्बन्ध स्थापित करना पड़ता हैं उसे व्यर्थ और अधिक बात करने वाला नहीं होना चाहिये। उसका कटुवादी होना तो घातक ही है। उसे अपने कार्य के प्रति स्पष्ट दृष्टिकोण रखना चाहिये और प्रत्येक परिस्थिति में व्यवस्थापन करने की योग्यता होनी चाहिए।

(ब) विषय सम्बन्धी गुण—अध्ययन के विषय से संबधित गुणों का भी अनुसंधान पर प्रभाव पड़ता है। इसलिये कार्यकर्ता को प्रशिक्षण दिया जाना आवश्यक है। उसे विषय का मनन करके उससे सम्बन्धित ऐतिहासिक तथ्यों की पूरी जानकारी प्राप्त कर लेनी चाहिये। उसे विषय में पारंगत होना चाहिये और सम्बन्धित व्यक्तियों से सम्बन्ध स्थापित करके उनके ज्ञान का लाभ उठाना चाहिये। सूचनादाताओं के पास जाने से पहले उसे उनके रहन-सहन, स्वभाव, संस्कृति आदि का भी ज्ञान प्राप्त कर लेना चाहिए।

(4) समय और स्थान सम्बन्धी गुण—क्षेत्र कार्यकर्ता को अपने कार्य में सूचनादाताओं से मिलने के समय और स्थान का विशेष ध्यान रखना चाहिए। ऐसा न करने पर वह उनके लिये असुविधा उत्पन्न करेगा और उनका सहयोग नहीं प्राप्त कर सकेगा।

(5) अन्य आवश्यक गुण—सामाजिक अनुसंधान में अनेक संयन्त्रों (Tools) का प्रयोग किया जाता है जैसे प्रश्नावली, अनुसूची, साक्षात्कार इत्यादि। क्षेत्र कार्यकर्ता को इनकी रचना, सीमा और उपयोगिता का पूरा ज्ञान होना चाहिए। उसे पक्षपात से दूर रहना चाहिये और कार्य करने में शक्ति तथा प्रेरणा से कार्य लेना

---

1. "Nevertheless in research, patience is not a cardinal virtue but an absolute necessity." —W.E. Spahar and R.J. Swenson. *Method and Status of Social Research* (1930), p. 46.

चाहिए। उसे अपने कार्य में रुचि होनी चाहिये और नई बातों को जानने के लिये प्रयत्नशील होना चाहियें।

सामाजिक अनुसन्धान के प्रमुख सोपान
(Major Steps in Social Research)

सामाजिक अनुसन्धान में व्यवस्थित वैज्ञानिक विधियों का प्रयोग किया जाता है। अमेरिका की कृषि में आर्थिक और सामाजिक अनुसन्धान सलाहकार समिति (Advisory Committee on Economic and Social Research in Agriculture) के अनुसार सामाजिक अनुसन्धान में निम्नलिखित नौ सोपान होने चाहिये।

(1) समस्या का सावधानीपूर्वक और तर्कयुक्त विश्लेषण।
(2) सामग्री का वर्गीकरण।
(3) विषयों का तथा सामग्री का संग्रह।
(4) शब्दों, प्रत्ययों और सांख्यिकीय इकाइयों तथा पैमानों की असंदिग्ध परिभाषा।
(5) यथासम्भव कारकों की गणनात्मक अभिव्यक्ति।
(6) सामग्री को संक्षिप्त करने के लिए सांख्यिकीय प्रणाली का प्रयोग।
(7) निष्कर्षों और सामान्यीकरणों का प्राक्कथन।
(8) पूर्ण और सावधान विज्ञप्तियाँ।
(9) समस्त प्रणाली में से व्यक्तिगत पक्षपात को पूरी तरह से निकाल देना।

सामान्य रूप से सामाजिक अनुसंधान की विधि में निम्नलिखित चार सोपान माने जाते हैं।

(1) उपकल्पना का निर्माण (Formulation of Hypothesis)—उपकल्पना अथवा पूर्व-कल्पना वह कल्पना है जिसे हम इसलिए बनाते हैं कि उससे ऐसे निष्कर्षों को निकालने का प्रयत्न किया किये जो तथ्यो के अनुसार हों और जिनका सत्य होना ज्ञात हो और इसके पीछे यह विचार होता है कि यदि उपकल्पना के निष्कर्ष ज्ञात तथ्य हैं तो उपकल्पना स्वयं सही होगी या कम से कम उनके सही होने की सम्भावना होगी। वैज्ञानिक अनुसंधान में किसी भी सिद्धान्त पर पहुँचने से पूर्व विशेष घटना में कार्य-कारण सम्बन्ध के विषय में पहले से ही कोई विचार बना लिया जाता है। उदाहरण के लिये यदि अध्यापन करते समय विद्यार्थियों से अनुशासनहीनता की समस्या को सुलझाने का प्रसंग उपस्थित होता है तो अनुसंधानकर्ता अपनी उपकल्पना के सहारे ही सुलझाव उपस्थित करता है। यह उपकल्पना परीक्षा करने के बाद ही वैज्ञानिक नियम का रूप ग्रहण करती है। लुण्डबर्ग के शब्दों में, "एक उपकल्पना एक स्थायी सामान्यीकरण है जिसकी प्रामाणिकता का परीक्षण शेष रहता है।"[1] उपकल्पना बनाने में निरीक्षण से काम लिया जाता है। उपकल्पना बनाने के बाद

1. "A hypothesis is a tentative generalization, the validity of which remains to be tested."
—G.A. Lundberg.

निगमन और सत्यापन आवश्यक होता है। सत्यापन के बाद ही उपकल्पना की वैज्ञानिकता सिद्ध अथवा असिद्ध होती है। उपकल्पना के अभाव में सामाजिक अनुसंधान प्रारम्भ नहीं किया जा सकता। उपकल्पना बनाने से अनुसंधान का क्षेत्र निश्चित हो जाता है। अनुसंधान से उपकल्पना सिद्ध अथवा असिद्ध होती है।

(2) तथ्यों का अवलोकन और संग्रह (Observation and Collection of Data)—सामाजिक अनुसंधान में सूचना देने के स्रोतों को प्रलेख सम्बन्धी और क्षेत्रगत दो वर्गो को बाँटा गया है। प्रलेख सम्बन्धी सामग्री प्रकाशित अथवा अप्रकाशित हो सकती है। क्षेत्र में विभिन्न वर्गों के व्यक्ति, विद्वान, वैज्ञानिक, अनुसन्धानकर्ता और नेता आदि सम्मिलित होते हैं। सामाजिक अनुसंधान की सामग्री को प्राथमिक और द्वैतीयक दो वर्गो में बाँटा गया है। प्राथमिक सामग्री (Primary Data) वह है जो कि अनुसंधानकर्ता द्वारा स्वयं विभिन्न प्रकार के सर्वेक्षणों, प्रश्नावलियों, अनुसूचियों अथवा प्रत्यक्ष साक्षात्कारों द्वारा एकत्रित की गयी है। द्वैतीयक सामग्री (Secondary Data) वह है जो किसी विशिष्ट विषय के बारे में पहले से ही एकत्रित है। इसका एक उदाहरण सरकारी विभागों द्वारा प्राप्त सूचनाएँ है। प्रत्येक देश में विभिन्न सरकारी विभाग भिन्न-भिन्न विषयों के बारे में नाना प्रकार की सामग्री एकत्रित करते रहते हैं। अनेक सरकारी संस्थाएँ विभिन्न क्षेत्रों में सर्वेक्षण करती रहती हैं। आजकल सामाजिक अनुसंधान में प्राथमिक और गौण दोनों प्रकार की सामग्री एकत्रित की जाती है। प्राथमिक सामग्री एकत्रित करने की मुख्य प्रणालियाँ हैं—प्रत्यक्ष व्यक्तिगत सर्वेक्षण प्रणाली, अप्रत्यक्ष व्यक्तिगत सर्वेक्षण प्रणाली, अनुसूचियों द्वारा सूचना प्राप्त करना, प्रश्नावली द्वारा सूचना प्राप्त करना, स्थानीय सर्वेक्षणों द्वारा सूचना प्राप्त करना इत्यादि। द्वैतीयक सामग्री एकत्रित करने के लिए सरकारी और गैर-सरकारी संस्थाओं से प्रकाशित और अप्रकाशित आँकड़े एकत्रित किये जाते हैं। इनमें जनसंख्या सम्बन्धी आँकड़े, केन्द्रीय और राज्य सरकारों के स्वास्थ्य, प्रशासन और समाज कल्याण तथा अन्य विभागों द्वारा प्रकाशित रिपोर्टें, स्थानीय समितियों जैसे म्युनिसिपल बोर्ड, कारपोरेशन, पोर्ट ट्रस्ट आदि की रिपोर्टे, समय-समय पर सरकार अथवा विधान सभा द्वारा नियुक्त समितियों और आयोगों की रिपोर्टे तथा विभिन्न कानूनों और अधिनियमों से सम्बन्धित सामग्री सरकार द्वारा सामाजिक समस्याओं के अध्ययन के लिये नियुक्त अनुसन्धान समितियों की रिपोर्टें तथा संयुक्त राष्ट्र संघ की विभिन्न शाखाओं पर उनकी विशेष समितियों और आयोगों की रिपोर्टे शमिल है। ये सब दफतरों से प्राप्त होने वाली सामग्री के उदाहरण है। इनके अतिरिक्त समाचार-पत्रों, पत्रिकाओं, सामाजिक राजनीतिक और आर्थिक-समितियों तथा अनुसंधान संस्थाओं, विद्वान, व्यक्तियों के लेखों तथा आत्म-कथाओं, डायरियों, साक्षात्कारों और व्यक्ति इतिहासों से भी सामाजिक अनुसन्धानों के विषय में महत्वपूर्ण सामग्री प्राप्त होती है। इस सामग्री का संग्रह व्यवस्थित वैज्ञानिक विधि से होना चाहिए। सामग्री का संग्रह उपलब्ध धन और उपलब्ध समय के अन्तर्गत ही करना होता है।

(3) तथ्यों का वर्गीकरण और संगठन (Classification and Organisation of Facts)—तथ्यों के अवलोकन और संग्रह के बाद अब उनका वर्गीकरण और संगठन करना होता है जिससे उनमें निहित प्रतिमान स्पष्ट हो जायें ताकि सामाजिक नियमों का पता लगाया जा सके। यह कार्य अत्यन्त सावधानी से किया जाना चाहिये। इसके लिये प्रशिक्षित कार्यकर्ताओं की आवश्यकता होती है।

(4) सामान्यीकरण (Generalisation)—अब वर्गीकरण और संगठित तथ्यों के आधार पर सामान्यीकरण कर लिया जाता है। सामान्यीकरण में सामान्य सिद्धान्त निकाले जाते हैं और यदि सामाजिक अनुसंधान का निदर्शन सही है तो सामान्यीकरण से निकाले गये सामान्य सिद्धान्त भी बहुधा सही ही होते हैं।

(5) सत्यापन (Verification)—सामान्यीकरण से मिले हुए नियमों की व्यवहार में जाँच करके उनका सत्यापन किया जाता है। इसके लिये सामान्य नियम से निगमन के द्वारा विशेष नियम निकाल कर विशेष परिस्थिति में उसके अनुसार व्यवहार करके उसकी प्रामाणिकता की जाँच की जाती है। यदि इस जाँच में वह खरा उतरता है तो उसे वैज्ञानिक मान लिया जाता है।

सामाजिक अनुसंधान में बतलाये गये उपरोक्त पाँचों सोपन सभी सामान्य अनुसंधानों में पाये जाते हैं। दूसरे शब्दों में, ये अनुसंधान की वैज्ञानिक विधि के पाँच सोपान है। सामाजिक अनुसंधान में वैज्ञानिक विधि अन्य अनुसंधान की तुलना में कहीं अधिक सीमित है, उदाहरण के लिये समाजशास्त्रीय घटनाओं का प्रयोगशाला में अध्ययन नहीं किया जा सकता। उनकी यदि कोई प्रयोगशाला है तो वह व्यापक समाज ही है। यह ठीक है कि आजकल प्रयोगात्मक विधि से सामाजिक घटनाओं के अध्ययन का क्षेत्र बराबर बढ़ता जा रहा है, परन्तु फिर भी उसकी कुछ अपनी सीमाएँ हैं जिनको भुलाया नहीं जाना चाहिये।

सामाजिक अनुसन्धान की उपयोगिता
(Utility of Social Research)

सामाजिक अनुसंधान के उपरोक्त विवचेन से स्पष्ट है कि एक वैज्ञानिक प्रणाली के रूप में उसका बड़ा महत्व है। उससे विशुद्ध दृष्टिकोण से समाज का अध्ययन होता है। सामाजिक अनुसंधानकर्ता सामाजिक समस्याओं का निष्पक्ष विश्लेषण करता है। इसी प्रकार सामाजिक अनुसंधान में सामाजिक घटनाओं के विषय में विश्वसनीय सामग्री प्राप्त होती है जिसके आधार पर सामान्य नियम निकाले जा सकते है और उनके विषय में भविष्यवाणी की जा सकती है। अनुसंधान का उद्देश्य तत्काल या विलम्ब से सामाजिक जीवन को समझना है और उसके द्वारा सामाजिक व्यवहार पर अधिक नियन्त्रण प्राप्त करना है। इस प्रकार यद्यपि सामाजिक अनुसंधान का मानव कल्याण से कोई प्रत्यक्ष सम्बन्ध नहीं है परन्तु अप्रत्यक्ष रूप में उसका ज्ञान मानव कल्याण में महत्वपूर्ण सहायता प्रदान करता है।

संक्षेप में सामाजिक अनुसंधान की उपयोगिता के विषय में निम्नलिखित बातें कहीं जा सकती हैं—

(1) नवीन ज्ञान की उपलब्धि—रेडमैन तथा मौरी ने ठीक ही लिखा है, "नवीन ज्ञान प्राप्त करने के लिये व्यवस्थित प्रयत्न को हम अनुसंधान कहते है।"[1] इस प्रकार सामाजिक अनुसंधान का सबसे बड़ा महत्व नवीन ज्ञान की उपलब्धि में है। इससे मानव समाज की निरन्तर प्रगति होती रहती है। सामाजिक अनुसंधान में मुख्य प्रेरणा जिज्ञासा है और उससे मुख्य लाभ इस जिज्ञासा की शांति है।

(2) अज्ञाव को दूर करना—सामाजिक अनुसंधान के अभाव में विभिन्न क्षेत्रों में अनेक विषयों के बारे में व्यापक अज्ञान दिखलाई पड़ता है। सामाजिक अनुसंधान इस अज्ञान को दूर करने में सहायक होता है। उदाहरण के लिये अपराध के क्षेत्र में सामाजिक अनुसंधान होने के पहले अपराध के कारण ज्ञात नहीं थे। सामाजिक अनुसंधान से अपराध के सामाजिक कारणों के विषय मे अज्ञान दूर हुआ। सच तो यह है कि मानव समाज की अधिकतर समस्यायें विशिष्ट क्षेत्रों में अज्ञान पर ही आधारित हैं और इस अज्ञान को दूर करना इन समस्याओं के सुलझाव की ओर निश्चित कदम है। जे० सी० मरियम के शब्दों में, "आज हम जिन कठिनाइयों का सामना करते हैं उनमें से अधिकतर अज्ञान के कारण है। इन परिस्थितियों के उपचार नवीन ज्ञान में निहित हैं।"[2]

(3) अन्ध-विश्वास को मिटाना—मानव समाज के विभिन्न क्षेत्रों में अज्ञान के कारण अनेक अन्ध-विश्वास प्रचलित हैं। अधिकतर रूढ़िवादिता अन्ध-विश्वास के कारण हैं और यह अन्ध-विश्वास सामाजिक प्रगति की बड़ी भारी बाधा है। सामाजिक अनुसंधान इस अन्ध-विश्वास को दूर करता है क्योंकि उससे सामाजिक घटनाओं के सही कारण ज्ञात होते हैं।

(4) सामाजिक समस्याओं का विश्लेषण—सामाजिक समस्याओं को सुलझाने के लिये सबसे पहले उनका विश्लेषण करके उनमें निहित कारकों को पहचानना आवश्यक है ताकि उनका नियन्त्रण करके समस्याओं का समाधान किया जा सके। सामान्य व्यक्ति जो विश्लेषण करता है वह निष्पक्ष नहीं होता, उसके मूल में अनेक प्रकार के पूर्वाग्रह और अन्ध-विश्वास काम करते रहते हैं। सामाजिक अनुसंधान से नाना प्रकार के सामाजिक तनावों जैसे जातिवाद, प्रजातिवाद, क्षेत्रवाद, भाषावाद, सम्प्रदायवाद आदि के मूल में निहित कारक स्पष्ट हुए है और इनकी समस्याओं का निष्पक्ष विश्लेषण हो सकता है।

(5) जिज्ञासा की पूर्ति--जैसा कि पीछे कहा जा चुका है, सामाजिक

---

1. "Systematized effort to gain knowledge we call research."
—L.V. Redman and A.V.H. Mory.
2. "Much of the difficulty we encounter today is due to ignorance. The cure for these situations is new knowledge." —J.C. Merriam.

अनुसन्धान में एक मूल प्रेरणा जिज्ञासा है। मनुष्य एक सामाजिक परिवेश में रहता है और इस सामाजिक परिवेश की विभिन्न घटनाओं को समझने के लिये सदैव जिज्ञासु रहता है। यह जिज्ञासा सामाजिक अनुसन्धान की सहायता से शान्त की जाती है।

(6) विश्वसनीय ज्ञान प्रदान करना—सामाजिक घटनाओं के विषय में सामान्य लोगों में जो विचार प्रचलित होते हैं वे विश्वसनीय नहीं होते और उनके आधार पर किसी प्रकार का कोई आयोजन नहीं किया जा सकता। सामाजिक अनुसन्धान समाज के विभिन्न क्षेत्रों में विश्वसनीय ज्ञान प्रदान करता है। सामाजिक अनुसन्धान में वैज्ञानिक विधि का प्रयोग किया जाता है और इसलिये उससे प्राप्त निष्कर्ष वैज्ञानिक होते हैं। इस विश्वसनीय ज्ञान के आधार पर समाज सुधार को आगे बढ़ाया जा सकता है।

(7) समाज का वैज्ञानिक अध्ययन—इस प्रकार सामाजिक अनुसन्धान की सहायता से समाज के विभिन्न अंगों, घटनाओं और प्रक्रियाओं का वैज्ञानिक अध्ययन किया जाता है। वैज्ञानिक अध्ययन नियन्त्रित परिस्थितियों में अध्ययन है और इसलिये उससे मिली हुई सामग्री में यथार्थता अधिक होती है।

(8) भविष्यवाणी करने में सहायता—सामाजिक अनुसन्धान के द्वारा मिले इस यथार्थ ज्ञान के आधार पर सामाजिक घटनाओं की दिशा के विषय में भविष्यवाणी करने की सामर्थ्य से भावी दुर्घटनाओं के विषय में पहले से ही सावधानी रखी जा सकती है। भविष्यवाणी सम्भव होने के कारण हम विशेष परिस्थितियों में विशेष परिणामों के लिये पहले से ही तैयार रहते हैं और उनके घटित होने पर हमें कोई आश्चर्य नहीं होता। इस प्रकार भविष्य का आयोजन सम्भव हो पाता है। ज्यों-ज्यों सामाजिक अनुसन्धान का क्षेत्र व्यापक होता चला जायेगा इन घटनाओं का नियन्त्रण करने में और भी आसानी होगी।

(9) व्यावहारिक सफलता—इस प्रकार भविष्यवाणी करने की सामर्थ्य सामाजिक विज्ञानों को व्यावहारिक सफलता की ओर ले जाती है। जब हम घटनाओं का भविष्य पहले ही जान सकते हैं तो हम उन्हें इस प्रकार मोड़ सकते हैं कि वे सफलता की ओर ले जायें। यद्यपि सामाजिक अनुसंधान का उद्देश्य व्यावहारिक न होकर सैद्धान्तिक होता है किन्तु सामाजिक जीवन के प्रत्येक क्षेत्र में उसका व्यावहारिक लाभ उठाया जाता है। सामाजिक अनुसन्धान की सहायता से ही आज समाज वैज्ञानिक सामाजिक इन्जीनियरों के समान मानव समस्या को सुलझा रहे हैं।

(10) मानव की प्रगति—इस प्रकार अनुसन्धान मनुष्य की सामाजिक प्रगति में महत्वपूर्ण योगदान देता है। उसके आधार पर सबसे पहले हमें ज्ञान मिलता है और फिर इस ज्ञान का व्यावहारिक प्रयोग सामाजिक समस्याओं को सुलझाने में और भविष्य का आयोजन करने में किया जाता है। सच तो यह है कि मनुष्य की

भावी सामाजिक प्रगति बहुत कुछ सामाजिक अनुसन्धान की प्रगति पर आधारित है। अस्तु, सामाजिक अनुसन्धान को सरकारी और गैर-सरकारी सभी दिशाओं में प्रोत्साहित किये जाने की आवश्यकता है। इस क्षेत्र में महत्वपूर्ण प्रगति हो रही है। गुडे और हाट के शब्दों में, "समाजशास्त्रीय पाठ्यक्रमों में सामाजिक अनुसन्धान की विधियाँ बढ़ता हुआ महत्वपूर्ण कार्य भाग प्राप्त कर चुकी हैं।"[1]

अभ्यास से लिए प्रश्न

प्रश्न 1. सामाजिक अनुसन्धान की परिभाषा कीजिये और उसके अर्थ की विवेचना कीजिये।
Define Social Research and discuss its meaning.

प्रश्न 2. सामाजिक अनुसन्धान का क्या प्रयोजन है? विवेचना कीजिये।
What is the purpose of Social Research? Discuss.

प्रश्न 3. सामाजिक अनुसंधान में प्रेरक तत्वों का परिचय दीजिए, सामाजिक अनुसन्धान की मूल मान्यताएँ क्या हैं?
Describe the motivation in Research. What are the basic assumptions in Social Resarch?

प्रश्न 4. सामाजिक अनुसन्धान की मूल मान्यतायें क्या है? उसमें तटस्थता रखने में क्या कठिनाइयाँ हैं?
What are the basic postulates of Social Research? What are the difficulties in maintaining objectivity in it?

प्रश्न 4. सामाजिक अनुसन्धानकर्त्ता के आवश्यक गुण क्या हैं? विवेचना कीजिये।
What are the necessary qualities of a Social Researcher? Discuss.

प्रश्न 5. सामाजिक अनुसन्धान के प्रमुख सोपानों की व्याख्या कीजिये।
Explain main steps in Social Research.

प्रश्न 6. सामाजिक अनुसन्धान की उपयोगिता बतलाइये।
Point out utility of Social Research.

---

1. "Methods of social research have come to occupy an increasingly important role in sociological curricula." —W.J. Goode and P.K. Hatt.

9

विज्ञप्ति लेखन
(Report Writing)

जब कोई निश्चित समस्या लेकर सर्वेक्षण प्रारम्भ किया जाता है तब सर्वेक्षण की कार्य-पद्धति, अध्ययन क्षेत्र, उद्देश्य, समय, व्यय, साधन आदि निश्चित किये जाते हैं। इसके बाद तथ्य एकत्रित किये जाते हैं और तथ्यों का वर्गीकरण, सम्पादन तथा निष्कर्षीकरण किया जाता है। ये सब सर्वेक्षण के विभिन्न चरण हैं। सर्वेक्षण के इन विभिन्न चरणों के व्यवस्थित लिखित रूप को सर्वेक्षण की विज्ञप्ति या रिपोर्ट कहा जाता है। यह सर्वेक्षण का अन्तिम चरण है।

विज्ञप्ति लेखन के उद्देश्य एवं महत्व
(Objectives of Report-writing)

सर्वेक्षण की प्रक्रिया का उद्देश्य निश्चित समस्या के विषय में ज्ञान प्राप्त करना है। वास्तव में सर्वेक्षणकर्ता के अतिरिक्त अन्य लोगों को सर्वेक्षण की प्रक्रिया से कोई सरोकार नहीं होता। अन्य लोग केवल सर्वेक्षण के परिणामों के प्रति उत्सुक होते हैं। अतः सर्वेक्षण की प्रक्रिया और परिणामों की संक्षिप्त विज्ञप्ति तैयार करना अति आवश्यक है। सर्वेक्षण विज्ञप्ति तैयार करने के उद्देश्य के विषय में "अमेरिकन मार्केटिंग सोसाइटी" (American Marketing Society) का कहना है, "इसका उद्देश्य अध्ययन के पूर्ण परिणामों को रुचि रखने वाले व्यक्तियों के समक्ष पर्याप्त विस्तार में प्रस्तुत करना और उन परिणामों को इस प्रकार व्यवस्थित करना है कि प्रत्येक पाठक तथ्यों को समझने और निष्कर्षों की वैधता स्वयं निर्धारित करने में समर्थ हो सकें।"[1]

संक्षेप में विज्ञप्ति तैयार करने के मुख्य उद्देश्य निम्नलिखित हो सकते हैं—

(1) ज्ञान का प्रसारण—प्रत्येक सर्वेक्षण की प्रक्रिया के द्वारा किसी-न-किसी ज्ञान का निगमन होता है। अतः उस प्राप्त ज्ञान का प्रसार एवं प्रचार करना आवश्यक

---

1. "Its purpose is to convey to interested persons the whole result of study, in sufficient detail and so arranged as to enable each reader to comprehend the data and to determine for himself the validity of the conclusions."
—American Marketing Society, *Techniques of Marketing Research.*

है। यदि सर्वेक्षण द्वारा प्राप्त ज्ञान का प्रसारण न किया जाये तब सर्वेक्षण पर किया गया खर्च, श्रम एवं समय बेकार ही समझना चाहिये। इस दशा में सर्वेक्षण की कुछ भी उपयोगिता सिद्ध नहीं होती। अतः प्रत्येक सर्वेक्षण की विज्ञप्ति लिखित रूप में अवश्य तैयार करनी चाहिये। लिखित विज्ञप्ति पढ़कर कुछ अन्य सर्वेक्षणकर्ता भी अपने सर्वेक्षण कार्य में सहायता ले सकते हैं। कई बार किसी नये सर्वेक्षणकर्ता के लिये इस प्रकार की विज्ञप्ति सर्वेक्षण में दिशा-निर्देशन का कार्य करती है।

(2) सर्वेक्षण के निष्कर्षों को दूसरों के सूचनार्थ प्रस्तुत करना—सर्वेक्षण की विज्ञप्ति तैयार करने के कई उद्देश्य हैं। सर्वेक्षण के निष्कर्षों को अन्य लोगों को बताने के लिए भी विज्ञप्ति तैयार करना अनिवार्य है। सामान्य लोगों को सर्वेक्षण के परिणामों से अनेक लाभ हो सकते हैं। उदाहरण के लिये विशेष प्रकार के मद्यपान के विषय में किये गये किसी सर्वेक्षण के परिणामों को जानकर सामान्य जनता उस मद्यपान को छोड़ सकती है।

दूसरे, यदि किसी सर्वेक्षण के आधार पर कोई नया कानून बनाया जाना हो तो भी जब तक सर्वेक्षण की विज्ञप्ति तैयार नहीं होगी तब तक कानून नहीं बन पायेगा। इसके अतिरिक्त सर्वेक्षणकर्ता को डिग्री या डिप्लोमा प्राप्त करने या मात्र सामाजिक सम्मान प्राप्त करने के लिये भी अपने सर्वेक्षण-कार्य की विज्ञप्ति तैयार करनी अति आवश्यक हैं।

(3) वैधता की जाँच—सर्वेक्षण के परिणामों की विज्ञप्ति तैयार करने से सर्वेक्षण की वैधता की भी जाँच हो जाती है। अध्ययन को जब व्यवस्थित रूप से लिखा जाता है तब यह स्पष्ट हो जाता है कि पूरे सर्वेक्षण में कहीं आत्म विरोधी तत्व तो नहीं है या किसी प्रकार की क्रमबद्धता का अभाव तो नहीं है। इसके अतिरिक्त विज्ञप्ति तैयार हो जाने पर सर्वेक्षण के परिणाम सामान्य जनता के सम्मुख आते हैं जिससे परिणामों की व्यावहारिकता एवं वास्तविक जीवन में उनके महत्व की भी जाँच हो जाती है। यदि कुछ तथ्य सन्देहात्मक होते हैं तब उनका पुनर्परीक्षण कर लिया जाता है।

ऊपर बताई गई बातों के आधार पर कहा जा सकता है कि प्रत्येक सर्वेक्षण की विज्ञप्ति तैयार करना विशेष महत्वपूर्ण कार्य है और इसके बिना सर्वेक्षण कार्य अधूरा ही रह जाता है।

सर्वेक्षण विज्ञप्ति की विषय-वस्तु
(Subject-Matter of Survey Report)

सर्वेक्षण-विज्ञप्ति की विषय वस्तु से अर्थ है रिपोर्ट की अन्तर्वस्तु अर्थात् कि सर्वेक्षण में क्या-क्या होता है। सर्वेक्षण विज्ञप्ति के अन्तर्गत सर्वेक्षण के मुख्य-मुख्य पहलुओं का वर्णन किया जाता है। विज्ञप्ति के अन्तर्गत किन-किन पहलूओं का वर्णन होना चाहिये इस विषय में विद्वानों में एकमत नहीं है। कुछ सामान्य विषय निम्नलिखित हैं—

(1) **प्रस्तावना**—प्रत्येक सर्वेक्षण का कुछ सामान्य परिचय होता है। सर्वेक्षण की विज्ञप्ति में सर्वप्रथम प्रस्तावना के रूप में सामान्य परिचय का उल्लेख किया जाता है, इस प्रस्तावना के अन्तर्गत सम्बन्धित योजना के महत्व पर संक्षिप्त प्रकाश डाला जाता है। यदि सर्वेक्षण किसी संस्था या सरकारी विभाग द्वारा करवाया जाता है तब उस संस्था या विभाग का भी संक्षिप्त परिचय दिया जाना आवश्यक होता है। सर्वेक्षण की मुख्य या केन्द्रीय समिति के मुख्य अधिकारियों तथा कुछ अन्य सम्बन्धित मान्य व्यक्तियों का भी परिचय देना उचित होता है। सर्वेक्षण के दौरान जिन लोगों से विशेष सहायता मिलती है उनका धन्यवाद भी प्रस्तावना में ही दिया जाता है।

(2) **समस्या का विवरण**—प्रस्तावना के बाद विज्ञप्ति में सर्वेक्षण की समस्या का विवरण दिया जाता है। इसी चरण में सर्वेक्षण की समस्या के महत्व का भी संक्षिप्त परिचय दिया जाता है। सर्वेक्षण के लिये अमुक समस्या ही क्यों चुनी गई? इस विषय में भी प्रकाश डाला जाता है। यदि सर्वेक्षण के लिए चुनी गई समस्या से मिलती-जुलती किसी अन्य समस्या पर पहले सर्वेक्षण हो चुका हो तब अमुक समस्या और अपनी समस्या में अन्तर स्पष्ट किया जाता है। समस्या के उन पहलुओं को भी स्पष्ट किया जाता है जिन पर विशेष ध्यान देना आवश्यक है।

(3) **सर्वेक्षण का उद्देश्य**—प्रत्येक सर्वेक्षण का एक निश्चित उद्देश्य होता है। सर्वेक्षण विज्ञप्ति से इस उद्देश्य का स्पष्ट रूप से वर्णन कर देना चाहिये। सर्वेक्षण के व्यावहारिक पहलुओं का भी वर्णन करना उचित रहता है।

(4) **सर्वेक्षण का विषय**—विज्ञप्ति में सर्वेक्षण के विषय का भी स्पष्ट प्रकाशन करना चाहिये। इसके अन्तर्गत सूचनादाताओं का, भौगोलिक प्रदेश अथवा वर्ग का सही-सही विवरण देना चाहिये। इसके अन्तर्गत यह भी बताना आवश्यक है कि अमुक विषय क्यों चुना गया। विषय की कुछ विशेषताओं का संक्षिप्त विवरण देना भी अनिवार्य होता है।

(5) **अध्ययन-क्षेत्र**—किसी भी समस्या का सर्वेक्षण करते समय यह भी निश्चित करना आवश्यक है कि उस सर्वेक्षण का अध्ययन क्षेत्र क्या है। अध्ययन क्षेत्र को सीमित कर देने के कई लाभ होते हैं जैसे सीमित धन, सीमित साधनों और कम परिश्रम से सर्वेक्षण के परिणाम भी अधिक शुद्ध प्राप्त होते हैं। विज्ञप्ति में अध्ययन क्षेत्र का स्पष्ट विवरण देना भी अति आवश्यक एवं लाभदायक होता है। इस विवरण के आधार पर सर्वेक्षणकर्त्ता आलोचना का पात्र बनने से बच जाता है।

(6) **अध्ययन पद्धतियाँ**—प्रत्येक सर्वेक्षण के लिए विशिष्ट प्रकार की अध्ययन पद्धतियों की आवश्यकता होती है। सर्वेक्षण की सफलता सर्वेक्षण पद्धतियों पर निर्भर करती हैं। सर्वेक्षण की विज्ञप्ति में अध्ययन पद्धतियों का स्पष्ट विवरण देना चाहिये। विज्ञप्ति में लिखना चाहिये कि सर्वेक्षण में अपनाई गई अध्ययन पद्धतियाँ किस प्रकार अन्य पद्धतियों से उत्तम है। यदि प्रश्नावलियों और अनुसूचियों द्वारा सर्वेक्षण सम्पन्न हुआ हो तब उन प्रश्नावलियों और अनुसूचियों की एक-एक

प्रति विज्ञप्ति के साथ संलग्न कर देनी चाहिए।

(7) समय अवधि—सर्वेक्षण की विज्ञप्ति तैयार करते समय उस अवधि का उल्लेख करना भी आवश्यक है जिस अवधि में सर्वेक्षण कार्य उत्पन्न हुआ हो। इसके अतिरिक्त सर्वेक्षण काल का संक्षिप्त ऐतिहासिक परिचय भी देना लाभदायक होता है। उस काल की समकालीन प्रमुख घटनाओं का उल्लेख भी करना चाहिये। इस उल्लेख के द्वारा सर्वेक्षण काल की परिस्थितियों का ज्ञान हो जायेगा जिससे विषय को समझने में सरलता होगी।

(8) निदर्शन चुनाव—विज्ञप्ति में यह भी लिखना आवश्यक होता है कि सर्वेक्षण में निदर्शन प्रणाली से तथ्य एकत्रित किये गये हैं, या पूर्ण समूह से। यदि सर्वेक्षण क्षेत्र अति सीमित हो तब पूरे समूह का सर्वेक्षण का लेना सम्भव होता है अन्यथा निदर्शन प्रणाली द्वारा ही अध्ययन करना उचित होता है। निदर्शन प्रणाली अपनाने पर इस बात का भी उल्लेख करना अनिवार्य हो जाता है कि निदर्शन का चुनाव किस प्रकार किया गया है। निदर्शन चुनाव की अनेक प्रणालियाँ होती हैं। अतः सबसे सरल एवं अच्छी प्रणाली को अपनाना ही हितकर होता है। विशिष्ट प्रणाली को चुनने का कारण भी स्पष्ट करना चाहिये।

(9) व्यय का उल्लेख—किस सर्वेक्षण कार्य पर कितना व्यय हुआ है, यह भी एक महत्व की बात होती है। यदि एक कम महत्वपूर्ण सर्वेक्षण कार्य पर आशा से अधिक व्यय होता है तो भी वह सही नहीं माना जाता है। अतः सर्वेक्षण के प्रति पूर्ण जानकारी देने के लिये विज्ञप्ति में सर्वेक्षण के व्यय का भी स्पष्ट उल्लेख होना अनिवार्य है। यदि सम्भव हो तो किये गये व्यय का विस्तार से विवरण देना अधिक अच्छा होता है जैसा कि कार्यकर्त्ताओं के वेतन का व्यय, यात्रा-सम्बन्धी व्यय, सर्वेक्षण यन्त्रों पर व्यय आदि। इस प्रकार विस्तार से व्यय का विवरण देने से लाभ होते हैं—एक तो सर्वेक्षणकर्ता को आलोचना का पात्र नहीं बनना पड़ता। दूसरे, बाद में सर्वेक्षण करने वालों को व्यय का पूर्वानुमान हो जाता है जिससे इनका कार्य सरल हो जाता है।

(10) सर्वेक्षण का संगठन—सर्वेक्षण कार्य किस प्रकार सम्पन्न हुआ यह भी विज्ञप्ति में अवश्य लिखना चाहिये। इसके अन्तर्गत कार्यकर्ताओं के प्रशिक्षण, उनके श्रम विभाजन, कार्य के घण्टों और व्यवहार आदि का विवरण दिया जाता है। सर्वेक्षण के दौरान आने वाली कठिनाइयों का भी थोड़ा आभास करा देना चाहिए, इससे विज्ञप्ति देखने वालों को सर्वेक्षण कार्य के महत्व का कुछ अनुमान हो जायेगा।

(11) तथ्यों का विश्लेषण एवं प्रस्तुतीकरण—सर्वेक्षण का सबसे महत्वपूर्ण चरण प्राप्त एवं एकत्रित तथ्यों का विश्लेषण करना है। यह महत्वपूर्ण कार्य सर्वेक्षण कार्यालय में होता है। विज्ञप्ति में इसका विस्तार से उल्लेख होना चाहिये। इस चरण के अन्तर्गत दिखाया जाता है कि किस प्रकार प्राप्त तथ्यों का वर्गीकरण, सम्पादन एवं विश्लेषण किया गया है। इस चरण में ही प्राप्त तथ्यों में स्थित पारस्परिक सम्बन्धों का भी उल्लेख किया जाता है।

इसी चरण में सर्वेक्षण के परिणामों का भी स्पष्ट उल्लेख किया जाता है। परिणामों के इसी व्यवस्थित कथन को प्रस्तुतीकरण कहते हैं। विज्ञप्ति को अधिक सजीव, आकर्षक और सरल बनाने के लिए परिणामों के प्रस्तुतीकरण में रेखाचित्रों, फोटोग्राफों और सम्बन्धित मानचित्रों की भी आवश्यकतानुसार सहायता लेनी अच्छी होती है।

(12) सफलता की सीमा—सामाजिक सर्वेक्षणों की प्रकृति भौतिक विज्ञानों के प्रयोगों से भिन्न होती है। सामाजिक सर्वेक्षणों में सम्भव सभी सावधानियों को रखते हुए भी शत-प्रतिशत शुद्धता का दावा करना सम्भव नहीं है। अतः सर्वेक्षण की विज्ञप्ति में सफलता की सीमा का उल्लेख करना भी अति आवश्यक है। सफलता की सीमा का उल्लेख कर देने पर लोग प्राप्त सफलता से अधिक सफलता की आशा नहीं रखेगें।

(13) तथ्यों का सांख्यिकीय विश्लेषण—सर्वेक्षणों की विज्ञप्ति तैयार करते समय गणनात्मक तथ्यों को स्पष्ट करने के लिये सांख्यिकीय पद्धति की भी सहायता लेनी चाहिये। इससे तथ्यों का विश्लेषण सरल हो जाता है और परिणाम समझने में भी सहायता होती है।

(14) सुझाव—प्रत्येक सर्वेक्षण किसी न किसी सामाजिक समस्या से सम्बन्धित होता है। अतः सर्वेक्षण के बाद परिणामों पर आधारित कुछ रचनात्मक सुझावों का उल्लेख होना भी अनिवार्य है। ये सुझाव व्यवहारिक होने चाहिये अर्थात् सुझाव ऐसे होने चाहिये जिन्हें कार्य-रूप दिया जा सकता हो। सुझाव दो प्रकार के होते हैं। प्रथम तो वे जो सर्वेक्षण के दौरान सूचनादाताओं द्वारा दिये जाते हैं। इन सुझावों का विशेष महत्व होता है क्योंकि ये सुझाव उन लोगों द्वारा दिये जाते हैं जो यथार्थ रूप में समस्या से सम्बन्ध रखते हैं। दूसरे प्रकार के सुझाव वे होते हैं जो अनुसंधानकर्ता द्वारा दिये जाते हैं। इन सुझावों का महत्व अनुसंधानकर्ता की सूझबूझ पर निर्भर करता है।

विज्ञप्ति तैयार करने की समस्यायें
(Problems of Report Writing)

सामान्य व्यक्ति को सर्वेक्षण की विज्ञप्ति तैयार करना कोई कठिन कार्य प्रतीत नहीं होता। उसके अनुसार कुछ एकत्रित तथ्यों को क्रमबद्ध रूप से लिख देना मात्र ही विज्ञप्ति तैयार करना होता है। परन्तु व्यावहारिक रूप से विज्ञप्ति तैयार करने में कई समस्यायें आती है। मुख्य समस्यायें निम्नलिखित हैं—

(1) भाषा की समस्या—सर्वेक्षण की विज्ञप्ति तैयार करने में सबसे मुख्य समस्या भाषा से सम्बन्धित है। यदि विज्ञप्ति की भाषा अति सरल एवं स्थानीय बोल-चाल से मिलती जुलती अपनाई जाये तब एक तो उसका स्तर निम्न माना जायेगा और दूसरे, विज्ञप्ति से सम्बन्धित आवश्यक तकनीकी जानकारी भी सरल भाषा में नहीं प्रेषित की जा सकती। इसके विपरीत, यदि विज्ञप्ति का स्तर ऊँचा

करने के लिए पारिभाषिक एवं तकनीकी शब्दों का प्रचुर प्रयोग किया जाये तब विज्ञप्ति लोकप्रिय नहीं हो पायेगी क्योंकि जनसाधारण का भाषा-ज्ञान इतना विकसित नहीं होता कि वे उस भाषा को सरलता से समझ सकें। इस स्थिति में दोनों विपरीत प्रकार की आवश्यकताओं को पूरा करना वास्तव में बहुत ही कठिन होता है।

भाषा से ही सम्बन्धित दूसरी समस्या यह है कि विज्ञप्ति में एक भी ऐसा शब्द नहीं होना चाहिये जिनके दो या दो से अधिक अर्थ निकल सकते हों। ऐसी स्थिति में पाठकों में भ्रम उत्पन्न हो जाने की आशंका बनी रहती है। अत: विज्ञप्ति की भाषा सरल एवं समस्त तकनीकी जानकारी देने वाली बनाने का यत्न करना चाहिये।

(2) तकनीकी शब्दों की समस्या—यूं तो समाजशास्त्र भी एक विज्ञान है परन्तु वह अन्य विज्ञानों के समान विकसित विज्ञान नहीं है। प्राकृतिक विज्ञानों में समस्त तकनीकी शब्द सुनिश्चित एवं सुपरिभाषित होते हैं। इसके विपरीत समाजशास्त्र में तकनीकी शब्द प्रचुर मात्रा में निश्चित नहीं है। अत: सामाजिक सर्वेक्षण की विज्ञप्ति तैयार करते समय तकनीकी शब्दों की अल्पता की समस्या का सामान्य रूप से सामना करना पड़ता है।

(3) वस्तुनिष्ठता की समस्या—वस्तुनिष्ठता प्रत्येक विज्ञान का मूल तत्व है। सर्वेक्षण-विज्ञप्ति तैयार करना भी एक वैज्ञानिक कार्य है। अत: इस कार्य में भी पूर्ण रूप से वस्तुनिष्ठता अपनाई जानी चाहिये। परन्तु व्यवहार में वस्तुनिष्ठता को बनाये रखना कई बार अति कठिन होता है। वास्तव में सामाजिक सर्वेक्षण अन्य विज्ञानों के प्रयोगों से भिन्न स्वभाव वाला कार्य है। प्राकृतिक विज्ञानों की विषय सामग्री सामान्यतया जड़ होती है। परन्तु सामाजिक सर्वेक्षण में सर्वेक्षणकर्ता स्वयं भी उसी समाज की इकाई होता है, जिसका सर्वेक्षण किया जाता है। सर्वेक्षणकर्ता के कुछ-न-कुछ पूर्वाग्रह होते हैं, कुछ-न-कुछ पूर्वनिर्मित धारणायें होती हैं। अत: उसके लिये तटस्थता का रवैया अपनाना पर्याप्त कठिन होता है। किसी विशेष व्यक्ति अथवा वर्ग से सर्वेक्षणकर्ता का भावात्मक लगाव भी हो सकता है। ऐसे में उस व्यक्ति अथवा वर्ग के दोषों का सही-सही मूल्यांकन करना सम्भव न होगा। इन सब कारणों से विज्ञप्ति तैयार करते समय वस्तुनिष्ठता को पूर्ण रूप से बनाये रखना सम्भव नहीं होता।

(4) सत्य एवं अल्प-सत्य तथ्यों को प्रकट करने की समस्या—कभी-कभी सामाजिक सर्वेक्षण से प्राप्त कुछ तथ्य ऐसे होते हैं जो कि सत्य तो होते हैं परन्तु उनके प्रकाशन से किसी वर्ग-विशेष का अहित हो सकता है या किसी व्यक्ति-विशेष के सम्मान को ठेस पहुँच सकती है। इस स्थिति में विज्ञप्ति तैयार करने वाले के सम्मुख यह समस्या खड़ी हो जाती है कि वह उस तथ्य को प्रकट करें या न करे।

अल्प-सत्य तथ्यों को प्रकट करने में भी परेशानी होती है। कुछ तथ्य ऐसे होते हैं जो सर्वेक्षण द्वारा पूर्ण सत्यापित नहीं हो पाते। इस प्रकार के अनिर्णित अथवा संदिग्ध तथ्य विज्ञप्ति में प्रकट किये जायें या नहीं यह भी एक जटिल समस्या होती

है। यहाँ समस्या यह होती है कि यदि अल्प-सत्य तथ्यों को प्रकट किया जाये तब विज्ञप्ति की वैधता में कमी आ जाती है और यदि उन संदिग्ध तथ्यों को प्रकट न किया जाये तब आने वाले अनुसंधानकर्ताओं के पथ-प्रदर्शन करने के गुण का विज्ञप्ति में अभाव आ जायेगा।

विज्ञप्ति तैयार करने में आवश्यक सावधानियाँ
(Precautions in Report Writing)

प्रत्येक सर्वेक्षण की विज्ञप्ति तैयार करते समय कुछ आवश्यक सावधानियों को ध्यान में रखना चाहिये। कुछ मुख्य सावधानियाँ निम्नलिखित हैं-

(1) विज्ञप्ति तैयार करते समय जल्दबाजी से काम नहीं लेना चाहिये। विज्ञप्ति-निर्माता को शान्त एवं धैर्यवान् होना चाहिये।

(2) विज्ञप्ति की भाषा सम्बन्धित पाठक-वर्ग के स्तर के अनुकूल होनी चाहिए।

(3) तथ्यों के प्रस्तुतीकरण में सम्बद्धता एवं तार्किक क्रमबद्धता होनी आवश्यक है।

(4) आवश्यकतानुसार तकनीकी एवं परिभाषिक शब्दों को सरल भाषा में स्पष्ट कर देना चाहिये।

(5) जहाँ कहीं आवश्यक हो संक्षिप्त टिप्पणियाँ भी दे देनी चाहियें।

(6) आवश्यकतानुसार तालिकाओं, लेखाचित्रों, ग्राफों, मानचित्रों आदि का प्रयोग अवश्य करना चाहिये और उन पर क्रम संख्या अवश्य लिख देनी चाहिये।

(7) सम्बन्धित पुस्तकों का पर्याप्त विस्तृत विवरण अवश्य देना चाहिये। पुस्तक की सूचना निम्न प्रकार से देनी चाहिये-

लेखक का उपनाम, नाम, सम्बन्धित पुस्तक का नाम, प्रकाशन का स्थान, प्रकाशन का नाम, प्रकाशन का वर्ष, सम्बन्धित पृष्ठ संख्या।

जैसे- शर्मा, डॉ॰ रामनाथ, प्रिसिंपल ऑफ सोशियोलॉजी, बम्बई, एशिया पब्लिशिंग हाउस, 1964, पृष्ठ 151 ।

अच्छी विज्ञप्ति की विशेषतायें
(Traits of Good Report)

यद्यपि प्रत्येक सर्वेक्षण की विज्ञप्ति की कुछ अपनी विशेषतायें होती हैं, जिनका सम्बन्ध सर्वेक्षण के प्रकार एवं स्वभाव से होता है तो भी क्योंकि विज्ञप्ति तैयार करना एक तकनीकी कार्य है अतः कुछ ऐसी सामान्य विशेषतायें हैं जो कि प्रत्येक विज्ञप्ति या रिपोर्ट में होनी चाहियें। ये विशेषतायें निम्नलिखित हैं-

(1) **आकर्षकता**-सर्वेक्षण की विज्ञप्ति देखने में आकर्षक होनी चाहिए।

छपाई में अच्छे प्रकार का कागज प्रयोग में लाना चाहिये। यदि विज्ञप्ति का कागज अधिक संख्या में होना है तो उसे प्रेस में छपवा लेना चाहिये अन्यथा कागज पर एक ओर टाइप करवा लेना चाहिये। यदि सम्भव हो तो विज्ञप्ति को जिल्द करवा कर मुखपृष्ठ पर कोई सम्बन्धित चित्र बना देना चाहिये।

(2) **सन्तुलित भाषा**—जैसा कि विज्ञप्ति तैयार करने में आने वाली समस्याओं का वर्णन करते समय बतलाया गया है, विज्ञप्ति तैयार करने में भाषा का विशेष महत्व होता है। अच्छी विज्ञप्ति की यह विशेषता होती है कि उसकी भाषा अति सन्तुलित होती है। विज्ञप्ति की भाषा में अनिवार्य तकनीकी एवं परिभाषिक शब्दों का भी समावेश होना चाहिये जिससे समुचित ज्ञान प्राप्त किया जा सके। इसके साथ-ही-साथ विज्ञप्ति की भाषा को अनावश्यक रूप से कठिन एवं क्लिष्ट बनाने का यत्न नहीं करना चाहिये।

(3) **तथ्यों की पुनरावृत्ति का अभाव**—एक अच्छी विज्ञप्ति में किसी भी तथ्य की पुनरावृत्ति नहीं होनी चाहिए। तथ्यों की पुनरावृत्ति होने पर एक तो पाठक पढ़ते-पढ़ते ऊबने लगते हैं, दूसरे, विज्ञप्ति का आकार अनावश्यक रूप से बड़ा हो जाता है। अत: जहाँ तक सम्भव हो सके एक तथ्य को एक ही स्थान पर पूर्ण रूप से स्पष्ट कर देना चाहिये।

(4) **काल्पनिकता का अभाव**—प्रत्येक अच्छी विज्ञप्ति में यह आवश्यक विशेषता होनी चाहिये कि उसमें दिये गये तथ्य पूर्ण रूप से वैज्ञानिक हों। तथ्यों का विश्लेषण एवं प्रस्तुतीकरण इस प्रकार से होना चाहियें जिससे उनकी वैधता में किसी प्रकार का सन्देह न हो अर्थात् ऐसा प्रतीत न हो कि वर्णित तथ्य काल्पनिक या मनगढ़न्त हैं।

(5) **व्यावहारिकता**—काल्पनिकता के अभाव के साथ-साथ विज्ञप्ति में वर्णित तथ्यों में व्यावहारिकता का तत्व होना भी आवश्यक है। विज्ञप्ति में वर्णित तथ्य एवं निष्कर्ष इस प्रकार के होने चाहिये जिन पर यथार्थ रूप में अमल किया जा सके। अव्यावहारिक तथ्य एवं सुझाव विज्ञप्ति में नहीं देने चाहियें।

(6) **कठिनाइयों एवं कमियों का उल्लेख**—एक अच्छी विज्ञप्ति वह मानी जाती हैं जिसमें सर्वेक्षण के दौरान आने वाली कठिनाइयों का भी उल्लेख किया गया है। सर्वेक्षण में प्राप्त सफलता के साथ-साथ प्राप्त असफलताओं का भी वर्णन होना चाहिये। सर्वेक्षण की कमियों को छिपाना नहीं चाहिये। यदि सर्वेक्षण की कमियों का स्पष्ट उल्लेख किया जाये तब भविष्य में सर्वेक्षणकर्ता उन कमियों को दूर करने का यत्न कर सकते हैं।

अभ्यास के लिए प्रश्न

प्रश्न 1. विज्ञप्ति लेखन के क्या उद्देश्य हैं? उसकी विषय वस्तु क्या है?
What are the objectives of Report Writing? What is its subject-matter?

प्रश्न 2. विज्ञप्ति निर्माण की समस्याओं की विवेचना करो।
Discuss problems of Report Writing.

प्रश्न 3. विज्ञप्ति निर्माण में क्या सावधानियाँ अपेक्षित है? अच्छी विज्ञप्ति की विशेषतायें बतलाओ।
What precautions are expected in Report Writing? Point out traits of good report.

10

सामाजिक अनुसंधान में वस्तुनिष्ठता
(Objectivity in Social Research)

प्रत्येक अध्ययन का उद्देश्य किसी विषय का यथार्थ ज्ञान प्राप्त करना होता है। अध्ययनों में दो प्रकार के दृष्टिकोण अपनाये जा सकते हैं–प्रथम वस्तुनिष्ठ दृष्टिकोण और दूसरा व्यक्तिनिष्ठ (Subjective) दृष्टिकोण। इन दोनों दृष्टिकोणों में पर्याप्त अन्तर है। वस्तुनिष्ठ दृष्टिकोण में अध्ययन करते समय वस्तु या अध्ययन के विषय को महत्व दिया जाता है। यह वस्तुकेन्द्रित अध्ययन है। इसके विपरीत व्यक्तिनिष्ठ दृष्टिकोण में अध्ययनकर्ता के अपने विचार, भावनाऐं और पूर्वधाराणाएँ विशेष महत्व रखती हैं। इस दृष्टिकोण के अन्तर्गत अध्ययनकर्ता के पूर्वाग्रह अध्ययन के निष्कंर्षों को प्रभावित करते हैं। वस्तुनिष्ठ अध्ययन प्राय: विश्लेषणात्मक होता है और व्यक्तिनिष्ठ अध्ययन प्राय: वर्णनात्मक (Descriptive) होता है। वस्तुनिष्ठ अध्ययन सदा क्रमबद्ध एवं व्यवस्थित होता है, उसके द्वारा प्राप्त परिणाम तथ्यों के अवलोकन, परीक्षण एवं विश्लेषण पर आधारित होते हैं। इसके विपरीत व्यक्तिनिष्ठ अध्ययन में प्राप्त परिणाम प्राय: अध्ययनकर्ता की भावनाओं एवं कल्पनाओं से मिश्रित होते हैं।

वैज्ञानिक अध्ययनों की प्रथम शर्त यथार्थता है। यथार्थ अध्ययन के लिए वस्तुनिष्ठ दृष्टिकोण अपनाना आवश्यक है। प्राकृतिक विज्ञानों में वस्तुनिष्ठ दृष्टिकोण अपनाना सरल होता है। इसीलिए उनमें प्राय: सब कहीं वस्तुनिष्ठ दृष्टिकोण ही अपनाया जाता है। इसके विपरीत सामाजिक अध्ययनों में वस्तुनिष्ठ दृष्टिकोण अपनाना अपेक्षाकृत कठिन होता है। इसका मुख्य कारण सामाजिक घटनाओं की जटिल प्रकृति है। सामाजिक घटनाओं के अध्ययन में अध्ययनकर्ता स्वयं भी उसी समूह अथवा समाज का अंग होता है जिसका अध्ययन करना होता है। सामाजिक घटनाओं में समानता एवं सार्वभौमिकता का भी अभाव होता है। इस कारण भी उनके अध्ययन में वस्तुनिष्ठता को बनाये रखना कठिन होता है।

वस्तुनिष्ठता का अर्थ
(Meaning of Objectivity)

वस्तुओं के अध्ययन के विषय को महत्वपूर्ण मानकर तथा अपने पूर्वाग्रहों से मुक्त होकर किया गया अध्ययन वस्तुनिष्ठ अध्ययन कहलाता है। पक्षपातों एवं

लगावों के बिना किया गया निरीक्षण और तथ्यों का वैज्ञानिक संकलन एवं विश्लेषण ही वस्तुनिष्ठता है। वस्तुनिष्ठ अध्ययन में, सम्बन्धित वस्तु जैसी वास्तव में होती है, वैसा ही उसका वर्णन किया जाता है। उसके गुण-दोषों को बढ़ाकर या घटाकर नहीं मापा जाता। वस्तुनिष्ठ अध्ययन करते समय अध्ययनकर्ता को केवल अपनी इन्द्रियों और मस्तिष्क को कार्य में लाना चाहिए, हृदय और भावनाओं को अध्ययन-क्रिया से अलग रखना चाहिये। चाहे अध्ययनकर्ता का हृदय एवं भावनाएँ अध्ययन के परिणामों को नापसंद करें, और चाहे प्रत्येक परिणाम उसकी अपनी धारणाओं के विरुद्ध हो, तो भी उसे उन परिणामों को स्वीकर कर लेना होगा जो परिणाम वैज्ञानिक पद्धति से प्राप्त हों। वस्तुनिष्ठ अध्ययन में विश्वास और आस्था की अपेक्षा तर्क एवं बुद्धि का महत्व अधिक होता है। इसमें कल्पनाओं की अपेक्षा तथ्यों को प्राथमिकता दी जाती है।

श्री कार ने वस्तुनिष्ठता की परिभाषा इस प्रकार की हैं, "सत्य की वस्तुनिष्ठता का अर्थ हैं कि घटनामय संसार किसी व्यक्ति के विश्वासों, आशाओं अथवा भयों से स्वतन्त्र एक वास्तविकता है जिसका सब कुछ हम अर्न्तदृष्टि और कल्पना से नहीं, बल्कि वास्तविक अवलोकन के द्वारा प्राप्त करते हैं।"[1] श्री कार की इस परिभाषा से यह पूर्णतया स्पष्ट हो जाता है कि वस्तुनिष्ठ अध्ययन में घटनाओं के वास्तविक रूप का ही अध्ययन किया जाता है, और व्यक्तिगत विश्वासों, आशाओं और भयों आदि को अध्ययन की प्रक्रिया से अलग रखा जाता है। वास्तव में यदि अध्ययनकर्ता अपने अध्ययन में अपने विश्वासों, आग्रहों, धारणाओं और संस्कारों का समावेश करता है तो उसके अध्ययन के निष्कर्ष वास्तविक और यथार्थ नहीं होते। इस स्थिति में प्राप्त निष्कर्ष उसके निजी दृष्टिकोण के अनुकूल होते हैं, उनका वैज्ञानिक सार्वजनिक महत्व नहीं होता।

श्री ग्रीन ने भी वस्तुनिष्ठता की सुन्दर परिभाषा की है। उनके अनुसार "वस्तुनिष्ठता निष्पक्षता से प्रमाण का परीक्षण करने की इच्छा एवं योग्यता है।"[2] ग्रीन की इस परिभाषा से यह स्पष्ट होता है कि वस्तुनिष्ठता में इच्छा एवं योग्यता का समावेश होता है। यहाँ इच्छा से आशय है सम्बन्धित घटना के यथार्थ एवं तर्कसम्मत अध्ययन की इच्छा और योग्यता का अर्थ है, अध्ययन में अपने आपको विश्वासों, भावनाओं, संस्कारों और पक्षपातों से मुक्त रखने की योग्यता।

सामाजिक अध्ययन में वस्तुनिष्ठता की आवश्यकता
(Need of Objectivity in Social Research)

वस्तुनिष्ठता के अर्थ के विवेचन से स्पष्ट है कि प्रत्येक वैज्ञानिक अध्ययन में पर्याप्त वस्तुनिष्ठता अपनाना अनिवार्य है। वैज्ञानिक अध्ययनों से सामान्य एवं

---

1. "Objectivity of truth means that the phenomenal world is a reality independent of the beliefs, hopes or fears of any individual all of which we find out not by institution and speculation but by actual observation."
--Lowell J. Carr, *Analytical Sociology* (1935), p. 1.
2. "Objectivity is the willingness and ability to examine evidence dispassionately."
--Green: *Sociology*, p. 2.

सार्वभौमिक निष्कर्ष प्राप्त करने के लिए भी वस्तुनिष्ठ दृष्टिकोण आवश्यक है। सामाजिक अध्ययनों में वस्तुनिष्ठता क्यों आवश्यक है? इस प्रश्न का समाधान निम्नलिखित विस्तृत विवरण से हो जायेगा–

(1) सामाजिक अध्ययन को वैज्ञानिक बनाने के लिए–प्राय: प्राकृतिक विज्ञानवेत्ता यह कहा करते हैं कि सामाजिक अध्ययन कोई वैज्ञानिक अध्ययन नहीं है और न ही समाजशास्त्र कोई विज्ञान है। इन लोगों की इस धारणा में अधिक सत्य नहीं है। चूँकि समाजशास्त्र एक नया एवं अपेक्षाकृत अल्पविकसित विज्ञान है। इसलिए कहीं-कहीं कुछ समाजशास्त्रियों ने सामाजिक अध्ययनों में वैज्ञानिक नियमों एवं पद्धतियों का पूरा-पूरा पालन नहीं किया है। परन्तु वास्तव में समाजशास्त्र विज्ञान है और सामाजिक अध्ययन में वैज्ञानिक पद्धति एवं नियमों का पालन करना सम्भव है। अत: सामाजिक अध्ययनों में वस्तुनिष्ठता का विशेष महत्व एवं आवश्यकता है। यदि सामाजिक अध्ययनों में वस्तुनिष्ठता अपनाई जाये तो लोगों की उनके विरुद्ध मिथ्या धारणाओं को दूर किया जा सकता है।

समाजशास्त्र के क्रमिक विकास के साथ सामाजिक अध्ययनों में वस्तुनिष्ठता को अधिक से अधिक मात्रा में प्राप्त करना सम्भव हो गया हैं आज के सामाजिक अध्ययनों में वस्तुनिष्ठता को प्राप्त करने के लिए प्रश्नावलियों, अनुसूचियों आदि के अतिरिक्त सांख्यिकीय पद्धतियों और समाजमित्तीय पैमानों का भी पर्याप्त चलन हो गया है।

(2) तटस्थ निष्कर्ष प्राप्त करने के लिए–प्रत्येक विज्ञान का परम उद्देश्य तटस्थ निष्कर्ष प्राप्त करना होता है। सामाजिक अध्ययनों में भी तटस्थ निष्कर्षों की प्राप्ति पर विशेष जोर दिया जाता है। तटस्थ निष्कर्ष उस निष्कर्ष को कहा जाता है जिसके निगमन एवं प्रस्तुतीकरण में कल्पनाओं, भावनाओं, आग्रहों और संस्कारों को सर्वथा अलग रखा गया हो। तर्क एवं तथ्यों के आधार पर प्राप्त निष्कर्षो को तटस्थ निष्कर्ष माना जाता है। तटस्थ निष्कर्ष प्राप्त करने के लिये सम्बन्धित अध्ययन पद्धति में पर्याप्त वस्तुनिष्ठता होनी अनिवार्य है। यदि अध्ययन में दृष्टिकोण व्यक्तिनिष्ठ होता है तो कभी भी तटस्थ निष्कर्ष प्राप्त नहीं हो सकते। व्यक्तिनिष्ठ दृष्टिकोण रखते हुए अध्ययन करना समय एवं धन का अपव्यय ही माना जाता है। अत: यह स्पष्ट है कि यदि तटस्थ निष्कर्ष प्राप्त करने हों तो अध्ययन में वस्तुनिष्ठता होनी आवश्यक है।

(3) प्रतिनिधि तथ्यों की प्राप्ति के लिए–सामाजिक अध्ययन करते समय प्राय: निदर्शन प्रणाली से सूचनाएँ संकलित की जाती हैं। सम्बन्धित समूह अथवा समुदाय से कुछ ऐसे सदस्य चुन लिए जाते हैं जो पूरे समूह अथवा समुदाय का प्रतिनिधित्व करते हैं। इस स्थिति में निदर्शन चुनने का कार्य पूर्ण वस्तुनिष्ठता से होना चाहिये, अन्यथा प्रतिनिधि तथ्यों की प्राप्ति सम्भव नहीं होगी और अध्ययन के परिणाम सही नहीं होगे। प्राय: यह देखा जाता है कि सामाजिक अनुसन्धानकर्ता निदर्शन के चुनाव में तटस्थ नहीं रह पाते, वे किसी न किसी आकर्षण, लोभ-मोह

अथवा अपनी निजी रूचि के अनुसार निदर्शन का चुनाव कर लेते हैं। कालिज में अध्ययन करने वाले अनुसन्धानकर्ता प्रायः सुन्दर एवं आकर्षक युवतियों को सूचना-संकलन के लिए चुन लेते हैं। इस स्थिति में सम्बन्धित अनुसन्धान अथवा सर्वेक्षण सीमित एवं एकांगी बन जाता है। सम्बन्धित समस्या के प्रति असुन्दर एवं अनाकर्षक लड़कियों के विचार जानने का अवसर ही प्राप्त नहीं होता। अतः प्रतिनिधि तथ्यों की प्राप्ति के लिए अध्ययन में वस्तुनिष्ठ दृष्टिकोण अपनाना आवश्यक है।

(4) वैज्ञानिक पद्धति के सफल प्रयोग के लिए—आज सामाजिक अध्ययन को वैज्ञानिक अध्ययन माना जाता है। वैज्ञानिक अध्ययन वह अध्ययन कहलाता है जिसमें वैज्ञानिक पद्धति का प्रयोग किया जाता है। वैज्ञानिक पद्धति की परमावश्यक शर्त वस्तुनिष्ठता है, अर्थात् जब तक किसी पद्धति में वस्तुनिष्ठता नहीं है तब तक उस पद्धति को वैज्ञानिक नहीं कहा जा सकता। अतः वैज्ञानिक पद्धति के सफल प्रयोग के लिये वस्तुनिष्ठता होनी अति आवश्यक है। यदि सामाजिक अध्ययन में वैज्ञानिक पद्धति का प्रयोग किया जाये और वस्तुनिष्ठता अपनाई जाये तो शत प्रतिशत सत्य निष्कर्ष प्राप्त करना असम्भव नहीं होगा।

(5) सत्यापन के लिए—वैज्ञानिक अध्ययन में प्राप्त तथ्यों एवं निष्कर्षो की जाँच अथवा सत्यापन अति आवश्यक है। निष्कर्षो की जाँच करने के लिए संबंधित घटना का निश्चित परिस्थितियों में निश्चित पद्धति द्वारा पुनः अध्ययन किया जाता है। इस प्रकार पुनः अध्ययन करने से निष्कर्षों में उपस्थित अल्प त्रुटियों का निवारण हो जाता है और सम्बन्धित निष्कर्षों को सिद्धान्त एवं नियम का स्थान दे दिया जाता है। अब प्रश्न यह उठता है कि निष्कर्षों की जाँच कैसे सम्भव हो सकती है? इस समस्या के समाधान के लिए सामाजिक अध्ययनों को वस्तुनिष्ठ बनाना आवश्यक होता है। वस्तुनिष्ठ अध्ययन वैज्ञानिक एवं नियमबद्ध होता है किसी भी वस्तुनिष्ठ अध्ययन को निश्चित नियमों एवं पद्धतियों के द्वारा बार-बार दोहरा कर सत्यापित किया जा सकता है। इसके विपरीत व्यक्तिनिष्ठ अध्ययन को न तो दोहराया जा सकता है और न ही वैज्ञानिक ढंग से सत्यापित ही किया जा सकता है। अतः निश्चित एवं सत्यापित निष्कर्ष प्राप्त करने के लिये वस्तुनिष्ठता परमावश्यक है।

(6) घटनाओं के वास्तविक अध्ययन के लिए—घटनाओं के वास्तविक अध्ययन के लिए वस्तुनिष्ठता अति आवश्यक है। यदि अध्ययन के वस्तुनिष्ठ दृष्टिकोण को नहीं अपनाया जायेगा और विभिन्न अध्ययनकर्ता सम्बन्धित समस्या का व्यक्तिनिष्ठ दृष्टिकोण से अध्ययन करेगें तो विभिन्न प्रकार के निष्कर्ष प्राप्त होगें। इस स्थिति में घटना की वास्तविकता पर पर्दा पड़ जायेगा। प्राकृतिक विज्ञानों में वास्तविक अध्ययन सरल होता हैं क्योंकि वहाँ व्यक्तिगत रूचियों, अरूचियों अथवा क्षमताओं को प्रधानता नहीं दी जाती। प्राकृतिक घटनाओं के अध्ययन में सम्बन्धित यन्त्रों को अधिक महत्व दिया जाता है। उदाहरण के लिए एक ही जल किसी व्यक्ति को ठण्डा और किसी को गर्म प्रतीत हो सकता है, परन्तु वैज्ञानिक

अध्ययन में व्यक्तिगत प्रतीतियों को स्थान न देकर थर्मामीटर द्वारा नापे गये तापक्रम को स्थान दिया जाता है। इसी प्रकार यदि सामाजिक अध्ययनों में भी घटनाओं के वास्तविक रूप को जानना हो तो यह आवश्यक है कि अध्ययन में पर्याप्त वस्तुनिष्ठता उपस्थित हो।

(7) नये अनुसन्धानों की सम्भावनाओं को जानने के लिए—वस्तुनिष्ठ अध्ययन से नये-नये अनुसन्धानों की सम्भावनाएँ प्रकाश में आती हैं। वस्तुनिष्ठ अध्ययन में सम्बन्धित विषय का विस्तृत अध्ययन करते समय कई अज्ञात तथ्यों का भी प्रकाशन होता है, और अनेक रहस्य स्पष्ट हो जाते हैं। इस प्रकार समस्या के अनेक ऐसे पक्षों का पता चलता है जिनके विषय में स्वतन्त्र रूप से अध्ययन करना सम्भव होता है। वस्तुनिष्ठ अध्ययन के दौरान कई ऐसी घटनाएँ घटित होती हैं जिनके प्रभाव से अध्ययनकर्ता के मन से नये-नये प्रकार के अध्ययन करने की जिज्ञासा और इच्छा उत्पन्न हो जाती है।

सामाजिक घटनाओं के वस्तुनिष्ठ अध्ययन में कठिनाइयाँ
(Difficulties in Objective Study of Social Phenomena)

सामाजिक घटनाओं की प्रकृति प्राकृतिक घटनाओं की प्रकृति से भिन्न होती है। सामाजिक घटनाएँ जटिल, अमूर्त, गुणात्मक, परिवर्तनशील और असार्वभौमिक होती हैं। इन्हीं विशेषताओं के कारण इनकी तुलना प्राकृतिक घटनाओं से नहीं की जा सकती। उनकी यह विशिष्ट प्रकृति ही उनके वस्तुनिष्ठ अध्ययन में मुख्य बाधा है। जटिल प्रकृति होने के कारण सामाजिक घटना का विश्लेषणात्मक अध्ययन सम्भव नहीं होता। उदाहरण के लिए पानी की रचना जानने के लिए उसका विश्लेषण करना सरल है परन्तु प्रेम या घृणा का विश्लेषण करना उतना सरल नहीं है। इसी प्रकार सामाजिक घटनाएँ सार्वभौमिक नहीं होती। प्राकृति घटनाएँ सार्वभौमिक होती हैं, उदाहरण के लिए सब कहीं पानी को गर्मी देने से उसका ताप बढ़ जाता है परन्तु इसके विपरीत यह आवश्यक नहीं कि प्रत्येक युवती प्रेम में असफल होने पर अवश्य ही आत्महत्या करे। सामाजिक घटनाओं के गुणात्मक होने के कारण उनका गणनात्मक अध्ययन अति कठिन होता है। यह गुणात्मकता भी प्रायः वस्तुनिष्ठ अध्ययन में बाधक होती है। घटनाओं की परिवर्तनशीलता भी वस्तुनिष्ठ अध्ययन को कठिन बना देती है।

सामाजिक घटनाओं के वस्तुनिष्ठ अध्ययन के दौरान जिन मुख्य कठिनाइयों का सामना करना पड़ता है वे निम्नलिखित हैं—

(1) अध्ययनकर्ता की विषय से पूर्ण तटस्थता सम्भव नहीं—प्रत्येक सामाजिक अध्ययन में अध्ययन का विषय मानवीय सम्बन्ध ही होते हैं। इस स्थिति में सबसे बड़ी समस्या जो सामने आती है वह है अध्ययनकर्ता का विषय से तटस्थता न रख सकना। प्रत्येक अध्ययनकर्ता परोक्ष अथवा अपरोक्ष रूप से उस विषय अर्थात् समूह अथवा समुदाय का सदस्य होता है, जिसका वह अध्ययन करता है। इस दशा

में यह अनिवार्य है कि अध्ययनकर्ता सम्बन्धित विषय से कुछ न कुछ लगाव स्थापित कर ले। पर्याप्त यत्न करने पर भी कोई भी अध्ययनकर्ता पूर्ण वस्तुनिष्ठ दृष्टिकोण नहीं अपना सकता। एक अति पीड़ित मानव को देखकर दया का भाव, एक कुटिल व्यक्ति को देखकर घृणा का भाव और एक अबला सुन्दरी को देखकर अध्ययनकर्ता के मन में स्नेह का भाव पैदा होना अति स्वाभाविक है। किसी व्यक्ति विशेष के प्रति किसी भी प्रकार के भावात्मक लगाव की उपस्थिति में सम्बन्धित अध्ययन वस्तुनिष्ठ एवं वैज्ञानिक नहीं रह सकता। अध्ययनकर्ता के मन में ये भाव चेतन एवं अचेतन दोनों रूपों में रह सकते हैं, और दोनों ही अवस्थाओं में उसके द्वारा किया गया अध्ययन उसकी निजी भावनाओं एवं संस्कारों के रंग से रंगा हुआ होगा।

(2) प्रचलित धारणाओं का प्रभाव—प्रत्येक समाज में सामाजिक जीवन के विभिन्न पक्षों के प्रति कुछ धारणाओं का चलन होता है। इन धारणाओं का निर्माण बिना किसी वैज्ञानिक आधार के ही हुआ करता है। समाज में प्रचलित धारणाओं का प्रभाव सामाजिक अध्ययनकर्ताओं पर भी पड़ता है और जब अध्ययनकर्ता किसी समस्या विशेष का अध्ययन करता है तो उसके मन में उपस्थित पूर्व-प्रचलित धारणा भी उपस्थित रहती है। इस धारणा की उपस्थिति के कारण उसके अध्ययन में वस्तुनिष्ठता नहीं आ पाती। उदाहरण के लिए प्रायः प्रत्येक समाज में यह धारणा प्रचलित रहती है कि वेश्याएँ कुलटा और व्याभिचारिणी होती हैं। ऐसी अवस्था में किसी वेश्या से किसी समस्या के विषय में सूचना ग्रहण करते समय अध्ययनकर्ता के मन की धारणा उसे वस्तुनिष्ठ दृष्टिकोण से हटा देगी। उसके मन की भावना उसे तटस्थ नहीं रहने देगी, जबकि सम्भव है कि वेश्या का धन्धा करने वाली कोई महिला सामान्य महिलाओं से अधिक महत्वपूर्ण एवं ज्ञानयुक्त तथ्यों को प्रकाशित कर रही हो। इसी प्रकार समाज में अनेक प्रकार की मिथ्या धारणाएँ प्रचलित रहती हैं। ये सब धारणाएँ वस्तुनिष्ठ सामाजिक अध्ययन में बाधक होती हैं।

(3) विशिष्टमूलक भ्रान्ति—सामाजिक अध्ययनों में वस्तुनिष्ठ दृष्टिकोण अपनाने में विशिष्टमूलक भ्रान्ति भी एक बाधा है। यह विशिष्टमूलक भ्रान्ति क्या है? सामाजिक अध्ययन के दौरान प्रत्येक समस्या के विभिन्न कारणों का पता चलता है और प्रत्येक कारण के विभिन्न पक्ष होते हैं। इस स्थिति में किसी एक कारण या कारण के एक पक्ष को ही विशेष महत्व देना और केवल उसी कारण को घटना का एकमात्र कारण मान बैठना ही विशिष्टमूलक भ्रान्ति कहलाती है। उदाहरण के लिए "छात्रों में अनुशासनहीनता का एकमात्र कारण बेकारी की समस्या है", यह एक विशिष्टमूलक भ्रान्ति है। इस प्रकार विशिष्टमूलक भ्रान्तियाँ वस्तुनिष्ठ अध्ययन में बाधा उत्पन्न करती हैं।

(4) सामान्य ज्ञान और वास्तविक ज्ञान में भ्रम--वस्तुनिष्ठ अध्ययन के अन्तर्गत सामान्य ज्ञान के लिए नहीं बल्कि केवल वास्तविक ज्ञान के लिए स्थान होता है, प्रायः अनुसन्धान करते समय सामाजिक अध्ययनकर्ता सामान्य एवं प्रचलित ज्ञान को ही वास्तविक ज्ञान मान बैठता है। वह सामान्य ज्ञान के आधार पर ही तथ्य

एकत्रित करता है और उन्हीं तथ्यों के आधार पर निष्कर्ष निकाल लिये जाते हैं। प्राय: देखा जाता है कि सामान्य ज्ञान के आधार पर कोई परिकल्पना बना ली जाती है और तब उस परिकल्पना को जैसे-तैसे प्रमाणित करने का प्रयत्न किया जाता है। ऐसी स्थिति में अध्ययनकर्ता प्राय: सामान्य ज्ञान के विपरीत तथ्यों को जान-बूझ कर छोड़ देता है। सामान्य ज्ञान पर इस प्रकार की निर्भरशीलता अध्ययन की वस्तुनिष्ठता के लिए विशेष घातक सिद्ध होती है। यह सम्भव है कि कभी-कभी सामान्य ज्ञान भी वास्तविक हो, ऐसे में यह सुझाव दिया जा सकता है कि प्रत्येक सामान्य ज्ञान को पहले वास्तविक एवं प्रमाणित सिद्ध कर लेना चाहिये तब उसे सामान्य ज्ञान पर निर्भर करके अपना अध्ययन कार्य आगे बढ़ाना चाहिये।

(5) विरोधी पक्षपातों की सम्भावना—सामाजिक अध्ययन का निर्णय देने में समस्या के एक-न-एक पक्ष का समर्थन करना अनिवार्य होता है। ऐसी अवस्था में अध्ययनकर्ता द्वारा एक-न-एक पक्ष का समर्थन मान लिया जाता है, और अध्ययन पक्षपातपूर्ण बन जाता है। वास्तव में सामाजिक घटना के विषय में कोई निर्णय देना दुधारी तलवार पर चलने के समान होता है। उदाहरण के लिए सह-शिक्षा प्रणाली के सदस्य के रूप में कोई अध्ययनकर्ता नितान्त तटस्थ न रहकर सह-शिक्षा प्रणाली के दोषों का वर्णन करता है तो उसके द्वारा दिये गये निर्णय एकांगी रह जायेगें और उनमें सह-शिक्षा प्रणाली के लाभों का समावेश नहीं हो पायेगा। इसके विपरीत यदि वह सह-शिक्षा प्रणाली का समर्थन करता है और उसके लाभों का विस्तृत वर्णन करता है तो उसे पुन: पक्षपाती होने के दोषारोपण का सामना करना पड़ेगा। इस प्रकार स्पष्ट है कि विरोधी पक्षपातों से पूर्ण मुक्ति प्राप्त करना अति कठिन है और पक्षपातपूर्ण अध्ययन में वस्तुनिष्ठता प्राप्त करना कदापि सम्भव नहीं है।

(6) सजातिवाद (Ethnocentrism)—सजातिवाद या जाति-केन्द्रीयता भी वस्तुनिष्ठता की राह में रोड़ा बन जाता है। सजातिवाद का अर्थ है उस जाति, समूह, समाज, समुदाय, धर्म, संस्कृति, साहित्य और भाषा को उच्च एवं अच्छा मानना जिसका व्यक्ति स्वयं समर्थक अथवा अनुयायी हो। सामाजिक अध्ययनों में समाज में विद्यमान अनेक धर्मो, भाषाओं और संस्कृतियों का अध्ययन करना होता है। ऐसे में स्वाभाविक है कि सजातिवाद के प्रभाव से अध्ययनकर्ता अपने से सम्बन्धित धर्म अथवा संस्कृति को सबसे अच्छा घोषित कर दे और अन्य धर्मों के रीति-रिवाजों को ढोंग एवं रूढ़िवादी मान बैठे, अपने धार्मिक कार्यों को आस्था का और दूसरों के धार्मिक कार्यो को अज्ञान का प्रतीक घोषित कर दे। इस प्रकार स्पष्ट है कि सजातिवाद वस्तुनिष्ठ अध्ययन में बाधक है।

(7) बाहरी दबाव—वस्तुनिष्ट अध्ययन में बाहरी दबाव भी विशेष रूप से बाधक सिद्ध होते हैं। प्राय: सामाजिक अध्ययनों के निष्कर्ष-स्वरूप किसी न किसी व्यक्ति, समूह, संस्था अथवा समुदाय के सम्मान एवं प्रतिष्ठता को हानि पहुँचने का सन्देह हुआ करता है। ऐसी स्थिति में सम्बन्धित व्यक्ति अथवा संस्था द्वारा अनुसंधानकर्ता पर दबाव डाला जाता है कि वह तथ्यों को इस प्रकार घुमा-फिराकर प्रस्तुत करे

कि सम्बन्धित व्यक्ति अथवा संस्था की प्रतिष्ठा पर आँच न आने पाये। इस प्रकार के बाहरी दबाव के प्रभाव से अध्ययन की वस्तुनिष्ठता समाप्त हो जाती है। उदाहरण के लिए किसी सरकारी विभाग का सर्वेक्षण करते समय सम्बन्धित अधिकारियों द्वारा यह दबाव डाला जा सकता है कि अध्ययनकर्ता उनके विभाग में उपस्थित घूसखोरी एवं भाई-भतीजावाद का पर्दाफाश न करे। यह दबाव कई प्रकार का हो सकता है। घूसखोरी का पर्दाफाश न करने के लिए सर्वेक्षणकर्ता को भी घूस दी जा सकती है। व्यक्तिगत स्तर पर मन्त्रियों, पूँजीपतियों और महन्तों अथवा मठाधीशों से सम्बन्धित अध्ययनों में प्रायः पर्याप्त बाहरी दबाव डाला जाता है, जिससे उनके गुप्त काले कारनामों का पर्दाफाश नहीं होने दिया जाता। इस प्रकार के सभी बाहरी दबाव वस्तुनिष्ठ अध्ययन में विशेष बाधक होते हैं।

(8) अध्ययनकर्ता के निजी स्वार्थ—यदि अध्ययनकर्ता के स्वार्थों और हितों का अध्ययन की समस्या के साथ सम्बन्ध हो, तो भी अध्ययन में वस्तुनिष्ठता का अभाव हो जाता है। यदि किसी तथ्य के संकलन अथवा प्रकाशन से अध्ययनकर्ता के हितों को हानि पहुँचने की सम्भावना हो तो अध्ययनकर्ता हर सम्भव यत्न के द्वारा उन तथ्यों को अध्ययन से अलग एवं अप्रकाशित रखने की कोशिश करेगा। ऐसा होना स्वाभाविक भी है। प्रत्येक सामान्य व्यक्ति के लिए निजी स्वार्थों और हितों का महत्व अधिक होता है। स्वार्थरत अध्ययनकर्ता सम्बन्धित अध्ययनों में उन्ही तथ्यों एवं निष्कर्षों का समावेश करने का यत्न करता है जिनसे उसके किसी हित या स्वार्थ की पूर्ति होने की सम्भावना होती है। वह एकत्रित तथ्यों से इस प्रकार के निष्कर्ष निकलता है जो उसके हितों के अनुकूल होते हैं। इस अवस्था में अध्ययन की वस्तुनिष्ठता के विषय में बात करना भी व्यर्थ माना जायेगा।

(9) अध्ययनकर्ता का नैतिक मानदण्ड—प्रत्येक समाज की अपनी निजी नैतिकता होती है। प्रत्येक नैतिकता के कुछ मूल्य एवं आदर्श होते हैं। प्रत्येक अध्ययनकर्ता किसी न किसी नैतिकता से सम्बन्धित होता है। सम्बन्धित नैतिकता का अनुसंधानकर्ता पर विशेष प्रभाव पड़ता है। वह नैतिक मूल्यों एवं आदर्शों के प्रकाश में घटनाओं का अध्ययन करने लगता है। इससे अध्ययन की वस्तुनिष्ठता समाप्त हो जाती है। इस विषय में श्री लुण्डबर्ग (Lundberg) ने इस प्रकार कहा है: "अध्ययन में होने वाली गलतियों का एक सामान्य तथा कम सचेत स्रोत वैज्ञानिकों की, विशेषकर समाज-वैज्ञानिकों की यह प्रवृत्ति है कि वे समुदाय की प्रचलित नैतिक संहिता अथवा नीति-सम्बन्धी अपने निजी विचारों को तथ्यों के संकलन एवं तोड़-मोड़ के कार्य को प्रभावित करने की छूट दे देते हैं।"[1] वैज्ञानिक अध्ययन में नैतिकता का समावेश करना उचित नहीं है। वैज्ञानिक अध्ययन तथ्यात्मक होता है और नैतिक अध्ययन मूल्यात्मक होता है। मूल्यात्मक अध्ययन वस्तुनिष्ठता

1. "A more common and less conscious source of error is the tendency of scientists and especially of social scientiists, to permit the current code of morals of the community or their own personal notions of ethics to influence them in their collection and manipulation of data."
—G.A. Lundberg.

में बाधक होता है।

(10) शीघ्र निर्णय लेने की आवश्यकता—कभी-कभी सामाजिक अध्ययन की समस्या इस प्रकार की होती है कि उसके विषय में अति शीघ्र निष्कर्ष प्राप्त करने आवश्यक होते हैं। ऐसी अवस्था में अध्ययन में वस्तुनिष्ठता समाप्त हो जाती है और जैसे-तैसे निष्कर्ष प्राप्त करने की चेष्टा की जाती है। सामाजिक घटनायें स्वभाव से ही अत्यधिक जटिल होती हैं। अतः उनके सही-सही अध्ययन के लिए पर्याप्त समय एवं धैर्य की आवश्यकता होती है। परन्तु यदि समय अति अल्प हो तो समस्या का व्यवस्थित अध्ययन सम्भव नहीं होता। सामाजिक घटना के पूर्ण अध्ययन के लिए पर्याप्त सूझ-बूझ से तथ्यों का संकलन करना अति आवश्यक है। तथ्यों के संकलन के बाद उनका उचित सम्पादन एवं विश्लेषण भी करना आवश्यक है। इन सब प्रक्रियाओं के लिए समय की आवश्यकता होती है। इसी कारण से यदि समय कम हो तो अध्ययन में वस्तुनिष्ठता की मात्रा कम हो जाती है। कम समय में अध्ययन करने के लिए अध्ययनकर्ता प्रायः अधूरे एवं असम्बद्ध तथ्यों के आधार पर ही अपनी कल्पना-शक्ति की सहायता से कुछ सम्भावित निष्कर्ष प्राप्त कर लेते हैं और उन्हें ही निश्चित एवं अन्तिम परिणाम मान बैठते हैं।

(11) मिथ्या-झुकाव तथा पक्षपात—प्रत्येक वैज्ञानिक अध्ययन मिथ्या-झुकावों द्वारा अत्याधिक प्रभावित हो सकता है और उस विज्ञान के वस्तुनिष्ठ दृष्टिकोण में अन्तर आ सकता है। मिथ्या-झुकावों का प्रभाव भौतिक विज्ञानों की अपेक्षा सामाजिक विज्ञानों पर अधिक पड़ता है। इसके कई कारण हैं। वास्तव में भौतिक अथवा प्राकृतिक सामग्री अथवा घटना से भावात्मक लगाव की कम सम्भावना होती है। सामाजिक घटना के दौरान क़दम-कदम पर भावात्मक लगावों की स्थापना की आशंका बनी रहती है। इसका मुख्य कारण यह है कि अध्ययन-विषय और अध्ययनकर्ता में कोई मौलिक अन्तर नहीं होता। प्रत्येक अध्ययनकर्ता परोक्ष अथवा अपरोक्ष रूप से उसी समाज अथवा समूह का सदस्य होता है जिसका उसे अध्ययन करना होता है।

एक चिकित्सा-शास्त्री मलेरिया की रोक-थाम के लिए लाखों-करोड़ों मच्छरों को समाप्त करने का निर्णय निस्संकोच दे सकता है, परन्तु वैवाहिक तनावों को कम करने के लिए विवाह अथवा परिवार की संस्था के पूर्ण उन्मूलन का निर्णय देना अत्यन्त कठिन है। सामाजिक समस्या प्रायः गुणात्मक होती है और उससे सम्बन्धित कुछ मूल्य और आदर्श भी होते हैं। इसके साथ-साथ प्रत्येक अध्ययनकर्ता के अपने निजी जीवन-सम्बन्धी मूल्य एवं आदर्श भी होते हैं। इस स्थिति में अध्ययन की समस्या को अपने मूल्यों से नितान्त पृथक रख कर समझना और जानना अति कठिन हो जाता है और अध्ययनकर्ता पग-पग पर मिथ्या सुझावों एवं पक्षपातों का शिकार हो जाता है।

प्राकृतिक घटनाओं के अध्ययन में वस्तुनिष्ठ दृष्टिकोण अपनाने में किसी प्रकार के भय का सामना नहीं करना पड़ता, परन्तु सामाजिक अध्ययनों में कभी-कभी

वस्तुनिष्ठ दृष्टिकोण अपनाने पर कई प्रकार के भयों का सामना करना पड़ता है। यह भय राज-भय, कुल-भय, जाति-भय और समूह-भय के रूप में हो सकता है। ये विभिन्न प्रकार के भय भी अध्ययनकर्ता के मन में अनेक मिथ्या-झुकाव उत्पन्न कर देते हैं। जहाँ अध्ययन में झुकाव का समावेश हो जाता है वहीं अध्ययन की वस्तुनिष्ठता समाप्त हो जाती है।

पक्षपात और मिथ्या-झुकाव के स्रोत
(Sources of Prejudice and Bias)

सामाजिक अनुसन्धान में पक्षपात और मिथ्या-झुकाव सदा ही बाधक होते हैं। पक्षपात और मिथ्या-झुकाव का समन्वय व्यक्ति की मनोवृत्तियों से होता है। पक्षपातों एवं मिथ्या-झुकावों के पीछे केवल संवेग, भावनायें और संस्कार होते हैं। इनमें किसी प्रकार के तार्किक आधार नहीं होते। सामाजिक घटनाओं के अध्ययन में मिथ्या-झुकाव के मुख्य स्रोत निम्नलिखित हैं–

(1) अध्ययनकर्ता का मिथ्या-झुकाव–सामाजिक अध्ययन में मिथ्या-झुकावों का मुख्य स्रोत स्वयं अध्ययनकर्ता होता है। प्राय: अध्ययनकर्ता का अध्ययन के विषय से भावात्मक लगाव हो जाया करता है। ऐसी स्थिति में अध्ययनकर्ता वास्तविक तथ्यों पर विशेष ध्यान नहीं देता। वह अपनी कल्पना और आशा के आधार पर तथ्यों का प्रतिपादन करने लगता है। प्रत्येक व्यक्ति की अपनी निजी आस्थायें, रूचियाँ, अरूचियाँ, नैतिकता और संस्कार होते हैं और इनके प्रभाव से मुक्त हो पाना एक क्षण के लिए भी सरल नहीं होता। इन सबके प्रभाव से अध्ययनकर्ता मिथ्या-झुकावों और अभिमत का शिकार हो जाता है।

(2) सूचनादाताओं का मिथ्या-झुकाव–अध्ययनकर्ता के अतिरिक्त सूचनादाता भी मिथ्या-झुकाव के मुख्य स्रोत होते हैं। सामाजिक अध्ययन में सूचनादाताओं पर पर्याप्त मात्रा में निर्भर करना पड़ता है। सामाजिक अध्ययनों में अवलोकन अथवा निरीक्षण द्वारा बहुत कम सूचनायें प्राप्त हो पाती हैं। अधिकांश सूचनायें सम्बन्धित व्यक्तियों द्वारा प्रश्नोत्तर के रूप में प्राप्त की जाती हैं। सूचनादाता भी सामान्य व्यक्ति ही होते हैं। अत: उनके कुछ निजी विचार, संस्कार, पूर्वाग्रह और आदर्श होते हैं। इन आदर्शों आदि के प्रभाव से मुक्त होकर उत्तर देने में वे कभी सफल नहीं होते। सूचनादाताओं के उत्तर उनके व्यक्तिनिष्ठ दृष्टिकोण के रंग में रंगे हुए होते हैं। उनके उत्तर कहीं अतिशयोक्तिपूर्ण और कहीं मिथ्या तथा कहीं जान-बूझकर अस्पष्ट एवं गोल-मोल होते हैं।

श्री पिडिंगटन ने सूचनादाताओं द्वारा सामाजिक अध्ययन में उत्पन्न मिथ्या-झुकावों के निम्नलिखित रूप बतलायें हैं–

(i) जैसा कि हम सभी करते हैं, सूचनादाता भी उन घटनाओं के सम्बन्ध में झूठ बोल सकते हैं अथवा बहाना बना सकते हैं जिन्हें कि वे दूसरों के समक्ष कहना नहीं चाहते।

(ii) हो सकता है कि वे डींग मार रहे हों या बढ़ा-चढ़ा कर कह रहे हों। ऐसा भी हो सकता है कि वे अनुसन्धानकर्ता अथवा समाज से कोई भौतिक अथवा सामाजिक लाभ पाने के लिए झूठ बोलने लगें।

(iii) शिष्टाचार के नाते सूचनादाता केवल वही उत्तर दें जो कि उनकी समझ में अनुसन्धानकर्ता के अनुकूल हों।

(iv) कभी-कभी सूचनादाता अकारण ही अनुसन्धानकर्ता का मजाक उड़ाने में ही आनन्द लेने लगते हैं और मनमाने ढंग से सूचनाएं देने लगते हैं।

(v) सही उत्तर ज्ञात होते हुए भी आत्म-सम्मान के लिए भी सूचनादाता गलत उत्तर दे देते हैं

(vi) कभी-कभी कुछ संकोची सूचनादाता उत्तर ज्ञात होते हुए भी संकोचवश अज्ञानता प्रकट करते हैं।

(3) निदर्शन से सम्बन्धित मिथ्या-झुकाव—सामाजिक अध्ययन में दोषपूर्ण निदर्शन के द्वारा भी मिथ्या-झुकावों का समावेश हो जाता है। अध्ययन हेतु चुने गये निदर्शन को सम्बन्धित समूह अथवा संस्था का पूर्ण प्रतिनिधित्व करना चाहिये। निदर्शन दोषयुक्त तब हो जाता है जब अध्ययनकर्ता अपनी मन-मर्जी से निदर्शन का चुनाव करता हैं ऐसे में अध्ययनकर्ता की रूचि एवं लगाव या घृणा उसे अवैज्ञानिक चुनाव करने के लिए बाध्य कर देते हैं। इसके अतिरिक्त निदर्शन के दोषयुक्त होने की सम्भावना उस दशा में भी होती है जब चुना गया निदर्शन आकार में काफी छोटा होता है। छोटे आकार के निदर्शन में सम्बन्धित वर्ग या समूह के सभी प्रकार के लोगों का उपस्थित होना प्रायः सम्भव नहीं होता। इन सब कारणों के द्वारा सम्बन्धित अध्ययन में मिथ्या-झुकाव और वस्तुनिष्ठ दृष्टिकोण का तत्व सम्मिलित हो जाता है।

(4) दोषपूर्ण प्रश्नावलियाँ—सामाजिक समस्याओं के विषय में सूचनायें प्राप्त करने के लिए प्रायः प्रश्नावलियों और अनुसूचियों का प्रयोग किया जाता है। यदि प्रश्नावलियों का निर्माण दोषयुक्त हो तो उनके द्वारा प्राप्त सूचनायें स्वतः ही दोषयुक्त एवं संदिग्ध होगीं। प्रश्नावलियाँ कई प्रकार से दोषयुक्त हो सकती हैं। कभी-कभी प्रश्नावलियों के निर्माता स्वयं ही मिथ्या-झुकावों और पक्षपातों के शिकार होते हैं, ऐसे में उनके द्वारा संकलित प्रश्न भी दोषयुक्त एवं निश्चित प्रकार के होगें। ऐसे प्रश्नों के उत्तर भी वस्तुनिष्ठ ढंग से नहीं दिये जा सकते। कभी-कभी प्रश्नावलियों के प्रश्न पूर्ण रूप से स्पष्ट तथा सरल नहीं होते। ऐसे अस्पष्ट एवं कठिन प्रश्नों का सही-सही उत्तर प्राप्त करना प्रायः असम्भव होता है। इस प्रकार यह स्पष्ट है कि दोषयुक्त प्रश्नावलियों के आधार पर वैज्ञानिक अध्ययन कदापि सम्भव नहीं हो सकता।

(5) तथ्यों की दोषपूर्ण विवचेना—सामाजिक अध्ययन में संकलित तथ्य केवल कच्ची सामग्री के समान होते हैं। निष्कर्षों के महल के निर्माण के लिए तथ्य

केवल ईट-पत्थर का कार्य करते हैं। प्राप्त तथ्यों से सही एवं मिथ्या-झुकावों से रहित निष्कर्ष प्राप्त करने के लिए तथ्यों की पर्याप्त विवेचना एवं विश्लेषण करना पड़ता है। इसके अन्तर्गत तथ्यों का सम्पादन, वर्गीकरण और संकेतन आदि के कार्य करने पड़ते हैं। यदि अध्ययनकर्ता इन कार्यों में तनिक भी त्रुटिपूर्ण अथवा व्यक्तिनिष्ठ दृष्टिकोण अपना लेता है तो अध्ययन का पूरा ढाँचा ही दोषयुक्त बन जाता है। प्राय: अनुसन्धानकर्ता तथ्यों की विवेचना का कार्य लापरवाही से किया करते हैं। श्रम से बचने के लिए वे अस्पष्ट एवं अधूरे उत्तरों को स्वयं ही अपनी कल्पना शक्ति और रूचि के अनुसार मनमाना रूप प्रदान कर देते हैं। प्राय: तथ्यों की तुलना पक्षपातपूर्ण हो जाया करती है। यदि सांख्यिकीय विधियों से अध्ययन करना हो तो संकलित तथ्यों को भार अथवा मूल्य प्रदान करने की प्रक्रिया में भी पर्याप्त पक्षपात एवं अवैज्ञानिकता का दृष्टिकोण अपनाया जा सकता है। विवेचना के इन सब दोषों के कारण सामाजिक अध्ययन में पक्षपात एवं मिथ्या-झुकावों का काफी मात्रा में समावेश हो जाता है।

(6) दोषपूर्ण सामान्यीकरण–सामाजिक अध्ययन में सामान्यीकरण का भी विशेष महत्व है। अध्ययन की पूरी प्रक्रिया सही होने पर भी यदि सामान्यीकरण का कार्य ठीक न हो तो पूरा अध्ययन व्यर्थ एवं प्राप्त निष्कर्ष त्रुटिपूर्ण एवं दोषयुक्त हो जायेगें। अध्ययन की समस्या के प्रति प्राय: अध्ययनकर्ताओं के कुछ निश्चित प्रकार के विचार एवं दृष्टिकोण विकसित हो जाते हैं। वह समस्या के किसी काल्पनिक एवं सम्भावित निष्कर्ष को प्राप्त करने के लिए चेतन या अचेतन रूप से प्राय: उत्सुक रहा करता हैं ऐसी अवस्था में वह प्राप्त तथ्यों के आधर पर बरबस वही सामान्य निष्कर्ष निकालने का प्रयत्न करता है, जो उसकी कल्पना एवं रूचि के अनुकूल होते हैं। इस प्रकार स्पष्ट है कि यदि सामान्यीकरण का कार्य पर्याप्त सूझ-बूझ एवं तर्क के आधार पर न किया जाये तो निष्कर्ष दोषयुक्त ही प्राप्त होते हैं।

सामाजिक अध्ययन में वस्तुनिष्ठता के साधन
(Means of Objectively in Social Studies)

प्राकृतिक घटनाओं के अध्ययन की तुलना में सामाजिक घटनाओं के अध्ययन में वस्तुनिष्ठता रखना कठिन है। परन्तु इसका अर्थ यह नहीं है कि सामाजिक अध्ययनों में वस्तुनिष्ठ दृष्टिकोण अपनाना नितान्त असम्भव है। वास्तव में समाजशास्त्र एक नया विज्ञान है और इसकी अध्ययन पद्धतियाँ अभी अपेक्षाकृत कम विकसित हैं। फिर भी यदि सूझ-बूझ एवं विशेष सावधानी से अध्ययन किया जाये तो सामाजिक अध्ययनों में भी पर्याप्त वस्तुनिष्ठता प्राप्त की जा सकती है। सामाजिक अध्ययनों में अध्ययनकर्ता की इच्छा एवं दृढ़ निश्चय वस्तुनिष्ठता प्राप्त कराने में विशेष सहायक होते हैं। इसके अतिरिक्त अध्ययन में अधिक-से-अधिक वैज्ञानिक पद्धतियों का प्रयोग किया जाना चाहिए। अध्ययन का अधिक-से-अधिक कार्य यान्त्रिक होना चाहिए। सामाजिक अध्ययन में वस्तुनिष्ठता प्राप्त करने में निम्नलिखित

साधन विशेष सहायक सिद्ध होते हैं–

(1) प्रयोगसिद्ध अध्ययन पद्धतियों का प्रयोग–प्रयोगसिद्ध पद्धतियों के उपयोग के द्वारा सामाजिक अध्ययनों में वस्तुनिष्ठता प्राप्त करने में सहायता मिलती हैं। प्रयोगसिद्ध पद्धतियाँ अध्ययन की वे पद्धतियाँ हैं जिनमें वास्तविक निरीक्षण के द्वारा तथ्यों का संकलन किया जाता है और तथ्यों का वैज्ञानिक ढंग से सम्पादन एवं विश्लेषण किया जाता है। प्रयोगसिद्ध पद्धतियों में विश्लेषित तथ्यों से परिणाम प्राप्त करने के लिए सांख्यिकीय एवं गणनात्मक प्रणालियों का उपयोग किया जाता है। इन पद्धतियों के अन्तर्गत गुणात्मक सामाजिक घटनाओं के गणनात्मक परिणाम प्राप्त किये जाते हैं।

प्रयोगसिद्ध पद्धतियों में व्यक्तिगत विचारों, भावनाओं, आदर्शों, मूल्यों और संस्कारों आदि के लिए कोई स्थान नहीं होता। इस पद्धति में न तो तथ्यों के संकलन में और न ही तथ्यों के आधार पर निष्कर्ष प्राप्त करने में किसी अवैज्ञानिक तथ्य की सहायता लेनी सम्भव होती है। प्रयोगसिद्ध पद्धतियाँ निश्चित एवं व्यवस्थित होती हैं। इन पद्धतियों के द्वारा अध्ययन नियमबद्ध रूप से होता है। इसीलिए किसी समस्या के विषय में प्राप्त निष्कर्षों की इन पद्धतियों द्वारा पुनः परीक्षा की जा सकती है। इस प्रकार की कल्पना एवं विश्वासों से रहित पद्धतियों द्वारा सामाजिक अध्ययनों में वस्तुनिष्ठता प्राप्त करने में पर्याप्त सहायता मिलती है।

(2) पारिभाषिक शब्दों और प्रत्ययों के प्रमापीकरण के द्वारा–प्राकृतिक विज्ञान पर्याप्त मात्रा में स्थापित एवं विकसित विज्ञान हैं। उसके पारिभाषिक शब्द एवं प्रत्यय पर्याप्त मात्रा में स्पष्ट एवं निश्चित हैं। इसके विपरीत समाजशास्त्र के पारिभाषिक शब्द एवं प्रत्यय एवं अवधारणायें निश्चित एवं स्पष्ट नहीं हैं। इसके कई कारण हैं–एक तो समाजशास्त्र एक नया एवं अल्पविकसित विज्ञान है, दूसरे समाजशास्त्र में इस्तेमाल होने वाले प्रत्यय एवं पारिभाषिक शब्द प्रायः समाज में प्रचलित बोलचाल की भाषा से ही ग्रहण किये जाते हैं। इन कारणों से सामाजिक प्रत्यय प्रायः विभिन्न देश-काल में एक से अधिक अर्थों का प्रतिपादन करने लगते हैं। इस प्रकार की स्थिति में इन पारिभाषिक शब्दों से सम्बन्धित अध्ययन में वस्तुनिष्ठता बनाये रखना कठिन हो जाता है।

सामाजिक अध्ययनों में वस्तुनिष्ठता लाने के लिए यह आवश्यक है कि अध्ययन में इस्तेमाल होने वाले पारिभाषिक शब्द एवं प्रत्यय नितान्त स्पष्ट एवं निश्चित हों। किसी भी शब्द के द्वारा एक से अधिक अर्थ का प्रतिपादन नहीं होना चाहिए। इस कार्य को अधिक सरल बनाने के लिये यह सुझाव है कि प्रत्येक पारिभाषिक शब्द एवं प्रत्यय को इस्तेमाल करने से पूर्व ही निश्चित एवं स्पष्ट कर लेना चाहिये और सामाजिक अनुसंधान की विज्ञप्ति में प्रारम्भ में ही ऐसे शब्दों एवं प्रत्ययों को निर्धारित एवं स्पष्ट शब्दों में लिख देना चाहिये। ऐसा करने से शब्दों की सार्वभौतिकता प्राप्त होगी और अध्ययन में वस्तुनिष्ठता बढ़ेगी।

(3) अनुसूचियों एवं प्रश्नावलियों का प्रयोग–सामाजिक अध्ययनों में

पक्षपात और मिथ्या झुकावों से बचने के लिए तथा अध्ययन में वस्तुनिष्ठता प्राप्त करने के लिए अनुसूचियों और प्रश्नावलियों का प्रयोग किया जाता है। प्रश्नावलियों एवं अनुसचियों को निरीक्षण से उत्तम प्रणाली माना जाता है। प्रश्नावलियों एवं अनुसूचियों में कुछ निर्धारित प्रश्न होते हैं। इन प्रश्नों की भाषा पर्याप्त स्पष्ट होती है। तथ्य एकत्रित करने के लिये सूचनादाताओं से इन प्रश्नों के उत्तर पूछे जाते हैं और उन्हें ज्यों-का-त्यों लिख लिया जाता है। अधिकाँश उत्तर "हाँ" या "नहीं" तक ही सीमित होते हैं, इसलिए भाषा-सम्बन्धी एवं प्रस्तुतीकरण-सम्बन्धी दोषों से बचा जा सकता है। इन उत्तरों के आधार पर निश्चित गणितीय सूत्रों के द्वारा सामाजिक घटनाओं-के गणनात्मक निष्कर्ष प्राप्त करने सम्भव होते हैं।

इस प्रकार यह स्पष्ट है कि प्रश्नावलियों एवं अनुसूचियों के माध्यम से किये गये अध्ययन में अपेक्षाकृत अधिक वस्तुनिष्ठता की प्राप्ति की सम्भावना होती है। वैसे प्रत्येक पद्धति की तरह इसकी भी कुछ अपनी सीमायें हैं। उदाहरण के लिए, प्रश्नावलियों के निर्माण में कुछ पक्षपात की सम्भावना रहती हैं, साथ ही साथ प्रश्न पूछने वालों के बोलने के ढंग एवं भावभंगिमा का भी कभी-कभी विपरीत प्रभाव पड़ जाता है। फिर भी यदि सतर्कता एवं सूझ-बूझ से काम लिया जाये तो वस्तुनिष्ठता प्राप्त करना सम्भव है।

(4) दैव निदर्शन प्रणाली का उपयोग—सामाजिक अध्ययनों की वस्तुनिष्ठता सम्बन्धित निदर्शन के चुनाव पर भी निर्भर करती है। यदि अनुसन्धानकर्ता स्वेच्छा से निदर्शन चुनाव करता है तो इस बात की पर्याप्त सम्भावना होती है कि निदर्शन का चुनाव उसके निजी संस्कारों, लगावों और रूचियों से प्रभावित हो जाये। ऐसी स्थिति में चुने गये सूचनादाता सम्बन्धित समूह अथवा संस्था का वास्तविक प्रतिनिधित्व नहीं करते और उनके द्वारा प्राप्त सूचनायें भी घटना का वास्तविक परिचय नहीं दे पाती। इस प्रकार संकलित तथ्यों के आधार पर निकाले गये निष्कर्ष प्रामाणिक नहीं होते।

पक्षपातपूर्ण निदर्शन के इस दोष से बचने के लिए निदर्शन के चुनाव में दैव निदर्शन प्रणाली (Random Sampling) का उपयोग किया जाता है। दैव निदर्शन प्रणाली में निदर्शन में चुनाव में न तो स्वेच्छा से काम लिया जाता है और न ही किसी विशेष नियम का ही पालन किया जाता है। इस प्रकार सूचनादाताओं के चुनाव करने पर यह आशा की जाती है कि सम्बन्धित समूह के हर प्रकार के और हर वर्ग के प्रतिनिधि व्यक्ति चुनाव में अपने आप ही आ जाते हैं। इस प्रकार हर वर्ग के व्यक्तियों से सूचना ग्रहण करने पर घटना की वास्तविक स्थिति के विषय में पर्याप्त ज्ञान प्राप्त होने की सम्भावना रहती है। वास्तविक ज्ञान वस्तुनिष्ठ अध्ययन में सहायक होता है।

(5) समूह अनुसन्धान पद्धति का उपयोग—प्राय: एक समस्या का अध्ययन एक समूह में एक ही अध्ययनकर्ता द्वारा किया करता है। ऐसी स्थिति में उस अध्ययनकर्ता के निजी विचार एवं पूर्वाग्रह सम्बन्धित अध्ययन को व्यक्तिनिष्ठ

बना देते हैं? त्रुटि की इस सम्भावना से बचने के लिए आजकल सामूहिक अनुसन्धान की प्रणाली का उपयोग किया जाता है। सामूहिक प्रणाली के कई रूप हैं—एक ही समस्या का एक ही अध्ययन पद्धति के द्वारा एक से अधिक अनुसन्धानकर्ताओं द्वारा अध्ययन करना सामूहिक प्रणाली का प्रथम रूप है। इस प्रकार के सामूहिक अध्ययन के द्वारा उन त्रुटियों की सम्भावना कम हो जाती है जो कि एक अध्ययनकर्ता के निजी जीवन से सम्बन्धित होती हैं। इस प्रणाली में विभिन्न अध्ययनकर्ता समस्या का स्वतन्त्र रूप से अध्ययन करते हैं और बाद में आपस में मिलकर निष्कर्षो को सामयोजित कर लिया जाता हैं पद्धति के दूसरे रूप में एक ही अध्ययनकर्ता एक ही समस्या को दो समान क्षेत्रों में अलग-अलग अध्ययन करता है और प्राप्त निष्कर्षों की तुलना कर लेता है। यदि निष्कर्षो में अन्तर होता है तो अन्तरों का कारण ज्ञात किया जाता है और अन्तर के कारण के प्रकाश में सूझ-बूझ से वास्तविक निष्कर्ष प्राप्त कर लिये जाते हैं। कभी-कभी सामान्य अध्ययन में कुछ सामाजिक या कालगत कारणों से भी त्रुटि की सम्भावना उत्पन्न हो जाती है। सामूहिक अध्ययन प्रणाली में इस त्रुटि के निवारण के लिये भी प्रबन्ध है। सामूहिक अध्ययन प्रणाली के तीसरे रूप के अन्तर्गत एक ही समस्या का विभिन्न कालों में अध्ययन किया जाता है। इससे कालगत त्रुटियों का पर्याप्त निवारण हो जाता है।

सामूहिक अनुसन्धान के द्वारा भ्रान्तिपूर्ण अध्ययन से दो प्रकार से बचा जाता है, प्रथम तो क्योंकि एक ही समस्या का एक से अधिक व्यक्ति अध्ययन करते हैं अतः भूल एवं त्रुटि की सम्भावना कम हो जाती है। दूसरे, यदि विभिन्न व्यक्ति भूल अथवा त्रुटि करते भी हैं तो भी विपरीत प्रकार की त्रुटियों के द्वारा वास्तविक स्थिति को समझने में सहायता मिलती है।

(6) नियन्त्रित परीक्षण पद्धति का उपयोग—सामाजिक अध्ययनों पर प्रायः यह आक्षेप लगाया जाताहै कि इनमें नियन्त्रित परीक्षण सम्भव नहीं है। परन्तु यह धारणा केवल आंशिक सत्य है। यह सत्य है कि प्राकृतिक घटनाओं के समान सामाजिक घटनाओं को पूर्ण नियन्त्रित नहीं रखा जा सकता। उदाहरण के लिए, भौतिक पदार्थ को गर्म करके, तोड़कर, मोड़कर, फेककर, दबाकर उसका परीक्षण किया जा सकता है परन्तु एक सामाजिक घटना के अध्ययन के लिए किसी व्यक्ति को अपराधी बनने या आत्म-हत्या करने के लिये बाध्य नहीं किया जा सकता। फिर भी एक सीमा तक सामाजिक घटनाओं के अध्ययन में भी नियन्त्रित परीक्षण सम्भव है। उदाहरण के लिये यदि हमें किसी कक्षा के छात्रों में अनुशासनहीनता के कारणों का पता लगाना हो तो हम नियन्त्रित अध्ययन कर सकते हैं। इस प्रकार के अध्ययन के लिए कक्षा को दो समान वर्गों में विभाजित करना होगा। उनमें से एक वर्ग को नियन्त्रित वर्ग मान लिया जाता है और उसमें अपनी इच्छानुसार परिवर्तन किए जाते हैं और तब उस वर्ग के व्यवहार में हुए परिवर्तन का कारण उस परिवर्तन को मान लिया जाता है जो कि जान बूझकर किया गया था। उदाहरण के लिए, एक वर्ग में कुछ लड़कियों को भर्ती करके उस वर्ग के लड़कों के व्यवहार का निरीक्षण किया जा सकता है। इस प्रकार उपरोक्त विवरण से यह स्पष्ट होता है कि सामाजिक

अध्ययनों में एक सीमा तक नियन्त्रित परीक्षण द्वारा वस्तुनिष्ठता को प्राप्त किया जा सकता है।

(7) यांत्रिक साधनों के प्रयोग द्वारा—सामाजिक अध्ययन में तथ्यों के तटस्थ संकलन में अध्ययनकर्ता के विचार एवं मानसिक स्थिति भी प्राय: बाधक सिद्ध होती हैं। इस कठिनाई से बचने के लिए सामाजिक अध्ययन में यान्त्रिक साधनों का अधिक से अधिक उपयोग करना लाभदायक होता है। सामाजिक अध्ययनों में काम करने वाले यन्त्र मुख्य रूप से कैमरे, टेपरिकार्डर आदि हैं। इन यन्त्रों के द्वारा सामाजिक घटना का वस्तुनिष्ठ निरीक्षण सम्भव हो जाता है। इन यन्त्रों द्वारा एकत्रित तथ्यों पर व्यक्तिगत प्रभाव नहीं पड़ते।

(8) अन्तरानुशासनीय विधि का उपयोग—सामाजिक अध्ययन की प्रत्येक समस्या का सम्बन्ध मानवीय सम्बन्धों से होता है। मानवीय सम्बन्धों के अनेक पक्ष होते हैं। इसीलिए सामाजिक समस्याएँ पर्याप्त जटिल होती हैं। प्रत्येक सामाजिक समस्या के आर्थिक, राजनीतिक, धार्मिक , सांस्कृतिक और मनोवैज्ञानिक पहलू होते हैं। किसी सामाजिक घटना के पूर्ण एवं वास्तविक ज्ञान के लिए उस घटना के सभी पक्षों का समन्वित ज्ञान प्राप्त करना आवश्यक होता है।

सामाजिक समस्याओं का पूर्ण एवं वास्तविक ज्ञान प्राप्त करने के लिए आजकल अन्तरानुशासनीय(Inter-disciplinary) पद्धति से अध्ययन किया जाता है। अन्तरानुशासनीय पद्धति के अन्तर्गत एक ही समस्या के विभिन्न पक्षों का विभिन्न विज्ञानों के माध्यम से अध्ययन किया जाता है। उदाहरण के लिए किसी श्रमिक बस्ती के किसी अध्ययन के लिए अध्ययनकर्ताओं का पूरा एक दल मिलकर अध्ययन करता है। इस दल में समाजशास्त्री, अर्थशास्त्री, राजनीति के विशेषज्ञ तथा चिकित्साशास्त्री भी सम्मिलित रहते हैं। इस प्रकार के बहुपक्षीय अध्ययन के द्वारा सम्बन्धित समस्या की वास्तविक ज्ञान प्राप्त करना सरल हो जाता है। इस पद्धति के अन्तर्गत प्रत्येक विशेषज्ञ सम्बन्धित समस्या के एक विशिष्ट पक्ष का गम्भीरता एवं सूक्ष्मता से अध्ययन करता है और सम्बन्धित निष्कर्ष प्राप्त करता है। बाद में सब विशेषज्ञ मिलकर निष्कर्षों का समन्वय कर लेते हैं। इस प्रकार अन्तरानुशासनीय पद्धति द्वारा सामाजिक अध्ययन में वस्तुनिष्ठता प्राप्त करने में सहायता मिलती है।

इस पूरे विवरण से यह स्पष्ट हो जाता है कि यदि समुचित साधनों का प्रयोग किया जाये तो सामाजिक अध्ययनों में भी वस्तुनिष्ठता प्राप्त करना असम्भव नहीं है। वैसे यह सत्य है कि समाजशास्त्र के अध्ययन में उपलब्ध वस्तुनिष्ठता और भौतिक विज्ञान या रसायन विज्ञान की वस्तुनिष्ठता की पारस्परिक तुलना नहीं की जा सकती। इस अन्तर का कारण विज्ञानों की प्रकृति एवं विषय-सामग्री है। प्रत्येक विज्ञान में उसकी प्रकृति के सापेक्ष वस्तुनिष्ठता ही प्राप्त की जा सकती है और हमें उससे अधिक आशा भी नहीं करनी चाहिए।

अभ्यास के लिए प्रश्न

प्रश्न 1. वस्तुनिष्ठता क्या है? सामजिक अध्ययनों में उसकी क्या आवश्यकता है?
What is Objectively? What is its need in Social Studies.

प्रश्न 2. सामाजिक घटनाओं के वस्तुनिष्ठ अध्ययन में कठिनाइयाँ बतलाइये।
Point out difficulties in objective study of Social Phenomena.

प्रश्न 3. सामाजिक अध्ययन में पक्षपात और मिथ्या झुकाव के स्त्रोतों की व्याख्या कीजिये।
Explain sources of prejudice and bias in Social Studies.

प्रश्न 4. सामाजिक अध्ययन में वस्तुनिष्ठता के लिये क्या साधन अपनाये जा सकते हैं?
What means may be adopted to achieve objectivity in Social Studies.

11

पूर्वकल्पना
(Hypothesis)

पूर्वकल्पना की परिभाषा

वैज्ञानिक अनुसंधान में किसी भी सिद्धान्त पर पहुँचने से पूर्व विशेष घटना में कार्य-कारण सम्बन्ध के विषय में पहले ही कोई विचार बना लिया जाता है। उदाहरण के लिए, यदि अध्यापक को कक्षा में अध्यापन करते समय विद्यार्थियों में अनुशासनहीनता की समस्या को सुलझाने का प्रश्न उपस्थित होता है तो वह अनुशासनहीनता के कारणों के विषय में अपना एक अनुमान बना लेता है और इस अनुमान पर चलकर अनुशासनहीनता को दूर करने की कोशिश करता है। यदि उसे सफलता नहीं मिलती तो वह इसके स्थान पर कोई अन्य कल्पना लेकर उसके सहारे अनुशासनहीनता दूर करने का प्रयास करता है। इस उदाहरण में अध्यापक ने अनुशासनहीनता के कारण के विषय में पूर्वकल्पना बना ली है। पूर्वकल्पना के स्वरूप को समझने के लिए निम्नलिखित परिभाषाओं से सहायता मिल सकती है–

(1) मिल द्वारा परिभाषा–मिल के अनुसार, "परिकल्पना कोई भी कल्पना है जिसे हम इसलिए बनाते हैं (या तो वास्तविक प्रमाण के बिना या पर्याप्त प्रमाण के बिना) कि उससे ऐसे निष्कर्ष निकालने का प्रयत्न किया जाय जो तथ्यों के अनुसार हों और जिनका सत्य होना ज्ञात हो, और इसके पीछे यह विचार होता है कि यदि परिकल्पना के निष्कर्ष ज्ञात तथ्य हैं तो या तो परिकल्पना स्वयं सही होगी या कम से कम उसके सही होने की सम्भावना होगी।"

(2) काफी का मत–काफी के अनुसार, "पूर्वकल्पना व्याख्या का एक प्रयास है, किसी तथ्य या घटना को वैज्ञानिक तरीके से व्याख्या करने के लिए बनायी हुई एक स्थायी कल्पना है।"

पूर्वकल्पना के आवश्यक चरण
(Necessary Steps of Hypothesis)

पूर्वकल्पना की उपरोक्त परिभाषाओं से उसके निम्नलिखित चरण स्पष्ट होते हैं–

(1) निरीक्षण (Observation)—जैसा कि पीछे अनुशासनहीनता के उदाहरण में बतलाया जा चुका है, पूर्वकल्पना निरीक्षण पर आधारित होती है। अध्यापक ने विद्यार्थियों के व्यवहार का बहुत दिनों तक निरीक्षण करके यह पूर्वकल्पना की है कि अनुशासनहीनता का एक कारण शिक्षण विधि सम्बन्धी दोष है। इस प्रकार उसकी पूर्वकल्पना उसके निरीक्षण पर आधारित है। यह निरीक्षण किसी एक घटना को देखकर नहीं बनाया जाता बल्कि एक सी अनेक घटनाओं के निरीक्षण से पूर्णकल्पना बनायी जाती है। निरीक्षण जितना अधिक वैज्ञानिक होगा, पूर्वकल्पना के उतने ही सही होने की आशा की जा सकती है। यही कारण है कि बड़े-बड़े प्रसिद्ध वैज्ञानिक जो पूर्वकल्पना बनाते हैं, उस पर लम्बे काल तक अनुसंधान किये जाते हैं और अनुसंधान का यह परिश्रम बहुधा व्यर्थ नहीं जाता। दूसरी ओर, सामान्य व्यक्ति अनेक बातों के विषय में बहुधा गलत पूर्वकल्पना बना लेते हैं क्योंकि उनका निरीक्षण सूक्ष्म और पर्याप्त नहीं होता।

(2) पूर्वकल्पना का निर्माण (Formation of Hypothesis)—लम्बे काल तक पर्याप्त और सूक्ष्म निरीक्षण के पश्चात् पूर्वकल्पना बनायी जा सकती है। इसमें कल्पना-शक्ति की विशेष आवश्यकता होती है। कल्पना के सहारे ही व्यक्ति ज्ञात के आधार पर अज्ञात का अनुमान करता है। वास्तव में वैज्ञानिक को किसी समस्या में जितनी अधिक अन्तर्दृष्टि होगी वह उतनी ही सफल पूर्वकल्पना बना सकेगा। दूसरे शब्दों में, पूर्वकल्पना का निर्माण वैज्ञानिक की अन्तर्दृष्टि पर निर्भर है। पूर्व-कल्पना का निर्माण सिखलाया नहीं जा सकता। यह वैज्ञानिक की अपनी सूझ-बूझ और प्रतिभा पर निर्भर है। न्यूटन से पहले भी अनेक व्यक्तियों ने ऊपर से अनेक वस्तुएँ नीचे गिरने की घटनायें देखी होंगी, परन्तु न्यूटन ने हीं सबसे पहले पेड़ से सेव पृथ्वी पर गिरता देखकर पृथ्वी के गुरुत्वाकर्षण की पूर्वकल्पना उपस्थित की जो कि सत्यापन के द्वारा बाद में वैज्ञानिक सिद्धान्त बन गया।

(2) निगमन (Deduction)—पूर्वकल्पना के निर्माण में तीसरा चरण निगमन है। इसमें निगमन के सहारे पूर्वकल्पना के निष्कर्ष निकाल कर यह देखा जाता है कि वे वास्तविक तथ्यों से मेल खाते हैं या नहीं। यदि परिकल्पना के आधार पर निकाले गये निष्कर्ष वास्तविक तथ्यों के अनुरूप नहीं हैं तो उन्हें छोड़कर दूसरी पूर्वकल्पना बना ली जाती है।

(4) सत्यापन (Verification)—अन्त में सत्यापन के द्वारा ही कोई पूर्वकल्पना वैज्ञानिक सिद्धान्त बनती है। सत्यापन का अर्थ यह है कि पूर्वकल्पना को वास्तविक परिस्थियों में आजमाकर देखा जाये कि वह कहाँ तक उपयुक्त है। अनुशासनहीनता के पीछे दिये गये उदाहरण में यदि अध्यापक अपनी पूर्वकल्पना के आधार पर शिक्षण विधि में सुधार करता है और इस प्रकार अनुशासनहीनता की समस्या को सुलझाने में समर्थ होता है तो यह पूर्वकल्पना सही सिद्ध होती है और फिर वह कह सकता है कि शिक्षण विधि के दोषपूर्ण होने से अनुशासनहीनता बढ़ती है। प्राकृतिक विज्ञानों में किसी भी घटना से निरीक्षण के पश्चात् उसके कार्य-कारण के सम्बन्ध

के विषय में जो पूर्वकल्पना बनायी जाती है उसे अनेक बार प्रयोग करके जाँच लिया जाता है। इस जाँच में यदि वह पूर्वकल्पना खरी उतरती है तो वह वैज्ञानिक सिद्धान्त बन जाता है। दूसरी ओर, यदि सत्यापन नहीं हो पाता तो उस पूर्वकल्पना को छोड़कर दूसरी पूर्वकल्पना की स्थापना की जाती है।

पूर्वकल्पना के उपरोक्त विभिन्न चरणों को एक अन्य उदाहरण से समझाया जा सकता है। बहुधा धूम्रपान की बड़ी आलोचना की जाती है। कहा जाता है कि धूम्रपान न करने वाले विद्यार्थी परीक्षा में धूम्रपान करने वाले विद्यार्थियों से अधिक अंक प्राप्त करते हैं अथवा यह कि धूम्रपान से चरित्र भ्रष्ट होता है। दूसरी ओर, कुछ लोग यह कहते देखे जाते हैं कि धूम्रपान करने से ध्यान एकाग्र होता है। जो न धूम्रपान करने के पक्ष में है और न विपक्ष में हैं वे कहते हैं कि परीक्षा में कम अंक आने का कारण धूम्रपान न होकर विद्यार्थी का व्यक्तित्व है। धूम्रपान न करने वालों की अपेक्षा धूम्रपान करने वाले अधिक सामाजिक और आरामतलब होते हैं, अत: वे परीक्षा के लिए उतना परिश्रम नहीं करते। इस प्रकार धूम्रपान के परिणामों के विषय में एक समस्या उठ खड़ी होती है। स्मरण रहे कि समस्या के बिना पूर्वकल्पना नहीं बनती। वास्तव में समस्या को सुलझाने अथवा उसका उत्तर पाने के लिए पूर्वकल्पना बनायी जाती है। अस्तु, मानसिक तथा शारीरिक क्षमता पर धूम्रपान के प्रभाव की समस्या को लेकर एक पूर्वकल्पना का सत्यापन करने के लिए प्रयोग किये जाते हैं। वैज्ञानिकों ने इस प्रकार के प्रयोग किए हैं। एक मनोवैज्ञानिक प्रयोग में नियन्त्रित परिस्थिति में धूम्रपान के सम्बन्ध में प्रयोग किया गया जिससे यह निष्कर्ष निकलता कि धूम्रपान का व्यक्ति की शारीरिक और मानसिक क्षमता पर प्रभाव नहीं के बराबर है। इससे यह पूर्वकल्पना सिद्ध नहीं हुई कि धूम्रपान का शारीरिक और मानसिक क्षमता पर प्रभाव पड़ता है। सत्यापन न होने से यह पूर्वकल्पना रद्द हो गयी।

आगमन में पूर्वकल्पना का महत्व
(Importance of Hypothesis in Induction)

पूर्वकल्पना के उपरोक्त विवेचन से स्पष्ट है कि आगमन में पूर्वकल्पना का विशेष महत्व है। पूर्वकल्पना के बिना कोई भी वैज्ञानिक आगमन सम्भव नहीं है। फिर भी कुछ विचारकों ने आगमन में पूर्वकल्पना के महत्व की आलोचना की है। उदाहरण के लिए बेकन, जो कि आगमनशास्त्र का संस्थापक माना जाता है, पूर्वकल्पना की प्रक्रिया को उचित नहीं मानता क्योंकि उसमें जांच किये बिना प्रकृति से पहले से ही कुछ आशा की जाती है। बेकन के अनुसार प्रकृति के नियमों की खोज में निरीक्षण और निरास (Elimination) ही पर्याप्त है। पूर्वकल्पना के विरूद्ध बेकन के इस आक्षेप को अन्य तर्कशास्त्री नहीं मानते। यद्यपि बेकन के अनुसार न्यूटन ने कहा था, "मैं पूर्वकल्पना नहीं बनाता" फिर भी न्यूटन पूर्वकल्पना का विरोधी नहीं था। अन्य अनेक तर्कशास्त्रियों ने आगमन में पूर्वकल्पना का महत्व स्वीकार किया है। व्हेवेल के अनुसार आविष्कार के लिए पूर्वकल्पना नितान्त आवश्यक है। मिल ने आगमन में पूर्वकल्पना का स्थान गौण माना है क्योंकि उसके

अनुसार आगमन का उद्देश्य खोज नहीं, बल्कि उत्पत्ति है। चूँकि ह्वेवेल ने आगमन का लक्ष्य उत्पत्ति नहीं, बल्कि खोज माना है; इसलिए उसने पूर्वकल्पना को महत्व दिया है। वास्तव में आगमन का उद्देश्य चाहे उत्पत्ति हो अथवा खोज हो, आगमन में पूर्वकल्पना के महत्व में सन्देह नहीं किया जा सकता। पूर्वकल्पना कार्य अथवा घटना का स्थायी स्पष्टीकरण है। उसका लक्ष्य कार्य के कारण की खोज है। वह कारण के सम्बन्ध में स्थायी रूप से एक कल्पना उपस्थित करती है। यद्यपि तर्कशास्त्र पूर्वकल्पना निर्माण के विषय में कोई नियम नहीं बना सकता, फिर भी उसमें यह खोज की जाती है कि सही पूर्वकल्पना किस प्रकार की होती है और कब पूर्वकल्पना गलत होती है।

सामान्य रूप से आगमन के दो अर्थ किये जाते हैं–एक तो सामान्य वाक्य स्थापित करने की प्रक्रिया और दूसरे, इस प्रक्रिया का फल सामान्य वाक्य। जहाँ तक पहले अर्थ का प्रश्न है, उसमें पूर्वकल्पना नितान्त आवश्यक है। इस दृष्टि से वह आगमन का प्रारम्भ-बिन्दु है। किसी भी घटना से सामान्य नियम पर पहुँचने से पहले हमें उसके सम्बन्ध में एक स्थाई कल्पना बना लेनी पड़ती है। वह पूर्वकल्पना ही सत्यापित होकर सामान्य वाक्य बन जाती है। दूसरी ओर, यदि आगमन को सामान्य वाक्य के अर्थ में लिया जाये तो पूर्वकल्पना आगमन का पहला चरण सिद्ध होगी जो कि सत्यापित हो जाने पर आगमन बन जाती है। मिल की प्रयोगात्मक विधियाँ पूर्वकल्पना से ही प्रारम्भ होती हैं। प्रयोगात्मक विधियों से सत्यापित होकर पूर्वकल्पना सामान्य वाक्य बन जाती है।

पूर्वकल्पना के उद्गम
(Sources of Hypothesis)

पूर्वकल्पना कैसे उत्पन्न होती है अथवा वह कैसे बनाई जाती है इसके विषय में कोई निश्चित नियम नहीं है। साधारण रूप से यह कहा जा सकता है कि पूर्वकल्पना का निर्माण आविष्कारक की प्रतिभा पर निर्भर होता है। जिन आविष्कारकों में दूरदर्शिता, प्रतिभा और मौलिकता होती है वे प्राकृतिक घटनाओं को देखकर कार्य-कारण सम्बन्ध के विषय में पूर्वकल्पना बनाते हैं। उदाहरण के लिए, जेम्स वाट ने खौलते हुए पानी की केतली में भाप के जोर से ढक्कन को उठते देखकर भाप की शक्ति की पूर्वकल्पना बनाई और उसके आधार पर भाप के इंजिन का निर्माण किया।

फिर भी कुछ विधियाँ पूर्वकल्पना के निर्माण में सहायक सिद्ध होती हैं। इनमें से मुख्य निम्नलिखित हैं–

(1) साधारण गणनात्मक आगमन (Induction by Simple Enumeration)– जब हम एक प्रकार की अनेक घटनाओं को देखते हैं तो साधारण गणना के आधार पर कार्य-कारण के सम्बन्ध के विषय में आगमन कर लेते हैं। उदाहरण के लिए गुलाब के बहुत से फूलों में मीठी सुगन्ध का अनुभव करके साधारण गणना

के आधार पर हम यह आगमन कर लेते हैं कि गुलाब के फूल में मीठी सुगन्ध होती है। साधारण गणनात्मक आगमन का एक उदाहरण अन्वय की विधि है जिसमें अनेक समान दृष्टान्तों के आधार पर कार्य-कारण सम्बन्ध का अनुमान लगा लिया जाता है। जब दो बातें सदैव एक साथ पायी जाती हैं तो यह पूर्वकल्पना कर ली जाती है कि उनमें कोई कार्य-कारण सम्बन्ध अवश्य है। यहाँ पर यह ध्यान रखना आवश्यक है कि साधारण गणनात्मक अनुमान पूर्वकल्पना बनाने में सहायक होता है, उसके आधार पर पूर्वकल्पना का सत्यापन नहीं किया जा सकता।

(2) अन्वय विधि (Method of Agreement)—पूर्वकल्पना निर्माण का एक अन्य उपाय अन्वय विधि है। परिस्थितियों में अन्तर होते हुए भी जब हम दो तथ्यों को समान रूप से सभी दृष्टान्तों में एक साथ होता हुआ पाते हैं तो उनमें कार्य-कारण सम्बन्ध की पूर्वकल्पना कर लेते हैं। उदाहरण के लिए, भिन्न-भिन्न अवस्थाओं, निवास-स्थानों, व्यवसाय आदि के व्यक्तियों की मादा एनोफिलीज मच्छर के काटने से मलेरिया होता देखा जाता है जिससे यह पूर्वकल्पना बन्ना ली जाती है कि मादा एनोफिलीज मच्छर मलेरिया के कीटाणुओं को फैलाता है।

(3) सादृश्य विधि (Analogy)—दो वस्तुओं में कुछ बातों में समानता देखने से उनमें अन्य प्रकार की समानता की उपस्थिति के विषय·में पूर्वकल्पना बना ली जाती है। उदाहरण के लिए पृथ्वी और मंगल ग्रह में वायुमण्डल, तापक्रम, जलवायु इत्यादि अनेक बातों में सादृश्य पाकर के यह अनुमान लगा लिया जाता है कि पृथ्वी के समान मंगल में भी जीवित प्राणी रहते होंगे। यह सादृश्य के आधार पर पूर्वकल्पना का एक उदाहरण है।

(4) सहचारी परिवर्तन विधि (Method of Concomitant Variation)—दो घटनाओं में बहुत बार साथ-साथ परिवर्तन दिखलाई पड़ता है तो उनमें कार्य-कारण सम्बन्ध की पूर्वकल्पना बना ली जाती है। उदाहरण के लिए गरीबी बढ़ने के साथ-साथ अपराध की दरों में वृद्धि देखकर गरीबी और अपराध के सहचारी परिवर्तन से यह पूर्वकल्पना बना ली जाती है कि अपराध का एक कारण गरीबी है। इस प्रकार सहचारी परिवितन विधि पूर्वकल्पना बनाने में सहायक होती है।

(5) अवशेष विधि (Method of Residues)—यदि हम दो घटनाओं में किसी एक भाग को दूसरे के भाग का कारण पाते हैं तो बचे हुए भाग को बचे हुए भाग का कारण मान लेते हैं। यह पूर्वकल्पना बनाने की अवशेष विधि कही जाती है। उदाहरण के लिए, यदि हमें किसी खाली बर्तन का भार मालूम है तो भरे बर्तन को तोलकर उसमें से खाली बर्तन का भार घटाकर हम यह पता लगा सकते हैं कि भरे बर्तन में कितने भार का पदार्थ भरा हुआ है।

पूर्वकल्पना के प्रकार
(Types of Hypothesis according to Subject)

पूर्वकल्पना के विषय की दृष्टि से उसके निम्नलिखित तीन प्रकार माने

जाते हैं–

(1) नियम के विषय में पूर्वकल्पना (Hypothesis about Law)—यदि किसी घटना में हमें यह पता नहीं है कि वह किस नियम अथवा योजना के अनुसार होती है तो हम नियम के बारे में पूर्वकल्पना कर लेते हैं। उदाहरण के लिए न्यूटन को पेड़ से सेब के नीचे गिरने के नियम का पता नहीं था इसलिए उसने पृथ्वी के गुरुत्वाकर्षण के नियम की पूर्वकल्पना की। लगभग सभी प्रकार के वैज्ञानिक नियम प्रारम्भ में पूर्वकल्पना की ही स्थिति में होते हैं। जब पूर्वकल्पना का सत्यापन हो जाता है तो वह नियम बन जाता है।

(2) कर्ता के विषय में पूर्वकल्पना (Hypothesis about Agent)—जिस घटना में हमें कर्ता का पता नहीं होता उसमें कर्ता के विषय में पूर्वकल्पना करनी पड़ती है। उदाहरण के लिए यदि किसी मकान में चोरी हुई है, दरवाजा खुला पड़ा है, घर की वस्तुएँ इधर-उधर बिखरी हुई हैं और कुछ सामान गायब है तो चोरी की घटना में सन्देह नहीं होता। यदि ऊपर की खिड़की टूटी हुई है या दीवार में कोई बड़ी सेंध बनाई गई है तो उससे यह भी स्पष्ट होता है कि चोरी किस तरह हुई किन्तु चोरी किसने की यह पता नहीं होता। अस्तु, कर्ता के विषय में पूर्वकल्पना की जाती है। यदि मकान के मालिक को घर के किसी सदस्य पर सन्देह है तो वह यह पूर्वकल्पना उपस्थित करता है कि उस व्यक्ति ने चोरी की होगी और इस पूर्वकल्पना की जाँच की जाती है। यदि जाँच करने पर वह चोर नहीं पाया जाता तो कोई अन्य पूर्वकल्पना बनायी जाती है और उसकी जाँच की जाती है। कर्ता के विषय में पूर्वकल्पना का एक अन्य उदाहरण नैप्चून नामक ग्रह की खोज में दिखलाई पड़ता है। उस समय तक जितने भी ग्रह मालूम थे उनके आकर्षण के प्रभाव से यूरेनस नामक ग्रह का जो भी मार्ग होना चाहिये था वह गणित से पता लगा लिया जाता था। बाद में यह देखा गया कि यूरेनस गणना द्वारा ज्ञात मार्ग से हट रहा है। चूँकि यूरेनस के हटने में कर्ता का पता नहीं था इसलिये कर्ता के विषय में पूर्वकल्पना बनाई गयी कि वह किसी अन्य ग्रह के प्रभाव से अपने मार्ग से हट रहा है, इसकी जाँच करके नैपचून ग्रह का पता चला।

(3) परिस्थिति विन्यास के विषय में पूर्वकल्पना (Hypothesis about Collocation of Circumstancess)—परिस्थिति-विन्यास का अर्थ परिस्थितियों के समूह का विशेष प्रकार से स्थापित होना है। उदाहरण के लिए यदि रूई और चिंगारी, पैट्रोल और आग एक साथ उपस्थित हों तो ऐसा परिस्थिति-विन्यास बन जाता है जिसमें आग लगने की सम्भावना है। यदि किसी घटना में हमें कर्ता के विषय में ज्ञात है और कार्य के नियम का भी पता हैं तो परिस्थिति विन्यास के विषय में पूर्वकल्पना कर ली जाती है। उदाहरण के लिए पूर्व काल में टॉलेमी के सिद्धान्त के अनुसार पृथ्वी को विश्व का केन्द्र माना जाता था और सूर्य, चन्द्र आदि अन्य ग्रहों को पृथ्वी के चारों ओर चक्कर काटता हुआ माना जाता था, परन्तु बाद में कॉपरनिकस ने आकाश के पिण्डों की गति के विषय में यह पूर्वकल्पना उपस्थित

की कि सौर-मण्डल का केन्द्र पृथ्वी नहीं बल्कि सूर्य है और पृथ्वी, चन्द्रमा तथा अन्य ग्रह सूर्य के चारों ओर परिक्रमा करते हैं। टॉलेमी के सिद्धान्त की तुलना में कॉपरनिकस का सिद्धान्त सौरमण्डल की गति की अधिक उपयुक्त व्याख्या कर सका। इससे परिस्थिति-विन्यास के सम्बन्ध में यह पूर्वकल्पना सिद्ध हो गई।

पूर्वकल्पना के उपरोक्त तीनों प्रकार सदैव एक-दूसरे से अलग-अलग नहीं पाये जाते, यदि नियम, कर्ता और परिस्थिति-विन्यास में से किन्हीं दो का पता है तो केवल तीसरे के विषय में पूर्वकल्पना बनाई जाती हैं, किन्तु यदि इनमें से केवल एक ही का पता है तो एक साथ अन्य दो के विषय में पूर्वकल्पना बनाई जाती है। उदाहरण के लिए वैज्ञानिकों ने ईथर और उसकी गति के नियम दोनों के विषय में एक साथ पूर्वकल्पनाएँ बनाई थीं।

प्रकृति के अनुसार परिकल्पनाओं के प्रकार
(Types of Hypothesis according to Nature)

प्रकृति के अनुसार तर्कशास्त्रियों ने परिकल्पनाओं के निम्नलिखित प्रकारों में अन्तर किया है–

(1) व्याख्यात्मक और वर्णनात्मक पूर्वकल्पना (Explanatory or Descriptive Hypothesis)–तर्कशास्त्रियों ने व्याख्यात्मक और वर्णनात्मक पूर्वकल्पनाओं में अन्तर किया है। साधारणतया पूर्वकल्पना के दो प्रकार होते हैं–कारण के विषय में पूर्वकल्पना और नियम (Law) के विषय में पूर्वकल्पना। इनमें कारण के विषय में पूर्वकल्पना को व्याख्यात्मक पूर्वकल्पना कहा जाता है और नियम के विषय में पूर्वकल्पना को वर्णनात्मक पूर्वकल्पना कहा जाता है। इस प्रकार जबकि व्याख्यात्मक पूर्वकल्पना यह बतलाती है कि कोई घटना क्यों होती है, वर्णनात्मक पूर्वकल्पना यह बतलाती है कि कोई घटना कैसे होती है। जबकि व्याख्यात्मक पूर्वकल्पना घटना का कारण बतलाती है वर्णनात्मक पूर्वकल्पना यह नियम बतलाती है जिसके कारण घटना हुई है। किन्तु ध्यान से देखने पर इन दोनों प्रकार की पूर्वकल्पनाओं में कोई आवश्यक भेद दिखलाई नहीं पड़ेगा क्योंकि तथाकथित वर्णनात्मक पूर्वकल्पना भी कारण के नियम को प्रकट करके घटना की व्याख्या करती है और यह बतलाती है कि घटना क्यों होती है। वास्तव में सभी प्रकार की पूर्वकल्पनाएँ किसी न किसी हद तक व्याख्यात्मक होती हैं क्योंकि पूर्वकल्पना का लक्ष्य ही व्याख्या करना है।

(2) कामचलाऊ अथवा अस्थायी पूर्वकल्पना (Working or Tentative Hypothesis)–प्रकृति में कुछ घटनाएँ ऐसी होती हैं जिनकी व्याख्या करने के लिए हम कोई उपयुक्त पूर्वकल्पना बना नहीं पाते, किन्तु क्योंकि पूर्वकल्पना बनानी ही पड़ती है इसलिए काम चलाने के लिए एक अस्थायी पूर्वकल्पना बना ली जाती है। यह कामचलाऊ पूर्वकल्पना कहलाती है। जैसा कि इसके नाम से स्पष्ट है, अपर्याप्त होते हुए भी यह खोज का काम चलाने के लिए उपयोगी होती है और इसलिए भले

ही इसका पर्याप्त आधार न हो किन्तु यह नहीं कहा जा सकता कि इसका कोई आधार नहीं है। कामचलाऊ पूर्वकल्पना ही अस्थायी पूर्वकल्पना कही जाती हैं। जब तक उससे अधिक उपयुक्त पूर्वकल्पना नहीं बन जाती तब तक उसी से काम चलाया जाता है। जब उससे अधिक उपयुक्त पूर्वकल्पना मिल जाती है तो उसे छोड़कर नई पूर्वकल्पना को ग्रहण कर लिया जाता है। कॉपरनिकस की सौर मण्डल की गति की पूर्वकल्पना से पहले टॉलेमी की पूर्वकल्पना कामचलाऊ अथवा अस्थायी पूर्वकल्पना का एक उदाहरण है। जब तक कॉपरनिकस का सिद्धान्त नहीं निकला था तब तक खगोलशास्त्री टॉलेमी के सिद्धान्त से ही काम चलाते थे। जब कॉपरनिकस का सिद्धान्त विभिन्न तथ्यों की व्याख्या में अधिक उपयुक्त सिद्ध हुआ तो टॉलेमी की पूर्वकल्पना छोड़कर कॉपरनिकस का सिद्धान्त ग्रहण कर लिया गया।

(3) प्रतिरूपक कल्पनाएँ (Representative Fictions)—प्रतिरूपक कल्पनाओं की व्याख्या करते हुए बेन ने लिखा है, "कुछ पूर्वकल्पनाएँ पिण्डों की सूक्ष्म रचना और क्रियाविधि के विषय में होती हैं। जैसा कि इन मामलों में होता है, इन पूर्वकल्पनाओं को प्रत्यक्ष उपायों से कभी सिद्ध नहीं किया जा सकता। इनका एकमात्र गुण यह है कि ये दिये हुए तथ्यों का वर्णन करने के लिए उपयुक्त होती हैं। ये प्रतिरूपक कल्पनाएँ होती हैं।" प्रतिरूपक कल्पना का उदाहरण ईथर की पूर्वकल्पना है। ईथर को प्रत्यक्ष रूप में नहीं जाना जा सकता, किन्तु उसकी धारणा की सहायता से अनेक प्राकृतिक घटनाओं की व्याख्या की जाती है। अस्तु, उसके अस्तित्व की कल्पना कर ली गई है। प्रतिरूपक कल्पना की और भी अधिक स्पष्ट करते हुए बेन ने लिखा है, "पुदगल के कणों की तात्विक रचना के विषय में जितने भी कथन होते हैं वे सब काल्पनिक होते हैं। फिर भी हम उनको इसलिए छोड़ नहीं सकते कि ये सिद्ध नहीं किये जा सकते। उनके मूल्य को निर्धारित करने का एक उचित उपाय यह देखना है कि वे तथ्यों का प्रतिनिधित्व करती हैं या नहीं। यह प्रत्यक्ष रूप में कभी नहीं दिखाया जा सकता कि ताप परमाणुओं की गति है, परन्तु यदि यह कल्पना सभी गतियों के साथ संगति रखती हैं और यदि यह सभी गतियों को एक सामान्य कथन से जोड़ने में हमारी सहायता करती है तो यह एक महत्वपूर्ण बौद्धिक प्रक्रिया का लक्ष्य पूर्ण करती है।"

पूर्वकल्पना की प्रामाणिकता की दशायें
(Conditions of Validity of Hypothesis)

पूर्वकल्पना एक स्थायी अनुमान है किन्तु प्रत्येक अटकल को वैध पूर्वकल्पना नहीं माना जाता। कुछ विशेष दशाओं में ही पूर्वकल्पना प्रामाणिक मानी जाती है। पूर्वकल्पना की प्रामाणिकता की ये दशायें निम्नलिखित हैं—

(1) आत्मविरोध का अभाव (Absence of Self-Contradiction)—प्रामाणिक पूर्वकल्पना के लिए यह आवश्यक है कि उसमें आत्मविरोध का अभाव हो अर्थात् वह आत्म-संगति युक्त हो। आत्मविरोधी कल्पना प्रामाणिक नहीं होती।

उदाहरण के लिए समान परिस्थितियों में भी किसी विशेष कारण की क्रिया को भिन्न मानने की पूर्वकल्पना आत्मविरोधी हैं क्योंकि इसमे पूर्वकल्पना कारण के नियम की विरोधी है। आत्मविरोधी होने पर पूर्वकल्पना विसंगत अथवा युक्तिहीन हो जाती है। उदाहरण के लिये यदि किसी का बालक घर से गायब है तो उसके सम्बन्ध में यह पूर्वकल्पना बनाना हास्यास्पद है कि उसको भूत उठा ले गया होगा। प्राचीन काल में भारत में यह माना जाता था कि सूर्यग्रहण और चन्द्रग्रहण राहु और केतु नामक राक्षसों के इन ग्रहों को निगल जाने से होते हैं। भूकम्प की व्याख्या करने के लिये कहा जाता था कि पृथ्वी शेषनाग के फन पर टिकी हुई हैं जिसके हिलने से पृथ्वी पर भूकम्प आते हैं। इन उदाहरणों से यह नहीं समझा जाना चाहिये कि जो पूर्वकल्पना देखने में हास्यास्पद लगती है वह अवश्य ही ऐसी होगी। विज्ञान के इतिहास में कुछ ऐसे उदाहरण भी पाये गये हैं जबकि कोई हास्यास्पद पूर्वकल्पना बाद में सत्य साबित हुई थी। उदाहरण के लिए कोलम्बस के अमरीका पहुँचने से पूर्व लोग उसकी इस पूर्वकल्पना को हास्यास्पद मानते थे कि यूरोप के पश्चिम में भी किसी अन्य महाद्वीप का अस्तित्व है। अस्तु, आत्मसंगति अथवा आत्मविरोध के आधार पर किसी पूर्वकल्पना की प्रामाणिकता निश्चित करने में बड़ी सावधानी से काम लिया जाना चाहिए।

(2) स्थापित सत्यों के विरुद्ध न होना (Not Opposed to Established Truths)—पूर्वकल्पना की प्रामाणिकता इस बात पर भी निर्भर है कि वह कहाँ तक ज्ञान नियमों के अनुरूप हैं और स्थापित सत्यों के विरुद्ध नहीं है। कोई भी घटना हो जाने पर ऐसी पूर्वकल्पना नहीं की जाती जो स्थापित सत्यों के विरुद्ध मानी जाती है। उदाहरण के लिए भौतिक घटनायें भूत-प्रेतों के कारण नहीं होतीं यह साधारण रूप से स्थापित सत्य है। अस्तु, जहाँ कहीं भौतिक घटनायें होती हैं वहाँ उनका कोई न कोई भौतिक कारण मानकर ही पूर्वकल्पना बनाई जाती है भले ही कुछ घटनायें ऐसी हों जिनसे यह पूर्वकल्पना सही न बैठे। उदाहरण के लिए कुछ वर्ष पूर्व अमेरिका में एक बड़े नगर में एक मकान में विचित्र घटनायें होने लगीं। कभी बाहर से पत्थर आते, कभी किसी कपड़े में आग लग जाती, कभी अलमारी से कपड़े निकल जाते, इत्यादि। यद्यपि पुलिस इन उपद्रवों का कारण पता नहीं लगा सकी, परन्तु इनके कारण को लेकर भूत-प्रेत की पूर्वकल्पना स्थापित सत्यों के विरुद्ध होने के कारण रद्द कर दी गयी। यहाँ पर भी बड़ी सावधानी से काम लेने की आवश्यकता हैं क्योंकि हो सकता है कि और अधिक अनुसंधान होने पर हमें भौतिक घटनाओं के अभौतिक कारणों के भी प्रमाण मिलें। वास्तव में जो पूर्वकल्पना ज्ञात तथ्यों के विरुद्ध होती है वह एकदम असत्य नहीं, किन्तु संदिग्ध मानी जाती है। कुछ लोग इस प्रकार की पूर्वकल्पना को लेकर जाँच करके उसे सही सिद्ध कर देते हैं किन्तु साधारणतया हम ऐसी ही पूर्वकल्पना को प्रमाणित मानते हैं जो हमें ज्ञात वैज्ञानिक नियमों का उल्लंघन कराती हो। चूँकि विज्ञान में बराबर नये-नये तथ्यों और नियम पता लगाये जा रहे हैं अस्तु, यह अवश्य सम्भव है कि जो पूर्वकल्पना अब तक के ज्ञात सत्यों के विरुद्ध है वह भी भविष्य में सही सिद्ध हो जाए।

(3) निश्चितता और स्पष्टता (Definiteness and Clarity)—प्रामाणिक पूर्वकल्पना को निश्चित और स्पष्ट होना चाहिये। अनिश्चित और अस्पष्ट पूर्व-कल्पना प्रामाणिक नहीं होती। अस्तु, यह आवश्यक हैं कि जो पूर्व-कल्पना बनायी जाए उसके निहित अर्थ को निश्चित और स्पष्ट कर लिया जाए। पूर्वकल्पना बनाने में हम जिन शब्दों को प्रयोग करें उनके अर्थ को भली प्रकार निश्चित कर लें क्योंकि ऐसा न होने से पूर्वकल्पना के आधार पर खोज नहीं की जा सकती। उदाहरण के लिए यदि यह कहा जाये कि साम्प्रदायिक वर्ग तनाव के कारण होते हैं जो तनाव का अर्थ निश्चित किये बिना इस पूर्वकल्पना की जाँच नहीं की जा सकती।

(4) तथ्यों पर आधारित वास्तविक कारक—कर्ता या कारक के विषय में प्रामाणिक पूर्वकल्पना वह हैं जो तथ्यों पर आधारित वास्तविक कारण है। इस प्रकार की पूर्वकल्पना बनाने के लिए निष्पक्ष होकर तथ्यों का निरीक्षण किया जाना चाहिये और उसके बाद उनकी व्याख्या करने के लिए पूर्वकल्पना बनाई जानी चाहिये। यह आवश्यक नहीं हैं कि वास्तविक कारण प्रत्यक्षीकरण का विषय अवश्य हो। कभी-कभी कुछ घटनाओं में सच्चा कारण प्रत्यक्षीकरण का विषय नहीं होता। उदाहरण के लिए परमाणु या ईथर प्रत्यक्ष के विषय नही हैं परन्तु वैज्ञानिकों ने उन्हें हुछ घटनाओं के कारण माना है। वास्तव में इस प्रकार के अप्रत्यक्ष कारण परोक्ष रूप से प्रमाणित किये जाते हैं। अस्तु, तथ्यों पर आधारित सही कारण कहने से केवल यह समझा जाना चाहिये कि पूर्वकल्पना कोरी कल्पना मात्र न हो बल्कि तर्कयुक्त, बुद्धिसम्मत और तथ्यों के अनुरूप हो।

(5) सत्यापनीय (Verifiable)—अन्त में पूर्वकल्पना की प्रामाणिकता की कसौटी उसकी सत्यापनीयता है। कार्वेथ रीड के शब्दों में "किसी वाक्य में पूर्वकल्पना नाम धारण करने के योग्य होने के लिए केवल दो ही प्रतिबन्ध हैं—उसे सत्यापनीय होना चाहिये और सत्यापनीय होने के लिए उसे निश्चित होना चाहिये। इन दो प्रतिबन्धों के अतिरिक्त, किसी प्रामाणिक पूर्वकल्पना के लिए अन्य प्रतिबन्ध बनाने की मैं राय नहीं दूँगा।" इस प्रकार कार्वेथ रीड पूर्वकल्पना की प्रामाणिकता की दो ही दशायें मानता है। अन्य तर्कशास्त्री जैसा कि पीछे दिखलाया जा चुका है, इन दो दशाओं के अतिरिक्त भी कुछ दशायें आवश्यक मानते हैं। फिर भी इस बात से सभी सहमत हैं कि प्रामाणिक पूर्वकल्पना में सत्यापनीयता अवश्य होनी चाहिए। इसके न होने पर पूर्वकल्पना प्रामाणिक नहीं होगी क्योंकि उसके सिद्ध या असिद्ध किये जाने की सम्भावना नहीं होगी। जिन क्षेत्रों में अभी तक विज्ञान का प्रवेश नहीं हो सका हैं उनमें अब भी ऐसी ही पूर्व कल्पनायें बनाई जाती हैं जो सत्यापनीय नहीं होतीं। उदाहरण के लिए पुनर्जन्म की व्याख्या करने के लिए अनेक प्रकार की पूर्वकल्पनायें उपस्थित की गई हैं जिनके वैज्ञानिक होने में सन्देह है। विज्ञान के क्षेत्र में ऐसी ही पूर्वकल्पना को प्रामाणिक माना जाता है जो कि सत्यापनीय हो क्योंकि सत्यापन किये बिना पूर्वकल्पना को वैज्ञानिक नियम नहीं माना जा सकता और यदि पूर्वकल्पना के आधार पर वैज्ञानिक नियम न बनाया जा सके तो पूर्वकल्पना के निर्माण का प्रयास व्यर्थ हो जाता है।

पूर्वकल्पना के प्रमाण
(Proofs of Hypothesis)

प्रामाणिक पूर्वकल्पना की दशाओं के उपरोक्त विवेचन से यह अनुमान लगाया जा सकता है कि पूर्वकल्पना को प्रमाणित करने के लिए कौन-से प्रमाण दिए जा सकते हैं। पूर्वकल्पना के प्रमाण वे ही हैं जिनके होने पर पूर्वकल्पना को प्रामाणिक माना जाता है। संक्षेप में ये प्रमाण निम्नलिखित हैं—

(1) सत्यापन (Verification)—पूर्वकल्पना का सबसे अधिक महत्वपूर्ण प्रमाण सत्यापन है। सत्यापन से तात्पर्य पूर्वकल्पना को वास्तविक तथ्यों से मिलाकर देखने से है। यह सत्यापन दो प्रकार का हो सकता है-प्रत्यक्ष (Direct) अथवा परोक्ष (Indirect)। प्रत्यक्ष सत्यापन में निरीक्षण अथवा प्रयोग से पूर्वकल्पना की जाँच की जाती है। परोक्ष सत्यापन में पूर्वकल्पना से निगमन करके अथवा उससे संगति रखने वाले तथ्यो का संग्रह करके पूर्वकल्पना की जाँच की जाती है।

(अ) प्रत्यक्ष सत्यापन (Direct Verification)—जब अनुभव के तथ्यों को प्रत्यक्ष देखकर पूर्वकल्पना का सत्यापन किया जाता है तो यह प्रत्यक्ष सत्यापन कहलाता है। इसकी निम्नलिखित दो विधियाँ हैं—

(i) निरीक्षण (Observation)—पूर्वकल्पना का सत्यापन करने के लिए उससे सम्बन्धित घटनाओं का निरीक्षण किया जाता है। उदाहरण के लिए नैपचून ग्रह का पता लगाने के लिए यूरेनस के मार्ग से हटने का निरीक्षण किया गया और यह पूर्वकल्पना बनाई गई कि यूरेनस के विचलन का कारण ज्ञात ग्रहों के अतिरिक्त कोई अन्य ग्रह है। जब इस ग्रह की खोज की गई तो दूरबीन से नैपचून देखा जिससे निरीक्षण के द्वारा पूर्वकल्पना सत्यापित हो गयी।

(ii) प्रयोग (Experiment)—जिन विषयों की जाँच प्रयोग विधि से की जा सकती है उनमें सत्यापन करने के लिए प्रयोग किये जाते हैं। भौतिक विज्ञान में सभी प्रकार की पूर्वकल्पनाओं का सत्यापन प्रयोग की सहायता से किया जाता है। प्रयोग विधि की विशेषता यह है कि उसके द्वारा किये हुए सत्यापन की जाँच कही भी की जा सकती है क्योंकि प्रयोग को दोहराया जा सकता है। प्रयोग के द्वारा भिन्न-भिन्न पूर्वकल्पनाओं की अलग-अलग परीक्षा की जा सकती है। इसका एक उदाहरण देखिए। बहुत दिनों से इस समस्या का हल नहीं मिल रहा है कि अन्धे निशब्द बाधाओं से कैसे बचते हैं। हजारों वर्षो से यह देखा गया है कि अन्धे लोगों को रास्ते की बाधाओं का पहले से पता चल जाता है और वे उनसे बच जाते हैं। ऐसा क्यों होता है, इसके विषय में अनेक पूर्वकल्पनायें प्रचलित हैं। इसका एक उदाहरण चेहरे की दृष्टि (Facial Vision) की पूर्वकल्पना है जिसके अनुसार अन्धों के चेहरे की त्वचा और स्नायु अत्यधिक संवेदनशील होते हैं जिससे उनके चेहरे पर हवा के दबाव के कारण निकट की वस्तुओं का पता चल जाता है। इस पूर्वकल्पना का सत्यापन करने के लिए एक प्रयोग किया गया। इस प्रयोग में अन्धे और देखने वाले दोनों प्रकार के पात्रों को लिया गया। देखने वाले पात्रों की आँखों पर पट्टी बाँध दी गई।

शुरू-शुरू में उनको बाधाओं का पता न चलता था, परन्तु धीरे-धीरे उन्होंने बाधाओं का स्थान निश्चित करना सीख लिया। अन्धे पात्रों को बाधाओं का आभास हो ही जाता था। किन्तु अन्धे और आँखों पर पट्टी बाँधे हुए, दोनों ही प्रकार के पात्रों को यह पता नहीं चलता था कि वे बाधाओं का आभास कैसे पा जाते हैं।

अतः इस रहस्य का पता लगाने के लिए प्रयोग किये गये हैं। इन प्रयोगों में यह नोट किया गया कि किस फ़ासले पर पात्रों को दीवार दिखलाई पड़ने लगती थी और उसको छुये बिना वे उसके कितना पास पहुँच सकते थे। इस परीक्षा के लिए एक हटाये जा सकने वाले मैसोनाईट पर्दे का प्रयोग किया गया। पात्र को इधर-उधर घुमाया गया जिससे कि उसको दिशा का ज्ञान न रहे और फिर पर्दे के सामने खड़ा कर दिया गया। प्रत्येक बार पर्दे की स्थिति बदल दी गई परन्तु स्थितियों के बदलने पर भी अन्धे और पट्टी बाँधे हुए दोनों प्रकार के पात्रों को उसकी स्थिति निश्चित करने में कठिनाई नहीं हुई। जब पात्र मोजे पहनकर पर्दे की ओर बढ़े जिससे कि पैरों की आवाज कम हो गई तब उनको पर्दे का स्थान निश्चित करने में कठिनाई हुई। कभी-न-कभी सभी पात्र पर्दे से टकरा गये। इससे यह विचार पक्का हुआ कि अन्धों द्वारा वस्तुओं का स्थान निश्चित करने में सुनने का कुछ-न-कुछ हाथ अवश्य है। फिर भी इससे चेहरे की दृष्टि की पूर्वकल्पना असिद्ध नहीं हुई।

अब पात्रों का चेहरा कपड़े से ढँक दिया गया और हाथों में दस्ताने पहना दिये गये जिससे वायु का स्पर्श न हो सके, परन्तु फिर भी वे आसानी से पर्दे की स्थिति बतलाते रहे। इससे यह स्पष्ट हो गया कि बाधाओं को जानने में चेहरे की दृष्टि का कोई हाथ नहीं है। अब पात्रों के कानों को बन्द करके या शोर मचाकर फिर प्रयोग किये गये। इस बार वे पर्दे की स्थिति निश्चित न करे सके और सब पर्दे से टकरा गये। इस प्रकार यह ज्ञात हुआ कि किसी वस्तु की स्थिति निश्चित करने में आवाज सहायक है। अस्तु, चेहरे की दृष्टि के सिद्धान्त की पूर्वकल्पना के सत्यापित न होने पर दूसरी पूर्वकल्पना बना ली गई कि अन्धे लोग आवाज के सहारे बाधाओं का पता लगाते हैं। यह पूर्वकल्पना उपरोक्त प्रयोग से पुष्ट होती है। बहरे, अन्धे मनुष्यों पर प्रयोग करने पर देखा गया कि वे बाधाओं को पार करना न सीख सके। चलने की आवाज लाठी या बेंत से खटखटाने आदि से अन्धों को अपने मार्ग की बाधाओं से बचने मे सहायता मिलती दिखलाई पड़ी है। इन सब प्रयोगों से यह पूर्वकल्पना पुष्ट होती है कि अन्धे लोग आवाज के सहारे बाधाओं को पहचानते हैं। इस प्रयोग को कोई भी व्यक्ति कहीं भी दोहरा कर देख सकता है।

(ब) परोक्ष सत्यापन (Indirect Verification)—जब कभी कोई घटना ऐसी होती हैं जिसमें निरीक्षण या प्रयोग से काम नहीं लिया जा सकता तो उसमें प्रत्यक्ष सत्यापन सम्भव नहीं हो सकता। ऐसी स्थितियों में परोक्ष सत्यापन से काम लिया जाता है। उदाहरण के लिए कुछ घटनाओं में कारण ऐसे होते हैं जिनका हम किसी भी प्रकार से प्रत्यक्ष नहीं कर सकते जैसे परमाणु, ईथर इत्यादि। ऐसे कारणों से सम्बन्धित घटनाओं में परोक्ष सत्यापन से काम लिया जाता है। परोक्ष सत्यापन

निम्नलिखित दो प्रकार से होता है:

(i) निगमन के द्वारा (Through Deduction)—इसमें दी हुई पूर्वकल्पना से निष्कर्ष निकाले जाते हैं और निष्कर्षों को वास्तविक तथ्यों से मिलाया जाता है। यदि उनमें तथ्यों से संगति है तो पूर्वकल्पना सत्यापित हो जाती है और यदि वे संगति नहीं रखते तो पूर्वकल्पना अप्रमाणित हो जाती है। दोनों ही स्थितियों में पूर्वकल्पना में दिये गये कारण का प्रत्यक्षीकरण सम्भव नहीं होता और केवल निष्कर्ष का ही प्रत्यक्षीकरण होता है इसलिए वह परोक्ष सत्यापन हैं।

(ii) संगत तथ्यों के संचय द्वारा (Through Collection of Relevant Facts)—कुछ प्राकृतिक घटनाएँ ऐसी होती हैं जिनमें निगमन के द्वारा भी निष्कर्ष नहीं निकाला जा सकता। इनमें संगत तथ्यों के संचय के द्वारा परोक्ष रूप से पूर्वकल्पना का सत्यापन किया जाता है। यदि ऐसे बहुत से तथ्य मिल जाते हैं जो पूर्वकल्पना में संगति रखते हैं और दूसरी ओर विरोधी अथवा असंगत तथ्यों का अभाव दिखलाई पड़ता है तो पूर्वकल्पना को सत्यापित मान लिया जाता है। असंगत तथ्यों के अभाव के कारण सत्यापन की इस परोक्ष विधि को अविरुद्ध अनुभव द्वारा सत्यापन भी कहते हैं।

(3) घटनाओं की व्याख्या के लिए पर्याप्त होना (Sufficient for Explaining Phenomena)—पूर्वकल्पना के सत्यापन करने की एक अन्य विधि यह है कि जिन घटनाओं की व्याख्या करने के लिए उसका निर्माण किया गया है उनको स्पष्ट करने के लिए उसको पर्याप्त होना चाहिये। उदाहरण के लिए न्यूटन ने प्रकाश की गति की व्याख्या करने के लिए कार्पसकुलर सिद्धान्त (Corpuscular Theory) की पूर्वकल्पना उपस्थित की जो कि प्रकाश की गति को स्पष्ट करने के लिए पर्याप्त नहीं सिद्ध हुई। अस्तु, यह पूर्वकल्पना सत्यापित न होने के कारण छोड़ दी गयी और एक अन्य पूर्वकल्पना तंरगवाद (Theory of Undulation) की स्थापना की गयी जो प्रकाश की गति की व्याख्या करने में पर्याप्त सिद्ध होने के कारण प्रमाणिक मान ली गयी जो प्रकाश की गति की व्याख्या करने में पर्याप्त सिद्ध होने के कारण प्रमाणिक मान ली गयी। यहाँ पर एक प्रश्न यह उपस्थित होता है कि किसी पूर्वकल्पना को अपर्याप्त ठहराने में उसकी कब तक जाँच की जानी चाहिए। इस सम्बन्ध में निम्नलिखित तीन बातों का ध्यान रखना आवश्यक है—

(i) **पर्याप्त समय तक जाँच**—जब तक किसी पूर्वकल्पना की जाँच पर्याप्त समय तक नहीं की जायेगी तब तक निश्चित रूप से यह नहीं कहा जा सकता कि उस पूर्वकल्पना के आधार पर सत्यों की व्याख्या नहीं होती। इसलिए पूर्वकल्पना की जाँच पर्याप्त काल तक की जानी चाहिए।

(ii) **केवल उन्हीं तथ्यों की व्याख्या जिनके लिए वह बनी है**—पूर्वकल्पना से केवल उन्हीं तथ्यों की व्याख्या की आशा की जा सकती है जिनकी व्याख्या के लिए वह बनायी गयी है। इन तथ्यों से सम्बन्धित अन्य बातों का स्पष्टीकरण न करने से पूर्वकल्पना को अप्रामाणिक नहीं कहा जा सकता।

(iii) **स्पष्टीकरण के आवश्यक अंग की जाँच**—पूर्वकल्पना की प्रामाणिकता निर्धारित करने में यह जाँच की जानी चाहिए कि वह स्पष्टीकरण के आवश्यक अंश की व्याख्या करती है या नहीं और यदि करती है तो चाहे वह पूर्ण स्पष्टीकरण न भी करती हो, तो भी उसे अपर्याप्त नहीं कहा जा सकता।

(4) निर्णायक दृष्टान्त द्वारा जाँच (Verification through Crucial Instance)—तथ्यों की व्याख्या के लिए पर्याप्त होने के साथ-साथ पूर्वकल्पना को निरूपाधिक भी होना चाहिये। दूसरे शब्दों में, सभी परिस्थितियों में तथ्यों की व्याख्या करने के लिए केवल एक वही पूर्वकल्पना होनी चाहिये। इसकी जाँच करने के लिए निर्णायक दृष्टान्त की सहायता ली जाती है। इसकी सहायता से अनेक प्रतिद्वन्दी पूर्वकल्पनाओं में से ऐसी पूर्वकल्पना का चुनाव किया जाता है जो असंदिग्ध सिद्ध होती हों। निर्णायक दृष्टान्त उस प्रबल दृष्टान्त को कहते हैं जो विभिन्न प्रतिद्वन्दी पूर्वकल्पनाओं में संघर्ष को समाप्त करके एक ऐसा अंसदिग्ध निर्णय उपस्थित करता है जिससे विवाद के लिए कोई स्थान नहीं रह जाता । निर्णायक दृष्टान्त कभी निरीक्षण के आधार पर प्राप्त किया जाता है तो कभी प्रयोग के आधार पर देखा जाता है। प्रयोग के आधार पर निर्णायक दृष्टान्त में प्रयोग निर्णायक प्रयोग (Crucial Experiment) कहलाता है। निर्णायक दृष्टान्त ने केवल प्रतिद्वन्दी पूर्वकल्पनाओं में से सही पूर्वकल्पना का चुनाव करता है बल्कि गलत पूर्वकल्पनाओं का निराकरण भी करता है। जैवोन्स के शब्दों में, "निर्णायक दृष्टान्त न केवल एक पूर्वकल्पना को पुष्ट करता है, बल्कि अन्य पूर्वकल्पनाओं का निषेध भी करता है।" निर्णायक दृष्टान्त द्वारा जाँच के दो रूप हैं:—

(i) **निरीक्षण द्वारा निर्णायक दृष्टान्त**—जिन मामलों में प्रयोग नहीं किये जा सकते उनमें निरीक्षण के द्वारा ही निर्णायक दृष्टान्त प्राप्त किया जाता है। उदाहरण के लिए सौर मण्डल के ग्रहों की गति के विषय में पूर्व काल में दो पूर्वकल्पनाएँ थीं। टॉलेमी के अनुसार पृथ्वी सौर मण्डल का केन्द्र थी और सूर्य, चन्द्रमा इत्यादि ग्रह उसके चारों ओर घूमते थे। दूसरी और कॉपरनिकस की पूर्वकल्पना के अनुसार सूर्य सौर मण्डल का केन्द्र है और पृथ्वी, चन्द्रमा तथा अन्य ग्रह सूर्य के चारों ओर चक्कर लगाते हैं। इन दो प्रतिद्वन्दी पूर्वकल्पनाओं में सही पूर्वकल्पना का निश्चय करने के लिए निर्णायक निरीक्षण से काम लिया गया। वैज्ञानिकों ने निरीक्षण से यह देखा कि प्रकाश के विचलन की व्याख्या में कॉपरनिकस की पूर्वकल्पना ही काम देती है और टॉलेमी के सिद्धान्त के आधार पर उसकी व्याख्या नहीं की जा सकती। इस प्रकार प्रकाश के विचलन का दृष्टान्त कॉपरनिकस की पूर्वकल्पना को प्रमाणित करता है और टॉलेमी के सिद्धान्त का निषेध करता है अस्तु, इसके आधार पर कॉपरनिकस की पूर्वकल्पना को प्रमाणित मान लिया गया।

(ii) **प्रयोग द्वारा निर्णायक दृष्टान्त अथवा निर्णायक प्रयोग**—जिन घटनाओं के विषय में प्रयोग किये जा सकते हैं उनमें निर्णायक प्रयोग से ही पूर्वकल्पना की स्थापना की जाती हैं क्योंकि प्रयोगसिद्ध बात निरीक्षण में स्थापित

की गई बात से अधिक प्रामाणिक मानी जाती है। प्राचीन काल में पीसा में गैलीलियो द्वारा किया गया एक प्रयोग निर्णायक प्रयोग का एक उदाहरण है। उस समय लोगों में यह पूर्वकल्पना प्रचलित थी कि पृथ्वी पर पदार्थों के गिरने का वेग उनके भार के अनुपात के अनुसार होता है। इसके विरूद्ध गैलीलियों ने यह पूर्वकल्पना उपस्थित की कि पदार्थों के गिरने के वेग का उनके भार से कोई सम्बन्ध नहीं है। अपनी पूर्वकल्पना की प्रामाणिकता को सिद्ध करने और सामान्य पूर्वकल्पना को असिद्ध करने के लिए गैलीलियों ने एक निर्णायक प्रयोग किया। उसने पीसा के झुके हुए मीनार की चोटी से भिन्न-भिन्न भार वाले लोहे के गोले गिराये जो कि एक साथ ही पृथ्वी पर पहुँचे। इससे यह सिद्ध हुआ कि पदार्थो के पृथ्वी पर गिरने के वेग का उनके भार से कोई सम्बन्ध नहीं है। दूसरी ओर, इससे यह सामान्य पूर्वकल्पना असिद्ध हुई कि पृथ्वी पर पदार्थों के गिरने का वेग उनके भार के अनुपात के साथ समानुपाती होता है क्योंकि यदि ऐसा होता तो विभिन्न भार के लोहे के गोले एक ही समय पृथ्वी पर न गिरते।

(5) आगमनों की एकता (Consilience of Induction)—पूर्वकल्पना की प्रामाणिकता सिद्ध करने का एक अन्य उपाय आगमनों की एकता है। यह नाम व्हेवेल का रखा हुआ है। आगमनों की एकता से तात्पर्य पूर्वकल्पना की उस विशेषता से है जिससे वह उन तथ्यों के अतिरिक्त अन्य तथ्यों की व्याख्या कर देती है जिनकी व्याख्या के लिए उसे बनाया गया है। दूसरे शब्दों में, इस पूर्वकल्पना की संगति केवल गवेषणीय सत्यों से ही नहीं है, बल्कि प्रकृति के अन्य सामान्य विभागों से भी है। अनेक पूर्वकल्पनाएँ प्रकृति में बहुत बड़े क्षेत्रों के तथ्यों की व्याख्या करती हैं। उदाहरण के लिए गुरुत्वाकर्षण का सिद्धान्त न केवल पृथ्वी पर गिरने वाले पिण्डों की व्याख्या करता है, बल्कि उससे समुद्र के ज्वार-भाटे, ग्रहों की गतियाँ इत्यादि अन्य अनेक तथ्यों की भी व्याख्या होती है। संक्षेप में, जो पूर्वकल्पना जितने ही अधिक तथ्यों की व्याख्या करेगी वह उतनी ही अधिक प्रामाणिक पूर्वकल्पना मानी जायेगी।

(6) भविष्यवाणी करने की शक्ति (Power of Prediction)—व्हेवल के अनुसार पूर्वकल्पना की प्रामाणिकता की परीक्षा करने का एक अन्य उपाय उसकी भविष्यवाणी करने की शक्ति की जाँच करना है। जिस पूर्वकल्पना में भविष्यवाणी करने की शक्ति जितनी ही अधिक होगी वह उतनी ही अधिक शक्तिशाली पूर्वकल्पना मानी जायगी। टॉलेमी के सिद्धान्त में खगोलशास्त्री में भविष्यवाणी करने की शक्ति बहुत कम थी। कॉपरनिकस की पूर्वकल्पना के आधार पर खगोलशास्त्री चन्द्रग्रहण और सूर्यग्रहण आदि के विषय में ठीक-ठीक भविष्यवाणी कर सके। यदि किसी पूर्वकल्पना के आधार पर की हुई सभी भविष्यवाणियाँ गलत सिद्ध होतीं हैं तो निश्चय ही वह पूर्वकल्पना अप्रामाणिक है। दूसरी ओर यदि भविष्यवाणी सही सिद्ध होती है तो पूर्वकल्पना प्रामाणिक है। यूरेनस (Uranus) के विचलन के विषय में नैपचून (Neptune) ग्रह के होने की भविष्यवाणी की गई जो कि बाद में दूरबीन से

देखने पर सही सिद्ध हुई।

पूर्वकल्पना की प्रामाणिकता सिद्ध करने के उपरोक्त पाँचों भिन्न-भिन्न स्थितियों में लाभदायक सिद्ध होते हैं और उनसे पूर्वकल्पना न्यूनाधिक मात्रा में प्रामाणिक सिद्ध होती है। सबसे अधिक प्रामाणिक पूर्वकल्पना निर्णायक प्रयोग से सिद्ध होती है। किन्तु चूँकि सभी परिस्थितियों में निर्णायक प्रयोग करना सम्भव नहीं है इसलिए भिन्न-भिन्न स्थितियों में प्रामाणिकता सिद्ध करने के प्रमाणों में से किसी की भी सहायता ली जा सकती है।

पूर्वकल्पना और अमूर्तकरण
(Hypothesis and Abstraction)

डुगल्ड स्टीवर्ट ने पूर्वकल्पना को अमूर्तकरण (Abstraction) माना है। उसके अनुसार ज्यामितीय प्रत्यय पूर्वकल्पना पर आधारित होते हैं। किन्तु इन प्रत्ययों की कोई वास्तविक स्थिति नहीं होती है; उदाहरण के लिए ज्यामिति में रेखा की यह परिभाषा दी जाती है कि उसमें लम्बाई होती है, चौड़ाई नहीं, इस प्रकार की रेखा खींची नहीं जा सकती। इसी प्रकार बिन्दु की परिभाषा यह दी जाती है कि उसकी स्थिति है परन्तु उसकी लम्बाई, चौड़ाई और ऊँचाई नहीं है, इस प्रकार का बिन्दु नहीं बनाया जा सकता। रेखा और बिन्दु दोनों की परिभाषा करने में हमने उनके एक गुण को लेकर अन्य का अमूर्तकरण कर दिया है। बिन्दु में केवल स्थिति और रेखा में केवल लम्बाई ली गई है। स्टीवर्ट के अनुसार यह अमूर्तकरण पूर्वकल्पना के कारण है क्योंकि पूर्वकल्पना में यह कल्पना छिपी रहती है कि वह वास्तविक चीज है।

किन्तु पूर्वकल्पना के विषय में स्टीवर्ट का उपरोक्त मत उपयुक्त नहीं है क्योंकि पूर्वकल्पना और अमूर्तकरण में मौलिक अन्तर है। जबकि पूर्वकल्पना अज्ञात वस्तु के विषय में कल्पना है, अमूर्तकरण में वस्तु के अनेक गुणों को छोड़कर भी उसकी वास्तविकता की कल्पना की जाती है। इसीलिए पूर्वकल्पना को अमूर्तकरण मानने के विषय में कार्वेथ रीड ने लिखा हे, ''क्योकि पूर्वकल्पना अब तक अज्ञात कारक, सामग्री अथवा नियम को स्थापित करती है जबकि अमूर्तकरण अनेक ऐसी बातों को छोड़ने का प्रस्ताव करता है जो भली प्रकार ज्ञात हैं, इसका कोई कारण नहीं दिखलाई पड़ता कि इस बाद वाली विधि को क्यों न स्पष्ट रूप से अमूर्तकरण ही कहा जाये।''

पूर्वकल्पना और वाद
(Hypothesis and Theory)

कभी-कभी साधारण बोलचाल में पूर्वकल्पना और वाद शब्दों को एक ही अर्थ में प्रयोग कर लिया जाता है किन्तु वैज्ञानिक दृष्टि से इनमें पर्याप्त अन्तर है।

पूर्वकल्पना और वाद एक ही प्रक्रिया की दो दशायें हैं। जब कोई पूर्वकल्पना प्रामाणिक सिद्ध हो जाती है तो वह वाद बन जाती है किन्तु कोई विशेष सिद्धान्त

पूर्वकल्पना है अथवा वाद—इसके विषय में सभी विचारक सहमत नहीं होते। जो लोग उसकी प्रामाणिकता में सन्देह करते हैं वे उसे पूर्वकल्पना मानते हैं। दूसरी ओर जो लोग उसके पक्ष में पर्याप्त प्रमाण पाते हैं वे उसे वाद समझते हैं।

पूर्वकल्पना और नियम (Hypothesis and Law)—जब वाद इतना अच्छा काम दे सकता है और इतना सन्तोषजनक सिद्ध होता है कि उसके आधार पर अनेक तथ्यों की व्याख्या की जाती है और उनके विषय में भविष्यवाणी की जा सकती है तो वह नियम बन जाता है।

अभ्यास के लिए प्रश्न

प्रश्न 1. पूर्वकल्पना की परिभाषा कीजिये और उसके आवश्यक कारण बतलाइये।
Define Hypothesis and point out its necessary steps.

प्रश्न 2. आगमन में पूर्व कल्पना का क्या महत्व है? उसके उद्गम बतलाइये।
What is the importance of Hypothesis in induction? Point out its sources.

प्रश्न 3. पूर्व कल्पना के प्रमुख प्रकार क्या है? उसकी प्रामाणिकता की दशायें बतलाइये।
What are the main types of Hypothesis? Point out conditions of its validity.

प्रश्न 4. पूर्वकल्पना के प्रमाण क्या है? विवेचना कीजिये।
What are the proofs of Hypothesis? Discuss.

प्रश्न 5. पूर्वकल्पना का अमूर्तकरण, वाद और नियम में अन्तर कीजिये।
Distinguish Hypothesis from Abstraction, Theory and Law.

12

अन्तरानुशासनीय विधि
(Inter-disciplinary Approach)

अन्तरानुशासनीय विधि क्या है?

प्राकृतिक विज्ञानों का क्षेत्र निश्चित एवं सीमित होता है, परन्तु इसके विपरीत सामाजिक विज्ञानों का क्षेत्र पूर्णतया निश्चित एवं सीमित नहीं होता। सामाजिक विज्ञानों की विषय-सामग्री जटिल होती है। प्रत्येक सामाजिक विज्ञान का किसी-न-किसी प्रकार समाज से सम्बन्ध होता है। समाज मानवीय सम्बन्धों से बनता है। मानवीय सम्बन्धों के विभिन्न पहलू हैं जैसे आर्थिक, सामाजिक, राजनीतिक, मनोवैज्ञानिक और मानवशास्त्रीय।

प्रत्येक सामाजिक विज्ञान एक विशिष्ट दृष्टिकोण से मानव का अध्ययन करता है, जैसे अर्थशास्त्र मानव के आर्थिक पहलू का अध्ययन करता है, मनोविज्ञान मानव के व्यवहार का अध्ययन करता है। इसी प्रकार प्रत्येक विज्ञान अपने दृष्टिकोण से अध्ययन करता है। प्रत्येक विज्ञान की अपनी विशिष्ट अध्ययन पद्धति होती है। इसी अध्ययन पद्धति के आधार पर ही एक विज्ञान दूसरे विज्ञान से पृथक होता है।

कुछ सामाजिक समस्याएँ ऐसी होती हैं जिनका सम्बन्ध दो या दो से अधिक सामाजिक विज्ञानों से होता है अर्थात् उस समस्या का विभिन्न पहलुओं से अध्ययन करना आवश्यक होता है। ऐसी समस्याओं के समाधान के लिए एक साथ कई विज्ञानों की अध्ययन प्रविधियों का उपयोग करना पड़ता है। इस प्रकार की सम्मिलित अध्ययन पद्धति को अन्तरानुशासनीय विधि कहा जाता है, अर्थात् जब एक सामाजिक समस्या के अध्ययन के लिए विभिन्न विज्ञानों की अध्ययन प्रविधियों की एक साथ सहायता ली जाए तब अध्ययन के उस जटिल ढंग को अन्तरानुशासनीय विधि कहते हैं। इस विधि के अन्तर्गत समन्वयात्मक दृष्टिकोण से अध्ययन किया जाता है।

अन्तरानुशासनीय विधि की आवश्यकता
(Need of Inter-disciplinary Method)

सामाजिक अनुसन्धानों में आजकल अन्तरानुशासनीय विधियों का चलन बढ़

रहा है। वास्तव में कई अनुसन्धानों में इस विधि के बिना समुचित अध्ययन करना सम्भव नहीं होता। अन्तरानुशासनीय विधि की आवश्यकता के मुख्य कारण निम्नलिखित हैं—

(1) विज्ञानों के पारस्परिक सम्बन्ध के कारण—कहने को तो प्रत्येक विज्ञान दूसरे विज्ञानों से पृथक माना जाता है, परन्तु यदि गम्भीरता से सोचा जाये तो ज्ञात होगा कि प्रत्येक विज्ञान का अन्य विज्ञान से सम्बन्ध है। प्रत्येक विज्ञान का परोक्ष या अपरोक्ष रूप से मानव से सम्बन्ध है। अत: उनका आपस में भी सम्बन्ध मानना उचित है। अत: एक विज्ञान के अध्ययन एवं प्रयोगों का दूसरे विज्ञानों पर प्रभाव पड़ता है। इस स्थिति में विभिन्न विज्ञानों की सहायता से अध्ययन करने की आवश्यकता अनुभव होती है।

(2) विज्ञानों की अपूर्णता के कारण—कोई भी विज्ञान अपने आप में पूर्ण नहीं है। उदाहरण के लिए अर्थशास्त्र समाज को रोग से मुक्त नहीं करा सकता। और चिकित्साशास्त्र समाज को सामाजिक तनावों से मुक्त नहीं करा सकता। अर्थात् प्रत्येक विज्ञान अपने आप में समाज के एक सीमित पहलू से सम्बन्ध रखता है। इस स्थिति में समाज के समग्र रूप के अध्ययन के लिए विभिन्न विज्ञानों की आवश्यकता होती है। इन आवश्यकताओं की पूर्ति के लिए भी अन्तरानुशासनीय विधि अपनाई जाती है।

(3) घटनाओं के अनेक पहलू होने के कारण—सामाजिक घटनाएँ विशेष रूप से जटिल होती हैं। प्रत्येक सामाजिक घटना के अनेक पहलू होते हैं। सामाजिक घटनाओं पर भौतिक, आर्थिक, राजनीतिक, मनोवैज्ञानिक आदि कारक सदा प्रभाव डालते रहते हैं। कोई भी सामाजिक घटना बाहरी कारकों के प्रभाव से कभी भी पूर्णतया मुक्त नहीं हो सकती। इस स्थिति में सामाजिक घटना के वास्तविक रूप को जानने के लिये उस पर प्रभाव डालने वाले विभिन्न कारकों को भी जानना अनिवार्य होगा और उन कारकों को सही-सही जानने के लिए सम्बन्धित विज्ञानों की सहायता लेनी पड़ती है, और अन्तरानुशासनीय विधि की आवश्यकता होती है।

(4) वस्तुनिष्ठता के लिए—सामाजिक विज्ञानों में कितनी ही सावधानी से काम लिया जाये तो भी पूर्ण वस्तुनिष्ठता का दावा करना सरल नहीं है। इस दशा में यदि एक ही समस्या के विभिन्न पहलुओं का वैज्ञानिक पद्धतियों द्वारा अध्ययन किया जाये तब वस्तुनिष्ठता अधिक मात्रा में बनाई जा सकती है। अत: सामाजिक समस्याओं के वस्तुनिष्ठ एवं सफल अनुसन्धान के लिए अन्तरानुशासनीय विधि की आवश्यकता होती है।

अन्तरानुशासनीय विधि के प्रकार
(Types of Inter-disciplinary Method)

सामाजिक अनुसन्धानों में अन्तरानुशासनीय विधि का उपयोग कई प्रकार से होता है। विभिन्न प्रकार के उपयोगों में विधि के स्वरूप में भी अन्तर होता है। मुख्य

रूप से इस विधि के तीन प्रकार या स्वरूप प्रचलित हैं जो कि निम्नलिखित हैं—

(1) अन्तरानुशासनीय विधि में विभिन्न विज्ञानों का सहयोग लिया जाता है। इस विधि का एक प्रकार ऐसा है जिसमें सामाजिक अनुसन्धानकर्ता स्वयं ही अनुसन्धान कार्य करता है परन्तु आवश्यकता पड़ने पर वह अन्य विज्ञानों की सहायता लेता है। इस प्रकार के अध्ययन में अन्य विज्ञानों की सहायता प्राय: उन विज्ञानों के विशेषज्ञों के परामर्श के रूप में ली जाती है। कभी-कभी सामाजिक अनुसन्धानकर्ता स्वयं ही अन्य विज्ञानों के सर्वेक्षणों की विज्ञप्ति पढ़कर विषय का ज्ञान प्राप्त कर लेता है।

(2) अन्तरानुशासनीय विधि के दूसरी प्रकार के सामान्यतया अनेक विज्ञानों के विशेषज्ञ वास्तव में अनुसन्धान का कार्य करते हैं। वे स्वतन्त्र रूप से समस्या का अध्ययन करते हैं और अपने-अपने क्षेत्र के अध्ययन की योजना स्वयं तैयार करते हैं। वे समय-समय पर आपस में मिलकर विचार-विमर्श कर सकते हैं। अन्त में वे अपने-अपने क्षेत्र के अध्ययन कार्य को पूरा करके उस अध्ययन की रिपोर्ट मुख्य केन्द्र को भेज देते हैं, जहाँ दृष्टिकोणों का समन्वय किया जाता है।

(3) इस विधि का तीसरा प्रकार दूसरे प्रकार से कुछ भिन्न होता है। अन्तरानुशासनीय विधि के इस प्रकार के अन्तर्गत समस्या से सम्बन्धित विज्ञानों में भी कार्यकर्ता प्रारम्भ से लेकर अन्त तक एक साथ मिलकर कार्य करते हैं। यहाँ के लोग एक अनुसन्धान दल के रूप में कार्य करते हैं। इनके कार्य बँटे रहते हैं और प्रत्येक अपने कार्य के प्रति उत्तरदायी होता है।

अन्तरानुशासनीय विधि की प्रक्रिया
(Process of Inter-disciplinary Method)

अन्तरानुशासनीय विधि अनुसन्धान की एक जटिल विधि है, क्योंकि इस विधि के अन्तर्गत अनेक विज्ञानों की अनेक प्रविधियों के द्वारा अध्ययन किया जाता हैं। अत: इस विधि की रूपरेखा सूझ-बूझ से तैयार की जाती है। अन्तरानुशासनीय विधि की पूरी प्रक्रिया के मुख्य चरण निम्नलिखित हैं—

(1) अनुसन्धान की मुख्य योजना का निर्माण—सर्वप्रथम अनुसन्धान के लिए एक मुख्य समिति का गठन किया जाता है। इस समिति का मुख्य कार्य अनुसन्धान की समस्या को निश्चित करना होता है। यही समिति अनुसन्धान के क्षेत्र, अध्ययन विषय एवं अनुसन्धान के उद्देश्य को निश्चित एवं स्पष्ट रूप से परिभाषित करने का कार्य करती है।

(2) आवश्यक विज्ञानों का निश्चय करना—अनुसन्धान की समस्या, योजना एवं क्षेत्र के निश्चित हो जाने के बाद यह निश्चित करना भी आवश्यक है कि किन-किन विज्ञानों का सहयोग लेना पड़ेगा। इसके साथ ही साथ आवश्यक विभिन्न विज्ञानों के सहयोग की सीमा भी निश्चित कर दी जाती है।

(3) विभिन्न विज्ञानों के कार्य का निश्चय करना—जब यह निश्चित

हो जाये कि अनुसन्धान कार्य में किस-किस विज्ञान को भाग लेना है तब उन विभिन्न विज्ञानों के कार्यों को भी निश्चित कर देना चाहिए। उदाहरण के लिए जब एक आदिम जाति में सामाजिक अनुसन्धान करने के लिए भूगोलशास्त्र, चिकित्सा शास्त्र, मानवशास्त्र, अर्थशास्त्र और मनोविज्ञान के सहयोग से कार्य करना निश्चित किया जाता है, तब वास्तविक अध्ययन करने से पूर्व यह निश्चित कर लेना आवश्यक होगा कि प्रत्येक विज्ञान को क्या-क्या कार्य करना है।

(4) परिणामों का समन्वय—अन्तरानुशासनीय विधि के अन्तर्गत विभिन्न विज्ञान अपने-अपने दृष्टिकोण से समस्या का अध्ययन करते हैं और अपने-अपने आधार पर निष्कर्ष निकालते हैं। ये निष्कर्ष समस्या के विभिन्न पहलुओं के अध्ययन के प्रति सीमित ज्ञान प्रदान करते हैं। समस्या के प्रति समग्र ज्ञान प्राप्त करने के लिए इन विभिन्न निष्कर्षों का समन्वय करना आवश्यक है। यह कार्य विशेष महत्वपूर्ण है। इस कार्य की करने में विशेष सावधानी रखनी चाहिए। यह कार्य अनुसन्धान दल के मुख्य निर्देशकों द्वारा ही होना चाहिए।

अन्तरानुशासनीय विधि की समस्यायें
(Problems of Inter-disciplinary Method)

अन्तरानुशासनीय विधि में अनेक भिन्न प्रकृति वाले विज्ञान एक साथ कार्य करते हैं। कहने को तो विभिन्न वैज्ञानिक एक दल के सदस्य कहे जाते हैं और उनके पारस्परिक सम्बन्ध सहयोगपूर्ण होते हैं परन्तु व्यवहार में ऐसा नहीं होता। अन्तरानुशासनीय विधि में अनेक व्यवहारिक परेशानियाँ और समस्यायें होती हैं, जिनमें से मुख्य निम्नलिखित हैं—

(1) अपने-अपने विज्ञान को श्रेष्ठ मानना—प्रत्येक अन्तरानुशासनीय अनुसन्धान दल में अनेक वैज्ञानिक होते हैं और प्रत्येक वैज्ञानिक का कार्य एक निश्चित महत्व रखता है। परन्तु प्रायः देखा जाता है कि दल का प्रत्येक वैज्ञानिक सोचता है कि पूरे दल में उसी का कार्य अधिक महत्वपूर्ण है और उसका विज्ञान श्रेष्ठ विज्ञान है। ऐसी धारणा में पनपने पर अनुसन्धान कार्य सहयोगपूर्ण नहीं रह जाता और व्यावहारिक सफलता भी प्राप्त नहीं होती।

(2) टीम भावना की कमी—जब अपने-अपने विज्ञान के श्रेष्ठ होने की मिथ्या धारणा पनप उठती है तब विभिन्न वैज्ञानिकों में आवश्यक टीम भावना कम होने लगती है। इससे अन्तरानुशासनीय विधि की मुख्य विशेषता ही समाप्त हो जाती है और अध्ययन में सफलता मिलनी कठिन हो जाती है। वास्तव में प्रत्येक वैज्ञानिक को एक टीम के सदस्य के रूप में कार्य करना चाहिए और उसका प्रत्येक कार्य टीम के हित में होना चाहिए।

(3) वैज्ञानिकों के दृष्टिकोणों में अन्तर—प्रत्येक विज्ञान का अपना एक विशेष दृष्टिकोण होता है, और उसके वैज्ञानिक उसी दृष्टिकोण को महत्व देते हैं। यह दृष्टिकोण दूसरे वैज्ञानिक को कोई विशेष महत्वपूर्ण दिखाई नहीं देता। यह दशा

आ जाने पर विभिन्न वैज्ञानिकों में विवाद एवं मतभेद उत्पन्न हो जाता है, और वास्तविक अध्ययन में परेशानी होती है।

(4) निष्कर्षों के समन्वय की समस्या—अन्तरानुशासनीय विधि में विभिन्न विज्ञान अपनी-अपनी पद्धतियों द्वारा समस्या के भिन्न पहलुओं का अध्ययन करते हैं और निष्कर्ष निकालते हैं। इसके बाद प्राप्त निष्कर्षों के समन्वय का प्रश्न उठता है। यह समन्वय बहुत कठिन कार्य है। इस कार्य में कई परेशानियाँ आ जाती है। एक समस्या तो यह उठती है कि किस विज्ञान के निष्कर्षों को अधिक महत्व दिया जाये। दूसरी समस्या विभिन्न विज्ञानों के तकनीकी शब्दों से उत्पन्न होती है। कभी-कभी एक ही शब्द विभिन्न विज्ञानों में भिन्न-भिन्न अर्थ में प्रयोग होता है। ऐसी स्थिति में विभिन्न निष्कर्षों में समन्वय का कार्य एक जटिल समस्या का रूप धारण कर लेता है।

इन सब समस्याओं के होते हुए भी अन्तरानुशासनीय विधि का महत्व कम नही होता, बल्कि दिन-पर-दिन इस विधि का महत्व एवं प्रचलन बढ़ता ही जा रहा है और साथ-साथ समस्याओं के समाधान की दिशा में भी प्रगति हो रही है।

अन्तरानुशासनीय विधि के गुण
(Advantages of Inter-disciplinary Approach)

अन्तरानुशासनीय विधि के अनेक गुण है जिनमें से मुख्य निम्नलिखित हैं—

(1) सर्वांग अध्ययन—एक समस्या का एक ही विज्ञान के साधनों द्वारा किया गया अध्ययन प्रायः एकांगी एवं सीमित होता है। एक विज्ञान समस्या के एक ही पक्ष का अध्ययन कर पाता है, इसके विपरीत अन्तरानुशासनीय विधि के द्वारा समस्या का सर्वांगीण अध्ययन सम्भव हो पाता है। समस्या के प्रत्येक पक्ष का गहन एवं सफल अध्ययन करने के लिए अन्तरानुशासनीय विधि विशेष लाभदायक होती है।

(2) त्रुटियों की कमी—यदि एक समस्या का अध्ययन एक ही विज्ञान के माध्यम से किया जाये तो अध्ययन में त्रुटियों की अधिक सम्भावना रहती है। इसके विपरीत यदि एक ही समस्या का विभिन्न विज्ञानों के माध्यम से अध्ययन किया जाये तो त्रुटियों की कम सम्भावना रह जाती है। इसके कई कारण हैं, एक तो समस्या के सभी पहलओं पर पर्याप्त ध्यान दिया जाता है, दूसरे, अनेक वैज्ञानिकों द्वारा समस्या का अध्ययन किया जाता है। इन कारणों से अन्तरानुशासनीय विधि उत्तम सिद्ध होती है।

(3) वस्तुनिष्ठता—प्रत्येक वैज्ञानिक के कुछ पूर्वाग्रह होते हैं, जिनके कारण अध्ययन में पूर्ण वस्तुनिष्ठता नहीं आ पाती। अन्तरानुशासनीय विधि में अनेक वैज्ञानिक एक साथ मिलकर अध्ययन करते हैं, इसलिए उनके अध्ययन के पूर्वाग्रहों की तीव्रता कम हो जाती है, और वस्तुनिष्ठता अपेक्षाकृत बढ़ जाती है।

(4) विभिन्न विज्ञानों में सद्भावना—प्रायः प्रत्येक वैज्ञानिक के मन में

अपने विज्ञान की श्रेष्ठता की मिथ्या धारणा बन जाती है। अन्तरानुशासनीय विधि के अन्तर्गत जब विभिन्न वैज्ञानिक एक साथ कार्य करते हैं तब अन्य विज्ञानों के वास्तविक महत्व का ज्ञान होता है, जिससे उनके मन में दूसरे विज्ञानों के प्रति भी सद्भावना पैदा होती है।

अन्तरानुशासनीय विधि के दोष
(Disadvantages of Inter-disciplinary Approach)

अनेक गुण होते हुए भी अन्तरानुशासनीय विधि के कुछ दोष भी हैं। कुछ मुख्य दोष निम्नलिखित हैं–

(1) अन्तरानुशासनीय विधि केवल कुछ सामान्य तथा व्यावहारिक समस्याओं के अध्ययन में ही उपयोगी सिद्ध होती है। गहन तथा सैद्धान्तिक समस्याओं के अध्ययन के लिए इस विधि का उपयोग लाभदायक नहीं होता।

(2) इस विधि द्वारा किया गया अध्ययन प्रायः आशा से कम संगठित और व्यवस्थित रह पाता है। कभी-कभी अध्ययन अनियन्त्रित भी हो जाता है।

(3) इस विधि पर व्यय अधिक होता है।

(4) कभी-कभी इस विधि द्वारा निकाले गये विभिन्न निष्कर्षों का समन्वय करना कठिन हो जाता है। उस दशा में किसी निश्चित परिणाम पर पहुँचना असम्भव हो जाता है।

अभ्यास के लिए प्रश्न

प्रश्न 1. अन्तरानुशासनीय विधि क्या हैं? उसकी क्या आवश्यकता है?
What is Inter-disciplinary Method? Why is it needed?

प्रश्न 2. अन्तरानुशासनीय विधि के प्रकार, प्रक्रिया और समस्यायें बतलाइये।
Point out types, processes and problems of Inter-disciplinary Method.

प्रश्न 3. अन्तरानुशासनीय विधि के गुण दोषों की समीक्षा कीजिये।
Examine advantages and disadvantages of Inter-disciplinary Approach.

13

संस्थागत व्यवहार-मापक पैमाने (Scales for Measuring Institutional Behaviour)

सामाजिक कार्यों को सरल एवं उत्तम बनाने के लिए सामाजिक संस्थाओं का निर्माण किया जाता है। सामाजिक उन्नति एवं कल्याण इन्हीं संस्थाओं के कार्यों पर निर्भर करती है। संस्थाएँ अनेक प्रकार की होती हैं। समाज के आर्थिक, राजनीतिक, धार्मिक और सांस्कृतिक पहलुओं को लेकर विभिन्न सामाजिक संस्थाओं का निर्माण किया जाता है। सामाजिक संस्थाओं की रचना जटिल होती है। संस्थाओं के अच्छे संगठन एवं प्रगति के लिए उनका वैज्ञानिक अध्ययन आवश्यक है। समाजशास्त्र में सामाजिक संस्थाओं के व्यवहार का वैज्ञानिक अध्ययन किया जाता है।

संस्थागत व्यवहार-मापन का महत्व

संस्थाओं का निर्माण सामाजिक कार्यों को सरल एवं उत्तम बनाने के लिए होता है। संस्थाओं से अधिक-से-अधिक लाभ उठाने के लिए समय-समय पर उनके व्यवहार एवं प्रभाव को मापना आवश्यक होता है। संस्थागत व्यवहार के मापने के अन्तर्गत विभिन्न संस्थाओं की प्रगति तथा भिन्न-भिन्न परिस्थितियों में उनके कार्यों का अध्ययन किया जाता है। इस प्रकार के अध्ययन का विशेष महत्व है। समय-समय पर ऐसे अध्ययनों से यह ज्ञात होता रहता है कि किस संस्था के कार्यों को अधिक प्रोत्साहन देने की आवश्यकता हैं और किस संस्था के किस कार्य पर कुछ प्रतिबन्ध लगाना आवश्यक है। परिस्थितियों के बदलने के साथ-साथ संस्थाओं के कार्यों एवं व्यवहारों में भी परिवर्तन करना आवश्यक है। अतः इन बातों की जानकारी के लिए संस्थाओं के व्यवहार के मापन की आवश्यकता होती है।

संस्थाओं का निर्माण उन्हे उपयोगी जान कर किया जाता है। अनुपयोगी संस्था को बनाये रखना समाज के लिए अहितकर होता है। संस्थाओं की उपयोगिता की जाँच भी संस्थाओं के व्यवहार के माप द्वारा ही होती है। उदाहरण के लिए औद्योगिक समाज में विवाह या परिवार की संस्था उपयोगी है या नहीं इस बात की जाँच के लिए विवाह और परिवार की संस्थाओं के व्यवहार की वैज्ञानिक माप करनी अति

आवश्यक है। इसी प्रकार के मापन के द्वारा ही संस्थाओं के व्यवहार में आवश्यक सुधारों का भी पता लगाया जाता है।

संस्थाओं के अतिरिक्त समूहों के व्यवहार का भी अध्ययन किया जाता है। विभिन्न समूहों की अपनी-अपनी संस्कृति होती है। एक समूह दूसरे समूह के सम्पर्क में आता है, इस सम्पर्क के फलस्वरूप समूहों मे परस्पर सांस्कृतिक आदान-प्रदान होते हैं। इस आदान-प्रदान के प्रतिमानों का भी अध्ययन समाजमितीय विधियों द्वारा किया जाता है।

संस्थागत व्यवहार-मापक विधियाँ

संस्थागत व्यवहार के मापने के लिए प्राय: तीन विधियों का प्रयोग किया जाता है। ये विधियाँ निम्नलिखित हैं—

(1) समाजमितीय पैमाने (Sociometric Scales)

(2) बिन्दुरेखीय विधि (Sociographic Method)

(3) सामाजिक निर्देशांक (Sociological Indices)

इन विधियों का विस्तार से वर्णन आगे किया जायेगा।

समाजमितीय पैमाने

वैज्ञानिक अध्ययनों में अध्ययन के पैमानों का विशेष स्थान है। पैमानों द्वारा प्राप्त ज्ञान शुद्ध एवं निश्चित होता है। सामाजिक अध्ययनों में भी अधिक-से-अधिक मात्रा में पैमानों के प्रयोग को सम्भव बनाने के यत्न किये जा रहे हैं।

संस्थागत व्यवहार एवं पारस्परिक सम्बन्धों को मापने के लिए अनेक पैमानों की रचना की गई है। ये पैमाने मनोवृत्ति-मापक पैमानों से काफी हद तक मिलते-जुलते होते हैं। वास्तव में समाजमितीय पैमानों द्वारा समाज की अमूर्त एवं गुणात्मक घटनाओं का गणनात्मक अध्ययन किया जाता है। मनोवृत्ति-मापक पैमानों और संस्थागत व्यवहार-मापक पैमानों में थोड़ा अन्तर भी है। मनोवृत्ति-मापक पैमानों द्वारा किसी समस्या विशेष के प्रति व्यक्ति या समूह के दृष्टिकोण को दर्शाया जाता है, परन्तु संस्थागत व्यवहार मापक पैमानों द्वारा किसी संस्था विशेष के सदस्यों के संस्थागत व्यवहार का मूल्यांकन किया जाता है। इसके अन्तर्गत समस्या विशेष के प्रति एक पूर्वधारणा बनाई जाती है और तब सम्बन्धित पैमाने की सहायता से विधिवत् उस धारणा की जाँच की जाती है।

समाजमितीय पैमाने के निर्माण की प्रक्रिया

संस्थागत व्यवहार-मापन के लिए पैमाने के निर्माण का कार्य भी विशेष महत्वपूर्ण है। प्राय: पैमाने के निर्माण की प्रक्रिया में मुख्य चरण निम्नलिखित होते हैं—

(1) विषय का चुनाव—समाजमितीय पैमाने के निर्माण की प्रक्रिया का प्रथम चरण अध्ययन के विषय का चुनाव है। इसके अन्तर्गत समूह का अध्ययन सबसे पहले यह निश्चित करना होता है कि किस संस्था, समुदाय या समूह का अध्ययन करना है। तब निश्चित करना होगा कि चुनी हुई संस्था प्राथमिक है या द्वैतीयक। परिवार, विवाह आदि प्राथमिक संस्थाएँ हैं और सरकारी विभाग, पुस्तकालय आदि द्वैतीयक संस्थाएँ हैं। विषय के चुनाव में यह ध्यान रखना चाहिये कि चुना हुआ विषय पूर्ण रूप से स्पष्ट एवं सुनिश्चित हो। इस निश्चित विषय को भली-भाँति परिभाषित होना चाहिए। इस प्रकार विषय के स्पष्ट, निश्चित एवं सुपरिभाषित होने पर प्रामाणिक पैमाने के निर्माण में सुविधा होती है।

(2) विषय के पहलू का चुनाव—विषय के चुनाव के बाद विषय के उन पहलुओं का निश्चय करना होगा जिनको मापना है। प्रत्येक वस्तु अथवा घटना के अनेक पहलू होते हैं। उदाहरण के लिए एक लोहे की मेज है। उसके नाप के विभिन्न पहलू हो सकते हैं जैसे लम्बाई, चौड़ाई, वजन, विद्युत् का प्रभाव, चुम्बक का प्रभाव आदि। इन विभिन्न पहलुओं को नापने के लिए विभिन्न पैमाने की भी आवश्यकता होगी। इस प्रकार संस्थाओं के व्यवहार को नापने के लिए पैमाना बनाते समय भी यह निश्चित करना होगा कि संस्था के किस-किस पहलू का अध्ययन करना है। इस प्रकार विषय के पहलुओं को निश्चित कर लेने से पैंमाने के निर्माण में सरलता हो जाती है।

(3) सम्बन्धित आधारों का निर्धारण—संस्थागत व्यवहार के किसी भी पहलू को मापने के लिए किन्हीं आधारों को निश्चित करना आवश्यक है। उदाहरण के लिए जीवन स्तर के अध्ययन के लिए यदि हमें पैमाना तैयार करना हो तो हमें कुछ आधार निश्चित करने होंगे जिनके द्वारा हम एक जीवन-स्तर का दूसरे स्तर से अन्तर कर सकते हों। समाचार-पत्र का खरीदना या कार का रखना या रिक्शा में यात्रा करना इस प्रकार का आधार माना जा सकता है। विवाह की संस्था के विघटन के माप के लिए तलाकों की संख्या आधार बनाई जा सकती है। पैमाने के निर्माण के लिए ऐसे आधार चुनने लाभदायक होते हैं जिनके द्वारा संस्था के उस पहलू को सही-सही तथा सरलता से मापा जा सके।

(4) सम्बन्धित आधारों को मूल्य प्रदान करना—विभिन्न आधारों को निर्धारित कर लेने के बाद मूल्य प्रदान करना होता है। मूल्य प्रदान करके हम गुणात्मक घटनाओं का गणनात्मक विवरण दे सकते हैं। आधारों को मूल्य प्रदान करने का कार्य विशेष सूझ-बूझ से करना चाहिए। जहाँ तक सम्भव हो इस कार्य में अध्ययनकर्ता को वस्तुनिष्ठ एवं वैज्ञानिक दृष्टिकोण अपनाना चाहिये। उसे पूर्वाग्रहों एवं व्यक्तिगत धारणाओं से बचना चाहिये। मूल्य प्रदान करते समय निर्धारित आधार की आवृत्ति, विभेदनकारी शक्ति अथवा कोई अन्य विशिष्ट लक्षण ध्यान में रखा जा सकता है। आधारों को मूल्य प्रदान करने के लिए प्रायः निम्नलिखित विधियों का प्रयोग किया जाता है—

(i) **सामान्य विधि**—इस विधि के अन्तर्गत सम्बन्धित आधारों को मनमाने तौर पर मूल्य प्रदान किया जाता है। सामान्यतया किसी आधार की उपस्थिति को एक तथा अनुपस्थिति को शून्य मूल्य दिया जाता है। सम्बन्धित आधार की आवृत्ति को उतना ही मूल्य दिया जाता है जितनी बार उसकी आवृत्ति होती है। उदाहरण के लिए विवाह की संस्था के विघटन के अध्ययन के पैमाने के निर्माण के लिये निर्धारित आधार तलाक की उपस्थिति को एक तथा अनुपस्थिति को शून्य मूल्य प्रदान कर सकते हैं। दो बार तलाक होने पर उसका मूल्य दो माना जायेगा और तीन बार होने पर तीन माना जायेगा।

(ii) **अन्तर विधि**—इस विधि का लीथी (Leathy) ने प्रतिपादन किया था। इस विधि के अन्तर्गत पूरे समूह को उपवर्गों में विभाजित कर दिया जाता है। तब विभिन्न उपवर्गो में सम्बन्धित आधार की उपस्थिति में प्रतिशत के अनुसार निश्चित आधार को मूल्य प्रदान किया जाता है।

(5) पैमाने का प्रमापीकरण—सामान्यतया संस्थाओं के व्यवहार को मापने के लिए निर्मित पैमाने प्रारम्भ में त्रुटिपूर्ण होते हैं। प्रायः उन पैमानों में विश्वसनीयता, वैधता और सुनिश्चितता का दावा नहीं किया जा सकता। इसके कई कारण हो सकते हैं। प्रायः पैमाने के निर्माण के लिए उसके आंकिक मूल्य प्राप्त सैम्पिल के आधार पर प्रदान किये जाते है। यदि सैम्पिल सम्बन्धित संस्था या समूह का पूर्ण प्रतिनिधित्व नहीं करता तो उस स्थिति में उन्हीं आधारों पर निर्मित पैमाना त्रुटिपूर्ण रहेगा। इस स्थिति में पैमाने में क्रमशः उपयोग के साथ सुधार करने आवश्यक होते हैं। इस प्रकार एक समय तक पैमाने के उपयोग एवं सुधारों के बाद उसे शुद्ध एवं प्रमापित बना लिया जाता है। यह शुद्ध प्रमापित पैमाना सामान्य रूप से संस्थागत व्यवहारों की माप के लिए तैयार हो जाता है।

उत्तम समाजमितीय पैमाने की विशेषताएँ

प्रत्येक उत्तम समाजमितीय पैमाने की कुछ विशेषताएँ या गुण होने आवश्यक हैं। कुछ मुख्य विशेषताएँ निम्नलिखित हैं—

(1) विश्वसनीयता—विश्वसनीयता प्रत्येक समाजमितीय पैमाने का सबसे मुख्य एवं आवश्यक गुण है। एक पैमाने द्वारा समान परिस्थितियों में समान परिणाम प्राप्त होने चाहियें। यदि एक पैमाना समान परिस्थितियों में भिन्न प्रकार से व्यवहार करता है तो उसे विश्वसनीय कदापि नहीं माना जा सकता। उदाहरण के लिए यदि परिवार का विघटन यौन अपराधों का कारण माना जाये और कुछ दशाओं में यह तथ्य सत्य न हो तब इस पैमाने को विश्वसनीय नहीं माना जायेगा।

(2) प्रामाणिकता—समाजमितीय पैमाने में उसकी प्रामाणिकता भी एक आवश्यक विशेषता है। प्रामाणिकता का अर्थ है, पैमाने द्वारा सम्बन्धित तथ्य की सही-सही माप। प्रत्येक पैमाना एक तथ्य विशेष को मापने के लिए तैयार किया जाता है। यदि वह पैमाना उस तथ्य की सही माप करने में सफल सिद्ध होता है तो

उसे प्रामाणिक पैमाना मान लिया जाता है। पैमाने के सफल अथवा असफल होने की कोई वैज्ञानिक कसौटी नहीं है क्योंकि सामाजिक घटनाओं की प्रकृति ही पर्याप्त जटिल एवं अनिश्चित होती है। इस दशा में पैमाने की प्रामाणिकता की जाँच प्रायः सामान्य ज्ञान अथवा सूझ-बूझ द्वारा कर ली जाती है। यदि पैमाने द्वारा प्रेषित परिणाम हमारी बुद्धि एवं सामान्य ज्ञान को सन्तुष्ट करें तो उस पैमाने को प्रामाणिक मान लिया जाता है। सामान्य ज्ञान से पर्याप्त भिन्न अथवा सर्वथा विपरीत परिणाम देने पर पैमाने को अप्रामाणिक घोषित किया जा सकता है।

(3) **पैमाने की सरलता**—समाजमितीय पैमाने का सरल होना अति आवश्यक है। सरल पैमाने के कई लाभ हैं। सर्वप्रथम यदि पैमाना सरल होगा तो उसका उपयोग एवं प्रचलन अधिक होगा। अधिक उपयोग होने पर क्रमशः पैमाने में सुधार सम्भव होंगे और उसकी प्रामाणिकता बढ़ेगी। दूसरे यदि पैमाना सरल होगा तो उसमें सामान्य व्यक्तियों का अधिक विश्वास होगा।

(4) **पैमाने की व्यावहारिकता**—वैज्ञानिक अध्ययनों में व्यावहारिकता का विशेष महत्त्व होता है। समाजमितीय पैमानों को भी पूर्ण रूप में व्यावहारिक होना चाहिये। यहाँ व्यावहारिकता का आशय यह है कि पैमाने का निर्माण जिन आधारों पर किया गया हो, वे आधार वास्तविक क्षेत्र में सरलता से प्राप्त किये जा सकते हों। पैमाने के निर्माण में अमूर्त एवं काल्पनिक आधारों का समावेश नहीं होना चाहिये। अमूर्त आधारों पर निर्मित पैमानों का उपयोग सम्भव नहीं होता। अतः शुद्धता अथवा प्रामाणिकता के साथ-साथ पैमाने की व्यावहारिक होना भी आवश्यक है।

(5) **पैमाने की व्यापकता**—पैमाने की व्यापकता भी उसका आवश्यक गुण होता है। प्राकृतिक विज्ञानों के पैमाने पर्याप्त मात्रा में व्यापक एवं सार्वभौमिक होते हैं। उदाहरण के लिए एक गज की लम्बाई संसार के हर कोने में समान होती है। परन्तु प्राकृतिक घटनाओं से सामाजिक घटनाओं की प्रकृति पर्याप्त भिन्न है, अतः सामाजिक विज्ञानों के पैमानों में उतनी व्यापकता एवं सार्वभौमिकता की आशा करना अनुचित है। उदाहरण के लिए भारत में विवाह के विघटन के कारण, विवाह से बाहर यौन सम्बन्ध माने जा सकते हैं परन्तु यह गैमाना अमरीका के कुछ समाजों में लागू नहीं किया जा सकता। इस स्थिति में उत्तम पैमाने के निर्माण करते समय पैमाने के निर्माता की कोशिश यह होनी चाहिये कि पैमाने को अधिक-से-अधिक व्यापक बनाया जाये।

(6) **पैमाना आदर्श प्रमापों पर आधारित होना चाहिये**—एक उत्तम समाजमितीय पैमाने के निर्माण में इस बात का ध्यान रखना चाहिये कि वह समाज अथवा समूह में प्रचलित आदर्श प्रमापों पर आधारित हो। उदाहरण के लिए यदि कार का रखना सम्बन्धित समूह या समुदाय में उत्तम जीवन-स्तर का प्रतीक माना जाता हो तो पैमाने का निर्माण इस तथ्य को दृष्टि में रखकर करना चाहिये। यदि पैमाने के निर्माण में प्रचलित प्रमापों का ध्यान न रखा जाये तो पैमाने में प्रामाणिकता सरलता एवं व्यापकता का गुण लाना सम्भव नहीं होता।

पैमाने के आधारों का समुचित मूल्यांकन—प्रत्येक समाजमितीय पैमाने के निर्माण में लिये गये आधारों को मूल्य अथवा भार प्रदान किया जाता है। उत्तम पैमाने में यह गुण होना चाहिये कि उसमें लिये गये आधारों को उचित मूल्य या भार प्रदान किया जाये। उदाहरण के लिए जीवन-स्तर के माप के लिए निर्मित पैमाने के लिए चुने गये आधार पर कार, फ्रिज, कोठी और रेडियो या टेलीविजन हो सकते हैं, इस दशा में इन सब वस्तुओं को इनके महत्व के अनुसार मूल्य या भार प्रदान करना चाहिये। यह कार्य बहुत ही सूझ-बूझ से करना चाहिये। इस कार्य में जितनी ही सूझ-बूझ एवं वस्तुनिष्ठता अपनाई जायेगी पैमाने उतना ही शुद्ध बन पड़ेगा।

संस्थागत व्यवहार या समूह के पारस्परिक सम्बन्धों के वैज्ञानिक अध्ययन के लिए उस समूह या संस्था के व्यक्तियों के सामाजिक स्तर या सामाजिक स्थिति को जानना अति आवश्यक है। सामाजिक स्थिति कोई सरल अथवा स्पष्ट अवस्था नहीं होती। वह अत्यन्त जटिल होती है। प्रत्येक व्यक्ति की सामाजिक स्थिति अनेक कारकों पर निर्भर होती है। व्यक्ति की आर्थिक, राजनीतिक, सांस्कृतिक, धार्मिक, कलात्मक रुचियाँ, व्यावहारिक प्रतिमान और धारणाएँ आदि मिलकर उसकी सामाजिक स्थिति निर्धारित करती हैं। इस दशा में किसी व्यक्ति की सामाजिक स्थिति की ठीक-ठीक माप करना कितना कठिन होगा, उसका केवल अनुमान ही लगाया जा सकता है। फिर भी कुछ समाज वैज्ञानिकों ने सामाजिक स्थिति की गणनात्मक माप के लिए कुछ पैमानों का निर्माण किया है। चैपिन का प्रयास इस दिशा में प्रथम एवं विशेष सराहनीय था।

चैपिन का सामाजिक स्थिति का पैमाना

सामाजिक स्थिति की माप के लिए सर्व प्रथम 1928 ई० में चैपिन (F. S. Chapin) ने एक पैमाने की रचना की थी। इस पैमाने की पर्याप्त सराहना की गई और अनेक समाजशास्त्रियों ने इसका प्रयोग किया। समय-समय पर इस पैमाने में सुधार भी होते रहे।

सामाजिक स्थिति को मापने के लिए बनाये गये पैमाने के विवरण से पूर्व चैपिन द्वारा व्यक्ति की सामाजिक-आर्थिक स्थिति की परिभाषा पर भी थोड़ा विचार कर लेना उचित है। चैपिन द्वारा दी गई परिभाषा इस प्रकार है, "यह एक स्थिति है जिसको एक व्यक्ति या परिवार सांस्कृतिक उपलब्धियों के प्रचलित औसत प्रभाव, प्रभावशाली आय, भौतिक उपलब्धियों एवं समुदाय की सामूहिक क्रियाओं में भाग लेने के सम्बन्ध में धारण करता है।"[1] चैपिन के द्वारा दी गई सामाजिक स्थिति की इस परिभाषा से चार बातें ज्ञात होती हैं, जोकि निम्नलिखित हैं–

(1) सांस्कृतिक उपलब्धियाँ,

1. "The position an individual or family occupies with reference to the prevailing average standards of cultural possessions, effective income, material possessions and participation in the group activities of the community". —F.S. Chappin

(2) आय,
(3) भौतिक उपलब्धियाँ,
(4) समूह की क्रियाओं में भाग लेना।

इन चार पहलुओं की माप के लिए चैपिन ने अलग-अलग पैमाने निर्धारित किये और सम्बन्धित पैमानों का भी उपयोग किया। सांस्कृतिक उपलब्धियों को मापने के लिये चैपिन ने घरेलू वस्तुओं को माप का आधार बनाया। उसने घरेलू वस्तुओं को मनमाने ढंग से मूल्य या भार प्रदान किया। कहीं-कहीं मूल्य या भार प्रदान करने में उसने दो स्वतन्त्र निर्णायकों की राय का भी उपयोग किया था। आय की माप के लिए उसने साइडेन स्ट्रिकर-किंग (Syden Stricker-King) के स्केल को ही इस्तेमाल किया। भौतिक उपलब्धियों की माप घर की वस्तुओं के ही आधार पर की गई। घरेलू वस्तुओं को भी मनमाने ढंग से भार प्रदान किया गया। समूह की क्रियाओं में भाग लेने की माप के लिये प्रत्येक सदस्यता को 1 अंक, प्रत्येक समूह में सम्मिलित होने को 2 अंक, प्रत्येक आर्थिक सहायता देने को 3 अंक और प्रत्येक कमेटी की सदस्यता को 4 अंक, तथा प्रत्येक स्थान पर अपने माता-पिता का प्रतिनिधित्व करने को 5 अंक का भार या मूल्य प्रदान किया गया।

चैपिन ने भौतिक उपलब्धियों की माप करने वाले पैमाने के दो भाग माने हैं। प्रथम में उन सब वस्तुओं का विवरण है जोकि किसी व्यक्ति के कमरे में उपलब्ध होती हैं। इन वस्तुओं की उपस्थिति के आधार पर सम्बन्धित व्यक्ति की आर्थिक स्थिति, रुचि एवं सांस्कृतिक स्थिति का अनुमान लगाया जाता है। पैमाने के दूसरे भाग में उपलब्ध वस्तुओं की दशा का, व्यवस्था का और सफाई आदि का विवरण है। इस विवरण के आधार पर सम्बन्धित व्यक्ति की सुरुचि एवं सौन्दर्य बोध की माप की जाती है। चैपिन ने पैमाने के दोनों भागों में लिये गये विभिन्न पदों को सापेक्ष महत्त्व के आधार पर तथा अपनी सूझ-बूझ से भार प्रदान किया था। प्रत्येक पद का भार उसके सामने कोष्ठ में दर्शाया गया था। कुछ पदों को ऋणात्मक भार प्रदान किया गया अर्थात् ये पद निम्न स्तर के परिचायक माने गये। सामाजिक स्थिति की माप के लिये कुछ अंकों में से ऋणात्मक अंक घटाकर वास्तविक परिणाम प्राप्त किया जाता है। चैपिन के पैमाने का रूप निम्नलिखित है:—

भाग 1—कमरे की भौतिक सामग्री तथा सांस्कृतिक उत्पादन

(1) फर्श—मुलायम लकड़ी	(6)	......
—कड़ी लकड़ी	(10)	......
(2) बड़ा कम्बल	(8)	......
(3) खिड़कियाँ मय पर्दों के (प्रति खिड़की के)	(2)	......
(4) अंगीठी मय 3 या अधिक बर्तनों के	(8)	......
(5) कृत्रिम प्रकाश—बिजली	(8)	......
—मिट्टी का तेल	(-2)	......
(6) पुस्तकों की मेज	(8)	......

(7) हत्थेदार कुर्सियाँ	(प्रति कुर्सी)	(8) ......
(8) पियानों की बेंच		(8) ......
(9) डेस्क व्यक्तिगत-सामाजिक		(8) ......
(10) पुस्तकों की अलमारी तथा पुस्तकें	(प्रति)	(2) ....
(11) सिलाई की मशीन	(प्रति)	(-2) ......
(12) कोच का तकिया	(प्रति)	(8) ......
(13) अलार्म घड़ी	(प्रति)	(-2) ......
(14) अखबार	(प्रति)	(8) ......
(15) अन्य पत्र-पत्रिकायें	(प्रति)	(8) ......
(16) टेलीफोन		(8) ......
(17) रेडियो (2) टेलीविजन (6) दोनों		(8) ......
प्रथम भाग का योग		________
भाग 2—कमरे की वस्तुओं की दशा		
(18) सफाई		(-4) ......
(क) दाग अथवा धब्बे		(-4) ......
(ख) धूल		(-2) ......
(ग) धूल तथा दाग धब्बे रहित		+2) ......
(19) फर्नीचर रखने का ढंग		
(क) फर्नीचर इधर-उधर बिखरा हुआ		(-2) ......
(ख) वस्तुयें करीने से लगी हुईं		(+2) ......
(20) वस्तुओं तथा फर्नीचर की मरम्मत		
(क) टूटा, खरोंच वाला, फटा, घिसा हुआ		(-4) ......
(ख) थेगड़ी लगी हुई		(-2) ......
(ग) अच्छी मरम्मत की हालत में भली-भाँति रखा हुआ		(+2) ......
(21) उत्तम रूचि के सम्बन्ध में अपना विचार लिखिये		
(क) अशिष्ट, झगड़ालू, आक्रामक		(4) ......
(ख) मनहूस, तटस्थ, निष्क्रिय		(2) ......
(ग) आकर्षक, मिलनसार, शान्त		(-2) ......
दूसरे भाग का योग		________
कुल योग		________

चैपिन ने सामाजिक-आर्थिक स्थिति की माप चारों प्रकार के आधारों पर की और निष्कर्ष निकाला कि समाजमितीय अध्ययनों में भौतिक उत्पादनों एवं उपलब्धियों के मापन का विशेष महत्त्व है और इसी के आधार पर व्यक्ति की आर्थिक-सामाजिक स्थिति का पर्याप्त अनुमान लगाया जा सकता है।

जिस पैमाने का ऊपर वर्णन किया गया है, चैपिन ने इसके द्वारा विभिन्न वर्गों

के व्यक्तियों की सामाजिक स्थिति का अध्ययन किया था। विभिन्न वर्गों के व्यक्तियों के अध्ययनों के आधार पर चैपिन ने कुछ कामचलाऊ प्रतिमान निर्धारित किये थे। 1942 में चैपिन ने एक सामाजिक स्थिति के प्रतिमानों की सारणी तैयार की थी, जो कि निम्नलिखित है—

वर्ग		विस्तार	उदाहरण
उच्च	1. उच्च	250 एवं अधिक	डाक्टर
	2. निम्न	200 - 249	छोटे कस्बे का महाजन
मध्यम	1. उच्च	150 - 199	कारखाने का मैनेजर
	2. निम्न	100 - 149	दक्ष कारीगर
निम्न	1. उच्च	50 - 99	बेकार अर्द्ध-दक्ष
	2. निम्न	0 - 49	बेकार अकुशल

'गटमैन' के सुधार

चैपिन ने पैमाने के निर्माण करते समय सम्बन्धित तथ्यों को अपने सामान्य ज्ञान के द्वारा मूल्य या भार प्रदान किया था। ऐसी स्थिति में वस्तुनिष्ठता की कमी आने की सम्भावना रह जाती है। इस प्रणाली में सुधार करने के लिये लुईस गटमैन ने भार प्रदान करने की विधि में अन्तर किया। उसने सम्बन्धित पदों को तथ्य विश्लेषण (Factor Analysis) प्रणाली के आधार पर भार प्रदान किया। इस विधि के प्रयोग से भार प्रदान करने का कार्य अपेक्षाकृत अधिक वैज्ञानिक एवं वस्तुनिष्ठ बन गया। उसमें तर्कसम्मतता भी आ गई थी। गटमैन और चैपिन के पैमानों में कुछ अन्तर है जो अग्रांकित सारणी से स्पष्ट हो जायेगा।

इस तुलनात्मक सारणी के आधार पर कहा जा सकता है कि गटमैन का पैमाना अधिक वैज्ञानिक है। चैपिन के पैमाने का आधार सामान्य ज्ञान है और गटमैन के पैमाने का आधार तथ्य-विवेचन प्रणाली है।

	भार	
वस्तु	**चैपिन का पैमाना**	**गटमैन का पैमाना**
अग्नि-स्थान	8	34.6
लाइब्रेरी टेबल	8	-1.0
डेस्क	8	2.3
टेलीफोन	8	24.4
रेडियो	8	8.0

संस्थागत व्यवहार एवं सामाजिक प्रक्रियाओं को मापने के लिए अनेक समाजमितीय पैमानों की रचना की गई है। चैपिन और गटमैन के पैमाने इसी प्रकार के हैं। इन पैमानों में मुख्य बात यह थी कि इन में सांख्यिकीय पद्धतियों का प्रयोग नहीं किया जाता था। इन पैमानों से भिन्न बिन्दुरेखीय प्रणालियों (Sociographic

Methods) में भी केवल रेखाचित्रों या ग्राफों का ही उपयोग किया जाता था। इन में भी सांख्यिकी का उपयोग नहीं था। इस कमी को पूरा करने के लिये सामाजिक निर्देशांक प्रणाली का आविष्कार हुआ। सामाजिक निर्देशांक प्रणाली के अन्तर्गत सामाजिक घटनाओं के विवेचन एवं परिणाम प्राप्त करने में सांख्यिकी की सहायता ली जाती है।

सामाजिक निर्देशांक की उपयोगिता

समाजमितीय पैमानों द्वारा किसी संस्था के एक या एक से अधिक पहलुओं को मापा जा सकता है। परन्तु एक समाजमितीय पैमाने द्वारा कई एक सम्मिलित तथ्यों का तुलनात्मक एवं समग्र अध्ययन करना सरल एवं सम्भव नहीं होता। इस स्थिति में किसी संस्था अथवा समूह के अनेक पहलुओं के एक साथ अध्ययन के लिए सामाजिक निर्देशांक का उपयोग किया जाता है।

समाजमितीय पैमानों एवं बिन्दुरेखीय विधि द्वारा सामाजिक सम्बन्धों की चित्रमय व्याख्या की जाती है। इनके अन्तर्गत सामाजिक घटनाओं का आकर्षक प्रदर्शन किया जा सकता है, परन्तु इनमें एक दोष यह है कि इन विधियों द्वारा प्रदर्शन सम्बन्धित सामाजिक प्रक्रियाओं के प्रति जानकारी एकाएक प्राप्त नहीं हो पाती। एक ही दृष्टि में घटना का ज्ञान प्राप्त नहीं हो पाता। सामाजिक निर्देशांक प्रणाली में इस कमी को दूर किया गया है। सामाजिक निर्देशांक प्रणाली की यह विशेषता है कि इससे सम्बन्धित घटना का एक ही दृष्टि में ज्ञान प्राप्त हो जाता है।

सामाजिक-निर्देशांक प्रणाली में सांख्यिकी का प्रयोग किया जाता है। अतः प्राप्त परिणाम पर्याप्त शुद्ध एवं स्पष्ट होते हैं। इसके अतिरिक्त एक उपयोगिता यह है कि सामाजिक निर्देशांक द्वारा किसी सामाजिक संस्था के व्यवहार, सामाजिक समूहों के परस्पर सम्बन्धों और अन्तः क्रियाओं आदि का एक ही इकाई द्वारा सही-सही मापन करना सम्भव होता है।

मुख्य सामाजिक निर्देशांक

समाजशास्त्रीय अध्ययनों के लिये प्रायः निम्नलिखित निर्देशांकों का विशेष उपयोग किया जाता है।

(1) अन्तर्क्रियाओं की तीव्रता का निर्देशांक (Index of Intensity of interactions)

(2) एकतामापक निर्देशांक (Index of Cohesion)

(3) सामाजिकता का निर्देशांक (Index of Sociability)

(4) सामाजिक स्थिति का निर्देशांक (Index of Social Status)

(5) सामाजिक समायोजन का निर्देशांक (Index of Social Adjustment)

(6) सामाजिक स्थिरता का निर्देशांक (Index of Stability)

अब इन निर्देशांकों का थोड़ा विस्तार से विवरण देना भी उचित होगा।

(1) अन्तर्क्रियाओं की तीव्रता का निर्देशांक—इस निर्देशांक द्वारा समाज में या समूह में व्यक्तियों के आपसी सम्बन्धों अर्थात् आकर्षण-विकर्षण या अन्य पारस्परिक अन्त:क्रियाओं की माप की जाती है। परन्तु यह समाजमितीय पैमानों से भिन्न है। इस प्रणाली में गणित का उपयोग किया जाता है। यह पद्धति सम्बन्धित समूह या संस्था के सदस्यों द्वारा सम्भावित चुनी गई संख्या और असली चुनाव संख्या के अनुपात से सम्बन्धित है। उदाहरण के लिये एक समूह में अध्ययन करना है; उस समूह में 15 सदस्य हैं। इस स्थिति में इन 15 सदस्यों को कहा जायेगा कि प्रत्येक सदस्य उन सदस्यों का नाम बतलाये जिन्हें वह पसन्द करता है। इस कार्य को सरल बनाने के लिये कुल सदस्यों के नामों की एक सूची बना ली जाती है और प्रत्येक सदस्य को उसकी एक-एक प्रति दे दी जाती है। तब सदस्य जिन सदस्यों को पसन्द करते हैं उनके नाम के सामने (✓) निशान लगा देते हैं और जिन्हें पसन्द नहीं करते हैं उनके मान के सामने (×) का निशान लगा देते हैं। चुनाव संख्या सम्भावित संख्या के बराबर और उससे कम भी हो सकती है। कम होने का कारण यह है कि सम्भव है कि कोई सदस्य अपने समूह के सदस्यों को पसन्द न करता हो, समूह से बाहर के किसी व्यक्ति को पसन्द करता हो, इस दशा में वास्तविक चुनाव संख्या, सम्भावित चुनाव संख्या से कम होगी।

अधिकतम अथवा सम्भावित चुनाव संख्या जानने के लिए एक सूत्र का प्रयोग किया जाता है। यह सूत्र है—$n^2 - n$ यहाँ पर n सदस्य संख्या है। यदि समूह के सदस्य 15 हैं तो सम्भावित चुनाव संख्या $15^2 - 15$ अर्थात् 225−15=210 होगी। 210 अधिकतम चुनाव संख्या है। यदि प्रत्येक सदस्य समूह के प्रत्येक अन्य सदस्य को पसन्द करता है तब यह संख्या प्राप्त होगी।

अन्त:क्रिया-निर्देशांक ज्ञात करने के लिये इस अधिकतम चुनाव संख्या और वास्तविक चुनाव संख्या का पारस्परिक अनुपात ज्ञात करना होगा। इसके लिए निम्नलिखित सूत्र का प्रयोग किया जाता है:—

$$\text{अन्त:क्रिया निर्देशांक} = \frac{\text{वास्तविक चुनाव संख्या}}{n^2 - n} = 100$$

इस सूत्र के अनुसार हमारे समूह का अन्त:क्रिया निर्देशांक इस प्रकार होगा। यदि वास्तविक चुनाव संख्या 105 है तब अन्त:क्रिया निर्देशांक निम्नलिखित होगा—

$$\frac{105}{15 - 15^2} \times 100 = \frac{105}{210} \times 100 = 150$$

(2) एकतामापक निर्देशांक—इस निर्देशांक के द्वारा किसी समूह अथवा संस्था की एकता की माप की जाती है। एकतामापक निर्देशांक के द्वारा एक समूह अथवा संस्था के आन्तरिक एवं बाहरी दोनों सम्बन्धों का अध्ययन किया जाता है। संस्था पर बाहरी प्रभावों का अध्ययन इसलिये किया जाता है क्योंकि बाहरी प्रभाव

से समूह की एकता में अन्तर आता है। कभी-कभी बाहरी प्रभाव संगठनकारी होते हैं और कभी-कभी वे विघटनकारी भी होते हैं।

कभी-कभी किसी एक ही संस्था अथवा समूह में आन्तरिक रूप से कुछ दल बन जाते हैं। इस बात का पता लगाने के लिए सम्बन्धित वर्ग या समूह के आन्तरिक एवं बाहरी सदस्यों से उनके सुझाव अथवा राय जानी जाती है। इस स्थिति में आन्तरिक सदस्यों से दो प्रकार के सुझाव प्राप्त होंगे। एक प्रकार के लोग वर्ग के सदस्यों को पसन्द करने का सुझाव देंगे। और कूछ दूरारे प्रकार के व्यक्ति वर्ग या समूह के बाहर के लोगों को पसन्द करेंगे। इससे भिन्न कुछ सुझाव ऐसे भी प्राप्त होंगे, जिनमें समूह के बाहर के लोग समूह के लोगों को पसन्द करेंगे या प्राथमिकता देंगे। यदि सम्बन्धित समूह के सब लोग समूह के ही लोगों को पसन्द करने की राय देते हैं, तब समूह की पूर्ण एकता सिद्ध हो जाती है और यदि समूह के कुछ सदस्य समूह के बाहर के लोगों को पसन्द करते हैं, तब समूह या संख्या की एकता पूर्ण नहीं मानी जायेगी।

एकतामापक निर्देशांक प्राप्त करने के लिये दो प्रकार के अनुपातों की तुलना करनी पड़ती है। इस प्रकार का प्रथम अनुपात सम्बन्धित समूह के पसन्द किये गये सदस्यों और समूह के कुल सदस्यों के मध्य होता है। दूसरा अनुपात समूह के सदस्यों द्वारा पसन्द किये गये बाहरी सदस्यों की संख्या और बाहरी सदस्यों द्वारा समूह के पसन्द किये गये सदस्यों की संख्या के मध्य होता है। इस आधार पर स्पष्ट है कि समूह के सदस्यों द्वारा पसन्द बाहरी व्यक्तियों की संख्या, बाहरी व्यक्तियों द्वारा पसन्द समूह के व्यक्तियों की संख्या से अधिक है तो समूह की एकता कम है।

एकतामापक निर्देशांक प्राप्त करने के लिये निम्न सूत्र का उपयोग किया जाता है–

$$\text{एकतामापक निर्देशांक} \equiv \frac{\dfrac{Ca+Ci}{Ni}}{\dfrac{Co}{No}}$$

अथवा

$$\frac{No \times (Ca + Ci)}{Ni \times Co}$$

सूत्र में किये गये प्रतीकों का अर्थ निम्नलिखित है–

Ca = आन्तरिक समूह के सदस्यों द्वारा प्राप्त कुल सुझाव।

Ci = आन्तरिक समूह को बाहर से पसन्दगी के मिले सुझाव।

Co =आन्तरिक समूह द्वारा बाहर के लोगों को पसन्द करने का सुझाव।

Ni = आन्तरिक समूह के सदस्यों की संख्या।

No = बाहर के व्यक्तियों की संख्या जिन्हें आन्तरिक समूह से पसन्दगी के सुझाव प्राप्त हुए हैं।

एकतामापक निर्देशांक के इस सूत्र में लेजर फील्ड (Lazar Field) ने सुधार करके निम्न रूप दिया—

$$\text{एकतामापक निर्देशांक} = \frac{\frac{Ca}{Ni} + \frac{Ci}{Ni}}{\frac{Co}{No} + \frac{Ci}{Ni}}$$

उदाहरण—एक आन्तरिक समूह में 10 सदस्य हैं। उन्हें 24 पसन्दगी के सुझाव आन्तरिक रूप से, 16 पसन्दगी के सुझाव बाहर से प्राप्त होते हैं। बाहर जाने वाले पसन्दगी के सुझाव 10 हैं जो 4 लोगों को प्राप्त हुये हैं।

इस दशा में एकतामापक निर्देशांक निम्नलिखित होगा—

$$\text{एकतामापक निर्देशांक} = \frac{\frac{24 + 16}{10}}{\frac{10}{\frac{10}{4}}}$$

$$= \frac{40}{10} \times \frac{4}{10} = 1.6$$

लेजर फील्ड के अनुसार

$$= \frac{\frac{24}{10} + \frac{16}{10}}{\frac{10}{4} + \frac{16}{10}}$$

$$= \frac{40}{10} \times \frac{20}{82} = 0.98$$

(3) सामाजिकता का निर्देशांक—सामाजिकता के निर्देशांक की रचना एल० डी० जेलेनी (L.D. Zeleny) ने की है। जेलेनी की विधि के मुख्य चरण इस प्रकार हैं—

(क) समूह या संस्था का प्रत्येक सदस्य दूसरे सदस्यों के लिये 'पसन्द' 'नापसन्द' या 'तटस्थ' इस प्रकार के शब्द लिखेगा।

(ख) दूसरी बात जो प्रत्येक सदस्य को करनी होती है वह यह है कि उसे अपनी प्रथम पाँच और अन्तिम पाँच पसन्द लिखनी होती हैं। यहाँ अन्तिम पाँच

पसन्द प्रायः नापसन्द ही होती हैं। इस कार्य के द्वारा कुछ व्यक्तियों को दो पसन्द प्राप्त होंगी। एक तो प्रारम्भिक पसन्द, दूसरी इस प्रकार बताई गई प्रथम अथवा अन्तिम पाँच में होने पर।

(ग) विभिन्न प्रकार की पसन्दगियों को आंशिक माप प्रदान की जाती है। जेलेनी ने प्रत्येक पसन्दगी के लिये (+.5) तथा प्रत्येक नापसन्दगी के लिए (–.5) अंक रखे। इसके अतिरिक्त जो व्यक्ति प्रथम पाँच पसन्दगियों में आया उसे भी (+.5) और जो अन्तिम पाँच में आया उसे (–.5) अंक अलग से प्रदान किये।

(घ) इस प्रकार प्राप्त अंकों के आधार पर निम्न सूत्र के द्वारा सामाजिकता का मध्यमान निकाला गया।

$$I_a = \frac{\sum I}{n\ (n\text{-}1)}$$

I_a = सामाजिकता की औसत तीव्रता

$\sum I$ = कुल सामाजिकता के अंक

n = समूह के सदस्यों की संख्या

(च) इस प्रकार सामाजिकता की औसत तीव्रता से अन्य प्रत्येक सदस्य के अंकों का विचलन ज्ञान किया जाता है। इस प्रकार प्राप्त विचलनों के योग को $n(n—1)$ के द्वारा भाग देकर माध्य विचलन (Mean Deviation) प्राप्त किया जाता है। इस माध्य विचलन को प्राप्त करने के लिये निम्न सूत्र का उपयोग किया

$$\text{M.D.} = \frac{\sum d}{n\ (n\text{-}a)}$$

यहाँ पर $\sum d$ = माध्यम के विचलनों का योग

(छ) माध्य-विचलन ज्ञात हो जाने के बाद सामाजिकता निर्देशांक निम्न सूत्र द्वारा प्राप्त किया जाता है–

सामाजिकता निर्देशांक = $I_a \pm$ M.D.

(4) सामाजिक स्थिति का निर्देशांक–जेलेनी ने सामाजिकता निर्देशांक ज्ञात करने वाली विधि में ही थोड़ा-सा अन्तर करके, सामाजिक स्थिति का निर्देशांक भी प्राप्त किया था। सामाजिक स्थिति निर्देशांक ज्ञात करने के लिये निम्न सूत्र काम में लाया जाता है–

$$\text{सामाजिक स्थिति निर्देशांक} = \frac{\sum I_a}{n\text{-}1} + \frac{\sum d}{n\text{-}1}$$

(5) सामाजिक समायोजन का निर्देशांक–जेलेनी ने सामाजिक समायोजन को मापने के लिये भी एक विधि का गठन किया था। यह भी लगभग सामाजिकता निर्देशांक के ही समान है। सामाजिक समायोजन निर्देशांक ज्ञात करने का सूत्र निम्न है–

$$\text{सामाजिक समायोजन निर्देशांक} = \frac{\Sigma l}{2(n-1)} + \frac{\Sigma d}{2(n-1)}$$

(6) सामाजिक स्थिरता का निर्देशांक–सामाजिक स्थिरता के निर्देशांक की रचना हार्टशोर्न (Hart Shorne) ने की थी। प्रत्येक समूह एवं संस्था सतत रूप से परिवर्तनशील होती है। समूह अथवा संस्था के कुछ सदस्य सदस्यता त्याग देते हैं, कुछ नवीन सदस्य बन जाते हैं। कहने का आशय यह है कि प्रत्येक समूह के संगठन एवं आकार में परिवर्तन होता रहता है। इसी परिवर्तन की वैज्ञानिक माप करने के लिये सामाजिक स्थिरता के निर्देशांक की रचना की गई थी। सामाजिक स्थिरता निर्देशांक ज्ञात करने के लिये निम्न सूत्र का प्रयोग किया जाता है–

$$\text{सामाजिक स्थिरता निर्देशांक} = \frac{2R}{Go + Gi} \times 100$$

इस सूत्र में प्रयोग किये गये प्रतीकात्मक शब्दों का अर्थ निम्न है–

Go = प्रथम निरीक्षण के समय समूह का आकार।

Gi = द्वितीय निरीक्षण के समय समूह का आकार।

R = दोनों निरीक्षणों में उपस्थित लोग।

उदाहरण–किसी सकूल में सन् 1970 में 400 विद्यार्थी थे। सन् 1971 में विद्यार्थी बढ़कर 500 हो गये और यह भी ज्ञात हुआ कि पुराने 160 विद्यार्थियों ने स्कूल छोड़ दिया था और नये विद्यार्थी भर्ती कर लिये गये थे। स्कूल की सामाजिक स्थिरता निर्देशांक ज्ञात करो।

1970 में स्कूल का आकार (Go) = 400

1971 में स्कूल का आकार (Gi) = 500

दोनों वर्षों में उपस्थित छात्र (R) = 400-160 = 240

$$\text{स्थिरता निर्देशांक} = \frac{2 \times 240}{400 + 500} \times 100$$

$$= \frac{480}{900} \times 100 = 53.3\%$$

अतः सामाजिक परिवर्तन का निर्देशांक=100—53.3 = 46.7%

इन छः मुख्य निर्देशाकों के अतिरिक्त अन्य भी कई निर्देशांकों की रचना की जा सकती है। उदाहरण के लिये सामाजिक विघटन के तत्त्वों, उत्पादकता और सांस्कृतिक परिवर्तनों आदि के निर्देशांकों की रचना सम्भव है।

अभ्यास के लिए प्रश्न

प्रश्न 1. संस्थागत व्यवहार की माप से आप क्या समझते हैं ? एक उत्तम समाजमितीय पैमाने के निर्माण की प्रक्रिया एवं विशेषताओं का वर्णन करिये।

What do you understand by Institutional Behaviour? Describe the process and characteristics of the constitution of a good social sociometric scale.

प्रश्न 2. सामाजिक स्थिति मापने के लिये चैपिन (Chapin) द्वारा बनाये गये पैमाने का वर्णन कीजिये और उसमें गटमैन द्वारा किये गये सुधारों की भी व्याख्या कीजिये।

Describe Chapin's scale for measuring social status and explain Guttmans' reforms in it.

14

उपकरण और प्रविधियाँ : निरीक्षण
(Tools and Techniques : Observation)

निरीक्षण की परिभाषा

विज्ञान के क्षेत्र में नये-नये अनुसन्धानों की सबसे प्रमुख और सबसे सामान्य विधि निरीक्षण विधि है। बालक प्रारम्भ से ही चारों ओर के परिवेशों की भिन्न-भिन्न वस्तुओं और व्यक्तियों का निरीक्षण करता है, उनमें अन्तर करना सीखता है और उनको अलग-अलग पहचानता है। इस निरीक्षण से उसका परिवेश के व्यक्तियों और वस्तुओं का ज्ञान बढ़ता रहता है जिससे बालक को उनसे समायोजन करने में सहायता मिलती है। यह निरीक्षण केवल बाल्यावस्था में ही हो ऐसी बात नहीं है। जीवन के प्रत्येक काल में मनुष्य अपने परिवेश में नई-नई बातों का निरीक्षण करता रहता है। इस निरीक्षण से उसका भिन्न-भिन्न वस्तुओं और व्यक्तियों के विषय में ज्ञान बढ़ता है। विज्ञान के क्षेत्र में भी मनुष्य ने सबसे पहले निरीक्षण के द्वारा ही नये-नये तथ्यों का अनुसंधान किया। बाद में विभिन्न विज्ञानों में नये-नये यन्त्रों के आविष्कार से निरीक्षण की शक्ति बहुत बढ़ गई। परन्तु समाज विज्ञानों में निरीक्षण प्रविधि से तात्पर्य आँख से किये निरीक्षण से होती है।

पी॰ वी॰ यांग के शब्दों में "निरीक्षण आँख के द्वारा स्वाभाविक घटनाओं का उनके घटित होते समय व्यवस्थित और इच्छापूर्ण अध्ययन है। निरीक्षण का प्रयोग जटिल सामाजिक घटनाओं में, संस्कृति प्रतिमानों में और मानव आचार में महत्वपूर्ण परस्पर सम्बन्धित तत्वों की प्रकृति और सीमा का प्रत्यक्षीकरण है।"[1] निरीक्षण की इस परिभाषा के अनुसार निरीक्षण आँख के द्वारा किया जाता है। निरीक्षण का प्रयोजन विभिन्न घटनाओं में परस्पर सम्बन्धित तत्वों का अवलोकन है। इससे यह स्पष्ट है कि प्रत्यक्षीकरण मात्र निरीक्षण नहीं कहा जा सकता। निरीक्षण का अर्थ

---

1. ''Observation is a systematic and deliberate study through the eye of spontaneous occurrences at the time they occur, the purpose of observation is to pereceive the nature and extent of significant inter-related elements within complex social phenomena, culture patterns or within complex social phenomena, culture patterns or human conduct."

—P.V. Young.

Scientific Socical Surveys and Research, Prentice Hall Inc. (1956), p. 154

चाहे जो कुछ देखना नहीं है। उसमें महत्वपूर्ण तत्वों का अवलोकन किया जाता है। इसी रूप में वह एक वैज्ञानिक प्रविधि माना जाता है। वैज्ञानिक सामाजिक घटनाओं का उनके स्वाभाविक रूप में निरीक्षण करता है। यह निरीक्षण उनमें भाग लेकर अथवा उनको दूर से देखकर, सहभागी अथवा असहभागी दोनों ही रूप में किया जा सकता है।

ऑक्सफोर्ड कंसाइज डिक्शनरी में निरीक्षण की परिभाषा करते हुए लिखा है, "घटनाओं को, जैसी कि वे प्रकृति में होती हैं, कार्य और कारण अथवा सांस्कृतिक सम्बन्ध की दृष्टि से यथातथ्य देखना और नोट करना।"[1] निरीक्षण की इस परिभाषा में उसके दो मुख्य लक्षण बतलाए गए हैं—एक तो निरीक्षण में कार्य-कारण अथवा अन्य परस्पर सम्बन्धों की खोज की जाती है और दूसरे उसमें विषय सामग्री को यथा तथ्य अवलोकन करके लिख लिया जाता है।

निरीक्षण के लक्षण

उपर्युक्त विवेचन से स्पष्ट है कि निरीक्षण विधि में निम्नलिखित मुख्य लक्षण पाए जाते हैं—

(1) नेत्रों के द्वारा निरीक्षण—अधिकतर समाज वैज्ञानिक निरीक्षण प्रविधि में नेत्रों के द्वारा निरीक्षण आवश्यक मानते हैं। मौसर के शब्दों में, "कठोर अर्थों में निरीक्षण से तात्पर्य कानों अथवा शब्दों के प्रयोग के स्थान पर आँखों के प्रयोग से है।"[2] निरीक्षणकर्ता सुनी-सुनाई बात पर विश्वास नहीं करता। वह घटनाओं को स्वयं अपनी आँखों से देखता है, तभी उसका अध्ययन प्रामाणिक माना जा सकता है। यह एक सामान्य बात है कि सुनी-सुनाई बातों की तुलना में आँखों देखी बात अधिक विश्वसनीय मानी जाती है और आँखों देखी बात के सत्य होने के लिए किसी अन्य प्रमाण की आवश्यकता नहीं पड़ती जब तक कि आँखों को धोखा न हुआ हो।

(2) निश्चित उद्देश्य—वैज्ञानिक प्रविधि में निरीक्षण के पूर्व उसका उद्देश्य निश्चित कर दिया जाता है क्योंकि तथ्य को निश्चित किये बिना किसी भी बात का निरीक्षण वैज्ञानिक नहीं कहा जा सकता। प्रत्येक निरीक्षण का विशेष उद्देश्य होता है। उद्देश्य किसी परिकल्पना की जाँच करना हो सकता है अथवा किसी विशेष घटना या कार्य का पता लगाना या उसमें निहित तत्वों का परस्पर सम्बन्ध की जानकारी हो सकता है। इस प्रकार निरीक्षण उद्देश्यपूर्ण होता है। उसका उद्देश्य विषय-सामग्री में निहित कार्य-कारण अथवा अन्य सम्बन्धों का पता लगाना होता है।

(3) सुआयोजित—वैज्ञानिक निरीक्षण प्रविधि में निरीक्षण के उद्देश्य के साथ आयोजन की भी आवश्यकता होती है। इस आयोजन में कभी-कभी कुछ यन्त्रों की

---

1. "Accurate watching, noting of phenomena as they occur in nature with regard to cause and effect or cultural relations." —*Oxford Concise Dictionary.*
2. "In the strict sense, observation implies the use of the eyes rather than of the eass and the voice." —C.A. Moser. *'Survey Methods in Social Investigation'.*

भी आवश्यकता पड़ती है। भौतिक विज्ञान और समाज विज्ञान दोनों में ही निरीक्षण के आयोजन में विभिन्न प्रकार की सामग्री का प्रयोग किया जाता है। इस आयोजन में कभी-कभी विषय-सामग्री को नियन्त्रित करने की आवश्यकता होती है परन्तु नियन्त्रण निरीक्षण की अनिवार्य शर्त नहीं है क्योंकि निरीक्षण अनियन्त्रित भी होता है।

(4) नोट करना—किसी भी वैज्ञानिक प्रविधि में केवल स्मृति के आधार पर अनुसन्धान नहीं किया जाता क्योंकि इसमें गलती होने की सम्भावना होती है। अस्तु, वैज्ञानिक निरीक्षण में आँखों देखी गयी बातों को विभिन्न प्रकार से नोट कर लिया जाता है। नोट करने की एक सामान्य प्रविधि देखी हुई बातों को लिख डालना है। इसके अतिरिक्त आजकल टेप-रिकार्डर की सहायता से घटना में उपस्थित आवाजों को ज्यों का त्यों रिकार्ड कर लिया जाता है। इससे एक बड़ा लाभ यह है कि गलती होने की सम्भावना समाप्त हो जाती है। वास्तव में देखते-सुनते समय इन्द्रियों के भ्रम से भी निरीक्षण दोषपूर्ण हो सकता है। टेप-रिकार्डर में यह दोष दूर हो जाता है। जहाँ तक देखने के दोष का प्रश्न हैं, इसके लिये आजकल कैमरे की सहायता से महत्वपूर्ण दृश्यों के चित्र ले लिये जाते हैं क्योंकि केवल आँखों से देखने मात्र से सभी बातों को नोट नही किया जा सकता और कभी-कभी बहुत-सी महत्वपूर्ण बातें छूट जाती हैं। फोटोग्राफ से एक बड़ा लाभ यह है कि व्यक्ति अपने निरीक्षण की फिर से जाँच कर सकता है। उदाहरण के लिए किसी व्यक्ति के मुख पर उसने क्या भाव देखा था, यह केवल एक बार देखने से सही तौर से जानना आवश्यक नहीं है। यदि उसके भाव का फोटो ले लिया गया हो तो उसे फुर्सत से देखकर यह निश्चित किया जा सकता है कि उसमें क्या भाव था। वास्तव में चेहरे के भाव को पूरी तरह से पढ़ना अत्यन्त कठिन कार्य हैं। कैमरे की सहायता से उसे ज्यों का त्यों पकड़ लिया जाता है। इसलिये आजकल सामाजिक अनुसन्धानों में कैमरे का व्यापक रूप से इस्तेमाल किया जाता है।

निरीक्षण के प्रकार

निरीक्षणकर्ता के निरीक्षण की घटना में भाग लेने या भाग न लेने के अन्तर से निरीक्षण दो वर्गों में बांटा गया है—सहभागी निरीक्षण और असहभागी निरीक्षण। सहभागी निरीक्षण में, जैसा कि उसके नाम से स्पष्ट है, निरीक्षणकर्ता स्वयं निरीक्षण की घटना में भाग लेता है। असहभागी निरीक्षण में वह निरीक्षण की घटना में भाग नहीं लेता। बहुधा निरीक्षण के ये दोनों प्रकार के साथ-साथ प्रयोग किये जाने के कारण मिश्रित अथवा अर्द्धसहभागी निरीक्षण का प्रयोग किया जाता है। सहभागी और असहभागी दोनों ही प्रकार के निरीक्षणों में विषय-सामग्री अनियन्त्रित होती है अर्थात् निरीक्षणकर्ता उसे किसी भी प्रकार से नियन्त्रित नहीं करता है। इसलिये अनियन्त्रित निरीक्षण दो प्रकार के माने जाते हैं—सहभागी अनियन्त्रित निरीक्षण और असहभागी अनियन्त्रित निरीक्षण। अनियन्त्रित निरीक्षण के अलावा निरीक्षण नियन्त्रित भी होता है। इसमें विभिन्न प्रकार से निरीक्षण की घटना को कृत्रिम रूप से उत्पन्न किया जाता है। इस विधि का प्रयोग अधिकतर समाज मनोविज्ञान के क्षेत्र में किया जाता है।

अनियन्त्रित निरीक्षण
(Noncontrolled Observation)

अनियन्त्रित निरीक्षण में, जैसा कि उसके नाम से स्पष्ट हैं, विषय-सामग्री को नियन्त्रित नहीं किया जा सकता। दूसरे शब्दों में, इनमें निरीक्षणकर्ता जीवन की वास्तविक परिस्थितियों में ही सामाजिक घटनाओं का अध्ययन करता है और उनमें किसी भी प्रकार से हस्तक्षेप करने का प्रयास नहीं करता। स्मरण रहे कि नियन्त्रित निरीक्षण में यथार्थता बढ़ाने के लिए जिन अनेक प्रकार के साधनों का प्रयोग किया जाता है वे भी अनियन्त्रित निरीक्षण के प्रयोग नहीं किये जाते। अनियन्त्रित निरीक्षण की परिभाषा करते हुए पी॰ वी॰ यांग ने लिखा है, "अनियन्त्रित निरीक्षण में हम वास्तविक जीवन की परिस्थितियों की सावधानीपूर्वक जाँच करते हैं और यथार्थता के यन्त्रों का प्रयोग करने या देखी गयी घटनाओं की शुद्धता की जाँच करने का प्रयास नहीं करते।"[1] चूँकि समाजशास्त्र में अधिकतर घटनाओं का नियन्त्रण सम्भव नहीं है, इसलिये अधिकतर समाजशास्त्रीय अनुसन्धान अनियन्त्रित निरीक्षण के माध्यम से ही किये जाते हैं।

परन्तु अनियन्त्रित निरीक्षण कभी भी उतना यथार्थ नहीं हो सकता जितना कि नियन्त्रित निरीक्षण होता है। विज्ञान की प्रयोगशाला विधि की विशेषत: नियन्त्रित निरीक्षण है। जिन क्षेत्रों में प्रयोगशाला विधि से अध्ययन नहीं किये जा सकते उनमें कभी भी वैसे निश्चित निष्कर्ष नहीं निकाले जा सकते जैसे कि प्रयोगशाला विधि में निकाले जाते हैं। अनियन्त्रित निरीक्षण में सबसे बड़ा दोष यह है कि चूँकि हम उपस्थित घटना के विभिन्न कारकों का नियन्त्रण नहीं करते इसलिए हमें यह पता होता है कि विशिष्ट सामाजिक घटना में कौन-कौन से कारक उलझे हुए हैं और बहुधा अनेक महत्वपूर्ण तत्व हमारे निरीक्षण से छूट जाते हैं। इस प्रकार जबकि हम यह समझते हैं कि हमने भली प्रकार निरीक्षण किया है वस्तुस्थिति यह होती है कि बहुत-सी महत्वपूर्ण बातें हमारे निरीक्षण से छूट गई हैं। जैसी बर्नार्ड के शब्दों में, "खतरा यह है कि अनियन्त्रित निरीक्षण हमें यह अनुभूति देने की सम्भावना रखता है कि जो कुछ हमने देखा है उसको हम उससे कहीं अधिक जानते हैं जितना कि हम वास्तव में जानते हैं।"[2] होता यह है कि निरीक्षणकर्ता कितना भी तटस्थ क्यों न हो यदि उसे विषय-सामग्री में कोई भी जटिलता दिखलाई नहीं पड़ती तो उसे अपने निरीक्षण की यर्थाथता का पूर्ण निश्चय होता है जबकि बहुधा उसका यह

---

1. "In non-controlled observation we resort to careful scrutiny of real life situations making no attempt to use instrument of precision or to check for accuracy of the phenomena observed." —P.V. Young.
Scientific Social Surveys and Research, p. 157.
2. "There is the danger that non-controlled observation is likely to give the feeling that we know more than we actually do about what we have seen."
—Jessie Bernard., The Sources and Methods of Social Psychology in *L.L. Bernard's Fields and Methods of Sociology,* New York, Farrow Rinehart. (1934), pp. 273-274.

आत्मविश्वास भ्रमपूर्ण होता है। इसलिये अनेक समाज वैज्ञानिक यह राय देते हैं कि सामाजिक अनुसंधान में अनियन्त्रित निरीक्षण का प्रयोग करने के साथ-साथ अध्ययन के विषय में अनुरूप अन्य विधियों और प्रविधियों की भी सहायता ली जानी चाहिए।

अस्तु, अनियन्त्रित निरीक्षण की सीमाओं के कारण उसे दोषपूर्ण नहीं ठहराया जा सकता। वास्तव में, जैसा कि पीछे कहा जा चुका है, अधिकतर सामाजिक घटनायें नियन्त्रित परिस्थितियों में उत्पन्न नहीं की जा सकतीं और इसलिये यही अधिक अच्छा होता है कि उनका उनकी स्वाभाविक परिस्थितियों में अध्ययन किया जाये। पी० वी० यांग के शब्दों में, ''नियन्त्रित और कृत्रिम दशाओं में पर्याप्त रूप से अध्ययन की जाने योग्य जीवन परिस्थितियाँ अपेक्षाकृत बहुत थोड़ी हैं। बहुधा हमें उसी समय निरीक्षण करना होता है जबकि निरीक्षण सम्भव है और उसी सामाजिक और सांस्कृतिक परिप्रेक्ष्य में निरीक्षण करना होता है जिसमें कि परिस्थितियाँ घटित होती हैं।''[1]

अनियन्त्रित असहभागी निरीक्षण
(Noncontrolled Non-Participant Observation)

अनियन्त्रित निरीक्षण के दो प्रकार हैं—सहभागी और असहभागी निरीक्षण। असहभागी निरीक्षण में निरीक्षणकर्ता सामाजिक घटनाओं में भाग लिये बिना ही दूर से घटनाओं का निरीक्षण करता है। इसका तात्पर्य यह नहीं है कि वह गहराई में जाने का प्रयास ही नहीं करता। वास्तव में गहराई में जाये बिना निरीक्षण का प्रयोजन सिद्ध नहीं होता परन्तु फिर, जैसा कि गुडे और हाट ने संकेत किया है, ''जैसे-जैसे हमारे विचारों की गहराई और तीक्ष्णता बढ़ती जाती है, हम अनियन्त्रित निरीक्षण पर कम विश्वास करना चाहते है।''[2] स्पष्ट है कि अनियन्त्रित असहभागी निरीक्षण शीघ्र ही सहभागी निरीक्षण बन जाता है क्योंकि निरीक्षणकर्ता बहुत समय तक अपने को घटना से बिल्कुल पृथक् नहीं रख सकता।

असहभागी निरीक्षण के दोष

असहभागी अनियन्त्रित निरीक्षण के आधार पर सामाजिक घटनाओं के विषय में जो अनुसन्धान किये गये हैं वे पूर्णतया विश्वसनीय नहीं हैं क्योंकि उनमें बहुत सी आत्मगत व्याख्यायें सम्मिलित हो जाती हैं। उदाहरण के लिये विभिन्न देशों में असहभागी निरीक्षण के द्वारा गन्दी बस्तियों के जो विवरण प्रस्तुत किये गये हैं उनमें

---

1. "Life situations which can be adequately studied under controlled and artificial conditions are relatively few. Often we have to observe while "the observing is good" and in the exact social and cultural setting in which the situations occurred."
--P.V. Young, *Scientific Social Surveys and Research,* p. 157.
2. "As our ideas grow in depth and sharpness, we wish to rely much less upon uncontrolled observation." —W.J. Goode and P.K. Hatt.
Methods in Social Research, Mc Graw Hill Book Co., New York (1952).

इन बस्तियों में बहुत से ऐसे दुराचारों की कल्पना कर ली गई है जो कि वहां कम से कम उतनी अधिक मात्रा में कभी नहीं होते जितने कि निरीक्षणकर्ता ने दिखलाये हैं। यह ठीक है कि बाह्य व्यवहार को देखकर आन्तरिक प्रक्रियाओं का बहुत कुछ अनुमान लगाया जा सकता है परन्तु यह अनुमान पूर्ण और विश्वसनीय नहीं हो सकता। इस प्रकार अनियन्त्रित असहभागी निरीक्षण में निम्नलिखित दोष देखें जा सकते हैं–

(1) आत्मगतता–अनुसन्धानकर्ता देखे हुए बहुत से व्यवहार की अपने आत्मगत दृष्टिकोण से व्याख्या करता है और इस प्रकार उसकी यह व्याख्या अनुचित होती है।

(2) अपर्याप्त निरीक्षण–चूँकि निरीक्षणकर्ता सामाजिक घटनाओं में भाग नहीं लेता इसलिये सहभागी निरीक्षण की तुलना में उसका निरीक्षण अपर्याप्त होता है। सामाजिक घटना में बहुत से अंश उसके निरीक्षण से छूट जाते हैं और इसलिये वह अन्य विभिन्न घटनाओं के सम्बन्धों को ठीक प्रकार से नहीं समझ पाता।

(3) निरीक्षण के विषयों का अस्वाभाविक व्यवहार–यांग तथा अन्य प्रसिद्ध अनुसन्धाकर्ताओं ने यह नोट किया है कि किसी समूह के अध्ययन में यदि वे केवल तटस्थ दृष्टा या आलोचक के रूप में होते हैं तो उन्हें समूह का विश्वास प्राप्त नहीं होता। समूह के लोग अनुसन्धानकर्ता के उद्देश्यों में सन्देह करने लगते हैं और उसकी उपस्थिति में स्वाभाविक रूप से व्यवहार नहीं करते। अस्तु, उसके सामने अधिकतर औपचारिक व्यवहार किया जाता है। पी॰ वी॰ यांग ने मोलोकन (Molokan) जनजाति के अपने अध्ययन में इस तथ्य की ओर संकेत किया है। मोलोकन जनजाति के निरीक्षण में सहभागी निरीक्षणकर्ता का स्थान प्राप्त किये बिना पी॰ वी॰ यांग उनका विश्वास नहीं पा सकी।

(4) निरीक्षण समूह के लोगों की असुविधा–किसी भी सामाजिक अवसर पर किसी ऐसे व्यक्ति की उपस्थिति से अन्य लोगों को बड़ी असुविधा होती है जो कि कार्यक्रमों में भाग लेने के लिए नहीं बल्कि तटस्थ रूप से उनका निरीक्षण करने के लिए आया हुआ है। स्वाभाविक है कि इस प्रकार के व्यक्ति को अनौपाचारिक अवसरों पर उपस्थित नहीं होने दिया जायेगा। उसकी उपस्थिति से दूसरे लोगों के आनन्द में विध्न पड़ता है जब तक कि उन्हें यह विश्वास न हो जाये कि वह उन्हीं के समूह का एक सदस्य है। सच तो यह है कि सहभागी सदस्य हुए बिना सामाजिक अनुसन्धानकर्ता न तो किसी समूह की सभी क्रियाओं का निरीक्षण करने का अवसर पा सकता है और न इस सम्बन्ध में उसके निष्कर्ष ही विश्वसनीय माने जा सकते हैं।

असहभागी निरीक्षण के गुण

असहभागी निरीक्षण के उपर्युक्त दोषों से यह निष्कर्ष नहीं निकाला जा सकता कि उसमें कोई गुण नहीं है। वास्तव में सहभागी और असहभागी निरीक्षण के गुण-दोष परस्पर पूरक हैं। एक में जो कमियाँ हैं वे दूसरे में पूरी हो जाती हैं। इस

प्रकार असहभागी निरीक्षण में निम्नलिखित गुण देखे जा सकते हैं–

(1) वस्तुविषयकता और तटस्थता–चूँकि इस विधि में निरीक्षणकर्ता सामाजिक घटनाओं में भाग नहीं लेता इसलिये यह वैज्ञानिक तटस्थता बनाये रखता है। यह बात सहभागी अवलोकन में कठिन होती है। तटस्थता के कारण निरीक्षणकर्ता का अवलोकन वस्तुगत ही रहता है।

(2) समूह का आदर और सहयोग प्राप्त करना–जहाँ कभी-कभी समूह की क्रियाओं में भाग लेने से समूह के सदस्यों का विश्वास प्राप्त होता है वहाँ अन्य परिस्थितियों में निष्पक्ष और तटस्थ रहने से भी अनुसन्धानकर्ता समूह के सदस्यों में सम्मानित बना रहता है और लोग उससे सहयोग करते हैं। उसे समूह के विभिन्न दलों का सहयोग प्राप्त हो सकता हैं क्योंकि वह किसी भी दलबन्दी में सम्मिलित नहीं है।

(3) अपरिचित होने का लाभ–बहुधा यह देखा जाता है कि लोग अपने समूह के सदस्यों के सामने स्वाभाविक व्यवहार करने में हिचकिचाते हैं, जबकि अपरिचितों के सामने स्वाभाविक रूप से व्यवहार करते हैं क्योंकि उन्हें उनसे कोई भय नहीं होता। वे अपरिचित व्यक्ति से विशेष भेदभाव और शर्म नहीं करते और इसलिये अपरिचित के रूप में अनुन्धानकर्ता अधिक स्वाभाविक व्यवहार का निरीक्षण कर सकता है।

(4) सूक्ष्म निरीक्षण–जो लोग किसी सामाजिक घटना में भाग ले रहे होते हैं उन्हें उसकी बहुत सी बातें सामान्य मालूम पड़ती हैं जो कि अन्यथा बड़ी महत्वपूर्ण होती हैं। स्पष्ट है कि असहभागी निरीक्षणकर्ता ऐसी बातों का अधिक सूक्ष्म निरीक्षण कर सकता है।

(5) दलबन्दी और झगड़ों से बचाव–यदि अनुसन्धानकर्ता किसी समूह का सदस्य बनकर रहता हे तो यह स्वाभाविक है कि किसी-न-किसी दल से जोड़ लिया जाये। इससे विरोधी दल वाले उसके शत्रु बन जाते हैं और न चाहते हुए भी वह अनेक झगड़ों में फँस जाता है। दूसरी ओर असहभागी रहने से निरीक्षणकर्ता सब प्रकार की दलबन्दी और झगड़ों से बचा रहकर अपने अनुसन्धान के कार्य को चलाये रख सकता है।

उपर्युक्त विवेचन से स्पष्ट है कि अनेक परिस्थितियों में असहभागी अनियन्त्रित निरीक्षण सहभागी निरीक्षण से किसी भी प्रकार से कम महत्वपूर्ण सिद्ध नहीं होता। वारनर और लुन्ट ने ऐसी बहुत-सी सामाजिक परिस्थितियों और सामाजिक अन्तःक्रियाओं की सूची दी है जिनका असहभागी विधि से निरीक्षण किया जा सकता है। कम से कम यह तो कहा ही जा सकता है कि असहभागी निरीक्षण अधिक व्यवस्थित निरीक्षण के लिए मार्ग उन्मुक्त करते हैं। सहभागी निरीक्षण के पूर्व असहभागी निरीक्षण से यथासम्भव अधिक से अधिक बातों का पता लगा लेना उपयुक्त होगा।

अनियन्त्रित सहभागी निरीक्षण
(Uncontrolled Participant Observation)

सहभागी निरीक्षण, जैसा कि इसके नाम से स्पष्ट है, सामाजिक घटनाओं का वह निरीक्षण है जिसमें निरीक्षणकर्ता सामाजिक घटनाओं में भाग लेता है। गुडे और हॉट के शब्दों में, "इस प्रणाली का उस समय प्रयोग किया जाता है जबकि अनुसन्धानकर्ता इस प्रकार के वेश बदल सके कि वह समूह का एक सदस्य मान लिया जाये।"[1] इस प्रकार इस विधि में अनुसन्धानकर्ता सामाजिक समूह का सामान्य सदस्य बनकर रहता है। यांग के शब्दों में, "सहभागी निरीक्षणकर्ता अनियन्त्रित निरीक्षण का प्रयोग करते हुए, समूह के जीवन में रहता था अन्य प्रकार से भाग लेता है जिसका कि वह अध्ययन कर रहा है।"[2] इस प्रकार से सहभागी अध्ययन से उदाहरण चार्ल्स बूथ (Charles Booth) का लन्दन के लोगों का अध्ययन, विलियम एफ० हीट (Wm. F. Whyte) कोर्नविले सोशल एण्ड स्थलेटिक क्लब का अध्ययन और स्वयं पी० वी० यांग का रूसी मोलोकन समूह का अध्ययन है। इसी प्रकार के अध्ययनों के द्वारा मागरिट मीड, मैलिनोवस्की तथा अब्राहम-कार्डीनर जैसे प्रसिद्ध सामाजिक मानवशास्त्रियों ने अनेक आदिम समाजों के महत्वपूर्ण अध्ययन किये हैं। जैसा कि लुण्डबर्ग ने लिखा है, "इस प्रविधि को लागू करने में यह ध्यान रखना आवश्यक है कि केवल स्वयं अनुसन्धानकर्ता ही नहीं; बल्कि अध्ययन किये जाने वाले समूह के सदस्य भी उसको सहभागी मानें।"[3] स्पष्ट है कि जब तक समूह के सदस्य अनुसन्धानकर्ता को अपने समूह के एक सदस्य के रूप में स्वीकार नहीं करेंगे तब तक सहभागी निरीक्षण सम्भव नहीं है। पी० वी० यांग ने अपने मोलोकन समूह के अध्ययन में विस्तार से यह दिखलाया है कि किस प्रकार प्रारम्भ में उसे उनका विश्वास नहीं मिला, किन्तु जब सब प्रकार के विवादों से बचते हुए और सबसे सहानुभूतिपूर्ण व्यवहार करते हुए चतुरता और समझदारी से वह उनके स्त्री-पुरुष, युवकों और बुजुर्गों का विश्वास प्राप्त कर सकी तब उसे समूह में सम्मानित वैज्ञानिक के रूप में स्थान दिया गया। एक बार समूह में स्थान पा लेने के बाद उसका काम आसान हो गया क्योंकि तब समूह के लोग स्वयं उसे विभिन्न अवसरों पर आमन्त्रित करने लगे। इससे वह समूह के प्रत्येक क्षेत्र में व्यवहार का घनिष्ठ और यथार्थ सूक्ष्म अध्ययन कर सकी। सहभागी निरींक्षण के लिए यह आवश्यक है कि समूह के सदस्य अनुसन्धानकर्ता के प्रयोजन में किसी प्रकार से भी सन्देह न करें। यह सफलता अनुसन्धानकर्ता की कुशलता और व्यक्तित्व पर निर्भर है।

---

1. "This procedure is used when the investigator can so disguise himSelf as to be accepted as a member of the group." —W.J. Goode and P.K. Hatt, *ibid,* p. 112.
2. "The participant observer, using non-controlled observation, generally lives or otherwise shares in the life of the group which he is studying."
—Young, P.V. *Scientific Social Surveys and Research,* p. 159.
3. "In the application of the technique it is essential to realise that it is not only the investigator himself but also the members of the group being studied who are to regard him as a participant." —G. A. Lundberg and Margaret Tawsing.

सहभागी निरीक्षण के गुण

सहभागी निरीक्षण प्रविधि में निम्नलिखित लाभ स्पष्ट रूप में देखे जा सकते हैं—

(1) स्वाभाविक व्यवहार का निरीक्षण—चूँकि सहभागी निरीक्षणकर्ता समूह का ही एक सदस्य होता है इसलिये वह विभिन्न क्षेत्रों में समूह के सदस्यों का व्यवहार स्वाभाविक रूप से देख सकता है। यह बात असहभागी अनुसन्धानकर्ता के लिये सम्भव नहीं हैं क्योंकि उसकी उपस्थिति में लोग स्वाभाविक रूप से व्यवहार नहीं करते।

(2) समूह के सदस्यों से निकटता—समूह का सदस्य बनकर रहने, उनके सुख-दु:ख में भाग लेने से और विभिन्न सामाजिक कार्यक्रमों और रीति-रिवाजों का पालन करने से निरीक्षणकर्ता समूह के सदस्यों के बहुत निकट आ जाता है। इससे उसे उनके व्यवहार का सूक्ष्म निरीक्षण करने में सहायता मिलती है।

(3) व्यवहार में अर्न्तदृष्टि—किसी भी समूह के व्यवहार में अन्तर्दृष्टि प्राप्त करने के लिये यह आवश्यक है कि उसके जीवन में भाग लिया जाये। इसी कारण अनेक समाज वैज्ञानिकों ने स्वयं जेल में रहकर बन्दियों के जीवन का अध्ययन किया है। गन्दी बस्तियों के सबसे अधिक वैज्ञानिक अध्ययन वे ही लोग उपस्थित कर सकते हैं जो कि स्वयं इन गन्दी बस्तियों में जाकर उन निवासियों के साथ मिलकर रहें। समूह के जीवन में भाग लेने से ही अनुसन्धानकर्ता उसके विभिन्न कार्यों में सदस्यों की अनुभूतियों, समस्याओं, कठिनाइयों और विचारों को समझ सकता है। समूह के बाहर रहकर उसे इनमें अर्न्तदृष्टि नहीं मिल सकती।

(4) विचार-विमर्श की सुविधा—सामाजिक घटनाओं में अनेक बातों को समझाने के लिये उन लोगों से विचार-विमर्श करना आवश्यक होता है जिनकी सामाजिक घटनाओं का अध्ययन किया जा रहा है। यदि अनुसन्धानकर्ता इन लोगों में मिल-जुल कर रहता है तो वह सुविधानुसार उनसे वाद-विवाद करके उनके सामाजिक जीवन के बहुत से तत्वों की गहराई में प्रवेश कर सकता है। दूसरी ओर असहभागी अनुसन्धानकर्ता को यह सुविधा नहीं मिलती। अधिकतर लोग उस पर विश्वास नहीं करते और इसलिये उससे खुलकर वाद-विवाद नहीं कर सकते।

सहभागी निरीक्षण के दोष

उपर्युक्त गुणों के बावजूद भी सहभागी निरीक्षण की प्रविधि में उन गुणों का अभाव है जो असहभागी निरीक्षण में पाये जाते हैं। संक्षेप में, सहभागी निरीक्षण प्रविधि में निम्नलिखित मुख्य दोष बतलाये जा सकते हैं—

(1) वस्तुविषयकता का अभाव—चूँकि सहभागी निरीक्षणकर्ता अनुसन्धान के समूह के सभी कार्यो में सवेंगात्मक रूप से भी भाग लेता है इसलिये उसका निरीक्षण वस्तुगत नहीं होता क्योंकि वह तटस्थ दृष्टा के स्थान पर समूह का सदस्य बन जाता है। समूह का सदस्य बन जाने से वह समूह के बहुत से कार्यों को पसन्द

करने लगता है और उनमें दोष होते हुए भी उसे कोई दोष दिखलाई नहीं पड़ते। सहभागी निरीक्षण विधि में यह दोष कोई अनिवार्य कठिनाई नहीं है। वास्तव में, यदि ध्यान से देखा जाए तो यह समझा जा सकता है कि समूह का सदस्य बनकर रहने से यह आवश्यक नहीं है कि अनुसन्धानकर्ता की तटस्थता और वैज्ञानिक दृष्टिकोण समाप्त हो जाएँ। पी० वी यंग, मार्गरिट मीड, मैलिनोवस्की जैसे सहभागी निरीक्षणकर्ता समूह के सभी कार्यों में भाग लेते हुए भी अपनी वैज्ञानिक तटस्थता बनाये रखते हैं। अस्तु, सहभागी निरीक्षण के विरूद्ध यह आक्षेप उपयुक्त नहीं है।

(2) सामाजिक स्थिति के कारण पक्षपात–कुछ लोगों ने सहभागी निरीक्षण विधि के विरुद्ध यह आक्षेप उठाया है कि चूँकि इसमें अनुसन्धानकर्ता अध्ययन के समूह में विशिष्ट सामाजिक स्थिति प्राप्त कर लेता है। इसलिये विभिन्न व्यक्तियों से उनका व्यवहार अपनी सामाजिक स्थिति के अनुरूप पक्षपातपूर्ण हो जाता है। अस्तु, उसका दृष्टिकोण वैज्ञानिक नहीं रहता। पहले आक्षेप के समान सहभागी निरीक्षण के विरुद्ध यह दूसरा आक्षेप भी उपयुक्त नहीं प्रतीत होता। सामाजिक स्थिति प्राप्त कर लेने से पक्षपातपूर्ण व्यवहार होना आवश्यक नही है बल्कि दूसरी ओर सामाजिक स्थिति का लाभ उठाकर अनुसन्धानकर्ता समूह के सामाजिक जीवन के विषय में बहुत-सी ऐसी बातों का पता लग सकता है जो कि बाहर से देखने वाले को ज्ञान नही हो सकती।

(3) विविध घटनाओं के महत्व में कमी–कुछ लोगों का यह विचार है कि चूँकि सहभागी निरीक्षणकर्ता समूह के जीवन में सक्रिय रूप से भाग लेता है इसलिये उसे बहुत-सी ऐसी बातें सामान्य और महत्वहीन मालूम पड़ती हैं जो कि बाहर से देखने वाले व्यक्ति को महत्वपूर्ण मूलम हो सकती हैं। यह आक्षेप कुछ परिस्थितियों में ठीक भले ही हो, परन्तु यदि अनुसन्धानकर्ता पर्याप्त रूप से सजग है तो वह सामूहिक जीवन की छोटी-छोंटी बातों की ओर भी ध्यान देकर उसके महत्व का पता लगा सकता है। इससे एक दूसरा लाभ यह है कि जबकि बाहर से देखने वालों को कोई बात व्यर्थ ही महत्वपूर्ण मूलम पड़ सकती है सहभागी निरीक्षणकर्ता ही सामूहिक जीवन में उसके वास्तविक महत्व का पता लगा सकता है। अनेक बातें जो बाहर से देखने में महत्वपूर्ण मालूम पड़ती हैं, सदस्यों के दृष्टिकोण से महत्वपूर्ण नहीं होती। दूसरी ओर अनेक बातें जो बाहर से देखने में मामूली प्रतीत होती हैं, समूह के जीवन में महत्वपूर्ण स्थान रखती हैं। इस सम्बन्ध में निर्णय वही व्यक्ति कर सकता है जो कि समूह के जीवन में भाग लेता है।

(4) अनुभव का संकुचित क्षेत्र–सहभागी निरीक्षण के विरुद्ध एक अन्य आरोप यह लगाया गया है कि इसमें अनुसंधानकर्ता के अनुभव का क्षेत्र अत्यन्त सीमित हो जाता है क्योंकि समूह में विशिष्ट सामाजिक स्थिति प्राप्त कर लेने से वह कुछ लोगों के निकट और अन्य लोगों से दूर हो जाता है। सामान्य रूप से यह आक्षेप कुछ परिस्थितियों में ठीक जान पड़ता है। परन्तु अनुभवी अनुसंधानकर्ता सामूहिक जीवन में भाग लेते हुए भी किसी प्रकार की दलबन्दी या वाद-विवाद में नहीं पड़ते

और इसलिये कभी भी समूह में इतने घनिष्ट नहीं हो जाते कि अन्य दलों के शत्रु हो जायें या उनसे दूर हो जायें।

(5) दलबन्दियों और झगड़ों में फँस जाना—सहभागी निरीक्षण के विरुद्ध एक आक्षेप यह उठाया जाता है कि इसमें अनुसन्धानकर्ता दलबन्दियों और झगड़ों में फँस जाता है क्योंकि उसे स्थिति के अनुरूप किसी-न-किसी का पक्ष ग्रहण करना पड़ता है। इससे अनुसंधान का मूल लक्ष्य समाप्त हो जाता है। यह आक्षेप उन्हीं अनुसन्धानकर्ताओं पर लागू हो सकता है जो समूह के जीवन में इतने अधिक हिल-मिल जाते हैं कि वे अनुसंधान का मूल लक्ष्य भूल जाते हैं। यदि उन्हें यह याद रहे कि वे समूह के सामाजिक जीवन में इसलिये प्रविष्ट हुए है कि उन्हें उसके विभिन्न पहलुओं में अनुसंधान करना है तो वे स्वयं ही सभी झगड़ों और दलबन्दियों से दूर रह सकते हैं। यह ठीक है कि यह कार्य बड़ा कठिन है और बहुधा न चाहते हुए भी अनुसंधानकर्ता अनेक झगड़ों में फँस जाता है, परन्तु प्रयास करने से इस कठिनाई को बहुत कुछ दूर किया जा सकता है।

(6) सहभागी निरीक्षण की सीमा—सामूहिक जीवन के कुछ पहलू ऐसे हो सकते हैं जिनमें सहभागी निरीक्षण सम्भव नहीं है। उदाहरण के लिए चोर-डाकुओं और अपराधियों के समूह में भाग लेना अनैतिक हो सकता है। सहभागी निरीक्षण पर यह आक्षेप उसकी सीमायें दिखलाता है। यह ठीक है कि अनेक बार सहभागी निरीक्षण सम्भव नहीं होता और ऐसी परिस्थितियों में अनुसंधानकर्ता को असहभागी निरीक्षण से ही सन्तुष्ट रहना पड़ता है।

सहभागी निरीक्षण के विरूद्ध दिखलायें गये उपर्युक्त आक्षेपों से यह स्पष्ट होता है कि अन्य प्रविधियों के समान उनकी भी अपनी सीमायें और दोष हैं परन्तु इन दोषों को अत्याधिक बढ़ा-चढ़ाकर दिखलाया गया है। यदि ध्यान से देखा जाए तो उपर्युक्त दोष अधिकतर उन्हीं अनुसंधानकर्ताओं के विषय में लागू होते हैं जो सहभागी होने में अनुसंधान के उद्देश्यों को भूल जाते हैं। वास्तव में समूह के कार्यों में भाग लेते हुए भी अनुसन्धानकर्ता समूह के अन्य सदस्यों से बहुत कुछ विशिष्ट और भिन्न रहता है। इसलिये जिस प्रकार अन्य सदस्य दलबन्दी में फँसे हुए, पक्षपातपूर्ण और आत्मगत होते हैं वैसा अनुसंधानकर्ता को नहीं होना चाहिए। यह ठीक है किसी सामूहिक जीवन में भाग लेने से उसे विशिष्ट सामाजिक स्थिति प्राप्त होती है, परन्तु यह सामाजिक स्थिति सबसे पहले समाज वैज्ञानिक की स्थिति होनी चाहिए क्योंकि अनुसन्धानकर्ता समूह के जीवन में पहले अनुसन्धानकर्ता है और बाद में कुछ और है। लोगों के यह जान लेने से कि वह एक समाज वैज्ञानिक है उसका आदर और मेल-जोल कम नहीं होते; बल्कि बहुत बार तो विशेषज्ञ होने के नाते उसे समूह के अनेक झगड़ों और कठिनाइयों को सुलझाने के लिए बुलाया जाता है। समाज वैज्ञानिक की इस प्रकार की स्थिति को बनाये रखते हुए सामूहिक जीवन में भाग लेने से सहभागी निरीक्षणकर्ता उपर्युक्त दोषों से बचते हुए सभी सूक्ष्म बातों का पता लगाता है जिनको असहभागी निरीक्षण में नहीं जाना जा सकता। अस्तु, यद्यपि

कुछ क्षेत्रों में असहभागी निरीक्षण से ही सन्तोष करना पड़ता है, परन्तु अधिकतर परिस्थितियों में सामाजिक घटनाओं में अनुसन्धान करने के लिये सहभागी निरीक्षण असहभागी निरीक्षण से बेहतर विधि है।

मिश्रित अथवा अर्ध सहभागी निरीक्षण
(Mixed or Quasi-Participant Observation)

उपर्युक्त विवेचन से स्पष्ट है कि, "जैसा कि विद्यार्थी समझ सकता है, शुद्ध रूप से असहभागी निरीक्षण कठिन है।"[1] अर्थात् अनुसन्धानकर्ता को किसी भी समूह के अध्ययन के लिए किसी-न-किसी प्रकार से उसके जीवन में भाग लेना ही पड़ता है। इसी प्रकार दूसरी ओर पूर्णतया सहभागी सदस्य बन जाने से भी समूह का वैज्ञानिक अध्ययन नहीं किया जा सकता। अस्तु, अनियन्त्रित निरीक्षण में मिश्रित अथवा अर्ध-सहभागी निरीक्षण सहभागी और असहभागी दोनों ही प्रकारों का समन्वय करता है। किसी समूह के अध्ययन के लिये केवल सहभागी और केवल असहभागी प्रविधि का प्रयोग न करते हुए विभिन्न घटनाओं के विषय में इनमें से एक अथवा दूसरी का प्रयोग करना अधिक उपयुक्त और व्यावहारिक है। मिश्रित सहभागी निरीक्षण में अनुसन्धानकर्ता समूह का सदस्य बनकर रहते हुए भी निरीक्षण करते समय वैज्ञानिक ही रहता है और उसका ध्यान वस्तु विषयकता पर होता है। गुडे और हाट ने सहभागी निरीक्षण की इस प्रणाली को अन्य दोनों प्रणालियों से बेहतर ठहराया है। इसमें यह आवश्यक है कि सामान्य रूप से अनुसन्धानकर्ता को यह नहीं दिखलाना चाहिए कि वह किस प्रकार की जाँच करने आया है। वास्तव में अध्ययन की वैज्ञानिकता निरीक्षणकर्ता पर ही निर्भर है। जैसा कि गुडे और हाट ने ठीक ही लिखा है, प्रारम्भ में वह कुछ दिन तक समूह का सदस्य बनकर उसके बाद अर्ध-सहभागी बनकर केवल मुख्य सामाजिक प्रक्रियाओं में भाग लेते हुए अपनी अनुसंधान की क्रियाओं को बनाये रह सकता है। इस दृष्टि से जहाँ उसका अध्ययन प्रामाणिक बन जायेगा वहां समूह के कार्यो में भाग लेकर अधिक समय नष्ट करने की भी आवश्यकता नहीं होगी।

नियन्त्रित निरीक्षण
(Controlled Observation)

जैसा कि पहले बतलाया जा चुका है, अनियन्त्रित निरीक्षण का सबसे बड़ा दोष यह है कि चूँकि उसमें अनुसन्धानकर्ता परिस्थितियों को नियन्त्रित नहीं करता है इसलिये उसे न तो यह पता रहता है कि कौन-कौन सी परिस्थितियाँ कार्य कर रही हैं और न वह आसानी से एक कारक के कार्य को दूसरे कारकों के कार्य से अलग कर सकता है। इसलिए समाज विज्ञानों में सब कहीं नियन्त्रित निरीक्षण अनियन्त्रित निरीक्षण से बेहतर विधि मानी गई है। यह बात दूसरी है कि कुछ

1. "As the student can understand, purely non-participant observation is difficult."
—W. J. Goode and P.K. Hatt, *Methods in Social Research,* p. 122

परिस्थितियों में नियन्त्रण सम्भव नहीं होता और इसलिये उनमें अनियन्त्रित निरीक्षण की विधि से ही काम लेना पड़ता है। समाजशास्त्र के विकास में पिछली दो-तीन शताब्दियों में अनेक झगड़ों और कठिनाइयों को सुलझाने के लिए कहा जाता है। इस प्रकार की समाज वैज्ञानिक की स्थिति को बनाये रखते हुए सामाजिक जीवन में भाग लेने से सहभागी निरीक्षणकर्ता उपर्युक्त दोषों से बचते हुए सूक्ष्म बातों का पता लगा सकता है और उसे निश्चित ज्ञान मिल सकता है क्योंकि उसमें अनुसन्धानकर्ता यह जानता है कि कौन-कौन से कारक काम कर रहे हैं और किस कारक का क्या कार्य है।

नियन्त्रित निरीक्षण विधि में साधारणतया दो प्रकार के नियन्त्रण किये जाते हैं एक तो अनुंसंधान के विषय का नियन्त्रण और दूसरे निरीक्षण का नियन्त्रण गुडे और हाट के शब्दों में, "व्यवस्थित निरीक्षण और निरीक्षक का नियन्त्रण करता है।"[1]

(1) अध्ययन के विषय का नियन्त्रण–कुछ सामाजिक अनुसंधानों में अध्ययन में विषय का नियन्त्रण किया जाता है। उदाहरण के लिए बालकों के सम्मुख विशेष प्रकार की उत्तेजनायें उपस्थित करके उनके व्यवहार को नोट किया जाता है। इसी प्रकार कार्य करने की परिस्थितियों का नियन्त्रण करके कर्मचारियों के व्यवहार में परिवर्तन का अध्ययन किया जा सकता है।

(2) निरीक्षणकर्ता का नियन्त्रण–गुडे और हाट के शब्दों में, "सामाजिक अनुसन्धानकर्ता के लिए विषय का नियन्त्रण कठिन है परन्तु कम से कम वह अपने को नियन्त्रित तो कर ही सकता है।"[2] इस प्रकार जिन परिस्थितियों में विषय का नियन्त्रण नहीं किया जा सकता उनमें स्वयं अपना नियन्त्रण करके अनुसन्धानकर्ता नियन्त्रित निरीक्षण कर सकता है।

वास्तव में नियन्त्रित निरीक्षण में उपर्युक्त दोनों प्रकार के नियन्त्रण से काम लिया जाता है। इसी प्रकार नियन्त्रित निरीक्षण के पूर्व बहुत-सी बातें अनियन्त्रित निरीक्षण से पता लगा ली जाती हैं। इससे यह पता चल जाता है कि जिन क्षेत्रों में नियन्त्रित निरीक्षण की आवश्यकता है और किन में यह सम्भव है। अब नियन्त्रण करने से पूर्व उस परिकल्पना को स्पष्ट करना होता है जिस परिकल्पना की जाँच करने के लिये नियन्त्रित परिस्थितियों में निरीक्षण किया जाता है। इस परिकल्पना की जाँच करने के लिये नियन्त्रित परिस्थितियों में निरीक्षण किया जाता है। इस परिकल्पना के स्पष्ट हो जाने के बाद निश्चित निरीक्षण का आयोजन कर लिया जाता है। इस प्रकार के कुछ अत्यन्त वैज्ञानिक अध्ययन बाल व्यवहार के क्षेत्र में किये गये हैं। अमरीका में डोरोथी एस० थॉमस ने नर्सरी स्कूल में बालकों के विषय में महत्वपूर्ण नियन्त्रित निरीक्षण किये। इसमें निरीक्षणकर्ता अध्यापक थे। उन्होंने ऐसी

---

1. "Systematic observation controls over the observer and the observed."
—W.J. Goode and P.K. Hatt. *Ibid*, p. 12.
2. "For a social researcher, it is rather difficult to control the object under investigation but he must at least put controls on himself."
—W.J. Goode and P.K. Hatt, *Ibid*, p. 127.

स्वाभाविक परिस्थितियाँ उत्पन्न की जिनमें बालकों को कम से कम कठिनाइयों का अनुभव हो। इससे बालक स्वाभाविक रूप से व्यवहार कर सके और उन्हें यह भी ज्ञात हुआ कि उनका निरीक्षण किया जा रहा है। अनुसन्धानकर्ताओं ने नर्सरी स्कूल के बालकों के सामाजिक व्यवहार और प्रतिक्रिया के प्रतिमानों का अध्ययन किया और यह पता लगाया कि विभिन्न प्रकार की उत्तेजनाओं जैसे लकड़ी के टुकड़ों, गुड़ियों, चित्रों की पुस्तकों, अन्य बालकों से सम्पर्क, परिचायकों से सम्पर्क आदि के प्रति उनकी क्या प्रतिक्रिया होती है? इन प्रतिक्रियाओं में निष्क्रिय और सक्रिय प्रतिक्रियायें, रोना-चिल्लाना तथा खेलना, देखना आदि को नोट किया गया। डा॰ थॉमस ने निरीक्षण का खाका बनाया और विभिन्न अनुसन्धानकर्ताओं को 15 मिनट के निरीक्षण में 5 बालकों के विषय में अपने निरीक्षण को इस खाके में भरने के लिए कहा। यह निरीक्षण तीन विभिन्न कालों में किया गया, सोने से पूर्व, सोने के बाद और भोजन से पूर्व। शारलोट बूलर नाम के चिकित्सक मनोवैज्ञानिक ने भी अल्पायु के स्कूल के बालक-बालिकाओं के व्यक्तित्व के विषय में महत्वपूर्ण अध्ययन किये। नियन्त्रित निरीक्षण में सबसे बड़ी कठिनाई यह होती है कि यदि विषय को परिस्थितियाँ कृत्रिम मालूम पड़ती हैं तो वह स्वाभाविक व्यवहार नहीं करता। इसलिए परिस्थितियों का नियन्त्रण इस प्रकार से किया जाता है जिससे उनकी स्वाभाविकता बनी रहे। आजकल सामाजिक अनुसन्धान में नियन्त्रण की अनेक प्रविधियों का प्रयोग किया जाता हैं जिनमें से मुख्य प्रविधियाँ निम्नलिखित हैं—

(1) निरीक्षण का आयोजन (Planning of Observation)—नियन्त्रित निरीक्षण में सबसे पहले अनुसन्धानकर्ताओं को छोटी से छोटी बात के विषय में निश्चित आयोजन कर लेना चाहिये अन्यथा अनुसन्धान का प्रयोजन सिद्ध नहीं होता। चूँकि वह एक परिकल्पना लेकर चलता है इसलिये उसे सभी कारकों पर ध्यान देना आवश्यक नही है। उसे यह निश्चित कर लेना चाहिये कि उसे किन कारकों के विषय में क्या और कैसे निरीक्षण करना है। सम्पूर्ण निरीक्षण विषय विभिन्न पहलुओं में विभाजित कर दिया जाना चाहिये और प्रत्येक पहलू का अध्ययन करने के लिए निश्चित योजना बनाई जानी चाहिये। इससे जहाँ समय की बचत होगी वहाँ अभीष्ठ निरीक्षण भी किया जा सकेगा।

(2) अनुसूचियों का प्रयोग (Use of Schedules)—सामाजिक निरीक्षण में ऐसी अनुसूचियों का प्रयोग किया जाता है जिनमें बहुत-सी रिक्त तालिकायें होती हैं और अनुसन्धानकर्ता को अपने निरीक्षण के आधार पर इन रिक्त तालिकाओं की पूर्ति करनी पड़ती है। अस्तु, निरीक्षण की सफलता इन तालिकाओं की वैज्ञानिकता पर निर्भर है। ये तालिकायें इस प्रकार की बनाई जानी चाहियें कि उनमें निरीक्षण के विषय में सम्बन्धित छोटी से छोटी आवश्यक बात आ जाये और वह बात अधिक से अधिक वर्गों में बाँटी जानी चाहिये। इस प्रकार की अनुसूची का एक उदाहरण डॉ॰ थॉमस के द्वारा नर्सरी स्कूल के बालकों की क्रियाओं तथा उनकी आवृत्ति का कमरे के अन्दर 15 मिनट तक निरीक्षण करने के लिये बनाई गई अनुसूची में मिलता है। इस अनुसूची में उन सभी कार्यों का उल्लेख है जो कि बालक के व्यवहार में

देखे जाते हैं। इस प्रकार की अनुसूचियों की सहायता से बहुत-से बालकों या व्यक्तियों का प्रामाणिक अध्ययन किया जा सकता है किन्तु केवल अनुसूची के माध्यम से मिली हुई सूचनायें ही नियन्त्रित निरीक्षण में एकमात्र सूचनायें नहीं होती। अनुसन्धानकर्ता बहुत-सी ऐसी बातें भी देख सकता है जिनका अनुसूची में उल्लेख नहीं है। इस प्रकार की महत्वपूर्ण बातों को निरीक्षण में स्थान दिया जाना चाहिए।

(3) यान्त्रिक उपकरणों का प्रयोग (Use of Mechanical Appliances)—सामाजिक अनुसन्धान में यथार्थता बढ़ाने के लिए अनेक प्रकार के यान्त्रिक उपकरणों का प्रयोग किया जाता है, जैसे फोटो कैमरा, चलचित्र, कैमरा, टेपरिकार्डर इत्यादि। फोटो कैमरा की सहायता से महत्वपूर्ण घटनाओं के फोटो ले लिये जाते हैं। इससे जहाँ फुर्सत में उनकी सूक्ष्म परीक्षा की जा सकती है वहाँ अपने निरीक्षणों का पुनः परीक्षण भी किया जा सकता है। चलचित्र कैमरा की सहायता से पूरी घटना का ही चित्र लिया जा सकता है। इसमें वे भी लाभ हैं जो फोटो कैमरे में हैं किन्तु जहाँ इससे अनेक गतिशील तत्वों का पता चलता है वहाँ फोटो कैमरा में यह बात नहीं है। टेप-रिकार्डर की सहायता से विभिन्न प्रकार की आवाजों और बातचीत की रिकार्ड किया जा सकता है। इसमें एक विशेष लाभ यह है कि बातचीत करने वालों को यह पता नहीं चलता कि उनकी बातों को नोट किया जा रहा है और इसलिये परिस्थिति की स्वाभाविकता बनी रहती है जो कि उस स्थिति में नहीं हो सकती जबकि कोई व्यक्ति पेंसिल से कागज पर नोट करता है। दूसरे, टेप-रिकार्डर की सहायता से आवाजों की बारम्बारता की जाँच की जा सकती है। यह एक सामान्य बात है कि कहें हुए वाक्यों में जहाँ शब्दों का महत्व होता है वहाँ उससे भी अधिक महत्व बोलने के ढंग का होता है और बोलने का ढंग केवल टेप-रिकार्डर से ही पकड़ा जा सकता है।

(4) मानचित्र (Maps)—सामाजिक अनुसन्धानों में अनेक प्रकार के मानचित्रों का प्रयोग किया जाता है जो कि सामाजिक परिस्थितियों के चित्र उपस्थित करते हैं। ये मानचित्र सामाजिक घटना के विभिन्न पहलुओं का परस्पर सम्बन्ध दिखलाते हैं। सामाजिक संगठन के विभिन्न पहलुओं की भिन्न-भिन्न स्थितियों के मानचित्र से यह पता चलता है कि किन-किन पहलुओं का परस्पर किन-किन सम्बन्धों में निरीक्षण किया जाना है।

(5) विस्तृत टिप्पणियाँ—अनुसन्धान की अनेक परिस्थितियों में सबसे अधिक महत्व विस्तृत टिप्पणियों का होता है। इसके लिए अनुसन्धानकर्ता को एक नोट बुक रखनी चाहिए जिसमें शार्टहैण्ड या निजी तौर पर बनाए गए संकेतों के द्वारा विस्तार से सब बातों को नोट किया जाना चाहिये। ये नोट अधिक से अधिक पूर्ण होने चाहियें। निरीक्षण के तथ्यों को स्मृति के आधार पर याद रखने का प्रयास बिल्कुल अवैज्ञानिक है। इसका एकमात्र उपाय नित्य प्रति विस्तारपूर्वक नोट कर लेना ही है। इन नोटों मे जहाँ यह लिखा जाना चाहिये कि क्या निरीक्षण कियां गया है, वहाँ उसके साथ-साथ उसकी जो व्याख्या मालूम पड़ती हो वह भी लिखी जानी

चाहिये। इन दोनों को नोट करने से ही नोट प्रामाणिक हो सकते हैं।

(6) समाजमितीय मापदण्ड (Sociometric Scales)—समाजमितीय मापदण्ड सामाजिक अभिवृत्तियों, नीतिमत्ता, स्थिति, घर का परिवेश, अनुकूलन की प्रक्रियाओं, भाग लेने की प्रक्रियाओं और सामाजिक अनुसन्धान में महत्वपूर्ण अन्य कारकों के माप के लिये प्रयोग किये जाते हैं। सामाजिक अनुसन्धानों में इनका वही महत्व है जो कि चिकित्सा के क्षेत्र में स्टेथेस्कोप अथवा थर्मामीटर का होता है। इससे अनुसन्धान के क्षेत्र का चित्र अधिक स्पष्ट हो जाता है और विस्तार में महत्वपूर्ण तत्व सम्मुख उपस्थित होते हैं। यहाँ यह ध्यान रखना आवश्यक है कि परिस्थिति जितनी ही जटिल हो उसमें अनुसन्धान के लिये उतने ही अधिक प्रकार के मापदण्डों का प्रयोग किया जाना चाहिये अन्यथा गलती होने की सम्भावना रह जाती है।

(7) उपकल्पना का निर्माण (Formulation of Hypothesis)—जैसा कि पीछे बतलाया जा चुका है, नियन्त्रित निरीक्षण प्रारम्भ करने से पूर्व अनियन्त्रित निरीक्षण के आधार पर एक उपकल्पना बना ली जाती है और इस उपकल्पना की जाँच के लिये नियन्त्रित निरीक्षण किया जाता है। यह उपकल्पना जितनी ही अधिक विशिष्ट और उपयुक्त होगी नियन्त्रण उतना ही अधिक होगा।

(8) सामूहिक निरीक्षण (Group Observation)—चूँकि किसी एक अनुसन्धानकर्ता का निरीक्षण बहुत कुछ आत्मगत हो जाता है इसलिये समाज विज्ञानों में सब कहीं अधिक से अधिक निरीक्षणकर्ता मिलकर अथवा अलग-अलग एक ही सामाजिक घटना का अध्ययन करते हैं और अपने-अपने नोटों की परस्पर तुलना करके सामान्य निष्कर्षों का पता लगाते हैं। सामूहिक निरीक्षण से एक विशेष लाभ यह होता है कि इस निरीक्षण में व्यक्तिगत-पक्षपात का तत्व कम हो जाता है। क्योंकि यदि किसी निरीक्षणकर्ता के पक्षपात के कारण कोई बात देखी है तो अन्य लोगों के निरीक्षण में यह बात उस प्रकार से न आने के कारण निकाल दी जाएगी। सामाजिक क्षेत्र में कुछ समस्यायें ऐसी भी होती हैं जिनका एक से अधिक समाज विज्ञानों के दृष्टिकोणों से अध्ययन करना आवश्यक होता है। इस प्रकार की समस्याओं के अध्ययन में अनुसन्धानकर्ता की टीम में विभिन्न क्षेत्रों के विशेषज्ञों को सम्मिलित किया जा सकता है। इस प्रकार अर्थशास्त्री, मानवशास्त्री, मनोवैज्ञानिक और जीव-शास्त्री आदि के साथ मिलकर समाजशास्त्री अनेक सामाजिक समस्याओं का अध्ययन करते हैं। इन अध्ययनों से जो महत्वपूर्ण निष्कर्ष निकलते हैं वे किसी भी एक वैज्ञानिक अनुसन्धान से नहीं निकाले जा सकते चाहे वह कितना भी योग्य क्यों न हो।

(9) नियन्त्रित समूह (Controlled Group)—सामाजिक अनुसन्धानों में जब किसी एक कारक से कार्य का पता लगाना होता है तो अन्य कारकों को ज्यों-का-त्यों रखकर इसी एक कारक में परिवर्तन किया जाता है। यह कारक नियन्त्रित समूह कहलाता है क्योंकि इसकी गतिविधि का भिन्न-भिन्न प्रकार से नियन्त्रण करके कभी रोक कर, कभी छूट देकर परिणामों का निरीक्षण किया जाता है। इससे इसके विषय

में यथार्थ तथ्यों का पता चलता है। इस प्रकार सामाजिक परिस्थिति में उलझे हुए विभिन्न कारकों में से एक-एक को लेकर अध्ययन किया जा सकता है। उदाहरण के लिये यदि यह पता लगाना कि विद्यालय में सामुदायिक जीवन में विभिन्न तत्वों का क्या प्रभाव पड़ता है तो इन तत्वों को निश्चित करके इनमें से एक तत्व को नियन्त्रित करके और बाकी सब तत्वों को स्थिर करके उनके महत्व की जाँच की जा सकती है।

क्षेत्र निरीक्षण का संगठन
(Organisation of Field Observation)

सामाजिक अनुसन्धान के क्षेत्र में निरीक्षण अभियान का संगठन करने के लिये निम्नलिखित विभिन्न सोपानों का अनुसरण किया जाना चाहिये—

(1) **अध्ययन की प्रविधि का निर्धारण**—पर्यवेक्षण के संगठन में सबसे पहले यह निश्चित करना आवश्यक है कि विषय के अध्ययन के लिये कौन-सी प्रविधि इस्तेमाल की जायेगी—सहभागी, असहभागी, अर्द्ध-सहभागी या नियन्त्रित निरीक्षण इत्यादि।

(2) **निरीक्षण की रूपेरखा**—अध्ययन के विषय अथवा उपकल्पना के आधार पर अब निरीक्षण की विस्तृत रूपरेखा बना ली जाती है और यह निश्चित कर लिया जाता है कि विषय के किन-किन क्षेत्रों में कौन-कौन सी जानकारी एकत्रित की जानी है। अनुसन्धान की इस योजना के अनुसार ही विभिन्न निरीक्षणों के नोट तैयार किये जायेंगे।

(3) **निरीक्षण के काल, स्थान और विषयों का निर्धारण**—अब निरीक्षण के काल का निश्चय कर लिया जाता है, वह अल्पकालिक भी हो सकता है और दीर्घ-कालीन भी हो सकता है। निरीक्षण का स्थान प्रयोगशाला भी हो सकती है और सामाजिक घटना की वास्तविक परिस्थितियों में भी निरीक्षण किया जा सकता है। काल और स्थान के साथ-साथ यह भी निश्चित करना पड़ता है कि किन-किन विषयों और लोगों का निरीक्षण किया जाना है।

(4) **अनुसन्धानकर्ताओं का निश्चय**—जहाँ कुछ पर्यवेक्षण किसी एक अनुसन्धानकर्ता के द्वारा किये जाते हैं वहाँ अन्य में अनुसन्धानकर्ताओं की टीम की आवश्यकता पड़ती है। इस टीम में कभी-कभी कई समाज विज्ञानों के विशेषज्ञ लेने होते हैं। अस्तु, पर्यवेक्षक के संगठन में यह निश्चित करना पड़ता है कि अनुसन्धान कार्य एक व्यक्ति करेगा या कोई टीम करेगी। दूसरी स्थिति में विभिन्न व्यक्तियों की योग्यताओं, प्रशिक्षण और कार्य को भी निश्चित करना पड़ता है।

(5) **निरीक्षण के उपकरण जुटाना**—अब निरीक्षण के कार्य को अधिक से अधिक वैज्ञानिक और यथार्थ बनाने के लिये विभिन्न उपकरण जुटाए जाते हैं जैसे फोटो कैमरा, चलचित्र कैमरा, टेप-रिकार्डर, नाना प्रकार की तालिकाएँ और मानचित्र, अनुसूचियाँ, समाजमितीय मापदण्ड इत्यादि। अनुसन्धानकर्ताओं को इन सबके उचित प्रयोग का अभ्यास होना चाहिये।

(6) प्रदत्तों को एकत्रित करना—अब उपर्युक्त उपकरणों की सहायता से निश्चित व्यक्तियों और विषयों का अवलोकन करके उपकल्पना की जाँच के लिये आवश्यक सामग्री एकत्रित कर ली जाती है। इस सामग्री को एकत्रित करने में अनुसन्धानकर्ता को बराबर यह ध्यान रखना चाहिये कि अनुसन्धान के विषय की कोई भी बात छूट न जाए तथा उसे यथा सम्भव पक्षपातहीन और तटस्थ रूप से निरीक्षण किया जाए।

(7) वर्गीकरण और सारणीयन—प्रदत्तों को एकत्रित कर लेने के बाद अब जाँच के विषय में अनुकूलन, उसके वर्गीकरण (Classification) और सारणीयन (Tabulation) की आवश्यकता होती है जिससे अनुसन्धान के महत्वपूर्ण प्रतिमान स्पष्ट हो जाएँ। तथ्यों को एकत्रित करने और उनके वर्गीकरण तथ सारणीयन की प्रक्रियायें एक साथ चलाई जा सकती हैं।

(8) सामान्यीकरण—अब वर्गीकरण और सारणीयन के आधार पर सामान्यीकरण (Generalisation) के द्वारा निष्कर्ष निकाले जा सकते हैं। इसमें तर्कशास्त्र और सांख्यिकी के विभिन्न नियमों का अध्ययन रखा जाना चाहिये। आधुनिक काल में सामाजिक अनुसन्धान के निष्कर्ष निकालने के लिए अनेक प्रकार की सांख्यिकीय विधियाँ निकाली गई हैं।

निष्कर्ष निकालने के पश्चात् पूरी रिपोर्ट लिख ली जाती है जिससे अनुसंधान कार्य पूर्ण हो जाता है। पर्यवेक्षण के संगठन के उपरोक्त विभिन्न सोपानों में निरीक्षणकर्ता को सदैव बड़ी सावधानी से और वस्तुविषयकता से काम लेने की आवश्यकता है जिससे उसके निष्कर्ष अधिक से अधिक वैज्ञानिक बन सकें। प्रत्येक सोपान पर उसे अपने कदम की बारम्बार जाँच कर लेनी चाहिये जिससे कि गलती होने की सम्भावनायें कम हो जायें। अनुसन्धान में सबसे बड़ा महत्व स्वयं अनुसंधानकर्ता के व्यक्तित्व और योग्यता का होता है।

निरीक्षण की सीमायें

सामाजिक अनुसन्धान की एक प्रविधि के रूप में निरीक्षण की निम्नलिखित सीमाएँ हैं—

(1) कुछ घटनायें निरीक्षण का विषय नहीं होतीं—निरीक्षण की सीमा दिखलाते हुए पी॰ वी॰ यांग ने लिखा है, "सभी घटनायें निरीक्षण का विषय नहीं होतीं, वे सभी घटनाएँ जिनका निरीक्षण किया जा सकता है, निरीक्षणकर्ता के रहते हुए उनमें से सबका निरीक्षण नहीं किया जा सकता। सभी घटनाएँ निरीक्षण प्रविधि के द्वारा अध्ययन नहीं की जा सकतीं।"[1] अस्तु, सामाजिक अनुसंधान की बहुत-सी

1. "Not all occurrences are, of course, open to observation; not all occurrences open to observation can be observed when an observer is at hand not, all occurrences lend themselves to study by observational techniques." —P.V. Young, *Scientific Social Surveys and Research,* p. 154.

घटनाएँ ऐसी हैं जिनका अध्ययन निरीक्षण प्रविधि से नहीं किया जा सकता। इनमें से बहुत-सी घटनाएँ अनिश्चित होती हैं। उनका देशकाल निश्चित नहीं किया जा सकता और इसलिये उनका आयोजनपूर्वक निरीक्षण नहीं किया जा सकता। जब ये घटनायें घटित होती हैं तो यह आवश्यक नहीं है कि अनुसंधानकर्ता उपस्थित ही हो। अनेक सामाजिक घटनायें अनुसंधानकर्ता की अनुपस्थिति में होती है। उदाहरण के लिये लगभग सभी समूहों में पारिवारिक जीवन की बहुत-सी घटनायें परिवार के बाहर वाले की तो बात ही क्या है सम्बन्धित व्यक्तियों के अतिरिक्त परिवार के अन्य सदस्यों को पता नहीं चलतीं। वैवाहिक जीवन की अधिकतर क्रियाएँ इसी प्रकार की होती हैं। अस्तु, निरीक्षण प्रविधि से लोगों की निजी अथवा प्राइवेट क्रियाओं का अध्ययन नहीं किया जा सकता।

(2) **निरीक्षणकर्ता के रहते हुए निरीक्षण की सभी घटनायें घटित नहीं होतीं**—किसी घटना का निरीक्षण तभी सम्भव है जबकि वह निरीक्षणकर्ता के सामने हो रही हो। दूसरी ओर अनेक घटनायें अनिश्चित होती हैं। यदि वे अनुसन्धानकर्ता के उपस्थित ने होते हुए होती हैं तो उनके निरीक्षण का प्रश्न ही नहीं उठता। दूसरी ओर चूँकि अनुसन्धानकर्ता उनका नियन्त्रण नहीं करता इसलिये वह उन्हें अपनी इच्छानुसार उत्पन्न नहीं कर सकता। उदाहरण के लिये लोगों के वह आपसी झगड़े उत्पन्न नही किये जा सकते क्योंकि यह अनुचित है। दूसरी ओर यह आवश्यक नहीं है कि झगड़े होते समय अनुसन्धानकर्ता उपस्थित ही हो क्योंकि झगड़े बिना किसी पूर्व सूचना के एकदम हो जाते हैं और अनेक प्रकार के झगड़े ऐसे होते हैं। जिनमें तीसरे आदमी की उपस्थिति में भी झगड़ा करने वालों को स्वीकार नहीं होती। इस प्रकार की सामाजिक घटनाओं में निरीक्षण विधि काम नहीं दे सकती।

(3) **अनेक घटनाओं का निरीक्षण नहीं किया जा सकता**—सामाजिक घटनाओं के मूल में संवेग, अनुभूतियाँ, पूर्वाग्रह, रूढ़युक्तियाँ, रुचि, ध्यान आदि ऐसे बहुत-से मानसिक कारक होते हैं जो निरीक्षण के विषय नहीं हैं और जिनका अध्ययन निरीक्षण प्रविधि से नहीं किया जा सकता यद्यपि सामाजिक घटना में उनका अत्यधिक महत्व होता है।

(4) **परिणामों की प्रामाणिकता में न्यूनता**—निरीक्षण प्रविधि से मिले हुए परिणाम प्रामाणिक नहीं होते क्योंकि उनमें कई कारणों से अशुद्धता रह जाने की गुजांइश होती है। पी॰ वी॰ यांग ने लिखा है कि निरीक्षण विधि में, "निरीक्षित घटनाओं की यथार्थता की जाँच करने के लिए यथार्थता के कोई भी यन्त्रों के प्रयोग करने का प्रयास नहीं किया जाता।"[1] इसी बात को दूसरी तरह से स्पष्ट करते हुये गुडे और हॉट ने यह दिखलाया है कि जैसे-जैसे अनुसन्धानकर्ता के विचारों में आत्म-विश्वास, गहराई और तीक्ष्णता आती जाती है, निरीक्षण पर से विश्वास कम

1. "Making no attempt to use instruments of precision to check for accuracy of the phenomena observed." —P.V. Young, *Ibid*

होता जाता है।

(5) **भ्रामक प्रत्यक्षीकरण**—सामाजिक अनुसन्धान में आँखों से प्रत्यक्षीकरण किया जाता है और यथार्थ में कोई यन्त्र इस्तेमाल नहीं किये जाते। अब यदि अनुसन्धानकर्ता के नेत्रों को निरीक्षण का प्रशिक्षण नहीं मिला है तो उनका प्रत्यक्षीकरण बहुदा भ्रमपूर्ण हो सकता है। पिडिंगटन ने इसका एक अत्यन्त मनोरंजक उदाहरण दिया है। एक रसायनशास्त्री अपने छोटे पुत्र को अपनी प्रयोगशाला में ले जाता है जहाँ पर अनेक रासायनिक प्रयोग किये जा रहे हैं। जहाँ तक चाक्षुष संवेदना का प्रश्न है, पिता और पुत्र दोनों को एक-सी संवेदनायें होती हैं बल्कि पुत्र की ही दृष्टि पिता से कुछ तीव्र होती है परन्तु फिर भी पुत्र को केवल विभिन्न प्रकार के यन्त्र और विभिन्न प्रकार के रंगीन रसायन ही दिखलाई पड़ते हैं। दूसरी ओर पिता यह जानता है कि क्या प्रयोग किया जा रहा है। इस प्रकार आँखों के रहते हुए भी प्रशिक्षण के अभाव में रसायनशास्त्री का पुत्र प्रयोगशाला में कुछ भी अर्थपूर्ण निरीक्षण नहीं कर पाता। वही बात विज्ञान के किसी भी क्षेत्र के विषय में कही जा सकती है। कुशल वैज्ञानिक जिन बातों का निरीक्षण कर लेता है वह सामान्य व्यक्ति को कहीं भी दिखलाई नहीं पड़तीं। अस्तु, यदि सामाजिक घटनाओं का निरीक्षणकर्ता पर्याप्त रूप से प्रशिक्षित नहीं है तो उसका प्रत्यक्षीकरण दोषपूर्ण हो सकता है। इसके अतिरिक्त बड़े से बड़ा कुशल निरीक्षणकर्ता भी प्रत्यक्षीकरण से धोखा खा जाता है। अस्तु, प्रत्यक्षीकरण में भ्रम होने की सम्भावना बराबर बनी रहती है।

(6) **निरीक्षित विषय की आत्म-चेतना**—डा० थामस ने निरीक्षण विधि की सीमाओं की ओर संकेत करते हुए दिखलाया है कि इसमें परिस्थितियाँ कृत्रिम हो जाती हैं क्योंकि जब निरीक्षित को यह आभास होता है कि उसका निरीक्षण किया जा रहा है तो वह आत्म-चेतन हो उठता है और स्वाभाविक रूप से व्यवहार नहीं करता। स्पष्ट है कि ऐसी परिस्थिति में भाषा, बोली, व्यवहार इत्यादि सभी कृत्रिम और औपचारिक होगें। अनेक प्रयोगों में यह देखा गया है कि यदि निरीक्षित को किसी असुविधा में काम करने के लिये दिया जाता है तो यह जानकर कि उसका निरीक्षण किया जा रहा है, वह असुविधा के बावजूद भी अच्छा काम दिखाता है क्योंकि वह अधिक परिश्रम से काम लेता है। अस्तु, निरीक्षित में निरीक्षण किये जाने की चेतना निरीक्षण की परिस्थिति को कृत्रिम बना देती है। निरीक्षण विधि में यह दोष अनिवार्य नहीं है। यदि निरीक्षणकर्ता बुद्धिमानी से काम ले तो वह निरीक्षित को यह पता ही नहीं लगने देगा कि उसका निरीक्षण किया जा रहा है। अनेक उपायों से ऐसा प्रबन्ध किया जा सकता है जिससे निरीक्षित व्यक्ति स्वाभाविक व्यवहार करे और परिस्थिति में कृत्रिमता उत्पन्न न हो।

(7) **आत्म व्याख्या**—चूँकि निरीक्षण विधि में निरीक्षणकर्ता अपने व्यक्तिगत विचारों और बुद्धि के अनुसार व्याख्या करता है इसलिये कभी-कभी यह व्याख्या आत्मगत हो सकती है। रुचि के अनुसार निरीक्षणकर्ता विशिष्ट घटना की ओर

अधिक ध्यान दे सकता है। पी० वी० यांग के शब्दों में, "विशिष्ट, नाटकीय और रूचिकर कारकों की ओर आकर्षित होना सरल है।"[1] इस प्रकार निरीक्षणकर्ता सामाजिक घटनाओं में अनेक ऐसे कारकों की ओर अधिक ध्यान देता है जिनका विशेष महत्व नहीं होता। दूसरी ओर से ऐसे बहुत से कारकों की ओर वह कोई ध्यान नहीं देता जो अधिक महत्वपूर्ण हैं। इस प्रकार व्यक्तिगत पक्षपात से बहुधा निरीक्षण और व्याख्या में दोष आने की सम्भावना रह जाती है।

(8) **मन्द गति से अध्ययन**—पी० वी० यांग के शब्दों में "प्रामाणिक निरीक्षण शीघ्रता से नहीं किया जा सकता।"[2] अस्तु, निरीक्षण की प्रविधि में अध्ययन की गति मन्द होती है। स्वाभाविक है कि उसमें अधिक समय लगता है। और कभी-कभी तो इतना अधिक समय लगता है कि अध्ययन को बीच में ही छोड़ देना पड़ता है।

(9) **खर्चीली विधि**—अधिक समय लेने के कारण निरीक्षण विधि खर्चीली हो जाती है। यह इसलिए भी खर्चीली होती है क्योंकि इसमें निरीक्षण समूह के सदस्यों से घनिष्ट सम्बन्ध स्थापित करना पड़ता है जिसमें धन की आवश्यकता हो सकती है।

(10) **अपर्याप्त विधि**—निरीक्षण प्रविधि की उपरोक्त सीमाओं के कारण केवल इसी विधि के द्वारा सामाजिक घटना के किसी भी क्षेत्र में पूर्ण सन्तोषजनक अध्ययन नहीं किये जा सकते। पी० वी० यांग के शब्दों में, "पूर्ण उत्तर केवल निरीक्षण के द्वारा नहीं प्राप्त किये जा सकते। अध्ययन की अन्य विधियों से निरीक्षण की पूर्ति आवश्यक है।"[3]

निरीक्षण के गुण

उपरोक्त सीमाओं के होते हुए भी अपने अनेक गुणों के कारण निरीक्षण प्रविधि सामाजिक अनुसन्धान के क्षेत्र में अत्यन्त महत्वपूर्ण मानी जाती है। उनके गुणों में मुख्य निम्नलिखित है।

(1) **सामान्य प्रविधि**—निरीक्षण प्रविधि सभी सामाजिक विज्ञानों की सामान्य प्रविधि है। उसे सामाजिक विज्ञानों में प्रयोग किया जाता है।

(2) **सरलता**—अन्य प्रविधियों की तुलना में निरीक्षण प्रविधि अधिक सरल है क्योंकि वह अधिक स्वाभाविक भी है। इसमें थोड़े से ही प्रशिक्षण से सफलता प्राप्त हो जाती है।

(3) **यथार्थता**—चूँकि निरीक्षण प्रविधि में अनुसंधानकर्ता स्वयं अपनी

---

1. "It is easy to become attracted by the conspicuous, dramatic and interesting factors." —P.V. Young, *Ibid,* p.127
2. "...Valid observations cannot be hurried." —P.V. Young, *Ibid,* p. 173.
3. "Full answer cannot be obtained by observations alone. Observation must be supplimented by other methods of study." —P.V. Young, Ibid.

आँखों से देखता है इसलिये इसके परिणाम उन प्रविधियों के परिणामों से अधिक यथार्थ होते हैं जिनमें अप्रत्यक्ष उपायों से सामग्री एकत्रित की जा सकती है।

(4) **उपकल्पना का निर्माण**—समाज विज्ञानों में सब कहीं उपकल्पना बनाने के लिये अधिकतर निरीक्षण प्रविधि से ही काम लिया जाता है। समाज वैज्ञानिक जिस क्षेत्र में निरीक्षण करता है उसमें अपने अनुभव के आधार पर विभिन्न घटनाओं में कार्य-कारण सम्बन्धों के विषय में उपकल्पना बना लेता है। इस उपकल्पना की जाँच किसी भी प्रविधि से की जा सकती है।

(5) **उपकल्पना की जाँच**—निरीक्षण प्रविधि का प्रयोग केवल उपकल्पना बनाने के लिये नहीं होता बल्कि उसकी प्रामाणिकता की जाँच के लिए भी होता है। यह सामान्य बात है कि यदि कोई बात अन्य लोगों को उनकी आँखों से दिखाई जा सके तो वे उसकी प्रामाणिकता में विश्वास कर लेते हैं। इस प्रकार किसी भी उपकल्पना की प्रामाणिकता को सिद्ध करने का सबसे अच्छा उपाय लोगों को उसका निरीक्षण करा देना है। इसके अतिरिक्त थोड़े से निरीक्षण के आधार पर अनुसन्धानकर्ता ने जो परिकल्पना बना ली है उसकी प्रामाणिकता की जाँच भी वह और अधिक निरीक्षण के द्वारा कर सकता है।

(6) **अधिक विश्वसनीय परिणाम**—निरीक्षण प्रविधि से प्राप्त किये गये परिणाम इसलिये अधिक विश्वसनीय होते हैं क्योंकि निरीक्षण अपनी आँखों देखी बात के आधार पर कुछ कहता है। इसके अतिरिक्त अन्य लोग स्वयं अपनी आँखों से देखकर उसके परिणामों की जाँच कर सकते हैं।

निरीक्षण प्रविधि के उपरोक्त गुणों के कारण उसे सामाजिक अनुसन्धान को एक अत्यन्त महत्वपूर्ण प्रविधि माना जाता है। मोजर के शब्दों में, "निरीक्षण को वैज्ञानिक खोज की एक अत्यन्त उच्च कोटि की विधि कहा जा सकता है।"[1] समाजशास्त्रीय क्षेत्र में नये-नये अनुसन्धानों में निरीक्षण प्रविधि को अधिक वैज्ञानिक बनाने का प्रयास किया जाता है। टेप-रिकार्डर, कैमरा, चलचित्र कैमरा इत्यादि नये-नये यन्त्रों के प्रयोग से निरीक्षण की यथार्थता बढ़ाई गई है। अस्तु, आशा है कि भविष्य में यह प्रविधि और भी अधिक वैज्ञानिक बन जायेगी।

मेलिनोवस्की द्वारा सहभागी अवलोकन का प्रयोग
(Use of Participant Observation by Malinowski)

ब्रोनिस्लो मैलिनोवस्को (Bronislow Malinowski) मैलीनिशयन न्यूगायना द्वीप समूहों में अर्गोनाट जनजाति में आर्थिक विनिमय का अध्ययन करने के लिए सहभागी अवलोकन की विधि का महत्वपूर्ण प्रयोग किया। इस प्रयोग का विवरण उन्होंने राउटलेज और केगनपान लन्दन द्वारा प्रकाशित अपनी पुस्तक Argonauts of Western Pacific (पश्चिमी पैसफिक के आर्गोनेट) शीर्षक में दिया है। उन्होंने

1. "Observation can fairly be called the classic method of scientific enquiry."
--C.A. Moser.

यह दिखलाया है कि वे स्वयं ट्रोब्रियन्ड द्वीप निवासियों के बीच जाकर रहे और उन्होंने उनके आर्थिक आदान-प्रदान में कुला (Kula) नाम की संस्था का अध्ययन किया। उन्होंने अपनी इस पुस्तक की भूमिका में लिखा है, "किसी भी स्वीकार करने योग्य नृवंशशास्त्रीय ग्रंथ की पहली शर्त निश्चित रूप से यह है कि उसे समुदाय के सामाजिक, सांस्कृतिक और मनोवैज्ञानिक पहलुओं की समग्रता से सरोकार होना चाहिए, क्योंकि वे इतने अधिक परस्पर बने हुए होते हैं कि उनमें से किसी भी एक को अन्य सबको ध्यान में लाये बिना समझा नहीं जा सकता।"[1] इसलिए अपने अवलोकन मेलिनोवस्की ने आर्गोनाट जनजाति की अर्थव्यवस्था ही नहीं, उनके सामाजिक संगठन, जादू, लोकगीत और लोकगाथाएँ तथा संस्कृति के सभी पहलुओं का उन्हीं में रहकर निरीक्षण किया। इसके लिए उन्होंने उन्हीं में से एक बनकर, उन्हीं जैसी वेशभूषा, आचार-व्यवहार, रहन-सहन तथा दिनचर्या अपना करके उनके समूह के एक सदस्य बनकर सामाजिक अनुसंधान का कार्य किया। उनकी इस अध्ययन प्रणाली की प्रशंसा करते हुए उनकी उपरोक्त पुस्तक में जे० जी० फ्रेजर ने लिखा है, "यह डा० मेलीनोवस्की की प्रणाली की विशेषता है कि वे मानव प्रकृति की जटिलता का सम्पूर्ण निरीक्षण करते हैं।"[2]

अभ्यास के लिए प्रश्न

प्रश्न 1. निरीक्षण की परिभाषा कीजिए और उसके लक्षण बतलाइये।
Define observation and point out its characteristics.

प्रश्न 2. संक्षिप्त टिप्पणी लिखिये—निरीक्षण के प्रकार
Write short note on–Types of Inspection.

प्रश्न 3. अनियन्त्रित निरीक्षण कितने प्रकार का होता है? असहभागी अनियन्त्रित निरीक्षण के गुण-दोषों की विवेचना कीजिए।
What are the types of uncontrolled observation? Discuss the advantages and disadvantages of uncontrolled non-participant observation.

प्रश्न 4. सहभागी निरीक्षण पर टिप्पणी लिखिए।
Write short note on—Participant Observation.

प्रश्न 5. सामाजिक अनुसंधान में सहभागी अवलोकन की सीमाओं की विवेचना कीजिये। यह विधि अपराधियों के अध्ययन में कैसे प्रयोग की जा सकती है?

20."One of the first conditions of acceptable ethnographic work certainly is that it should deal with the totality of all social, cultural and psychological aspects of the community, for they are so interwoven that not one can be understood without taking into consideration all the others." --B. Malinowski, *Arqgonautus of the Western Pacific,* Routledge and Kegan Paul Ltd., Londo, 1966. p. 16

21."It is characteristic of Dr. Malinowski's method that he takes a full account of the complexity of human nature." —*Ibid,* p. 9

Discuss the limitations of the use of participant observation in sociological research. How can this method be used in the study of criminals?

प्रश्न 6. संक्षिप्त टिप्पणी लिखिये—मिश्रित अथवा अर्ध-सहभागी निरीक्षण।

Wtite short note on—Mixed or Quasi-participant Observation.

प्रश्न 7. नियन्त्रित अवलोकन के मुख्य लक्षणों का वर्णन कीजिए तथा सम्बद्ध अध्ययनों को उद्धृत कीजिये।

Discuss the chief characteritstics of controlled observation. Quote relevant studies.

प्रश्न 8. आप क्षेत्र-निरीक्षण का संगठन किस प्रकार करेंगे? संक्षेप में बतलाइये।

How will you organise field observation? Point out in brief.

प्रश्न 9. ''भारत में सामग्री संकलन के लिये अवलोकन पद्धति सर्वश्रेष्ठ है।'' टिप्पणी करते हुए पुष्टि कीजिये।

"Observation is a technique par excellence for collection of field data in India." comment and justify.

प्रश्न 10. संक्षिप्त टिप्पणी लिखिये—मैलिनोवस्की द्वारा सहभागी अवलोकन का प्रयोग।

Write short note on--Use of Participant observation by Malinowiski.

15

प्रयोग
(Experiment)

यूँ तो समाज-विज्ञानों में अनुसन्धान के लिए बहुत-सी प्रविधियाँ इस्तेमाल की जाती हैं, किन्तु सबसे अधिक वैज्ञानिक प्रविधि प्रयोगात्मक प्रविधि है। इस प्रविधि की यह विशेषता है कि इसमें निरीक्षण का विषय निरीक्षणकर्ता द्वारा नियंत्रित किया जाता है। यह नियंत्रण प्रयोगशाला में भी हो सकता है और प्रयोगशाला के बाहर स्वाभाविक परिस्थितियों में भी हो सकता है। इससे जो परिणाम निकलते हैं उनकी दुबारा जाँच की जा सकती है। इसलिए किसी भी समाज-विज्ञान की यथार्थता और भविष्यवाणी करने की शक्ति बहुत कुछ इस बात पर निर्भर होती है कि उसमें प्रयोग विधि का इस्तेमाल किया जा सकता है, परन्तु चूँकि समाज-विज्ञानों की विषय-सामग्री भौतिक विज्ञानों से अधिक जटिल और गतिशील होती है इसलिए सामाजिक विज्ञानों में प्रयोग विधि का उतना अधिक प्रयोग नहीं किया जा सकता जितना कि भौतिक विज्ञानों में होता है।

प्रयोग क्या है?

गैरेट के अनुसार प्रयोग का अर्थ पद्धति से पूछा गया प्रश्न है। प्रयोग में प्रयोगकर्ता के सामने एक स्पष्ट प्रश्न या समस्या होती है और उसका उत्तर पाने के लिए वह प्रयोग करता है। इसलिए जहोडा तथा अन्य ने सामाजिक प्रयोग को उपकल्पना की जाँच के लिए प्रमाण एकत्रित करने की विधि बतलाया है। प्रयोग उपकल्पना पर आधारित है। यह उपकल्पना युक्ति से निकलती है। इस उपकल्पना को प्रयोगों के आधार पर सिद्ध अथवा असिद्ध किया जाता है। ग्रीनवुड के शब्दों में, ''प्रयोग उपकल्पना का प्रमाण है जिसके द्वारा दो तथ्यों के मध्य कार्य-करण सम्बन्ध ज्ञात करने के लिए ऐसी विपरीत परिस्थितियों का अध्ययन किया जाता है जिनमें एक को छोड़कर सभी तथ्य नियन्त्रित रहते हैं तथा वह तथ्य या तो अनुमानित कारण या प्रभाव होता है।'' इस प्रकार प्रयोग विधि में नियन्त्रण का कारक सबसे अधिक महत्त्वपूर्ण है। इसमें विषय का नियन्त्रित परिस्थितियों में अध्ययन किया जाता है। जॉन आर० पी० फ्रेंच के अनुसार, ''हम क्षेत्र प्रयोग की परिभाषा एक

मौखिक अनुसन्धान योजना से करेंगे जिसमें प्रयोगकर्ता किसी परिकल्पना की जाँच करने के लिए किसी वास्तविक सामाजिक परिस्थिति में स्वतन्त्र परिवर्त्य में परिवर्तन करता है।''[1]

प्रयोगात्मक तथा नियन्त्रणात्मक समूह–इस प्रकार प्रयोग में विभिन्न कारकों को स्वतन्त्र और आश्रित परिवर्त्यों में बाँट दिया जाता है। इनमें पहला प्रयोगात्मक (Experimental) तथा दूसरा नियन्त्रणात्मक समूह (Control Group) है। स्वतन्त्र परिवर्त्यों एक ऐसा कारक है जिसको इच्छानुसार परिवर्तित किया जा सकता है। बहुधा यह परिवर्त्य एक ही होता है क्योंकि प्रयोगकर्ता प्रत्येक कारक का अलग-अलग प्रभाव देखना चाहता है। यदि कोई परिवर्तन दो कारकों के कारण होता है तो यह निश्चिय करना कठिन होता है कि उनमें से किस कारक का उस परिवर्तन में कितना महत्व है। सांख्यिकी पद्धति में एक बार में एक से अधिक कारक भी स्वतन्त्र परिवर्त्य हो सकते हैं परन्तु सांख्यिकीय विश्लेषण प्रत्येक कारक के प्रभाव को अलग कर देता है। आश्रित परिवर्त्य, जैसा कि उसके नाम से स्पष्ट है, वह कारक है जो स्वतन्त्र परिवर्त्य पर आश्रित होता है। प्रयोगकर्ता किसी प्रयोग में सब कार्यों को स्थिर रखता है और किसी एक कारक में परिवर्तन करता है। इस परिवर्तन में प्रयोग के विषय में अनेक अनुक्रियाएँ दिखाई पड़ती हैं। यें अनुक्रियाएँ उस प्रयोग के आश्रित परिवर्त्य हैं। ये उस कारक पर आश्रित हैं जिसके प्रभाव का अध्ययन किया जा रहा है। ग्रीनवुड के अनुसार प्रयोग में नियन्त्रण से तात्पर्य यह है कि जबकि अन्य समस्त कारक स्थिर हों केवल अध्ययन किये जाने वाले कारक को ही परिवर्तित किया जाये। उदाहरण के लिए यदि विद्यार्थियों के व्यक्तित्व पर शिक्षा विधि का प्रभाव जानना है तो शिक्षा विधि को छोड़कर अन्य सभी कारक स्थिर रखकर केवल शिक्षा विधि में परिवर्तन करके परिणामों की जाँच की जानी चाहिये। इस उदाहरण में स्वतन्त्र परिवर्त्य के परिवर्तन के कारण आश्रित परिवर्त्यों में परिवर्तन होता है। इसलिए फैस्टिंजर ने प्रयोग विधि की परिभाषा करते हुए यह कहा है कि ''एक प्रयोगशाला प्रयोग वह है जिसमें अनुसन्धानकर्ता अपनी मनोवांछित दशाओं में से एक परिस्थिति निर्माण करता है और जिसमें कि वह कुछ को नियन्त्रित करता है और अन्य को परिवर्तित करता है।''[2]

सामाजिक प्रयोगों के प्रकार–ग्रीनवुड के अनुसार समाजशास्त्र के क्षेत्र में निम्नलिखित पाँच प्रकार के प्रयोग किये जा सकते हैं–

(1) शुद्ध प्रयोग अथवा प्रयोगशाला प्रयोग (Pure Experiment or Laboratory Experiment)।

1. "...we shall define a field experiment as a theoretically oriented research project in which the exprimenter manipulates an independent variable in some real social setting in order to test some hypothesis." —John R.P. French.
2. "A laboratory experiment may be defined as one in which the investigator creates a situation with the exact conditions he wants to have and to which he controls some and manipulate other variables." —Leon Festinger.

(2) अनियन्त्रित प्रयोग अथवा स्वाभाविक प्रयोग (Uncontrolled Experiment or Natural Experiment)।

(3) एक्स पोस्ट फैक्टो प्रयोग (*Ex post facto* Experiment) जिसमें कि अनुसन्धानकर्ता प्रभाव से उसके कारण पर पहुँचने के लिए प्रयोग करता है।

(4) प्रयत्न और भूल प्रयोग (Trial and Error Experiment) जो सामान्य व्यवहार में देखे जाते हैं।

(5) नियन्त्रित निरीक्षण अध्ययन (The Controlled Observation Study)।

जॉन आर० पी० फ्रेंच के अनुसार सामाजिक प्रयोग की विशेषता उसकी अनुसन्धान की रूपरेखा (Design of the Research) है, उसमें स्वतन्त्र परिवर्त्य का आयोजन और प्रहस्तन उनके प्रयोजन (Purpose) पर निर्भर होता है। सामाजिक प्रयोग में सबसे पहले समस्या का चुनाव किया जाता है, इसके बाद समस्या को परिकल्पना के शब्दों में रख दिया जाता है। तब अनुसन्धान के लक्ष्य निश्चित किये जाते हैं। इसके बाद प्रयोग का आयोजन किया जाता है।

प्रयोग विधि में कठिनाइयाँ—भौतिक विज्ञानों की तुलना में सामाजिक विज्ञानों के क्षेत्र में प्रयोग विधि का इस्तेमाल कठिन होता है। इस सम्बन्ध में मुख्य कठिनाइयाँ निम्नलिखित हैं—

(1) सामाजिक घटनाओं की जटिलता—सामाजिक घटनाओं में अनेक कारक परस्पर गुँथे हुए होते हैं। दूसरे शब्दों में, उनमें बहुत-से परिवर्त्य एक साथ काम कर रहे होते हैं। इन सब परिवर्त्यों को एक-दूसरे से अलग करना बड़ा कठिन काम है। उदाहरण के लिए किशोरापराध एक जटिल व्यवहार है जिसमें शारीरिक, मनोवैज्ञानिक, सामाजिक, आर्थिक, राज़नैतिक, अनेक प्रकार के कारक काम करते हैं। सामाजिक कारकों में भी परिवार, सामाजिक परिस्थिति, पास-पड़ोस, संगति आदि का प्रभाव होता है। इन सब कारकों को एक-दूसरे से अलग करके प्रत्येक के प्रभाव का पता लगाना कठिन है। इसीलिए किशोरापराध के क्षेत्र में प्रयोग विधि को इस्तेमाल नहीं किया जा सकता। समाज-विज्ञानों में अधिकतर सामाजिक घटनाएँ इसी प्रकार की हैं। इन जटिल घटनाओं में प्रयोगात्मक प्रविधि को इस्तेमाल करना सम्भव नहीं है।

(2) सजातीय की न्यूनता—भौतिक विज्ञानों में विषय-सामग्री पूर्णतया सजातीय होने के कारण प्रयोगों से मिले हुए निष्कर्षों को उस सामग्री के विषय में कहीं भी लागू किया जा सकता है। इस प्रकार की सजातीयता सामाजिक अनुसन्धान के क्षेत्र में दिखलाई नहीं पड़ती। उदाहरण के लिए सामाजिक सम्बन्ध कहीं भी एक प्रकार के नहीं होते। किन्हीं भी दो पति-पत्नी के सम्बन्धों को बिल्कुल समान नहीं कहा जा सकता। इसलिए जॉन स्टुअर्ट मिल ने सामाजिक क्षेत्र में प्रयोगात्मक विधि का उपयोग कठिन बतलाया है। सामाजिक प्रयोगों में यह कठिनाई बहुत कुछ टैक्नीकल है। यह ठीक है कि कोई भी पति-पत्नी के सम्बन्ध एक-से नहीं हो सकते

परन्तु फिर भी वैवाहिक सम्बन्धों का अध्ययन करके समाजशास्त्रियों ने महत्वपूर्ण सामान्य नियमों का पता लगाया है। फिर भी इतना तो कहा ही जा सकता है कि सजातीय की न्यूनता के कारण समाजशास्त्र में प्रयोग विधि का बहुत कम इस्तेमाल किया जा सकता है।

(3) चेतन विषय-सामग्री—भौतिक विज्ञानों की विषय सामग्री अचेतन होती है। इसलिए प्रयोगशाला में उस पर चाहे जिस तरह से परीक्षा की जा सकती है। किन्तु सामाजिक विज्ञानों की विषय की सामग्री मनुष्य और उसके सामाजिक सम्बन्ध अचेतन नहीं हो सकते, ये चेतन होते हैं और इसलिए इनके प्रति चाहे जिस तरह से व्यवहार नहीं किया जा सकता क्योंकि ये व्यवहार के प्रति प्रतिक्रियाएँ करते हैं। चेतन होने के कारण इनमें व्यक्तिगत भिन्नताएँ भी होती हैं, इसलिए मनुष्यों के ऊपर प्रयोग करके उनके व्यवहार के विषय में सामान्य नियम बनाना बड़ा कठिन है। अस्तु, समाज-विज्ञानों में प्रयोग विधि का क्षेत्र अत्यन्त सीमित है।

(4) नियन्त्रण की न्यूनता—भौतिक विज्ञानों में विषय सामग्री भौतिक होती है इसलिए उसका आसानी से नियन्त्रण किया जा सकता है। दूसरी ओर सामाजिक विज्ञानों में विषय-सामग्री चेतन होने के कारण उसका नियन्त्रण करना कठिन है। उसके नियन्त्रण में उचित-अनुचित का प्रश्न भी उठता है। उदाहरण के लिए तलाक के सम्बन्ध में अध्ययन करने के लिए पति-पत्नी में कृत्रिम रूप में तलाक उत्पन्न नहीं किया जा सकता। इसी प्रकार बालकों को उनके पारिवारिक परिवेश से निकाल कर गिरे हुए परिवेश में रखकर उन पर बुरे परिवेश के प्रभाव का अध्ययन नहीं किया जा सकता। पी॰ वी॰ यंग तथा अन्य सामाजिक अनुसंधानकर्ताओं ने सामाजिक अनुसंधान में नैतिक, उचित-अनुचित का ध्यान रखना आवश्यक माना है। इनमें मनुष्यों को सामाजिक अनुसंधान के साधन के रूप में इस प्रकार से प्रयोग नहीं किया जा सकता जिससे उनकी किसी भी प्रकार से हानि होने की सम्भावना हो।

(6) प्रत्यक्ष अवलोकन की न्यूनता—भौतिक विज्ञानों की विषय-सामग्री अचेतन और स्थूल होने के कारण विभिन्न प्रकार के यन्त्रों से उसका प्रत्यक्ष निरीक्षण किया जा सकता है। समाज-विज्ञानों की विषय-सामग्री चेतन और सूक्ष्म है। इसलिए न तो उसके निरीक्षण में विभिन्न यन्त्रों का प्रयोग किया जा सकता है और न ही सभी मानसिक स्थितियों का निरीक्षण किया जा सकता है।

प्रयोगशाला का प्रयोग—सामाजिक प्रयोगों में उपरोक्त कठिनाइयों के होते हुए भी समाज-विज्ञानों के क्षेत्रों में महत्वपूर्ण प्रयोग किये गये हैं। शैरिफ ने सामाजिक मध्यमान के निर्माण की प्रक्रिया का प्रयोगात्मक अध्ययन किया। उसने दो प्रकार से प्रयोग किये, व्यक्तिगत परिस्थितियों मे प्रयोग और सामाजिक परिस्थिति प्रयोग। दोनों के प्रयोगों को एक कमरे में किया गया जिसमें सब ओर पूर्ण अन्धकार था और केवल एक जलता हुआ बल्ब एक डिब्बे में बन्द लटका हुआ था। डिब्बे में एक छोटा-सा सुराख था जिससे प्रकाश की एक बहुत ही क्षीण रेखा कमरे में फैल रही थी। व्यक्तिगत परिस्थिति में प्रयोज्य को कमरे में अकेले बैठाया गया और

सामूहिक परिस्थिति में एक व्यक्ति को नहीं बल्कि समूह को कमरे में बैठाया गया।

वैयक्तिक परिस्थिति में प्रयोग—वैयक्तिक परिस्थिति में प्रयोज्य को प्रकाश से पाँच मीटर दूरी पर एक मेज के सामने रखकर बैठाया गया जिस पर कि एक कुंजी (Key) लगी हुई थी। प्रयोज्य को आदेश दिया गया कि जब कमरे में पूर्ण अन्धकार हो जायेगा तो उसे सावधान होने का संकेत दिया जायेगा और फिर एक प्रकाश बिन्दु दिखलाया जायेगा। थोड़ी देर बाद यह प्रकाश बिन्दु अपने स्थान से चलने लगेगा। उसको चलते देखते ही प्रयोज्य को कुंजी को दबा देना था। प्रयोज्य को बतलाया गया कि कुछ समय बाद प्रकाश-बिन्दु विलीन हो जायेगा। अब उसे अनुमान के द्वारा यथासम्भव ठीक-ठीक बतलाना था कि प्रकाश-बिन्दु अपने स्थान से कितनी दूर तक चला था।

वास्तव में प्रयोग में प्रकाश-बिन्दु एक ही स्थान पर निर्भर था। परन्तु 'सावधान' का संकेत मिलते ही कुछ क्षण बाद प्रयोज्य को प्रकाश-बिन्दु चलता हुआ दिखाई दिया। यह आत्मोत्पादित गति (Autokinetic Movement) के कारण था। इस प्रकार 19 विद्यार्थियों पर प्रयोग करने के बाद निम्नलिखित निर्णय निकाले गये।

जिस परिस्थिति में व्यक्ति किसी एक वस्तु की दूसरी से तुलना नहीं कर सकता वहाँ वह अपना निजी मानदण्ड बना लेता है। भिन्न-भिन्न व्यक्ति एक ही परिस्थिति में भिन्न-भिन्न मानदण्ड बनाते हैं। अतः यह मानदण्ड वस्तुगत (Objective) न होकर आत्मगत (Subjective) होता है। एक बार मानदण्ड बना लेने पर व्यक्ति उसे बनाये रखने की कोशिश करता है। और बराबर उसी परिस्थिति में रखा जाने पर उस एक ही मानदण्ड के विस्तार (Range) में प्रक्रिया करता है। वह मानदण्ड की कभी भी अवहेलना नहीं करता बल्कि उसके अनुरूप निर्णय करने की कोशिश करता है।

सामूहिक परिस्थिति में 40 छात्रों पर प्रयोग करने पर शैरिफ को कुछ अन्य बातों का भी पता चला। सामूहिक परिस्थिति में प्रयोग करने के उद्देश्य निम्नलिखित प्रश्नों का उत्तर पाना था—

(1) समूह के सदस्य के रूप में व्यक्ति के निर्णयों पर क्या प्रभाव पड़ता है? क्या वह सामूहिक परिस्थिति में वैयक्तिक परिस्थिति से भिन्न एक नया मानदण्ड निर्माण करता है।

(2) क्या सामूहिक परिस्थिति में व्यक्ति की मानदण्ड बनाने की क्षमता कम हो जाती है अथवा क्या वह कोई उत्तर नहीं दे सकता?

(3) क्या समूह के सारे सदस्य मिल कर अपने-वैयक्तिक मानदण्डों के औसत के रूप में एक सामान्य मानदण्ड बना लेते हैं?

सामूहिक मानदण्ड बन जाने के बाद यदि प्रयोज्य को फिर से अकेले उसी परिस्थिति में रखा जाये तो क्या वह फिर व्यक्तिगत मानदण्ड बनाने का प्रयास

करता है?

सामूहिक प्रयोग में शैरिफ ने यह देखा कि सब व्यक्ति एक सामान्य मानदण्ड की ओर झुकते तो अवश्य हैं परन्तु एक-दूसरे से समरूप नहीं हो पाते। व्यक्तिगत और समूह मानदण्डों में कुछ न कुछ अन्तर बराबर होता रहता है। सामूहिक परिस्थिति समूह के व्यक्तियों को मानदण्ड बनाने को प्रेरित करती है।

शैरिफ के उपर्युक्त प्रयोगों से यह निष्कर्ष निकलता है कि जब व्यक्ति किसी ऐसी परिस्थिति में होता है जिसमें निर्णय करने के लिए उसके पास पहले से कोई मानदण्ड नहीं होता तो वह अपना निजी मानदण्ड बना कर उसी के अनुसार कार्य करता है और उसी पर डटा रहता है। सामूहिक परिस्थिति में व्यक्ति सामाजिक मानदण्ड के अनुसार चलने का प्रयास करता है। मानदण्ड सामाजिक परिस्थिति के कारण बनता है चाहें व्यक्तिगत रूप में कोई व्यक्ति इस मानदण्ड को पसन्द न भी करता हो परन्तु सामूहिक मानदण्ड होने के कारण इसका प्रभाव पड़ता है और व्यक्ति इसी के अनुसार व्यवहार करता है।

प्राकृतिक स्थिति में प्रयोग—प्रयोगशाला के इन प्रयोगों के अतिरिक्त शैरिफ ने स्वाभाविक अथवा प्राकृतिक स्थितियों में सामूहिक तनाव के विषय में महत्वपूर्ण प्रयोग किये। इनका एक उदाहरण राबर्स केव अध्ययन के नाम से प्रसिद्ध है। इस अध्ययन में शैरिफ तथा उसके सहयोगियों ने प्रयोगात्मक विधि से यह पता लगाया कि किन-किन परिस्थितियों में विभिन्न समूहों में तनाव की स्थिति बन जाती है और तनाव की इस स्थिति को किस प्रकार से दूर किया जा सकता है।

शैरिफ, उनकी पत्नी, हारवे, व्हाइट तथा हुड आदि मनोवैज्ञानिकों के निर्देशन में सन् 1954 में संयुक्त राष्ट्र अमेरिका में ओखलाहोमा नगर से 150 मील की दूरी पर राबर्स केव स्टेट पार्क में सामूहिक तनाव के विषय में एक प्रयोग किया गया। इस प्रयोग में 22 बच्चों को इस स्थान पर रखा गया। इन सब बच्चों की आयु 11 वर्ष की थी। उनको दो समूहों में बाँट दिया गया। इन दोनों समूहों को अलग-अलग बसों में राबर्स केव स्टेट ले जाया गया। दोनों समूहों का आपस में कोई सम्पर्क नहीं होने दिया गया। उनको अलग-अलग डेरों में रखा गया, यहाँ तक कि उनको काफी दिन तक यह भी नहीं मालूम हुआ कि उनके अलावा कोई दूसरा कोई समूह भी आया हुआ है। ऐसा इसलिए किया गया था कि जिससे दोनों समूहों में अलग-अलग सामूहिक जीवन का विकास हो सके, उनमें सब बच्चों में परस्पर सम्बन्ध स्थापित हो सके, उनमें कुछ मान्यताओं का विकास हो सके। उनमें भिन्न-भिन्न सदस्यों की स्थिति निश्चित हो जाये और उनके नेताओं का विकास हो और यह हुआ भी। भिन्न-भिन्न समूहों को ऐसे काम में लगाया गया जिसमें कि सामूहिक प्रयत्न करना पड़े। इससे शीघ्र ही उनमें सामूहिक जीवन का विकास हुआ। स्वभवतया कुछ नेता बन गये। हर एक सदस्य की स्थिति निश्चित हो गई और सामूहिक जीवन में उसके कार्य के अनुसार उसकी प्रतिष्ठा भी निश्चित हो गई। समूहों के नाम भी रख दिये

गये। एक समूह का काम ईगल्स और दूसरे का नाम रैटलर्स पड़ा। लोगों ने अपने-अपने झण्डों पर नाम लिख दिये।

सामूहिक जीवन के विकास के बाद अब सामूहिक तनाव की नौबत आई। अब दोनों समूहों को एक-दूसरे से परिचित कराया गया और कुछ प्रतियोगिता की घोषणा की गई। पहली बार रस्सा खींचने की प्रतियोगिता हुई जिसमें रैटलर्स ने ईगल्स को हरा दिया। अब क्या था, दोनों दलों में तनाव पैदा हो गया। खेल खत्म होने के बाद ईगल्स ने मैदान में लहराता हुआ रैटलर्स का झण्डा जला डाला। दूसरे दिन सवेरे जब रैटलर्स ने अपना झण्डा जला हुआ देखा और उन्हें यह मालूम हुआ कि ईगल्स ने झण्डा जलाया है तो उन्होंने तुरन्त ईगल्स का झण्डा जला दिया। दोनों समूहों ने एक-दूसरे को गालियाँ देनी शुरू कीं। देखते ही देखते मारपीट होने लगी और सामूहिक तनाव गम्भीर स्थिति पर पहुँच गया। ईगल्स पर तो इतना प्रभाव पड़ा कि उन्होंने अयोग्य जानकर नेता को बदल दिया। समूह के सदस्यों में हार के लिए एक-दूसरे पर दोषारोपण भी हुआ। परन्तु जहाँ तक दूसरे समूह का सामना करने का प्रश्न था उनमें एकता और दृढ़ता और भी बढ़ गई। इस समय मनौवैज्ञानिकों ने दोनों समूहों के एक-दूसरे के बारे में मूल्यांकन प्राप्त किये। कुछ ऐसी रूढ़ युक्तियों (Stereotypes) का प्रयोग किया गया जो कि संघर्ष और तनाव की स्थिति में ही पाई जाती हैं। प्रशंसात्मक और निन्दासूचक दोनों तरह की रूढ़ युक्तियाँ चुनी गईं। दोनों में तीन-तीन रूढ़ि प्रत्यय थे। प्रशंसात्मक प्रत्ययों में ये तीन प्रत्यय थे—वीर (Brave), दृढ़ (Tough) और मैत्रीपूर्ण (Friendly)। प्रत्येक समूह ने इन रूढ़ि प्रत्ययों को अपने लिए ही इस्तेमाल किया। हर एक ने अपने दल के सदस्यों को वीर, दृढ़ और मैत्रीपूर्ण बतलाया। निन्दासूचक प्रत्यय थे, नीच (Sneakey), सुस्त (Lazy) और दुर्गन्धयुक्त (Stinks)। प्रत्येक दल ने इन प्रत्ययों से दूसरे दल के सदस्यों को नीच, सुस्त और दुर्गन्धयुक्त बतलाया। इससे यह स्पष्ट होता है कि किस तरह तनाव की स्थिति में प्रत्येक समूह अपने सदस्यों के लिए प्रशंसात्मक और विरोधी पक्ष के लिए निन्दासूचक रूढ़ि प्रत्ययों का इस्तेमाल करता है। भारत में साम्प्रदायिक मनोवृत्ति के हिन्दू लोग मुसलमानों को 'मलेच्छ' और मुसलमान हिन्दुओं को 'काफिर' कहते हैं। दोनों अपने ही तौर-तरीकों, चरित्र, आचार-विचार को ऊँचा और ठीक मानते हैं तथा दूसरे को नीचा और गलत मानते हैं। केवल विभिन्न धर्मों में ही नहीं बल्कि भारत में विभिन्न जातियों में भी इस तरह का तनाव देखा जा सकता है। ब्राह्मण तो शूद्रों को अपवित्र समझते ही हैं। परन्तु कहीं-कहीं शूद्र भी ब्राह्मण को अपवित्र समझते हैं। दक्षिण के गाँवों में अपवित्र समझे जाने के कारण भंगियों को गाँव से बाहर रहना पड़ता है। परन्तु कहीं-कहीं पर ऐसा देखा गया है कि यदि ब्राह्मण भंगियों की बस्ती में पहुँच जाता है तो उसको झाड़ूओं से पीटा जाता है और उसकी छुई हुई भूमि को गोबर से लीपा जाता है।

प्रयोग के अभी तक विकास में दो स्थितियाँ दिखाई पड़ती हैं, एक तो सामूहिक जीवन का विकास और दूसरे सामूहिक तनावों का विकास। अब सामूहिक तनावों के स्थायित्व की बारी आती है। दोनों समूहों में तनाव तो देखते ही देखते

उत्पन्न हो गया और बढ़ गया परन्तु अब उसको दूर करना टेढ़ी खीर थी। इस दिशा में तरह-तरह की कोशिश की गई। दोनों समूहों के सदस्यों को एक साथ बैठा कर भोजन कराया गया, एक साथ सिनेमा दिखाया गया तथा अन्य कई कार्य भी साथ-साथ कराये गये। परन्तु इससे सामूहिक तनाव के स्थायित्व पर कोई प्रभाव नहीं पड़ता उल्टे वह बढ़ने लगा। जब-जब दोनों दलों के मिलने का मौका आता तब-तब उनमें कहा-सुनी हो जाती। इससे यह स्पष्ट हुआ कि सामूहिक तनाव एक बार उत्पन्न हो जाने के बाद उसमें स्थायित्व की प्रवृत्ति होती है।

परन्तु प्रयोग यहीं समाप्त नहीं हो गया, क्योंकि ऐसा नहीं है कि सामूहिक तनावों को दूर किया ही न जा सकता हो। सामूहिक तनाव दूर करने के लिए कुछ ऐसे लक्ष्य सामने लाये गये जिनको प्राप्त करने के लिए दोनों दलों का सहयोग अत्यन्त आवश्यक था। सबसे पहले पानी की जिस टंकी से बच्चों को पानी मिलता था उसकी टोंटी का मुँह बोरे के टुकड़ों से बन्द कर दिया गया और बच्चों से यह कह दिया गया कि शायद पाइप में कहीं छेद हो जाने की वजह से पानी नहीं आ रहा है। पानी की बड़ी जरूरत थी। दोनों ही समूह के सदस्य प्यासे थे। इसलिये एक व्यापक सामान्य लक्ष्य बन गया। दोनों ही के सामने एक ही समस्या थी कि किसी तरह पानी मिलना चाहिये। नतीजा यह हुआ कि दोनों समूहों ने सहयोग किया। मनोवैज्ञानिक ने टंकी पर चढ़ने की सीढ़ी हटा दी थी। दोनों समूह उसको ढूँढ लाये और दोनों के सदस्य टंकी पर चढ़कर देखने लगे। टंकी पानी से भरी हुई दिखाई पड़ी। इससे यह निष्कर्ष निकला कि टोंटी में ही कोई खराबी है। अब क्या था। दोनों समूह के सदस्य अपने-अपने चाकू लेकर टोंटी का मुँह साफ करने में जुट गये। शीघ्र ही टोंटी साफ हो गई और पानी आने लगा। इससे सभी प्रसन्न हुए और तनाव कुछ कम हुआ। परन्तु एक घण्टे बाद भोजन के समय समूहों के मिलने का समय आया तो उनमें फिर कहा-सुनी हो गई। स्पष्ट है थोड़े-बहुत सहयोग से सामूहिक तनाव के स्थायित्व में अधिक कमी नहीं आती।

अब एक दूसरी तरकीब निकाली गई। बाजार से सनेमा की एक रील किराये पर लाने की योजना बनाई गई। मनोवैज्ञानिकों ने रील का आधा किराया अपनी ओर से देने का वायदा किया जिससे बच्चों को रील लाने की प्रेरणा मिले। कोई भी एक समूह बाकी आधा किराया नहीं दे सकता था। जाहिर था दोनों को सहयोग की जरूरत थी। सहयोग हुआ, दोनों समूहों ने चन्दा दिया, पैसा इकट्ठा हुआ। रील आई और शाम को दिखलाई गई। परन्तु जब रील देखने के लिए दोनों समूह इकट्ठे हुए तो वे अलग-अलग बैंचों पर बैठे। इससे स्पष्ट हुआ कि तनाव का स्थायित्व अब भी बना हुआ था यद्यपि संघर्ष की स्थिति नहीं थी।

मनोवैज्ञानिकों ने और कोशिश की। रॉबर्स केव से साठ मील दूर एक ऊँचे पहाड़ी प्रदेश में एक झील थी। दोनों दलों को इस झील के किनारे कैम्प के लिए ले जाया गया। दोनों अलग-अलग ट्रकों में पहुँचाये गये, वहाँ खाना भी अलग-अलग बनवाया गया। बर्तन एक ही स्थान पर रखे गये जहाँ से दोनों समूहों के सदस्यों ने

अपने-अपने बर्तन उठा लिये। परन्तु अब समस्या थी बाजार से सामान लाने की। सामान ट्रक द्वारा ही लाया जा सकता था परन्तु ड्राइवर के लाख कोशिश करने पर भी ट्रक स्टार्ट नहीं हो सका। ट्रक का मुँह चढ़ाई की ओर होने के कारण धक्के देने से भी काम नहीं चल सकता था। एक ही उपाय था कि ट्रक पर पड़े रस्से से ट्रक को बाँधकर खींचा जाय और इस काम में बीस से कम लोगों से बात नहीं बन सकती थी। चारा ही क्या था। सहयोग करना ही पड़ा। ट्रक में सामने रस्से को फँसा दिया गया और रस्से के दोनों छोरों को एक-एक समूह ने पकड़ लिया। दोनों समूह मिलकर खींचने लगे। ट्रक चल पड़ा। सभी लोग बड़े प्रसन्न हुए। सहयोग से खाने का सामान आया। सामान आने पर सबने मिलकर खाना बनाना शुरू कर दिया। सहयोग और भी बढ़ गया। इसके बाद एक बार फिर ट्रक खींचने के लिए सामूहिक प्रयत्न करना पड़ा। इस बार और भी अधिक सहयोग दिखाई पड़ा। इस बार अलग-अलग दलों के सदस्यों ने अलग-अलग तरफ से रस्सों को नहीं पकड़ा बल्कि दोनों दलों ने मिलकर दोनों ही तरफ से जोर लगाया। इससे दोनों समूहों के सदस्यों में एक दूसरे समूह के सदस्यों से मेल-जोल बढ़ा यहाँ तक कि बाद में जब उनसे अपना-अपना मित्र चुनने को कहा गया तो प्रत्येक समूह के सदस्यों ने भिन्न समूह से अपना मित्र चुना। अब सामूहिक तनाव दूर हो चुका था।

उपर्युक्त प्रयोग के विस्तृत विवरण से स्पष्ट है कि यद्यपि सामूहिक तनाव में स्थायित्व की प्रवृत्ति होती है परन्तु कुछ व्यापक सामान्य लक्ष्य प्राप्त करने के लिए सहयोग करने के बार-बार अवसर आने पर यह सामूहिक तनाव दूर किया जा सकता है।

समाज मनोविज्ञान के क्षेत्र में सन् 1920 से प्रयोग विधि का व्यापक रूप से इस्तेमाल किया जा रहा है। जनमत, रूचि, प्रचार, नेतृत्व आदि अनेक समस्याओं का प्रयोग विधि से अध्ययन किया गया है। फिर भी यह मानना पड़ेगा कि समाज विज्ञानों में प्रयोग विधि अत्यन्त सीमित क्षेत्र में ही इस्तेमाल की जा सकती है क्योंकि प्रयोगशाला की कृत्रिम परिस्थिति में मनुष्यों के व्यवहार के कृत्रिम हो जाने की सम्भावना है। कुछ विषयों में प्रयोग अनुचित होता है और कुछ में असम्भव। कुछ में पात्र के रुख के नियन्त्रण में कठिनाई होती है तो कुछ में पात्र का सहयोग प्राप्त करने में कठिनाई होती है।

सामाजिक विज्ञानों में प्रयोग विधि की सीमाओं से यह निष्कर्ष नहीं निकाला जा सकता कि सामाजिक विज्ञानों में प्रयोग विधि का इस्तेमाल या प्रयोगशाला बनाना सम्भव ही नहीं है। समाजशास्त्र के क्षेत्र में सबसे पहले स्टुअर्ट चैपिन ने प्रयोगात्मक विधि का इस्तेमाल किया। मनोविज्ञान की तो अपनी प्रयोगशालायें होती ही हैं, समाजशास्त्र में भी किसी ने किसी प्रकार की प्रयोगशाला बनाई जा सकती है। यद्यपि यह ठीक है कि अधिकतर व्यापक समाज ही समाजशास्त्र की प्रयोगशाला है क्योंकि उसका अध्ययन अधिकतर स्वाभाविक परिस्थितियों में ही किया जाना चाहिये। बोगार्डस ने समाजशास्त्र की प्रयोगशाला बनाने के लिये अग्रलिखित

उपकरण एकत्रित करने का सुझाव दिया है–

(1) टाइप करने की मशीनें, जोड़ने वाली मशीनें, हिसाब लगाने वाली मशीनें इत्यादि।

(2) व्यवस्थित रूप से फाइलें रखने के लिए विशेष प्रकार की आल्मारियाँ।

(3) साक्षात्कार के लिए विशेष प्रकार का कमरा।

(4) ड्राइंग की मेजें तथा उनका सामान।

(5) एक विशेष अनुसन्धान पुस्तकालय।

(6) कान्फ्रेंस या सैमिनार के लिए पृथक् कमरे।

(7) क्षेत्रीय मानचित्र या चार्ट जिनमें स्थानीय समुदाय की दिशाओं का चित्रण हो।

बोगार्डस के उपरोक्त सुझावों के अनुसार पाश्चात्य देशों में स्थान-स्थान पर समाजशास्त्रीय प्रयोगशालायें संगठित की गयी हैं। ये प्रयोगशालायें निम्नलिखित कार्य करती हैं–

(1) सूचनाओं का एकत्रीकरण, समन्वय और संगठन–समाजशास्त्रीय प्रयोगशालाओं में व्यक्तिगत अनुसन्धानकर्ताओं द्वारा एकत्रित की गयी सूचनाओं का संग्रह किया जाता है और उनका समन्वय और संगठन करके नये सिद्धान्त निकाले जाते हैं।

(2) प्रशिक्षण–समाजशास्त्रीय प्रयोगशालायें अनुसन्धानकर्ताओं को विभिन्न प्रकार से अनुसन्धान करने का प्रशिक्षण देती हैं।

(3) अनुसन्धान विधियों का सुधार–समाजशास्त्रीय प्रयोगशालाओं में वर्तमान अनुसन्धान विधियों का सुधार किया जाता है और नई विधियाँ निकालने का प्रयास किया जाता है।

(4) अनुसन्धान के लिए यन्त्र प्रदान करना–चूँकि सभी अनुसन्धानकर्ता व्यक्तिगत रूप से अनुसन्धान के सभी यन्त्रों को जुटा नहीं सकते इसलिये उन्हें ये यन्त्र समाजशास्त्रीय प्रयोगशालाओं से मुफ्त अथवा फीस लेकर दिये जाते हैं।

(5) सम्मेलनों और सैमिनारों का आयोजन–समाजशास्त्रीय प्रयोगशालाओं में समय-समय पर विभिन्न अनुसन्धानकर्ताओं के मिलने-जुलने और विचार-विमर्श करने के लिए सम्मेलन और सेमिनार किये जाते हैं।

(6) अनुसन्धान की पुस्तकें जुटाना–व्यक्तिगत अनुसन्धानकर्ता समाजशास्त्रीय प्रयोगशाला में लगे हुए अनुसन्धान पुस्तकालय से पुस्तकें प्राप्त कर सकते हैं। व्यक्तिगत रूप से इन सभी कीमती पुस्तकों को खरीदना सम्भव नहीं है।

(7) बड़ी और व्यय-साध्य योजनाओं का संचालन–बड़ी-बड़ी और व्यय-साध्य योजनायें व्यक्तिगत अनुसन्धानकर्ताओं के द्वारा नहीं चलाई जा सकतीं क्योंकि जहाँ इनमें खर्चा अधिक होता है वहाँ बहुत से कार्यकर्ताओं की भी

आवश्यकता पड़ती है। इस प्रकार की अनुसन्धान की योजनायें समाजशास्त्रीय प्रयोगशाला द्वारा चलाई जाती हैं। इसमें योजना को विभिन्न भागों में बाँट दिया जाता है और प्रत्येक भाग का संचालन विशेष व्यक्ति अथवा संस्था को सौंप दिया जाता है। इनके द्वारा प्राप्त की गई सूचनायें प्रयोगशाला में संग्रह की जाती हैं और यहीं उनका समन्वय और संगठन किया जाता है। प्रयोगशाला में जोड़ने वाली और हिसाब लगाने वाली कीमती मशीनें होती हैं जिनसे कम समय में अनुसंधान के परिणाम निकाले जा सकते हैं और रिपोर्ट तैयार की जा सकती हैं।

उपर्युक्त विवेचन से स्पष्ट है कि समाजशास्त्रीय प्रयोगशाला सामाजिक अनुसंधान के केन्द्र का काम करती है। फिर भी समाजशास्त्र के क्षेत्र में प्रयोगशाला विधि से अधिक विषयों का अध्ययन नहीं किया जा सकता। सबसे बड़ा कारण यह है कि सामाजिक घटनाओं में बहुत-सी शक्तियाँ ऐसी होती हैं जिनका माप नहीं किया जा सकता। दूसरे, प्रयोगशाला की कृत्रिम परिस्थितियों में सामाजिक व्यवहार स्वाभाविक नहीं होता। इन दोनों ही कठिनाइयों को दूर करने के लिए आजकल बहुत से उपाय अपनाये गये हैं। उदाहरण के लिए प्रयोगशाला की कृत्रिमता को दूर करके स्वाभाविक वातावरण निर्माण करने के लिए आजकल प्रयोज्यों को प्रयोग से पूर्व कुछ आदेश दिये जाते हैं, कुछ वैतनिक प्रयोज्यों को कुछ विशेष कार्य करने के लिए समूह में शामिल कर लिया जाता है तथा प्रयोज्यों को झूठ-मूठ बहकाकर गलत सूचनायें दे दी जाती हैं। फिर भी इन उपायों से किसी सीमा तक ही स्वाभाविक वातावरण बन पाता है। अधिकतर प्रयोगशाला के प्रयोग वास्तविक जीवन की परिस्थितियों से निर्देशित होते हैं और वास्तविक जीवन की परिस्थितियों से ही उनके परिणामों की जाँच की जाती है। फैस्टिन्जर के शब्दों में, "प्रयोगशाला प्रयोग मौलिक और मौखिक अनुसन्धान की एक प्रविधि है, अनुभावात्मक विज्ञान का एक लक्ष्य नहीं है।"[1]

अभ्यास के लिए प्रश्न

प्रश्न 1. नियन्त्रित प्रयोगों के मुख्य स्वरूपों का विवेचन कीजिये। क्या इस प्रकार के प्रयोग समाजशास्त्र में सम्भव हैं?

Discuss the main forms of controlled experiments. Are such experiments possible in Sociology?

प्रश्न 2. सामाजिक विज्ञानों में प्रयोग विधि में क्या कठिनाईयाँ हैं? सामाजिक प्रयोग के कुछ उदाहरण दीजिये।

What are the difficulties in the application of experimental method in social sciences. Give some examples of social experiments.

प्रश्न 3. समाजशास्त्रीय प्रयोगशाला के विषय में बोगार्डस के सुझाव क्या हैं? समाजशास्त्रीय प्रयोगशाला के कार्य बतलाइये।

What are the suggestions of Bogardus regarding sociological laboratory? Point out the functions of sociological laboratory.

---

1. "The laboratory experiment is a technique for basic and theoretical research and is not goal of an empirical science." —Leon Festinger.

16

साक्षात्कार
(Interview)

सामाजिक अनुसंधान के क्षेत्र में साक्षात्कार प्रणाली का व्यापक रूप से प्रयोग किया जाता है। इस प्रणाली में, जैसा कि इसके नाम से स्पष्ट है, अनुसंधानकर्ता या उसके द्वारा नियुक्त कार्यकर्ता सूचनादाता से साक्षात् भेंट करता है और प्रत्यक्ष प्रश्नोत्तर के द्वारा आवश्यक जानकारी प्राप्त करता है। इस साक्षात् भेंट का उद्देश्य केवल कुछ औपचारिक बातें करना मात्र न होकर उत्तरदाता के आन्तरिक जीवन में प्रवेश करना है। इस बात को स्पष्ट करते हुए पी० वी० यंग ने लिखा है, "साक्षात्कार एक ऐसी व्यवस्थित विधि मानी जा सकती है जिसके द्वारा एक व्यक्ति एक अपेक्षाकृत अजनबी के आन्तरिक जीवन में न्यूनाधिक कल्पनात्मक रूप से प्रवेश करता है।"[1] साक्षात्कार में साक्षात्कारकर्ता और साक्षात्कारदाता में घनिष्ठ सम्बन्ध स्थापित हो जाते हैं। भौतिक दूरी के साथ-साथ सामाजिक दूरी भी घट जाती है और दोनों ही एक दूसरे को प्रभावित करते हैं। दोनों ही सामान्य सामाजिक परिस्थिति में स्थित होते हैं और इसलिये उनमें भावात्मक सम्बन्ध बन जाता है। साक्षात्कार की यह विशेषता उसे सामाजिक अनुसंधान की अन्य प्रणालियों से भिन्न बना देती है। अनुसन्धान की औपचारिक प्रणालियों में अनुसन्धानकर्ता और सूचनादाता के मध्य औपचारिकता का एक पर्दा पड़ा रहता है जिससे अनुसंधान प्रामाणिक नहीं हो पाता। साक्षात्कार विधि में यह पर्दा हट जाता है और अनुसंधानकर्ता औपचारिकता के बाहरी आवरण को भेदकर सूचनादाता के विचारों, भावनाओं, प्रेरणाओं और अनुभवों का परिचय प्राप्त कर सकता है।

साक्षात्कार की परिभाषा

जहाँ पी० वी० यंग ने साक्षात्कार को अनुसंधानकर्ता और सूचनादाता में व्यक्तिगत सम्बन्ध माना है वहाँ कुछ अन्य समाजशास्त्री साक्षात्कार को औपचारिक प्रक्रिया भी मानते हैं जिसमें केवल आमने-सामने उपस्थित होकर साक्षात्कारकर्ता

1. "The interview may be regarded as a sytematic method by which a person enters more or less imaginatively into the inner life of a comparative stranger."
—P.V. Young, *Scientific Social Surveys and Research,* p. 105

सूचनादाता से कुछ निश्चित प्रश्नों के उत्तर प्राप्त करता है। किन्तु अधिकतर समाजशास्त्री यह मानते हैं कि वास्तविक साक्षात्कार औपचारिक न होकर अनौपचारिक होता है। औपचारिक साक्षात्कार में अनुसन्धानकर्ता कुछ निश्चित प्रश्नों में बँधा रहता है और केवल उन्हीं के उत्तर प्राप्त करता है। दूसरी ओर औपचारिक साक्षात्कार में साक्षात्कारकर्ता को प्रश्नों का क्रम बदल देने, उनका अर्थ समझने, अतिरिक्त प्रश्न पूछने और कभी-कभी प्रश्नों की शब्दावली को बदल देने की भी स्वतन्त्रता होती है। इस अर्थ में गुडे और हाट ने ठीक ही लिखा है, "मूल रूप से साक्षात्कार सामाजिक अनुक्रिया की एक प्रक्रिया है।"[1] साक्षात्कार में दो व्यक्ति एक दूसरे के सम्मुख केवल उपस्थित मात्र नहीं होते बल्कि उनमें परस्पर उत्तेजना और सहयोग जैसी अनुक्रियायें भी होती हैं। पामर के शब्दों में, "साक्षात्कार दो व्यक्तियों में एक ऐसी सामाजिक स्थिति निर्माण करता है जिसमें ऐसी मनोवैज्ञानिक प्रक्रिया निहित होती है जिसमें दोनों व्यक्तियों की परस्पर अनुक्रिया की आवश्यकता होती है यद्यपि साक्षात्कार के सामाजिक अनुसंधान का प्रयोजन दोनों सम्बन्धित दलों से विभिन्न अनुक्रियाओं का आयोजन करता है।"[2]

साक्षात्कार का उद्देश्य
(Objective of Interview)

साक्षात्कार की उपर्युक्त व्याख्या से उसका उद्देश्य स्पष्ट होता है। सामान्य रूप से साक्षात्कार के मुख्य उद्देश्य निम्नलिखित होते हैं—

(1) सम्मुख सम्पर्क—सामाजिक अनुसन्धान में साक्षात्कार का प्रयोग ऐसी परिस्थितियों में किया जाता है जिनमें अनुसंधानकर्ता और सूचनादाता में सम्मुख अर्थात् आमने-सामने का सम्पर्क स्थापित करने की आवश्यकता होती है। इस सम्मुख सम्पर्क से न केवल प्रश्नों के उत्तर प्राप्त होते हैं परन्तु उन उत्तरों को प्रदर्शित करने वाली अभिवृत्तियों, प्रेरणाओं, इच्छाओं और तनावों तथा सामाजिक स्थितियों का भी परिचय प्राप्त होता है।

(2) व्यक्तिगत सूचनायें प्राप्त करना—इस प्रकार साक्षात्कार का उद्देश्य कुछ ऐसी बातों का पता लगाना है जिनको कोई विशिष्ट व्यक्ति ही जानता है और जो किसी अन्य साधन से पता नहीं लगाया जा सकता। साक्षात्कार करते समय ऐसे प्रश्न करना उचित नहीं माना जाता जिनकी जानकारी किसी अन्य साधन से प्राप्त की जा सकती है क्योंकि साक्षात्कार में समय कम होता है और अनुसंधानकर्ता को अधिकतर अपना ध्यान ऐसी बातों को जानने में लगाये रखना पड़ता है जिनको

---

1. "Interviewing is fundamentally a process of social interaction."
—M.J.Goode and P.K. Hatt, *Methods in Social Research,* p. 186.

2. "The interview constitutes a social situation between two persons, the psychological process involved requiring both individuals mutually respond though the social research purpose of the interview calls for a varied response from the two parties concerned."
—Vivien Palmar, *Field Studies in Sociology,* University of Chicago Press (1928), p.174

साक्षात्कारदाता ही बतला सकता है।

(3) परिकल्पनाओं की स्थापना—कभी-कभी साक्षात्कार का उद्देश्य मानव प्रेरणाओं और सामाजिक तथा व्यक्तिगत अनुक्रियाओं के विषय में परिकल्पना बनाने में सहायता करना भी होता है। उन्मुक्त साक्षात्कार में साक्षात्कारदाता बहुधा अपने विशिष्ट व्यवहारों के कारणों की व्याख्या करता है और इस व्याख्या से कभी-कभी ऐसी बातें ज्ञात होती हैं जिनकी अनुसंधानकर्ता को कल्पना भी नहीं थी। अनेक व्यक्तियों से साक्षात्कार करने के बाद अनुसंधानकर्ता को सामाजिक व्यवहार में गहरी अन्तर्दृष्टि प्राप्त होती है और अपने व्यक्तिगत अनुभव से पुष्ट करके वह विशिष्ट सामाजिक व्यवहार के विषय में उपकल्पना बना सकता है।

(4) विशिष्ट जानकारी की जाँच—कभी-कभी साक्षात्कार का प्रयोजन नवीन जानकारी प्राप्त करना न होकर अनुसंधानकर्ता के कुछ विशिष्ट विचारों या निष्कर्षों की जाँच करना भी होता है। विशिष्ट सामाजिक मनोवैज्ञानिक घटनाओं के बारे में अन्तिम निष्कर्षों पर पहुँचने से पहले यह अच्छा होता है कि उनके विशेषज्ञों और उनमें भाग लेने वाले व्यक्तियों से साक्षात्कार करके जानकारी प्राप्त कर ली जाये। इससे अनुसंधानकर्ता यह जान सकता है कि उसके अपने विचार कहाँ तक वस्तुगत और वैज्ञानिक हैं। यदि इन साक्षात्कारों से उसके अपने विचारों की पुष्टि नहीं होती तो उसे यह मान लेना ही उचित होगा कि उसके विचार गलत हैं।

उपरोक्त विवेचन से स्पष्ट है कि जहाँ साक्षात्कार का प्रयोजन विशिष्ट जानकारी प्राप्त करना होता है वहाँ उसमें साक्षात्कारदाता के व्यक्तित्व, विचारों, भावनाओं आदि पर भी ध्यान दिया जाता है। लुण्डबर्ग के शब्दों में, "अनुसंधानकर्ता को रुचि न केवल वस्तुगत आँकड़ों जैसे आय, संतान की संख्या, आयु इत्यादि प्राप्त करने में होती है बल्कि उसके व्यक्तित्व, उसकी प्रवृत्तियों, उसके राग-द्वेषों का पता लगाने में भी होती है, जो उसके वार्तालाप तथा उससे सम्बन्धित शारीरिक क्रियाओं, भाव-भंगिमाओं इत्यादि के द्वारा प्रकट होती है।"[1] साक्षात्कार के प्रयोजन को स्पष्ट करते हुये पी॰ वी॰ यंग ने यह जोर दिया है कि साक्षात्कार अनुसंधान की पूर्णतया स्वतन्त्र प्रणाली नहीं है बल्कि वह अन्य प्रणालियों और विधियों की पूरक है। जहाँ उससे व्यक्तियों का अध्ययन किया जा सकता है वहाँ उससे अन्य स्रोतों से प्राप्त की हुई जानकारी की जाँच भी की जा सकती है।

साक्षात्कार के प्रकार
(Types of Interviews)

साक्षात्कार के प्रकारों को समाजशास्त्रियों ने विभिन्न दृष्टिकोणों से विभाजित

1. "The researcher is interested in the objective data secured from the interview such as income, number of children, their ages etc. and also in the presonality of the informant—his attitude, prejudices, likes and dislikes as revealed by his verbal behaviour, including the suitable gestures that accompany it such as facial expression a tone of voice and so forth."
—Lundberg.

किया है। साक्षात्कार के मुख्य प्रकारों का विभाजन निम्नलिखित हैं–

(1) औपचारिकता के आधार पर विभाजन–जैसा कि पीछे बतलाया जा चुका है, औपचारिकता की दृष्टि से साक्षात्कार के दो मुख्य प्रकार होते हैं–

(i) **औपचारिक साक्षात्कार** (Formal Interview)–इसमें साक्षात्कारकर्ता सूचनादाता से कुछ निश्चित प्रश्नों के उत्तर प्राप्त करता है और इन उत्तरों को एक निश्चित विधि से नोट करता है।

(ii) **अनौपचारिक साक्षात्कार** (Informal Interview)–औपचारिक साक्षात्कार के विरुद्ध साक्षात्कार के इस प्रकार में साक्षात्कारकर्ता को प्रश्नों के क्रम शब्दावली, आकार, प्रकार और संख्या आदि के घटाने-बढ़ाने की पूर्ण स्वतन्त्रता होती है।

(2) भाग लेने वालों की संख्या–साक्षात्कार के प्रकारों का वर्गीकरण उसमें भाग लेने वाले व्यक्तियों की संख्या के आधार पर भी किया गया है। इस दृष्टि से साक्षात्कार के निम्नलिखित दो रूप होते हैं–

(i) **व्यक्तिगत साक्षात्कार** (Personal Interview)–इसमें साक्षात्कारकर्ता एक ही व्यक्ति से साक्षात्कार करता है। साक्षात्कार के इस प्रकार की एक विशेषता यह है कि इसमें अनुसंधानकर्ता और सूचनादाता में परस्पर घनिष्ठ व्यक्तिगत सम्बन्धों की स्थापना होती है और अनुसंधानकर्ता सूचनादाता के दृष्टिकोण तथा विचारों के अतिरिक्त उसकी प्रेरणाओं, अभिवृत्तियों, भावनाओं आदि को भी जान सकता है। बोगार्डस के शब्दों में, ''अभिवृत्तियाँ और उनमें परिवर्तन व्यक्तिगत साक्षात्कार के द्वारा सर्वोत्तम रूप में जाने जा सकते हैं।''[1]

(ii) **समूहगत साक्षात्कार** (Group Interview)–इसमें सामूहिक साक्षात्कार होता है।

(3) साक्षात्कार के कार्य के आधार पर वर्गीकरण–साक्षात्कार से जो कार्य पूरा होता है या जो प्रयोजन सिद्ध होता है उसके आधार पर भी उसका वर्गीकरण किया गया है। इस दृष्टि से साक्षात्कार के निम्न प्रकार हो सकते हैं–

(i) **निदानात्मक साक्षात्कार** (Diagnostic Interview)–मनोचिकित्सक रोगी का साक्षात्कार करके उसके मस्तिष्क रोग के कारणों का निदान करते हैं। इसमें साक्षात्कारकर्ता का उद्देश्य साक्षात्कारदाता द्वारा बतलाई गई बातों के मूल में गहराई से पैठना है जिससे उसके व्यवहार के पीछे छिपी हुई प्रेरणायें स्पष्ट हो जायें।

(ii) **उपचारात्मक साक्षात्कार** (Treatment Interview)–साक्षात्कार के इस प्रकार में, जैसा कि इसके नाम से स्पष्ट है, साक्षात्कारदाता से किसी व्यक्तिगत समस्या या मानसिक रोग इत्यादि के उपचार के लिए साक्षात्कार किया जाता है। प्रसिद्ध मनोचिकित्सक कार्ल गुस्टेव यंग उपचारात्मक साक्षात्कार से ही अपने रोगियों

---

1. "Attitudes and changes in them may best be secured by the personal interview."
—Bogardus

का मानसिक उपचार करता था।

(iii) **अनुसंधानात्मक साक्षात्कार** (Research Interview)—यह साक्षात्कार किसी विशेष क्षेत्र में अनुसंधान के उद्देश्य से किया जाता है जिसमें साक्षात्कार में पूछे जाने वाले प्रश्नों को पहले से ही निश्चित कर दिया जाता है जिससे कि साक्षात्कार निर्दिष्ट दिशा में हो सके। इस साक्षात्कार में साक्षात्कारकर्ता अनुसंधान की समस्या के चारों ओर दृष्टि जमाकर ही प्रश्न करता था।

(iv) **जिज्ञासा पूर्ति हेतु साक्षात्कार** (Interview to fulfil Curiosity)—कभी-कभी किसी विशेष दिशा में जिज्ञासा की पूर्ति करने के लिए जानकार लोगों से साक्षात्कार किया जाता है। विशेष क्षेत्रों के विशेषज्ञों और नेताओं की राय जानने के लिये किया गया साक्षात्कार इसी वर्ग में आता है।

(4) सम्पर्क की अवधि के अनुसार वर्गीकरण—भिन्न-भिन्न साक्षात्कारों में साक्षात्कारकर्ता और साक्षात्कारदाता में भिन्न-भिन्न समय तक सम्पर्क रहता है। इस दृष्टि से साक्षात्कार को निम्नलिखित श्रेणियों में बाँटा जा सकता है—

(i) **अल्पसम्पर्क साक्षात्कार** (Short Contact Interview)—साक्षात्कार के इस प्रकार में साक्षात्कारकर्ता सूचनादाता से लम्बे समय तक घनिष्ठ सम्बन्ध स्थापित न करके अल्पकालिक सम्पर्क स्थापित करता है और अपनी मतलब की बातें पता लगाकर साक्षात्कार समाप्त करता है।

(ii) **दीर्घ सम्पर्क साक्षात्कार** (Prolonged Contact Interview)—दूसरी ओर अनेक साक्षात्कार जिनका उद्देश्य अधिक विशिष्ट और गहन तथ्यों का पता लगाना होता है अपेक्षाकृत लम्बे काल तक चलते हैं। निदानात्मक और उपचारात्मक साक्षात्कार अधिक दीर्घकालीन होते हैं और उनमें लम्बे सम्पर्क की आवश्यकता होती है।

(5) विषय-सामग्री के अनुसार वर्गीकरण—साक्षात्कार के द्वारा प्राप्त की गई विषय-सामग्री के प्रकार के आधार पर साक्षात्कार को निम्नलिखित वर्गों में बाँटा गया है—

(i) **गुणात्मक साक्षात्कार** (Qualitative Interview)—साक्षात्कार के इस प्रकार में गुणात्मक सामग्री एकत्रित की जाती है। स्पष्ट है कि यह एक जटिल और कठिन कार्य है तथा इसमें अधिक समय और प्रशिक्षित कार्यकर्ताओं की आवश्यकता होती है।

(ii) **परिमाणात्मक साक्षात्कार** (Quantitative Interview)—इस साक्षात्कार के परिणामस्वरूप परिमाणात्मक जानकारी प्राप्त की जाती है। यह एक सीधी और सरल प्रक्रिया है और इसमें समय भी कम लगता है।

(iii) **मिश्रित साक्षात्कार** (Mixed Interview)—अधिकतर साक्षात्कार इसी वर्ग में आते हैं क्योंकि उनमें गुणात्मक और परिमाणात्मक दोनों ही प्रकार की सामग्री जुटाई जाती है।

(6) कार्य भाग के अनुसार वर्गीकरण—पालिन यंग ने साक्षात्कार का वर्गीकरण विशेषतया साक्षात्कारदाता और साक्षात्कारकर्ता के द्वारा ग्रहण किये गये कार्य भाग (Role) के आधार पर किया है। इस प्रकार के साक्षात्कार को व्यक्तिगत अन्त:क्रिया की सामाजिक मनोवैज्ञानिक प्रक्रिया के रूप में लिया जाता है। इस दृष्टि से साक्षात्कार को निम्नलिखित वर्गों में बाँटा जा सकता है—

(i) **अनिर्देशित साक्षात्कार** (Non-Directive Interview)—साक्षात्कार का यह प्रकार अनियन्त्रित, असंचालित और अनिर्दिष्ट साक्षात्कार कहलाता है। इसमें साक्षात्कारकर्ता प्रत्यक्ष और पूर्व निश्चित प्रश्न नहीं पूछता। यह साक्षात्कारदाताओं को उनके अनुभवों का वर्णन करने के लिए प्रोत्साहित करता है। इसमें सूचनादाता अपने अनुभव बतलाते समय उसकी व्याख्या भी करता है। जब साक्षात्कारदाता अपनी पूरी बात विस्तारपूर्वक कह चुकता है तभी साक्षात्कारकर्ता साक्षात्कार निर्देशिका को उठाकर बचे हुए प्रश्न उपस्थित करता है। साक्षात्कार के इस प्रश्न को उन विशेष परिस्थितियों में प्रयोग किया जाता है जिनमें अनुसन्धानकर्ता को यह पता लगाना होता है कि उत्तरदाताओं को विशिष्ट समस्या की कहाँ तक जानकारी है और वे समस्या को किस रूप में ग्रहण करते हैं। साक्षात्कार के इस प्रकार को अनुसूची प्रणाली में प्रश्नावली के निर्माण से पूर्वगामी अध्ययन के लिये प्रयोग किया जाता है। इसमें विभिन्न व्यक्तियों से साक्षात्कार करके उनकी रायों और सुझावों के अनुसार समस्या के विभिन्न पहलुओं की जानकारी प्राप्त करके प्रश्नावली का निर्माण किया जाता है। साक्षात्कार का यह प्रकार सामाजिक घटना के मनोवैज्ञानिक अध्ययन में भी महत्वपूर्ण है क्योंकि इसमें साक्षात्कारकर्ता साक्षात्कारदाता के अन्तर्मन में पैठकर उसकी भावनाओं, प्रेरणाओं, अन्तर्द्वन्द्वों और विचारों का घनिष्ठ परिचय प्राप्त करता है। वैवाहिक विघटन और तलाक जैसी सामाजिक घटनाओं के अध्ययन में साक्षात्कार का यह प्रकार विशेष रूप से लाभदायक है। इसके अतिरिक्त इस प्रकार के साक्षात्कार में सूचनादाता की शारीरिक चेष्टाओं में परिवर्तन का भी अध्ययन किया जा सकता है।

(ii) **केन्द्रित साक्षात्कार** (Focused Interview)—साक्षात्कार के इस प्रकार को मर्टन और उसके सहयोगियों ने रेडियो, प्रेस और फिल्म जैसे संदेशवहन के साधनों के सामाजिक और मनोवैज्ञानिक प्रभावों के अध्ययन के लिये प्रयोग किया। इन्होंने साक्षात्कार के अन्य प्रकारों की तुलना में केन्द्रित साक्षात्कार के निम्नलिखित चार लक्षण बतलाये हैं—

(1) यह साक्षात्कार तब होता है जबकि साक्षात्कारदाता किसी विशिष्ट मूर्त परिस्थिति में स्थित होते हैं। उदाहरण के लिये यदि उन्होंने विशेष फिल्म देखी है या विशिष्ट ब्राडकास्ट सुना है या किसी सामाजिक परिस्थिति का निरीक्षण किया है तो उनसे इनके विषय में उनके विचार पूछे जा सकते हैं।

(2) साक्षात्कार के इस प्रकार का प्रयोग ऐसी परिस्थितियों में किया जाता

है जिनका विश्लेषण साक्षात्कार के पहले ही किया जा चुका है।

(3) यह साक्षात्कार साक्षात्कार निर्देशिका के आधार पर किया जाता है जिसमें जाँच के क्षेत्र और परिकल्पनायें स्पष्ट कर दी जाती हैं।

(4) साक्षात्कार के इस प्रकार में उपस्थित समस्या या परिस्थिति की ओर आन्तरिक अनुभवों जैसे अभिवृत्तियों और भावात्मक अनुक्रियाओं का विशेष रूप से अध्ययन किया जाता है।

केन्द्रित साक्षात्कार की विशेषता यह है कि उसके द्वारा वास्तविक परिस्थिति का अनुभव करने वाले व्यक्तियों को व्यक्तिगत प्रक्रियाओं, विशिष्ट संवेगों तथा विशिष्ट उत्तेजनाओं से उठने वाले निश्चित मानसिक साहचर्यों इत्यादि का पता लगाया जा सकता है। केन्द्रीय साक्षात्कार में साक्षात्कारदाता इन बातों को छिपा नहीं पाता क्योंकि साक्षात्कारकर्ता ने परिस्थिति का पूर्व विश्लेषण करके यह जान लिया होता है कि उत्तरदाता को क्या-क्या बतलाना चाहिये। इसलिये यदि उत्तरदाता उल्टे-सीधे उत्तर देता है या कोई बात छोड़ देता है तो साक्षात्कारकर्ता उसको तुरन्त पकड़ लेता है। इस विशेषता के कारण साक्षात्कार का यह प्रकार तनाव की परिस्थितियों का अध्ययन करने में विशेष रूप से उपयुक्त सिद्ध हुआ है। कभी-कभी केन्द्रित साक्षात्कार का प्रयोग मानव व्यवहार के सम्बन्ध में कुछ परिकल्पनाओं की प्रामाणिकता की जाँच के लिये भी किया जाता है। उदाहरण के लिये यह देखा जाता है कि विशेष प्रकार के प्रचार से लोगों में जो भय, तनाव और मानसिक ग्रन्थियाँ बन जाती हैं उनके विशिष्ट विषय के बारे में उनके विचारों पर भारी प्रभाव पड़ता है।

(iii) **आवृत्तिपूर्ण साक्षात्कार** (Repeated Interview)—इस प्रकार का साक्षात्कार उन परिस्थितियों में किया जाता है जिनमें किसी सामाजिक या मनोवैज्ञानिक प्रक्रिया के विकास का अध्ययन करना पड़ता है। इसमें यह पता चलता है कि विशिष्ट व्यवहार प्रतिमान या सामाजिक परिस्थिति किन-किन कारकों, क्रियाओं और अभिवृत्तियों से उत्पन्न हुई है। पाल लैजार्सफेल्ड और उनके सहयोगियों ने इस साक्षात्कार विधि से यह पता लगाया है कि संयुक्त राष्ट्र अमरीका में राष्ट्रपति के चुनाव के विषय में राय बनाने में मतदाता किन-किन सामाजिक मनोवैज्ञानिक प्रक्रियाओं से गुजरता है। यद्यपि साक्षात्कार की यह विधि अधिक समय, धन और शक्ति का व्यय चाहती है परन्तु इसमें सामाजिक मनोवैज्ञानिक प्रक्रियाओं के क्रमश: विकास का जो अध्ययन किया जा सकता है वह किसी भी अन्य विधि से सम्भव नहीं है।

साक्षात्कार के पूर्व तैयारियाँ

साक्षात्कार की प्रक्रिया प्रारम्भ करने से पूर्व अनुसन्धानकर्ता को कुछ तैयारियाँ करनी पड़ती हैं क्योंकि यदि वह पहले से तैयार नहीं है तो सूचनादाता के सामने आने पर वह अपना बहुत सा समय व्यर्थ बातचीत में नष्ट कर देगा और साक्षात्कार के समय का पूरा लाभ नहीं उठा सकेगा। साक्षात्कार के पूर्व साक्षात्कार का आयोजन

नमनीय होना चाहिये और उसमें नये विकासों के लिये स्थान छोड़ देना चाहिए। साक्षात्कार के पहले की तैयारी में साक्षात्कारकर्ता यह अनुमान लगा लेता है कि उसे सूचनादाता से किन-किन प्रकार की सूचनायें प्राप्त होने और कैसी-कैसी अनुक्रियाओं की आशा करनी चाहिये। वह यह निश्चित कर लेता है कि उसे किन-किन बातों पर विशेष जोर देना है और किन-किन दिशाओं में विशेष जानकारी प्राप्त करनी है। इस पूर्व आयोजन से एक बड़ा लाभ यह होता है कि यदि सूचनादाता मुख्य विषय से अधिक दूर हट जाता है तो अनुसन्धानकर्ता फिर से उसको मुख्य विषय पर ले जाता है। इससे साक्षात्कारदाता को भी यह पता चल जाता है कि साक्षात्कारकर्ता कुछ निश्चित उद्देश्यों को लेकर उसके पास आया है और यूँ ही बातचीत नहीं कर रहा है। इस आभास से साक्षात्कारदाता सावधान हो जाता है और नपे-तुले उत्तर देता है।

साक्षात्कार के पूर्व तैयारी में मुख्य सोपान निम्नलिखित हैं—

(1) **प्रश्नोत्तरों का पूर्वानुमान**—अनुसन्धान की समस्या के कुछ पहलू इतने जटिल होते हैं कि उनके विषय में पहले से ही यह निश्चित करना आवश्यक होता है कि सूचनादाता से कौन-कौन से प्रश्न किस क्रम से पूछे जायेंगे। केवल इतना ही नहीं बल्कि सूचनादाता की विभिन्न अनुक्रियाओं का सामना करने के लिये भी अनुसन्धानकर्ता को पहले से ही तैयार होना चाहिये। सूचनादाता की अनुक्रियायें किस प्रकार की होंगी इसका कुछ अनुमान उसके बारें में कुछ अन्य लोगों से पूछकर या उससे टेलीफोन पर बातचीत करके लगाया जा सकता है।

(2) **अनुसन्धान के विषय का ज्ञान**—साक्षात्कार प्रारम्भ करने से पूर्व साक्षात्कारकर्ता को अनुसन्धान के विषय का पर्याप्त ज्ञान होना चाहिये। उसे विभिन्न पुस्तकों का अध्ययन करके और विशेषज्ञों से बातचीत करके समस्या के विभिन्न पहलुओं को भली प्रकार समझ लेना चाहियें। उसे समस्या से सम्बन्धित पारिभाषिक शब्दों के अर्थ पता होने चाहिये। इस ज्ञान के अभाव में न तो वह सूचनादाता को प्रभावित कर सकता है और न साक्षात्कार से विशेष लाभ ही उठा सकता है।

(3) **साक्षात्कारदाता की दिनचर्या का ज्ञान**—साक्षात्कार का समय और प्रणाली निश्चित करने के लिए साक्षात्कारदाता की दिनचर्या का ज्ञान आवश्यक है। साधारणतया यदि साक्षात्कार के लिये ऐसा समय निश्चित किया जाये कि जिस समय साक्षात्कारदाता बिल्कुल फुर्सत में हो और वह अनुसन्धानकर्ता का स्वागत करें तो साक्षात्कार के लिये अत्याधिक उपयुक्त भूमिका बन जाती है। दूसरी ओर यदि कोई कार्यकर्ता किसी व्यक्ति के पास ऐसे समय में पहुँचता है जबकि वह अत्यधिक व्यस्त है तो बहुत सम्भव है कि वह मिलने से इन्कार कर दे या मिलने पर साक्षात्कार के लिए समय देने को सहमत न हो। बहुधा यह देखा गया है कि लोग साक्षात्कार से तभी इन्कार करते हैं जबकि गलत समय पर साक्षात्कार का प्रस्ताव रखा जाता है। चतुर अन्वेषक सूचनादाता की दिनचर्या का पहले सही पता लगाकर ऐसे समय पर पहुँचते हैं जब उन्हें निराशा नहीं होती।

(4) परिचय-पत्र—साक्षात्कार प्रारम्भ करने से पूर्व अनुसन्धानकर्ता को सूचनादाता को अपना पूरा परिचय देना चाहिये। इस सम्बन्ध में सार्वजनिक परिचय पत्र उपयुक्त नहीं होते। यदि सूचनादाता के लिये कोई व्यक्तिगत पत्र मिल सकता है तो उसका अच्छा प्रभाव पड़ता है परन्तु जान पहचान के व्यक्ति के जरिये आने वाले अनुसन्धानकर्ता को कभी-कभी लोग बहुत सी व्यक्तिगत बातें बतलाने में संकोच करते हैं। इसलिये सबसे अच्छा यह है कि अनुसन्धानकर्ता अनुसन्धान संस्था की ओर से प्रामाणिक परिचय-पत्र लेकर सूचनादाता के पास पहुँचे और उचित शिष्टाचार के साथ उसे अपना परिचय दें तथा साक्षात्कार के लिए समय मांगें।

(5) नेताओं का साक्षात्कार—किसी भी मानव समूह में बहुत से लोगों का साक्षात्कार प्रारम्भ करने से पूर्व यह अच्छा रहता है कि पहले नेताओं के साथ साक्षात्कार किये जायें। इससे जहाँ अनुसन्धानकर्ता को मुख्य व्यक्तियों के विचारों और दृष्टिकोणों का पता चल जाता है वहाँ इन नेताओं के द्वारा अन्य लोगों से परिचय कराये जाने पर उसका सम्मान भी बढ़ जाता है। रूसी मोलोकन समुदाय में अनुसन्धान करने में श्रीमती पी॰ वी॰ यंग ने सबसे पहले नेताओं से सम्पर्क स्थापित किया और जब उन लोगों ने उसका परिचय समूह के अन्य व्यक्तियों से कराया तो अन्य लोग इतने प्रभावित हुए कि वे उसको स्वयं ही अपने घर आने का और साक्षात्कार करने का निमन्त्रण देने लगे।

(6) सूचनादाताओं का चुनाव—साक्षात्कार प्रणाली का प्रयोग करने से पूर्व अनुसन्धान की समस्या के अनुरूप सूचनादाताओं का चुनाव करना आवश्यक होता है। ये सूचनादाता इस प्रकार चुने जाने चाहियें जिससे सही साम्पल प्राप्त हो सके। ऐसा होने पर ही ज्ञात सामग्री के आधार पर प्रामाणिक निष्कर्ष निकाले जा सकते हैं। सामाजिक अनुसन्धान की सफलता बहुधा सूचनादाताओं के चुनाव पर निर्भर करती है। इसलिये इसमें पूरी सावधानी से काम लेने की आवश्यकता है।

(7) साक्षात्कार का समय निश्चित करना—सूचनादाताओं की सूची बना लेने के बाद अनुसन्धानकर्ता को उनसे साक्षात्कार का समय निश्चित कर लेना चाहिये। पहले से समय निश्चित हो जाने से साक्षात्कारकर्ता और सूचनादाता दोनों के ही समय की बचत होती है और साक्षात्कार के समय दोनों ही तैयार रहते हैं। दूसरे, यदि अनुसन्धानकर्ता किसी व्यक्ति से मिलने का समय माँगता है तो इस शिष्टाचार का उस पर अच्छा प्रभाव पड़ता है और वह न केवल उसको समय देता है बल्कि निश्चित समय पर साक्षात्कार प्रारम्भ होने पर वह उससे दिल खोलकर बातचीत भी करता है।

(8) साक्षात्कार के स्थान को निश्चित करना—साक्षात्कार के पूर्व उसके लिये उपयुक्त स्थान निश्चित करना भी आवश्यक है। अधिकतर लोगों का साक्षात्कार उनके घर ही जाकर लिया जा सकता है परन्तु वहाँ भी यह देखना आवश्यक है कि सूचनादाता निश्चिन्त होकर खुलकर अपने मन की बात बतला सके। बहुत से सूचनादाताओं के यहाँ इस प्रकार का निरापद स्थान नहीं होता। ऐसे

लोगों के लिये यही अधिक अच्छा है कि उनको संस्था के दफ्तर पर बुलवा लिया जाये क्योंकि वहाँ पर साक्षात्कार के लिये विशेष रूप से बने हुए कमरे में सूचनादाता दिल खोलकर प्रत्येक बात बतला सकता है। साक्षात्कार के कमरे में बतलाई गई बातों को गुप्त रखी जाने पर भी सूचनादाता को आसानी से विश्वास हो जाता है क्योंकि वह जानता है कि यहाँ उसके किसी भी परिचित व्यक्ति का प्रवेश नहीं है।

साक्षात्कार की प्रक्रिया
(Process of Interview)

साक्षात्कार की तैयारी के बाद साक्षात्कार की प्रक्रिया आरम्भ होती है। इसमें मुख्य सोपान निम्नलिखित हैं–

(1) **परिचय**–साक्षात्कार के लिए पहुँचने पर अनुसन्धानकर्ता को सबसे पहले सूचनादाता को अपना परिचय देना चाहिये। लिखित परिचय-पत्र मौलिक परिचय से अधिक विश्वसनीय होता है और उसका प्रभाव भी अच्छा पड़ता है। दूसरे जब तक सूचनादाता परिचय-पत्र पढ़ता है तब तक साक्षात्कारकर्ता अपने को संयत कर लेता है। लिखित परिचय-पत्र, जैसा कि पहले ही बतलाया जा चुका है, अनुसन्धान संस्था के शीर्ष-पत्र (Letter Head) पर अनुसन्धान संस्था के वरिष्ठ अधिकारी की ओर से लिखा होना चाहिये जिसमें अनुसन्धान के लक्ष्यों को स्पष्ट किया गया हो और उसमें सहायता देने की अपील की गई हो। यदि अनुसन्धान को सरकारी सहायता प्राप्त है तो परिचय-पत्र में इसका भी उल्लेख होना चाहिये। इससे पत्र की विश्वसनीयता बढ़ जाती है। परिचय-पत्र पढ़ लेने के बाद यदि सूचनादाता साक्षात्कारकर्ता के परिचय के विषय में कुछ अन्य बातें जानना चाहता है तो साक्षात्कारकर्ता को शिष्टाचारपूर्वक उसके प्रश्नों के उत्तर देने चाहियें। जब सूचनादाता सन्तुष्ट हो जाता है तो वह वक्तव्य देने के लिये तैयार हो जाता है। कभी-कभी वह यह जानना चाहता है कि साक्षात्कार के लिये उसे ही क्यों चुना गया अथवा उसके परिचितों में से अन्य लोगों को भी चुना गया है या नहीं। इस प्रकार के प्रश्न का लाभ उठाकर साक्षात्कारकर्ता सूचनादाता को यह बतलाता है कि उसके द्वारा दी गई सूचनाओं का कितना महत्व है और क्योंकि उसकी सूचनायें अत्याधिक मूल्यवान हैं इसीलिए उसको साक्षात्कार के लिये चुना गया है। यदि साक्षात्कारदाता को अनुसन्धान संस्था में ही साक्षात्कार देने के लिये बुलाया जाता है तो परिचय देने की क्रिया साक्षात्कार का समय निश्चित करने के अवसर पर ही पूरी हो जाती है और साक्षात्कार के समय पर उसकी आवश्यकता नहीं पड़ती।

(2) **साक्षात्कार के प्रयोजन की व्याख्या**–साक्षात्कार की प्रक्रिया में दूसरा सोपान साक्षात्कार के प्रयोजन की व्याख्या करना है। यह व्याख्या इस प्रकार की जानी चाहिये जिससे कि वह सूचनादाता की समझ में आ जाये। इसलिये सूचनादाता के मानसिक स्तर के अनुसार समस्या की व्याख्या की शब्दावली और शैली में परिवर्तन करना आवश्यक है। समस्या की व्याख्या के साथ-साथ

साक्षात्कारकर्ता सूचनादाता को समस्या का महत्व भी समझा देता है। यदि इस सम्बन्ध में सूचनादाता को कोई शंका होती है तो उसका समाधान करना आवश्यक है। साक्षात्कारकर्ता सूचनादाता को स्पष्ट कर देता है कि अनुसन्धान के लिये उसके सूचना देने का कितना अधिक महत्व है।

(3) साक्षात्कार का प्रारम्भ—साक्षात्कार के प्रारम्भ में साक्षात्कारकर्ता सतर्कता और गम्भीरता से प्रश्न उपस्थित करता है और एक दो प्रश्नों के बाद जब सूचनादाता का बोलना शुरू हो जाता है तो साक्षात्कारकर्ता उसको न टोकते हुए उसे बोलने का पूरा अवसर देता है। वह वाद-विवाद का कोई अवसर नहीं आने देता और सूचनादाता को प्रोत्साहित करता जाता है।

(4) उन्मुक्त वार्तालाप की स्थिति प्राप्त करना—अब साक्षात्कारकर्ता और उत्तरदाता के मध्य उन्मुक्त वार्तालाप की स्थिति उत्पन्न हो जाती है जिसमें सूचनादाता समस्त औपचारिकता भूलकर पूर्ण आत्मीयता और विश्वासपूर्वक अपने अनुभव सुनाने लगता है। जब कभी वह हिचकता है तो साक्षात्कारकर्ता उसको प्रोत्साहित करता है, उसके सन्देह और परेशानियों को दूर करता है और उसके मन में यह बात बैठा देता है कि उसकी बातों का महत्व है। यदि सूचनादाता कुछ निजी बातों को बतलाने में हिचकता है तो साक्षात्कारकर्ता उसके संकोच के कारण का पता लगाकर उसे दूर करता है। उदाहरण के लिए यदि सूचनादाता अपने यौन व्यवहार सम्बन्धी घटनाओं को बतलाने में इसलिये हिचकता है क्योंकि वह उन्हें अनुचित समझता है और उसे भय होता है कि साक्षात्कारकर्ता उसे क्या समझेगा तो ऐसी स्थिति में साक्षात्कारकर्ता उसे यह स्पष्ट कर देता है कि विभिन्न प्रकार के यौन व्यवहार एक सामान्य बात है और उसमें लज्जित होने की कोई भी बात नहीं है।

(5) प्रत्यास्मरण में सहायता—कभी-कभी सूचनादाता कुछ विशेष अनुभवों का प्रत्यास्मरण करने में कठिनाई पाता है। ऐसे अवसर पर वह मौन हो जाता है और बातचीत का क्रम टूट जाता है। चतुर साक्षात्कारकर्ता उसे यह याद दिलाता है कि कौन सा विषय चल रहा था और प्रत्यास्मरण करने में उसकी सहायता करता है।

(6) अन्वेषक प्रश्न—अनेक अवसरों पर सूचनादाता किसी व्यक्तिगत कारण से कुछ बातों को चुपचाप छोड़ देने का प्रयास करता है। साक्षात्कारकर्ता ऐसी परिस्थितियों के प्रति सजग रहते हुए सूचनादाता को तुरन्त ही यह याद दिलाता है कि कौन सी बात छूटी जा रही है और उसमें विशेष दिलचस्पी दिखलाते हुए उस सम्बन्ध में बतलाने का आग्रह करता है। ऐसी परिस्थिति में बड़ी व्यवहार कुशलता की आवश्यकता होती है क्योंकि यदि सूचनादाता को तनिक भी यह सन्देह हो जाता है कि साक्षात्कारकर्ता उससे उसके गुप्त भेद उगलवाना चाहता है तो वह तुरन्त वार्तालाप बन्द कर देता है और साक्षात्कार का वातावरण शंकापूर्ण बन जाता है। अस्तु, साक्षात्कारकर्ता को यह स्पष्ट कर देना चाहिए कि जिस बात के बारे में यह पूछ रहा है वह कोई रहस्यपूर्ण बात नहीं है और यदि उसके बतलाने में सूचनादाता को अत्याधिक एतराज हो तो वह चाहे तो न बतलाये। ऐसा कहने से सूचनादाता को

साक्षात्कारकर्ता के वैज्ञानिक उद्देश्य में विश्वास हो जाता है और वह ऐसी-ऐसी बातें बतला देता है कि जिनको वह अपने अत्यन्त घनिष्ठ मित्रों को भी नहीं बतला सकता है।

(7) **प्रोत्साहन**—साक्षात्कार की प्रक्रिया में साक्षात्कारकर्ता को सूचनादाता को बारम्बार प्रोत्साहित करने की आवश्यकता होगी। जब कभी वह देखता है कि बातों का प्रभाव मन्द पड़ रहा है तो तुरन्त सूचनादाता की प्रशंसा करके उसे यह बतलाता है कि उसकी बतलाई हुई बातें कितनी मूल्यवान और ज्ञानवर्धक हैं और उनसे किस प्रकार साक्षात्कारकर्ता को सर्वथा नवीन दृष्टिकोण प्राप्त हुआ है। यहाँ पर यह सावधानी रखने की आवश्यकता है कि प्रोत्साहन की ये बातें चापलूसी नहीं मालूम होनी चाहिये अन्यथा इनका प्रभाव उल्टा ही पड़ता है। सूचनादाता को प्रोत्साहित करने का एक तरीका महत्वपूर्ण बातों के विषय में उसकी राय जानना है। ऐसा करने से उसे लगता है कि उसे महत्व दिया जा रहा है और वह अधिक से अधिक बातें बतलाता है। साक्षात्कार की प्रक्रिया को प्रोत्साहित करने के लिए साक्षात्कारकर्ता को मौन होकर नहीं बैठना चाहिये। उसे इस प्रक्रिया को मनोरंजक और रुचिपूर्ण बनाने के लिये सूचनादाता को बराबर प्रोत्साहित करना चाहिए और कुशलतापूर्वक बातचीत के प्रवाह को आगे बढ़ाना चाहिये। स्मरण रहे कि साक्षात्कार के दौरान में विवाद की स्थिति यथासम्भव नहीं आने देनी चाहिए।

(8) **साक्षात्कार का निर्देशन**—कुछ सूचनादाता अपने व्यक्तिगत जीवन की बातों को बतलाते हुए उनमें इतना खो जाते हैं कि बात कहीं की कहीं जा पहुँचती है। ऐसी स्थिति में साक्षात्कारकर्ता को चतुरतापूर्वक उनको फिर से सही राह पर लाना पड़ता है। साक्षात्कारकर्ता का यह निर्देशन एक कठिन कार्य हैं। इसमें सबसे बड़ी आवश्यकता इस बात की है कि जबकि एक ओर सूचनादाता को विषयान्तर न करने दिया जाये, दूसरी ओर उसे इस तरह न टोका जाये कि उसके अहम् भाव को चोट लगे क्योंकि दोनों ही स्थितियों में साक्षात्कार के प्रयोजन को हानि पहुँचती है। इसलिए साक्षात्कार के निर्देशन में साक्षात्कारकर्ता को बड़े धैर्यपूर्वक और सावधानी से वार्तालाप की दिशा मोड़नी चाहिये।

(9) **सूचना को नोट करना**—साक्षात्कार के दौरान में सूचनादाता के बोलते समय उसको नोट करना जहाँ एक ओर अत्यन्त कठिन होता है वहाँ दूसरी ओर इससे सूचनादाता का उत्साह भी मन्द पड़ता है क्योंकि वह देखता है कि साक्षात्कारकर्ता उसकी ओर ध्यान न देकर लिखने का कार्य करने में व्यस्त है। अस्तु, जहाँ तक हो सके सूचनादाता के बोलते समय सूचनाओं को नोट नहीं करना चाहिये। किन्तु जब वह एक बात पूरी कर ले तो उसे नोट किया जा सकता है। नोट करने में संकेत लिपिक की सहायता लेना अधिक अच्छा है क्योंकि इससे समय की बचत होती है। सबसे अच्छा तो टेप-रिकार्डर का प्रयोग करना है और यदि वह टेप-रिकार्डर गुप्त रखा गया हो तो और भी अच्छा है क्योंकि यदि सूचनादाता को यह पता चल जाता है कि उसकी सभी बातें टेप-रिकार्ड की जा रही हैं तो वह सशंकित हो जाता है और

उन्मुक्त रूप से बातचीत नहीं करता। जिन साक्षात्कारकर्ताओं की स्मरण शक्ति बहुत अच्छी है वे साक्षात्कार के बाद भी उसको नोट कर सकते हैं। कुछ चतुर साक्षात्कारकर्ता साक्षात्कार के अन्त में सूचनादाता के सामने ही उसकी दी हुई सूचनाओं को नोट करते हैं और फिर उसे पढ़कर सुनाते हैं। इससे जहाँ उनकी नोट की हुई बातों की जाँच हो जाती है और छूटी हुई बातें पूर्ण कर ली जाती हैं वहाँ सूचनादाता को यह विश्वास हो जाता है कि उसके द्वारा बतलाई गई बातों को महत्व दिया गया है।

(10) साक्षात्कार की समाप्ति—यदि साक्षात्कार एक ही बैठक में पूरा नहीं होता या एक बैठक में उसका प्रयोजन सिद्ध नहीं हो सकता तो अधिक अच्छा यह है कि उसको थकने से पूर्व समाप्त कर दिया जाये। किन्तु यदि साक्षात्कार के लिये एक ही बैठक पर्याप्त होती है तो साक्षात्कार समाप्त करते समय सूचनादाता से बराबर यह पूछ लेना चाहिये कि उसके पास बतलाने के लिये और कुछ तो नहीं है या वार्तालाप में कोई विषय छूट तो नहीं गया है। कभी-कभी अपनी अत्यन्त गुप्त भावनाओं को बतला देने के बाद सूचनादाता कुछ खिन्नता अनुभव करता है और उसके विषय में तरह-तरह की व्याख्या देने का प्रयास करता है। उसे लगता है कि उसने अपना रहस्य एक अपरिचित व्यक्ति को बतला दिया है। ऐसी स्थिति में साक्षात्कार समाप्त करते समय सूचनादाता को यह विश्वास दिला दिया जाना चाहिये कि उसने जो कुछ किया है बिल्कुल ठीक किया है, उसकी बातें गुप्त रखी जायेंगी और उसके सहयोग के कारण सामाजिक अनुसन्धान में महत्वपूर्ण सहायता मिलेगी। इससे सूचनादाता को अपने कार्य पर खेद नहीं होता।

(11) रिपोर्ट—साक्षात्कार समाप्त होने के तुरन्त बाद उसकी रिपोर्ट लिख डालनी चाहिये क्योंकि उसको किसी अन्य समय के लिये स्थगित कर देने पर उसमें गलतियाँ होने की सम्भावनाएँ बढ़ जाती हैं। साक्षात्कार की यह रिपोर्ट स्पष्ट और पूर्ण होनी चाहिये और उसमें सूचनादाता द्वारा बतलाई गई बातों के अतिरिक्त साक्षात्कार की घटना, सूचनादाता की मनोदशा, हाव-भाव, संवेगात्मक स्थिति आदि का भी वर्णन होना चाहिये। स्पष्ट है कि रिपोर्ट लिखने में सफलता साक्षात्कारकर्ता की भाषा सम्बन्धी योग्यता, लेखन-शक्ति, विचारों की स्पष्टता और प्रत्यक्षीकरण की कुशलता पर निर्भर है।

साक्षात्कार की अवैधता के कारण

साक्षात्कार की रिपोर्ट लिख लिये जाने के बाद यह जाँच करना आवश्यक है कि साक्षात्कार कहाँ तक प्रमाणित हुआ है और किसी सीमा तक उसके आधार पर वैध निष्कर्ष निकाले जा सकते हैं। साक्षात्कार की अवैधता निम्नलिखित बातों के कारण हो सकती है।

(1) बहुधा सूचनादाता भावावेश में आकर या साक्षात्कारकर्ता की दृष्टि में ऊँचा उठने के लिये कुछ बातों को अत्यन्त बढ़ा-चढ़ाकर उपस्थित करते हैं।

(2) कभी-कभी सूचनादाता जो कुछ कहता है साक्षात्कारकर्ता उसका उससे भिन्न अर्थ निकालता है क्योंकि उन दोनों के मानसिक जगत में भारी अन्तर होता है।

(3) कोई-कोई सूचनादाता जानबूझकर साक्षात्कारकर्ता को मूर्ख बनाने का प्रयास कर सकते हैं। कुछ अन्य सूचनादाता साक्षात्कारकर्ता से प्रभावित होकर उसके प्रश्नों का उत्तर देते हैं और असली बात नहीं बतलाते।

(4) कभी-कभी कुछ अकुशल साक्षात्कारकर्ता किसी सूचनादाता के दुर्व्यवहार या शिष्टाचारहीनता से चिढ़कर उसकी बतलाई हुई बातों की सही व्याख्या नहीं करते।

साक्षात्कार की वैधता के उपाय

उपरोक्त कारणों से साक्षात्कार से मिली हुई सामग्री प्रामाणिक नहीं रहती। सामग्री की प्रामाणिकता को बनाये रखने के लिए कोमारोवस्की ने अग्रलिखित सुझाव उपस्थित किये हैं—

(1) साक्षात्कारकर्ता महत्वपूर्ण बातों के विषय में अधिक विस्तृत सूचनायें प्राप्त करता है। इन सूचनाओं से उसकी प्राप्त की हुई अन्य सूचनाओं की परीक्षा होती है।

(2) वह अन्य स्रोतों से प्राप्त की हुई सूचनाओं की परीक्षा करता है।

(3) वह साधारणतया सूचनादाता से स्थापित किये हुए सम्बन्धों और इन सम्बन्धों में परिवर्तनों में परस्पर सम्बन्ध पता लगाने का प्रयास करता है। डॉ० कोमारोवस्की ने बेकार पुरुषों के अपने अध्ययन में पिता की बेकारी के दौरान में परिवारों के अन्य सदस्यों की प्रक्रियाओं का तुलनात्मक अध्ययन किया है।

(4) वह साक्षात्कार के उन अंशों की परीक्षा करता है जो कार्य-कारण सम्बन्ध दिखाते हैं। इस परीक्षा से यह मालूम होता है कि तथाकथित कार्य की स्थिति के कारण सदैव उपस्थित था या नहीं। परिवार में पिता की बेकारी और उसकी सत्ता की समाप्ति में कार्य-कारण सम्बन्ध की परीक्षा करने के लिए कोमारोवस्की ने यह पता लगाया कि क्या किसी परिस्थिति में बेकारी के बावजूद भी परिवार में पिता की सत्ता बनी रहती है।

डॉ० कोमारोवस्की द्वारा बतलाई गई उपर्युक्त विधियों से साक्षात्कार की रिपोर्ट की प्रामाणिकता की परीक्षा की जा सकती है। कभी-कभी अनेक साक्षात्कारकर्ता मिलकर एक व्यक्ति का साक्षात्कार करते हैं। ऐसी परिस्थिति में बहुत से सूचनादाता झूठ नहीं बोल पाते, किन्तु दूसरी ओर इसमें वह उन्मुक्त वार्तालाप नहीं हो सकता जो केवल एक साक्षात्कारकर्ता की उपस्थिति में होता है।

साक्षात्कार की रिपोर्ट की प्रामाणिकता की परीक्षा कर लेने के पश्चात् अनुसन्धानकर्ता को यह निश्चय हो जाता है कि वह किसी सीमा तक उसके आधार पर वैज्ञानिक निष्कर्ष निकाल सकता है और ये वैज्ञानिक निष्कर्ष कहाँ तक विश्वसनीय हैं।

साक्षात्कार निर्देशिका
(Interview Guide)

सामाजिक अनुसन्धान की साक्षात्कार प्रणाली में बहुधा एक लिखित अथवा छपी हुई साक्षात्कार निर्देशिका का प्रयोग किया जाता है। श्रीमती पी॰ वी॰ यंग के अनुसार यह निर्देशिका निम्नलिखित चार कार्यों में सहायता करती है—

(1) अध्ययन के मुख्य अंगों पर ध्यान जमाने में सहायता करना।

(2) एक अथवा विभिन्न साक्षात्कारदाताओं के द्वारा तुलनात्मक सामग्री को प्राप्त करने में सहायता करना।

(3) सामग्री के विश्लेषण में आवश्यक एक सी इकाइयों को एकत्रित करने में या परिकल्पना की परीक्षा करने में सहायता करना।

(4) जीवन इतिहासों के गणनात्मक आधार के लिये विशिष्ट, मूर्त और विस्तृत सूचनायें एकत्रित करने में सहायता प्रदान करना।

किन्तु साक्षात्कार निर्देशिका का सही उपयोग उसका अक्षरशः पालन करना न होकर उसकी समस्त सूचना को भली प्रकार पचाकर साक्षात्कारकर्ता और साक्षात्कारदाता की आवश्यकताओं के अनुसार उसका प्रयोग करना है। निर्देशिका में दिये हुए प्रश्नों को उसी क्रम से पूछना आवश्यक नहीं है। चूँकि निर्देशिका कोई मौखिक प्रश्नोत्तरी नहीं होती इसलिये उसकी ओर अत्यधिक ध्यान नहीं दिया जाना चाहिये। साक्षात्कारकर्ता को निर्देशिका का अत्यधिक उपयोग करना बार-बार उसी में दिये हुए प्रश्न उपस्थित करना उचित नहीं है। यदि वह अपना ध्यान निर्देशिका में ही लगाये रहता है तो वह सूचनादाता द्वारा दिये गये विवरण को ध्यान से नहीं सुनेगा और न उसका विश्लेषण करने का प्रयास करेगा। वह साक्षात्कारदाता के विवरण में उपस्थित संकेतों की ओर ध्यान नहीं देगा। यह सब दोष साक्षात्कारकर्ता का ही है। इसमें निर्देशिका को कोई दोष नहीं देगा। अयोग्य अनुसन्धानकर्ता के हाथ में पड़कर अनुसन्धान की किसी भी प्रणाली का गलत उपयोग हो सकता है।

साक्षात्कार में निर्देशिका का प्रयोग करने का अर्थ यह नहीं है कि साक्षात्कार निर्देशित ही है। निर्देशिका का प्रयोजन तो केवल उन विषयों का संकेत करना है जिन पर बातचीत चलनी चाहिये और इसलिये साक्षात्कारकर्ता को निर्देशिका पर तभी दृष्टि डालनी चाहिये जबकि उसके पास बात करने के लिए कोई विषय नहीं है। निर्देशिका में दिये गये विषयों का विकास साक्षात्कारकर्ता पर निर्भर है। इस सम्बन्ध में कोई भी निश्चित नियम नहीं है।

साक्षात्कारकर्ता का स्थान
(Place of Interviewer)

साक्षात्कार विधि से वैज्ञानिक सामग्री एकत्रित करने का कार्य साक्षात्कारकर्ता पर निर्भर होता है, इसलिये साक्षात्कार प्रणाली में उसका स्थान केन्दीय होता है। लुण्डबर्ग के शब्दों में, "कितनी भी प्रारम्भिक तैयारी क्यों न कर ली जाये वह बुद्धि, कौशल तथा किसी भी प्रकार के साक्षात्कार में परिस्थिति विशेष को समझने की स्वाभाविक सूझबूझ का स्थान नहीं ले सकती।"[1] साक्षात्कार में अनुसन्धानकर्ता और सूचनादाता के मध्य व्यक्तिगत सम्बन्ध होता है। दोनों परस्पर अनुक्रियायें करते हैं और एक-दूसरे को प्रोत्साहित करते हैं। स्पष्ट है कि इस प्रक्रिया में साक्षात्कारकर्ता के व्यक्तित्व का बड़ा प्रभाव पड़ता है। यदि उसका व्यक्तित्व आकर्षक है तो वह सूचनादाता से बहुत-सी ऐसी बातें मालूम कर लेता है जो वह अन्य व्यक्ति को नहीं बतला सकता। यदि उसका व्यक्तित्व अनाकर्षक है तो सूचनादाता प्रारम्भ से ही यह मान बैठता है कि अनुसन्धानकर्ता में उसकी बातों को समझने की योग्यता नहीं है। अत: वह उसके सामने अपना हृदय नहीं खोलता। आर्कषक व्यक्तित्व सूचनादाता को तुरन्त प्रभावित करता है जिससे अन्मुक्त वार्तालाप का ही वातावरण बन जाता है।

जब सूचनादाता बोलना प्रारम्भ कर देता है तो साक्षात्कारकर्ता पर ही यह निर्भर होता है कि वह विषयान्तर न होने दे और न कोई महत्वपूर्ण बात छूटने दे। उसे बराबर यह सतर्कता रखनी पड़ती है कि कहीं सूचनादाता उसको मूर्ख तो नहीं बना रहा है या जानबूझकर कोई बात छिपा तो नहीं रहा है। विषयान्तर के अवसरों पर सूचनादाता को फिर से विषय की ओर मोड़ देना साक्षात्कारकर्ता की कुशलता पर निर्भर करता है। इसमें सफलता पाने के लिये साक्षात्कारकर्ता को मानव मनोविज्ञान का जानकार होना चाहिये। इस जानकारी से वह सूचनादाता के हावभाव, मुख, मुद्रा, स्वरों के आरोह अवरोह आदि से उसके मन की बहुत-सी बातें जान लेता है। कुशल साक्षात्कारकर्ता मौन श्रोता नहीं होता बल्कि साक्षात्कार की प्रक्रिया में सक्रिय रूप से सहयोग देता है। बातचीत का प्रवाह मन्द पड़ जाने पर साक्षात्कारदाता सूचनादाता को प्रोत्साहित करता है। साक्षात्कारकर्ता में चतुरता और कौशल होने पर वह सूचनादाता को अत्यन्त गुप्त भेद और निजी बातें बतलाने के लिए प्रोत्साहित करता है। अन्त में सूचनादाता के द्वारा दिये गये विवरण की व्याख्या करना भी साक्षात्कारकर्ता की योग्यता पर निर्भर है। साक्षात्कार के पश्चात् उसकी रिपोर्ट तैयार करने के लिए अच्छी स्मृति, भाषा ज्ञान और लेखन में कौशल की आवश्यकता होती है।

उपरोक्त विवेचन से स्पष्ट है कि साक्षात्कार में कदम-कदम पर साक्षात्कारकर्ता में विभिन्न योग्यताओं की आवश्यकता पड़ती है और इस प्रणाली में सफलता पूर्णतया उसी पर निर्भर होती है।

---

1. "No amount of preliminary preparation will serve as a substitute for fact and spontaneous insight in a concrete situation regardless of the type of interview."
—G.A. Lundberg.

सही उत्तर प्राप्त करने के उपाय
(Ways to Secure Correct Answers)

साक्षात्कार की प्रक्रिया में सबसे बड़ी समस्या अनुसन्धान के विषय से सम्बन्धित प्रश्नों के सही उत्तर प्राप्त करना है। इसके लिये अनुसन्धानकर्ता और उत्तरदाता में उन्मुक्त वार्तालाप और सहयोग की स्थिति होनी चाहिए। बोगार्डस के अनुसार उत्तरदाता से सही उत्तर प्राप्त करने के लिए उसे वर्णनात्मक शैली का प्रयोग करना चाहिए और उसके वर्णन में कम से कम हस्तक्षेप करना चाहिए। उसे समय के क्रम को पालन करने की सुविधा दी जानी चाहिये और प्रश्नों के उत्तरों की ओर कोई संकेत नहीं दिये जाने चाहियें। साधारणतया सही उत्तर प्राप्त करना साक्षात्कारकर्ता के अनुभव, सूझ-बूझ और व्यवहार कुशलता पर निर्भर करता है तथा इस सम्बन्ध में भी निश्चित नियम नहीं बनाये जा सकते। फिर भी निम्नलिखित नियमों का पालन करके इस दिशा में बहुत अंशों तक सफलता पाई जा सकती है–

(1) कहानी की विधि का अनुसरण–सही उत्तर प्राप्त करने के लिए कहानी की विधि का अनुसरण बड़ा उपयुक्त होता है क्योंकि जब सूचनादाता को कहानी के रूप में किसी घटना को सुनाने के लिये कहा जाता है तो वह पूरी तन्मयता से और विस्तारपूर्वक उसका वर्णन करता है। इस वर्णन में बहुधा उसके हाव-भाव, मुखाकृति आदि में भी परिवर्तन दिखलाई पड़ता है जिन सबको नोट करके बहुत-सी बातें जानी जा सकती हैं।

(2) वर्णन की स्वतन्त्रता–घटनाओं का वर्णन करने में सूचनादाता को पूरी स्वतन्त्रता दी जानी चाहिए। इस सम्बन्ध में जल्दबाजी करना उचित नहीं है और न अनावश्यक टोकना ही उचित है। साक्षात्कारकर्ता को धैर्यपूर्वक उसकी बात सुननी चाहिये। उसे काम की बातें सुनने के साथ-साथ कुछ-न-कुछ बेकार की बातें सुनने के लिए तैयार रहना चाहिये।

(3) सतर्क निर्देशन–सूचनादाता को चाहे जिस तरह और चाहे जिस विषय पर बात करने के लिए उन्मुक्त नहीं छोड़ा जा सकता क्योंकि साक्षात्कार का प्रयोजन सूचनादाता से बातचीत न होकर कुछ विशेष बातों की जानकारी प्राप्त करना है या कुछ विशेष प्रश्नों के उत्तर प्राप्त करना है। अस्तु, साक्षात्कार की प्रक्रिया में सतर्क निर्देशन की आवश्यकता होती है जिससे विषयान्तर न हो। सूचनादाता की कहानी को सुनते समय साक्षात्कारकर्ता को बराबर उसे प्रोत्साहित करना चाहिये और मार्ग में भटक जाने पर उसे मार्ग पर ले जाना चाहिये।

(4) कठोर निर्देशन का निषेध–किन्तु साक्षात्कार का कठोरता से निर्देशन कभी उपयुक्त नहीं होता। साक्षात्कारकर्ता को किसी भी प्रश्न का उत्तर प्राप्त करने के लिये इतना अधिक जोर नहीं देना चाहिए कि सूचनादाता शंकित हो जाये। यदि उसे किसी बात का उत्तर देने में अत्याधिक संकोच है तो साक्षात्कारकर्ता को यह स्पष्ट कर देना चाहिये कि यह कोई रहस्य की बात नहीं है और यदि सूचनादाता उसे बताना नहीं चाहता तो गुप्त रख सकता है।

(5) रूचिपूर्वक श्रवण—कोई भी व्यक्ति अपनी कहानी उसी श्रोता को विस्तारपूर्वक बतलाना चाहता है जो उसके सुनने में रूचि लेता है। इसलिये साक्षात्कारकर्ता को सूचनादाता की कहानी में पूरी रूचि दिखलानी चाहिए।

(6) स्वाभाविक मन:स्थिति—साक्षात्कार के दौरान में चाहे कैसा भी विवरण क्यों न चल रहा हो अथवा सूचनादाता चाहे कुछ भी क्यों न कह रहा हो, साक्षात्कारकर्ता को अपनी मन:स्थिति को स्वाभाविक और सन्तुलित रखना चाहिए। ऐसा न होने पर सूचनादाता उन्मुक्त रूप से बातचीत नहीं कर पाता। उदाहरण के लिये यदि यौन व्यवहार की चर्चा चल रही है तो सूचनदाता का भावुक हो जाना स्वाभाविक है परन्तु साक्षात्कारकर्ता को बराबर यह दिखलाना चाहिये कि यह सामान्य चर्चा है और इसमें भावुक होने की कोई बात नहीं है।

(7) सूचनादाता का विश्वास प्राप्त करना—साक्षात्कार में वही कार्यकर्ता सफल हो सकता है जो सूचनादाता में विश्वास पैदा कर सके। तभी सूचनादाता उसे अपने मन की बात बतला सकता है। इसलिये साक्षात्कारकर्ता को कुशलतापूर्वक सूचनादाता पर यह स्पष्ट कर देना चाहिये कि वह उसकी बातों को समझता है और उस पर विश्वास किया जा सकता है।

(8) जल्द-बाजी का प्रभाव—जब सूचनादाता अपनी कहानी सुना रहा हो तो विशेषतया भावात्मक स्थितियों में उसको रोकने से उसके अहम् भाव को आघात पहुँचता है और हो सकता है कि वह बातचीत को बीच में ही रोक दे या उसका उत्साह समाप्त हो जाये, अस्तु, विवरण समाप्त करने की जल्दी नहीं करनी चाहिये और इस सम्बन्ध में सूचनादाता को अपनी सम्पूर्ण बात कह लेने को पूरी छूट दी जानी चाहिए।

(9) सूचनादाता की कद्र—साक्षात्कार के लिये वही व्यक्ति समय दे सकता है जिसको यह निश्चित हो जाये कि साक्षात्कारकर्ता उसके विचारों की कद्र करता है। इसलिये बातचीत के दौरान में साक्षात्कारकर्ता को बराबर यह दिखलाते रहना चाहिए कि सूचनादाता के द्वारा दी गई सामग्री कितनी महत्वपूर्ण है और उससे अनुसंधान का कितना बड़ा प्रयोजन सिद्ध होगा।

(10) आवश्यक विषयों में सतर्क व्यवहार—सूचनादाता के व्यक्तिगत भावात्मक जीवन से सम्बन्धित घटनाओं के बारे में पूछते समय साक्षात्कारकर्ता को बड़ी सावधानी से काम लेना चाहिये। उसे कभी भी इस तरह व्यवहार नहीं करना चाहिये कि सूचनादाता को ऐसा मालूम पड़े कि वह इसका रहस्य जानना चाहता है। यदि सूचनादाता कोई बात बतलाना नहीं चाहता तो उसके लिए बार-बार उसके पीछे पड़ना उचित नहीं है।

(11) वस्तुगत दृष्टिकोण—सूचनादाता के द्वारा दिये गये विवरण को साक्षात्कारकर्ता के निजी दृष्टिकोण से परखना उचित नहीं है। साक्षात्कारकर्ता को इस सम्बन्ध में बराबर वस्तुगत दृष्टिकोण बनाये रखना चाहिये। उसे किसी भी बात के विषय में अपना मत प्रकट नहीं करना चाहिये क्योंकि ऐसा करने से सूचनादाता

के उत्तरों के प्रभावित होने का भय है। उसे साक्षात्कार की सामग्री को सूचनादाता के दृष्टिकोण से देखने का प्रयास करना चाहिये तभी वह उसकी सही व्यवस्था कर सकता है।

(12) सूचनादाता की सुविधा का ध्यान—चूँकि साक्षात्कारकर्ता अपने काम के लिए सूचनादाता से समय लेता है इसलिए यह आवश्यक है कि वह सूचनादाता की सुविधा का पूरा ध्यान रखे। उसे चाहिये कि साक्षात्कार का स्थान और समय सूचनादाता से सम्पर्क स्थापित करके पहले सही निश्चित कर ले जिससे सूचनादाता को किसी प्रकार की असुविधा न हो। यदि सूचनादाता एक बैठक में पूरी बात बतलाने में असमर्थ है, वह थक गया है या उसे इतना समय नहीं है तो साक्षात्कारकर्ता को कभी भी एक बैठक में पूरी बात जान लेने की जिद नहीं करनी चाहिए और सूचनादाता की सुविधा के अनुसार दूसरी बैठक का समय निश्चित कर लेना चाहिए। संक्षेप में, साक्षात्कारकर्ता को सूचनादाता के कार्यक्रम, मानसिक स्थिति, भावनाओं आदि को पूरा महत्व देकर उसकी सुविधा के अनुसार शिष्टाचार के नियमों का पूर्णतया पालन करते हुए मैत्री और सद्भावना के वातावरण में साक्षात्कार की प्रक्रिया आगे बढ़ानी चाहिये। तभी वह साक्षात्कारदाता का पूरा सहयोग प्राप्त कर सकता है और तभी यह आशा कर सकता है कि सूचनादाता उसको सही सूचनायें देगा।

साक्षात्कार के गुण
(Merits of Interview)

सामाजिक अनुसंधान की अन्य प्रणालियों की तुलना में साक्षात्कार प्रणाली में कुछ विशिष्ट गुण देखें जाते हैं जिनमें कुछ मुख्य निम्नलिखित हैं—

(1) प्रत्यक्ष अनुसंधान—साक्षात्कार विधि में वैज्ञानिक को सूचनादाताओं की चिन्तन की प्रक्रियाओं को प्रत्यक्ष रूप से जानने का अवसर मिलता है। इसमें उसे ऐसा घनिष्ठ और व्यक्तिगत ज्ञान प्राप्त होता है जो अन्य विधि से प्राप्त नहीं किया जा सकता।

(2) गहन अनुसंधान—साक्षात्कार विधि में साक्षात्कारकर्ता का निरीक्षण सूचनादाता के बाह्य व्यवहार तक ही सीमित नहीं होता। उसे उसके बाह्य व्यवहार के मूल में छिपी प्रेरणाओं, संवेगनात्मक प्रतिक्रियाओं और सामाजिक प्रक्रियाओं को भी जानने का अवसर मिलता है।

(3) भूतकालीन स्मृतियों और भविष्य की योजनाओं का ज्ञान—साक्षात्कार की विधि द्वारा मनोविश्लेषक साक्षात्कारदाता की अनेक ऐसी भूतकालीन स्मृतियों का पता लगाता है जिनको यह बिल्कुल भूले हुए होता है। इसी प्रकार साक्षात्कार द्वारा साक्षात्कारदाता की भविष्य की योजनाओं का भी पता लगाया जा सकता है। इस सम्बन्ध में अनेक महत्वपूर्ण बातों का भी सूचनादाता के चेहरे के भाव, बातचीत के उतार-चढ़ाव तथा अन्य बहुत से ऐसे संकेतों से भी पता लग

जाता है जिनका निरीक्षण साक्षात्कार विधि में ही सम्भव है।

(4) विशिष्ट जानकारी की प्राप्ति—साक्षात्कार की विधि में अनुसंधानकर्ता और सूचनादाता आमने-सामने उपस्थित होते हैं। इससे जो परस्पर उत्तेजनायें होती हैं उनके कारण अनुसंधानकर्ता बहुत सी ऐसी जानकारी प्राप्त कर सकता है जो कि सामाजिक अनुसंधान की उन प्रणालियों से प्राप्त नहीं की जा सकती जिनमें अनुसंधानकर्ता और सूचनादाता में व्यक्तिगत सम्पर्क की स्थापना नहीं होती। साक्षात्कार में अनुसन्धानकर्ता सूचनादाताओं को प्रोत्साहित और उत्तेजित करता है जिससे वे ऐसी-ऐसी बातें बतला देते हैं जो समस्या पर सर्वथा नया प्रकाश डालती हैं। साक्षात्कार में दिया गया उत्तर किसी प्रश्न की अनुक्रिया मात्र नहीं है बल्कि एक सामाजिक मनोवैज्ञानिक परिस्थिति के प्रति अनुक्रिया है जिसे अनुसंधानकर्ता और उत्तरदाता दोनों मिलकर बनाते हैं। चतुर अनुसंधानकर्ता साक्षात्कार के द्वारा ऐसे-ऐसे अर्थो और तथ्यों का पता लगा लेता है जो चिन्तन की मूल योजना में कहीं भी दिखलाई नहीं पड़ते थे। वह न केवल व्यक्ति के विशिष्ट व्यवहार के कारणों का पता लगा लेता है बल्कि उसके सामाजिक जगत और उसके व्यवहार की अर्न्तक्रिया को भी जान जाता है।

(5) परस्पर प्रोत्साहन—सामाजिक अनुसंधान की इस विधि में अनुसंधानकर्ता और सूचनादाता दोनों एक दूसरे को विचार विनिमय के लिए प्रोत्साहित करते हैं जिससे महत्वपूर्ण बातें ज्ञात होती हैं।

(6) निरीक्षण के अयोग्य तथ्यों की जानकारी—परस्पर उत्तेजना और व्यक्तिगत सम्पर्क के द्वारा सूचनादाता के अन्तर्मन में पैठकर बहुत सी ऐसी बातों का पता लगा लेता है जो प्रत्यक्ष निरीक्षण में नहीं जानी जा सकती जैसे विचार, भावनायें, संवेगात्मक प्रतिक्रियायें इत्यादि।

(7) ऐतिहासिक भावात्मक पृष्ठभूमि का ज्ञान—कुछ सामाजिक मनोवैज्ञानिक घटनाएँ ऐसी होती हैं जिनके अर्थ की व्याख्या करने के लिये उनकी ऐतिहासिक भावात्मक पृष्ठभूमि का ज्ञान आवश्यक है। यह बात साक्षत्कार के अतिरिक्त सामाजिक अनुसंधान की किसी भी अन्य प्रणाली से सम्भव नहीं हो पाती।

(8) प्राप्त सूचना की जाँच—साक्षात्कार विधि में सूचनादाता जो सूचना उपस्थित करता है उसकी पूर्ण सत्यता में सन्देह होने पर अनुसंधानकर्ता तुरन्त अन्य प्रश्न करके सच्चाई की जाँच कर सकता है। प्रश्नावली के अनेक प्रश्न ऐसे होते हैं जिनका उत्तर देने में उत्तरदाता को झिझक होती है और इसलिये पहली बार उसके मुँह से "नहीं" निकलता है। किन्तु यदि साक्षात्कारकर्ता तुरन्त यह पूछता है कि क्या "कभी नहीं" तो उत्तरदाता अपनी स्मृति पर जोर देकर अनेक ऐसी बातें बतलाता है जिनसे पहला उत्तर गलत सिद्ध हो जाता है।

साक्षात्कार विधि की सीमायें
(Limitations of Interview)

(1) गलत सूचनाओं की प्राप्ति—बहुत सी ऐसी बातें होती हैं जिनको व्यक्ति अकेले में बैठकर तो लिख सकता है परन्तु जिन्हें उसे दूसरों के सामने कहने में संकोच होता है। चूँकि साक्षात्कार विधि में अनुसंधानकर्ता सम्मुख उपस्थित होता है इसलिये संकोचवश उत्तरदाता बहुत-सी बातों को छिपा लेता है।

(2) उत्तरदाता सम्बन्धी दोषों का प्रभाव—यदि साक्षात्कारदाता की स्मृति, प्रत्यक्षीकरण, अन्तर्दृष्टि तथा मानसिक योग्यताएँ निम्न स्तर की हैं तो उसके द्वारा दिये उत्तरों में प्रामाणिकता बहुत कम होती है। यह एक मनोवैज्ञानिक तथ्य है कि प्रत्यक्षीकरण और स्मृति में चुनाव होता है। बहुधा कष्टदायक घटनायें भुला दी जाती हैं। स्वाभाविक है कि स्मृति के आधार पर दिये गये विवरण विश्वसनीय नहीं माने जा सकते।

(3) साक्षात्कारकर्ता का पूर्वाग्रह—बहुधा साक्षात्कारकर्ता अनुसंधान के निष्कर्षों के विषय में पहले से ही कुछ मान्यतायें बना लेते हैं। इससे अनुसंधान की प्रक्रिया विकृत हो जाती है क्योंकि एक ओर तो अनुसंधानकर्ता ऐसे प्रश्न पूछता है जो उसके पूर्वाग्रह के अनुकूल हैं और दूसरी ओर वह मिली हुई सूचनाओं की व्याख्या अपने पूर्वाग्रह के अनुसार करता है। इसका तात्पर्य यह नहीं है कि अनुसंधानकर्ता को साक्षात्कार से पूर्व कुछ नहीं सोचना चाहिये। प्रारम्भिक चिन्तन में जटिल परिस्थिति में काम करना आसान हो जाता है। परन्तु अनुसंधान के परिणामों के विषय में पहले से ही कोई निष्कर्ष बना लेना उचित नहीं है।

(4) साक्षात्कारदाता और साक्षात्कारकर्ता के जगत में अन्तर—साक्षात्कार विधि में एक कठिनाई यह है कि साक्षात्कारदाता के जगत में उसके द्वारा बतलाई गई बातों का जो अर्थ होता है वही अर्थ साक्षात्कारकर्ता के जगत में नहीं होता और इसलिये साक्षात्कारदाता द्वारा बतलाई गई बातों की गलत व्याख्या होने की संभावना उत्पन्न हो जाती है। यदि दोनों के जगत में अत्याधिक अन्तर होता है तो व्याख्या में गलती की संभावना अत्याधिक बढ़ जाती है।

(5) एकांगी और अपूर्ण अनुसंधान—कभी-कभी साक्षात्कार देने में साक्षात्कारदाता अपने कुछ विशेष अनुभवों पर इतना अधिक जोर देता है कि अनुसंधान की समस्या के अन्य पहलुओं की अवहेलना हो जाती है। यदि ऐसे अवसर पर साक्षात्कारकर्ता अनुसंधान की समस्या के अन्य पहलुओं के विषय में जोर देकर जानकारी प्राप्त नहीं करता तो साक्षात्कार से मिले हुये तथ्य अपूर्ण और एकांगी रह जाते हैं। दूसरी ओर यदि साक्षात्कारकर्ता अपनी ओर से कुछ बातों पर विशेष जोर देता है तो ऐसी स्थिति में वह साक्षात्कार के दृष्टिकोण को नहीं समझ पाता और इससे भी अनुसंधान के एकांगी होने की संभावना हो जाती है।

(6) विज्ञान से अधिक कला—साक्षात्कार विधि की सीमाओं को बतलाते

हुए पी॰ वी॰ यंग ने ठीक ही लिखा है कि सामाजिक अनुसंधान की यह विधि विज्ञान से अधिक कला है। दूसरे शब्दों में, इस विधि में सफलता अनुसंधानकर्ता के व्यक्तिगत गुणों और कौशल पर निर्भर करती है। कुछ निश्चित नियमों की सहायता से सफल साक्षात्कार नहीं किया जा सकता जब तक कि साक्षात्कारकर्ता साक्षात्कार करने की कला से परिचित न हो।

(7) सामाजिक और मनोवैज्ञानिक अर्न्तदृष्टि का महत्व—साक्षात्कार की कला साक्षात्कारकर्ता की सामाजिक और मनोवैज्ञानिक अन्तदृष्टि पर निर्भर होती है। इनके अभाव में वह मिली हुई सूचनाओं की समुचित व्याख्या नहीं कर सकता।

(8) भावनाओं का प्रभाव—साक्षात्कार की परिस्थिति में अपनी निजी घटनाओं और अनुभूतियों तथा विचारों का वर्णन करते समय बहुधा साक्षात्कारकर्ता के भावनाओं में बह जाने का खतरा होता है। ऐसे अवसर पर यदि साक्षात्कारकर्ता चतुरतापूर्वक उपयुक्त प्रश्न उपस्थित करके सही तथ्यों को पकड़ लेता है तब तो वह वास्तविक घटनाओं को जान पाता है। अन्यथा उसे गलत सूचनायें ही मिलती हैं। चूँकि साक्षात्कार में सूचनादाता अपनी व्यक्तिगत बातों का वर्णन करता है इसलिये बहुधा उसके विवरण आत्मगत हो जाते हैं।

(9) साक्षात्कार के लिये राजी करने की समस्या—बहुत से लोग साक्षात्कार के लिए राजी नहीं होते और यदि वे समय देते भी हैं तो बहुत से प्रश्नों के उत्तर देने में हिचकते हैं। ऐसी स्थिति में अनुसन्धानकर्ता के सम्मुख सबसे पहली समस्या इन लोगों को साक्षात्कार के लिए तैयार करने की होती है। यह देखा गया है कि साक्षात्कार देते समय जिन स्थानों पर सूचनादाता सबसे अधिक अटकता है या संकोच का अनुभव करता है, उन स्थानों पर ही सबसे अधिक महत्वपूर्ण तथ्य छिपे रहते हैं। सूचनादाता के संकोच के आवरण को भेदकर इन तथ्यों को जान लेना है साक्षात्कारकर्ता की चतुरता पर निर्भर करता है।

साक्षात्कार प्रणाली के गुणों और सीमाओं के उपरोक्त विवेचन से यह स्पष्ट होता है कि इस प्रणाली में सफलता अनुसन्धानकर्ता के व्यक्तिगत गुणों, मनौवैज्ञानिक अर्न्तदृष्टि और व्यवहार कुशलता पर निर्भर होती है। यदि साक्षात्कार प्रणाली की उपरोक्त सीमाओं पर ध्यान दिया जाये तो यह पता चलेगा कि इनमें से अधिकतर सीमायें साक्षात्कारदाता और साक्षात्कारकर्ता के परस्पर सहयोग के अभाव के कारण होती हैं। साक्षात्कार में असफलता का एक अन्य कारण साक्षात्कार के लक्ष्यों का निश्चित न होना है। ऐसी स्थिति में जहाँ एक ओर सूचनादाता व्यर्थ की कहानियाँ सुनाकर साक्षात्कार का समय नष्ट करता है। वहाँ दूसरी ओर साक्षात्कारकर्ता व्यर्थ के प्रश्नों में उलझकर सूचनादाता में झुँझलाहट उत्पन्न करता है। अनेक समाजशास्त्रियों ने साक्षात्कार प्रणाली में सफलता प्राप्त करने के लिए महत्वपूर्ण उपाय सुझायें हैं। पी॰ वी॰ यंग के शब्दों में, ''साक्षात्कार की सीमायें आंशिक रूप से दूर की जा सकती हैं—(1) लम्बे काल तक उन्मुक्त साक्षात्कार में साक्षात्कार निर्देशिका प्रविधियों का प्रयोग करके, (2) ऐसे सावधानी से बनाये गये प्रश्नों का प्रयोग

करके जिनमें विषय-सामग्री अनुसन्धान के लक्ष्यों से समीचीन है, (3) प्रश्न पूछने की विधियों का प्रमाणीकरण करके, (4) साक्षात्कार सामग्री के प्रलेख की विधियों का प्रमाणीकरण करके, (5) साक्षात्कार की प्रक्षेपण प्रविधि से पूर्ति करके अर्थात् ऐसी प्रविधियाँ इस्तेमाल करके जिनमें कि उत्तरदाता को चुनी हुई सामग्री और परिस्थितियों की मुक्त रूप में व्याख्या करने का अवसर दिया जाता है और उसके छिपे हुये अन्तर्द्वन्द्वों, प्रेरणाओं और चिन्ताओं को बाह्य रूप से अभिव्यक्त होने का मौका मिलता है।"[1] साक्षात्कार प्रणाली की सफलता अनुसन्धानकर्ता और सूचनादाता की पारस्परिक उत्तेजना की सफलता और दूसरे की परिस्थितियों को अधिक अच्छी तरह समझने पर निर्भर है।

उपरोक्त विवेचन से स्पष्ट है कि प्रयास करने पर साक्षात्कार प्रणाली की अनेक सीमाओं को सफलतापूर्वक दूर किया जा सकता है। जहाँ साक्षात्कार से महत्वपूर्ण सामग्री प्राप्त होती है वहाँ उसका एक बहुत बड़ा लाभ प्राप्त जानकारी की जाँच में भी होता है। इस कार्य के लिए उसका सफलतापूर्वक प्रयोग किया गया है। गुडे और हॉट के शब्दों में, "समकालीन अनुसन्धान में गुणता साक्षात्कार के पुनर्मूल्याँकन के कारण साक्षात्कार करने का महत्व अत्यधिक बढ़ गया है।"[2] साक्षात्कार विधि के इसी महत्व के कारण आजकल सामाजिक अनुसन्धान की अन्य

1. "The limitations of the interview can be partially overcome by (1) employing non-directive techniques in prolonged free flowing interviews; (2) using carefully constructed questions in which the subject matter is consistent with the research objectives; (3) standardising the ways of asking questions; (4) standardizing the ways of recording data; (5) supplementing interview with projective techniques, that is, using procedures in which the respondent is given an opportunity to interpret freely certain selected materials or situations and to give overt experssion to his hidden conflicts, strivings and anxieties." —P.V. Young.
Scientific Social Surveys and Research, p. 210.
2. "Interviewing has become of greater importance in contemporary research because of the reassessment of the qualitative interview." —W.J. Goode and P.K. Hatt.
Mehods in Social Research, p. 185.

विधियों के साथ उसका भी व्यापक रूप से प्रयोग किया जाता है।

अभ्यास के लिए प्रश्न

प्रश्न 1. साक्षात्कार क्या है? उसके उद्देश्य बतलाइये।
What is interview? Point out its objectives.

प्रश्न 2. साक्षात्कार के विविध प्रकारों की व्याख्या कीजिये।
Discuss various types of interviews.
नियंत्रित और अनियंत्रित साक्षात्कार में तुलना करते हुए, उनके पारस्परिक भेद स्पष्ट कीजिये।
Compare and contrast between structured and unstructured interview.

प्रश्न 3. साक्षात्कार के पहले क्या तैयारियाँ करनी पड़ती हैं? साक्षात्कार प्रणाली के विभिन्न सोपानों का संक्षिप्त परिचय दीजिए।
What preparations should be made before interview? Explain different techniques in interviews.

प्रश्न 4. साक्षात्कार की प्रक्रिया समझाये।
Explain the process of interview.

प्रश्न 5. साक्षात्कार की अवैधता और वैधता के कारणों की विवेचना कीजिये।
Discuss causes of invalidity and validity of interviews.

प्रश्न 6. साक्षात्कार प्रणाली में साक्षात्कार निर्देशिका और साक्षात्कारकर्ता का क्या कथन है? साक्षात्कारकर्ता को सही उत्तर प्राप्त करने के लिए क्या करना चाहिए?
What is the place of Interview Guide and Interviewer in Interview? What should the interviewer do to receive correct answers?

प्रश्न 7. सामाजिक अनुसन्धान की साक्षात्कार प्रणाली के गुण-दोषों की विवेचना कीजिए।
Discuss the merits and demerits of the interview technique of social investigation.

प्रश्न 8. साक्षात्कार को तथ्यों को एकत्रित करने में प्रयोग करने में प्रमुख कठिनाई पूर्वाग्रह की समस्या है।" विवेचना कीजिए।
"The major difficulty in using interview to collect facts is the problem of subjective bias." Discuss.

17

अनुसूची
(Schedule)

अनुसूची क्या है?

प्रश्नावली विधि से अनुसन्धान करने में साधारणतया दो उपाय अपनाए जाते हैं, या तो उसे डाक द्वारा सूचनादाता के पास भेज दिया जाता है या फिर प्रश्नावली को लेकर स्वयं अनुसन्धानकर्ता सूचनादाताओं से सम्पर्क स्थापित करता है। सामाजिक अनुसन्धान की यह दूसरी विधि ही अनुसूची विधि कहलाती है। थॉमस कारसन मैकोरमिक के शब्दों में, "अनुसूचित विधि प्रश्नों की एक सूची से अधिक कुछ नहीं है जिनको परिकल्पना या परिकल्पनाओं के परीक्षण के लिये उत्तर देना अनिवार्य दिखलाई पड़ता है।"[1] इस प्रकार अनुसूची कुछ ऐसे प्रश्नों की सूची है जिनके उत्तरों से किसी परिकल्पना की जाँच की जाती है। उदाहरण के लिये यदि अनुसन्धानकर्ता यह परिकल्पना करता है कि संयुक्त परिवारों में स्त्रियों की स्थिति संतोषजनक नहीं होती तो वह इस सम्बन्ध में अनुसूची बनाकर इससे प्राप्त उत्तरों से अपनी इस परिकल्पना की जाँच कर सकता है। गुडे और हॉट के शब्दों में, "अनुसूची प्रश्नों की एक सूची से लगा हुआ एक नाम है जो कि दूसरे व्यक्ति के आमने-सामने उपस्थित होकर साक्षात्कारकर्ता द्वारा पूछे जाते और भरे जाते हैं।"[2] अनुसूची विधि में बहुत अधिक बातों के विषय में सूचना प्राप्त नहीं की जा सकती है। इस बात की ओर संकेत करते हुए जार्ज लुण्डबर्ग ने लिखा है, "अनुसूची एक समय में एक तथ्य को अलग करने और इस प्रकार हमारे निरीक्षण में गहराई लाने की एक विधि है।"[3]

उपर्युक्त विवेचन से स्पष्ट है कि अनुसूची विधि में साक्षात्कारकर्ता का विशेष

---

1. "The schedule is nothing more than a list of questions which it seems necessary to answer in order to test the hypothesis or hypotheses."
—Thomas Carson Macormic.
2. "Schedule is the name usually applied to a set of questions which are asked and filled in by an interviewer in a face to face situation with another person."
—W.J. Goode and P.K. Hatt., *Methods is Social Research,* p. 133.
3. "The schedule is a device for isolating one element at a time and thus intensifying our observation."
—G.A. Lundberg.

महत्व होता है। उसकी सफलता साक्षात्कारकर्ता की योग्यता पर निर्भर करती है, प्रश्नावली की आकर्षकता पर नहीं। क्योंकि उसमें अनुसन्धानकर्ता ही प्रश्न पूछता है, इसलिये अनुसूची की प्रश्नावली को आकर्षक बनाने की चेष्टा नहीं की जाती, वह एक औपचारिक प्रलेख मात्र होती है। इस तथ्य की ओर संकेत करते हुए मोजर ने लिखा, "चूँकि वह साक्षात्कारकर्ताओं के द्वारा प्रयोग की जाती है इसलिये वह अत्यधिक औपचारिक प्रलेख हो सकती है जिसमें उद्देश्य पूर्ति के लिये आकर्षकता नहीं बल्कि कुशल क्षेत्र संचालन ही मुख्य विचार है।"[1]

अनुसूची के आवश्यक लक्षण
(Characteristics of Schedule)

अनुसूची विधि की उपर्युक्त परिभाषाओं से उसके निम्नलिखित आवश्यक लक्षण स्पष्ट होते हैं–

(1) अनुसूची साक्षात्कारकर्ता के द्वारा प्रस्तुत की जाती है। वही प्रश्न पूछता है और वही उत्तर लिखता है।

(2) इसलिये अनुसूची में प्रलेख औपचारिक होता है और उसमें आकर्षकता के गुण नहीं होते।

(3) अनुसूची अनुसन्धान के सीमित क्षेत्र में लागू की जाती है।

अनुसूची के उद्देश्य
(Objectives of Schedule)

पी॰ वी॰ यंग ने अनुसूची के निम्नलिखित उद्देश्य माने हैं।[2]

(1) वस्तुविषयकता प्राप्त करना–अनुसूची में एक निश्चित क्रम में कुछ निश्चित प्रश्नों को उपस्थित किया जाता है। साक्षात्कारकर्ता को इन्हीं प्रश्नों के उत्तर प्राप्त करने होते हैं और सूचनादाता को इन्हीं के उत्तर देने होते हैं। इस प्रकार अनुसन्धान में वस्तुविषयकता प्राप्त होती है।

(2) स्मृति में सहायक–साक्षात्कार विधि में अनुसन्धानकर्ता चाहे जो प्रश्न पूछता है। इसमें यह सम्भावना रह जाती है कि कुछ आवश्यक प्रश्न छूट जायें। अस्तु, अनुसूची विधि में अनुसन्धानकर्ता को निश्चित प्रश्न-सूची दी जाती है। लिखित प्रश्नावली लेकर साक्षात्कार करने से उसे स्मृति पर निर्भर नहीं रहना पड़ता क्योंकि अनुसूची की प्रश्नावली स्मृति बनाये रखती है।

(3) सारणीयन और विश्लेषण में सहायक–जब साक्षात्कार के द्वारा

---

1. "Since it is handled by interviewers it can be fairly a document in which efficiency of field handling rather than attractiveness is the operative consideration in design."
—C.A. Moser.

2. "He makes the schedule a guide, a means of delimiting the sense of his enquiry, a memory tickler, a recording device."
—P. V. Young,
Scientific Social Surveys and Research.

अनुसूची के उत्तर प्राप्त कर लिये जाते हैं तो उसका सारणीयन और विश्लेषण किया जाता है क्योंकि अनुसूचियों में उत्तर नोट करने के लिए तरह-तरह की तालिकाओं को इस्तेमाल किया जाता है। उसमें अनेक प्रश्नों के उत्तर हाँ/नहीं में दिये जाते हैं। अनेक प्रश्नों के उत्तर बिल्कुल सीधे होते हैं और कुछ थोड़े से प्रश्नों में उत्तरदाता को थोड़ा बहुत सोचना पड़ता है जिसमें अनुसन्धानकर्ता उसकी सहायता करता है।

अनुसूची के उपर्युक्त प्रयोजनों को पी॰ वी॰ यंग ने निम्नलिखित शब्दों मे व्यक्त किया है, "एक निरीक्षण अनुसूची साधारणतया एक साथ कई प्रयोजन सिद्ध करती है-(1) वह एक विशिष्ट स्मृति प्रोत्साहक है, (2) वह एक वस्तुगत रिकार्ड करने की विधि है जो कि प्रदत्तों की विशाल मात्रा को यथार्थ रूप में संग्रह करना सम्भव बनाती है, (3) वह एक प्रमाणीकरण की विधि है, और (4) वह अध्ययन के क्षेत्र को सीमित करने और विश्लेषण के लिये आवश्यक तत्वों पर ध्यान केन्द्रित करने में सहायता करती है।"[1]

अनुसूची के प्रकार
(Types of Schedule)

पी॰ वी॰ यंग ने अनुसूचियों के निम्नलिखित चार प्रकार बतलाये हैं-

(1) मानांकन अनुसूचियाँ (Rating Schedules)-व्यावसायिक निर्देशन, मनोवैज्ञानिक अनुसन्धान और समाजशास्त्रीय अनुसन्धानों में अभिवृत्तियों, मतों तथा इसी प्रकार के अन्य तत्वों के विषय में अनेक प्रकार की मानांकन अनुसूचियाँ प्रयोग की जाती हैं।

(2) प्रलेख अनुसूचियाँ (Document Schedules)-इन अनुसूचियों का प्रयोग तरह-तरह के प्रलेखों, व्यक्ति-इतिहासों और अन्य सामग्री से प्रदत्त प्राप्त करने के लिये किया जाता है। इसमें वे पद शामिल किए जाते हैं जो कि बड़ी संख्या में प्रलेखों या व्यक्ति इतिहासों में सामान्य रूप से मिलते हैं। उदाहरण के लिये अपराधियों से सम्बन्धित अभिलेखों से प्रलेख अनुसूची के द्वारा अपराध का प्रकार, अपराध की संख्या, पिछले अपराधों का प्रकार, स्कूल छोड़ने की आयु, काम शुरू करने की आयु, शिक्षा की मात्रा इत्यादि अपराधी से सम्बन्धित बहुत-सी बातों की सूचना प्राप्त की जा सकती है।

(3) संस्थागत सर्वेक्षण फार्म अथवा मूल्यांकन अनुसूचियाँ (Institutional Survey Forms or Evaluation Schedules)-इस प्रकार की अनुसूचियों का प्रयोग, जैसा कि इनके नाम से स्पष्ट है, विशिष्ट संस्था की समस्याओं को जानने के लिये किया जाता है। संस्था की समस्यायें जितनी ही जटिल और व्यापक होंगी

1. "An observation schedule usually serves several purposes simultaneously : (1) It is a specific "memory tickler". (2) It is an objective recording device which makes possible accurate accumulation of large quantities of data; (3) it is a standardising device; and (4) it aids to delimit the scope of the study and to concentrate on the circumscribed elements essential to the analysis." --P.V. Young, *Ibid.* p. 181.

उनकी जाँच के लिये उतनी ही बड़ी अनुसूची होगी।

(4) निरीक्षण अनुसूची (Observation Schedule)—इस अनुसूची में, जैसा कि इसके नाम से स्पष्ट है, निरीक्षणकर्ता निरीक्षित व्यक्तियों अथवा समूहों की क्रियाओं को रिकार्ड करता है। यह कार्य एक अथवा अनेक निरीक्षणकर्ता कर सकते हैं और उनका लक्ष्य सूचना को प्रमाणित करना होता है।

(5) साक्षात्कार अनुसूची (Interview Schedule)—अनुसूची के इस प्रकार में, जैसा कि इनके नाम से स्पष्ट है, अनुसन्धानकर्ता साक्षात्कार द्वारा सूचनायें एकत्रित करता है और अनुसूची में दी गयी खाली जगह में इन सूचनाओं को लिख लेता है।

अनुसूची के उपर्युक्त प्रकारों में निरीक्षण अनुसूचियों का सबसे अधिक प्रयोग किया जाता है।

अच्छी अनुसूची के गुण
(Traits of Good Schedule)

पी० वी० यंग के अनुसार अच्छी अनुसूची में निम्नलिखित दो गुण होने आवश्यक हैं—

(1) सही संदेशवहन—यदि अनुसूची को पढ़ने से उत्तरदाता को वह अर्थ समझ में नहीं आता जो कि अनुसन्धानकर्ता समझना चाहता है तो अनुसूची से सही जानकारी प्राप्त नहीं हो सकती। इसलिये अनुसूची का सबसे पहला गुण यह है कि वह सही संदेशवहन करती है अर्थात उसके द्वारा अनुसन्धानकर्ता उत्तरदाता को जो सन्देश देना चाहता हो वही सन्देश उत्तरदाता आसानी से ग्रहण कर ले। सही सन्देशवहन के लिए यह आवश्यक है कि अनुसूची की भाषा अत्यन्त सरल हो और प्रत्येक बात को स्पष्ट रूप से कहा गया हो जिससे कि उत्तरदाता को अनुसूची पढ़कर उसका अर्थ समझने में किसी प्रकार की कठिनाई न हो। दूसरी ओर यदि किसी अनुसूची की भाषा जटिल और अनेकार्थक है तो पढ़ने वाला उसके सही अर्थ को नहीं समझ सकता और इसलिये वह प्रश्नों के जो भी उत्तर प्रस्तुत करेगा उनसे कोई लाभ नहीं होगा। अस्तु, अनुसन्धानकर्ता को अनुसूची में यह सदैव ध्यान रखना चाहिये कि वह उत्तरदाता को जो कुछ समझाना चाहता है उसे इतने स्पष्ट और सरल शब्दों में रखे कि उसका सन्देश उत्तरदाता तक आसानी से और सही रूप में पहुँच जाये।

(2) सही प्रतिक्रिया—अनुसूची की सफलता केवल प्रश्नों के निर्माण पर ही निर्भर नहीं है बल्कि इस बात पर निर्भर है कि उत्तरदाता अनुसूची के प्रति कहाँ तक सही अनुक्रिया करते हैं। दूसरे शब्दों में, अनुसूची की सफलता इस बात पर निर्भर होती है कि इससे वही सूचना प्राप्त हो जाये जिसके लिये अनुसन्धानकर्ता ने अनुसूची का निर्माण किया है। इस प्रकार प्रश्न और उत्तर परस्पर सम्बन्धित होने चाहियें। इसके लिये यह आवश्यक है कि अनुसूची में सही सन्देशवहन का गुण हो।

उदाहरण के लिये यदि अनुसूची में यह पूछा जाता है कि तुम्हारे कितनी सन्तानें हैं, तो कुछ लोग सन्तान का अर्थ लड़के समझकर लड़कों की संख्या लिख देंगे और लड़कियों की संख्या को छोड़ देंगे। अस्तु, अनुसन्धानकर्ता को इस प्रश्न में यह स्पष्ट कर देना चाहिये कि उसका तात्पर्य लड़के-लड़कियों दोनों से ही है। कभी-कभी उत्तरदाता प्रश्न को समझने के बावजूद भी उसका सही उत्तर नहीं देता। वह या तो उत्तर देने के प्रति लापरवाह होता है या जान-बूझकर गलत उत्तर देता है। ऐसी परिस्थिति में अनुसूची को सफलता नहीं मिल सकती। अस्तु, अनुसन्धानकर्ता अनुसूची में मिले उत्तरों की प्रामाणिकता की जाँच करने के बाद ही उसमें दी हुई सामग्री के आधार पर किसी निष्कर्ष पर पहुँचते हैं।

उपर्युक्त विवेचन से यह स्पष्ट है कि अच्छी अनुसूची वही है जिसमें अग्रलिखित आवश्यक गुण दिखलाई पड़ते हों—

(1) अनुसूची के आधार और रूप की आकर्षकता।

(2) प्रश्नों का स्पष्ट, सरल और भ्रमरहित होना।

(3) केवल ऐसे प्रश्न दिये जाना जिनका उत्तर देने से किसी भी व्यक्ति को कोई संकोच न हो।

(4) केवल ऐसे प्रश्न देना जो विशिष्ट अनुसन्धान के लिए आवश्यक हों।

(5) अनुसूची में ऐसी सूचना प्राप्त होना जो वैध होने के साथ-साथ ऐसी भी हो कि जिसका सारणीयन और सांख्यिकीय विवेचन किया जा सकता हो।

अनुसूची का निर्माण
(Formation of Schedule)

पीछे बतलाया जा चुका है कि प्रश्नावली और अनुसूची का अन्तर उनकी संरचना के कारण होता है। अस्तु, अनुसूची विधि को समझने के लिए यह जानना आवश्यक है कि अनुसूची का निर्माण किस तरह किया जाता है। अनुसूची के निर्माण में एक ओर उसके आन्तरिक पक्ष का ध्यान रखना आवश्यक हे और दूसरी ओर उसके बाह्य पक्ष का ध्यान रखा जाना चाहिए। आन्तरिक पक्ष का निर्माण करते समय यह ध्यान रखा जाना चाहिये कि अनुसूची में जो प्रश्न शामिल किये जायें उनसे अनुसूची का प्रयोजन सिद्ध होता हो और कोई भी प्रश्न ऐसे न हों जिनका अनुसूची से अनिवार्य सम्बन्ध न हो। इसके लिये सबसे पहले अनुसूची की समस्या का पूर्णरूप से अध्ययन किया जाना चाहिये। इस अध्ययन में समस्या से सम्बन्धित सम्पूर्ण साहित्य को आदि से अन्त तक पढ़ना चाहिये। इसके बाद विषय के सम्बन्ध में विशेष ज्ञान रखने वाले विशेषज्ञों से विचार-विमर्श करके आवश्यक बातों का पता लगा लेना चाहिए। यदि समस्या किसी विशेष स्थान से सम्बन्धित है तो वहाँ रहने वाले लोगों से ही अधिक सही जानकारी मिल सकती है।

अनुसूची का आन्तरिक पक्ष

अनुसूची का निर्माण प्रारम्भ करने में पहला सोपान उसके विभिन्न पहलुओं को अलग-अलग करना है। इसके लिये समस्या पर भिन्न-भिन्न दृष्टिकोण से विचार किया जाना चाहिए। उदाहरण के लिए यदि सामाजिक कानूनों जैसे हिन्दू कोड बिल के परिवार पर प्रभाव का अध्ययन किया जाना है तो सबसे पहले यह देखना आवश्यक है कि परिवार के किन-किन पहलुओं पर हिन्दू कोड बिल का प्रभाव पड़ा है। इन पहलुओं को स्पष्ट कर लेने से समस्या से सम्बन्धित प्रत्येक पक्ष का अध्ययन सम्भव हो पाता है।

(1) **आवश्यक सूचना का निश्चय**—समस्या के विभिन्न पहलुओं का निश्चय कर लेने के बाद यह निश्चित करना आवश्यक है कि प्रत्येक पहलू के सम्बन्ध में कौन-कौन सी बातें पता लगायी जानी चाहियें। इसके लिये प्रत्येक पहलू को अनेक उप-विभागों में बाँटा जाता है। यह भी वही अनुसन्धानकर्ता कर सकता है जिसे विषय का पूर्ण ज्ञान हो। उदाहरण के लिये पीछे हिन्दू कोड बिल के उदाहरण में यदि अनुसन्धानकर्ता को हिन्दू कोड और परिवार की संस्था का पूर्ण ज्ञान नहीं है तो वह सही अनुसूची का निर्माण नहीं कर सकता।

(2) **प्रश्नों का निर्माण**—अनुसूची के प्रत्येक पहलू के उप-विभागों का निश्चय कर लेने के बाद प्रत्येक उप-विभाग में प्राप्त जानकारी के आधार पर प्रश्नों की रचना की जाती है। प्रश्नों का सबसे बड़ा गुण सही संदेशवहन है। अस्तु, उनमें मुहावरेदार, पारिभाषिक, अस्पष्ट, अनिश्चित, कल्पित, व्यक्तिगत तथा अनुमानित शब्दों का प्रयोग नहीं किया जाना चाहिये क्योंकि इनसे उत्तरदाता भ्रमित हो जाता है और सही उत्तर नहीं दे पाता। दूसरे, प्रश्नों को घुमा-फिराकर नहीं रखना चाहिए बल्कि सीधे प्रश्न पूछे जाने चाहियें। प्रश्नों की भाषा ऐसी होनी चाहिए जिससे उत्तरदाता वही अर्थ समझे जो कि अनुसन्धानकर्ता उसे समझाना चाहता है। ऐसे विषयों के बारे में प्रश्न नहीं पूछे जाने चाहियें जो इतने अधिक व्यक्तिगत हैं कि उत्तरदाता को उनके उत्तर देने में संकोच हो। ऐसे विषयों के बारे में भी प्रश्न नहीं पूछे जाने चाहियें जिनका उत्तर देना उत्तरदाता के लिये सम्भव न हो। उदाहरण के लिये यदि किसी व्यक्ति से उसके रक्तचाप के बारे में प्रश्न किया जाये तो वह डाक्टर की सहायता के बिना अपना रक्तचाप नहीं बतला सकता। प्रश्नों की भाषा के साथ-साथ उनकी शैली का भी बड़ा महत्व है। यदि शैली आकर्षक है तो उत्तरदाता प्रश्न का उत्तर देना चाहेगा यदि शैली अनाकर्षक है तो प्रश्नों के उत्तर बहुत कम प्राप्त होंगे।

(3) **प्रश्नों को क्रमबद्ध लगाना**—सुव्यवस्थित जानकारी प्राप्त करने के लिए यह आवश्यक है कि उत्तरदाता के सम्मुख प्रश्नों को व्यवस्थित रूप में उपस्थित किया जाये। अनेक अनुसन्धानों से यह देखा गया है कि अनुसूची में प्रश्नों का क्रम मात्र बदल देने से उत्तरों में अन्तर आ जाता है। इसलिये अनुसूची के निर्माण में प्रश्नों को संयुक्त क्रम में एक के बाद एक व्यवस्थित करना आवश्यक है। यदि कोई प्रश्न

उत्तरदाता के मन पर बुरा प्रभाव डालता है तो उससे केवल उसी प्रश्न के उत्तर नहीं बल्कि उससे आगे आने वाले अन्य प्रश्नों के उत्तरों पर भी बड़ा प्रभाव पड़ता है और वे उत्तर भी कृत्रिम तथा पक्षपातपूर्ण हो जाते हैं। अस्तु, प्रश्नों को इस प्रकार क्रमबद्ध रूप में उपस्थित किया जाना चाहिए कि उनमें एक-दूसरे से परस्पर सम्बन्ध दिखलाई पड़े और उत्तरदाता में उनका उत्तर देने में समान रूप से उत्साह बना रहे।

(4) प्रामाणिकता की जाँच—अनुसूची की प्रामाणिकता इस बात पर निर्भर है कि उसमें दिये गये प्रश्नों के उत्तर स्वाभाविक रूप से मिल सकें। बहुधा अनुसूची में अनेक प्रश्न ऐसे होते हैं कि जिनके स्वाभाविक उत्तर नहीं मिल सकते। अस्तु, कृत्रिम उत्तर प्राप्त होते हैं जिनकी वैज्ञानिक प्रामाणिकता कुछ नहीं होती। इस कठिनाई को सुलझाने के लिये यह आवश्यक है कि अनुसूची बना लेने के बाद कुछ थोड़े से प्रतिनिधि व्यक्तियों पर उसका प्रयोग किया जाये और इसमें जो कठिनाइयाँ सामने आयें उनके आधार पर प्रश्नों में आवश्यक हेर-फेर कर दिया जाये। यदि कोई प्रश्न समझ में नहीं आता तो उसकी भाषा बदल दी जाये। यदि उत्तरदाता किसी प्रश्न का उत्तर देने में नितान्त असमर्थ हो तो उसे निकाल दिया जाये। वहाँ पर यह ध्यान रखना भी आवश्यक है कि जिन व्यक्तियों पर अनुसूची का प्रयोग किया जाये वे अनुसन्धान के वास्तविक क्षेत्र के प्रतिनिधि होने चाहियें। ऐसा न होने पर उनके आधार पर अनुसूची की प्रामाणिकता निश्चित नहीं की जा सकती।

अनुसूची का बाह्य पक्ष

अनुसूची का आन्तरिक पक्ष निश्चित कर लेने के बाद उसके बाह्य पक्ष पर भी ध्यान देना आवश्यक है। बाह्य पक्ष में अनुसूची का आकार, लम्बाई, इकाइयों की व्यवस्था, प्रयोग की गयी सामग्री इत्यादि सम्मिलित है। अनुसूची का यह बाह्य पक्ष उसका आकार या स्वरूप भी कहलाता है। जैसा कि पीछे बतलाया जा चुका है, बाह्य पक्ष आकर्षक न होने पर अनुसूची की सफलता की गुन्जाइश बहुत कम हो जाती है। अस्तु, अनुसूची के बाह्य पक्ष अथवा स्वरूप के निर्माण में विशेष सावधानी रखने की आवश्यकता है। इस विषय में मुख्य बातें निम्नलिखित हैं—

(1) प्रयुक्त सामग्री—अनुसूची में प्रयोग किया जाने वाला कागज बहुत अच्छी किस्म का होना चाहिए। यदि कागज बहुत पतला या खुरदरा है तो वह देखने में अच्छा नहीं लगता और न उस पर लिखने में ही सहूलियत होती है। यदि कागज मजबूत नहीं है तो अनुसूची को कहीं पर भी मोड़ने से उसके फटने का भय रहता है। यदि कागज पर स्याही फैल जाती है तो सारी मेहनत ही बेकार हो जाती है क्योंकि उत्तरदाता के दिये उत्तर समझ में नहीं आते। अस्तु, चाहे इसमें कुछ धन अधिक ही खर्च क्यों न करना पड़े किन्तु कागज अच्छे किस्म का और आकर्षक रंग का होना चाहिए जिससे उत्तरदाता उस पर लिखने के लिये आकर्षित हो और उसे ऐसा करने में कोई कठिनाई न हो।

(2) अनुसूची का आकार—अनुसूची का आकार निश्चित करते समय

कई बातों का ध्यान रखना आवश्यक है। एक तो उसका आकार इतना लम्बा न हो कि उसे ले जाने में असुविधा हो और इतनी अधिक बार न मोड़ना पड़े कि सलवटों के फट जाने की सम्भावना हो। यूँ तो अनुसूची का आकार प्रश्नों की संख्या तथा उनके आकार पर निर्भर रहता है परन्तु साधारणतया आकार ऐसा होना चाहिए जिससे फाइल करने में आसानी हो, इसलिये अधिकतर 8¼" ×11" अथवा 5"×8" आकार की अनुसूची बनाई जाती है। साधारणतया अनुसूची में कागज को एक ही ओर प्रयोग किया जाता है।

(3) अनुसूची की लम्बाई—यूँ तो अनुसूची की लम्बाई भिन्न-भिन्न समस्याओं पर अनुसन्धान में भिन्न-भिन्न होगी परन्तु साधारणतया अनुसूची इतनी लम्बी नहीं होनी चाहिए कि उत्तरदाता उसको भरने का समय देने के लिये तैयार न हो। अधिकतर लोग साक्षात्कार में आधे घण्टे से अधिक समय नहीं देना चाहते। इसलिये अनुसूची की लम्बाई इतनी ही होनी चाहिए जितनी की आधे घण्टे के साक्षात्कार में भरी जा सके।

(4) इकाइयों की व्याख्या—अनुसूची की इकाइयाँ शीर्षकों, उप-शीर्षकों और स्तम्भों में विभाजित होती हैं। इन सबके व्यवस्थित होने से अनुसूची आकर्षक होती है। इनमें सम्मिलित प्रश्न सरल, सम्बन्धित और प्रासंगिक होने चाहिएं। ऐसा होने पर अनुसूची का आकार व्यर्थ नहीं बढ़ता है।

(5) हाशिया—अनुसूची में बाईं ओर कम से कम 3/4" तथा दाहिनी ओर 1/4" या 1/6" का हाशिया छोड़ा जाना चाहिये। इससे अनुसूची देखने में अधिक आकर्षक लगती है। इसके अतिरिक्त यदि अनुसूची में अनुसन्धानकर्ता को कोई टिप्पणी लिखनी होती है तो वह उसे हाशिये में लिख सकता है। हाशिया न छोड़ने पर अनुसूची को फाइल करना कठिन होता है क्योंकि फाइल करने से उसका बहुत-सा लिखा हुआ हिस्सा भी छिप जाता है।

(6) जगह छोड़ना—अनुसूची में विभिन्न प्रश्नों, शीर्षकों, उप-शीर्षकों, स्तम्भों और सारणियों के मध्य में आवश्यक स्थान छोड़ा जाना चाहिए। यह स्थान इतना अवश्य हो कि सही उत्तर लिखा जा सके।

(7) छपाई—अनुसूची छपी होने पर अधिक आकर्षक होती है। किन्तु यदि धनाभाव के कारण या उत्तरदाताओं की कम संख्या होने के कारण थोड़ी प्रतियों की आवश्यकता हो तो साइक्लोस्टाइल या टाइप की हुई अनुसूचियों का भी प्रयोग किया जा सकता है। परन्तु इन दोनों हालातों में सफाई रखना आवश्यक है।

(8) चित्रों का उपयोग—अनेक अनुसन्धानों से यह ज्ञात हुआ है कि अनुसूची में चित्र देने से उसकी आकर्षकता बढ़ जाती है और उत्तरदाता उत्तर देने में उत्साह दिखलाता है। अस्तु, अनुसूची में प्रश्नों से सम्बन्धित चित्र दिये जाने चाहियें। उदाहरण के लिये यदि विभिन्न प्रकार के व्यवसायों के विषय में प्रश्न दिये गये हों तो व्यवसायों को दिखलाने के लिये इन्जीनियर, डाक्टर, वकील, प्रोफेसर आदि के चित्र दिये जा सकते हैं।

अनुसूची की रूपरेखा
(Outline of Schedule)

अनुसूची की रूपरेखा में निम्नलिखित तीन भाग दिखलाई पड़ते हैं–

(1) **प्रारम्भिक भाग**–इनमें अनुसन्धान और उत्तरदाताओं से सम्बन्धित निम्नलिखित प्रारम्भिक सूचनायें माँगी जाती हैं–

(क) सर्वेक्षण का नाम और सर्वेक्षण करने वाली संस्था का नाम और पता।

(ख) क्रम-संख्या

(ग) उत्तरदाता का नाम, पता, आयु, लिंग, शिक्षा, व्यवसाय इत्यादि।

(घ) साक्षात्कार का स्थान।

(ङ) साक्षात्कार की तिथि और समय।

(2) मुख्य अनुसूची–इसमें शीर्षक, उप-शीर्षक और स्तम्भ तथा उसमें दिये गये प्रश्न सम्मिलित हैं।

(3) अनुसन्धानकर्ताओं के निर्देश–इसमें अनुसन्धान करने वाले अर्थात् उत्तरदाताओं का साक्षात्कार करके उनमें सूचनायें एकत्रित करने वाले कार्यकर्ताओं को अनुसूची पढ़ने के नियम तथा साक्षात्कार करने की विधि इत्यादि को विस्तारपूर्वक बतलाया जाता है। इसके अभाव में गलती होने की सम्भावना होती है। इसके अतिरिक्त प्रत्येक कार्यकर्ता अपनी-अपनी तरह से काम करने लगता है जिससे अनुसन्धान में एकरूपता नहीं रह पाती। अस्तु, कार्यकर्ताओं को अनुसूची भरने के सम्बन्ध में विस्तृत निर्देश दे दिये जाते हैं और विशिष्ट शब्दों के स्पष्टीकरण कर दिये जाते हैं। एक बार इन निर्देशों के निश्चित हो जाने के बाद इनमें कोई भी परिवर्तन नहीं होना चाहिये क्योंकि उसमें अनुसन्धान की एकरूपता नष्ट हो जाती है।

पूर्वगामी अध्ययन
(Pilot Study)

अनुसूची का निर्माण करने से पहले पूर्वगामी अध्ययन किया जाता है। इसमें पहले पूरी समस्या के विषय में साधारण ज्ञान प्राप्त किया जाता है जिससे उसके विभिन्न पहलुओं, प्रकृति, कठिनाइयों इत्यादि का पता चल जाता है। इस अध्ययन में किसी प्रकार की परिकल्पना नहीं बनाई जाती। पूर्वगामी अध्ययन छोटे से सेम्पल (Sample) पर किया जाता है। परन्तु यह आवश्यक है कि यह साम्पल प्रतिनिधि (Representative) साम्पल हो अर्थात् उसमें उत्तरदाता वर्ग के प्रतिनिधि लोग सम्मिलित हों। इससे यह भी मालूम हो जाता है कि अनुसन्धान में उत्तरदाताओं का सहयोग कहाँ तक प्राप्त होने की सम्भावना है। इसके अतिरिक्त अनुसन्धान में आने वाली कठिनाइयों का अनुमान हो जाता है। उदाहरण के लिए यदि किसी नगर में स्त्री श्रमिकों की समस्याओं के विषय में अनुसूची विधि से अनुसन्धान किया जाना है तो अनुसूची निर्माण करने के पूर्व यह आवश्यक है कि विभिन्न व्यवसायों में लगी

हुई स्त्रियों में से कुछ प्रतिनिधि स्त्रियों को छाँटकर उनसे साक्षात्कार द्वारा समस्या के विभिन्न पहलुओं का अध्ययन किया जाये। इस पूर्वगामी अध्ययन से अनुसूची के निर्माण में सहायता मिलती है। अनेक बार इससे ऐसे पहलू स्पष्ट होते हैं जिनका अनुसन्धानकर्ता को पहले से आभास तक नहीं होता। पूर्वगामी अध्ययन में अनुसन्धानकर्ता यह समझ लेता है कि समस्या कितनी व्यापक है, उसके कौन-कौन से मुख्य पहलू हैं, उन पहलुओं में कौन-कौन मुख्य क्षेत्र हैं और इन क्षेत्रों में किन-किन बातों के विषय में प्रश्न किये जाने चाहिएं।

पूर्व परीक्षायें
(Pre-Tests)

पूर्वगामी अध्ययन के बाद अनुसूची तैयार कर ली जाती है। अनुसूची तैयार हो जाने के बाद उसे समस्त उत्तरदाताओं के पास ले जाने से पहले उसकी पूर्व परीक्षा की जाती है। इससे यह ज्ञात होता है कि अनुसूची से अनुसन्धान का प्रयोजन कहाँ तक सिद्ध होगा। अनुसूची की पूर्व परीक्षा इसलिये आवश्यक हो जाती है क्योंकि कितनी भी सावधानी रखने पर भी कोई-न-कोई आवश्यक बात छूट सकती है, किसी प्रश्न में अस्पष्टता हो सकती है अथवा कोई प्रश्न आपत्तिजनक हो सकता है। कहावत है कि जूता पहनने वाला ही यह जानता है जूता कहाँ काटता है इसलिये जूता चाहे कितना भी अच्छा क्यों न बनाया गया हो उसके गुण के विषय में अन्तिम निर्णय जूते को पहनने वाला ही दे सकता है। इस प्रकार अनुसन्धानकर्ता ने अनुसूची चाहे कितने भी परिश्रम और बुद्धिपूर्वक क्यों न बनाई हो किन्तु उत्तरदाताओं पर प्रयोग करने से पहले वह निश्चित रूप से यह नहीं कह सकता कि उसकी अनुसूची प्रामाणिक है। इसके लिये पूर्व परीक्षा की आवश्यकता होती है। यदि पूर्व परीक्षा के बिना ही अनुसूची का प्रयोग आरम्भ कर दिया जाये और समस्त साक्षात्कार कर लेने के बाद यह पता चले कि अनुसूची में अमुक-अमुक कमियाँ रह गयी थीं तो सारा परिश्रम ही व्यर्थ हो जायेगा। इसलिये साधारणतया अनुसन्धानकर्ता अनुसूची का प्रयोग करने से पहले कुछ थोड़े से प्रतिनिधि उत्तरदाताओं पर उसकी जाँच कर लेते हैं। इस जाँच से उन प्रश्नों का पता चलता है जिनके उत्तर नहीं आते या जिनके उत्तर देने में लोगों को संकोच का अनुभव होता है। दूसरी ओर अनेक प्रश्न ऐसे मिलते हैं जिनके उत्तर 'नहीं मालूम' में दिये जाते हैं। कुछ अन्य प्रश्न ऐसे होते हैं जिनके भिन्न-भिन्न व्यक्ति भिन्न-भिन्न उत्तर देते हैं। अन्य कुछ प्रश्नों के उत्तर सामान्य ज्ञान के आधार पर गलत प्रतीत होते हैं। इन सब प्रकार के प्रश्नों में सुधार किये जाने की आवश्यकता है और यह सुधार करने के बाद ही अनुसूची सूचनादाताओं के सम्मुख उपस्थित की जाती है।

अनुसन्धान का संगठन
(Organisation of Schedule)

अनुसूची की पूर्व परीक्षा कर लेने के बाद अब अनुसन्धान का संगठन किया

जा सकता है। अनुसूची द्वारा अनुसन्धान में दो विधियाँ प्रयोग की जाती हैं। निरीक्षण (Observation) विधि में कार्यकर्ता सूचनादाताओं से प्रश्न नहीं करता तथा अपने निरीक्षण के आधार पर घटनाओं को नोट करता है। दूसरी ओर साक्षात्कार (Interview) विधि में कार्यकर्ता अनुसूची को उत्तरदाता के सम्मुख उपस्थित करता है और उससे प्रश्न करके आवश्यक सूचनायें प्राप्त करता है। साधारणतया, जैसा कि पीछे अनुसूची का अर्थ करने में बतलाया गया है, अनुसूची प्रणाली में साक्षात्कार विधि का ही प्रयोग किया जाता है। अस्तु, अनुसूची के द्वारा अनुसंधान के संगठन में निम्नलिखित सोपान दिखलाई पड़ते हैं–

(1) उत्तरदाताओं का चुनाव–अनुसूची तैयार हो जाने के बाद उत्तरदाताओं का निश्चय किया जाता है। दूसरे शब्दों में, उन लोगों का चुनाव किया जाता है जिनसे साक्षात्कार करके सूचना एकत्रित की जाती है। इसके लिए दो प्रणालियों का प्रयोग किया जाता है–संगणना प्रणाली और साम्पल प्रणाली। अधिकतर अनुसन्धान में दूसरी प्रणाली का प्रयोग किया जाता है। इसलिये अनुसूची तैयार हो जाने के बाद साम्पल का चुनाव होता है। इसमें उत्तरदाताओं के नाम और पते नोट कर लिए जाते हैं ताकि उनसे सम्पर्क स्थापित किया जा सके।

(2) कार्यकर्ताओं का चुनाव–अनुसन्धान की सफलता कार्यकर्ताओं की योग्यता पर निर्भर करती है। कार्यकर्ताओं का चुनाव निम्नलिखित गुणों के आधार पर किया जाता है–

(i) **ईमानदारी**–कार्यकर्ता का सबसे बड़ा गुण उसकी ईमानदारी है। ईमानदार कार्यकर्ता सावधानी और पूरे परिश्रम से साक्षात्कार करके अनुसूची को भरता है। दूसरी ओर बेईमान कार्यकर्ता अनेक बार साक्षात्कार किये बिना ही अपनी कल्पना से अनुसूचियों को भर देते हैं जिससे समस्त अनुसन्धान अप्रामाणिक हो जाता है। वास्तव में अनुसूची प्रणाली द्वारा अनुसन्धान की प्रामाणिकता अथवा अप्रामाणिकता कार्यकर्ता की ईमानदारी पर निर्भर है क्योंकि कार्यकर्ता स्वयं उत्तरदाता के पास जाकर सूचनायें एकत्रित करता है। अनुसन्धानकर्ता को कार्यकर्ता पर विश्वास करना पड़ता है, क्योंकि वह स्वयं स्थान-स्थान पर जाकर कार्यकर्ता द्वारा एकत्रित की गयी जानकारी की जाँच नहीं कर सकता। इसलिए ईमानदारी कार्यकर्ता के चुनाव में सबसे अधिक आवश्यक गुण माना जाता है।

(ii) **अनुसन्धान में रुचि**–किसी भी अनुसन्धान में परिश्रम केवल पैसे से नहीं खरीदा जा सकता। फिर, सामाजिक अनुसन्धानों में तो बहुधा कार्यकर्ताओं को उचित पारिश्रमिक मिलना भी कठिन हो जाता है, अस्तु, केवल उन्हीं कार्यकर्ताओं को विश्वसनीय माना जा सकता है जिन्हें पारिश्रमिक की अपेक्षा स्वयं अनुसन्धान में ही रुचि हो। साक्षात्कार एक जटिल प्रक्रिया है, उसके कोई निश्चित नियम नहीं हैं। अनेक उत्तरदाता कार्यकर्ताओं से दुर्व्यवहार करते हैं और अलग-अलग होते हैं। कार्यकर्ता को इन सब कठिनाइयों का सामना करते हुए अपना प्रयोजन सिद्ध कर लेना आवश्यक होता है। इसके लिये उसमें आवश्यक धैर्य और आत्मबल तभी हो

सकता है जबकि उसे अनुसन्धान में रुचि हो।

(iii) **धैर्य**—सामाजिक अनुसन्धान में कार्यकर्ताओं को बड़े धैर्य से काम लेना पड़ता है क्योंकि उन्हें सब प्रकार के उत्तरदाताओं से सामना पड़ता है जिसमें से कोई तो कार्यकर्ता का अपमान तक कर बैठते हैं। ऐसी परिस्थिति में यदि कार्यकर्ता ने धैर्य से काम न लिया तो सारा बना बनाया खेल बिगड़ जाता है। इसलिये कार्यकर्ताओं के चुनाव में यह देखना आवश्यक है कि वे धैर्यवान हों।

(iv) **व्यवहार कुशलता**—अनेक बार यह देखा गया है कि जो उत्तरदाता एक कार्यकर्ता को उत्तर देने से इन्कार कर देता है वहीं दूसरे कार्यकर्ता को साक्षात्कार देने के लिए राजी हो जाता है और फिर, कुछ उत्तरदाता जो प्रारम्भ में तरह-तरह के बहाने बताकर कार्यकर्ता को टालना चाहते हैं वे भी बाद में साक्षात्कार के लिए प्रस्तुत हो जाते हैं। इस अन्तर का मुख्य कारण कार्यकर्ता की व्यवहार कुशलता है। व्यवहार कुशल कार्यकर्ता यह जानता है कि किसी व्यक्ति का सहयोग किस तरह से प्राप्त किया जा सकता है। यह किसी व्यक्ति की प्रथम अनुक्रिया से निराश नहीं होता भले ही उसमें उसका अपमान ही क्यों न किया गया हो। वह शीघ्र ही उत्तरदाता की कमजोरी भाँप जाता है और उसका उपयोग करके उसे साक्षात्कार के लिये राजी कर लेता है। कौन-सा व्यक्ति किस तरह राजी हो जायेगा इसके लिये कोई नियम नहीं बन सकते। यह तो कार्यकर्ता की व्यवहार-कुशलता पर निर्भर होता है।

(v) **चुस्ती और फुर्तीलापन**—सामाजिक अनुसन्धानकर्ता को चुस्त और फुर्तीला होना चाहिये तभी वह उत्तरदाताओं को आकर्षित कर सकता है। सुस्त और काहिल व्यक्ति से तो लोग बात भी नहीं करना चाहते। दूसरी ओर चुस्त और फुर्तीला नवयुवक तटस्थ अथवा सहयोग न देने वाले उत्तरदाताओं को भी साक्षात्कार के लिए सहमत कर लेता है।

(vi) **उपयुक्त दृष्टिकोण**—सामाजिक अनुसन्धान पक्षपातरहित और वैज्ञानिक होता है। अस्तु उसमें लगे हुए कार्यकर्ताओं में कोई भी पूर्व धारणायें नहीं होनी चाहिएं। उसको प्राप्त सामग्री को ज्यों-का-त्यों नोट करना चाहिए, किसी भी सूचना को तोड़ने मरोड़ने की कोशिश अनुचित है। इसलिए कार्यकर्ता के चुनाव में यह ध्यान रखना आवश्यक है कि उसमें अनुसन्धान में रूचि है और उसका दृष्टिकोण पक्षपात रहित तथा वैज्ञानिक है। यूँ तो प्रत्येक व्यक्ति का दृष्टिकोण उसकी सामाजिक और सांस्कृतिक परिस्थितियों से प्रभावित होता है परन्तु वैज्ञानिक अनुसंधान में अनुसन्धानकर्ता को निष्कर्षों पर पहुँचने के पूर्व किसी विशेष दिशा में परिणाम प्राप्त करने के लिए आग्रह नहीं करना चाहिये। ऐसा न होने पर वह उत्तरदाताओं से कुछ विशेष बातों के बारे में अधिक पूछताछ करता है और अन्य पहलुओं को छोड़ देता है जिससे उसका अनुसन्धान वैज्ञानिक नहीं रह पाता।

(vii) **सतर्कता**—जहाँ कार्यकर्ता को उत्तरदाताओं को साक्षात्कार देने के लिए राजी करना पड़ता है वहाँ उसे बराबर यह सतर्कता भी रखनी पड़ती है कि उत्तरदाता सही उत्तर दे रहे हैं या नहीं। बहुधा अनेक प्रश्नों के उत्तर देते समय कुछ लोग जान

बूझकर बड़ा-चढ़ा कर बात कहने के आदी होते हैं। यह प्रवृत्ति जहाँ अपने को अच्छा दिखाने के लिए होती है वहाँ कभी-कभी जानबूझकर धोखा देने का भी प्रयास किया जाता है। अस्तु, कार्यकर्ता सावधान रहकर उत्तरदाता की प्रवृत्तियों पर दृष्टि रखता है। उत्तरदाता के उत्तरों की सत्यता की जाँच करने के लिए वह नम्रतापूर्वक उससे अनेक सहायक प्रश्न करता है और यदि आवश्यकता होती है तो उसके लिए सगे-सम्बन्धियों और पड़ोसियों से भी साक्षात्कार करके उत्तरों की जाँच करता है। इस प्रकार सतर्क कार्यकर्ता ही प्रामाणिक जानकारी प्राप्त कर सकते हैं।

(viii) **अनुभव**—किन्तु, अन्त में साक्षात्कार करने की योग्यता और सामाजिक अनुसन्धान में आवश्यकता सर्तकता बहुत कुछ अनुभव से आती है। अनेक बातें जो नौसिखिये लोगों से छूट जाती हैं वे अनुभवी कार्यकर्ताओं की नजर में आ जाती हैं। सामाजिक अनुसन्धान का अनुभव प्राप्त किए हुए कार्यकर्ता एक नजर में उत्तरदाता की मनः स्थिति और प्रेरणाओं को पहचान लेते हैं और अपने व्यवहार को उसी के अनुरूप परिवर्तित करके बहुत सी ऐसी बातें पता लगा लेते हैं जिनको नौसिखिये व्यक्ति कभी भी नहीं जान सकते। इसीलिए कितने भी व्यक्तिगत गुण होने पर भी सामाजिक अनुसन्धान में कार्यकर्ता के व्यावहारिक अनुभव को विशेष महत्व दिया जाता है।

(ix) **उत्तरदाताओं के विषय में ज्ञान**—सामाजिक अनुसन्धान की अनुसूची विधि में भिन्न-भिन्न संस्कृतियों में स्त्री-पुरुषों से साक्षात्कार करके उनसे प्रश्नों के उत्तर प्राप्त किये ज़ाते हैं। इसमें सफलता प्राप्त करने के लिए यह आवश्यक है कि कार्यकर्ता को उत्तरदाताओं की संस्कृति, शिष्टाचार, नियम, तौर तरीके आदि का विशेष ज्ञान हो। ऐसा न होने पर पहली भेट़ में ही बहुधा उत्तरदाता उनसे दूर हट जाता है। उदाहरण के लिए किसी स्थान पर बड़ों के आ जाने पर खड़े होने के स्थान पर उनको आदर देने के लिए बैठ जाने का रिवाज है और यदि अनुसन्धानकर्ता इस रिवाज से परिचित नहीं है तो किसी से मिलने जाकर उसके आने पर खड़ा होकर वह उसका अपमान ही करता है। स्वाभाविक है कि इसके उत्तरदाता कार्यकर्ता को नापसन्द करता है। और जब इस प्रकार का पहला प्रभाव पड़ चुकता है तो साक्षात्कार में सफलता की आशा नहीं की जा सकती। विभिन्न संस्कृतियों में भिन्न-भिन्न बातों को पूछने का निषेध होता है। उदाहरण के लिए भारत में ग्रामीण स्त्रियाँ अपने पति का नाम नहीं लेतीं। इस सांस्कृतिक तथ्य के अभाव में यदि कोई कार्यकर्ता भारतीय ग्रामीण स्त्री से उसके पति का नाम लेने की जिद करता है तो इससे उस पर बुरा प्रभाव पड़ेगा और कार्यकर्ता को साक्षात्कार में सफलता नहीं मिल सकती। उत्तरदाताओं की संस्कृति के अतिरिक्त उनकी भाषाओं का ज्ञान भी कार्यकर्ता की सफलता में सहायक होता है। भाषा के ज्ञान से निकटता बढ़ती है। जब कार्यकर्ता उत्तरदाता की भाषा में ही प्रश्न करता है तो उन दोनों में घनिष्ठ सम्बन्ध स्थापित होते हैं, प्रश्न को समझने में सरलता होती है और साक्षात्कार अधिक सुलभ हो जाता है, किन्तु इसके अपवाद भी हैं। कुछ परिस्थितियों में कार्यकर्ता में उत्तरदाता की संस्कृति और भाषा का अभाव ही साक्षात्कार में सफलता का कारण होते हैं। ये वे बातें हैं कि जिनको

लोग परिचितों को नहीं बतलाना चाहते और अजनबियों तथा विदेशियों के सामने खुलकर बतला सकते हैं। फिर भी संस्कृति और भाषा के ज्ञान में उत्तरदाता के उत्तरों में अशियोक्ति और सत्य का पता लगाया जा सकता है। अस्तु, अनुसन्धान के विषय के अनुरूप उत्तरदाताओं की संस्कृति और भाषाओं का ज्ञान आवश्यक या अनावश्यक हो सकता है।

सामाजिक अनुसन्धान की अनुसूची प्रविधि में कार्यकर्ताओं का चुनाव करते समय उपरोक्त गुणों का ध्यान रखना चाहिये। इन गुणों का पता लगाने के लिए अनेक प्रकार की परीक्षायें ली जाती हैं। पाश्चात्य देशों में अनेक ऐसी संस्थाएँ हैं जिनमें अनुभवी सामाजिक कार्यकर्ता रहते हैं जिनकी सेवाओं को सामाजिक अनुसन्धान के लिए प्रयोग किया जाता है। इस प्रकार से अनुभवी कार्यकर्ताओं को जाँच की आवश्यकता होती है। किन्तु कार्यकर्ताओं की भर्ती करने से पहले उसकी वस्तुगत या व्यावहारिक परीक्षा ली जा सकती है। पेशेवर कार्यकर्ता नए कार्यकर्ताओं से कुछ महँगे पड़ते हैं किन्तु दूसरी ओर नौसिखिये कार्यकर्ताओं की योग्यता और क्षमता की जाँच के लिए धन व्यय करना पड़ता है। अत: आजकल पाश्चात्य देशों में अधिकतर सामाजिक अनुसन्धानों में पेशेवर कार्यकर्ताओं की सहायता ली जाती है। इसके लिए उनकी संस्थाओं को सूचित कर दिया जाता है कि अनुसन्धान के लिए किस प्रकार के कार्यकर्ताओं की आवश्यकता है और वे संस्थाएँ उस प्रकार के कार्यकर्ताओं का चुनाव करके अनुसन्धानकर्ता के पास भेज देती है।

(3) कार्यकर्ताओं का प्रशिक्षण—भिन्न-भिन्न सामाजिक अनुसन्धानों में कुछ विशिष्ट योग्यताओं की आवश्यकता पड़ती है और जब तक किसी कार्यकर्ता ने बिल्कुल उसी प्रकार का अनुसन्धान पहले न किया हो तब तक उसमें उस क्षेत्र में अनुसन्धान करने के लिए पर्याप्त योग्यता की आशा नहीं की जा सकती। इसलिए आजकल सामाजिक अनुसन्धान के संगठन में कार्यकर्ताओं के चुनाव के पश्चात उनको आवश्यक प्रशिक्षण देने की परम्परा है। इस प्रशिक्षण की अवधि भिन्न-भिन्न अनुसंधानों में भिन्न-भिन्न होती है। अधिकतर अनुसन्धानों में कुछ सप्ताह या एक दो माह का प्रशिक्षण पर्याप्त होता है। प्रशिक्षण देने में सम्मेलनों (Conferences) की विधि का प्रयोग किया जाता है। सामाजिक कार्यकर्ता अनेक सम्मेलनों में भाग लेते हैं जिनसे उनको अनुसन्धान के विषय का ज्ञान होता है। प्रशिक्षण के पहले सम्मेलन में कार्यकर्ताओं को अनुसन्धान की समस्या का महत्व और अनुसन्धान का उद्देश्य बतला दिया जाता है। इसके पश्चात उन्हें अनुसूची पढ़ने के लिए दे दी जाती है और उसमें दिये गये प्रत्येक प्रश्न और सारणी को उनको भली प्रकार समझा दिया जाता है। विभिन्न प्रश्नों में जो पारिभाषिक शब्द दिये होते हैं उनके अक्षरों की व्याख्या कर दी जाती है। कार्यकर्ताओं को साक्षात्कार करके अनुसूची भरने का प्रशिक्षण दिया जाता है। यदि अनुसूची भरने में कुछ कोड संख्याओं या शब्दों अथवा संकेताक्षरों का प्रयोग किया जाना है तो वे कार्यकर्ताओं को समझा दिये जाते हैं। उनका अभ्यास कर लेने से कार्यकर्ता को अनुसूची भरने में कम समय लगता है और उत्तरदाता से बातचीत का प्रवाह बना रहता है। इसके अतिरिक्त कार्यकर्ताओं के

प्रशिक्षण में उनको साक्षात्कार करने की विधि का अभ्यास कराया जाता है। उन्हें अनुसन्धान में उठने वाली कठिनाइयों के विषय में बतला दिया जाता है और उनसे निबटने के उपाय भी सुझा दिये जाते हैं जिससे कि कार्यकर्ता इन कठिनाइयों को झेलने के लिए पहले से ही तैयार रहता है और भूल नहीं करता। साधारणतया जब कोई कार्यकर्ता अनुसूची को लेकर किसी क्षेत्र में जाता है तो लोग अनुसन्धान के उद्देश्य आदि के विषय में कुछ विशेष सूचनाएँ माँगते हैं। इन सूचनाओं का निश्चय अनुसूची के पूर्व परीक्षण से ही हो जाता है। अस्तु, कार्यकर्ताओं के प्रशिक्षण में उन्हें यह बतला दिया जाता है कि उत्तरदाता उनसे क्या-क्या सूचनायें मांगेंगे और उन्हें उत्तरदाताओं के प्रश्नों का किस प्रकार उत्तर देना है। सामान्य प्रशिक्षण के पश्चात कार्यकर्ताओं को कुछ समय तक अनुसन्धान का व्यावहारिक प्रशिक्षण भी दिया जाता है। इसके लिए उन्हें अनुसूची भरवाने के लिए कुछ लोगों के पास भेजा जाता है और उनके कार्य का निरीक्षण किया जाता है। इस निरीक्षण में कार्यकर्ता में जो गलतियाँ देखी जाती हैं, वे उसे बतला दी जाती हैं और उनके सुधार के उपाय किये जाते हैं। यदि कोई कार्यकर्ता बिल्कुल ही अयोग्य सिद्ध होता है तो उसकी छुट्टी कर दी जाती है। कुछ समय पश्चात कार्यकर्ता को स्वतन्त्र रूप से कार्य करने दिया जाता है।

(4) साक्षात्कार करने की विधि—अनुसूची द्वारा सामाजिक अनुसन्धान के संगठन में उत्तरदाताओं के चुनाव और कार्यकर्ताओं के प्रशिक्षण के पश्चात चौथा सोपान साक्षात्कार की विधि निश्चित करना है। यह सूची का सबसे प्रमुख भाग है। इसमें यह निश्चित कर दिया जाता है कि कार्यकर्ता उत्तरदाता से किस प्रकार सम्पर्क स्थापित करेगा, उसे साक्षात्कार को किस तरह राजी करेगा, कैसे सही जानकारी प्राप्त करेगा और अन्त में कैसे साक्षात्कार समाप्त करेगा। कुशल कार्यकर्ता पहली मुलाकात से साक्षत्कारदाता को अपने व्यक्तित्व से प्रभावित कर लेता है जिससे उसका काम आसान हो जाता है। जो उत्तरदाता अत्यन्त शिष्ट होते हैं उनके साथ सम्पर्क स्थापित करने में विशेष असुविधा नहीं होती है परन्तु सभी उत्तरदाता इस प्रकार के नहीं होते हैं। अनेक उत्तरदाता व्यस्तता दिखाते हैं। अनेक उत्तरदाता कार्यकर्ता को टालना चाहते हैं। अनेक उत्तरदाता उसको विश्वास और शंका की दृष्टि से देखते हैं। इन सब कारणों से वे साक्षात्कार को राजी नहीं होते और बहुधा यदि कोई उत्तरदाता पहली बार ही साक्षात्कार से इन्कार कर देता है तो वह बाद में साक्षात्कार को राजी नहीं होता और उसे आत्मसम्मान का प्रश्न बना लेता है। इसलिए कार्यकर्ता को यह आवश्यक होता है कि वह शुरू में ही इस तरह पेश आये कि उत्तरदाता साक्षात्कार से इन्कार न कर सके। इसके लिये कार्यकर्ता को उत्तरदाता का नाम, पता, व्यवसाय, परिवार आदि का पता लगा लेना चाहिए। उसे यह ज्ञात होना चाहिए कि उत्तरदाता का खाली समय कौन सा है क्योंकिं उसी समय उससे मिलना अधिक उपयुक्त होता है। इसके अतिरिक्त जिन-जिन कारणों से उत्तरदाता साक्षात्कार से इन्कार कर देता है उन सभी कारणों पर दृष्टि रखकर व्यवहार करने से इन्कार का खतरा टल जाता है। साक्षात्कार से इन्कार करने के साधारणतया निम्नलिखित

कारण होते हैं–

(i) **व्यस्तता**–जिस समय कार्यकर्ता उत्तरदाता के पास पहुँचता है यदि उस समय वह व्यस्त है तो बहुधा वह अपनी व्यस्तता बतलाकर साक्षात्कार से तुरन्त इन्कार कर देता है किन्तु कोई भी आदमी चाहे कितना भी व्यस्त क्यों न हो उस के पास कभी न कभी कोई समय ऐसा अवश्य होता है जब वह दूसरों की बात सुन सकता है। बड़े-बड़े व्यस्त आदमी अपनी मुलाकात के समय निश्चित कर लेते हैं और उस समय पहुँचने से कार्यकर्ता को निराश नहीं होना पड़ता। अस्तु, चतुर कार्यकर्ता पहले से यह पता लगा लेते हैं कि विशिष्ट व्यक्ति का कौन सा समय खाली है। अधिकतर लोग सायं काल के समय दिन भर के काम-काज से छुट्टी पा लेते हैं। इसलिये वही समय उनके मिलने के लिए अधिक उपयुक्त होता है। इस सम्बन्ध में कार्यकर्ता को विश्वस्त सूत्रों से पता लेना चाहिये। स्वयं उत्तरदाता से पूछ लेना भी अच्छा होता है और उसे साक्षात्कार करने के लिए स्वयं मिलकर, आदमी भेज कर या टेलीफोन के द्वारा समय निश्चित किया जा सकता है। पूर्व निश्चित समय पर मिलने से उत्तरदाता मिलने के लिए तैयार रहता है और साधारणतया अच्छा व्यवहार करता है। इस प्रकार पहली बार मिलने पर जो परिचय की समस्या उपस्थित होती है उसको हल करने के लिये बहुत से कार्यकर्ता अनुसन्धान संस्था का परिचय-पत्र लिये रहते हैं। कुछ लोग उत्तरदाता के परिचितों का पत्र लेकर भी उसके पास पहुँचते हैं। साधारणतया ऐसी स्थिति में उनकी अच्छी आवभगत होती है परन्तु उत्तरदाता ऐसे प्रश्नों का उत्तर नहीं देता जिनके उत्तर परिचितों तक पहुँचने से उसे कुछ हानि होने की सम्भावना होती है। इसलिये साधारणतया अनुसंधान संस्था का परिचय-पत्र ही अधिक उपयुक्त होता है। किसी भी व्यक्ति से मिलने जाते समय शिष्टाचार के साधारण नियमों जैसे आवाज देना, दरवाजा खटखटाना, मिलने पर अभिवादन करना आदि का अवश्य पालन किया जाना चाहिये।

(ii) **टालना**–अनेक साक्षात्कारदाता अनुसन्धान के झमेले से बचने के लिए कार्यकर्ता को टालना चाहते हैं। ऐसी परिस्थिति में यदि उनको अनुसन्धान का उद्देश्य भली प्रकार समझा दिया जाये और उसके महत्व से अवगत करा दिया जाये तो टाल मटोल कम हो जाती है।

(iii) **भय**–कुछ अनुसूचियों में ऐसी सूचनाएँ माँगी जाती हैं जिनके कुछ व्यक्तियों पर प्रकट हो जाने से उत्तरदाता को अनेक प्रकार के भय होते हैं। उदाहरण के लिए कुछ बातें ऐसी होती हैं जिनको मालिकों को पता लग जाने से उत्तरदाता की नौकरी संकट में पड़ सकती है। इस प्रकार सूचनायें देने में उसका भय स्वाभाविक है। यह भय तभी दूर हो सकता है जबकि कार्यकर्ता उसे पूर्णतया यह विश्वास दिला दे कि उसकी दी हुई सूचायें गुप्त रखी जायेंगी। इस सम्बन्ध में लिखित प्रतिज्ञा-पत्र दिखलाने से अधिक अच्छा प्रभाव पड़ता है।

(iv) **अविश्वास**–कभी-कभी अनुसन्धान के विषय में अविश्वास होने के कारण उत्तरदाता साक्षात्कार की अनुमति नहीं देना चाहता। ऐसी स्थिति में कार्यकर्ता

को उसे अनुसन्धान का महत्व और वैज्ञानिकता प्रमाण सहित बतलानी चाहिए जिससे विश्वास हो जाये।

(v) **कार्यकर्ता के प्रयोजन में शंका**—जब कोई कार्यकर्ता नाम पता लेकर किसी व्यक्ति के पास पहुँचता है तो अनेक व्यक्ति भयभीत हो जाते हैं। कुछ लोग उसे आयकर विभाग का इन्सपेक्टर समझते हैं तो अन्य लोग पुलिस का आदमी या किसी गुप्तचर संस्था का सदस्य समझ बैठते हैं। इससे सशंकित होकर वे उल्टे सीधे प्रश्न करने लगते हैं और साक्षात्कार को सहमत नहीं होते। अनुसन्धान संस्था का परिचय-पत्र प्रमाण के रूप में उपस्थित करके उस शंका को दूर किया जा सकता है।

(vi) **एकांत प्रेमी स्वभाव**—कुछ उत्तरदाता एकान्त प्रेमी होते हैं और अजनबियों से मिलना-जुलना पसन्द नहीं करते तथा साक्षात्कार से इन्कार कर देते हैं। इस कठिनाई को दूर करने के लिए कार्यकर्ता का व्यक्तित्व प्रभावशाली होना चाहिए जिससे उससे मिलते ही उत्तरदाता बात करना पसन्द करें और उसको साक्षात्कार का समय दे दे।

(vii) **झूठी शान की भावना**—कुछ लोग समय होने पर भी व्यवस्तता दिखलाकर अथवा व्यक्तिगत सूचना देने से इन्कार करके झूठी शान दिखलाते हैं। ऐसी परिस्थिति में उसके मित्रों या सम्बन्धियों से आवश्यक जानकारी प्राप्त की जा सकती है। साधारणतया इस प्रकार के व्यक्तियों पर प्रतिष्ठित व्यक्तियों की सिफारिश का भी प्रभाव पड़ता है। इसलिये उनके पास प्रतिष्ठित व्यक्तियों के परिचय-पत्र लेकर जाया जा सकता है।

इस प्रकार उत्तरदाता के साक्षात्कार देने से इन्कार करने के कारण का पता लगाकर कार्यकर्ता को उस कारण को दूर करना चाहिये। उत्तरदाता के साक्षात्कार को सहमत हो जाने के बाद उससे आवश्यक सूचनायें प्राप्त की जा सकती हैं। साक्षात्कार करने में कार्यकर्ता को उत्तरों पर सदैव सतर्कता से नजर रखनी चाहिए। यदि किसी उत्तर की सत्यता में थोड़ा भी सन्देह हो तो सहायक प्रश्न करके तुरन्त उसकी जाँच करनी चाहिये और सही बात निकलवा लेनी चाहिये। साक्षात्कार की सफलता इस बात पर निर्भर करती है कि कार्यकर्ता सूचनायें प्राप्त करने के लिए जो प्रश्न करता है वे कहाँ तक सही ढंग से उपस्थित किये जाते हैं। और उत्तरदाता कहाँ तक उनको समझा पाता है। ये दोनों गुण होने पर सही सूचनायें प्राप्त करने में कठिनाई नहीं होती।

(5) उत्तरों की जाँच—साक्षात्कार करने के पश्चात सामाजिक अनुसन्धान के संगठन में अगला सोपान प्राप्त उत्तरों की विश्वसीनयता की जाँच करना है। इसके लिये साम्पल के तौर पर कुछ अनुसूचियों की जाँच की जाती है। जिससे अशुद्धता की मात्रा का पता चल जाता है। उत्तरों की जाँच करते समय यह ध्यान रखना आवश्यक है कि विशिष्ट प्रश्न के विशिष्ट उत्तर उत्तरदाता की मन:स्थिति, तत्कालीन वातावरण और साक्षात्कारकर्ता के व्यक्तित्व पर निर्भर होते हैं। उनमें से किसी भी कारक के बदले जाने से बहुधा उत्तर बदल जाते हैं। इसलिये साक्षात्कार करने में

और उत्तर की जाँच में अधिक अन्तर नहीं होना चाहिये अन्यथा उत्तर बदल जाते हैं।

(6) अनुसूचियों का सम्पादन—कार्यकर्ता साक्षात्कार करके अनुसूचियों को भरते हैं और उनकी सत्यता की जाँच करके उनको अनुसन्धानकर्ता के पास भेज देते हैं। अनुसन्धानकर्ता इन अनुसूचियों का सम्पादन करता है। इस सम्पादन में मुख्य सोपान निम्नलिखित हैं—

(i) **अनुसूचियों की जाँच**—कार्यकर्ताओं के पास ये अनुसूचियाँ वापस मिलने पर सबसे पहले अनुसन्धानकर्ता यह पता लगाता है कि सब अनुसूचियाँ आ गई हैं या नहीं। इसके लिये प्रत्येक कार्यकर्ता द्वारा भेजी हुई अनुसूचियों को अलग-अलग फाइल में रखा जाता है। प्रत्येक फाइल के ऊपर कार्यकर्ता को दिये हुए कुल व्यक्तियों की संख्या, साक्षात्कारदाताओं की संख्या और अप्राप्त लोगों की संख्या लिख दी जाती है। बहुधा यह कार्य स्वयं कार्यकर्ता ही कर देता है। अनुसूचियों की जाँच करने पर उनमें जो अन्तर दिखलाई पड़ता है वह भी उन्हीं के साथ लिख दिया जाता है।

(ii) **प्रविष्टियों की जाँच**—प्रत्येक अनुसूची में बहुत से प्रश्न दिये रहते हैं। कार्यकर्ता को साक्षात्कार के द्वारा जानकारी प्राप्त करके इन प्रश्नों के उत्तर लिखने पड़ते हैं। अनुसूचियों की संख्या के विषय में जाँच कर लेने के बाद सम्पादन का दूसरा सोपान प्रत्येक अनुसूची में दी गई प्रविष्टियों (Entries) की जाँच करना है। कुछ प्रविष्टियाँ ऐसी हो सकती हैं जिनके उत्तर नहीं मिले हैं या जो गलत सिद्ध हुई हैं। दूसरी ओर कुछ प्रविष्टियों के भिन्न-भिन्न व्यक्तियों से भिन्न-भिन्न उत्तर प्राप्त होते हैं। इसके अतिरिक्त कुछ प्रविष्टियाँ भरने से छूट जाती हैं। इन सभी प्रविष्टियों की जाँच करना आवश्यक है। यदि जाँच करने पर यह पता चले कि किसी अनुसूची में कुछ प्रविष्टियाँ ठीक नहीं भरी गयी हैं तो वह अनुसूची कार्यकर्ता को वापस भेजकर भरवाई जा सकती है अथवा उससे उन प्रश्नों के विषय में फिर से विस्तृत सूचना माँग ली जाती है। यदि भूल से कुछ प्रविष्टियाँ भरने से रह गयीं हैं तो उनको भरवाया जा सकता है। इस प्रकार सम्पादन करते समय सम्पादक प्रत्येक अनुसूची में यह पता लगा लेता है कि सभी प्रविष्टियाँ ठीक-ठीक भरी गयी हैं या नहीं।

(iii) **लिखावट सम्बन्धी दोष**—अनुसूचियों के भरने में लिखावट सम्बन्धी दोष होने पर कभी-कभी मेहनत बेकार हो जाती है। लिखावट सम्बन्धी दोष में मुख्य हैं गन्दी लिखावट, पेन्सिल से लिखना, संक्षिप्त शब्दों में लिखना, या ऐसा लेख लिखना जो पढ़ा न जा सके। इस प्रकार अनुसूची को कार्यकर्ता के पास वापस कर दिया जाता है। या तो वह उसे दूसरे फार्म पर उतारकर भेजता है या फिर नये सिरे से साक्षात्कार करके दूसरा फार्म भरता है।

(iv) **कोड नम्बर डालना**—प्राप्त सूचनाओं के सारणीयन के लिये उन पर कोड नम्बर डाले जाते हैं। इसके पहले समस्त उत्तरों को कुछ निश्चित वर्गों में बाँट दिया जाता है। प्रत्येक वर्ग का एक नम्बर निश्चित किया जाता है और उत्तर के स्थान

पर वही नम्बर लिखा जाता है। इससे सांख्यिकीय विधि से गणना की जा सकती है। अनेक बार कार्यकर्ताओं को ही कोड नम्बर बतला दिये जाते हैं और वे उत्तर लिखने के स्थान पर कोड नम्बर ही लिखते हैं। यद्यपि इससे समय की बचत होती है परन्तु इससे अशुद्धि की अधिक सम्भावना है क्योंकि यदि कार्यकर्ता प्रश्नों के कोड बदल देता है या उसे वे गलत याद रहते हैं तो सारी सूचनायें असत्य हो जाती हैं। अस्तु, अधिकतर अनुसूचियों का सम्पादन करते समय ही कोड नम्बर डाले जाते हैं।

अनुसन्धान के संगठन के अन्तिम सोपान सांख्यिकीय विधि से अनुसूचियों का सारणीयन और विवेचना है। इससे अनुसन्धान के निष्कर्ष निकल आते हैं।

प्रश्नों के प्रकार (Kinds of Questions)—अनुसूची विधि में सामाजिक अनुसन्धानकर्ता अनुसन्धान के विषय के आधार पर उसके विभिन्न पहलुओं को लेकर प्रश्नों की रचना करता है और इन प्रश्नों को क्रमबद्ध उपस्थित करता है। इनमें मुख्य प्रकार के प्रश्न निम्नलिखित हैं—

(1) निर्दिष्ट प्रश्न—(Structured Questions)—ये प्रश्नावली में सबसे अधिक सरल प्रश्न हैं। इनमें प्रश्न के सम्भावित उत्तरों का पहले से ही अनुमान लगाकर उन सबको प्रश्न के आगे लिख दिया जाता है। उत्तरदाता को इन सम्भावित उत्तरों में से कोई एक छाँटकर अन्य को काट देना पड़ता है। इस प्रकार के प्रश्नों के उत्तरों का सारणीयन आसानी से किया जा सकता है क्योंकि उनमें कोड नम्बर आसानी से डाले जा सकते हैं। इनमें दूसरा लाभ यह है कि उत्तरदाता को अधिक सोचना विचारना नहीं पड़ता और वह निश्चित उत्तरों में से ही कोई एक उत्तर चुन लेता है। इस प्रकार के प्रश्नों के कुछ उदाहरण अग्रलिखित हैं—

(i) आपकी वैवाहिक स्थिति क्या है—विवाहित/अविवाहित/विधुर अथवा विधवा/परित्यक्त/तलाकशुदा।

(ii) आपकी आर्थिक स्थिति किस स्तर की है—निम्न/निम्न मध्यम/उच्च मध्यम/उच्च/ अत्यन्त उच्च।

(2) अनिर्दिष्ट अथवा खुले प्रश्न (Open End Questions)—इन प्रश्नों में, जैसा कि इनके नाम से स्पष्ट है, साक्षात्कारकर्ता को उत्तरों के सम्बन्ध में कोई निर्देश दिया जाता है और वह अपने मन से सोच समझकर प्रश्न का उत्तर बनाता है। इस प्रकार के प्रश्न अधिकतर किसी विशेष समस्या या विषय पर जनमत जानने या सुझाव माँगने के लिए उपस्थित किये जाते हैं। इनके कुछ उदाहरण निम्नलिखित हैं—

(i) आपकी राय में भारतवर्ष में साम्प्रदायिकता के क्या कारण हैं?

(ii) देश में साम्प्रदायकिता को कैसे दूर किया जा सकता है?

(iii) देश के भावात्मक संकलन के लिए आप क्या सुझायेंगे?

(3) द्वन्द्वात्मक प्रश्न (Dichotomous Questions)—ये प्रश्न, जैसा इनके नाम से स्पष्ट है, वे हैं जिनके उत्तर द्वन्द्वात्मक होते हैं। अर्थात एक उत्तर नकारात्मक और दूसरा सकारात्मक होता है। इसके अतिरिक्त कुछ उत्तर परस्पर विरोधी भी होते

हैं। उत्तरदाता को दिये हुए दो उत्तरों में से एक को चुन लेना होता है। इस प्रकार के प्रश्नों के कुछ उदाहरण निम्नलिखित हैं–

(1) क्या आप कांग्रेस को देश का शासन चलाने योग्य समझते हैं? हाँ/नहीं

(2) आपकी नौकरी की स्थिति क्या है–नौकरी प्राप्त/बेकार

(3) क्या आपके विचार में देश के विघटन का खतरा है? हाँ/नहीं

(4) विविध चुनाव प्रश्न (Multiple Choice Questions)–इन प्रश्नों में, जैसा कि इनके नाम से स्पष्ट है, उत्तरदाता के सामने उत्तर के सम्बन्ध में अनेक प्रकार के विकल्प उपस्थित किये जाते हैं और इनमें से किसी विकल्प को चुन लेना होता है। उदाहरण के लिये–

आप अपने लिये कौन-सा व्यवसाय पसन्द करते हैं?

(1) कृषि।

(2) व्यापार अथवा उद्योग।

(3) सरकारी नौकरी।

(4) प्राईवेट नौकरी।

(5) डॉक्टर, वकील, इन्जीनियरिंग आदि व्यवसाय।

(6) किसी प्रकार का रोजगार।

(7) अन्य कोई।

उपर्युक्त प्रश्न का उत्तर देने के लिये उत्तरदाता को अपनी पसन्द के विकल्प पर सही निशान लगाना पड़ता है। वैकल्पिक प्रश्नों का चुनाव करते समय यह ध्यान रखना आवश्यक है कि दिये हुए विकल्पों में सभी प्रकार के उत्तरों का समावेश हो जाये। चूँकि कितनी भी अधिक सावधानी रखने पर कोई-न-कोई विकल्प छूट सकता है इसलिये साधारणतया विकल्प उपस्थित करने में 'कोई अन्य' विकल्प भी दिया जाता है।

(5) संकेत प्रश्न (Leading Questions)–इन प्रश्नों में, जैसा कि इनके नाम से स्पष्ट है, उत्तर का संकेत छिपा रहता है, यद्यपि यह आवश्यक नहीं है कि सभी उत्तरदाता एक ही उत्तर चुनें। साधारणतया इस तरह के प्रश्नों के उत्तरों में पक्षपात (Bias) होता है इसलिये ऐसे प्रश्न न देना ही अच्छा है। फिर भी जब समस्या के किसी विशेष पहलू पर जोर देना होता है तो संकेतक प्रश्न दिये जाते हैं। संकेतक प्रश्नों के कुछ उदाहरण निम्नलिखित हैं–

(i) क्या यह उचित नहीं होगा कि विद्यार्थी और शिक्षकगण राजनीति में बिल्कुल ही भाग न लें?

(ii) क्या लड़कियों की शिक्षा में गृहकार्य अनिवार्य विषय नहीं होना चाहिये?

(iii) क्या पुरुषों से बराबरी करके देश में बेकारों की संख्या बढ़ाने की तुलना

में स्त्रियों का घर की स्थिति उन्नत करने का कार्य करना अधिक उपयोगी नहीं होगा ?

(6) अनेकार्थक प्रश्न (Ambiguous Questions)—कभी-कभी अनुसूची में ऐसे प्रश्न दिये रहते हैं जिनके अनेक अर्थ लिए जा सकते हैं। इस प्रकार के अनेकार्थक प्रश्न अनुसूची को दोषपूर्ण बना देते हैं। इस प्रकार के प्रश्नों को यथासम्भव अनुसूची में स्थान नहीं दिया जाना चाहिए। ऐसे प्रश्न या तो प्रश्न की शैली के कारण बनते हैं या फिर ऐसे शब्दों का प्रयोग करने से बनते हैं जिनके अनेक अर्थ हो सकते हैं। उदाहरण के लिये यदि यह पूछा जाये कि आपके घर में कितनी स्त्रियाँ हैं तो कुछ लोग स्त्री का अर्थ पत्नी से और कुछ सभी स्त्रियों से लगायेंगे। कुछ शब्द ऐसे होते हैं जो सर्वसाधारण में प्रचलित नहीं होते और इसलिये भिन्न-भिन्न लोग उनके भिन्न-भिन्न प्रकार से अर्थ करते हैं। इस प्रकार के शब्दों का प्रश्नों की रचना में प्रयोग नहीं किया जाना चाहिए।

(7) श्रेणीबद्ध प्रश्न (Ranking Item Questions)—इस प्रकार के प्रश्नों में, जैसा कि इनके नाम से स्पष्ट है, दिये हुए अनेक विकल्पों को श्रेणीबद्ध करना है, जबकि वैकल्पिक प्रश्न में अनेक विकल्पों में से किसी एक का चुनाव करना पड़ता है। श्रेणीबद्ध प्रश्नों में विभिन्न विकल्पों को उत्तरदाता की पसन्द के अनुसार क्रम शृंखला में श्रेणीबद्ध किया जाता है। उदाहरण के लिए—

निम्नलिखित विकल्पों को अपनी पसन्द के अनुसार क्रमबद्ध करके यह दिखलाये कि आप कौन सा धन्धा पसन्द करेंगे।

(1) विश्वविद्यालय का प्रोफेसर।

(2) हाईकोर्ट का वकील।

(3) आई० ए० एस० ऑफिसर।

(4) अनुसंधानशाला का डाइरेक्टर।

(5) फार्म मैनेजर।

(6) डाक्टर और सर्जन।

दोषपूर्ण प्रश्न

अनुसूची विधि में प्रयोग होने वाली प्रश्नावली में प्रश्नों के विभिन्न प्रकारों के उपर्युक्त विवेचन से स्पष्ट है कि प्रश्नों के चुनाव में बड़ी सावधानी की आवश्यकता होती है। प्रश्नों को चुनते समय निम्नलिखित प्रकार के प्रश्नों की अनुसूची का प्रयोजन समाप्त हो जाता है—

(1) अत्यधिक लम्बे प्रश्न—यदि प्रश्न अत्यधिक लम्बा है तो उसे कई भागों में तोड़ दिया जाना चाहिये क्योंकि लम्बे प्रश्न को समझने में उत्तरदाता. को कठिनाई होती है।

(2) जटिल प्रश्न—जटिल प्रश्नों को समझना कठिन होता है और इसलिये जहाँ अनेक लोग उनके उत्तर नहीं देते वहाँ अन्य अनेक उनके गलत उत्तर देते हैं जिससे अनुसूची की प्रामाणिकता समाप्त हो जाती है।

(3) पूर्वाग्रहयुक्त प्रश्न—साधारणतया ऐसे प्रश्न देना उचित नहीं है जिनमें उत्तर का संकेत छिपा हो क्योंकि इससे उत्तरदाता में पूर्वाग्रह उत्पन्न हो जाता है और उत्तर प्रामाणिक नहीं होते।

(4) व्यक्तिगत प्रश्न—अधिकतर उत्तरदाता ऐसे प्रश्नों का उत्तर देना नहीं चाहते जिनमें उनके व्यक्तिगत जीवन चरित्र, गुप्त रोग, पारिवारिक जीवन आदि के विषय में कुछ पूछा जाता है। अनेक उत्तरदाता इस प्रकार के प्रश्न पूछे जाने पर कृत्रिम उत्तर देते हैं। इसलिए अधिकतर सामाजिक अनुसन्धान में लोगों से उनके व्यक्तिगत जीवन के विषय में प्रश्न नहीं किये जाने चाहिये।

(5) सामाजिक आदर्श सम्बन्धी प्रश्न—कोई भी व्यक्ति, चाहे उसका निजी जीवन कैसा भी क्यों न हों, प्रकट रूप से सामाजिक आदर्शों का विरोध नहीं करता। अस्तु, यदि किसी भी उत्तरदाता से किसी सामाजिक आदर्श के विषय में उसकी सम्मति पूछी जाती है तो साधारणतया वह उसका समर्थन ही करता है भले ही वह वास्तविक जीवन में उस पर बिल्कुल अमल न करता हो। उदाहरण के लिए विवाहित स्त्री पुरुषों से विवाह सम्बन्ध के बाहर यौन व्यवस्था के विषय में प्रश्न करने पर वे सदैव इसको अनुचित ही बतलायेंगे भले ही वे स्वयं इसमें प्रवृत्त होते हों और अपने मन में इसको उचित मानते हों। स्पष्ट है कि इस प्रकार के प्रश्न करने से कोई लाभ नहीं है बल्कि इनसे प्रश्नावली अप्रामाणिक बन जाती है।

(6) असम्बद्ध प्रश्न—किसी भी प्रश्नावली में केवल ऐसे ही प्रश्नों को स्थान दिया जाना चाहिये जो कि अनुसन्धान के विषय से सीधा सम्बन्ध रखते हों। अस्तु, असम्बद्ध प्रश्न पूछने से धन और समय का अपव्यय ही होगा।

(7) अनावश्यक प्रश्न—चूँकि साक्षात्कार का समय बहुत सीमित होता है इसलिए उनमें केवल वे ही प्रश्न किये जाने चाहियें जिनकी सूचना केवल साक्षात्कारदाता ही दे सकता है। जो सूचनायें अन्य साधनों से प्राप्त हो सकती हैं उन पर समय नष्ट करना उचित नहीं है। जो बातें देखने से ही पता चल जाती हों उनके पूछने की कोई आवश्यकता नहीं है। इस प्रकार प्रश्नावली में अनावश्यक प्रश्न भर कर उसका आकार व्यर्थ नहीं बढ़ाना चाहिये।

(8) दुविधा में डालने वाले प्रश्न—अनुसूची में ऐसे प्रश्न नहीं होने चाहिएं जिनसे उत्तरदाता दुविधा में पड़ जाये क्योंकि ऐसा होने पर जहाँ वह सोच-विचार में समय नष्ट करता है, वहाँ बहुधा गलत उत्तर भी देता है और यदि उसे झूठ बोलने की आदत न हो तथा उसके मुँह से सही उत्तर निकल भी जाये तो उसे बड़ी ग्लानि होती है और सम्भव है कि वह साक्षात्कार बीच में ही रोक दे।

(9) सन्देह उत्पन्न करने वाले प्रश्न—यही बात सन्देह उत्पन्न करने वाले

प्रश्नों के बारे में कही जा सकती है। कुछ प्रश्न ऐसे होते हैं जिनसे उत्तरदाता को साक्षात्कारकर्ता के वैज्ञानिक प्रयोजन में सन्देह हो जाता है। वह उसे इन्कम टैक्स का इन्सपेक्टर, पुलिस विभाग का आदमी या जासूस मानने लगता है। ऐसी स्थिति में उत्तरदाता सशंकित हो जाता है। कार्यकर्ता को चाहिये कि इस प्रकार सन्देह उत्पन्न होने पर तुरन्त उसे दूर करे और फिर यथासम्भव ऐसी परिस्थिति न आने दे।

(10) **व्यर्थ प्रश्न**—कुछ प्रश्न ऐसे होते हैं जिनके सही उत्तर मिलने की सम्भावना नहीं होती और इसलिये उनसे अनुसूची लम्बी हो जाने के अलावा कोई प्रयोजन सिद्ध नहीं होता। उदाहरण के लिये आर्थिक स्थिति, चरित्र, वैवाहिक जीवन, यौन व्यवहार आदि से सम्बन्धित प्रश्न। इस प्रकार के प्रश्नों को यथासम्भव प्रश्नावली में स्थान नहीं दिया जाना चाहिये।

अनुसूची में सम्मिलित करने योग्य प्रश्न

कौन से प्रश्नों को अनुसूची में स्थान नहीं दिया जाना चाहिए इस सम्बन्ध में उपयुक्त विवेचन से यह भी स्पष्ट होता है कि किस प्रकार के प्रश्न अनुसूची में सम्मिलित किये जाने चाहियें। यूँ तो इस विषय में कोई निश्चित नियम नहीं है और अनुसन्धान के विषय, कार्यकर्ताओं की योग्यता, साक्षात्कारदाताओं के स्वभाव, साक्षात्कार की परिस्थिति इत्यादि के अनुसार प्रश्नों की रचना की जा सकती है। परन्तु फिर भी निम्नलिखित गुण वाले प्रश्नों को अनुसूची में स्थान देना अधिक उपयुक्त होता है—

(1) **स्पष्ट और सरल प्रश्न**—अनुसूची में दिये गये प्रश्न ऐसे होने चाहिएं जो स्पष्ट हों और जिनके अर्थ को सरलता से समझा जा सकता है।

(2) **उत्तरदाता की सामर्थ्य के अनुरूप प्रश्न**—अनुसूची में ऐसे ही प्रश्न करना उचित है जिनका उत्तर देना उत्तरदाता की सामर्थ्य में हो। जो बातें उसके ज्ञान की परिधि से बाहर हैं उनके बारे में प्रश्न करना बेकार है।

(3) **अनुसन्धान के विषय से सम्बन्धित प्रश्न**—अनुसूची में ऐसे समस्त प्रश्नों को स्थान दिया जाना चाहिए, जिनका अनुसन्धान के विषय में किसी भी पहलू से सम्बन्ध है। इनके अतिरिक्त प्रश्नों को स्थान नहीं दिया जाना चाहिये।

(4) **परोक्ष प्रश्न**—अनेक विषय ऐसे होते हैं जिनके बारे में प्रत्यक्ष रूप से पूछना ठीक नहीं होता क्योंकि उत्तरदाता उनका उत्तर देना नहीं चाहते। इस प्रकार के प्रश्नों कें स्थान पर परोक्ष प्रश्न पूछे जाने चाहियें। उदाहरण के लिये यह न पूछकर कि आप आगामी चुनाव में किस पार्टी को वोट देंगे यह पूछना अधिक अच्छा होगा कि आपकी राय में कौन-सा राजनीतिक दल देश के शासन को भली प्रकार चला सकता है।

(5) **क्रमबद्ध प्रश्न**—अनुसूची में प्रश्न बिखरे हुए न होकर क्रमबद्ध होने चाहियें। यह क्रम पूर्ण से अंश और सरल से जटिल इत्यादि तार्किक नियमों पर आधारित होना चाहियें।

(6) सारणीयन योग्य प्रश्न—अनुसूची में ऐसे ही प्रश्नों को स्थान दिया जाना चाहिये जो सारणीयन के योग्य हों। इसके लिये प्रत्येक प्रश्न के विषय में पहले से ही यह सोच विचार कर लेना चाहिये कि उसका सारणीयन किस प्रकार किया जायेगा।

(7) परीक्षणीय प्रश्न—यदि अनुसूची में अधिकतर ऐसे प्रश्न हैं जिनकी जाँच की जा सकती है तो इनसे उसकी प्रामाणिकता बढ़ जाती है। इसलिए यथासम्भव परीक्षणीय प्रश्नों को अधिक स्थान दिया जाना चाहिये।

(8) तुलनात्मक अध्ययन की सुविधा से प्रश्न—यदि अनुसन्धान का विषय ऐसा है कि उस पर अन्य लोग भी अनुसन्धान कर चुके हैं तो साधारणतया अनुसन्धान की इकाइयाँ वे ही होनी चाहियें जो अन्य अनुसन्धानों में रखी गयी हों। इस प्रबन्ध से तुलनात्मक अध्ययन किया जा सकता है। अनुसूची में नये-नये शब्दों का प्रयोग तब तक उचित नहीं है जब तक कि वह नितान्त अनिवार्य न हो जायें।

(9) निर्वैयक्तिक प्रश्न—अनुसूची के प्रश्न साधारणतया निर्वैयक्तिक होने चाहियें। व्यक्तिगत प्रश्न पूछे जाने पर उनके सही उत्तर नहीं आते। अस्तु, प्रश्नों का निर्माण इस प्रकार किया जाना चाहिये कि वे व्यक्तिगत न मालूम पड़ें।

(10) असंदिग्ध प्रश्न—अनुसूची में प्रश्नों की भाषा ऐसी होनी चाहिये कि उनके अर्थ के विषय में किसी प्रकार का सन्देह न हो अन्यथा उत्तरदाता भिन्न-भिन्न अर्थ लगायेंगे और सूचना अप्रामाणिक हो जायेगी। उदाहरण के लिये किसी व्यक्ति से उसकी आयु पूछने की अपेक्षा यह पूछना अधिक अच्छा है कि अमुक तिथि को उसकी आयु क्या थी।

(11) कम से कम लिखने के काम वाले प्रश्न—साक्षात्कार करते समय साक्षात्कारकर्ता को अधिक से अधिक समय साक्षात्कार करने में ही लगाना चाहिये और प्रश्नों के उत्तर लिखने में अधिक समय नहीं दिया जाना चाहिये। इसके लिए ऐसे प्रश्नों का चुनाव करना जरूरी है जिनके उत्तर लिखने में कम से कम समय लगे। इस प्रकार के प्रश्नों के उदाहरण द्वन्द्वात्क प्रश्न तथा निर्दिष्ट प्रश्न हैं जिनमें उत्तर लिखने में कार्यकर्ता को सही का निशान लगाना पड़ता है या गलत उत्तर को काट देना पड़ता है।

(12) भावनाओं के कारण सम्बन्धी प्रश्न—जो विषय उत्तरदाता के विचारों या भावनाओं से सम्बन्धित हों उनके बारे में प्रश्न करते समय उनके कारण जानने के लिये भी प्रश्न किए जाने चाहियें जिससे उनकी पृष्ठभूमि का पता लग जाये। इस सम्बन्ध में क्या, कब, कैसे और क्यों विषयक प्रश्न किये जाते हैं।

अनुसूची में किस प्रकार के प्रश्नों को सम्मिलित किया जाना चाहिये और किनको नहीं, इस सम्बन्ध में उपर्युक्त वाद-विवाद से यह स्पष्ट होता है कि प्रश्नों के निर्माण में भाषा और शैली का बड़ा महत्व है। वैज्ञानिक अनुसूची के निर्माण में शब्दों के चुनाव में बड़ी सावधानी से काम लेना पड़ता है जिससे कि अर्थ का अनर्थ

न हो जाये। साधारणताया ऐसे शब्द चुने जाने चाहियें जो सरल, स्पष्ट, निश्चित और एकार्थक हों। पारिभाषिक शब्दों का प्रयोग यथासम्भव कम से कम किया जाना चाहिये। अप्रचलित शब्दों का प्रयोग न करना ही अच्छा है। सापेक्षिक शब्द जैसे कम, अधिक, थोड़ा, बहुत, प्रायः, बहुधा इत्यादि के अर्थ बदलते रहते हैं, इसलिए उनका प्रयोग उचित नहीं है। अनेकार्थक शब्दों का प्रयोग होने पर अनुसूची के प्रसंग में उनका निश्चित अर्थ भी स्पष्ट करना आवश्यक है। अन्यथा ऐसे शब्दों का प्रयोग न करना ही अच्छा है।

प्रश्नों के क्रम के नियम

जैसा कि पीछे बतलाया जा चुका है प्रश्नों की भाषा के साथ-साथ अनुसूची में उनके क्रम का भी महत्व होता है। यह क्रम निश्चित करने में निम्नलिखित नियमों का पालन किया जाना चाहिये–

(1) स्वाभाविक विषय संक्रमण–प्रश्नों का क्रम ऐसा हो कि सुनने में एक दूसरे में विषय का संक्रमण स्वाभाविक प्रतीत हो। यदि विषयान्तर सुनने वाले को अस्वाभाविक लगता है तो उसे उत्तर देने में असुविधा होती है क्योंकि बातचीत का क्रम टूट जाता है।

(2) अनुसूची की समग्रता–इस प्रकार विभिन्न प्रश्न परस्पर इस तरह क्रमबद्ध किये जाने चाहियें कि पूरी अनुसूची एक समग्र इकाई के रूप में मालूम पड़े। इस इकाई से असम्बद्ध प्रश्नों को निकाल दिया जाना चाहिये।

(3) विषय के अनुसार क्रमबद्धता–अनुसन्धान की समस्या के विभिन्न पहलुओं पर विचार करके उन पहलुओं को अलग-अलग कर लेना चाहिये और एक पहलू से सम्बन्धित प्रश्न एक साथ रखे जाने चाहियें। इस प्रकार प्रश्नों का क्रम विषय के अनुसार बाँधा जाना चाहिये।

(4) आकर्षकता का क्रम–प्रश्नों का क्रम आकर्षकता के अनुसार भी बाँधा जा सकता है। इस प्रकार अनुसूची के आरम्भ में सबसे अधिक आकर्षक प्रश्न दिया जाना चाहिये। इससे उत्तरदाता अनुसूची की ओर आकर्षित होता है और साक्षात्कार में सुविधा होती है।

(5) सरल से जटिल की ओर क्रम–वैज्ञानिक क्रमबद्धता का एक सरल सिद्धान्त सरल से जटिल की ओर बढ़ना है। अस्तु, अनुसूची में सरल प्रश्न सबसे पहले दिया जाना चाहिये। इसके बाद क्रमशः कम सरल और अधिक जटिल प्रश्न दिये जा सकते हैं। सरल प्रश्न के देने से एक अन्य लाभ यह भी है कि उत्तरदाता आसानी से प्रश्नों के उत्तर देता जाता है। दूसरी ओर यदि शुरू में ही उसके सामने जटिल प्रश्न उपस्थित कर दिये जायेंगे तो बहुत सम्भव है कि वह साक्षात्कार को बीच में ही छोड़ दे या साक्षात्कार देने से बिल्कुल ही इन्कार कर दें। सरल प्रश्न के बाद जटिल प्रश्न का उत्तर देना अपेक्षाकृत आसान ही लगता है।

अनुसूची के गुण
(Merits of Schedule)

सामाजिक अनुसन्धान की प्रश्नावली विधि से उत्तरदाताओं के पास प्रश्नावली डाक द्वारा भेज दी जाती है और उत्तरदाता डाक द्वारा ही प्रश्नावली भरकर वापिस कर देते हैं। दूसरी ओर अनुसूची विधि में साक्षात्कारकर्ता उत्तरदाता के पास स्वयं अनुसूची या प्रश्नावली लेकर जाता है और उसका साक्षात्कार करके स्वयं ही अनुसूची को भरता है। पहली विधि की तुलना में सामाजिक अनुसन्धान की इस दूसरी विधि से निम्नलिखित लाभ हैं–

(1) **उत्तरों का ऊँचा प्रतिशत**–डाक द्वारा भेजी जाने वाली प्रश्नावली की तुलना में अनुसूची विधि से मिलने वाले उत्तरों का प्रतिशत अधिक ऊँचा रहता है। इसका सबसे बड़ा कारण कार्यकर्ता से उत्तरदाता का व्यक्तिगत सम्बन्ध है जिससे वह उसके सब प्रकार के सन्देह को दूर कर देता है, उसे उत्तर देने पर सहमत करता है, संकोच होने पर समझाता है और अस्पष्ट होने पर व्याख्या करता है। ये सुविधायें डाक द्वारा प्रेषित प्रश्नावली में उपलब्ध नहीं होतीं।

(2) **कार्यकर्ता के व्यक्तित्व का प्रभाव**–इस प्रकार अनुसूची विधि का सबसे बड़ा गुण उत्तरदाता पर कार्यकर्ता के व्यक्तित्व का प्रभाव है। इससे उत्तरदाता अनुसन्धान में रुचि लेता है और उत्तर देने में सहयोग करता है।

(3) **व्यक्तिगत सम्पर्क की स्थापना**–अनुसूची विधि में कार्यकर्ता उत्तरदाता से व्यक्तिगत सम्पर्क की स्थापना करता है। इससे वह उसके चरित्र, व्यक्तिगत जीवन इत्यादि के विषय में ऐसी बहुत सी बातों का पता लगाता है जिनको जानने का अन्य कोई साधन नहीं है। उत्तरदाता की पृष्ठभूमि को जानने के कारण वह उसके द्वारा दिये गये उत्तरों की सही व्याख्या भी कर सकता है।

(4) **मानवीय तत्व**–इस प्रकार अनुसूची विधि से अनुसन्धान में मानवीय तत्व का प्रवेश हो जाता है जो कि कितनी भी कुशलतापूर्वक बनी प्रश्नावली में नहीं मिलता। व्यक्तिगत साक्षात्कार में सामाजिक अनुसन्धान आकर्षक और मनोरंजक हो जाता है तथा कार्यकर्ता और उत्तरदाता उसमें सक्रिय रूप में भाग लेते हैं।

(5) **प्रश्न-सम्बन्धी सन्देह का निराकरण**–प्रश्नावली में अनेक प्रश्न ऐसे होते हैं जिनका अर्थ तुरन्त उत्तरदाता की समझ में नहीं आता। डाक द्वारा प्रेषित प्रश्नावली में ऐसी स्थिति में या तो उत्तरदाता प्रश्न को उत्तर दिये बिना ही छोड़ देता है या फिर उसका उल्टा-सीधा उत्तर लिखकर खाना-पूरी कर देता है। अनुसूची विधि में कार्यकर्ता व्यक्तिगत रूप से उपस्थित होकर प्रश्नावली में दिये गये प्रश्नों के विषय में भ्रम और सन्देह का निवारण करता है। यदि उत्तरदाता किसी प्रश्न का अर्थ नहीं समझता तो वह उसे अर्थ समझाता है। यदि उत्तरदाता को कोई संकोच होता है तो वह उसके उत्तरों को गुप्त रखने का वायदा करके उसके संकोच को दूर

करता है। यदि उत्तरदाता प्रश्न के प्रयोजन में किसी प्रकार का सन्देह करता है तो कार्यकर्ता इस सन्देह को दूर करता है। साक्षात्कार में कार्यकर्ता के सामने उपस्थित होने से उत्तरदाता को बनावटी उत्तर पढ़ने का न तो समय मिलता है ओर न साहस होता है। अत: साधारणतया उसके उत्तर अधिक स्वाभाविक और सत्य होते हैं।

(6) **साम्पल सम्बन्धी दोषों का ज्ञान**—प्रश्नावली को भरने के लिये साम्पल चाहे कितने भी वैज्ञानिक तरीके से क्यों न लिया गया हो परन्तु फिर भी बहुत से महत्वपूर्ण लोगों के छूट जाने की सम्भावना बराबर रहती है। अनुसूची विधि में साक्षात्कार की प्रक्रिया में यह साम्पल सम्बन्धी दोष ज्ञात हो जाता है क्योंकि साक्षात्कारदाता कार्यकर्ता से स्वयं यह पूछते हैं कि उसने इस सम्बन्ध में अमुक-अमुक प्रतिनिधि व्यक्तियों की राय ली है या नहीं।

(7) **अनुसूची सम्बन्धी दोष का ज्ञान**—यदि डाक द्वारा प्रेषित प्रश्नावली में कोई दोष रह जाता है तो उसका पता अनुसन्धानकर्ता को नहीं चलता क्योंकि उत्तरदाता उस दोष की परवाह न करके प्रश्नावली को उल्टी-सीधी भरकर वापिस भेज देते हैं। दूसरी ओर अनुसूची विधि में प्रश्नावली के दोष साक्षात्कारकर्ता के सामने आ जाते हैं और इन दोषों को दूर किया जा सकता है।

(8) **कार्यकर्ता द्वारा प्रश्नावली भरना**—डाक द्वारा प्रेषित प्रश्नावली उत्तरदाता द्वारा भरी जाती हैं। कुछ उत्तरदाता कुछ प्रश्नों को छोड़ देते हैं। कुछ प्रश्नावली भरने के लिये पेंसिल का उपयोग करते हैं। कुछ की लिखावट इतनी खराब होती है कि पढ़ी नहीं जा सकती। इन सब कारणों से अनेक प्रश्नावलियाँ व्यर्थ हो जाती हैं। अनुसूची विधि में ये दोष नहीं आते क्योंकि इसमें कार्यकर्ता शार्टहैण्ड विधि का प्रयोग कर सकता है जिससे कम समय में अधिक सही काम होता है।

अनुसूची के दोष और सीमायें
(Demerits and Limitations of Schedule)

अनुसूची प्रणाली के उपरोक्त गुणों के बावजूद उसमें कुछ ऐसी कठिनाइयाँ या सीमायें भी हैं जिनके कारण अनेक बार सामाजिक अनुसन्धान में उसका प्रयोग नहीं किया जा सकता। इस विषय में मुख्य बातें निम्नलिखित हैं—

(1) **महंगी और अधिक समय साध्य विधि**—यदि उत्तरदाता एक बड़े क्षेत्र में फैले हुए हैं तो अनुसूची विधि की तुलना में डाक द्वारा प्रेषित प्रश्नावली ही अधिक उपयुक्त होती है क्योंकि सैंकड़ों मीलों का सफर करके प्रत्येक उत्तरदाता से अलग-अलग साक्षात्कार करने में बहुत अधिक धन और समय की आवश्यकता होती है। यदि किसी अनुसन्धान में उत्तरदाता विभिन्न देशों में फैले हुए हैं तब तो डाक द्वारा प्रेषित प्रश्नावली के अलावा सामाजिक अनुसन्धान का अन्य कोई साधन ही नहीं रह गया।

(2) **अधिक और प्रशिक्षित कार्यकर्ताओं की आवश्यकता**—साक्षात्कार

करने के लिये कार्यकर्ताओं को प्रशिक्षण देने की आवश्यकता होती है। डाक द्वारा प्रेषित प्रश्नावली में बहुत से उत्तरदाताओं के पास प्रश्नावली एक साथ भेजी जा सकती है। अनुसूची विधि में कार्यकर्ता एक-एक करके उत्तरदाता से साक्षात्कार करता है। अस्तु, डाक द्वारा प्रेषित प्रश्नावली विधि की तुलना में अनुसूची प्रणाली में अधिक और प्रशिक्षित कार्यकर्ताओं की आवश्यकता होती है।

(3) कार्यकर्ता की उपस्थिति का प्रभाव—अनुसूची विधि में उत्तरदाता के सम्मुख सामाजिक कार्यकर्ता उपस्थित रहता है। इस उपस्थिति का जहाँ कुछ बातों पर अच्छा प्रभाव पड़ता है वहाँ इससे उत्तरदाता के उत्तर भी प्रभावित होते हैं। इससे उत्तर स्वाभाविक नहीं रह पाते।

(4) अनुसन्धान के संगठन की समस्यायें—उत्तरदाताओं की संख्या और क्षेत्र जितने ही अधिक बड़े होंगे, अनुसूची विधि से अनुसन्धान कार्य के संगठन में उतनी ही अधिक कठिनाई होगी और कार्यकर्ताओं के प्रशिक्षण, उनके कार्य के निरीक्षण इत्यादि में बड़े समय और धन की आवश्यकता होगी। कभी-कभी संगठन सम्बन्धी समस्यायें इतनी कठिन हो जाती हैं कि इस विधि का प्रयोग नहीं किया जा सकता।

अनुसूची प्रणाली के विभिन्न गुण दोषों के उपरोक्त विवेचन से यह स्पष्ट है कि सामाजिक अनुसन्धान की इस विधि का प्रयोग सीमित क्षेत्र में और थोड़े से उत्तरदाताओं के होने पर ही किया जा सकता है।

अभ्यास के लिए प्रश्न

प्रश्न 1. अनुसूची की व्याख्या कीजिये। उसके आवश्यक लक्षण और उद्देश्य बतलाइये।
Explain the Schedule. Point out its characteristics and objectives.

प्रश्न 2. संक्षिप्त टिप्पणी लिखो—अनुसूची के प्रकार।
Write short note on--Types of Schedule.

प्रश्न 3. अच्छी अनुसूची में क्या गुण होते हैं? अनुसूची निर्माण के सोपानों की व्याख्या कीजिये।
What are the traits of a good Schedule? Explain steps in Schedule Construction.

प्रश्न 4. अनुसूची विधि में पूर्वगामी अध्ययन और पूर्व परीक्षा का क्या महत्व है? अनुसूची विधि से अनुसन्धान के संगठन के विभिन्न सोपान बतलाइये।
What is the importance of pilot study and pretest in Schedule? Point out different steps in the organization of research by Schedule Method.

प्रश्न 5. अनुसूची विधि में प्रश्नावली में कितने प्रकार के प्रश्न पूछे जाते हैं इनकी चर्चा करते हुए बतलाइये कि सफल अनुसूची के निर्माण में प्रश्न बनाते समय किन-किन बातों का ध्यान रखना चाहिये?
What kinds of questions are asked in a Schedule? Discuss and point out important considerations in the framing of questions.

प्रश्न 6. अनुसूची विधि के गुण-दोषों की विवेचना कीजिये और उसकी सीमायें दिखलाइये।
Discuss the merits and demerits of Schedule and show its limitations.

18

प्रश्नावली
(Questionnaire)

प्रश्नावली का अर्थ

डाक द्वारा प्रेषित प्रश्नावली, जैसा कि उसके नाम से स्पष्ट है, वह प्रश्नावली है जो कि डाक के द्वारा उत्तरदाताओं को भेज दी जाती है और उत्तरदाता प्रश्नावली को भर कर डाक के द्वारा अनुसन्धानकर्ता के पास वापस भेज देते हैं। लुण्डबर्ग के शब्दों में, ''मूल रूप से प्रश्नावली उत्तेजनाओं का एक समूह है जिसके प्रति शिक्षित लोग इन उत्तेजनाओं के प्रति अपने मौलिक व्यवहार का निरीक्षण करने के लिये प्रकट होते हैं।''[1] इस प्रकार प्रश्नावली में, जैसा कि उसके नाम से स्पष्ट है, कुछ चुने हुए प्रश्न होते हैं जिनके उत्तरों से अनुसन्धानकर्ता को किसी विशेष क्षेत्र में कुछ बातें ज्ञात करनी होती हैं। चूँकि प्रश्नावली को पढ़कर उसका उत्तर देना पड़ता है इसलिये अधिकतर प्रश्नावलियाँ पढ़े-लिखे लोगों के द्वारा भरी जाती हैं। प्रश्नावली का एक दूसरा लक्षण, जिस पर गुडे और हॉट ने विशेष जोर दिया है, यह है कि उत्तरदाता उसे स्वयं भरता है और इस कार्य में साक्षात्कार विधि के समान उसे अनुसन्धानकर्ता की सहायता नहीं मिलती।''[2] यदि प्रश्नावलियाँ डाक से भेजी जाती हैं तो अनुसन्धान में अन्य प्रणालियों की अपेक्षा कम व्यय करना होता है। डाक द्वारा प्रेषित प्रश्नावली अन्य विधियों की तुलना में साधारणतया अधिक शीघ्र और अधिक सस्ती है।[3] चूँकि डाक द्वारा प्रेषित प्रश्नावली कुछ थोड़े से ही लोगों के द्वारा भरी जा सकती है इसलिये उसका क्षेत्र सीमित है परन्तु इस सीमित क्षेत्र में कभी-कभी वह अनुसन्धान करने की सबसे अच्छी विधि सिद्ध होती है, शर्त केवल यह है कि उसमें वे सब गुण होने चाहियें जो अधिक से अधिक उत्तर प्राप्त करने वाली प्रश्नावली में होते हैं।

---

1. "Fundamentally, the questionnaire is a set of stimuli to which literate people are exposed in order to observe their verbal behaviour to these stimuli."
—G.A. Lundberg.
2. "In general, the word questionnaire refers to a device for securing answers to questions by using a form which the respondent fills in himself."
—W.J. Goode and P.K. Hatt, *Methods in Social Research*, p. 133.
3. "Without doubt the mailed questionnaire is generally quicker and cheaper than other methods."
--C.A. Moser.

उपयुक्तता के आधार
(Bases of Adequacy)

वे कौन से गुण हैं जो किसी प्रश्नावली को अधिक से अधिक उत्तर प्राप्त करने वाली बनाते हैं? दूसरे शब्दों में, डाक द्वारा प्रेषित प्रश्नावली की उपयुक्तता किन बातों पर निर्भर हैं, इस सम्बन्ध में गुडे और हाट ने निम्नलिखित कारकों पर विशेष जोर दिया है–

(1) अभीष्ठ जानकारी का प्रकार (The Type of the Information Required)–सामाजिक अनुसन्धान के क्षेत्र में प्रश्नावली विधि कहाँ तक उपयुक्त होगी यह इस बात पर निर्भर करता है कि हम उसके द्वारा किस प्रकार की जानकारी प्राप्त करना चाहते हैं। किसी भी प्रश्नावली से जो कि दस से पच्चीस मिनट से अधिक समय चाहती है, अधिक उत्तर प्राप्त करने की आशा नहीं की जा सकती। यदि अभीष्ठ जानकारी इस प्रकार की है कि उत्तरदाता स्पष्ट उत्तर दे सकता है तो प्रश्नावली उपयुक्त होती है। कुछ सामाजिक अनुसन्धानकर्ताओं ने बिना नाम पते की प्रश्नावलियों को ऐसी जानकारी प्राप्त करने के लिये अधिक उपयुक्त पाया है जो निजी जीवन और विचारों से सम्बन्धित होती हैं। इस प्रकार प्रश्नावलियों के द्वारा सैक्स और आमदनी जैसे निजी मामलों के बारे में भी जानकारी प्राप्त की जा सकती है। यदि प्रश्नावली अच्छी बनाई जाये तो नाम देकर भी उत्तरदाता निजी मामलों में भी उत्तर देते हैं। तीसरे, यदि जानकारी बहुत गहरी नहीं होती है तो प्रश्नावली विधि उपयुक्त पाई जाती है। दूसरी ओर सूचना की गहराई साक्षात्कार विधि से अधिक होती है। इसका मुख्य कारण यह है कि साक्षात्कार में अनुसन्धानकर्ता उत्तरदाता की प्रेरणा को समझ सकता है और उससे बार-बार प्रश्न करके उसके मन की बात निकाल सकता है। इस प्रकार गहरी जानकारी प्राप्त करने के लिये साक्षात्कारकर्ता को परिश्रम करना पड़ता है और उसकी सहायता के बिना उत्तरदाता आवश्यक सूचनायें नहीं दे सकता। उदाहरण के लिए कालेज की लड़कियों के एक समूह में प्रेम सम्बन्धी अनुभवों पर किये गये एक अनुसन्धान में यह पता लगाना था कि क्या कोई लड़की एक समय में दो लड़कों से प्रेम सम्बन्ध रखती रही है। प्रश्नावली विधि में इस प्रकार के प्रश्न का उत्तर नहीं में ही दिया जाता है किन्तु जब साक्षात्कार में यह प्रश्न उपस्थित किया जाता है और उसके उत्तर में लड़की नहीं कहती है तो साक्षात्कारकर्ता तुरन्त प्रश्न करता है, "क्या कभी नहीं?" और इस प्रश्न के उत्तर में यह देखा गया है बहुत-सी लड़कियों को यह याद आया कि उनके एक ही समय में दो लड़कों से सम्बन्ध रहे हैं। प्रश्नावली और साक्षात्कार विधि में मिले हुए उत्तरों के इस अन्तर का मुख्य कारण यह है कि सभ्य समाज में साधारणतया एक स्त्री का दो पुरुषों से प्रेम सम्बन्ध रखना उचित नहीं माना जाता है और इसलिये ऐसा होते हुए भी उत्तरदाता के मुँह से नहीं ही निकलता है। इससे यह भी स्पष्ट होता है कि अधिकतर प्रश्नावली से उन्हीं क्षेत्रों में जानकारी प्राप्त की जा सकती है जिनमें विशेष संवेगात्मक लगाव नहीं होता। जिन क्षेत्रों में संवेगात्मक लगाव होता है उनमें

प्रश्नावली विधि से साक्षात्कार विधि अधिक उपयुक्त सिद्ध हो सकती है।

(2) सूचनादाता का प्रकार (The Type of Respondent Reached)—डाक द्वारा प्रेषित प्रश्नावली की उपयुक्तता सूचनादाता के प्रकार पर भी निर्भर करती है। अनुभव से यह देखा गया है कि सब प्रकार के सूचनादाता प्रश्नावली के द्वारा सूचना नहीं देते। उदाहरण के लिए, जैसा कि पहले बतलाया जा चुका है, प्रश्नावली से यह सूचना देने के लिये लिखने-पढ़ने की योग्यता आवश्यक है और यह लिखना-पढ़ना भी केवल साक्षरता मात्र की सीमा से अधिक होना चाहिये। अस्तु, स्वाभाविक है कि पढ़े-लिखे सूचनादाताओं के लिये प्रश्नावली विधि उपयुक्त नहीं होगी। दूसरी ओर पढ़े-लिखे सूचनादाताओं को किसी सीमित क्षेत्र में प्रश्नावली विधि के बड़ी सफलता मिलती है। पढ़ने-लिखने के अलावा प्रश्नावली विधि से उपयुक्त होने के लिये सूचनादाताओं में सूचना देने की इच्छा भी आवश्यक है क्योंकि इसमें सूचनादाता को समझाने बुझाने और उत्तर देने के लिये तैयार करने के लिए अनुसन्धानकर्ता उपस्थित नहीं होता और उसके पत्र में जो कुछ लिखा रहता है केवल उसी पर निर्भर करना पड़ता है। अधिकतर यह देखा गया है कि उच्च सामाजिक आर्थिक स्तर पर के लोग और बिल्कुल बिना पढ़े-लिखे लोगों में प्रश्नावली विधि अधिक उपयुक्त नहीं होती। मध्यम श्रेणी के लोगों में यह अधिक उपयुक्त पाई जाती है। किन्तु प्रश्नावली विधि की उपयुक्तता के लिये सूचनादाता का सबसे बड़ा गुण विशिष्ट प्रकार के अनुसन्धान में रुचि लेना है। उदाहरण के लिए जो लोग रेल यात्रायें बहुधा करते रहते हैं और जिनके सामने रेल यात्राओं की परेशानियाँ आती हैं तथा जो उन्हें दूर करना चाहते हैं वे रेल यात्रा की परेशानियों से सम्बन्धित प्रश्नावली को निश्चय ही भरना चाहेंगे। साधारणतया उत्तरदाता उन प्रश्नों के उत्तर नहीं देता जिनके विषय में उसे अनुभव नहीं है। इस प्रकार केवल रुचि का अभाव ही नहीं बल्कि ज्ञान का अभाव भी प्रश्नावली की असफलता का कारण हो सकता है। अस्तु, संक्षेप में, यह कहा जा सकता है कि प्रश्नावली विधि उत्तरदाताओं के अत्यधिक चुने हुए समूहों में ही उपयुक्त देखी जाती है किन्तु फिर भी इन चुने हुए समूहों में अनेक बार उससे शत-प्रतिशत सफलता मिलती है। उदाहरण के लिए आयकर की प्रश्नावलियाँ शत-प्रतिशत भरी जाती हैं। यह दूसरी बात है कि इसका मुख्य कारण आय छिपाने पर दण्ड मिलने का भय भी है। इस प्रकार अमेरिका में अमरीकन विद्वानों के कोश में सम्मिलित करने के लिए जब कभी नये विद्वानों के पास प्रश्नावलियाँ भेजी गयी हैं तो लगभग शत-प्रतिशत उत्तर प्राप्त हुए हैं।

(3) उत्तरदाताओं तक पहुँच (The Accessibility of Respondents)—डाक द्वारा प्रेषित प्रश्नावली का सबसे बड़ा महत्व इस बात में है कि वह आसानी से उत्तरदाताओं तक पहुँचाई जा सकती है जबकि उत्तरदाताओं से साक्षात्कार करने में बहुत सा रुपया खर्च होता है और बहुत दूर-दूर बिखरे हुए उत्तरदाताओं के पास पहुँचना लगभग असम्भव हो जाता है। अस्तु, यदि सूचनादाता भौगोलिक क्षेत्र में बहुत दूर-दूर फैले हुए हैं तो प्रश्नावली विधि ही सबसे अधिक उपयुक्त सिद्ध होती

है। इससे समय और धन की भारी बचत होती है। परन्तु यहाँ यह ध्यान रखना चाहिए कि जिन प्रश्नावलियों के उत्तर आसानी से प्राप्त नहीं होते उनमें लम्बे पत्र-व्यवहार में समय भी काफी लगता है और खर्चा भी कम नहीं आता। अस्तु, समय और धन के खर्च के विषय में डाक द्वारा प्रेषित प्रश्नावली निश्चित रूप से बेहतर सिद्ध हो सकती है। उदाहरण के लिए किसी विशिष्ट समस्या की ओर अभिवृत्ति का अध्ययन करने के लिए डाक द्वारा प्रेषित प्रश्नावली ही सबसे अधिक सस्ती और शीघ्रगामी विधि सिद्ध होगी क्योंकि अभिवृत्तियों को जानने के लिए लोगों के पास पहुँचने में बहुत समय और धन व्यय होगा।

(4) उपकल्पना की यथार्थता (The Precision of the Hypothesis)— अनुसन्धान के किसी क्षेत्र में डाक द्वारा प्रेषित प्रश्नावली उपयुक्त है या नहीं, यह बहुत कुछ अनुसन्धान की उपकल्पना की यथार्थता पर निर्भर करता है। यदि उपकल्पना यथार्थ है तो अनुसन्धानकर्ता सावधानी से ऐसे सब प्रश्नों को अलग-अलग उपस्थित कर सकता है जिनसे उपकल्पना की जाँच के लिए आवश्यक जानकारी प्राप्त हो जाये। यथार्थ उपकल्पना की जाँच के लिए प्रश्नावली को भेजने से पहले साक्षात्कार के द्वारा उसकी प्रामाणिकता की परीक्षा कर लेनी चाहिये।

प्रश्नावली के प्रकार
(Kinds of Questionnaire)

सामाजिक अनुसन्धान के कार्य के लिए सम्बन्धित समस्या के विषय में प्राथमिक तथ्यों के संकलन के लिए प्रश्नावलियों को साधन के रूप में इस्तेमाल किया जाता है। प्रश्नावलियों में समस्या से सम्बन्धित विभिन्न प्रकार के प्रश्न होते हैं। इन प्रश्नों के माध्यम से सूचनादाताओं के विचारों का परिचय प्राप्त किया जाता है। प्रश्नावलियों के विभिन्न प्रकार होते हैं। प्रश्नावलियों का वर्गीकरण भी विभिन्न आधारों पर किया जाता है। प्राय: दो आधार मुख्य हुआ करते हैं—वर्गीकरण के लिए प्रथम आधार है प्रश्नों की आकृति का स्वरूप। इस आधार पर आमतौर पर चार प्रकार की प्रश्नावलियों की रचना की जाती है। इसके अतिरिक्त प्रश्नावलियों की रचना के आधार पर भी वर्गीकरण किया जाता है। रचना के आधार पर दो प्रकार की प्रश्नावलियों के वर्ग बनाये जा सकते हैं। ये दो वर्ग निम्नलिखित हैं—

(1) संरचित प्रश्नावलियाँ (Structured Questionnaires)

(2) असंरचित प्रश्नावलियाँ (Non-Structured Questionnaires),

अब इन दोनों प्रकार की प्रश्नावलियों के विषय में थोड़ा विस्तार से विवेचन किया जायेगा।

1. संरचित प्रश्नावलियाँ (Structured Questionnaire)—संरचित प्रश्नावलियाँ वे प्रश्नावलियाँ होती हैं जिनकी रचना वास्तविक अनुसन्धान अथवा सर्वेक्षण के प्रारम्भ होने से पूर्व ही कर ली जाती है। अनुसन्धान की समस्या को निश्चित करने के बाद बिना क्षेत्रीय कार्य प्रारम्भ किये ही इन प्रश्नावलियों की

रूपरेखा तैयार कर ली जाती है। सूचनाएँ अथवा तथ्य संकलित करते समय इन प्रश्नावलियों में किसी प्रकार का परिवर्तन नहीं किया जा सकता। संरचित प्रश्नावलियों का अर्थ स्पष्ट करते हुए पी॰ वी॰ यंग का कहना है कि, संरचित प्रश्नावली वह होती है जिसमें कि निश्चित, ठोस तथा पूर्व निर्धारित प्रश्नों के अतिरिक्त ऐसे आवश्यक सीमित प्रश्न भी रहते हैं जो अपर्याप्त उत्तरों के स्पष्टीकरण या आर्थिक विस्तृत प्रत्युत्तर पाने के लिये आवश्यक होते हैं। प्रश्नों का प्रकार चाहे प्रतिबन्धित हो या अप्रतिबन्धित, महत्वपूर्ण बात तो यह है कि वे पूर्व-वर्णित ही होते हैं। साक्षात्कार के दौरान उनकी रचना नहीं की जाती है।''[1]

श्रीमति यंग के द्वारा संरचित प्रश्नावलियों की दी गयी इस परिभाषा से यह स्पष्ट होता है कि इस प्रकार की प्रश्नावलियों की रचना साक्षात्कार से पूर्व ही कर ली जाती है और सम्बन्धित समस्या के विषय में पूर्ण परिचय प्राप्त करने के लिये विभिन्न प्रकार के प्रश्नों को पर्याप्त मात्रा में संकलित किया जाता है। संरचित प्रश्नावलियों में ऐसे प्रश्नों को स्थान दिया जाता है जिनके उत्तर प्राप्त कर लेने के बाद सम्बन्धित समस्या के विषय में ज्ञान प्राप्त करने के लिए किसी अतिरिक्त स्पष्टीकरण की आवश्यकता नहीं होती।

संरचित प्रश्नावलियों का प्रयोग उस स्थिति में अधिक उपयोगी सिद्ध होता है जब समस्या से सम्बन्धित क्षेत्र अति विस्तृत हो। विस्तृत क्षेत्र से प्राथमिक तथ्य एकत्रित करने के लिए संरचित प्रश्नावलियों को डाक द्वारा सम्बन्धित स्रोतों तक भेज दिया जाता है। समय-समय पर पूर्व संकलित तथ्यों के पुनर्परीक्षण के लिए भी संरचित प्रश्नावलियाँ प्रायः विशेष सहायक सिद्ध हुआ करती हैं। इस प्रकार की प्रश्नावलियों द्वारा विभिन्न प्रकार के अध्ययन-विषयों की सूचनाएँ प्राप्त की जा सकती हैं। सामाजिक, आर्थिक समस्याओं के विषय में प्रशासनिक नीतियों के निर्धारण के लिए भी ये प्रश्नावलियाँ अच्छा साधन सिद्ध होती हैं। इस प्रकार स्पष्ट है कि किसी भी प्रकार की सामाजिक समस्या के विषय में पूर्व-नियोजित अध्ययन के लिए संरचित प्रश्नावलियाँ एक उत्तम साधन होती हैं।

संरचित प्रश्नावलियों द्वारा सामाजिक अनुसन्धान का कार्य करने से एक लाभ यह होता है कि इनके अन्तर्गत वर्णित प्रश्न अपेक्षाकृत अधिक क्रमबद्ध एवं व्यवस्थित होते हैं। साथ ही एक वर्ग के समस्त सूचनादाताओं के लिए सभी प्रश्न समान होते हैं। इस कारण से अध्ययन की वस्तुनिष्ठता को बनाये रखने में सहायता मिलती है। अधिकांश सामाजिक अनुसन्धानों में आजकल संरचित प्रश्नावलियों का ही प्रयोग किया जाता है।

---

1. "Structured questionnaires are those in which there are definite, concrete and pre-ordained questions with additional questions limited to those necessary to clarify inadequate or to elicit a more detailed response. The form of the questions may be either closed (i.e., categorical) or open (i.e. inviting free response); the important point is that they are stated in advance not constructed during the interview."
—Young, P.V., *Scientific Social Surveys and Research*, Asia Publishing House, Bombay, 1960, p. 176.

2. असंरचित प्रश्नावलियाँ (Unsrtuctured Questionnaire)—संरचित प्रश्नावलियों से भिन्न प्रकार की प्रश्नावलियों को असंरचित प्रश्नावलियाँ कहा जाता है। संरचित प्रश्नावलियों के समान इन प्रश्नावलियों का निर्माण वास्तविक अध्ययन से पूर्व नहीं किया जाता। इस प्रकार की प्रश्नावलियों को प्रायः साक्षात्कार पथ-प्रदर्शिका (Inteview Guide) भी कहा जाता है। साधारणतया इनका प्रयोग साक्षात्कार पद्धति में किया जाता है। असंरचित प्रश्नावलियों का कोई पूर्व-निश्चित या पूर्व-निर्धारित रूप नहीं होता। केवल एक विषय अथवा समस्या ही पूर्व-निधारित होती है। प्रश्नों की संख्या, प्रकार, भाषा आदि के विषय में कोई पूर्व-निर्धारित नीति नहीं हुआ करती। तथ्य अथवा सूचना संकलन के समय अध्ययनकर्ता को स्वयं ही प्रश्नों के स्वरूप एवं क्रम को निर्धारित करना होता है। यह कार्य विशेष सूझ-बूझ द्वारा किया जाना चाहिये।

असंरचित प्रश्नावलियों का प्रयोग उस समय अधिक लाभदायक होता है जब अध्ययन का क्षेत्र अधिक विस्तृत न हो, और प्रत्येक सूचनादाता से व्यक्तिगत रूप से सम्पर्क स्थापित करना सम्भव हो। इस प्रकार के प्रश्नोत्तर के दौरान सूचनाादाता के मन में छिपी गोपनीय बातें भी प्रकाशित हो जाया करती हैं। असंरचित प्रश्नावली मुख्य रूप से प्रश्नावली न होकर केवल साक्षात्कार पथ-प्रदर्शिका ही होती है।

संरचित एवं असंरचित प्रश्नावलियों के उपरोक्त विवेचन से इन दोनों का पारस्परिक अन्तर स्पष्ट हो जाता है। संक्षेप में दोनों में मुख्य अन्तर प्रश्नों की रचना से सम्बन्धित है। संरचित प्रश्नावलियों में अध्ययन से पूर्व ही समस्त प्रश्नों का स्वरूप निर्धारित कर लिया जाता है और असंरचित प्रश्नावलियों में मात्र विषय का निश्चय किया जाता है, प्रश्नों की भाषा, संख्या, क्रम एवं प्रकार का निर्धारण अध्ययन के दौरान अध्ययनकर्ता द्वारा ही किया जाता है।

संरचित प्रश्नावली बनाते समय ध्यान रखने योग्य बातें

संरचित प्रश्नावलियों द्वारा तथ्यों के संकलन के लिए प्रश्नावलियों को डाक द्वारा सूचनादाताओं के पास भेजा जाता है। कोई साक्षात्कारकर्ता सूचनादाताओं के पास नहीं जाया करता। अतः स्पष्ट है कि सूचनादाताओं को सभी प्रश्नों का उत्तर बिना किसी सहायता के स्वयं ही देना होता है। इस सन्दर्भ में श्रीमती पी॰ वी॰ यंग ने कहा है, ''एक प्रश्नावली का बिना एक क्षेत्र-कार्यकर्ता के सहयोग अथवा निगरानी के दूर से ही उत्तर देना होता है। इसलिए उन कारकों को मस्तिष्क में निरन्तर रखना आवश्यक है जो यथार्थ उत्तरों को प्रोत्साहन देने के लिए अधिक उपयुक्त हैं।''[1]

5. "A questionnaire is answered at a distance without assistance or supervision of a field-worker. It is therefore essential to keep constantly in mind the factors which are most likely to stimulate accurate replies." —Young, P.V., *Scientific Social Surveys and Research,* (1953), p. 233.

प्रश्नावलियों के निर्माण के दौरान ध्यान रखने योग्य मुख्य बातें निम्नलिखित हैं—

(1) स्पष्ट एवं विशिष्ट प्रश्नों का संकलन—संरचित प्रश्नावली के निर्माण के समय इस बात का विशेष ध्यान रखना चाहिये कि प्रश्नावली में वर्णित सभी प्रश्न स्पष्ट एवं विशिष्ट हों। प्रत्येक समस्या से सम्बन्धित अनेक ऐसे प्रश्नों की रचना की जा सकती है जो कि उत्तरदाता को असमंजस और दुविधा में डाल दें। ऐसे प्रश्नों को संरचित प्रश्नावली के लिये संकलित नहीं करना चाहिये। उदाहरण के लिए, "क्या आप पर्याप्त धन उपार्जित कर लेते हैं?" यह एक असमंजस पैदा करने वाला प्रश्न है। यहाँ यह स्पष्ट नहीं है कि "पर्याप्त धन" से क्या अभिप्राय है। हो सकता है कि एक व्यक्ति के लिये दो सौ रुपये प्रतिमाह पर्याप्त धन हो और दूसरी ओर एक अन्य व्यक्ति के लिये दो हजार रुपये प्रतिमाह भी अपर्याप्त धन हो सकता है। ऐसे दुविधापूर्ण प्रश्न नहीं पूछने चाहियें। इन प्रश्नों को स्पष्ट एवं विशिष्ट रूप दे देना चाहिये। उदाहरण के लिये उपरोक्त प्रश्नों को यह रूप देना उचित होगा—"आपकी मासिक आय क्या है?" इस प्रकार प्रत्येक प्रश्न का स्पष्ट एवं विशिष्ट होना आवश्यक है।

(2) सरल प्रश्नों का संकलन—संरचित प्रश्नावलियों में सदैव सरल प्रश्नों को ही संकलित करना चाहिये। प्रश्नों की सरलता की बात एक सापेक्ष प्रश्न है। सरलता की कसौटी प्रश्नावली से सम्बन्धित सूचनादाता हुआ करते हैं। जिस स्तर के सूचनादाता हों उसी स्तर के प्रश्न पूछे जाने चाहियें। यदि सूचनादाता उच्च शिक्षा प्राप्त व्यक्ति हों तो ज्ञान-विज्ञान सम्बन्धी प्रश्न भी सरल माने जा सकते हैं। इसके विपरीत आदिम जाति के निरक्षर लोगों के लिये साधारण प्रश्न भी कभी-कभी सरल न होकर कठिन होते हैं।

(3) इकाइयों का स्पष्ट विवरण—संरचित प्रश्नावलियों को अधिक उपयोगी बनाने के लिये उनमें वर्णित प्रश्नों से सम्बन्धित इकाइयों को स्पष्ट रूप से परिभाषित कर देना चाहिये। वास्तव में साधारण बोलचाल में तथा साधारण जीवन में प्रायः विभिन्न इकाइयों से भिन्न-भिन्न अभिप्राय लिया जाता है। ऐसी स्थिति में यदि प्रश्नावली में वर्णित इकाई को स्पष्ट रूप से निर्धारित नहीं किया जायेगा तो उत्तरदाता अपनी धारणा के अनुसार इकाई को प्रयोग करेंगे। अतः उचित एवं समान उत्तर प्राप्त करने के लिये सभी इकाइयों को स्पष्ट रूप से परिभाषित करना चाहिये। सामाजिक समस्याओं से सम्बन्धित अनेक ऐसे प्रत्यय एवं शब्द होते हैं जिन्हें परिभाषित एवं निर्धारित करना अति आवश्यक है जैसे बेकारी, अर्द्ध-बेकारी, मूल्य आदि कुछ ऐसे शब्द हैं जिन्हें स्पष्ट करना अनिवार्य होता है।

(4) सीमित प्रश्नों का संकलन—संरचित प्रश्नावली को सूचनादाताओं के पास प्रायः डाक द्वारा ही भेजा जाता है। अनुसन्धान के प्रति रुचि तथा सहयोग की भावना उत्पन्न करने के लिये सहगामी पत्र के अतिरिक्त कोई अन्य विशेष साधन नहीं हुआ करता। ऐसी स्थिति में प्रेषित प्रश्नावली में आवश्यकतानुसार कम से कम प्रश्न होने चाहियें। अधिक संख्या में प्रश्न देखकर कभी-कभी उत्तरदाता के मन

में प्रश्नावली के प्रति उपेक्षा का भाव उत्पन्न हो जाता है। लम्बी प्रश्नावली को आरम्भ से अन्त तक भरते-भरते सूचनादाता का उत्साह भी समाप्त हो जाता है। इसके अतिरिक्त आवश्यकता से अधिक प्रश्न होने पर अनुसन्धानकर्ता को भी अधिक कार्य करना पड़ता है। प्रश्नों के सम्पादन, वर्गीकरण आदि में विशेष श्रम एवं समय लग जाता है। इन सब कारणों से यह कहा जा सकता है कि संरचित प्रश्नावली में सदैव सीमित प्रश्न होने चाहियें। प्रश्नों को सीमित रखने के साथ-साथ इस बात का भी ध्यान रखना अति आवश्यक है कि कहीं कोई आवश्यक प्रश्न छूट न जाये।

(5) संक्षिप्त एवं क्रमबद्ध उत्तरों की व्यवस्था—संरचित प्रश्नावलियों में अधिकतर ऐसे प्रश्नों को संकलित करना चाहिये जिनका उत्तर 'हाँ' या 'नहीं' में दिया जा सकता हो। इस प्रकार की व्यवस्था होने पर उत्तरदाता को भी आसानी होती है। 'हाँ' या 'नहीं' के अतिरिक्त अन्य ऐसे उत्तरों की भी व्यवस्था की जा सकती है जिनमें सूचनादाताओं को कोई विशेष कार्य न करना पड़े। निम्न प्रश्न से यह तथ्य स्पष्ट हो जायेगा—

आपकी वैवाहिक स्थिति कैसी है—अविवाहित/विवाहित/तलाक प्राप्त/तलाक दे दिया है/विधुर/पुनः विवाहित हैं?

इस प्रकार के प्रश्नों की व्यवस्था होने पर सूचनादाताओं को अपने से सम्बन्धित उत्तर पर चिह्न मात्र लगाना होता है। अतः प्रश्नावलियों को भरने में पर्याप्त सरलता होती है।

(6) गुप्त सूचनाओं के प्रति कम ध्यान—प्रत्येक सामाजिक व्यक्ति के जीवन से सम्बन्धित अनेक गुप्त सूचनायें हुआ करती हैं। ऐसी सूचनाओं के प्रति व्यक्तियों का प्रायः भावात्मक लगाव हुआ करता है, इसलिये साधारणतया ऐसी सूचनाओं को संकलित करते समय इस बात का ध्यान रखना चाहिये कि ऐसे गुप्त तथ्यों से सम्बन्धित प्रश्नों का अधिक समावेश न हो। यदि किसी ऐसे विषय में कोई सूचना प्राप्त करनी अनिवार्य ही हो तो उससे सम्बन्धित प्रश्न का रूप एवं भाषा ऐसी होनी चाहिये जिससे सम्बन्धित व्यक्ति के विचारों एवं भावनाओं को ठेस न पहुँचे। यह कार्य विशेष सूझ-बूझ से किया जाना चाहिये।

(7) पथ-प्रदर्शक प्रश्नों का अभाव—कुछ प्रश्न इस प्रकार के होते हैं कि उनमें उत्तरदाता के उत्तर के विषय में कुछ निश्चित संकेत मिल जाता है। संरचित प्रश्नावली में ऐसे प्रश्नों का समावेश नहीं होना चाहिये। सभी प्रश्नों को तटस्थ होना चाहिये। दिशा निर्देशन वाले प्रश्नों से बचना चाहिये। उदाहरण के लिए "आप प्रजातन्त्र के ही अनुयायी हैं?" यह एक ऐसा प्रश्न है जिसमें संकेत मिलता है कि प्रजातन्त्र का अनुयायी होना उत्तम है।

(8) व्यंग्यात्मक एवं सस्ते प्रश्नों का अभाव—संरचित प्रणाली के निर्माण के समय इस बात का विशेष ध्यान रखना चाहिये कि प्रश्नावली में वर्णित कोई भी प्रश्न व्यंग्य अथवा मजाक का सा न हो। यदि किसी प्रश्न की भाषा में भी मजाक का तनिक पुट उपस्थित हो तो सूचनादाता सभी प्रश्नों के उत्तर मजाक

के लहजे में दे देता है। ऐसी स्थिति में सूचनाओं की प्रामाणिकता एवं विश्वसनीयता का अभाव हो जाता है।

प्रश्नावली का निर्माण
(Formulating Questionnaire)

उपर्युक्त विवेचन से स्पष्ट है कि डाक द्वारा प्रेषित प्रश्नावली की बहुत कुछ सरलता इस बात पर निर्भर होती है कि उसका निर्माण कितने अच्छे ढंग से किया गया है। प्रश्नावली के निर्माण में उसके निम्नलिखित पहलुओं पर ध्यान देना आवश्यक है–

(1) अपील–प्रत्येक प्रश्नावली के साथ अपील का पत्र लगा रहता है। इस पत्र में अनुसन्धानकर्ता को अपने अनुसन्धान के लक्ष्य को पूर्णतया स्पष्ट कर देना चाहिये जिससे सूचनादाता को उसकी प्रामाणिकता में कोई सन्देह न रह जाये। अपील संक्षिप्त होनी चाहिये क्योंकि लोगों को लम्बे पत्र पढ़ने का समय नहीं होता और पत्र का आकार लम्बा होने से उसमें महत्वपूर्ण बातों की ओर ध्यान भी कम दिया जाता है। फिर भी अपील में निम्नलिखित बातें स्पष्ट रूप से होनी आवश्यक हैं–

(i) अपील में यह स्पष्ट होना चाहिये कि अनुसन्धान कौन लोग कर रहे हैं। अपील जिस कागज पर लिखी गयी है उसकी किस्म और छपाई भी प्रभाव डालती है। यदि अनुसन्धान को सरकारी सहायता प्राप्त है तो इसका भी उल्लेख किया जाना चाहिये।

(ii) अपील में यह स्पष्ट कर देना चाहिये कि इस अध्ययन के उद्देश्य क्या हैं अथवा उससे क्या लाभ होंगे। साधारणतया इस प्रश्नावली का एक शीर्षक देना ही पर्याप्त होता है। उदाहरण के लिये यदि प्रश्नावली का एक शीर्षक दिया जाये ''नगरीय क्षेत्रों में संयुक्त परिवार का विघटन'' तो इस शीर्षक से यह स्पष्ट हो जाता है कि प्रश्नावली क्यों भेजी गयी है।

(iii) अपील में यह भी स्पष्ट हो जाना चाहिये कि सूचनादाता उत्तर क्यों दे, दूसरे शब्दों में, उसके उत्तर का कितना महत्व है। इसके लिए उत्तरदाताओं को तरह-तरह से प्रेरित करने का प्रयास किया जाता है। साधारणतया परोपकारवादी अपील का विशेष प्रभाव पड़ता है। कभी-कभी उत्तरदाताओं को पुरस्कार के रूप में कुछ धन देने का भी प्रभाव पड़ सकता है। परन्तु बहुत कम सामाजिक अनुसन्धानों में उत्तरदाताओं को इतना पर्याप्त धन दिया जा सकता है कि वह उन्हें सूचना देने के लिये प्रोत्साहित करने को पर्याप्त हो। संक्षेप में अपील ऐसी होनी चाहिये जो उत्तरदाताओं को कार्य करने के लिये प्रेरित करें। कहना न होगा कि डाक द्वारा प्रेषित प्रश्नावली की सफलता अपील की सफलता पर निर्भर करती है।

(iv) अपील को प्रभावशाली बनाने के लिये एक अन्य तरीका उत्तरदाता के नाम और पते को गुप्त रखने की गारन्टी है। यह गारन्टी विशेषतया उन सूचनादाताओं के विषय में आवश्यक है जिनके प्रकट हो जाने से सूचनादाता को किसी प्रकार की

हानि की सम्भावना हो। स्मरण रहे कि सब प्रकार की सूचनाओं में सूचनादाता की अमानता अनिवार्य नहीं है।

(2) प्रश्नावली को भरने के निर्देश—अपील के पत्र के साथ-साथ उसको भरने के विषय में स्पष्ट निर्देश होने चाहियें। इस प्रकार के निर्देशों से सही बात समझ में आ जायेगी, यह जानने के लिये पहले निर्देशों को कुछ व्यक्तियों पर आजमा लिया जाना चाहिये। बहुधा यह देखा जाता है कि शिक्षा अथवा बुद्धि की कमी नहीं बल्कि ध्यान और रुचि की कमी से पर्याप्त उत्तर प्राप्त नहीं होते।

(3) प्रश्नावली का आकार—प्रश्नावली बनाने में यह ध्यान रखना चाहिये कि वह अनावश्यक रूप से लम्बी न हो। उदाहरण के लिये कोई भी व्यक्ति सौ पृष्ठों की प्रश्नावली भरना नहीं चाहेगा यद्यपि पचास पृष्ठों तक की प्रश्नावलियों को सफलता के साथ प्रयोग किया जा चुका है।

(4) प्रश्नावली का स्वरूप—प्रश्नावली का स्वरूप आकर्षक होना चाहिये। उत्तम कागज, उच्चकोटि की छपाई, आकर्षक शीर्षक और उत्कृष्ठ वाक्य रचना आदि सूचनादाता पर अच्छा प्रभाव डालते हैं। प्रश्नावली के आकार में इन सब गुणों का अभाव होने पर उसमें से अधिकतर रद्दी की टोकरी में चली जाती हैं।

(5) प्रश्नों की स्पष्टता—प्रश्नावली के सही उत्तर पाने के लिये यह आवश्यक है कि प्रश्न स्पष्ट हों क्योंकि प्रश्नों के अर्थ समझाने के लिये अनुसन्धानकर्ता स्वयं उपस्थित नहीं होता। प्रश्नावली में जो कुछ छपा है उसको पढ़कर ही सूचनादाता को उसके अर्थ समझने होते हैं। प्रश्नावली की स्पष्टता के लिये सबसे अच्छा उपाय यह है कि उसे डाक द्वारा प्रेषित करने के पूर्व कुछ चुने हुए उत्तरदाताओं पर उनकी परीक्षा कर ली जाये। यदि इन्हें वह बिल्कुल स्पष्ट मालूम पड़ती है तो उसे स्पष्ट समझा जा सकता है। अन्यथा जो प्रश्न अस्पष्ट मालूम पड़ें उनमें आवश्यक हेर-फेर कर दिया जाना चाहिये।

(7) आकर्षकता—प्रश्नावली की सबसे बड़ी सफलता उसकी आकर्षकता पर निर्भर होती है। यह आकर्षकता अनुसन्धान संस्था अथवा व्यक्ति की महानता और साख, अनुसन्धान के विषय के महत्व और प्रश्नावली के स्वरूप पर निर्भर होती है। इनके होने पर उत्तरदाता प्रश्नावली में रुचि लेता है और अधिक उत्तर प्राप्त किये जाते हैं। सरकार का समर्थन प्राप्त होने से भी प्रश्नावली की आकर्षकता बढ़ जाती है।

प्रश्नावली का पूर्व परीक्षण
(Pre-testing of Questionnaire)

जैसा कि पीछे कहा जा चुका है, डाक द्वारा प्रेषित करने के पूर्व प्रश्नावलियों में प्रश्न के निर्माण, भाषा और वाक्य विन्यास, क्रम, चुनाव आदि के विषय में परीक्षण करना आवश्यक है। यह पूर्व परीक्षण कहलाता है। इस सम्बन्ध में निम्नलिखित बातों का ध्यान रखना आवश्यक है—

(1) जिस प्रश्नावली का परीक्षण किया जाये वह हर प्रकार से अन्तिम प्रश्नावली ही होनी चाहिये।

(2) यदि परीक्षण करने पर प्रश्नावली में अधिक हेर-फेर करने पड़ें तो हेर-फेर करने के बाद फिर से परीक्षण किया जाना चाहिये। जो प्रश्नावली अन्त में बिना किसी हेर-फेर के पूर्व परीक्षण से पास हो जाएगी वह डाक द्वारा प्रेषित किए जाने के उपयुक्त प्रश्नावली है।

जिन लोगों के पास प्रश्नावली को परीक्षण के लिए भेजा जाए वे वास्तविक अनुसन्धान समूह के प्रतिनिधि होने चाहियें अन्यथा परीक्षण प्रमाणित नहीं होगा। उदाहरण के लिये कालेज के विद्यार्थियों के पास भेजे जाने के लिए बनायी गयी प्रश्नावली का परीक्षण कालेज के विद्यार्थियों पर ही किया जाना चाहिये।

(4) परीक्षण के लिए भेजी गयी प्रश्नावली में निम्नलिखित प्रतिक्रियायें प्राप्त होने पर उसे दोषपूर्ण समझा जाना चाहिये और उसके दोषों का पता लगाकर उसे दूर किया जाना चाहिये।

(i) यदि प्रश्नावली वापस न की जाए।

(ii) यदि प्रश्नावली के अधिकतर प्रश्नों के उत्तर गलत आये हैं।

(iii) यदि प्रश्नावली में अधिकतर प्रश्नों के उत्तर नहीं दिये जायें।

(iv) यदि भिन्न-भिन्न लोग सर्वथा भिन्न-भिन्न प्रकार के उत्तर दें।

(v) यदि उत्तर परस्पर विरोधी हैं।

उत्तर प्राप्त करने की प्रविधियाँ
(Techniques to Receive Replies)

उपयुक्त प्रश्नावली के निर्माण के पश्चात सामाजिक अनुसन्धान में डाक द्वारा प्रेषित प्रश्नावली का प्रयोग करने में बड़ी समस्या यह है कि सूचनादाताओं से उत्तर प्राप्त करने के लिये उपयुक्त प्रविधियाँ कहाँ तक अपनाई गयी हैं। साधारणतया उत्तरदाता स्वयं प्रश्नावली वापस भेजने के लिये विशेष उत्सुक नहीं होता इसलिये प्रश्नावली के साथ अनुसन्धानकर्ता का पता लिखा हुआ लिफाफा टिकट लगाकर भेजा जाना चाहिये। साधारणतया उत्तरदाता इन डाक टिकटों का उपयोग करने के लिए ही प्रश्नावली को वापस कर देता है। प्रश्नावली को वापस प्राप्त करने में सफलता इस बात पर निर्भर है कि प्रश्नावली में उपयुक्त गुण कहाँ तक उपस्थित हैं। उदाहरण के लिये, जैसा कि पीछे बतलाया जा चुका है, प्रश्नावली स्पष्ट और आकर्षक होनी चाहिये।

प्रश्नावली को वापस पाने के लिए कुछ अनुसन्धानकर्ता विभिन्न प्रकार के प्रोत्साहन देने के पक्ष में हैं। बहुत से धन के रूप में प्रोत्साहन देने का समर्थन करते हैं। इसकी सफलता के लिये यह आवश्यक है कि धन इतना पर्याप्त हो कि विशेष वर्ग के सूचनादाताओं को उसका कुछ आकर्षण हो। साधारणतया पेशगी भेजा हुआ

धन बाद में धन भेजने के वचन की अपेक्षा अधिक प्रभावशाली रहता है। उत्तर भेजने के लिए टिकट लगा हुआ लिफाफा भी एक प्रकार का धन-सम्बन्धी प्रोत्साहन है। इसमें भी डाक का टिकट लगा हुआ सादा लिफाफा उन व्यापारिक उत्तर पत्रों से अधिक प्रभावशाली होता है जिनमें टिकट का दाम पाने वाले को देना पड़ता है। कुछ लोग प्रश्नावली वापस करने वाले को इनामी लाटरी का टिकट देकर भी प्रोत्साहित करते हैं। अनुसन्धान से होने वाले लाभ बतलाकर भी उत्तर देने के लिए प्रोत्साहित किया जा सकता है। इसके लिये अपील का महत्व पहले ही बतलाया जा चुका है।

किन्तु प्रश्नावली वापस प्राप्त करने के लिये सबसे अधिक प्रचलित उपाय तकाजे के पत्र हैं। किसी अनुसन्धान में समय के कितने-कितने अन्तर से कितने तकाजे के पत्र भेजे जाने चाहिये, इस विषय में निश्चित रूप से नहीं जाना जा सकता है। यह अवश्य है कि तकाजे के दो पत्रों में इतना अन्तर अवश्य होना चाहिये कि यदि उत्तरदाता के तकाजे का पहला पत्र पाकर प्रश्नावली प्रेषित कर दी है तो वह अनुसन्धानकर्ता तक पहुँच जाये। इस प्रकार कम से कम एक सप्ताह प्रतीक्षा करने के बाद ही तकाजे के पत्र भेजे जाने चाहियें। तकाजे के हर नये पत्र के साथ-साथ समय का अन्तर भी बढ़ता जाना चाहिये। उदाहरण के लिये यदि तकाजे का पहला पत्र एक सप्ताह के बाद भेजा गया है तो अगला पत्र दो सप्ताह के बाद भेजा जाये। इस प्रकार कई बार तकाजे के पत्र भेजने से काफी संख्या में प्रश्नावलियाँ वापस मिल जाती हैं। कई अनुसन्धानकर्ताओं ने तो छः तकाजे के पत्र भेजकर शत-प्रतिशत उत्तर प्राप्त किये हैं। तकाजे के भिन्न-भिन्न पत्रों का प्रारूप भी न्यूनाधिक रूप से भिन्न होना अति आवश्यक है। उदाहरण के लिये तकाजे का पहला पत्र पोस्टकार्ड पर संक्षिप्त नोटिस के रूप में होना चाहिये जिसमें यह याद दिलाई जाये कि प्रश्नावली वापस नहीं मिली है। तकाजे के दूसरे पत्र के साथ प्रश्नावली की एक प्रति भी संलग्न कर दी जानी चाहिये क्योंकि हो सकता है कि सूचनादाता ने प्रश्नावली इसलिये न लौटाई हो कि वह उससे खो गयी हो। इस पत्र को रजिस्ट्री द्वारा भेजना अच्छा है जिससे यह निश्चय हो जाये कि पत्र पाने वाले को मिल जायेगा। तकाजे का तीसरा पत्र टेलीफोन द्वारा भेजा जा सकता है। बहुधा यह देखा जाता है कि इस तीसरे तकाजे तक 90 प्रतिशत से भी अधिक प्रश्नावली वापस मिल जाती है। परन्तु, जैसा कि पीछे बतलाया जा चुका है, कुछ अनुसन्धानकर्ता तकाजे के छः पत्र भेजने के पक्ष में हैं।

प्रश्नावलियों को वापस पाने का एक अच्छा उपाय मध्यस्थों के द्वारा प्रश्नावली भेजना है। इस प्रकार की प्रश्नावली संस्था के अध्यक्ष के माध्यम से भेजी जा सकती है परन्तु हो सकता है कि कुछ लोग इसका बुरा मानें और प्रश्नावली में ऐसे पत्र का कोई उत्तर न दें जिनके अध्यक्ष को पता चल जाने से किसी प्रकार की असुविधा की आशंका हो।

यह एक सामान्य बात है कि यदि प्रश्नावली सूचनादाता के पास पहुँची ही नहीं है तो उसके वापस मिलने का प्रश्न ही नहीं उठता। प्रश्नावली का सूचनादाता

के पास न पहुँचने का कारण गलत पता या अपर्याप्त पता हो सकता है अथवा हो सकता है कि उत्तरदाता कुछ समय के लिये बाहर गया हुआ हो। यह बात ध्यान में रखकर उत्तर पाने के लिये इन्तजार करना आवश्यक है और यदि यह आशंका हो कि प्रश्नावली सूचनादाता को न मिली हो तो उसे रजिस्ट्री से दोबारा भेजा जाना चाहिये।

प्रश्नावली को भरने और भेजने में कुछ समय लगता है। कोई भी व्यक्ति प्रश्नावली मिलते ही तुरन्त उसे भरकर नहीं भेजेगा। अस्तु, प्रश्नावली भेजने के लिए इतना कम समय नहीं दिया जाना चाहिये कि उतने समय में उसे वापस भेजना व्यावहारिक न हो। दूसरी ओर यदि भेजने के लिये बहुत अधिक समय दिया जाता है तो सूचनादाता उसका भरना टाल देता है और बहुधा इधर-उधर पड़ी रहकर वह खो जाती है या उसे वापस भेजने की याद नहीं रहती। अस्तु, यह आवश्यक है कि प्रश्नावली वापस भेजने का समय न इतना कम हो कि वह वापस न आ सके और न इतना अधिक हो कि वह इधर-उधर रखकर खो दी जाए।

प्रश्नावली को वापस पाने के विषय में उपयुक्त विवेचन से स्पष्ट है कि डाक द्वारा प्रेषित प्रश्नावली की सफलता इस बात पर निर्भर है कि अनुसन्धानकर्ता कहाँ तक सूचनादाताओं का सहयोग प्राप्त करने में सफल होता है। सूचनादाताओं का यह सहयोग अनेक बातों पर निर्भर करता है जिनके विषय में पीछे बतलाया जा चुका है। उदाहरण के लिये उच्च अथवा निम्न वर्ग की तुलना में मध्यम वर्ग अधिक सहयोग देता है। अनुसन्धान की संस्था अथवा व्यक्ति की ख्याति पर भी सहयोग की मात्रा निर्भर होती है। समस्या जितनी ही अधिक महत्वपूर्ण होगी उससे सम्बन्धित उत्तर देने में सूचनादाता उतना ही अधिक सहयोग करेंगे। यदि प्रश्नावली छोटी, सरल और आकर्षक है तो लम्बी, कठिन, भद्दी प्रश्नावली की तुलना में उसमें अधिक सहयोग मिलने की संभावना है। यदि प्रश्नावली का विषय उत्तरदाताओं की रुचि के अनुरूप है तो उसमें अधिक सहयोग मिलेगा। यदि प्रश्नावली का आकार उपयुक्त है तो उत्तरदाताओं का अधिक सहयोग प्राप्त होता है। यदि प्रश्नावली में दिये गये प्रश्नों में परस्पर उपयुक्त क्रम है तो अधिक सहयोग प्राप्त हो सकता है। अन्त में यदि प्रश्नावली के उत्तर देने के लिये पर्याप्त और उचित प्रोत्साहन दिये गये हैं और जोरदार अपील की गयी है तो सूचनादाताओं से अधिक सहयोग प्राप्त करने की आशा की जा सकती है।

उत्तरों की विश्वसनीयता
(Reliability of Replies)

प्रश्नावलियों के वापस मिल जाने पर अब मुख्य समस्या यह रह जाती है कि यह कैसे पता लगाया जाये कि उत्तरों में दी गयी सूचनायें विश्वसनीय हैं। इस सम्बन्ध में कुछ समाज वैज्ञानिकों ने तो यहाँ तक कह दिया है कि डाक द्वारा प्रेषित प्रश्नावली से प्राप्त उत्तर अधिक से अधिक यह दिखलाते हैं कि कितने लोग उस प्रकार के अनुसन्धान में सहयोग देने के लिए उपस्थित हैं। इन उत्तरों से यह बिल्कुल नहीं

मालूम होता है कि तथ्य क्या हैं? प्रश्नावली के विषय में इस आक्षेप को अन्य समाज वैज्ञानिक स्वीकार नहीं करते। यदि प्रश्नावली में पर्याप्त आवश्यक गुण हैं तो उससे प्राप्त सूचनायें निश्चय ही विश्वसनीय होती हैं। साधारणतया प्रश्नावली से प्राप्त उत्तरों की विश्वसनीयता निम्नलिखित कारकों से कम हो जाती है–

(1) भ्रमपूर्ण प्रश्न–यदि प्रश्नावली में पूछे गये प्रश्न अनेकार्थक, अस्पष्ट और भ्रमपूर्ण हैं तो उनके उत्तर विश्वसनीय नहीं माने जा सकते। इस प्रकार के प्रश्नों के भिन्न-भिन्न सूचनादाता भिन्न-भिन्न अर्थ समझते हैं और इसलिये उनके उत्तर भी भिन्न-भिन्न हो जाते हैं। यह असुविधा अनुसूची विधि में नहीं होती। अनुसूची और साक्षात्कार दोनों में ही अनुसन्धानकर्ता स्वयं उपस्थित रहता है और सूचनादाता को प्रश्न के अर्थ समझा देता है।

(2) साम्पल-सम्बन्धी पक्षपात–बहुधा डाक द्वारा प्रेषित प्रश्नावलियों में अनुक्रिया का प्रतिशत सामाजिक अनुसन्धान की अन्य विधियों की तुलना में बहुत कम होता है। इसलिये उनके निष्कर्षों को प्रामाणिक नहीं समझा जा सकता। कभी-कभी अनुक्रिया का प्रतिशत ऊँचा होने पर भी उसको अनुसन्धान के क्षेत्र का प्रतिनिधि नहीं माना जा सकता क्योंकि हो सकता है कि किसी एक वर्ग से बिल्कुल ही उत्तर न आये हों। इस प्रकार एक पूरे वर्ग के छूट जाने से चाहे पचहत्तर प्रतिशत अनुक्रिया भी क्यों न प्राप्त हुई हो वह विश्वसनीय नहीं हो सकती। एक समाज वैज्ञानिक ने विश्वविद्यालय के 1381 भूतपूर्व विद्यार्थियों पर डाक द्वारा प्रेषित प्रश्नावली के द्वारा अनुसन्धान किया। इसमें उसे 69 प्रतिशत उत्तर प्राप्त हुए परन्तु बाद में उसने देखा कि उत्तर न देने वाले सूचनादाताओं में 75 प्रतिशत ऐसे थे जो ग्रेजुएट नहीं थे। सम्पूर्ण समूह में इस प्रकार के लोगों की संख्या 60 प्रतिशत थी। इस प्रकार लगभग 40 प्रतिशत लोगों ने उत्तर नहीं दिये। अस्तु, अनुक्रिया का ऊँचा प्रतिशत प्राप्त होने पर भी अध्ययन प्रामाणिक नहीं माना जा सका।

(3) अशिक्षित लोगों का छूट जाना–प्रश्नावली से प्राप्त उत्तरों की विश्वसनीयता इसलिये भी कम हो जाती है क्योंकि उसमें अशिक्षित व्यक्ति छूट जाते हैं। इसलिये डाक द्वारा प्रेषित प्रश्नावली के द्वारा ऐसे समूह में अनुसन्धान नहीं किया जा सकता जिसमें अधिकतर लोग बेपढ़े-लिखे हों। इसका एक उदाहरण भारत के ग्रामीण क्षेत्र हैं।

(4) अनुक्रियाओं में चुनाव–जो लोग डाक द्वारा प्रेषित प्रश्नावली के उत्तर देते भी हैं वे कुछ विशेष वर्गों से सम्बन्धित होते हैं जबकि अन्य वर्ग उत्तर देते ही नहीं। इससे भी प्रश्नावली की प्रामाणिकता कम हो जाती है।

उपर्युक्त कठिनाइयों के कारण गुडे और हाट ने यह दिखलाया है कि डाक द्वारा प्रेषित प्रश्नावली में सबसे बड़ी समस्या प्रश्नावली को प्रामाणिक बनाने की ही है। अधिकतर प्रश्नावलियों में तुरन्त जवाब देने वाले और देर से जवाब देने वाले लोग भिन्न-भिन्न वर्ग के दिखलाई पड़ते हैं। इसलिये अनुसन्धानकर्ता को इन दोनों को अलग कर देना चाहिये और यह देखना चाहिये कि इन दोनों में ही अनुक्रिया

का प्रतिशत समान रूप से ऊँचा है या नहीं। यदि यह समान रूप से ऊँचा है तो फिर उत्तरों को प्रामाणिक माना जा सकता है किन्तु यदि किसी वर्ग में अनुक्रिया का प्रतिशत बहुत नीचा है तो साम्पल के गलत होने की सम्भावना है। इसके लिये सबसे अच्छा उपाय अनुगामी अध्ययन (Follow up Study) है। देखा जाता है कि प्रश्नावली भेजने के कुछ समय पश्चात एकदम बहुत सारे उत्तर प्राप्त होते हैं परन्तु फिर लहर बहुत मंद पड़ जाती है। अब यदि अनुगामी पद्धति से काम लिया जाये और तकाजे के पत्र भेजे जायें तो इस दूसरे वर्ग से सभी अनुक्रियायें प्राप्त की जा सकती हैं। बहुधा यह देखा जाता है कि सम्पूर्ण सूचनादाताओं में एक वर्ग ऐसा होता है जो बिल्कुल ही उत्तर देना नहीं चाहता। इस वर्ग को राजी करने के लिए सरल और संक्षिप्त उत्तरों में 'हाँ', 'नहीं' करने की व्यवस्था करके डबल पोस्टकार्ड भेजा जा सकता है। इसके उत्तर प्राप्त होने से कम से कम कुछ बातों में तो पूरे समूह के उत्तर प्राप्त हो सकेंगे।

प्रश्नावलियों के उत्तरों में सबसे मुख्य बात यह देखने की है कि किस वर्ग से उत्तर नहीं आये हैं ताकि उसी वर्ग से उत्तर प्राप्त करने के लिये प्रयास किया जाये। यदि अनुसन्धानकर्ता को इस बात का पता है तो वह न केवल साम्पल में गलती की दिशा को जानता है बल्कि उसकी मात्रा और मूल्य को भी समझता है। इस जानकारी से यदि किसी वर्ग से उत्तर प्राप्त न भी हो सके तो भी प्राप्त उत्तरों के आधार पर निष्कर्ष निकाले जा सकते हैं। वास्तव में प्रश्नावली में अधिकतर प्रश्न ऐसे होने चाहियें जिनके उत्तर देने में बहुत कम परिश्रम करना पड़े। इसके लिये यह आवश्यक है कि प्रश्नों को अधिक उप प्रश्नों में बाँटा जाये और उत्तरदाता को चुनने के लिये अधिक से अधिक विकल्प दिये जायें। इसी प्रकार अनुसन्धान का साम्पल चुनने में भी पर्याप्त सावधानी से काम लेना चाहिये।

कभी-कभी प्राप्त उत्तरों के विश्वसनीय न होने का सन्देह होता है। ऐसी स्थिति में उन्हीं व्यक्तियों को कुछ समय बाद फिर से वही प्रश्नावली भेजी जा सकती है और यदि दूसरी बार प्राप्त किये हुए उत्तर पहली बार के उत्तरों से बहुत भिन्न होते हैं तो प्रश्नावली को अविश्वसनीय माना जाता है। यहाँ यह आवश्यक है कि दोनों प्रश्नावलियों में समय का इतना अन्तर नहीं होना चाहिये कि उत्तरदाता में कोई परिवर्तन हो जाये। प्रश्नावली की प्रामाणिकता की परीक्षा करने का एक दूसरा उपाय उसे एक से दो साम्पलों पर आजमाना है। फिर भी अनेक लोग ऐसे देखे जायेंगे जो कि प्रत्येक बार प्रश्न करने पर भिन्न उत्तर देंगे। इस प्रकार की परिस्थिति में प्रश्नावली को दोष देना व्यर्थ है।

प्रश्नावली प्रविधि की सीमायें
(Limitations of Questionnaire Method)

उपर्युक्त विवेचन से यह स्पष्ट होता है कि डाक द्वारा प्रेषित प्रश्नावली द्वारा प्राप्त निष्कर्ष कहाँ तक विश्वसनीय माने जा सकते हैं। संक्षेप में, सामाजिक अनुसन्धान की इस प्रविधि की सीमायें निम्नलिखित हैं—

(1) न्यून प्रतिक्रिया—जैसा कि पीछे बताया जा चुका है, डाक द्वारा प्रेषित प्रश्नावली में सबसे बड़ी कमी यह है कि सूचनादाताओं में बहुत कम प्रतिशत उत्तर देते हैं। इसके कारणों को पीछे गिनाया जा चुका है। इन कारणों को दूर करके कम से कम कुछ क्षेत्रों में शत-प्रतिशत उत्तर प्राप्त किये जा सकते हैं।

(2) व्यक्तिगत सम्पर्क का अभाव—अनुसूची और साक्षात्कार प्रविधि की तुलना में डाक द्वारा प्रेषित प्रश्नावली में सबसे बड़ी कमी यह है कि इसमें अनुसन्धानकर्ता का सूचनादाता से कोई व्यक्तिगत सम्पर्क नहीं होता। इसके कारण एक ओर सूचनादाता अनेक प्रश्नों के अर्थ के विषय में अपनी शंका को नहीं मिटा सकता और दूसरी ओर अनुसन्धानकर्ता को न तो यह अवसर मिलता है कि वह सूचनादाता को उत्तर देने के लिये राजी करे और न वह जबानी प्रश्न करके उनसे सही उत्तर निकाल सकता है।

(3) गहरी समस्या में व्यर्थ—अस्तु, डाक द्वारा प्रेषित प्रश्नावली सामाजिक अनुसन्धान के क्षेत्र में गहरी समस्याओं में अनुसन्धान नहीं कर सकती। इसमें उत्तरदाता की अनुभूतियों, संवेगात्मक प्रतिक्रियाओं इत्यादि के विषय में कुछ भी ज्ञात नहीं होता।

(4) गलत उत्तर की सम्भावना—प्रश्नों का अर्थ न समझने के कारण, आलस्य या किसी अन्य कारण से बहुधा डाक द्वारा प्रेषित प्रश्नावली में सूचनादाता गलत उत्तर देते हैं और उनकी गलती की जाँच का भी कोई सरल उपाय नहीं होता।

(5) बुरे हस्तलेख से कठिनाई—कुछ सूचनादाता डाक द्वारा प्रेषित प्रश्नावली को पेन्सिल से भरते हैं, उसमें बहुत जगह काटते हैं और इतने खराब हस्तलेख से भरते हैं कि उनके उत्तर बिल्कुल भी समझ में नहीं आ सकते और चूँकि उनसे पूछा भी नहीं जा सकता इसलिये उनके उत्तर व्यर्थ हो जाते हैं।

(6) अपर्याप्त सूचनायें—अनेक उत्तरदाता बहुत से प्रश्नों का कोई उत्तर नहीं देते और कुछ में इतने कम शब्दों में उत्तर देते हैं कि उसका अर्थ समझा नहीं जा सकता।

प्रश्नावली प्रविधि का महत्व
(Importance of Questionnaire Method)

उपर्युक्त सीमाओं के कारण डाक द्वारा प्रेषित प्रश्नावली बहुत से क्षेत्रों में अविश्वसनीय बन जाती है। सच तो यह है कि सामाजिक अनुसन्धान की यह प्रणाली अत्यन्त सीमित क्षेत्र में और शिक्षित, उत्तरदायी तथा रुचि लेने वाले व्यक्तियों में ही सफल हो सकती है। इस प्रकार के उत्तरदाता समूह में कभी-कभी इस प्रणाली से शत-प्रतिशत सफलता मिलती है। अस्तु, डाक द्वारा प्रेषित प्रश्नावली की उपरोक्त सीमाओं के बावजूद भी उसे एक महत्वपूर्ण विधि माना गया है। अन्य विधियों की तुलना में उसके महत्व के विषय में मुख्य बातें निम्नलिखित हैं—

(1) खर्चे की बचत—इस विधि में अनुसन्धानकर्ता को केवल प्रश्नावली

छपवाकार उसे डाक द्वारा भेज देना पड़ता है। अन्य विधियों की तुलना में इसमें बहुत कम खर्चा आता है। इसलिये यदि अनुसन्धान के वर्ग के लिये अनुसन्धान की समस्या रुचिकर है और उत्तरदाता पर्याप्त रूप से शिक्षित और जिम्मेदार है तो इस विधि से बहुत कम खर्चे में काम हो जाता है।

(2) समय की बचत—चूँकि डाक द्वारा प्रेषित प्रश्नावली बहुत से सूचनादाताओं को एक साथ भेजी जा सकती है और इसी प्रकार उनके तकाजे के पत्र भी भेज दिये जा सकते हैं इसलिये अनुसूची और साक्षात्कार विधि की तुलना में इससे समय की बचत होती है।

(3) कुछ क्षेत्रों में अधिक प्रामाणिकता—जैसा कि पीछे बतलाया जा चुका है, यदि अनुसन्धान की समस्या सूचनादाताओं की रुचि और स्वार्थ के अनुकूल है और सूचनादाता पढ़े-लिखे और जिम्मेदार हैं तो इस सीमित क्षेत्र में डाक द्वारा प्रेषित प्रश्नावली से शत-प्रतिशत सफलता की आशा की जा सकती है। इसमें एक विशेष लाभ यह भी है कि जिन बातों को व्यक्तिगत रूप से बतलाने में लोग हिचकते हैं उनको वे लिखकर दे सकते हैं और सूचनादाताओं को हस्ताक्षर न करने तथा अपना पता न देने की सुविधा दी गयी हो तो इस विधि से ऐसी ऐसी बातें पता लगाई जा सकती हैं जो किसी भी अन्य प्रकार से नहीं जानी जा सकतीं।

(4) विशाल क्षेत्र में अनुसन्धान—जब कभी ऐसे क्षेत्र में अनुसन्धान करना होता है जिसमें लोग भिन्न-भिन्न देशों में बिखरे हुए होते हैं तो उनमें डाक द्वारा प्रेषित प्रश्नावली ही अनुसन्धान की एकमात्र विधि हो सकती है। कोई भी अनुसन्धानकर्ता संसार के भिन्न-भिन्न देशों में जाकर सूचनादाताओं से सम्बन्ध स्थापित नहीं कर सकता और इसलिये डाक द्वारा प्रेषित प्रश्नावली ही उसके लिये अनुसन्धान की एकमात्र विधि रह जाती है।

(5) विशिष्ट प्रकार की सूचनाओं में उपयुक्त—कुछ विशिष्ट प्रकार की सूचनायें ऐसी होती हैं जिनको प्राप्त करने के लिए डाक द्वारा प्रेषित प्रश्नावली ही एकमात्र विधि है। उदाहरण के लिए सेक्स, प्रेम, रोमांस, वैवाहिक जीवन इत्यादि पूर्णतया निजी मामलों से नाम पते के बिना उत्तर की प्रश्नावलियों से ही सूचना प्राप्त की जा सकती है क्योंकि इस प्रकार की सूचना देने वाला व्यक्ति अनुसन्धानकर्ता के सामने उपस्थित होना तो अलग बात है उसको अपना नाम व पता भी देना नहीं चाहता। इसके अतिरिक्त जो सूचनायें समय-समय पर बारम्बार प्राप्त की जानी होती हैं उनमें भी डाक द्वारा प्रेषित प्रश्नावली ही एकमात्र विधि है।

अभ्यास के लिये प्रश्न

प्रश्न 1. प्रश्नावली का क्या अर्थ है? उसकी उपयुक्तता के आधार बतलाइये।
What is the meaning of Questionnaire? Point out bases of its adequacy.

प्रश्न 2. संक्षिप्त टिप्पणी लिखो—प्रश्नावली के प्रकार।
Write short note on—Types of Questionnaire.

प्रश्न 3. संरचित प्रश्नावली बनाने में किन बातों का ध्यान रखना चाहिये?
What points should be remembered while preparing Structured Questionnaire?

प्रश्न 4. प्रश्नावली के निर्माण में सोपानों का वर्णन कीजिये।
Describe the steps in formulating a Questionnaire.

प्रश्न 5. सामग्री के संकलन में प्रामाणिकता, विश्वसनीयता और उपयुक्तता प्राप्त करने के उपाय बतलाइये। डाक द्वारा प्रेषित प्रश्नावली से उदाहरण दीजिये।
Discuss the specific steps taken to ensure validity, reliability and adequacy of response in the collection of data. Illustrate with reference to the Mailed Questionnaire.

प्रश्न 6. प्रश्नावली विधि की सीमाओं और महत्व की स्पष्ट रूप से विवेचना कीजियें।
Discuss the limitations and importance of Questionnaire Method.

19

वैयक्तिक अध्ययन विधि (Case Study)

सामाजिक अनुसन्धान में केवल सांख्यिकीय और परिमाणात्मक विधियों से ही अध्ययन नहीं किये जाते। कुछ प्रसंगों में गुणात्मक विधियों की भी आवश्यकता होती है क्योंकि इनमें व्यापकता की इतनी अधिक आवश्यकता नहीं होती जितनी कि गहन अध्ययन की आवश्यकता होती है। इन प्रसंगों में अनेक विषयों के बारे में कुछ नहीं जाना जाता है बल्कि एक के विषय में सब कुछ जानने का प्रयास किया जाता है। ऐसे प्रसंगों में वैयक्तिक अध्ययन विधि का प्रयोग किया जाता है।

वैयक्तिक अध्ययन क्या है?

वैयक्तिक अध्ययन की विधि की परिभाषा करते हुए पी॰ वी॰ यंग ने लिखा है, "वैयक्तिक अध्ययन एक सामाजिक इकाई के जीवन की खोज और विश्लेषण की विधि है चाहे वह एक व्यक्ति, परिवार, संस्था, सांस्कृतिक समूह अथवा एक सम्पूर्ण समुदाय ही हो।"[1] उसका लक्ष्य इन कारकों को निश्चित करना है जो कि इकाइयों और इकाइयों के चारों ओर के जगत से सम्बन्ध के व्यवहार प्रतिमान में जटिल व्यवहार का निश्चय करते हैं। गुडे और हॉट के शब्दों में, "वह सामाजिक सामग्री का संगठन करने का एक तरीका है ताकि अध्ययन की सामाजिक वस्तु का एकीकृत रूप बनाये रखा जा सके। कुछ भिन्न शब्दों में अभिव्यक्त करने पर वह एक ऐसी विधि है जिसमें सामाजिक इकाई को सम्पूर्ण रूप में देखा जाता है।"[2] सिनपाओ यंग ने वैयक्तिक अध्ययन विधि की परिभाषा करते हुए लिखा है, "वैयक्तिक अध्ययन विधि की परिभाषा एक व्यक्ति के एक छोटे, पूर्ण और गहरे अध्ययन के रूप में की जा सकती है जिसमें कि अनुसन्धानकर्ता अपने समस्त

---

1. "Case Study is a method of exploring and analysing the life of a social unit be that of a person, a family, institution, culture, group or even community." —P.V.Young
Scientific Social Surveys and Research, p. 229
2. "It is a way of organising social data so as to preserve the unitary character of the social object being studied. Expressed somewhat differently it is an approach which views a social unit as a whole." —Goode & Hatt.
Methods in Social Research, p. 185.

कौशल और विधियों का प्रयोग करता है अथवा वह किसी वैयक्तिक के विषय में पर्याप्त जानकारी को व्यवस्थित रूप से एकत्रीकरण कहा जा सकता है जिससे कि यह पता चल सके कि वह स्त्री अथवा पुरुष समाज की एक इकाई के रूप में किस प्रकार कार्य करता है।''[1] बीसंज और बीसंज के शब्दों में ''वैयक्तिक अध्ययन एक प्रकार का गुणात्मक विश्लेषण है जिसमें कि एक व्यक्ति, परिस्थिति अथवा संस्था का अत्यन्त सावधानी पूवर्क पूर्ण निरीक्षण सम्मिलित है।''[2]

वैयक्तिक अध्ययन विधि के लक्षण
(Characteristics of Case Study)

वैयक्तिक अध्ययन की विधि की उपर्युक्त परिभाषाओं से उसके निम्नलिखित लक्षण स्पष्ट होते हैं–

(1) सामाजिक इकाई का अध्ययन–जैसा कि पीछे बतलाया जा चुका है, वैयक्तिक अध्ययन विधि की विशेषता सामाजिक इकाई का अध्ययन करना है। यह इकाई व्यक्ति, परिवार संस्था, जाति अथवा अन्य कोई समूह अथवा सम्बन्ध या स्वभाव हो सकते हैं। इकाई की विशेषता यह होती है कि वह संगठित और सीमित क्षेत्र होता है। गहन अध्ययन के लिए इकाई पर ध्यान जमाना अत्यन्त आवश्यक है।

(2) गहन और व्यापक अध्ययन–जैसा कि पीछे कहा जा चुका है, वैयक्तिक अध्ययन विधि में इकाई का गहन और विस्तारपूर्वक अध्ययन किया जाता है जिससे कि उसके सभी पहलुओं के विषय में पर्याप्त सामग्री उपलब्ध हो सके जिसके आधार पर प्रामाणिक सामान्य सिद्धान्त निकाले जा सकें।

(3) व्यवहार विधि के कारणों का पता लगाना–वैयक्तिक अध्ययन विधि का लक्ष्य अध्ययन के विषय के व्यवहार के कारणों का पता लगाना है। उसमें व्यवहार में कार्यकारण सम्बन्धों की खोज की जाती है। व्यवहार का अध्ययन चारों ओर के जीवन को प्रभावित करने वाली परिस्थितियों और व्यक्तियों के प्रसंग में किया जाता है। व्यक्ति के जीवन की विभिन्न घटनाओं का विस्तार से अध्ययन किया जाता है और विशेष परिस्थितियों में उसकी प्रतिक्रियाओं का विश्लेषण किया जाता है। इससे यह पता लगता है, कि विशेष परिस्थितियों में विशेष व्यक्ति, संस्था, समूह अथवा समुदाय से किस प्रकार के व्यवहार की आशा की जाती है।

(4) सम्पूर्ण इकाई का अध्ययन–वैयक्तिक अध्ययन विधि के लक्षणों की व्याख्या करते हुए गुडे और हाट ने लिखा है, ''वैयक्तिक अध्ययन विधि, तब

---

3. "Case Study method may be defined as a small inclusive and intensive study of an individual in which the investigator brings to bear all his skills and methods, or as a systematic gathering of enough information about a person to permit one to understand how he or she functions as a unit of society." —Hain Pao Yang.
4. "The Case Study is a form of qualitative analysis involving the very careful and complete observation of a person, a situation or an institution."
—Biesanz, J. and Biesanz, M.

कोई विशिष्ट प्रविधि नहीं है। वह सामाजिक सामग्री को संगठित करने का ऐसा तरीका है जिसमें कि सामाजिक वस्तु के इकाई के चरित्र को बनाये रखा जाता है। कुछ भिन्न शब्दों में वह एक ऐसा दृष्टिकोण है जो किसी भी सामाजिक इकाई को एक पूर्ण रूप से देखता है।'' इस प्रकार वैयक्तिकअध्ययन विधि में व्यक्ति, परिवार, सामाजिक समूह, सम्बन्धों अथवा प्रक्रियाओं अथवा किसी सम्पूर्ण संस्कृति का एक विकासमान इकाई के रूप में पूर्ण अध्ययन किया जाता है।

अध्ययन की पूर्णता की विधियाँ
(Methods of Achieving Perfection of Study)

उपरोक्त विवेचन से स्पष्ट है कि वैयक्तिक अध्ययन विधि में अनुसन्धानकर्ता के सन्मुख सबसे बड़ी आवश्यकता अध्ययन की पूर्णता को बनाये रखना है। इसके लिये निम्नलिखित विधियों का प्रयोग किया जाता है–

(1) सामग्री का विस्तार–अध्ययन विधि में इकाई के विषय में विस्तारपूर्वक सामग्री एकत्रित की जाती है जिससे कि सम्पूर्ण चित्र उपस्थित हो सके।

(2) सभी पहलुओं के विषय में सामग्री–अध्ययन के विषय के बारे में सम्पूर्ण सामग्री प्राप्त करने के लिए समाजशास्त्रीय पहलुओं के अलावा अन्य पहलुओं का अध्ययन भी आवश्यक होता है। उदाहरण के लिए, व्यक्ति के अध्ययन में उसके सामाजिक पहलू के अतिरिक्त जैवकीय, शारीरिक, मनोवैज्ञानिक, आर्थिक, राजनीतिक, नैतिक, धार्मिक और आध्यात्मिक सभी पहलुओं के विषय में सामग्री एकत्रित करनी पड़ेगी जिससे कि इकाई का पूर्ण अध्ययन किया जा सके।

(3) वर्गीकरण–अध्ययन की इकाई को विशिष्ट वर्गों या प्रकारों में बाँटकर अध्ययन किया जाता है जिससे कि वह विशिष्ट वर्ग के प्रतिनिधि के रूप में समझी जा सके।

(4) कालात्मक अध्ययन–वैयक्तिक अध्ययन विधि में केवल स्थिर रूप में इकाई का अध्ययन करना पर्याप्त नहीं होता बल्कि उसके विकासमान रूप में भी उसका अध्ययन करना होता है। यह कालात्मक अध्ययन कहलाता है। इसमें व्यक्ति, समूह, संस्था अथवा संस्कृति का उसके जीवन के लम्बे काल में एक विकासमान इकाई के रूप में अध्ययन किया जा सकता है।

वैयक्तिक अध्ययन विधि में अध्ययन की पूर्णता को बनाये रखने के उपर्युक्त तरीकों से यह स्पष्ट होता है कि इसमें इकाई का क्षैतिज (Horizontal) और लम्बवत् (Vertical) दोनों ही प्रकार से अध्ययन किया जाता है जिसमें कि न केवल सभी पहलुओं का बल्कि उसके विकासमान रूप का चित्र भी स्पष्ट हो सके।

आधारभूत मान्यतायें
(Basic Postulates)

वैयक्तिक अध्ययन विधि में कुछ आधारभूत मान्यताओं को लेकर अध्ययन किया जाता है। इसमें मुख्य मान्यतायें निम्नलिखित हैं—

(1) मानव प्रकृति की मौलिक एकता—जब तक यह नहीं मान लिया जाता है कि विशिष्ट व्यक्ति अन्य व्यक्तियों से अलग नहीं है बल्कि एक विशेष वर्ग का प्रतिनिधि है, वैयक्तिक अध्ययन विधि का सामाजिक अनुसन्धान के लिए कोई उपयोग नहीं हो सकता। इसलिये इसमें वैज्ञानिक यह मानकर चलता है कि मानव स्वभाव सब कहीं एक-सा होता है, कि मनुष्य समान परिस्थितियों में समान आन्तरिक स्थिति में समान अनुक्रियायें करते हैं, कि अनुक्रियाओं की विभिन्नता मानव स्वभाव के अन्तर के कारण नहीं बल्कि आन्तरिक और बाहरी परिस्थितियों की भिन्नता के कारण होती है। मानव प्रकृति की इस मौलिक एकता को मानकर ही विशिष्ट व्यक्ति, समूह, संस्था और संस्कृति इत्यादि सामाजिक इकाइयों के अध्ययन से मिले हुए निष्कर्षों को उस वर्ग की अन्य इकाइयों के विषय में लागू किया जाता है।

(2) परिस्थितियों की पुनरावृत्ति—जहाँ वैयक्तिक अध्ययन विधि में मानव प्रकृति को मूल रूप से समान माना जाता है वहाँ उसमें एक अन्य मान्यता यह भी है कि मानव स्वभाव को प्रभावित करने वाली परिस्थितियाँ भी भिन्न-भिन्न देशकाल में बहुत कुछ एक-सी ही होती हैं। उदाहरण के लिये, बालक के विकास पर सब कहीं माता-पिता और परिवार के अन्य सदस्यों, पास-पड़ोस और सामाजिक संस्कृति का प्रभाव पड़ता है। अन्य देशों की संस्कृति के अध्ययन से यह पता चला है कि भिन्न-भिन्न संस्कृतियों को भिन्न-भिन्न देश काल में लगभग एक-सी परिस्थितियों से गुजरना पड़ता है जिसके कारण उनमें अभिवृद्धि और विकास, उत्थान और पतन दिखलाई पड़ते हैं। परिस्थितियों की इसी पुनरावृत्ति के आधार पर सामाजिक इकाइयों के व्यवहार के विषय में ऐसे नियम पता लगा लिए जाते हैं जिनके आधार पर सामाजिक इकाइयों के विषय में भी भविष्यवाणी की जा सकती है।

(3) कालक्रम का प्रभाव—यह एक सामान्य बात है कि सामाजिक इकाइयों, व्यक्तियों, समूहों, संस्थाओं और संस्कृतियों पर काल-क्रम का अनिवार्य प्रभाव पड़ता है। इसलिये किसी विशेषकाल में अध्ययन पर्याप्त नहीं होते बल्कि लम्बे कालक्रम में अध्ययन करने से ही महत्वपूर्ण लक्षण स्पष्ट होते हैं।

(4) मानव प्राणियों में अनुक्रियाओं की समानता—विभिन्न व्यक्तियों के व्यक्तिगत प्रलेखों जैसे डायरियों, पत्रों, आत्मकथाओं आदि के अध्ययन से यह पता लगता है कि यद्यपि उनकी अनुक्रियाओं में कुछ व्यक्तिगत विशेषतायें देखी जा सकती है परन्तु सामान्य रूप से ये सभी कुछ निश्चित नियमों के अनुसार अनुक्रियायें करते हैं। उदाहरण के लिए, हताश होने पर हिंसात्मक प्रवृत्तियाँ उत्तेजित होती हैं। यह एक ऐसा सामान्य सिद्धान्त है जिसके अनुसार विभिन्न व्यक्तियों के व्यक्तिगत जीवन में समान अनुक्रियायें देखी जा सकती हैं।

वैयक्तिक अध्ययन और सांख्यिकीय विधि
(Case Study Versus Statistical Method)

वैयक्तिक अध्ययन विधि के उपरोक्त विवेचन से स्पष्ट है कि उसकी प्रकृति सांख्यिकीय विधि से बहुत कुछ भिन्न होती है। इन दोनों में मुख्य अन्तर निम्नलिखित हैं—

(1) **गुणात्मक अध्ययन**—जबकि सांख्यिकीय विधि में औपचारिक और परिमाणात्मक अध्ययन किया जाता है, वैयक्तिक अध्ययन विधि एक गुणात्मक प्रणाली है।

(2) **गहन अध्ययन**—जबकि साँख्यिकीय विधि में बहुत-सी इकाइयों के विशिष्ट पहलू का अध्ययन किया जाता है, वैयक्तिक अध्ययन विधि से विशिष्ट इकाई के सभी पहलुओं का अध्ययन किया जाता है। इस प्रकार उसमें अध्ययन कहीं अधिक गहन होता है।

(3) **साम्पल का अभाव**—सांख्यिकीय विधि में अध्ययन की इकाइयों का चुनाव पूर्व निश्चित साम्पल निदर्शन के आधार पर होता है। दूसरी ओर वैयक्तिक अध्ययन विधि में इकाइयों के चुनाव में किसी भी प्रकार के साम्पल का प्रयोग न करके स्वेच्छा से चुनाव किया जाता है।

(4) **भावात्मक पहलू पर जोर**—जबकि सांख्यिकीय विधि में भावात्मक पहलू को कोई भी महत्व नहीं दिया जाता, वैयक्तिक अध्ययन विधि में उस पर विशेष रूप से ध्यान दिया जाता है क्योंकि उसमें यह माना जाता है कि मनुष्यों और समूहों की क्रियाओं में उनकी भावात्मक प्रतिक्रियाओं का महत्वपूर्ण योगदान होता है और इसलिए सामाजिक घटनाओं में कार्य-कारण नियमों की खोज करने के लिए उनके भावात्मक पहलू का भी अध्ययन किया जाना चाहिए।

(5) **सामान्य ज्ञान पर आधारित निष्कर्ष**—सांख्यिकीय प्रणाली में गणितीय विधि से निष्कर्ष निकाले जाते हैं, दूसरी ओर वैयक्तिक अध्ययन विधि में निष्कर्षों का आधार सामान्य ज्ञान, तर्क अथवा सैद्धान्तिक ज्ञान होता है। स्पष्ट है कि वैयक्तिक अध्ययन विधि से मिले निष्कर्ष सांख्यिकी विधि से मिले निष्कर्षों के समान प्रामाणिक नहीं हो सकते। परन्तु दूसरी ओर उनसे व्यवहार में जो अन्तर्दृष्टि प्राप्त होती है वह सांख्यिकी से प्राप्त नहीं हो सकती।

उपर्युक्त भिन्नताओं के होते हुए भी इन दोनों विधियों में अनेक समानतायें दिखलाई गयी हैं। जैसा कि किम्बाल यंग ने लिखा है, ''वास्तव में वैयक्तिक अध्ययन विधि की अनेक मूल समस्यायें सांख्यिकी से भिन्न रही हैं।''[1] किम्बाल यंग के अनुसार इन दोनों विधियों में निम्नलिखित विशेषतायें देखी जा सकती हैं—

(1) सामान्यीकरण में गलती की गुन्जाइश को दूर करने के लिए सांख्यिकीय

---

1. "As a matter of fact many of the basic problems of Case History Method are not unlike those of statistics." —Kimball Young.

विधि के समान अनेक वैयक्तिक अध्ययनों में भी साम्पल का प्रयोग किया जाता है।

(2) जिस प्रकार सांख्यिकीय विधि में केन्द्रीय प्रवृत्ति के मापों का प्रयोग किया जाता है उसी प्रकार वैयक्तिक अध्ययन विधि में भी प्ररूप घटनाओं का उल्लेख किया जाता है।

(3) जिस प्रकार सांख्यिकीय विधि में अपकिरण (Disperson) के मापों का प्रयोग किया जाता है उसी प्रकार वैयक्तिक अध्ययन विधि में विषय की प्रतिक्रियाओं और क्रियाओं में परिवर्तन का अध्ययन किया जाता है।

(4) जिस प्रकार साँख्यिकीय विधि में विभिन्न इकाइयों में सह-सम्बन्धी और सह-विचलनों का पता लगाया जाता है उसी प्रकार वैयक्तिक अध्ययन विधि से विभिन्न जीवन वृत्तों में समानताओं और असमानताओं का पता लगार सामान्य सिद्धान्त निकाले जाते हैं।

सांख्यिकीय विधि और वैयक्तिक अध्ययन विधि की उपरोक्त समानताओं को ध्यान में रखते हुए बर्नार्ड ने ठीक लिखा है, ''वैयक्तिक अध्ययन विधि में विधि विषयक गलती का वास्तविक स्रोत यह मान लेना है कि बिना किसी प्रकार की साँख्यिकीय विधि का प्रयोग किये हुए वैयक्तिक अध्ययन की सामग्री से सांख्यिकीय सामान्यीकरण बनाये जा सकते हैं।[1] इस प्रकार सांख्यिकीय विधि और वैयक्तिक अध्ययन दोनों परस्पर निर्भर हैं। सांख्यिकीय विधि का प्रयोग किये बिना किसी भी सामग्री के विषय में प्रामाणिक सामान्य सिद्धान्त नहीं निकाले जा सकते। इसलिये अनेक कुशल अनुसन्धानकर्ताओं ने सांख्यिकीय विधियों के प्रयोग से वैयक्तिक अध्ययन के निष्कर्षों को अधिक यथार्थ बनाने की चेष्टा की है।

वैयक्तिक अध्ययन के स्रोत
(Sources of Case Study)

जैसा कि पीछे बतलाया जा चुका है, वैयक्तिक अध्ययन विधि व्यक्तिगत प्रलेखों जैसे डायरियों, पत्रों, आत्मकथाओं और स्मृति लेखों तथा व्यक्ति के जीवन इतिहास के अध्ययन पर आधारित हैं। संक्षेप में, उसके स्रोत निम्नलिखित हैं—

(1) व्यक्तिगत प्रलेख (Personal Documents) —इनमें डायरियों, आत्मकथाओं और स्मृतियों के लेखों का समावेश होता है। पी॰ वी॰ यंग के शब्दों में, ''व्यक्तिगत प्रलेख अनुभव की निरन्तरता के प्रतिनिधि हैं जो कि लिखने वाले

1. "The real source of mehtodological error (in Case Study) is in supposing that statistical generalizations can proceed from case data without some sort of statistical method."
—L. L. Bernard.
2. "Personal documents also tend to represent a continuity of experience which helps to illiminate the writer's personality, social relations and philosophy of life, often expressed in terms of objective reality or in terms of subjective appreciation as if it were so." —P.V. Young, *Scientific Social Surveys and Research,* p. 23.

के व्यक्तिगत, सामाजिक सम्बन्धों और जीवन दर्शन को प्रकाशित करने में सहायक होते हैं जो कि बहुधा बाह्य वस्तुओं और आन्तरिक प्रशंसा में अभिव्यक्त होते हैं।"[2] डायरी एक नितान्त व्यक्तिगत प्रलेख है। उसमें व्यक्ति अपने जीवन की घटनाओं के प्रति अपनी भावात्मक और विचारात्मक अनुक्रियाओं का उल्लेख करता है। उसमें वह बातों को बढ़ा-घटाकर लिखना नहीं चाहता क्योंकि डायरी लिखने का प्रयोजन आत्म-सन्तोष अथवा आत्म-विश्लेषण होता है। इसी प्रकार जो पत्र किसी व्यक्ति को लिखा जाता है उसमें लेखक पाने वाले के प्रति अपने मनोभावों का उन्मुक्त रूप से वर्णन करता है क्योंकि पत्र कोई सार्वजनिक प्रलेख न होकर पाने वाले के लिए लिखा गया एक नितान्त व्यक्तिगत प्रलेख है। इसलिए सामान्य रूप से लोग दूसरों के पत्र पढ़ना अनुचित समझते हैं। अनेक लोग आपे जीवन के समृति लेख लिखते हैं। यद्यपि इनमें स्मृति की गलती के कारण अनेक दोष हो सकते हैं परन्तु इनमें लेखक के आन्तरिक व्यक्तित्व तथा प्रतिक्रियाओं का जैसा परिचय मिलता है वैसा अन्यत्र नहीं मिल सकता। आत्म-कथाओं में जीवन की विभिन्न घटनाओं के साथ-साथ उनकी ओर व्यक्ति की प्रतिक्रियाओं का भी उल्लेख होता है। अस्तु, उनके आधार पर लेखक के मानसिक जीवन, भावात्मक प्रतिक्रियाओं, व्यक्तित्व के विकास आदि के बारे में महत्वपूर्ण जानकारी प्राप्त की जा सकती है।

(2) जीवन वृत्त (Case History)—वैयक्तिक अध्ययन में व्यक्तिगत प्रलेखों के अतिरिक्त महत्वपूर्ण स्रोत जीवन वृत्त है जिसको सामाजिक अनुसन्धानकर्ता एकत्रित करता है। इसमें अध्ययन के विषय में जीवन के विभिन्न पहलुओं का अध्ययन किया जाता है तथा उससे सम्बन्धित अनेक व्यक्तियों से साक्षात्कार करके उसके बारे में महत्वपूर्ण सामग्री एकत्रित की जा सकती है। उदाहरण के लिये यदि किसी बालक के विषय में जीवनवृत्त एकत्रित करना है तो उसके माता-पिता, परिवार के अन्य सदस्य, शिक्षक, खेल के साथी, पड़ौसी आदि से साक्षात्कार करके उसके व्यक्तित्व, चरित्र, व्यवहार आदि के विषय में महत्वपूर्ण सामग्री एकत्रित की जा सकती है। इन साक्षात्कारों के साथ-साथ स्वयं अध्ययन के विषय में साक्षात्कार करके भी बहुत-सी बातें जानी जा सकती हैं। साक्षात्कार विधि के अतिरिक्त जीवनवृत्त एकत्रित करने में सम्मेलनों, कलात्मक परीक्षाओं, भावात्मक अध्ययनों इत्यादि की भी सहायता ली जाती है। इस सामग्री में उपस्थित व्यवधानों को अनुसन्धानकर्ता अपनी रचनात्मक कल्पना और मनोवैज्ञानिक सूझ-बूझ से करता है। इस प्रकार जीवनवृत्त एकत्रित करने में व्यक्ति के बचपन से लेकर वर्तमान आयु तक उसके जीवन की विभिन्न घटनाओं तथा उनके प्रति उसकी प्रतिक्रियाओं का विस्तारपूर्वक अध्ययन किया जाता है।

वैयक्तिक अध्ययन विधि के गुण
(Merits of Case Study)

व्यक्ति अध्ययन के उपर्युक्त विवेचन से उसके गुण स्पष्ट होते हैं जिनमें मुख्य निम्नलिखित हैं—

(1) वैध उपकल्पनाओं का निर्माण—जैसा कि पहले बतलाया जा चुका है, व्यक्ति अध्ययन विधि में एक अधारभूत मान्यता मानव स्वभाव की मौलिक एकता है इसलिए उसके आधार पर कुछ उपकल्पनायें (Valid Hypothesis) बनाई जा सकती हैं जिनकी परीक्षा करके सामान्य सिद्धान्त निकाले जा सकते हैं।

(2) निदर्शन के वर्गीकरण में सहायता—वैयक्तिक अध्ययन विधि की सहायता से इकाइयों को निश्चित वर्गों में बाँटा जा सकता है और इस प्रकार निदर्शन द्वारा पूर्ण वर्गीकरण किया जा सकता है।

(3) प्रश्नावली तथा अनुसूची इत्यादि के निर्माण में सहायता—प्रश्नावली अथवा अनुसूची के निर्माण में सबसे बड़ी कठिनाई यह होती है कि ऐसे किन-किन प्रश्नों को चुना जाये जिनके उत्तरों से व्यक्ति के बारे में विशिष्ट बातों का पता लग सके। इस कठिनाई को सुलझाने के लिए प्रश्नावली अथवा अनुसूची निर्माण करने के पहले वैयक्तिक अध्ययन विधि से काम लिया जाता है क्योंकि इससे यह पता लग जाता है कि अध्ययन के विषय में किस-किस तरह की प्रतिक्रियाओं की आशा की जा सकती है।

(4) विचलित इकाइयों का पता लगाना—किसी भी उपकल्पना के सामान्य नियम से विचलन करने वाली इकाइयाँ विचलित इकाईयाँ (Deviant Units) कहलाती हैं। साधारणतया इनकी ओर कोई ध्यान नहीं दिया जाता जबकि किसी भी क्षेत्र में इनके अध्ययन से सामान्य इकाई के अध्ययन की तुलना में कहीं अधिक महत्वपूर्ण जानकारी प्राप्त हो सकती है। उदाहरण के लिये यौन प्रतिक्रियाओं के विषय में ज्ञान सामान्य व्यक्तियों के अध्ययन से नहीं बल्कि यौन विचलनों के शिकार व्यक्तियों के अध्ययन से अधिक मिल सकता है। वैयक्तिक अध्ययन विधि में इस प्रकार के विचलित व्यक्तियों का पता लगाकर उनके व्यवहार के विश्लेषण में महत्वपूर्ण बातों का पता लगाया जा सकता है।

(5) प्रक्रिया का अध्ययन—यदि अध्ययन की विषय सामग्री स्थिर है तो उसके विषय में कोई भी प्रणाली काम दे सकती है परन्तु यदि वह सतत विकासमान प्रक्रिया (Process) है तो उसका अध्ययन वैयक्तिक अध्ययन विधि से ही किया जा सकता है क्योंकि उसी में सम्पूर्ण इकाई का अध्ययन किया जाता है।

(6) अनुसन्धानकर्ता के व्यक्तिगत अनुभव का विस्तार—चूँकि व्यक्तिगत अध्ययन विधि में विशिष्ट इकाई का गहन और पूर्ण अध्ययन किया जाता है इसलिए अनुसन्धानकर्ता को उसके विषय में व्यापक व्यक्तिगत अनुभव प्राप्त होता है जो कि अनुसन्धान की अन्य प्रणाली को प्रयोग करने में नहीं होता।

(7) वास्तविक जीवन के आंकड़ों का महत्व पहचानना—जो लोग विभिन्न प्रकार के जीवन के निकट सम्बन्ध में नहीं आये हैं वे उनके विषय में प्राप्त आंकड़ों का वास्तविक महत्व नहीं जानते। दूसरी ओर जो अनुसंधान चोर, जेबकतरा, किशोरपराधी आदि के निकट सम्पर्क में आकर उनके जीवन वृत्त का अध्ययन करता है, उनके अनुभवों को विस्तारपूर्वक सुनता है और उनकी परिस्थितियों का विश्लेषण

करता है वह उनके विषय में आंकड़ों के वास्तविक और यथार्थ महत्व को जान सकता है।

वैयक्तिक अध्ययन विधि की सीमायें
(Limitations of Case Study)

उपरोक्त विवेचन से स्पष्ट है कि वैयक्तिक अध्ययन विधि सामाजिक अनुसन्धान की एक महत्वपूर्ण विधि है। फिर भी अन्य विधियों के समान उसमें भी कुछ दोष पाये जाते हैं। ये दोष अथवा सीमायें अग्रलिखित हैं–

(1) झूठा आत्म-विश्वास–जबकि अनुसन्धान की अन्य विधि में अनुसन्धानकर्ता अपनी सीमाओं को समझे रहता है व्यक्ति अध्ययन विधि में विशिष्ट इकाई का सूक्ष्म और गहन अध्ययन करने के कारण उसे कभी-कभी यह झूठा आत्मविश्वास हो जाता है कि वह उसके बारे में सब कुछ जानता है और उसको कुछ अन्य जानने की आवश्यकता नहीं है जबकि वास्तव में कितना भी गहन और व्यापक वैयक्तिक अध्ययन किसी व्यक्ति के बारे में पूर्ण जानकारी प्राप्त करने का दावा नहीं कर सकता। यह झूठा आत्मविश्वास अवैज्ञानिक दृष्टिकोण उपस्थित करता है और इसके गलत निष्कर्ष निकाले जाने की सम्भावना होती है।

(2) अव्यवस्थित और असंगठित–चूँकि इस विधि में साम्पल की ओर कोई ध्यान नहीं दिया जाता और मनमाने ढंग से चाहे जिस विधि से सूचनायें प्राप्त की जाती हैं। इसलिये कुछ व्यक्तियों के विषय में यह विधि अत्यधिक अव्यवस्थित और असंगठित हो जाती है। इससे यह निष्कर्ष निकलता है कि इस विधि का प्रयोग बुद्धिमान और सुलझे हुए अनुसन्धानकर्ता ही कर सकते हैं।

(3) थोड़ी सी इकाइयों पर आधारित निष्कर्ष–चूँकि वैयक्तिक अध्ययन विधि में प्रत्येक इकाई का विस्तार से गहन अध्ययन किया जाता है इसलिए इनमें अधिक इकाइयों का अध्ययन सम्भव नहीं है और कुछ थोड़ी सी इकाइयों के अध्ययन के आधार पर ही सामान्य नियम बना लिये जाते हैं। स्पष्ट है कि वे सामान्य नियम उतने प्रामाणिक नहीं कहे जा सकते जितने कि बड़ी संख्या में इकाइयों के अध्ययन से मिली सामग्री के आधार पर बनाये हुए सामान्य नियम होते हैं।

(4) अत्यधिक व्यय साध्य और समय साध्य–प्रत्येक इकाई के व्यापक और गहन अध्ययन के कारण जहाँ वैयक्तिक अध्ययन विधि से सीमित संख्या में इकाइयों का अध्ययन किया जा सकता है वहाँ इसमें समय और धन भी अत्यधिक व्यय होता है यहाँ तक कि वैयक्तिक अध्ययन में लगभग 2 वर्ष लग जाते हैं। अस्तु, अनेक समस्याओं में इस विधि का प्रयोग नहीं किया जा सकता।

(5) भूलों की सम्भावना–वैयक्तिक अध्ययन विधि में अध्ययन के विषय का चुनाव, अवलोकन को लिखना, व्यवहार का निरीक्षण इत्यादि में अनेक भूलें होने की सम्भावना है। बहुधा अनुसन्धानकर्ता निरीक्षण की कमी को कल्पना से पूरा कर

लेता है जिससे निष्कर्ष अप्रामाणिक हो जाते हैं। गुणात्मक प्रणाली होने के कारण व्यक्ति अध्ययन अधिक आत्मगत हो जाते हैं और उनकी वैज्ञानिकता कम हो जाती है।

(6) काम चलाऊ सैद्धान्तीकरण की प्रवृत्ति—वैयक्तिक अध्ययन विधि में किसी सामाजिक घटना में वास्तविक कार्य-कारण सम्बन्ध खोजने के स्थान पर सामान्य बुद्धि के आधार पर काम चलाऊ सैद्धान्तीकरण (Ad hoc Theorising) करने की प्रवृत्ति हो जाती है। इससे अनुसन्धानकर्ता वैज्ञानिक नियमों के अनुसन्धान का प्रयास नहीं करता।

(7) अन्य दोष—उपर्युक्त दोषों के अतिरिक्त वैयक्तिक अध्ययन विधि में अनेक विद्वानों ने अन्य दोष दिखलाये हैं। उदाहरण के लिए इस विधि में अनुसन्धानकर्ता और अध्ययन के विषय के मध्य घनिष्ट सम्बन्ध होने के कारण अध्ययन का विषय ऐसे उत्तर देता है जो सही नहीं होते किन्तु जिनसे अनुसन्धानकर्ता सन्तुष्ट होता है। दूसरे, बहुधा उत्तरदाता तथ्यों को तोड़-मरोड़ कर इस प्रकार उपस्थित करता है कि अनुसन्धानकर्ता की दृष्टि में उसका स्थान नीचे न गिरे। आत्म-कथा सुनने के प्रवाह में बहुधा उत्तरदाता अनेक घटनाओं को कल्पना के सहारे गढ़ लेता है, तथ्यों को अतिरंजित कर देता है ओर अनेक तथ्यों को छोड़ देता है। बहुधा यह उन सूचनाओं को छोड़ जाता है जो सामान्य नैतिक नियमों के विरूद्ध होती हैं। चूँकि प्रत्येक उत्तरदाता अपने शब्दों में अपनी कहानी सुनाता है इसलिए वैयक्तिक अध्ययनों से तुलनात्मक सामग्री नहीं मिल पाती।

वैयक्तिक अध्ययन विधि में सुधार के उपाय

उपर्युक्त दोषों के बावजूद वैयक्तिक अध्ययन विधि का सामाजिक अनुसन्धान में व्यापक रूप से प्रयोग किया जाता है। यदि ध्यान से देखा जाये तो उपर्युक्त दोषों में से अनेक को आसानी से दूर किया जा सकता है। उदाहरण के लिये यदि वैयक्तिक अध्ययन विधि में झूठा आत्मविश्वास उत्पन्न होने की आशंका है तो अनुसन्धानकर्ता को इस सम्बन्ध में पहले से ही चेतावनी दी जा सकती है। यदि इसमें निर्देशन का अभाव होता है तो अनुसन्धानकर्ता उपर्युक्त निर्देशन की योजना बना सकता है। यदि उत्तरदाता उल्टे-सीधे, गलत और अतिश्योक्तिपूर्ण उत्तर देता है तो उनको जाँचने की विधियाँ अपनायी जा सकती हैं। व्यक्ति वृत्तो के वर्गीकरण के लिए प्रत्यय निश्चित किये जा सकते हैं और उनके अर्थों को भी निश्चित किया जा सकता है। यदि अनेक अनुसन्धानकर्ता समान प्रत्ययों के अनुसार वर्गीकरण करें तो तुलनात्मक सामग्री भी प्राप्त की जा सकती है। अस्तु, वैयक्तिक अध्ययन इस प्रकार से किये जाने चाहिये कि अन्य लोग भी समान प्रकार के अनुसन्धान कर सकें और उत्तरदाताओं के विवरण व्यक्तिगत कहानियाँ मात्र न बन जायें। वास्तव में वैयक्तिक अध्ययन विधि में सबसे अधिक आवश्यकता अनुसन्धान को व्यवस्थित करने और उपयोग किये जाने वाले वर्गों की परिभाषा करने की है। अनुसन्धानकर्ता इसमें जितनी सावधानी से काम लेगा

वैयक्तिक अध्ययन विधि से उतना ही लाभ होगा। गुडे और हॉट, कार्ल रॉजर्स, एल्टन मेओ, एम० कोमारोवस्की, एलप्रेड किन्से और जॉन डोलार्ड आदि विद्वानों ने वैयक्तिक अध्ययन विधि के सुधार के लिए महत्वपूर्ण सुझाव दिये हैं। इन सुझावों से आँकड़ों के संकलन, लेखन, सम्पादन आदि में उल्लेखनीय प्रगति की जा सकती है। साम्पल विधि के प्रयोग से विभिन्न प्रकार के नियन्त्रण से और पूर्व निश्चित साक्षात्कार से इस विधि को अधिक वैज्ञानिक और शुद्ध बनाया जा सकता है। अध्ययन के विषय व्यक्ति, समूह, संस्थान तथा संस्कृति को केवल एक इकाई न मानकर उनके वर्ग के प्रतिनिधि के रूप में अध्ययन किया जाना चाहिये जिससे उनके अध्ययन के आधार पर सामान्य नियम निकाले जा सकें। प्रत्येक वैयक्तिक अध्ययन विस्तृतकाल में और सभी पहलुओं में विकासात्मक प्रक्रिया के रूप में होना चाहियें। अध्ययन में सामाजिक परिस्थिति पर लगातार दृष्टि रखी जानी चाहिये। अध्ययन से मिली सामग्री को निश्चित सिद्धान्तों के अनुसार संगठित किया जाना चाहिये। निष्कर्ष निकालने में सांख्यिकीय विधि का प्रयोग किया जाना चाहिये। इसके लिए मर्टन, होटलिंग और कैली ने महत्वपूर्ण सुझाव दिये हैं। इन सब उपायों में महत्वपूर्ण बातें पता लगाई जा सकती हैं।

अभ्यास के लिए प्रश्न

प्रश्न 1. वैयक्तिक अध्ययन क्या है? उसके लक्षण की पूर्णता और विधियाँ बतलाइये।
What is Case Study? Point out its characteristics and methods of attaining perfection.

प्रश्न 2. वैयक्तिक अध्ययन की क्या मान्यतायें हैं? वैयक्तिक अध्ययन और सांख्यिकीय विधि में अन्तर कीजिये।
What are the postulates of Case Study? Distinguish between Case Study and Statistical Method.

प्रश्न 3. वैयक्तिक अध्ययन के स्रोत क्या हैं? उसके गुण बतलाइये।
What are the sources of Case Study? Point out its merits.

प्रश्न 4. वैयक्तिक अध्ययन की सीमायें बतलाइये। इसमें सुधार के क्या उपाय हैं?
Point out limitations of Case Study. How can it be reformed?

20

सामाजिक अनुसंधान के पैमाने

(Scale of Social Research)

किसी भी वस्तु को पूर्ण रूप से जानने के लिए उसकी कई प्रकार से माप करनी पड़ती है। उदाहरण के लिए एक लोहे की कुर्सी के विषय में यदि पूर्ण ज्ञान प्राप्त करना हो तो उस कुर्सी की लम्बाई, चौड़ाई, वजन, ताप का प्रभाव, चुम्बक का प्रभाव आदि अनेक तथ्यों की माप करनी होगी। विभिन्न प्रकार के मापों के लिए भिन्न-भिन्न मापनियाँ या स्केल इस्तेमाल किये जाते हैं। लम्बाई-चौड़ाई मापने के लिए मीटर, सेण्टीमीटर आदि की सहायता ली जाती है वजन मापने के लिए किलोग्राम आदि को मापक के रूप में उपयोग में लाया जाता है। ताप को मापने के लिए थर्मामीटर को साधन बनाया जाता है और सेण्टीग्रेडों में तापक्रम नाप लिया जाता है। यह तो भौतिक वस्तुओं और घटनाओं के मापन की विवेचना हुई। इससे भिन्न सामाजिक घटनाओं के मापन की समस्या थोड़ी भिन्न तथा जटिल है। सामाजिक अध्ययनों में दो प्रकार की माप की जाती है। प्रथम प्रकार की माप के अन्तर्गत व्यक्तियों की आयु, परिवार का आकार, विवाह और तलाक की संख्या, हत्याओं और आत्म-हत्याओं की संख्या, आदि की संख्यात्मक माप की जाती है। यह माप सरल होती है। दूसरी प्रकार की माप का सम्बन्ध गुणात्मक एवं अमूर्त सामाजिक घटनाओं की माप से है। इस प्रकार की माप के अन्तर्गत मुख्य रूप से जीवन स्तर, मनोवृत्तियों, सामाजिक सम्बन्धों, मित्रता, शत्रुता प्रेम-घृणा आदि की माप करनी होती है। इन अमूर्त घटनाओं और सूक्ष्म सम्बन्धों की माप उतनी सरल नहीं होती जितनी कि एक कुर्सी की माप या परिवार के आकार की माप सरल होती है। इस प्रकार की समस्याओं अथवा घटनाओं की माप अत्यधिक जटिल होती है। परन्तु सामाजिक अनुसन्धान को शुद्ध एवं वैज्ञानिक बनाने के लिए इन अमूर्त घटनाओं को भी सही-सही मापना आवश्यक है। इस प्रकार की गुणात्मक घटनाओं के मापन के लिए समाजशास्त्र में कुछ प्रविधियों का निर्माण किया गया है। इन प्रविधियों को अनुमापन प्रविधियाँ (Scaling Techniques) कहा जाता है। इस प्रकार अनुमापन प्रविधियाँ सामाजिक अनुसन्धान की वे प्रविधियाँ हैं जिनके द्वारा गुणात्मक एवं अमूर्त सामाजिक घटनाओं एवं समस्याओं की संख्यात्मक माप की जाती है। अनुमापन प्रविधियों के विषय में गुडे तथा हॉट का कथन इस प्रकार है, ''अनुमापन

प्रविधियों में अन्तर्निहित समस्या इकाइयों की श्रेणियों को एक क्रम के अन्तर्गत व्यवस्थित करने की है। दूसरे शब्दों में, अनुमापन प्रविधियाँ गुणात्मक तथ्यों की श्रेणियों को गणनात्मक श्रेणियों में बदलने की पद्धतियाँ हैं।''[1]

अनुमापों की उपयोगिता
(Utility of Scales)

जैसा कि पहले कहा जा चुका है, प्रत्येक प्रकार के अध्ययन को शुद्ध एवं वैज्ञानिक बनाने के लिए पैमानों या अनुमापों की सहायता लेना अत्यधिक उपयोगी होता है। समाजशास्त्रीय अध्ययनों में भी पैमानों या अनुमापों की विशेष उपयोगिता है। यह सत्य है कि सामाजिक अध्ययनों के लिए पैमानों का निर्माण अपेक्षाकृत अधिक कठिन होता है, परन्तु इस कठिनाई के कारण अनुमापों की उपयोगिता कम नहीं होती। सामाजिक घटनाओं की प्रकृति जटिल, गुणात्मक एवं अमूर्त होती है। इस स्थिति में वस्तुनिष्ठ एवं गणनात्मक अध्ययन कि लिए अनुमापों की उपयोगिता और भी बढ़ जाती है। सामाजिक समस्याओं के वैज्ञानिक अध्ययन के लिए अनुमापों की उपयोगिता निम्नलिखित विवरण से स्पष्ट हो जायेगी–

(1) सामाजिक अध्ययन को वैज्ञानिक बनाने के लिए–सामाजिक अनुसन्धानों में अनुमापों या पैमानों की सर्वप्रथम उपयोगिता यह है कि हम इनके द्वारा सामाजिक घटनाओं को सही-सही रूप में माप एवं जान सकते हैं। किसी भी विज्ञान को या व्यवस्थित अध्ययन को तब तक परिपक्व और प्रगतिशील नहीं कहा जा सकता जब तक उसमें अनुमापों का पर्याप्त उपयोग न होता हो। अनुमापों अथवा पैमानों की सहायता से अध्ययन एवं अनुसन्धान के क्षेत्र में नये-नये एवं वैज्ञानिक ज्ञान के स्रोतों का पता चलता है। सामाजिक अनुसन्धानों और वैज्ञानिक अध्ययन के क्षेत्र में अनुमापन की उपयोगिता को स्पष्ट करते हुए सर्वश्री गुडे तथा हॉट का कहना है, ''सभी विज्ञान अधिकतम परिशुद्धता की दिशा में अग्रसर होते हैं। इस परिशुद्धता के अनेक रूप होते हैं, पर उसका एक आधारभूत रूप है क्रमबद्ध श्रेणियों की माप।''[2] इससे स्पष्ट है कि वैज्ञानिक अध्ययन के लिए अनुमापन प्रविधियाँ विशेष उपयोगी हैं क्योंकि मापन का कार्य इन्हीं प्रविधियों द्वारा ही हुआ करता है।

(2) वस्तुनिष्ठ माप के लिए–सामाजिक अध्ययनों में साधारणतया पक्षपात और मिथ्या झुकावों के समावेश की सम्भावना हुआ करती हैं। ऐसी स्थिति में सामाजिक घटनाओं के यथार्थ अध्ययन तथा उन अध्ययनों से वास्तविक निष्कर्ष प्राप्त करने के लिए सामाजिक अध्ययन में वस्तुनिष्ठ दृष्टिकोण की आवश्यकता

---

1. "The problem to which scaling techniques are applied is that of ordering a series of items along some sort of continuum. In other words, they are methods of turining a series of qualitative facts into a quantitative series."
—William J Goode and Paul K, Hatt.
2. "All sciences move in the direction of greather precision. This takes many forms. but one fundamental form is measuring gradations."

होती है। भौतिक विज्ञान में तो वस्तुनिष्ठ दृष्टिकोण अपनाना कठिन नहीं होता, परन्तु सामाजिक अध्ययनों में यह दृष्टिकोण अपनाना पर्याप्त कठिन होता है। इसके कई कारण हैं—सर्वप्रथम तो सामाजिक घटनाओं की अपनी प्रकृति ही इसमें बाधक हुआ करती है, दूसरे प्रत्येक सामाजिक अध्ययनकर्ता परोक्ष अथवा अपरोक्ष रूप से उसी सामाजिक समूह अथवा संस्था का सदस्य हुआ करता है, जिसका कि उसे अध्ययन करना होता है। वस्तुनिष्ठ दृष्टिकोण को अपनाये बिना सामाजिक अध्ययन एवं अनुसन्धान में निश्चित एवं सार्वभौम निष्कर्ष कभी भी प्राप्त नहीं किये जा सकते, क्योंकि व्यक्तिनिष्ठ दृष्टिकोण से किये गये अध्ययनों से प्राप्त निष्कर्षों में पर्याप्त अन्तर एवं विभिन्नता की सम्भावना होती है। साथ ही व्यक्तिनिष्ठ दृष्टिकोण से प्राप्त किये गये परिणामों की वैधता की पुष्टि भी नहीं की जा सकती। परन्तु समाजशास्त्र के विकास के साथ-साथ सामाजिक अध्ययनों में वस्तुनिष्ठ दृष्टिकोण का भी क्रमिक विकास हो रहा है। वस्तुनिष्ठ दृष्टिकोण अपनाने में सबसे अधिक सहायक अनुमापन प्रविधियों का प्रयोग होता है। अनुमापन प्रविधियों द्वारा किया गया अध्ययन वस्तुनिष्ठ होता है। अनुमापन प्रविधियों द्वारा किये गये अध्ययन में अध्ययनकर्ता के निजी विचार, संस्कार, रूचियाँ या लगाव कभी भी बाधक नहीं हुआ करते। इस प्रकार स्पष्ट है कि वस्तुनिष्ठ अध्ययन में अनुमापन प्रविधियों का विशेष महत्व है।

पैमाना तैयार करने की सामान्य समस्यायें

उपरोक्त विवरण से स्पष्ट है कि सामाजिक अध्ययन एवं अनुसन्धानों में अनुमापों का विशेष महत्व है। सामाजिक घटनाओं और सामाजिक अध्ययन की विशिष्ट प्रकृति के कारण सामाजिक अनुमापों का निर्माण अपेक्षाकृत कठिन होता है, परन्तु परेशानियों के भय से वैज्ञानिक कार्य रुका नहीं करते। अनुमापों के निमार्ण एवं परिमार्जन की दिशा में लगातार प्रगति हो रही है। ऐसी स्थिति में प्रश्न यह उठता है कि सामाजिक तथ्यों की शुद्ध, वस्तुनिष्ठ तथा विश्वसनीय माप के लिए उत्तम प्रकार के पैमानों का निर्माण कैसे किया जाये। कुछ सामान्य समस्यायें हैं जिनका ध्यान प्रत्येक सामाजिक पैमाने के निमार्ण में रखा जाता है। अग्रलिखित विवेचन से इन सामान्य समस्याओं का परिचय प्राप्त हो जायेगा।

(अ) क्रम का निश्चय—सामाजिक घटनाओं के वस्तुनिष्ठ अध्ययन के लिये पैमाने के निर्माण के लिए पहली समस्या यह है कि वे तथ्य या घटनायें मापन के योग्य हैं या नहीं जिन्हें हम मापना चाहते हैं। प्रत्येक वस्तु या घटना को मापना सम्भव नहीं होता और विशेष तौर पर सामाजिक अध्ययन के क्षेत्र में ऐसी कई घटनायें हो सकती हैं जिनका मापन सम्भव न हो। कोई घटना मापने योग्य है या नहीं यह बात घटना की निरन्तरता पर निर्भर करती है। वे घटनायें पैमानों द्वारा मापी जा सकती हैं जिनमें तीव्रता या श्रेणीबद्धता में निरन्तरता होती हैं यदि किसी घटना के विभिन्न रूपों में कोई निरन्तरता या सम्बद्धता न हो तो उनका मापन नहीं किया जा सकता। सम्बन्धित घटना के विभिन्न रूपों में यदि कोई तारतम्य न हो और वे पूर्ण रूप से बिखरे हुए तथा भिन्न प्रकृति के हों तो इनका संख्यात्मक मापन सम्भव नहीं

होता। भौतिक घटनाओं में प्रायः सब कहीं निरन्तरता के दर्शन होते हैं। इसी कारण भौतिक घटनाओं को मापने के लिए पैमानों का निर्माण सरल होता है। ताप अथवा भार आदि भौतिक गुणों में क्रमशः न्यूनतम स्तर से उच्चतम स्तर तक निरन्तरता रहा करती है। इसी कारण ताप मापने के लिए थर्मामीटर का निर्माण सरल होता है। इसी प्रकार यदि सामाजिक घटनाओं को मापने के लिए पैमाने का निर्माण करना हो तो सम्बन्धित सामाजिक घटना में निरन्तरता और क्रमबद्धता का उपस्थित होना अति आवश्यक है। सामाजिक घटनाओं की प्रकृति इस प्रकार की होती है कि इनकी उपस्थिति का तो पता चल जाता है परन्तु इनकी मात्रा या परिमाण का ठीक-ठीक पता नहीं लगता। बुखार कितना है वह हम सरलता से जान सकते हैं परन्तु किसी व्यक्ति का किसी अन्य व्यक्ति से कितना प्रेम है यह जान पाना कठिन होता है। इसी मात्रात्मक या परिमाणात्मक अध्ययन के लिए पैमानों का निर्माण किया जाता है। उदाहरण के लिए यदि घृणा की तीव्रता को मापना हो तो पहले घृणा के अधिकतम रूप का पता लगायेंगे और उस स्थिति को प्रतिपादित करने वाले चिह्न या प्रतीक को ज्ञात कर लेंगे। यह प्रतीक घृणित व्यक्ति को मार देने की इच्छा हो सकता है। इसके बाद घृणा के न्यूनतम रूप का पता लगाना होगा। इस स्थिति को बतलाने वाला प्रतीक परस्पर विवाह करने की इच्छा हो सकती है। इन दोनों विपरीत ध्रुवों का ज्ञान कर लेने के बाद इनके मध्य की क्रमिक स्थितियों का पता लगाना होगा और उन्हें मात्रा या परिमाण के आधार पर व्यवस्थित करना होगा। इस प्रकार क्रमिक रूप से व्यवस्थित स्थितियों के अनुकूल पैमाने का निर्माण किया जा सकता है।

(ब) विश्वसनीयता—सामाजिक अध्ययनों में इस्तेमाल होने वाले पैमानों को विश्वसनीय होना चाहिए। अतः पैमाने के निर्माण के समय उसकी वांछनीय विश्वसनीयता की समस्या का भी सामना करना पड़ता है। विश्वसनीय पैमाने का वह गुण होता है जिसके कारण वह समान परिस्थितियों में समान फल देता है। यदि कोई पैमाना समान सामाजिक दशाओं को भिन्न-भिन्न स्थानों पर भिन्न अंकों में प्रदर्शित करता है तो उस पैमाने को विश्वसनीय नहीं माना जायेगा। सामाजिक स्थिति मापक किसी पैमाने के द्वारा यदि समान आर्थिक स्थिति वाले दो व्यक्तियों का अलग-अलग स्तर मापन किया जाये और परिणाम समान प्राप्त हों तो उस पैमाने को विश्वसनीय मान लिया जायेगा ओर यदि एक व्यक्ति को अधिक और दूसरे को कम अंक प्राप्त हों तो सम्बन्धित पैमाना त्रुटिपूर्ण और अविश्वसनीय माना जायेगा।

किसी भी सामाजिक पैमाने की विश्वसनीयता की जाँच करने के लिए निम्नलिखित विधियों को काम में लाया जाता है।

(i) **पुनः परीक्षा विधि**—पैमाने की विश्वसनीयता की जाँच के लिए पुनः परीक्षा विधि का विशेष स्थान है। इस विधि के अन्तर्गत एक पैमाने की जाँच करने के लिए पैमाने द्वारा किसी समूह या संस्था की किसी घटना की माप की जाती है, और परिणाम नोट कर लिये जाते हैं इसके पश्चात् कुछ समय के बाद उसी पैमाने द्वारा उसी संस्था या समूह की उसी घटना की पुनः माप की जाती है, और परिणाम

प्राप्त किये जाते हैं। यदि दोनों परिणामों में नगण्य अन्तर हो तो पैमाने को विश्वसनीय मान लेना चाहिये। इस प्रकार की दोनों परीक्षाओं के समय, परिस्थितियाँ एक समान होनी चाहियें। विश्वसनीयता की जाँच के लिए इसी विधि को एक अन्य ढंग से भी इस्तेमाल किया जा सकता है। एक ही समय पर कोई दो बिल्कुल समान समूह चुन लिये जायें और तब इनके किसी एक ही पहलू की माप सम्बन्धित पैमाने से की जाये। यदि परिणाम लगभग समान हों तो पैमाने को विश्वसनीय माना जाता है।

(ii) **विविधरूपीय विधि**—विश्वसनीयता की जाँच के लिए इस विधि के अन्तर्गत एक ही पैमाने के दो या दो से अधिक भिन्न रूपों का निर्माण किया जाता है। पैमाने के इन भिन्न रूपों के द्वारा एक ही चुने हुए निदर्शन की किसी घटना की माप की जाती है। यदि पैमाने के प्रत्येक रूप के द्वारा एक समान या पर्याप्त रूप से समान परिणाम प्राप्त हों तो समझना चाहिये कि पैमाना विश्वसनीय है।

(iii) **अर्द्धक विधि**—पैमाने की विश्वसनीयता की जाँच करने के लिए अर्द्धक विधि का भी प्रयोग किया जाता है। इस विधि के अनुसार जिस पैमाने की जाँच करनी हो उस पैमाने को दो भागों में विभाजित कर दिया जाता है। तब प्रत्येक भाग को पूर्ण एवं स्वतन्त्र पैमाना मानकर एक निश्चित घटना की माप की जाती है। यदि दोनों भागों द्वारा प्राप्त परिणामों में पर्याप्त सह-सम्बन्ध उपस्थित हों तो सम्बन्धित पैमाने को विश्वसनीय माना जायेगा। यह विधि केवल उन पैमानों की जाँच के लिये उपयोगी सिद्ध होती है जिनका निर्माण इस प्रकार का होता है कि इनका प्रत्येक आधा भाग पूरे पैमाने का प्रतिनिधित्व करता हो।

(iv) **पैमाने की प्रामाणिकता**—पैमाने का निर्माण करते समय एक अन्य समस्या का भी ध्यान करना होता है। यह समस्या पैमाने की प्रामाणिकता की समस्या है। एक पैमाने को प्रामाणिक तब माना जाता है जब वह सम्बन्धित घटना की सही तथा शुद्ध माप करता है। यहाँ पर प्रामाणिकता या वैधता और विश्वसनीयता में उपस्थित अन्तर को स्पष्ट करना आवश्यक है। एक पैमाना विश्वसनीय तब कहलाता है जब वह समान परिस्थितियों में एक घटना की माप एक समान बतलाता है। यहाँ पर माप की शुद्धता या अशुद्धता का कोई प्रश्न ही नहीं उठता। इससे भिन्न पैमाने की प्रामाणिकता तब स्वीकार की जाती है जब वह सही तथा शुद्ध माप देता है। एक अशुद्ध और गलत पैमाना विश्वसनीय हो सकता है परन्तु प्रामाणिक नहीं हो सकता।

पैमाने की प्रामाणिकता की जाँच के लिए गुडे तथा हॉट ने अग्रलिखित चार आधार बताये हैं—

(i) **तार्किक आधार**—यदि किसी पैमाने द्वारा किसी घटना या समस्या के ऐसे परिणाम प्राप्त हों जो तार्किक दृष्टिकोण के विरुद्ध हों तो सम्बन्धित पैमाने को अप्रामाणिक घोषित कर देना चाहिये। प्रामाणिक पैमानों द्वारा सदा तर्क सम्मत परिणाम प्राप्त होते हैं। उदाहरण के लिये यदि किसी पैमाने के द्वारा संगठित परिवारों के बच्चे, विघटित परिवारों के बच्चों से अधिक अपराधी घोषित किये जाते हों तो वह पैमाना अप्रामाणिक माना जायेगा क्योंकि यह परिणाम सामान्य तर्क के विपरीत

है। सामान्य तर्क के अनुसार विघटित-परिवारों के बच्चे अधिक अपराधी होते हैं।

यह विधि निश्चित एवं वैज्ञानिक नहीं है। यह केवल कामचलाऊ विधि है। यह आवश्यक नहीं है कि प्रत्येक व्यक्ति का तार्किक दृष्टिकोण समान ही हो। इस विधि में पक्षपात तथा व्यक्तिगत विशेषतायें प्रामाणिकता को प्रभावित कर सकते हैं।

(ii) **लोगों की राय**—यह सम्भव है कि एक व्यक्ति का सामान्य ज्ञान प्रामाणिक न हो। ऐसी स्थिति में पैमाने की प्रामाणिकता के विषय में अनेक जानकार व्यक्तियों की राय ली जाती है। इस विधि के अन्तर्गत पैमाने की प्रामाणिकता की जाँच के लिये पैमाने द्वारा प्राप्त परिणामों को विषय से परिचित अनेक व्यक्तियों को दिखाया जाता है। यदि उन व्यक्तियों में से अधिक व्यक्ति परिणामों से सहमत हों तो सम्बन्धित पैमाने को प्रामाणिक मान लिया जाता है। इस विधि में व्यक्तिगत झुकावों की सम्भावना कम रह जाती है।

(iii) **ज्ञात समूह पर लागू करके**—पैमाने की प्रामाणिकता की जाँच करने के लिए यह विधि अधिक उत्तम है। इस विधि के अन्तगर्त सम्बन्धित पैमाने द्वारा किसी ऐसे व्यक्ति या समूह की माप की जाती है जिसके विषय में हमें पहले ही पूर्ण ज्ञान प्राप्त होता है। इस दशा में यदि पैमाना पूर्व ज्ञान के अनुकूल परिणाम बताता है तो उसे प्रामाणिक मान लिया जाता है। उदाहरण के लिये हम जानते हैं कि अमुख व्यक्ति प्रेम-विवाहों का पूर्ण समर्थक है और एक अन्य व्यक्ति प्रेम-विवाहों का कट्टर विरोधी है। इस स्थिति में एक पैमाने द्वारा दोनों व्यक्तियों के प्रेम-विवाहों के प्रति दृष्टिकोण की माप की जाती है। यदि पैमाने द्वारा प्राप्त परिणाम पूर्व ज्ञान के अनुकूल होंगे तो सम्बन्धित पैमाना प्रामाणिक मान लिया जायेगा।

(vi) **स्वतन्त्र परीक्षण**—पैमाने की वैधता या प्रामाणिकता की जाँच करने के लिये स्वतन्त्र परीक्षण विधि को भी प्रयोग किया जाता है। इस विधि के अन्तर्गत सम्बन्धित पैमाने द्वारा किसी घटना के समग्र रूप को एक साथ न माप कर उसके विभिन्न पहलुओं को अलग-अलग स्वतन्त्र रूप से मापा जाता है और परिणाम प्राप्त किये जाते हैं। यदि इस प्रकार प्राप्त सभी परिणाम एक ही प्रकार के हों और इनमें समानता हो तो पैमाने को प्रामाणिक मान लिया जाता है, अन्यथा वह अप्रामाणिक माना जाता है। उदाहरण के लिये यदि एक व्यक्ति की धार्मिकता की माप करनी हो तो धार्मिकता में सम्मिलित पूजा-पाठ के प्रति लगाव, तीर्थ यात्रा के प्रति लगाव, मन्दिर में जाने की इच्छा आदि की उस पैमाने द्वारा अलग-अलग माप कर लेनी चाहिए। यदि समान परिणाम प्राप्त हों तो प्रामाणिकता मान लेनी चाहिये। इस विधि की अपनी सीमायें एवं कमियाँ हैं। वास्तव में एक ही घटना के विभिन्न पहलुओं का पारस्परिक सम्बन्ध समान नहीं होता और उनका मूल्य एवं महत्व भी समान नहीं होता; ऐसे में परिणामों का समान होना आवश्यक नहीं है।

(द) भार की समस्या—पैमाने के निर्माण में उपस्थित होने वाली अन्तिम समस्या तथ्यों के भार की समस्या है। सामाजिक घटनाओं की अंकों में माप तथा परिणाम जानने के लिये पैमाने के तथ्यों को आंकिक भार प्रदान करना आवश्यक

होता है। पैमाने के अन्तर्गत विभिन्न पदों को विभिन्न भार प्रदान किये जाते हैं। प्रत्येक पद को पैमाने में उसके महत्व एवं उपयोगिता के अनुकूल भार प्रदान किया जाना चाहिये। यह कार्य बहुत ही सूझ-बूझ से करना चाहिये। प्रायः पैमाने के पदों को भार प्रदान करने के कार्य में पैमाने के निर्माता के मिथ्या-सुझाव और रूचियाँ कार्य को अवैज्ञानिक और व्यक्तिनिष्ठ बना दिया करते हैं। इस स्थिति में भार प्रदान करने का कार्य किसी तार्किक आधार पर होना चाहिये।

कुछ विशेषज्ञों की राय भी ली जा सकती है। पैमाने को सही रूप से बना लेने से उसकी प्रामाणिकता अपेक्षाकृत बढ़ जाती है।

पैमाने के निर्माण में आने वाली कठिनाइयाँ

प्राकृतिक घटनाओं को मापने के लिये पैमानों का निर्माण सरल होता है। इसके विपरीत सामाजिक घटनाओं को मापने के लिये शुद्ध पैमाने का निर्माण करना सरल नहीं होता। इसके कई कारण हैं। मुख्य कारण यह है कि सामाजिक घटना की प्रकृति प्राकृतिक घटना की प्रकृति से भिन्न होती है। सामाजिक घटनामापक पैमाने के निर्माण में मुख्य कठिनाइयाँ निम्नलिखित हैं—

(1) सामाजिक घटना की जटिलता—प्राकृतिक घटाओं की अपेक्षा सामाजिक घटनाएँ अधिक जटिल होती हैं। प्रत्येक सामाजिक घटना को प्रभावित करने वाले अनेक कारक होते हैं। उदाहरण के लिये किसी व्यक्ति को अपराधी बनाने में प्रायः आर्थिक, सामाजिक, मनोवैज्ञानिक, राजनीतिक और अन्य अनेक कारकों का हाथ हुआ करता है। ऐसी स्थिति में पैमाने का निर्माण करते समय प्रत्येक कारक का पता लगाना कठिन होता है। कारकों का पता लग जाने पर उनमें से प्रत्येक के प्रभाव को ज्ञात कर पाना और भी कठिन होता है। पैमाने के निर्माण में कारकों का स्थायी होना भी आवश्यक है, जबकि जटिल सामाजिक घटनाओं के अनेक कारक स्थायी नहीं होते। वे प्रायः परिस्थितियों के थोड़े से भी परिवर्तन के साथ बदल जाते हैं। इस प्रकार सामाजिक घटनाओं की जटिलता सम्बन्धित पैमाने के निर्माण में बाधक हुआ करती है।

(2) सामाजिक घटनाओं की अमूर्तता—प्राकृतिक घटनायें मूर्त होती हैं। मूर्त घटनाओं को आँख से देखा जा सकता है, हाथ से छुआ जा सकता है। उदाहरण के लिए पानी में बर्फ बनता देखा जा सकता है और लकड़ी की कठोरता छुई जा सकती है। इसके विपरीत सामाजिक घटनाओं की प्रकृति अमूर्त होती है। अमूर्त घटनाओं को न तो आँख से देखा जा सकता है और न ही हाथ से अनुभव किया जा सकता है, उन में रंग-रूप नहीं होता। सामाजिक घटना प्रेम, घृणा, निष्ठुरता आदि को इन्द्रियों द्वारा नहीं जाना जा सकता। ऐसी स्थिति में सामाजिक घटनाओं को स्पष्ट रूप से निर्धारित नहीं किया जा सकता। अनिर्धारित घटनाओं को मापने के लिये पैमाना तैयार करना भी सरल नहीं होता। सामाजिक घटनायें गुणात्मक होती हैं। प्रायः कहा जाता है कि 'अमुक व्यक्ति दयावान है', 'अमुक व्यक्ति अच्छे स्वभाव का है', या 'अमुक व्यक्ति निष्ठुर है'। यहाँ पर स्वभाव, दयावान्, निष्ठुरता आदि गुणात्मक

तथ्यों की गणनात्मक माप करनी प्राय: कठिन होती है। अत: प्राकृतिक घटनाओं को मापने के लिये पैमाने के निर्माण की अपेक्षा सामाजिक घटनाओं को मापने के लिए पैमाने का निर्माण करना कठिन होता है और इस कठिनाई का कारण सामाजिक घटनाओं की अमूर्तता होती है।

(3) सामाजिक घटनाओं की असार्वभौमिकता—प्राकृतिक घटनाओं में सार्वभौमिकता होती है। ऊष्मा देने पर पानी का ताप भारत में भी बढ़ता है और पाकिस्तान में भी। यही नहीं आज से हजार वर्ष पहले भी ऐसा ही होता था और हजार वर्ष बाद भी ऐसा ही होगा। इसके विपरीत सामाजिक घटनाओं में सार्वभौमिकता नहीं होती। एक व्यक्ति प्रेम में असफल होने पर आत्महत्या कर लेता है और दूसरा कविता लिखने लगता है तथा तीसरा मद्यपान करने लगता है। ऐसी स्थिति में सामाजिक घटनाओं को मापने के लिये पैमाना बनाना सरल नहीं होता। पैमाने का निर्माण तथा उपयोग तभी सम्भव होता है जब सम्बन्धित घटनायें सब कहीं एक ही प्रकार की हों। उदाहरण के लिये यदि जीवन-स्तरमापक किसी पैमाने का निर्माण भारत में किया जाये तो उस पैमाने की सहायता से अमरीका के किसी व्यक्ति के रहन-सहन की माप करना सम्भव न होगा। जिस अंक के द्वारा भारत में उच्च जीवन-स्तर प्रतिपादित होता है, वही अंक अमरीका के उच्च जीवन-स्तर को प्रतिपादित नहीं कर सकता। इस प्रकार सामाजिक घटनाओं की सार्वभौमिकता पैमाने के निर्माण में बाधक हुआ करती है।

(4) सामाजिक व्यवहार की परिवर्तनशीलता—मनुष्यों के सामाजिक व्यवहार प्राय: अनिश्चित और परिवर्तनशील होते हैं। समय और परिस्थितियों में जरा भी परिवर्तन होने पर किसी मनुष्य का व्यवहार बदल सकता है। एक ही व्यक्ति एक व्यक्ति से एक प्रकार का व्यवहार करता है और दूसरे व्यक्ति से दूसरी प्रकार का व्यवहार करता है। इस प्रकार की स्थिति में कोई सामाजिक पैमाना कैसे बनाया जाये, यह एक समस्या का विषय बन जाता है। एक समय विशेष एवं परिस्थिति विशेष में बनाया गया पैमाना भिन्न समय और परिस्थिति में शुद्ध एवं सही माप नहीं दे पाता। ऐसे में पैमाने का निर्माण करना सचमुच ही अति कठिन हो जाता है।

(5) सामाजिक मूल्यों में असार्वभौमिकता—सामाजिक पैमानों के निर्माण के समय सम्बन्धित मूल्यों को भी दृष्टि में रखना होता है, परन्तु कोई भी सामाजिक मूल्य सार्वभौमिक नहीं होता। सामाजिक मूल्य भौतिक वस्तुओं के मूल्यों से भिन्न होते हैं। प्रत्येक भौतिक वस्तु का मूल्य मुद्रा में आँका एवं जाना जा सकता है, परन्तु सामाजिक मूल्यों की माप करने का कोई सार्वभौम साधन नहीं होता। प्रत्येक व्यक्ति अपने सामाजिक मूल्यों को अपने ढंग से महत्व प्रदान करता है। ऐसी स्थिति में कोई भी सामाजिक पैमाना बनाना पर्याप्त कठिन होता है।

(6) नियन्त्रित परीक्षण सम्भव नहीं होता—प्राकृतिक घटनाओं की माप के लिए पैमानों का निर्माण प्रयोगशालाओं में सम्बन्धित घटना के नियन्त्रित परीक्षण द्वारा किया जाता है। सामाजिक घटनाओं का नियन्त्रित एवं बाध्य करना प्राय: सरल

नहीं होता। उदाहरण के लिये हम किसी व्यक्ति को अपराध करने या प्रेम करने के लिये बाध्य नहीं कर सकते और न ही उसे पुनः अपराध करने को ही प्रोत्साहित कर सकते हैं। ऐसे में नियन्त्रित परीक्षण सम्भव नहीं होता और नियन्त्रित परीक्षण एवं पुर्नपरीक्षण के बिना किसी प्रामाणिक पैमाने का निर्माण सम्भव नहीं होता।

उपरोक्त विवरण से स्पष्ट होता है कि सामाजिक घटनाओं के मापन के लिए पैमानों का निर्माण करना सरल नहीं है। उसमें अनेक कठिनाइयों का सामना करना पड़ता है। परन्तु इन सब कठिनाइयों के होते हुए भी सामाजिक अध्ययन को शुद्ध तथा वैज्ञानिक बनाने के लिए अनेक समाजमितीय पैमानों का निर्माण किया गया है पैमानों की प्रामाणिकता तथा विश्वसनीयता में निरन्तर प्रगति हो रही है। आज के समाजशास्त्रीय अध्ययनों के आधार पर यह आशा की जा सकती है कि निकट भविष्य में समाजशास्त्र में भी अध्ययन के लिए प्रामाणिक पैमानों की पर्याप्त संख्या मिलने लगेगी।

सामाजिक पैमानों के प्रकार

अनेकानेक कठिनाइयों के होते हुए भी समाजशास्त्रियों ने सामाजिक घटनाओं की शुद्ध एवं संख्यात्मक माप करने के लिए कुछ पैमानों का निर्माण किया है। इन पैमानों में पर्याप्त मात्रा में प्रामाणिकता और विश्वसनीयता दिखलाई पड़ती है। अब तक निर्मित सामाजिक पैमानों में मुख्य निम्नलिखित हैं—

(1) अंक पैमाने (Point Scales)—सामाजिक घटनाओं के माप के लिए अंक पैमानों का पर्याप्त चलन है। इस पैमाने के अन्तर्गत किसी सामाजिक घटना से सम्बन्धित कुछ ऐसे शब्दों या स्थितियों को क्रम से लिख लिया जाता है जिनके द्वारा सम्बन्धित घटना के विभिन्न पहलुओं का परिचय प्राप्त होता हो। इसके बाद इन शब्दों या स्थितियों को उनके महत्व के अनुसार सूझ-बूझ से अंकों में भार प्रदान किया जाता है। इस प्रकार तैयार पैमाने को सम्बन्धित व्यक्ति पर लागू किया जाता है। उस व्यक्ति से विभिन्न स्थितियों के विषय में राय पूछी जाती है। उसके द्वारा दिये गये उत्तर के सामने सही का चिन्ह लगा दिया जाता है। बाद में सम्बन्धित अंकों को गिन लिया जाता है और परिमाण माप लिया जाता है।

(2) सामाजिक दूरीमापक पैमाने (Scales of Social Distance)—विभिन्न व्यक्तियों या समूहों के मध्य आकर्षक अथवा विकर्षण के सम्बन्ध होते हैं। इस प्रकार के सामाजिक सम्बन्धों को मापने वाले पैमानों को सामाजिक दूरीमापक पैमाने कहा जाता है। ये दो प्रकार के हैं—(1) बोगार्डस का सामाजिक दूरीमापक पैमाना; (2) समाजमितीय पैमाना। बोगार्डस के पैमाने के निर्माण के लिए कुछ ऐसी घटनाओं अथवा परिस्थितियों को चुनकर क्रमबद्ध रूप से व्यवस्थित कर लिया जाता है, जिनसे सम्बन्धित समूह की सामाजिक दूरी का परिचय मिलता हो। इसके बाद सम्बन्धित व्यक्तियों की राय जान ली जाती है और नोट करके सम्बन्धित सांख्यिकीय पद्धति द्वारा परिणाम प्राप्त कर लिए जाते हैं। समाजमितीय पैमानों के द्वारा भी

सामाजिक दूरी या निकटता की माप की जाती है। इस पैमाने द्वारा माप करने के लिए सम्बन्धित व्यक्तियों से पर्चियों पर उन लोगों के क्रम से नाम लिखने को कहा जाता है जिन्हें पसन्द, कम पसन्द या नापसन्द करते हों। उन उत्तरों को आंकिक मूल्य प्रदान करके सम्बन्धित व्यक्तियों की पारस्परिक दूरी या निकटता का हिसाब लगाया जाता है।

(3) तीव्रतामापक पैमाने—सामाजिक अनुसन्धानों में इन पैमानों द्वारा व्यक्तियों के विचारों, आवेगों आदि की तीव्रता को मापा जाता है। ये पैमाने केवल उन दशाओं में काम में लाये जा सकते हैं जब सम्बन्धित व्यक्तियों के विचारों, आवेगों आदि में श्रेणियाँ हों, उन में निरन्तरता हो। उदाहरण के लिए किसी एक व्यक्ति के प्रति यदि अनेक लोगों के विचार भिन्न-भिन्न हों, कुछ उसे पसन्द करते हों, कुछ कम पसन्द करते हों, कुछ उदासीन हों, और कुछ नापसन्द करते हों तो ऐसी स्थिति में तीव्रतामापक पैमानों के द्वारा विचारों की माप की जाती है।

(4) श्रेणीसूचक पैमाने (Ranking Scales)—किसी सामाजिक अध्ययन के अन्तर्गत यदि कुछ तथ्यों या परिस्थितियों के प्रति लोगों की पसन्द की माप करनी हो तो श्रेणीसूचक पैमानों को इस्तेमाल किया जाता है।

यहाँ पर कुछ मुख्य पैमानों का संक्षिप्त परिचय दिया गया है। उन पैमानों का विस्तृत विवरण तथा विवेचन अन्यत्र किया जायेगा।

अंक पैमाने
(Point Scales)

अंक पैमानों द्वारा विभिन्न समूहों के व्यक्तियों की विभिन्न विषयों के प्रति मनोवृत्तियों को मापा जाता है। अंक पैमानों के निर्माण के लिये सम्बन्धित समस्या या विषय से सम्बन्धित विभिन्न कथनों को संकलित किया जाता है। इसके बाद सम्बन्धित व्यक्तियों की इन कथनों के विषय में राय ज्ञात की जाती है। इस प्रकार राय जानने के लिये सभी स्थितियों या कथनों को एक कागज पर लिख लिया जाता है और तब सम्बन्धित व्यक्तियों को कहा जाता है कि उन्हें जिस कथन या स्थिति के प्रति प्रसन्नता की अपेक्षा रोष अधिक है उस कथन के आगे (×) का चिन्ह लगा दें। इसके बाद बिना चिन्ह के विवरणों का मूल्यांकन किया जाता है। इन्हें अंक प्रदान किये जाते हैं। इसके बाद चिन्हित और बिना चिन्ह के अर्थात बिना कटे शब्दों के आधार पर व्यक्तियों की मनोवृत्तियों का परिचय प्राप्त किया जाता है। नीचे एक अंक पैमाने पर उदाहरण प्रस्तुत किया जा रहा है—

उदाहरण—निम्नलिखित कथनों में से जिन कथनों के प्रति आपके मन में प्रसन्नता या लगाव के भाव हों, उन्हें यूँ ही छोड़ दीजिए। इसके अतिरिक्त जिन कथनों के प्रति आपके मन में रोष के भाव या अप्रसन्नता पैदा होती है, उनके सामने (×) का चिन्ह बना दें। बिना कटे कथन का अंक मूल्य एक होगा।

1. नृत्य एवं गायन उचित है। 2. भजन-कीर्तन उचित है।

3. बहु-विवाह उचित है। 4. प्रेम विवाह उचित है।
5. अन्तर्जातीय विवाह उचित है। 6. परिवार नियोजन उचित है।
7. विधवा विवाह उचित है।

इस प्रकार के कथनों को पसन्द अथवा नापसन्द करने के आधार पर किसी व्यक्ति की मनोवृत्तियों का परिचय प्राप्त किया जा सकता है। जैसे यदि कोई व्यक्ति, ''विधवा विवाह उचित है'', ''अन्तर्जातीय विवाह उचित है'' परिवार नियोजन उचित है'' इन कथनों को पसन्द करता है तो अनुमान लगाया जा सकता है कि अमुक व्यक्ति प्रगतिशील है और आधुनिक विचारों में विश्वास रखता है।

माप में कठिनाइयाँ
(Difficulties in Measurement)

अभिवृत्ति में ऐसे अनेक तत्व हैं जिनका माप होना बड़ा कठिन है। उदाहरण के लिए अभिवृत्ति में सम्मिलित अनुभूतियों और संवेगों को मापा नहीं जा सकता। अतः अभिवित्तियों को परोक्ष रूप से ही या अनुमान के द्वारा मापा जाता है। मनोवृत्तियाँ आन्तरिक प्रवृत्तियाँ या विन्यास है। इस रूप में उनका माप असम्भव है। परन्तु अभिवृत्तियों से व्यक्ति का बाहरी व्यवहार संचालित होता है। अतः बाह्य व्यवहार के आधार पर अभिवृत्तियों को मापा जा सकता है। अभिवृत्तियों के माप के लिये यह आवश्यक है कि तात्कालिक परिस्थितियों को नियन्त्रित किया जाये। यह नियन्त्रण जितना ही अधिक यथार्थ होगा अभिवृत्ति का माप भी उतना ही अधिक सफल और विश्वसनीय हो सकता है। इसलिये अभिवृत्ति के माप में परिस्थिति का नियन्त्रण आवश्यक हैं परन्तु कुछ परिस्थितियाँ ऐसी होती हैं जो नियन्त्रित नहीं की जा सकतीं। उदाहरण के लिए साम्प्रदायिक अभिवृत्तियों को प्रयोगशाला में या कृत्रिम रूप से उत्पन्न करना कठिन होगा। ऐसी स्थिति में प्रयोगकर्ता को वास्तविक परिस्थितियों पर भली प्रकार नजर रखते हुए अभिवृत्तियों का अध्ययन करना चाहिये। अतः यह स्पष्ट है कि अभिवृत्तियों के माप में उतनी यथार्थता की आशा नहीं की जा सकती जितनी कि बाह्य व्यवहारों के माप में होती है और न ये माप उतने अधिक विश्वसनीय ही हो सकते हैं। फिर भी इससे यह निष्कर्ष नहीं निकाला जा सकता कि अभिवृत्ति के माप विश्वसनीय नहीं होते या उनमें यथार्थता नहीं होती। अभिवृत्ति के माप की यथार्थता की परीक्षा उसकी भविष्यवाणी करने की शक्ति से की जा सकती है। जिस सीमा तक कोई माप व्यक्ति के भावी व्यवहार अथवा अनुभव के विषय में भविष्यवाणी कर सकता है उस सीमा तक वह माप यथार्थ है।

अभिवृत्तियों के माप की सीमायें
(Limitations of Measurement)

अभिवृत्तियों के माप के विषय में इस विवेचन से निम्नलिखित निष्कर्ष निकलते हैं—

(1) अभिवृत्तियों को परोक्ष रूप से ही मापा जा सकता है।

(2) अभिवृत्तियों के माप के लिये तात्कालिक परिस्थिति पर अधिक से अधिक नियन्त्रण किया जाना चाहिये।

(3) अभिवृत्ति के माप में अनियन्त्रित परिस्थितियों का ध्यानपूर्वक अध्ययन किया जाना चाहिये।

(4) अभिवृत्तियों के माप बाह्य व्यवहारों के माप के समान विश्वसनीय और यथार्थ नहीं हो सकते।

(5) अभिवृत्ति के माप की यथार्थता की परीक्षा उसके आधार पर मानव व्यवहार के विषय में भविष्यवाणी यथार्थता से की जा सकती है।

अभिवृत्तियों के माप की विधियाँ
(Scales of Measuring Attitudes)

अतः समाज मनोवैज्ञानिकों ने अभिवृत्ति को मापने के लिये विभिन्न विधियाँ निकाली हैं। मुख्य विधियाँ निम्नलिखित हैं–

(अ) मत मापदण्ड (Opinion Scales)
(ब) मूल्यांकन मापदण्ड (Rating Scales)
(स) परोक्ष मापदण्ड (Indirect Scales)

(अ) मत मापदण्ड

मत मापदण्डों में, जैसा कि इसके नाम से स्पष्ट है, मत (Opinion) के माप के द्वारा अभिवृत्ति को मापने की चेष्टा की जाती है। किसी भी व्यक्ति या वस्तु के सम्बन्ध में हमारे जो मत होते हैं उनके विश्लेषण से उस व्यक्ति अथवा वस्तु के प्रति हमारी अभिवृत्ति को जाना जा सकता है। अतः मनोवैज्ञानिक तरह-तरह से विशेष वस्तुओं, व्यक्तियों अथवा समस्याओं के प्रति व्यक्ति के मतों को पता लगाने के लिए मापदण्ड बनाते हैं। इन मापदण्डों में रचना की विधियों और प्रकारों का अन्तर होता है। परन्तु सभी मापदण्डों का उद्देश्य स्वीकार की एक सीमा से नकार की दूसरी सीमा तक फैले एक मापदण्ड में व्यक्ति की स्थिति को निश्चित करना है। जैसा कि पीछे बताया जा चुका है किसी भी मापदण्ड से मनोवृत्तियों का प्रत्यक्ष माप सम्भव नहीं है। मत मापदण्ड से विशेष बातों की ओर व्यक्ति की प्रतिक्रियायें मालूम होती हैं। इन प्रतिक्रियाओं से उसकी अभिवृत्तियों के बारे में अनुमान लगाया जा सकता है। स्पष्ट है कि मापदण्ड इस प्रकार का बनाया जाना चाहिये कि उससे व्यक्ति की अभिवृत्तियों पर अधिकाधिक प्रकाश पड़ सके। इसके लिए मापदण्ड में ऐसे कथनों का चुनाव होना चाहिये जो कि व्यक्ति की अभिवृत्ति की अनुकूलता अथवा प्रतिकूलता को भली प्रकार व्यक्त कर सकें।

उपयुक्त मापदण्ड में निम्नलिखित विशेषतायें होनी जरूरी हैं–

1. **विश्वसनीयता** (Reliability)–मापदण्ड का सबसे अधिक मुख्य गुण

उसकी विश्वसनीयता है। विश्वसनीयता का अर्थ यह है कि दो समान परिस्थितियों में प्राप्त हुये मापों में अधिक अन्तर नहीं होना चाहिये। जिस मापदण्ड में यह गुण जितना ही अधिक होगा उतनी ही अधिक विश्वसनीयता मानी जायेगी।

2. यथार्थता (Exactness)—विश्वसनीयता के साथ मापदण्ड यथार्थ भी होना चाहिये। इसके लिये मापदण्ड में ऐसे तत्व होने चाहियें जिनसे व्यक्ति की वास्तविक मनोवृत्ति मालूम हो सके।

3. तटस्थता (Objectivity)—मापदण्ड की रचना तटस्थ अथवा वस्तु विषयक होनी चाहिये। उसमें विभिन्न प्रश्नों के चुनाव में निर्णायकों की मनोवृत्ति का प्रभाव नहीं पड़ना चाहिये।

4. मनोवैज्ञानिक गुण (Psychological Quality)—मापदण्ड तभी सफल हो सकता है जबकि उसमें दिये गये प्रश्नों तथा उत्तरों आदि का व्यक्ति की अभिवृत्तियों से मनोवैज्ञानिक सम्बन्ध हो। इस प्रकार के कथनों या प्रश्नों का चुनाव मापदण्ड बनाने वाले की योग्यता पर निर्भर हैं।

5. विभिन्न पदों में अन्तर—(Distinctions in Different Items)—यथार्थ होने के लिये मापदण्ड के विभिन्न पदों, कथनों, प्रश्नों आदि में परस्पर स्पष्ट अन्तर होना चाहिये। ऐसा न होने पर उत्तर भी स्पष्ट नहीं आयेगें। इससे निर्णय में गलती हो सकती है।

यूँ तो मत मापदण्ड के अनेक रूप समाज मनोविज्ञान में प्रचलित हैं परन्तु मुख्य महत्वपूर्ण मापदण्ड निम्नलिखित हैं—

1. थर्सटन मापदण्ड रचना विधि (Thurstone Scale Construction Method)
2. लिकर्ट मापदण्ड रचना विधि (Likert Scale Construction Method)

उपरोक्त विधियों के अलावा समाज मनोविज्ञान में बोगार्डस (Bogardus) मापदण्ड, रैंक आर्डर (Rank Order) मापदण्ड तथा पेयर्ड कम्पैरिसन विधि (Paired Comparison Method) आदि भी महत्वपूर्ण हैं।

(1) थर्सटन मापदण्ड
(Thurstone Scale)

सन् 1929 और 1931 में युद्ध, गिरजे, हब्शी, मृत्युदण्ड, सन्तान निरोध आदि के सम्बन्ध में विभिन्न जन समूहों के मतों और विश्वासों के माप के लिये थर्सटन और उसके साथियों ने मापदण्डों की रचना की।

रचना विधि—थर्सटन मापदण्ड रचना विधि में निम्नलिखित पद थे—

1. प्रस्तुत प्रश्न अथवा वस्तु से सम्बन्धित बहुत से सरल कथनों या मतों को इकट्ठा करना।

2. इन मतों के मापदण्ड के मूल्य को कुछ निश्चित निर्णायकों के द्वारा निर्धारित करना। इस मूल्यांकन से विवादास्पद कथन निकाल दिये जाते हैं और

केवल वे ही कथन रहने दिये जाते हैं जिनके विषय में सारे विशेषज्ञ निर्णायक एक मत होते हैं। मतों का विस्तार एक अभावात्मक (Negative) से एक भावात्मक (Positive) सीमा तक होता है।

3. निर्णायकों के मत के अनुसार विशेषज्ञ हर एक कथन की एम मध्य बिन्दु (Median) संख्या निर्धारित करता है।

4. अन्त में यह देखना जरूरी है कि मापदण्ड के सारे कथन एक विशेष क्रम में आ गये हैं या नहीं। कथनों का क्रम इस प्रकार होना चाहियें कि वे अधिकतम स्वीकृति से प्रारम्भ होकर न्यूनतम स्वीकृति तक जायें। इसके लिये मापदण्ड में प्रारम्भ में ऐसे कथन रखे होते हैं जिनके बारे में सभी विशेषज्ञ सहमत होते हैं और सबसे अन्त में वे कथन रखे जाते हैं जिनको सभी अस्वीकार करते हैं।

सावधानियाँ—थर्सटन मापदण्ड रचना विधि में निम्नलिखित सावधानियाँ रखी जाती हैं—

(1) मापदण्ड का प्रत्येक कथन स्पष्ट शब्दों में होना चाहिये।

(2) निर्णायक विशेषज्ञों की संख्या इतनी पर्याप्त होनी चाहिये कि यह बात भली प्रकार मालूम हो सके कि विषयी के द्वारा प्रकाशित मत को कौन सा स्थान दिया जा सकता है। इसके लिये बहुधा निर्णायकों की संख्या सौ से भी अधिक होती है।

(3) मापदण्ड में केवल वे ही कथन रखे जाने चाहियें जिनको निर्णायक लोग एक मत से स्वीकार करते हैं। इसके लिये प्रत्येक विशेषज्ञ अधिकतम स्वीकृति से लेकर न्यूनतम स्वीकृतियों तक समस्त कथनों को 11 वर्गों में रखता है। यदि सभी विशेषज्ञ एक कथन को एक ही विशेष वर्ग में रखते हैं तो वह कथन निश्चय ही चुना जाना चाहिये। परन्तु यदि सभी विशेषज्ञ उस कथन को अलग-अलग वर्गों में रखते हैं तो विवादास्पद होने के कारण उसको छोड़ दिया जाना चाहिये।

उदाहरण—थर्सटन मापदण्ड रचना विधि का एक उदाहरण ड्रोबा (Droba) द्वारा रचित मापदण्ड है। इसमें 22 कथन है। यह सन् 1930 में बनाया गया था। व्यक्ति का अभिवृत्ति अंक (Attitude Score) ज्ञात करने के लिये यह छपा हुआ मापदण्ड उसको दे दिया जाता है। व्यक्ति जिन कथनों को स्वीकार करता है उन पर सही के निशान लगा देता है। इन कथनों के मापांक (Scale Score) का मध्यबिन्दु (Median) उस व्यक्ति के अभिवृत्ति अंक दिखलाता है।

ड्रोबा के मापदण्ड के कुछ कथन निम्नलिखित है—

(1) राष्ट्रीय सम्मान के बिना कोई भी देश प्रतिष्ठा प्राप्त नहीं कर सकता और केवल युद्ध ही एक ऐसा साधन है जिसके द्वारा राष्ट्रीय सम्मान की रक्षा की जा सकती है।

(2) यदि युद्ध की घोषणा की जाती है तो हमें भी भर्ती होना चाहिये।

(3) युद्ध प्रारम्भ करना तभी उचित है जब कि उससे निर्बल राष्ट्र की रक्षा

होती रहे।

(4) प्रगति के लिए शान्ति और युद्ध आवश्यक है।

(5) हम अधिक से अधिक यह आशा कर सकते हैं कि युद्ध का आंशिक रूप में उन्मूलन कर दिया जाये।

(6) युद्ध में लगे हुये लोगों के जीवन अधिकारों का अनादर करने से अपराध की लहर फैल जाती है।

(7) हर एक राष्ट्र को फौरन ही अपना निशस्त्रीकरण कर देना चाहिये।

(2) लिकर्ट मापदण्ड
(Likert Scale)

सन् 1932 में लिकर्ट ने थर्सटन से भिन्न एक मापदण्ड का निर्माण किया। इस मापदण्ड में साम्राज्यवाद, अन्तर्राष्ट्रीयता और नीग्रो लोगों के प्रति प्रयोज्य समूहों के मतों तथा अभिवृत्तियों को जानने की चेष्टा की गयी।

रचना विधि—लिकर्ट की मापदण्ड रचना विधि में विभिन्न पद निम्नलिखित हैं—

(1) बहुत से ऐसे कथनों की रचना करना जो कि उस समस्या अथवा वस्तु से सम्बन्धित हों जिससे सम्बन्धित मनोवृत्ति का अध्ययन करना है।

(2) प्रयोज्यों को यह कथन दिखाकर उनसे उनका निम्नलिखित वर्गों में वर्गीकरण करना।

पूर्णतया स्वीकार	**स्वीकार**	**अनिश्चित**	**अस्वीकार**	**पूर्ण रूप से अस्वीकार**
(Strongly Approve)	(Approve)	(Undecided)	(Disapp-rove)	(Strongly Disapprove)

(3) उपरोक्त वर्गों में उपरोक्त क्रम से निम्न अंकन प्राप्त करना।

5 4 3 2 1

(4) प्रयोज्य के सम्पूर्ण प्राप्त अंक (Total Score) और कथनों के व्यक्तिगत अंकों के बीच में सह सम्बन्ध (Correlation) ज्ञात करना।

(5) उन कथनों को निकाल देना जिनका सम्पूर्ण प्राप्तांक से अत्यन्त निम्न अंश का सह सम्बन्ध है।* *(तालिका देखें)*

वस्तु विश्लेषण

मानव अभिवृत्तियों पर भिन्न-भिन्न वस्तुओं का न्यूनाधिक भिन्न-भिन्न प्रभाव पड़ता है। इस प्रभाव के तुलनात्मक अध्ययन की विधि वस्तु विश्लेषण (Item Analysis) कहलाती है। इसमें प्रमुख समस्या ऐसी वस्तुओं की खोज करना है जो कि समीचीन रूप से उन व्यक्तियों को जो कि किसी अभिवृत्ति की रेखा में ऊँचा स्थान पाते हैं, उन व्यक्तियों से अलग करें जिनको कि इस मापदण्ड में नीचा स्थान

तालिका *

समूह संख्या (Group Number)	वस्तु संख्या (Item No-22) स्कोर (Score) 1 2 3 4 5	सम्पूर्ण भार (Weighted Total) स्कोर × संख्या (Score × Number Checking that Score)	भारवाला माध्य (Weighted Mean) सम्पूर्ण भार मामलों की संख्या (Weight total Number of Cases)	डी पी उच्च भारत माध्य-निम्नभार माध्य (High Weighted Mean- Low Weighted Mean
उच्च (High) 9	0 1 2 3 3	35	3.89	2.00
निम्न (Low)	1 8 0 0 0	17	1.89	

*Murphy and Lickert—**Public Opinion and the Individual,** New York, Harper, 1938, p. 289, Table 68.

दिया गया है। वस्तु विश्लेषण में सह-सम्बन्ध (Correlation) की प्रणाली से भिन्न प्रणाली अपनायी जाती है। इसमें प्रत्येक वस्तु की उच्च और निम्न अभिवृत्ति वाले व्यक्तियों के मापने की योग्यता पता लगाई जाती है। यह वस्तु की भिन्नीकरण शक्ति (Discriminative Power of the Item) या संक्षेप में डी पी (D P) कहलाती है। इस शक्ति का पता लगाने में अनुसन्धानकर्ता प्रत्येक व्यक्ति के लिए बिना किसी सोच विचार के कुछ वस्तुओं को चुनकर उसके सम्बन्ध में उसको अंक देता है और इन अंकों को निम्न (Low) से उच्च (High) की एक पंक्ति में व्यवस्थित करता है। अब वह विभिन्न व्यक्तियों की तुलना करके उच्च चतुर्थक (Quartile) और निम्न चतुर्थक का पता लगाता है। मरफी के साथ मिलकर लिकर्ट ने अपनी पुस्तक सार्वजनिक जनमत और व्यक्ति (Public Opinion and the Individual) में एक तालिका दी है जिसको पृष्ट 136 में दिया गया है। इस तालिका में भिन्नता दिखलाने वाली वस्तुओं को उसी प्रकार से व्यवस्थित किया गया है जिस तरह सम-सम्बन्ध वाली वस्तुओं को आन्तरिक समीचीनता (Internal Consistency) प्रणाली में दिखलाया जाता है और इनके चुनाव में वही कसौटी इस्तेमाल की गई है। इस तालिक को देखने से यह पता चलता है कि भिन्नीकरण शक्ति अत्यधिक है क्योंकि इस विषय में 10 प्रतिशत मामलों में उच्च और निम्न दशांक (Deciles) उच्च अथवा निम्न चतुर्थकों के स्थान पर प्रयोग किये गये थे। फिर भी यहाँ पर चतुर्थकों को इस्तेमाल करना अधिक उपयुक्त है।

कुछ लेखकों ने उपरोक्त प्रकार के पैमाने इस्तेमाल करने की आलोचन की है। उनका यह कहना है कि इनमें जो कथन लिये गये हैं वे अत्यधिक सरल हैं और उनसे प्राप्त उत्तरों से कोई बात पता नहीं चलती अथवा उनको पढ़ने से बुरा प्रभाव पड़ता है। उदाहरण के लिए यह कथन बुरा लगता है कि संयुक्त राष्ट्र अमेरिका में यहूदियों को एक केन्द्रित कैम्प में रखा जाना चाहिये। यह अनुभव किया जा सकता है कि इस प्रकार के अतिवादी कथन से खुले आम कोई भी सहमति नहीं दिखलायेगा चाहे वह निजी रूप में इसे एक अच्छा विचार क्यों न मानता हो। कुछ अन्य आलोचकों का विचार था कि इस प्रकार के कथनों को छापने से प्रजातिवाद को प्रोत्साहन मिलता है। इन आलोचनाओं में कुछ औचित्य अवश्य है। यह निश्चित है कि ऐसी अधिक सूक्ष्म उत्तेजनाओं को मापक पैमानों में दिया जाना चाहिये जिनमें इस प्रकार के परिणाम न हों। इस प्रकार का एक उदाहरण कैफेटेरिया प्रश्नसूची (Cafeteria Questionnaire) में नीग्रो लोगों के प्रति अभिवृत्तियों के मरफी और लिकर्ट द्वारा बनाये गये मापक पैमाने में प्राप्त होता है। ये प्रश्न कैफेटेरिया प्रश्न इसलिये कहलाते हैं क्योंकि इनके उत्तर में अनेक प्रकार की बातें कही जा सकती हैं। इससे प्रत्युत्तर का क्षेत्र सीमित नहीं होता और सहमति-असहमति की रेखा में किसी प्रकार के दबाव का प्रयोग नहीं होता। लिकर्ट के द्वारा बनाई गई यह प्रश्न सूची निम्नलिखित हैं।

एक समुदाय जिसमें नीग्रो लोगों की संख्या श्वेत लोगों से अधिक है, उनमें

किन परिस्थितियों में किसी नीग्रो को जान से मारना उचित है।

(अ) कभी नहीं।

(ब) कुछ उपवाद के अवसरों पर जबकि किसी श्वेत व्यक्ति के विरुद्ध अत्यन्त क्रूर अपराध को शीध्र दण्ड दिया जाना चाहिये।

(स) किसी भी श्वेत व्यक्ति के विरुद्ध क्रूर अपराध के दण्ड के रूप में।

(द) किसी भी स्थल अपराध जैसे अत्यधिक अपमानजनक व्यवहार के लिए दण्ड के रूप में जो कि एक श्वेत व्यक्ति के प्रति किया गया हो।

(इ) किसी श्वेत व्यक्ति के विरुद्ध अपमानजनक व्यवहार के किसी भी कार्य के लिये दण्ड के रूप में।

हमारी शिक्षा व्यवस्था (व्यापारिक शिक्षा को छोड़कर) में वहाँ तक सर्वाधिक बुद्धिमान नीग्रो व्यक्तियों को जाने की अनुमति दी जानी चाहिये–

(अ) ग्रेड विद्यालय

(ब) जूनियर हाई स्कूल

(स) हाई स्कूल

(द) कालिज।

(इ) स्नातक अथवा व्यवसायिक विद्यालय।

एक समुदाय जिसमें नीग्रो व्यक्तियों की संख्या श्वेत व्यक्तियों से अधिक है उसमें श्वेत व्यक्ति के प्रति अपमानजनक व्यवहार करने वाले नीग्रो व्यक्ति के प्रति यह किया जाना चाहिये–

(अ) क्षमा कर दें या अवहेलना करें।

(ब) भर्त्सना करें।

(स) जुर्माना करें अथवा जेल भेजें।

(द) केवल जुर्माना करें और जेल ही भेजें इतना ही नहीं बल्कि कोड़े इत्यादि लगाने का शरीरिक दण्ड भी दिया जाये।

(इ) जान से मार दें।

उपरोक्त प्रश्नावली से आसानी से समझा जा सकता है कि इनमें से प्रत्येक प्रश्न के लिये सम्भावित उत्तरों में नीग्रो लोगों के प्रति न्यूनतम से लेकर अधिकतम विरोध तक देखा जा सकता है किन्तु सभी मामलों में यह करना आसान नहीं है। अस्तु, इस प्रकार की वस्तुओं को एक बडी संख्या में जुटाना कठिन है और इसके लिये पैमाने बनाने में बड़े अभ्यास की आवश्यकता है। सामान्य रूप से यह बेहतर होगा कि एक अधिक सरल प्रणाली अपनाई जाये और प्रत्येक कैफेटेरिया प्रश्न को एक अलग प्रत्यक्ष कथन के रूप में उपस्थित किया जाये। इस प्रकार ऊपर दी गई प्रश्नावली में पहले उदाहरण में कथन को इस तरह रखा जा सकता है "चाहे

परिस्थितियाँ जो कुछ भी हों किसी भी हालत में किसी नीग्रो को जान से मारना उचित नहीं है।'' अब इस कथन में सहमति और असहमति माँगी जानी चाहिये। फिर भी कुछ विशेष प्रयोजनों के लिये कैफेटेरिया प्रश्न का प्रयोग किया जा सकता है जैसे कि साधारणतया उन मामलों में जिनमें अत्यधिक सावधनीपूर्वक परिभाषित और यथार्थ पैमानों की आवश्यकता नहीं होती। इस तरह के मामलों में इस बात में अधिकतम सावधानी रखनी चाहिये कि व्यक्तियों को दिये गये सम्भावित उत्तरों में अभिवृत्ति चुनाव की रेखा में तीव्रता का एक क्रम प्राप्त हो और केवल समान विकल्प न दिये जायें।

(ब) मूल्यांकन मापदण्ड—जैसा कि पीछे बताया जा चुका है इन मत मापदण्डों के अलावा अभिवृत्तियों के माप की दूसरी मूल्यांकन मापदण्डों की है। मूल्यांकन मापदण्डों की विशेषता यह है कि इनमें अभिवृत्ति का मूल्यांकन प्रयोज्य के मतों या निर्णयों के आधार पर न होकर विशेषज्ञ अथवा प्रयोगकर्त्ता के अपने निर्णय के आधार पर होता है।

मूल्यांकन मापदण्ड में प्रयोगकर्ता मापदण्ड के लिये प्रदत्त या अध्ययन सामग्री को निम्नलिखित साधनों से एकत्रित करता है—

(1) अशाब्दिक व्यवहार (Non Verbal Behaviour)—जैसे रीति-रिवाज को मानना या न मानना।

(2) शाब्दिक व्यवहार (Verbal Behaviour)—जैसे सहमति अथवा असहमति प्रकट करना।

(3) गौण अभिव्यक्ति करने वाले सूत्र (Secondary Expressive Cues)—जैसे मुखाकृति, गले की ध्वनि, आदि।

(4) चिकित्सात्मक साक्षात्कार (Clinical Type Interview)।

(5) निजी लेख (Personal Documents)—जैसे आत्म-कथा, पत्र, डायरी आदि।

(6) प्रक्षेपण विधियाँ (Projective Techniques)—जैसे स्याही धब्बा विधि आदि।

(7) तात्कालिक अनुभव (Immediate Experiences)—जैसे व्यक्ति के भाव, विचार, प्रत्यक्षीकरण, कल्पना आदि।

उपरोक्त साधनों से प्रयोगकर्ता को अभिवृत्ति के विषय में पर्याप्त प्रदत्त मिल जाते हैं। व्यक्ति के मूक व्यवहार से उसके बिना बोले हुए भी बहुत-सी बातें मालूम हो जाती हैं यद्यपि अनुमान लगाने में काफी सावधानी की जरूरत है। मूल व्यवहार की अपेक्षा वार्तालाप से अभिवृत्ति को समझना अधिक आसान है। वार्तालाप के अलावा विभिन्न मुख मुद्राओं से और आवाज के चढ़ाव-उतार से व्यक्ति की अभिव्यक्ति मालूम होती है। जैसा कि क्रेच और क्रचफील्ड (Krech & Crutchfield) ने ठीक ही कहा है ''यह एक सामान्य विश्वास है कि व्यक्ति जो कुछ कहता है

वह उसको जैसा कहता उसकी अपेक्षा कम व्यक्त करने वाला हो सकता है"[1] इस प्रकार कही हुई बात से कहने का ढंग व्यक्ति की अभिवृत्ति को कहीं अधिक प्रकट करता है। चिकित्सात्मक साक्षात्कार में व्यक्ति से बहुत-सी ऐसी बातें पूछी जा सकती हैं जो कि वह सामान्य रूप से नहीं बताना चाहता क्योंकि इस प्रकार के साक्षात्कार में वह यह समझता है कि इन प्रश्नों का उत्तर देना उसकी चिकित्सा के लिये जरूरी है। डायरी, निबन्ध, पत्र, कविता, कहानी आदि विभिन्न प्रकार के व्यक्तिगत लेख मनुष्य की अभिवृत्ति को व्यक्त करते हैं। इनमें सबसे अधिक महत्व डायरी का है क्योंकि वह एकदम निजी लेख है। आत्म-कथा से भी व्यक्ति की अभिवृत्ति मालूम होती हैं। अभिवृत्तियाँ प्रकट करने के लिये प्रेक्षण विधियाँ बड़ी लाभदायक सिद्ध हुई हैं। इनमें दो मुख्य हैं—(1) रौर्शा (Rorschach's Ink Blot Test) का स्याही धब्बा परीक्षण और मरे का प्रसंगिक अन्तर्बोध (Murrary's Thematic Apperception Text or T. A. T.)। रौर्शा के स्याही धब्बा परीक्षण में व्यक्ति को स्याही के धब्बों के दस प्रामाणिक कार्डों को देकर उससे यह पूछा जाता है कि उसे उनमें क्या दिखलाई पड़ता है। मरे प्रासंगिक अन्तर्बोध परीक्षण में कुछ प्रामाणिक चित्र एक-एक करके प्रयोज्य के सामने उपस्थित किये जाते हैं ओर उसे उनके आधार पर निश्चित काल में जो कि बहुत कम होता है एक कहानी लिखनी होती है। प्रक्षेपण विधियों में व्यक्ति अनजाने ही अपनी आन्तरिक अभिवृत्तियों को व्यक्त कर देता है। इनके अलावा व्यक्ति की तात्कालिक अनुभूतियों, संवेगों, विचारों आदि से भी उसकी अभिवृत्ति का पता लगाने में सहायता मिलती है।

मूल्यांकन मापदण्ड के प्रकार

मूल्यांकन मापदण्ड स्थूल रूप से दो प्रकार के होते हैं—सापेक्ष और निरपेक्ष। सापेक्ष विधि का एक उदाहरण रैंक पद क्रम मापदण्ड है। निरपेक्ष विधि का उदाहरण जनसंख्या प्रतिशत मापदण्ड है। मूल्यांकन मापदण्ड को समझने के लिये इन दोनों मापदण्डों का उल्लेख पर्याप्त होगा।

(1) रैंक पद क्रम मापदण्ड (Rank Order Scale)—इस मापदण्ड में निर्णायक विशेषज्ञ निम्न से लेकर उच्चकोटि तक फैले हुए एक माप में व्यक्ति की मनोवृत्ति को एक स्थान या पद देता है। जनसमूह की परिस्थिति में व्यक्ति की परीक्षा करते समय यह ध्यान रखा जाता है कि अन्य व्यक्तियों की तुलना में उसका क्या स्थान है। इस प्रकार रैंक पद क्रम विधि में व्यक्ति को समान मापदण्ड कर सापेक्ष अर्थात् दूसरे व्यक्ति की तुलना में पद या स्थान दिया जाता है।

(2) जनसंख्या प्रतिशत मापदण्ड (The Percentage of Population Scale)—इस मापदण्ड में जनसंख्या में एक व्यक्ति अथवा कुछ व्यक्तियों को स्थान दिया जाता है। इस विधि में एक निश्चित जनसंख्या की परीक्षा ली जाती है और

---

1. "It is a common place belief that what a man says may be less revealing than how he says it."
—Krech and Crutchfield
'Theory and Problems of Social Psychology.' p. 287

फिर एक व्यक्ति के मतों की परीक्षा ली जाती है। अब निर्णायक व्यक्ति के मतों को मापदण्ड पर स्थान देता है जिससे कि यह स्पष्ट होता है कि उस निश्चित जनसंख्या में कितने प्रतिशत व्यक्ति पक्ष में हैं और कितने उसके विरोध में हैं। इससे यह भी मालूम हो जाता है कि विशेष व्यक्ति के मत जनसंख्या के कितने प्रतिशत मतों से आगे हैं और कितने प्रतिशत मतों से पिछड़े हुए हैं।

(3) परोक्ष मापदण्ड—अभिवृत्तियों के माप की तीसरी विधि परोक्ष मापदण्ड (Indirect Scales) की विधि है।

सामाजिक दूरी के पैमाने
(Social Distance Scales)

प्रत्येक व्यक्ति, समूह अथवा समुदाय के अन्य व्यक्तियों, समूहों और समुदायों के साथ सामाजिक सम्बन्ध होते हैं। परन्तु इस प्रकार पारस्परिक सामाजिक सम्बन्धों में सब कहीं एक समान घनिष्ठता नहीं होती। कोई व्यक्ति किसी एक परिवार के साथ वैवाहिक सम्बन्ध तक स्थापित करना पसन्द करता है, और वही व्यक्ति किसी अन्य परिवार के व्यक्तियों से बात भी करना पसन्द नहीं करता। व्यक्तिगत स्तर पर ही नहीं वरन् समूह एवं समुदाय के स्तर पर भी सम्बन्धों के प्रतिमानों में पर्याप्त विभिन्नता एवं अन्तर दिखाई दिया करते हैं। कहने का आशय यह है कि विभिन्न लोगों के मध्य उपस्थित सामाजिक सम्बन्धों में पर्याप्त निकटता एवं दूरी के दर्शन हुआ करते हैं। समाजशास्त्र में इस प्रकार की सामाजिक दूरी मापने के लिये कुछ पैमानों की रचंना की गई है। इन पैमानों द्वारा सामाजिक दूरी की परिमाणात्मक या संख्यात्मक माप की जाती है।

सामाजिक दूरी मापने के लिये प्राय: दो प्रकार के पैमानों का उपयोग किया जाता है। ये दो प्रकार के पैमाने निम्नलिखित हैं—

(1) बोगार्डस का सामाजिक दूरी का पैमाना (Bogardus Social Distance Scale)

(2) समाजमितीय माप (Sociometric Measurement)

अब इन दोनों प्रकार के सामाजिक दूरी-मापक पैमानों का थोड़ा विस्तृत वर्णन करना आवश्यक है।

(1) बोगार्डस का पैमाना

सामाजिक दूरी-मापक इस पैमाने का निर्माण सर्वप्रथम श्री बोगार्डस (E. S Bogardus) ने किया था। इस पैमाने के निर्माण के लिये श्री बोगार्डस ने कुछ ऐसी सामाजिक परिस्थितियों को संकलित किया जिनके द्वारा सम्बन्धित सामाजिक समूहों की सामाजिक दूरी का स्पष्ट परिचय मिल सकता था। इसके बाद उन्होंने 100 व्यक्तियों की राय प्राप्त की। बोगार्डस के पैमाने का रूप इस प्रकार का था।

वर्ग	अंग्रेज	स्वीडिश	पोल	कोरियन
1. विवाह करने की स्वीकृति 2. क्लब में साथी बनने की स्वीकृति 3. पड़ोस में रहने की स्वीकृति 4. एक ही दफ्तर में साथ-साथ काम करने की स्वीकृति 5. अपने देश में नागरिक के रूप में स्वीकार करने को तैयार 6. देश में केवल यात्री के रूप में आने की अनुमति देने को तैयार 7. अपने देश से बाहर निकाल देने की इच्छा				

यह अनुसूची विभिन्न व्यक्तियों को दी गई और उसके साथ ही निम्न निर्देश भी दिये गये–

(अ) प्रत्येक स्थिति में अपनी प्रारम्भिक प्रतिक्रिया ही दो।

(ब) अपनी प्रतिक्रिया समस्त वर्ग के प्रति दीजिये। अपनी प्रतिक्रिया प्रकट करते समय उस समाज के किसी अच्छे या बुरे व्यक्ति का ध्यान मत रखो जिससे आप परिचित हों।

(स) प्रत्येक जाति के खाने में सात वर्गों में से उतने वर्गों के सामने निशान लगाओ जिनसे आप सहमत हों।

उपरोक्त वर्णित अनुसूची 1725 अमरीकी नागरिकों को भरने के लिए दी गई। सर्वेक्षण के द्वारा प्रत्येक जाति तथा प्रत्येक वर्ग का योग निकाला गया और उसे प्रतिशत में बदल लिया गया। इसके लिए कुल 1725 उत्तरों का 100 के बराबर माना गया। इसी आधार पर पक्ष में मिलने वाले उत्तरों का प्रतिशत मान प्राप्त किया गया। प्रत्येक वर्ग एवं जाति के लिए निम्नलिखित प्रकार के परिणाम प्राप्त हुए।

जाति	विभिन्न वर्गों में उत्तरों के प्रतिशत						
	1	2	3	4	5	6	7
अंग्रेज	93.7	96.7	97.3	95.4	95.9	1.7	1.0
स्वीडिश	45.3	62.1	75.6	78.0	86.3	5.4	1.0
पोल	11.0	11.6	28.3	44.3	58.3	19.7	4.7
कोरियन	1.0	6.8	13.0	21.4	23.7	47.1	19.1

इस माप के आधार पर अमरीकनों की अंग्रेजों के प्रति सबसे अधिक निकटता

प्रकट होती है, और कोरियनों के प्रति सबसे अधिक घृणा का परिचय मिलता है। ये परिणाम ग्राफ द्वारा भी प्राप्त किये जा सकते हैं।

बोगार्डस के पैमानों द्वारा प्राप्त अंकों के आधार पर सामाजिक दूरी की माप गणितीय विधियों द्वारा भी की जा सकती है। इस विधि के अन्तर्गत विभिन्न वर्गों के लिये भार निर्धारित कर लिये जाते हैं। ये भार वर्गों की क्रम संख्या के समान ही मानें जा सकते हैं। गणितीय विधि द्वारा सामाजिक दूरी की माप निम्न प्रकार से की जाती है—

(अ) प्रत्येक जाति के प्रति प्राप्त उत्तरों के प्रतिशत को विभिन्न वर्गों के सामने रखा जाता है।

(ब) उत्तरों के प्रतिशत को भार से गुणा किया जाता है।

(स) गुणनफल का योग प्राप्त किया जाता है। यही गुणनफल सामाजिक दूरी की माप होती है। निम्न सारणाी से यह विधि स्पष्ट हो जायेगी—

वर्ग	भार	अंग्रेज		स्वीडिस		पोल		कोरियन	
		उत्तरों का प्रतिशत	भार* प्रतिशत	उत्तरों का प्रतिशत	भार* प्रतिशत	उत्तरों का प्रतिशत	भार* प्रतिशत	उत्तरों का प्रतिशत	भार* प्रतिशत
1	1	93.7	93.7	45.3	45.3	11.0	11.0	1.0	1.0
2	2	96.7	193.4	62.1	124.2	11.6	23.2	6.8	13.6
3	3	97.3	291.9	75.6	226.8	28.3	8.49	13.0	39.0
4	4	95.5	381.6	78.0	312.0	44.3	177.2	21.4	85.6
5	5	95.9	479.5	86.3	421.5	58.3	291.5	23.7	118.4
योग			1440.1		1139.8		587.8		257.8

इस सारणी के द्वारा विभिन्न जातियों का औसत सामाजिक निकटता का अनुपात इस प्रकार है—1440.1, 1139.8, 587.8 तथा 257.8।

समाजमितीय माप
(Sociometric Measurement)

समाजमितीय माप का निर्माण सर्वप्रथम सर्वश्री मोरीनो (J. L. Moreno)

निर्वाचित होने वाले छात्र

	अ	ब	स	द	क	ख	ग	च	छ	ज
अ					3		2		1	
ब	1		2	3						
स		3		1	2					

	अ	ब	स	द	क	ख	ग	च	छ	ज
द		2	3				1			
क		2	3					1		
ख			2				1	3		
ग				2		1			3	
च			1		3	2				
छ	2		1				3			
ज			1				2		3	
1	1	–	3	–	1	1	2	1	1	–
2	1	2	2	1	–	2	2	–	–	–
3	–	1	2	1	2	–	1	1	2	–
योग	2	3	7	2	3	3	5	2	3	0

1=प्रथम प्राथमिक, 2=द्वितीय प्राथमिकता, 3=तृतीय प्राथमिकता

तथा जेनिंग्स (H.H. Jennings) ने किया था। इस विधि को कभी-कभी समाजमिति (Sociometry) भी कहा जाता है। इस पैमाने द्वारा सामाजिक दूरी तथा अन्तर्सम्बन्धों को मापा जाता है।

इस विधि के अन्तर्गत जिन व्यक्तियों के पारस्परिक सम्बन्धों की माप करनी होती है, उन्हें एक-एक चिट दी जाती है और कहा जाता है कि अपने तीन प्रिय मित्रों के नाम क्रम में लिख दें। इस प्रकार सब लोगों द्वारा उनके पसन्द के नाम प्राप्त कर लेने के बाद सारिणयों एवं चित्रों द्वारा परिणाम प्राप्त कर लिये जाते हैं।

उदाहरण के लिए एक दस छात्रों के समूह में पारस्परिक सम्बन्धों की माप के लिए प्रत्येक छात्र को एक पर्ची दी जायेगी और उसे उन्हीं दस छात्रों में से अपने विवरणों के आधार पर उपरोक्त सारणी एवं समाजमितीय चित्र (Sociogram) की सहायता से परिणाम प्राप्त किये जायेंगे।

समाजमितीय चित्र (Sociogram)

समाजमितीय चित्र एवं सारणी से जिन सम्बन्धों के विषय में परिचय प्राप्त होता है उनमें से मुख्य निम्नलिखित हैं–

(1) पारस्परिक रुचि—समूह में कुछ सदस्य ऐसे होते हैं जो आपस में एक-दूसरे को पसन्द करते हैं। ऐसे लोगों में पारस्परिक तीव्रता समान भी हो सकती है और असमान भी। निम्नलिखित समाजमितीय चित्र से स्पष्ट होता है कि 'ख' और 'ग' के मध्य समान तीव्रता के सम्बन्ध हैं। इसके अतिरिक्त 'छ' और 'ग' में भी समान मित्रता है। 'अ' और 'छ' के मध्य, 'ग' और 'द' के मध्य, 'ख' और 'च' के मध्य तथा 'स' और 'ब' के मध्य असमान तीव्रता के आपसी सम्बन्ध हैं।

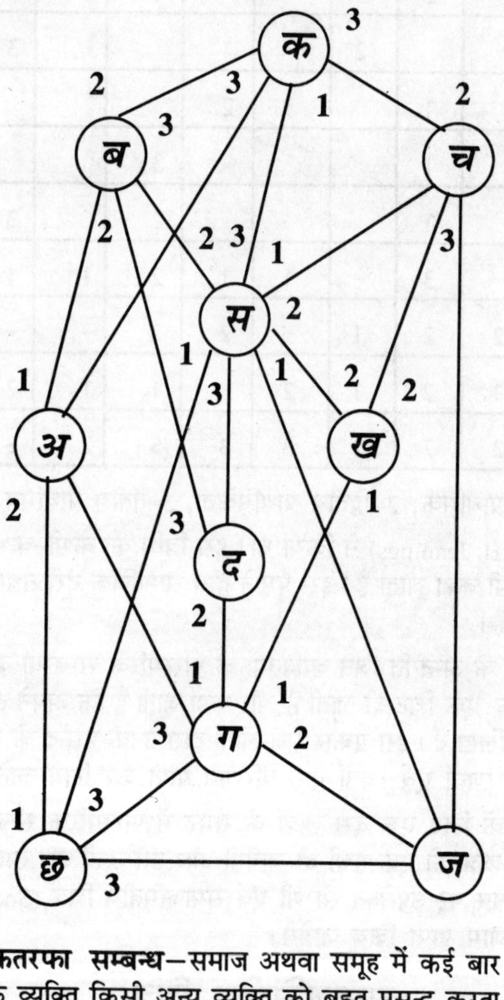

(2) एकतरफा सम्बन्ध—समाज अथवा समूह में कई बार ऐसा भी होता है कि कोई एक व्यक्ति किसी अन्य व्यक्ति को बहुत पसन्द करता हो, परन्तु वह व्यक्ति उसे पसन्द न करता हो। ऐसे सम्बन्ध को एकतरफा सम्बन्ध कहा जाता है। यहाँ 'ज', 'छ', 'ग' और 'स' को पसन्द करता है, परन्तु इनमें से कोई भी 'ज' को पसन्द नहीं करता।

(3) **सर्वप्रिय नेता**—किसी समूह में जिस व्यक्ति को सबसे अधिक लोग पसन्द करते हों उसे सर्वप्रिय व्यक्ति या नेता कहा जाता है। हमारे समाजमितीय चित्र में यह सौभाग्य 'स' को मिला है। 'स' को सात लोगों ने पसन्द किया है।

(4) **अप्रत्यक्ष नेता**—प्राय: प्रत्येक समूह में कोई एक व्यक्ति ऐसा हुआ करता है जिसे प्रत्यक्ष रूप से तो अधिक लोग पसन्द नहीं करते, परन्तु समूह के कुछ खास लोग उसे पर्याप्त मात्रा में पसन्द करते हैं। ऐसे व्यक्ति को अप्रत्यक्ष नेता कहा जाता है। इस प्रकार के व्यक्ति को 'अरस्तू नेता' भी कहा जाता है। संलग्न समाजमितीय चित्र में यह पद 'ख' और 'क' को दिया जा सकता है।

(5) **त्रिभुजीय अथवा चतुर्भुजीय चुनाव**—प्रत्येक समूह में कुछ सदस्य ऐसे होते हैं जो आपस में किसी अन्य व्यक्ति द्वारा सम्बन्धित होते हैं। उदाहरण के लिए 'स', 'ख' और 'च'। यहाँ पर 'च' को 'स' ने कोई प्राथमिकता नहीं दी है, परन्तु 'च' को 'ख' ने पसन्द किया है और 'ख' को 'स' ने। इस प्रकार के चुनाव को त्रिभुजीय चुनाव कहा जाता है।

(6) **दल**—प्रत्येक समूह में कुछ लोगों का अपना दल या गुट होता है। ये लोग एक-दूसरे को ही पसन्द करते हैं जैसे कि 'क', 'च', 'ख' और 'स' का एक दल है।

(7) **पूर्ण बहिष्कृत**—प्रत्येक समूह में प्राय: कोई न कोई व्यक्ति ऐसा अवश्य होता है जो किसी भी अन्य व्यक्ति से किसी प्रकार का सीधा सामाजिक सम्बन्ध नहीं रखता और न ही कोई व्यक्ति उसे पसन्द ही करता है। ऐसे व्यक्ति को पूर्ण बहिष्कृत या पूर्ण परित्यक्त व्यक्ति माना जाता है। उदाहरण के लिये 'ज' ऐसा व्यक्ति है जिसे किसी ने भी पसन्द नहीं किया।

तीव्रतामापक पैमाने
(Speed Scales)

तीव्रतामापक पैमानों से मनोवृत्तियों या रुचियों आदि की तीव्रता के अंशों को मापा जाता है। किसी विषय में किसी व्यक्ति की कितनी रुचि है, इस बात की माप करने के लिए तीव्रतामापक पैमानों को इस्तेमाल किया जाता है। इस प्रकार के पैमानों का उपयोग उस स्थिति में अधिक लाभदायक होता है जब सम्बन्धित रुचि या मनोवृत्ति आदि में अंशों का अन्तर हो। इस पैमाने द्वारा दो प्रतिकूल स्थितियों की माप नहीं हो पाती, बल्कि एक ही स्थिति की श्रेणियाँ या तीव्रता की मात्रा की माप की जाती है।

ये तीव्रतामापक पैमाने विभिन्न आकार एवं प्रकार के हो सकते हैं। एक पैमाने के तीन, चार, पाँच या अधिक खण्ड हो सकते हैं। तीन और पाँच खण्डों वाले पैमानों का अधिक चलन है। इस प्रकार के पैमाने के निर्माण के लिए सम्बन्धित मनोवृत्ति, रुचि या पसन्द को प्रतिपादित करने वाले विभिन्न शब्दों का उपयोग किया जाता है। ये शब्द सहमत, पक्ष, अनुकूल आदि हो सकते हैं। इसके बाद इन शब्दों की

गहनता या तीव्रता को प्रकट करने वाले विभिन्न शब्दों को संकलित किया जाता है। इस प्रकार विभिन्न अंशों का प्रतिपादन करने वाले शब्दों के विषय में सम्बन्धित व्यक्तियों की राय ज्ञात की जाती है। विभिन्न तीव्रता वाले शब्दों को महत्व के अनुसार भार प्रदान कर दिया जाता है। निम्न उदाहरण से तीव्रतामापक पैमाने का स्वरूप स्पष्ट हो जायेगा। **कथन**—"विधवा विवाह निषेध समाज के लिए अभिशाप है।"

पूर्ण सहमत	सहमत	अनिश्चित	असहमत	पूर्ण असहमत
+2	+1	0	–1	–2

उपरोक्त ढंग से तीव्रतामापक पैमाने का गठन किया जाता है। सम्बन्धित व्यक्तियों की राय जानकर उनकी रुचि, मनोवृत्ति आदि की तीव्रता या श्रेणी को ज्ञात कर लिया जाता है। इस प्रकार के पैमानों में प्राय: तटस्थ या उदासीन अवस्था के लिए शून्य और पक्ष के लिए धनात्मक एवं विपक्ष के लिए ऋणात्मक अंक निर्धारित किये जाते हैं।

तीव्रतामापक पैमानों में तीन और पाँच खण्डों वाले पैमानों का अधिक चलन है। इन दोनों का एक-एक उदाहरण नीचे दिया जा रहा है—

तीन खण्डों के पैमाने

1	2	3
1. ऊँचा	बराबर	नीचा
2. अनुकूल	तटस्थ	प्रतिकूल
3. हाँ	उदासीन	नहीं
4. पक्ष	तटस्थ	विपक्ष
5. बहुत अच्छा	औसत	बिल्कुल बेकार
6. पूर्णतया सहमत	तटस्थ	पूर्णतया असहमत
7. सदा	कभी-कभी	कभी-नहीं

पाँच खण्डों वाले पैमाने

1	2	3	4	5
1. पूर्णतया असहमत	सहमत	अनिश्चित	असहमत	पूर्ण असहमत
2. पूर्ण अनुकूल	अनुकूल	तटस्थ	प्रतिकूल	पूर्ण प्रतिकूल
3. सब	बहुत से	लगभग आधे	थोड़े से	कोई नहीं
4. बहुत पसन्द	पसन्द	तटस्थ	नापसन्द	बिल्कुल नापसन्द
5. निश्चित रूप से सही	कदाचित् सही	मालूम नहीं	शायद गलत	निश्चित रूप से गलत

तीव्रतामापक पैमाने दो प्रकार के होते हैं—प्रथम हैं समान विस्तार वाले और दूसरे हैं असमान विस्तार वाले। समान विस्तार वाले पैमानों के उदाहरण ऊपर के

तीन एवं पाँच खण्डों वाले पैमाने हैं। समान विस्तार वाले पैमानों में मध्य में तटस्थ स्थिति दर्शायी जाती है और उसे शून्य अंक द्वारा प्रदर्शित किया जाता है। इस पैमाने में तटस्थ के दोनों ओर समान रूप से पक्ष एवं विपक्ष स्थिति सूचक शब्द होते हैं। इससे भिन्न असमान विस्तार वाले पैमानों में ऐसा नहीं होता, उनमें तीव्रता की एक निरन्तरता होती है। विभिन्न स्थितियों के मध्य की दूरी भी समान होनी आवश्यक नहीं है। असमान विस्तार वाले पैमानों का प्रारम्भ शून्य से होता है और तब क्रमशः बढ़ता जाता है। असमान तीव्रता मापक पैमाने का एक उदाहरण निम्नलिखित है—

किन छात्रों को आर्थिक सहायता देनी चाहिए—

(1) केवल अति निर्धन छात्रों को।
(2) केवल छात्रावास के निर्धन छात्रों को।
(3) केवल निर्धन एवं मध्यम श्रेणी के छात्रों को।
(4) अति धनवान छात्रों को छोड़कर बाकी सब को।
(5) सब को।

श्रेणी सूचक पैमाने
(Ranking Scales)

श्रेणीसूचक पैमानों द्वारा किसी विशेष तत्व का उसकी श्रेणी में स्थान या क्रम जाना जाता है। यह पैमाना भी तीव्रतामापक पैमाने से मिलता-जुलता होता है। मुख्य श्रेणीसूचक पैमानों का वर्णन इस प्रकार है—

(1) तुलनात्मक युग्म (Paired Comparisons)—श्रेणीसूचक पैमानों में तुलनात्मक युग्म विधि सबसे सरल है। इस विधि का प्रारम्भ संयुक्त राष्ट्र अमरीका में पौर्टोरिको क्षेत्र के अध्ययन से हुआ। इस अध्ययन का उद्देश्य स्त्रियों के लिए उपयुक्त व्यवसायों की श्रेणी या क्रम जानना था। इस कार्य के लिए स्त्रियों द्वारा अपनाये जाने वाले व्यवसायों के दस युग्म या जोड़े बनाये गये। ये व्यवसाय विभिन्न प्रकार के थे, जैसे—नर्स का कार्य, दफ्तर की नौकरी, क्लर्क की नौकरी, घरेलू नौकरी आदि। उत्तरदाता स्त्रियों को प्रत्येक जोड़े में से एक व्यवसाय चुनने के लिए कहा गया। तब प्रत्येक व्यवसाय को प्राप्त अधिमानों का योग निकाल लिया गया और उसी से व्यवसाय के महत्व का पता लगा लिया गया। उदाहरण के लिए किसी एक व्यवसाय के महत्व को पाँच व्यक्तियों द्वारा जानना हो तो आगे दी गई तालिका द्वारा अंक प्राप्त करने होंगे—

इन अंकों के आधार पर सम्बन्धित व्यवसाय का पैमाने में महत्व या श्रेणी T7/5 या 3.4 होगी।

तुलनात्मक युग्म विधि सरल तो है परन्तु अधिक परिष्कृत एवं प्रामाणिक नहीं है। इस विधि द्वारा श्रेणी या क्रम का लगभग अनुमान लगाया जा सकता है। इसी विधि से मिलती-जुलती विधि का गिलफोर्ड (Guilford) ने भी निर्माण किया था। गिलफोर्ड की विधि अपेक्षाकृत अधिक शुद्ध परन्तु जटिल थी। उसमें विभिन्न गणितीय सूत्रों द्वारा परिणाम प्राप्त किये जाते हैं।

व्यक्ति	अधिमानों की संख्या
अ	4
ब	5
स	3
द	1
क	4
योग	**17**

(2) हॉरोविज की प्रणाली (Horowitz Technique)—श्रेणीसूचक पैमानों में हॉरोविज की प्रणाली का भी अपना स्थान है। हॉरोविज ने इस पैमाने का प्रयोग प्रजातीय पक्षपात के क्रम या श्रेणियों को जानने के लिए किया था। इस कार्य के लिए उसने कुल 12 बालकों के चित्र संकलित किये। इन चित्रों में 8 चित्र नीग्रो बालकों के थे और शेष चार गोरे बालकों के थे। प्रजातीय पक्षपात को जानने के लिए उसने ये सब चित्र स्कूल के बालकों को दिखाये और इन्हें पसन्द के अनुसार तस्वीरों को क्रमबद्ध लगाने के लिए कहा। इस क्रम में प्रियतम चित्र को प्राथमिकता देनी थी और शेष तस्वीरों को भी पसन्द के अनुसार स्थान देना था। चित्रों के स्थान अर्थात् पसन्द के क्रम के अनुसार उन्हें अंक प्रदान किये गये। प्रथम पसन्द के चित्र को 1 अंक, दूसरी पसन्द के चित्र को 2 अंक तथा तीसरी तथा चौथी पसन्द को 3 व 4 अंक प्रदान करने की व्यवस्था थी। बालकों की प्रजातीय पसन्द ज्ञात करने के लिए नीग्रो एवं गोरे बालकों को मिलाने वाले अंकों को जोड़ लिया गया; जिनको कम अंक प्राप्त हुए वे अधिक प्रिय माने गये।

(3) थर्सटन की सविस्तार प्रणाली (Thurston's Equal Appearing Interval Scale)—मनोवृत्तियों की माप के लिए थर्सटन की सविस्तार प्रणाली सर्वाधिक प्रचलित मानी जाती है। इस प्रणाली को "थर्सटन का पैमाना" भी कहा जाता है। इस पैमाने द्वारा किसी भी समूह की किसी विषय के प्रति मनोवृत्तियों या रुचियों को जाना जाता है। थर्सटन ने मुख्य रूप से चर्च के प्रति लोगों की राय ज्ञात करने के लिए इस पैमाने का उपयोग किया था।

चर्च के प्रति राय जानने के लिए थर्सटन के पैमाने के निर्माण के लिए सर्वप्रथम अनेक ऐसे छोटे-छोटे वाक्यों का संकलन किया, जिनसे लोगों के चर्च से सम्बन्धित विचारों का परिचय प्राप्त हो सकता था। इस प्रकार के वाक्यों के संकलन में हर प्रकार के पक्ष तथा विपक्ष के वाक्यों को एकत्रित किया गया था। इस शृंखला में थर्सटन ने 130 वाक्यों का संकलन किया था। उन वाक्यों में से कुछ वाक्य ये थे—

(1) मेरी समझ में अच्छे चर्च की सदस्यता से किसी व्यक्ति की उपयोगिता तथा आत्मसम्मान बढ़ जाता है।

(2) मेरी समझ में चर्च को सिवाय पैसे के अन्य कोई मतलब नहीं। मैं तो

इसकी चर्चा सुनते-सुनते ऊब गया।

(3) मेरी राय में चर्च जाने से शायद ही किसी को हानि हो।

(4) मैं समझता हूँ कि निम्न तथा अशिक्षित वर्ग पर चर्च का अच्छा प्रभाव पड़ा है, किन्तु उच्च वर्ग के लिए उसका कोई महत्व नहीं।

(5) मेरी राय में चर्च समाज-शोषक है।

(6) मुझे चर्च की सेवायें बड़ी ही शान्तिदायीनी तथा प्रेरणादायक जान पड़ती हैं।

लोगों की राय जानने के लिए जिन वाक्यों को संकलित किया गया था उनमें चर्च के प्रति पक्ष, विपक्ष तथा तटस्थ भाव प्रकट करने वाले वाक्य थे।

इन 130 वाक्यों के संकलन के बाद इनका सम्पादन किया गया और इनके लिए कुछ संकेत भी निर्धारित किये गये। तब इनके मुद्रण की ऐसी व्यवस्था की गई कि प्रत्येक वाक्य को अलग-अलग चिट के रूप में प्राप्त किया जा सके। इसके बाद इनके 11 वर्ग बनाये गये। इन वर्गों में प्रथम अर्थात् A वर्ग का सबसे अधिक पक्षपाती था और अन्तिम अर्थात् K सबसे अधिक विरुद्ध था।

थर्सटन ने इसके बाद 130 विवरणों को 300 जजों को दिया और कहा कि वे प्रत्येक विवरण को 11 वर्गों में से किसी एक वर्ग में रखें। इनके साथ ही थर्सटन ने निर्णायकों को निम्न निर्देश भी दिये थे--

(1) 130 पर्चियों में चर्च के महत्व के सम्बन्ध में विवरण हैं। इन्हें विभिन्न लोगों, विद्यार्थियों तथा अन्य लोगों ने तैयार किया है।

(2) चर्च और धर्म के सम्बन्ध में लोगों की राय जानने के लिए पैमाने का निर्माण करने के लिए हम चाहते हैं कि उन्हें 11 वर्गों में विभाजित किया जाये।

(3) आप लोगों को 11 पर्चियाँ दी गई हैं जिन पर A, B, C, D, E, F, G, H, I, J, K अक्षर लिखे हैं। इन्हें अपने समक्ष क्रमबद्ध रूप में लगाकर रख लीजिये। A पर्ची पर आप उन विवरणों को लिखें जो आपकी राय में चर्च के सबसे अधिक महत्व को प्रकट करते हैं। F पर्ची पर तटस्थ स्थिति प्रकट करने वाले विवरणों को तथा K पर्ची पर उन विवरणों को रखें जो आपकी राय में चर्च के प्रति सबसे अधिक विरोध प्रकट करते हैं।

(4) इसका मतलब यह है कि आप जब समस्त 130 पर्चियों को बाँट चुकेंगे तो आपके सामने उनके 11 ढेर होंगे जो चर्च के सम्बन्ध में क्रमशः विरोधी राय प्रकट करते हैं।

(5) इस बात का प्रयत्न मत कीजिये कि प्रत्येक ढेर में बराबर पर्चियाँ हों।

(6) पर्चियों पर दी हुई संकेत संख्याओं से उनको विभिन्न ढेरों में रखने का कोई सम्बन्ध नहीं है।

(7) यदि आप अनायास एक-एक पर्ची को लेकर उसका स्थान निर्धारित

करें तो आपको छाँटने में आसानी होगी।

उपरोक्त निर्देशों के अनुसार जब सभी निर्णायकों की राय ज्ञात हो जाये तो प्रत्येक विवरण के अनुसार निम्न प्रकार की सारणी का निर्माण किया जाता है। थर्सटन के द्वारा बनाई गई सारणियों का केवल एक नमूना यहाँ दिया जा रहा है।

वर्ग	कथन संख्या 4 (अनुकूल)			कथन संख्या 68 (प्रतिकूल)		
	आवृत्ति	संचयी आवृत्ति	संचयी अनुपात	आवृत्ति	संचयी आवृत्ति	संचयी अनुपात
1	18	18	.06	—	—	.00
2	60	78	.26	—	—	.00
3	102	180	.60	—	—	.00
4	93	273	.91	—	—	.00
5	11	284	.98	—	—	.00
6	3	287	.99	3	13	.01
7	13	300	1.00	15	17	.06
8	—	—	1.00	48	66	.22
9	—	—	1.00	78	144	.48
10	—	—	1.00	96	240	.80
11	—	—	1.00	60	300	1.00

इस सारणी को बनाने में निम्न क्रियायें करनी पड़ती हैं–

(1) पहले विवरण सं. 1 को लिया। विभिन्न पर्चियों को देखकर मालूम किया जाता है कि कितने व्यक्तियों ने उस विवरण को पहले वर्ग में रखा है और कितने व्यक्तियों ने दूसरे तथा अन्य वर्गों में रखा है। इस प्रकार पूरे 300 व्यक्तियों की राय ज्ञात की जाती है। इन संख्याओं को आवृत्ति के खाने में लिखा जाता है।

(2) तब इस प्रकार प्राप्त आवृत्तियों को संचयी आवृत्ति में बदला जाता है। इसके लिये क्रम से प्रथम आवृत्ति में दूसरी आवृत्ति संख्या को जोड़ा जाता है। इस विवरण में जैसे 18, 1+60=78, 78+102=180 आदि।

(3) संचयी आवृत्ति ज्ञात करने के बाद संचयी अनुपात ज्ञात किया जाता है। संचयी अनुपात का सूत्र निम्न है–

$$\text{संचयी अनुपात} = \frac{\text{संचयी आवृत्ति}}{\text{कुल संख्या (300)}}$$

यहाँ पर संचयी अनुपात $= \frac{18}{300}, \frac{78}{300}, \frac{180}{300}$ आदि प्राप्त होते हैं।

संचयी अनुपात ज्ञात करने के बाद विवरण की संख्यात्मक माप ज्ञात की जाती

है। संख्यात्मक माप ज्ञात करने के लिए प्रत्येक वर्ग की मध्यका (Median) ज्ञात की जाती है। मध्यका ज्ञात करने के लिए ग्राफ अथवा गणितीय दोनों विधियों का इस्तेमाल किया जा सकता है। विवरण के औसत के अतिरिक्त व्यक्तियों की राय का भी औसत ज्ञात किया जाता है। यह औसत मान समान्तर माध्य विधि से भी ज्ञात किया जाता है। इसके लिए गणितीय एवं ग्राफ विधियों को इस्तेमाल किया जाता है। यहाँ विस्तार में जाने की आवश्यकता नहीं है।

अभ्यास के लिए प्रश्न

प्रश्न 1. सामाजिक शोध में अनुमापन की समस्यायें बताइये। महत्वपूर्ण स्केलों का उल्लेख कीजिये।

Bring out the porblems of scaling in social research. Enumerate improtant scales.

प्रश्न 2. संक्षिप्त टिप्पणी लिखो—अंक पैमाने

Write short note on--Point Scales.

प्रश्न 3. अभिवृत्तियों के माप की कठिनाइयाँ और सीमायें बताइये।

Point out difficulties and limitations of measurement of attitudes.

प्रश्न 4. अभिवृत्तियों के विभिन्न मापों का वर्णन कीजिये।

Describe various scales of measuring attitudes.

21

तथ्यों का विश्लेषण एवं व्याख्या
(Processing and Interpretation of Data)

सामाजिक अनुसन्धान में तथ्यों के संकलन का विशेष महत्व है। अनुसन्धान का सारा कार्य ही तथ्यों पर निर्भर करता है, परन्तु अनुसन्धान का कार्य केवल तथ्यों के संकलन मात्र से ही पूरा नहीं हो जाता। तथ्यों का विश्लेषण एवं उनकी व्याख्या करना भी अनुसन्धान कार्य का महत्वपूर्ण चरण है। वास्तव में तथ्यों के विश्लेषण का महत्व, परिणाम प्राप्त करने के लिए और भी अधिक होता है। एक फ्रेंच विद्वान श्री प्वोवेनकेयर ने तथ्यों के विश्लेषण एवं व्याख्या के महत्व को इस प्रकार से स्पष्ट किया है, "जिस प्रकार एक मकान पत्थरों से बनता है उसी प्रकार विज्ञान का निर्माण तथ्यों से होता है, परन्तु केवल तथ्यों का संकलन उसी प्रकार विज्ञान नहीं है जैसे कि पत्थरों का एक ढेर मकान नहीं है।"[1] इससे स्पष्ट होता है कि वैज्ञानिक परिणाम प्राप्त करने के लिये तथ्यों को विश्लेषित तथा व्यवस्थित करना अति आवश्यक है।

अनुसन्धान के कार्य में तथ्यों को विश्लेषित करना विशेष महत्वपूर्ण कार्य है। श्रीमती पी॰ वी॰ यंग ने इस कार्य को अनुसन्धान का 'रचनात्मक पक्ष' कहा है। वास्तव में जब तक संकलित तथ्यों को गम्भीर रूप से विश्लेषित न किया जाये तब तक उन तथ्यों में निहित परिणामों को प्राप्त नहीं किया जा सकता। तथ्यों के विश्लेषण से ही उनमें उपस्थित कार्य-कारण सम्बन्धों का पता चलता है और तथ्यों की व्याख्या से वैज्ञानिक उन्नति होती है। इस प्रकार स्पष्ट है कि किसी अनुसन्धान के परिणाम प्राप्त करने के लिए सम्बन्धित नियमों के सफल प्रतिपादन के लिए तथ्यों का विश्लेषण परमावश्यक है।

तथ्यों के विश्लेषण और व्याख्या की आवश्यक शर्तें

तथ्यों के विश्लेषण तथा व्याख्या का कार्य विशेष महत्वपूर्ण है। इस कार्य को सफलतापूर्वक करने के लिए कई बातों को ध्यान में रखना आवश्यक होता है।

1. "Science is built with facts as a house is built with stones, but a collection of facts is no more science than a heap of stones is a house." —Jules Henri Poincare

मुख्य रूप से अनुसन्धानकर्ता को स्वयं विशेष सावधान रहना चाहिए। अनुसन्धानकर्ता को यह कार्य अति सूझ-बूझ से करना चाहिए। विश्लेषण करने के लिए कुछ नियमों का पूर्व-निर्धारण कर लेना चाहिए। इन नियमों के ही अनुसार विश्लेषण का कार्य करना चाहिये। इसके अतिरिक्त अनुसन्धानकर्ता का अपना सामान्य ज्ञान, अनुभव तथा बौद्धिक ईमानदारी भी विश्लेषण के कार्य में विशेष सहायक सिद्ध होते हैं।

विश्लेषणकर्ता को अपने कार्य में अपनी आलोचनात्मक एवं अनुशासित कल्पना-शक्ति से भी काम लेना चाहिए। इन कल्पना-शक्ति से तथ्यों में उपस्थित अन्त:सम्बन्धों को समझने में पर्याप्त सहायता मिलती है। कल्पना शक्ति द्वारा ही कुछ सम्भावित परिणामों की रूपरेखा तैयार की जाती है, तत्पश्चात उसी रूपरेखा के अनुसार परिणामों का वैज्ञानिक निश्चयन किया जाता है। परन्तु इन सबके दौरान कल्पना के साथ-साथ बौद्धिक अन्तर्दृष्टि को भी पर्याप्त जागरूक रखना चाहिए। वैज्ञानिक अध्ययन के मूल तत्वों को भूलना नहीं चाहिए।

वैज्ञानिक विश्लेषण एवं व्याख्या के समय एक अन्य मुख्य शर्त को भी ध्यान में रखना चाहिये। इस शर्त के अनुसार अनुसन्धानकर्ता को पक्षपातों एवं मिथ्या झुकावों को अपने कार्य में स्थान नहीं देना चाहिये। वास्तविक तथा वैज्ञानिक विश्लेषण के लिए अनुसन्धानकर्ता को पूर्ण वस्तुनिष्ठ दृष्टिकोण अपनाना चाहिए। उसे अपने पूर्वाग्रहों तथा पूर्व-धारणाओं को विश्लेषण के कार्य से बिल्कुल पृथक रखना चाहिए।

इस प्रकार स्पष्ट है कि तथ्यों के विश्लेषण के कार्य के लिए अन्तर्दृष्टि, सामान्य ज्ञान, कल्पना शक्ति तथा वस्तुनिष्ठ दृष्टिकोण अति आवश्यक शर्तें हैं।

तथ्यों में विश्लेषण एवं व्याख्या के लिए आवश्यक तैयारियाँ

किसी सामाजिक अनुसन्धान में तथ्यों के वास्तविक विश्लेषण से पूर्व कुछ तैयारियाँ कर लेना प्राय: आवश्यक एवं लाभदायक होता है। आवश्यक तैयारियाँ कर लेने से विश्लेषण का कार्य व्यवस्थित एवं सरल हो जाता है। इससे विश्लेषण के कार्य में समय भी कम लगता है और कार्यकर्ताओं के भटकने की सम्भावना भी कम रह जाती है। विश्लेषण से पूर्व आवश्यक तैयारियाँ निम्नलिखित हैं—

(1) प्राप्त तथ्यों का सम्पादन—सर्वेक्षण के दौरान एकत्रित किये गये तथ्यों का सम्पादन करना अति आवश्यक कार्य है। प्राय: तथ्य प्राप्त करने के लिए प्रश्नावलियों और अनुसूचियों का प्रयोग किया जाता है। देखने में आता है कि कोई प्रश्नावली या अनुसूची पूरी तरह से नहीं भरी गई, या कभी-कभी ऐसा होता है कि किसी एक प्रश्न का उत्तर किसी अन्य प्रश्न के सामने लिखा रहता है। इस प्रकार की स्थिति में सम्पादक का कार्य है कि वह उन्हें अपनी सूझ-बूझ से ठीक कर लें, उनमें गलत क्रम को ठीक कर लें। यदि सम्भव हो तो अधूरी अनुसूचियों को पूरा करवा लेना चाहिये अन्यथा रद्द कर देना चाहिये। इस प्रकार सम्पादन के अन्तर्गत

सम्पादक को प्राप्त सूचनाओं में क्रम बैठाना होता है और अनुसूचियों अथवा प्रश्नावलियों. की पूर्ति की जाँच करनी होती है।

(2) द्वैतीयक तथ्यों की जाँच—तथ्यों के सम्पादन के पश्चात् द्वैतीयक तथ्यों की जाँच आवश्यक चरण है। इस चरण के अन्तर्गत तीन बातों का विशेष ध्यान रखा जाता है—विश्वसनीयता, उपयुक्तता और पर्याप्तता।

विश्वसनीयता की जाँच के लिए यह देखना आवश्यक होता है कि सम्बन्धित स्रोत अर्थात वे व्यक्ति, समुदाय या वर्ग जहाँ से सूचना एकत्रित की गयी है कहाँ तक विश्वसनीय हैं। उदाहरण के लिये यदि किसी कॉलिज के छात्र-छात्राओं के बीच कोई सर्वेक्षण किया गया हो तब यह देखना आवश्यक है कि पूछे गये प्रश्न विद्यार्थियों के स्तर के अनुकूल थे या नहीं। इसके अतिरिक्त यह भी देखना आवश्यक है कि सूचनादाताओं ने गम्भीरता से उत्तर दिये हैं या यूँ ही मजाक में टाला है। दूसरी बात जो ध्यान में रखी जाती है वह है उपयुक्तता। उपयुक्तता से आशय यह है कि एकत्रित तथ्य सम्बन्धित समस्या के अनुकूल हैं या नहीं। यदि एकत्रित तथ्यों का हमारी समस्या से कोई सम्बन्ध न हो तो उन्हें रद्द कर देना चाहिये। तीसरी बात पर्याप्तता की है। पर्याप्तता का अर्थ है कि एकत्रित तथ्य कितने हैं। सामाजिक सर्वेक्षण के परिणाम निगमन द्वारा प्राप्त किये जाते हैं। चाहे पूरी सावधानी से तथ्य एकत्रित किये गये हों तो भी यदि वे संख्या में पर्याप्त नहीं हैं तो निष्कर्षों को विश्वसनीय नहीं माना जा सकता। अतः एकत्रित तथ्य पर्याप्त मात्रा में होने चाहियें।

(3) तथ्यों का वर्गीकरण—तथ्यों के विश्लेषण की तैयारियों के अन्तर्गत तथ्यों का वर्गीकरण विशेष महत्वपूर्ण है। सर्वेक्षण द्वारा जो तथ्य एकत्रित किये जाते हैं वे न तो व्यवस्थित होते हैं और न क्रमबद्ध होते हैं। इन बिखरे हुए तथ्यों से कोई भी निष्कर्ष निकालना सरल नहीं होता। अतः प्राप्त तथ्यों का विश्लेषण करने और उनसे निष्कर्ष निकालने के लिए तथ्यों को वर्गीकृत करना पड़ता है। वर्गीकरण के अन्तर्गत तथ्यों को विभिन्न प्रकार के वर्गों में व्यवस्थित एवं क्रमबद्ध अवस्था में रखा जाता है। समान प्रकार के तथ्यों का एक वर्ग बना दिया जाता है। उदाहरण के लिये कॉलिज में किसी सर्वेक्षण द्वारा प्राप्त तथ्यों के वर्गीकरण के लिए एक वर्ग लड़कों द्वारा प्राप्त तथ्यों का और दूसरा वर्ग लड़कियों द्वारा प्राप्त तथ्यों का बन सकता है।

(4) संकेतन—विश्लेषण में सरलता लाने के लिए वर्गीकृत तथ्यों का संकेतन करना भी अनिवार्य होता है। संकेतन के अन्तर्गत व्याख्यात्मक उत्तरों को संकेतों या प्रतीकों द्वारा प्रकट किया जाता है। उत्तरों की भिन्न-भिन्न श्रेणियों के लिए विभिन्न प्रतीक निर्धारित कर लिये जाते हैं। ये प्रतीक या संकेत कुछ भी हो सकते हैं जैसे 1, 2, 3, 4, आदि या (अ), (ब), (स) आदि या ÷, ×, + आदि। संकेतन कर लेने से कार्य काफी सरल हो जाता है और समय की भी बचत हो जाती है।

(5) तथ्यों का वर्गीकरण—तथ्यों का सम्पादन, वर्गीकरण, संकेतन कर लेने के बाद उनका सारणीयन करना भी आवश्यक है। सारणीयन का अर्थ गणनात्मक

तथ्यों को सारणियों या तालिकाओं में व्यवस्थित रूप से संगठित करना है। सारणियों में तथ्यों को शीर्षकों और उप-शीर्षकों के अन्तर्गत रखा जाता है। इससे तथ्यों का विस्तार कम हो जाता है, जिससे विश्लेषण का कार्य सरल हो जाता है। उपलब्ध तथ्यों में उपस्थित पारस्परिक सम्बन्धों को समझने में सरलता हो जाती है।

तथ्यों के विश्लेषण एवं व्याख्या की प्रक्रिया के मुख्य चरण

उपरोक्त सब तैयारियों के पूर्ण हो जाने के बाद तथ्यों के विश्लेषण एवं व्याख्या की प्रक्रिया प्रारम्भ होती है। विश्लेषण की प्रक्रिया के विभिन्न चरणों एवं उनके क्रम के विषय में कुछ मतभेद हैं। यहाँ पर श्रीमती पी० वी० यंग द्वारा वर्णित क्रम का संक्षिप्त विवरण दिया जायेगा। इस प्रक्रिया के मुख्य चरण इस प्रकार हैं–

(1) तथ्यों की तौल–तथ्यों की तौल से आशय है तथ्यों की जाँच। एकत्रित तथ्यों से कोई परिणाम निकालने से पूर्व उनकी पर्याप्त जाँच कर ली जाती है। इस जाँच के अन्तर्गत यह देखा जाता है कि क्या लिये गये तथ्य अपने वर्ग या परिस्थितियों का वास्तविक प्रतिनिधित्व करते हैं? दूसरी बात यह देखी जाती है क्या एकत्रित तथ्यों के संकलन एवं स्वभाव में वस्तुनिष्ठता के तत्व पर्याप्त मात्रा में उपस्थित हैं? यह जानना इसलिये अनिवार्य है क्योंकि वस्तुनिष्ठ तथ्यों की ही जाँच एवं पुनर्परीक्षण हो सकते हैं। एकत्रित तथ्यों से सामान्य निष्कर्ष निकाले जाते हैं। अतः उन तथ्यों को इस योग्य होना चाहिये।

तथ्यों की तौल के अन्तर्गत ही भिन्न-भिन्न महत्व वाले तथ्यों को अलग-अलग कर लेना चाहिए। यदि आवश्यक न हो तो कम महत्वपूर्ण तथ्यों को त्याग देना चाहिए।

(2) विश्लेषण की रूपरेखा तैयार करना–किसी भी कार्य को सरलता एवं शुद्धता से करने के लिए पहले उस कार्य की रूपरेखा बना लेना आवश्यक है। तथ्यों के विश्लेषण के लिए भी वास्तविक विश्लेषण से पूर्व एक रूपरेखा बना लेना लाभदायक होता है। प्रारम्भिक रूपरेखा बनाने में प्राप्त ज्ञान, कल्पना एवं सूझ-बूझ से काम लिया जाता है। इस प्रकार की रूपरेखा बनाने के लिए प्रायः निम्नलिखित बातों को ध्यान में रखना चाहिए–

(i) तथ्यों के द्वारा प्रतिपादित विशेष परिस्थितियाँ,
(ii) तथ्यों में प्रकट समानताएँ,
(iii) तथ्य किन सामाजिक घटनाओं का प्रतिनिधित्व करते हैं,
(iv) तथ्यों में कौन-कौन से पारस्परिक सम्बन्ध हैं,
(v) सम्भावित निष्कर्ष।

ये वे विशेष बातें हैं जिनका सही-सही उत्तर ढूँढ़ना विश्लेषणकर्ता का मुख्य उद्देश्य है। इस कार्य के लिए सब तथ्यों को कई-कई बार सावधानीपूर्वक देखना चाहिए।

इस रूपरेखा को लाभदायक बनाने के लिए यह आवश्यक है कि प्रत्येक प्रश्न को स्पष्ट एवं अलग रखा जाये। प्रश्न आपस में उलझने नहीं चाहियें। यदि आवश्यक हो तो प्रत्येक प्रश्न के विश्लेषण के लिए पृथक फाइल का उपयोग करना चाहिये। इससे यह लाभ होगा कि ज्यों-ज्यों सम्बन्धित ज्ञान उपलब्ध होता जायेगा त्यों-त्यों उसे फाइल में जोड़ा जा सकेगा।

रूपरेखा तैयार करने का कार्य बहुत महत्वपूर्ण कार्य है क्योंकि यह ही वह नींव है जिस पर पूरे विश्लेषण का महल खड़ा किया जाता है। अतः इस कार्य को बहुत ही सावधानी एवं सूझ-बूझ से करना चाहिये और यदि सम्भव हो तो किसी अनुभवी व्यक्ति को रूपरेखा दिखा लेनी चाहिए और उसके सुझावों से लाभ उठाना चाहिये।

(3) तथ्यों का वर्गीकरण—विश्लेषण की रूपरेखा के संगठन से सन्तुष्ट हो जाने के बाद तथ्यों को व्यवस्थित रूप से वर्गों में बाँटना चाहिए। तथ्यों के उचित वर्गीकरण का विशेष महत्व है। विश्लेषण की आधी सफलता तथ्यों के वर्गीकरण पर निर्भर करती है। वास्तव में तथ्यों का उचित वर्गीकरण हो जाने पर उनकी पारस्परिक तुलना करना एवं सम्बन्धों को समझ लेना सरल हो जाता है। इससे समान एवं असमान तथ्यों में भेद स्पष्ट हो जाता है। कौन तथ्य किस तथ्य पर निर्भर है या किस तथ्य से प्रभावित होता है, यह भी वर्गीकरण द्वारा स्पष्ट हो जाता है।

(4) प्रत्ययों का निर्माण—विश्लेषण की रूपरेखा तैयार हो जाने के बाद तथ्यों का वर्गीकरण किया जाता है और तथ्यों के समुचित वर्गीकरण के बाद विश्लेषण की प्रक्रिया को आगे बढ़ाने के लिए प्रत्ययों का निर्माण करना आवश्यक होता है। किसी घटना या परिस्थिति विशेष का एक-दो शब्दों में प्रकट रूप प्रत्यय कहलाता है। घटनाओं को प्रत्ययों का रूप दे देने से उनकी तुलना, उनके कारणों की खोज, उनकी प्रकृति का विश्लेषण सरल हो जाता है। उदाहरण के लिए 'सांस्कृतिक विलम्बना' (Cultural Lag) एक प्रत्यय है। इस प्रत्यय से एक परिस्थिति विशेष का अर्थात् उस परिस्थिति का प्रतिपादन होता है, जिसमें एक संस्कृति दूसरी संस्कृति से पिछड़ जाती है।

प्रत्ययों का निर्माण कोई सरल कार्य नहीं है। इस कार्य में कई परेशानियाँ होती हैं। श्री ई० ई० एउबैंक ने प्रत्यय-निर्माण के समय ध्यान में रखने के लिए निम्नलिखित चार बातों का वर्णन किया है—

(i) क्या वह प्रत्यय यथार्थ रूप से ठीक है? क्या यह यथार्थ एवं स्पष्ट अर्थ को प्रेषित करता है?

(ii) क्या वह प्रत्यय एक अन्तिम विचार को प्रेषित करता है?

(iii) क्या वह प्रत्यय पूर्णतया सामान्य है, अर्थात जहाँ कहीं भी उस प्रत्यय का प्रयोग होता है वह वही अर्थ प्रेषित करता है?

(iv) क्या उसके द्वारा प्रेषित अर्थ उसके विशिष्ट क्षेत्र में आधारभूत हैं, अर्थात् उसकी व्याख्या के लिए आवश्यक है?"[1]

इस प्रकार चार बातों को ध्यान में रखकर प्रत्ययों का निर्माण करना चाहिये। इस प्रकार प्रत्ययों के निर्माण से विश्लेषण की प्रक्रिया सरल हो जाती है।

(5) तथ्यों की तुलना एवं व्याख्या–प्रत्ययों के निर्माण के बाद तथ्यों की तुलना करना सरल हो जाता है। निष्कर्षों को वैज्ञानिक एवं निश्चित बनाने के लिए तुलनात्मक अध्ययन विशेष महत्व रखता है। तुलनात्मक अध्ययन से परिस्थितियों के वास्तविक रूप का ज्ञान हो जाता है। इससे परिणामों को प्रकट करने के लिए सुदृढ़ आधार मिल जाते हैं।

विश्लेषण के द्वारा प्राप्त सामान्य निष्कर्षों को व्यवस्थित, क्रमबद्ध एवं तार्किक रूप में प्रकट करना व्याख्या कहलाता है। व्याख्या के अन्तर्गत विभिन्न घटनाओं अथवा परिस्थितियों के मध्य कार्य-कारण सम्बन्ध भी दर्शाया जाता है। व्याख्या करते समय इस बात का विशेष ध्यान रखना चाहिये कि प्रस्तुत व्याख्या सम्बन्धित पाठकों की समझ में आ सके, साथ ही व्याख्या यथार्थ होनी चाहिए, उसमें काल्पनिकता के तत्व नहीं होने चाहियें। विश्लेषणकर्ता को तटस्थ एवं वस्तुनिष्ठ रवैया अपनाना चाहिये। इस प्रकार स्पष्ट, तटस्थ एवं यथार्थ व्याख्या को उत्तम व्याख्या माना जाता है।

(6) सिद्धान्तों का निर्माण–विश्लेषण के फलस्वरूप निकाले गये निष्कर्षों के संक्षिप्त एवं सुपरिभाषित रूप को सिद्धान्त कहते हैं। प्रत्येक अनुसन्धान के आधार पर कुछ नये सिद्धान्तों का निर्माण होता है।

सिद्धान्त के निर्माण का कार्य अति आवश्यक है। अतः इस कार्य को करने में विशेष सूझ-बूझ से काम लेना पड़ता है। पूरे अनुसन्धान की प्रक्रिया में केवल निगमित सिद्धान्त ही ऐसा तथ्य है, जिसका सम्बन्ध सामान्य लोगों से अधिक है। सामान्य व्यक्ति अनुसन्धान की पूरी प्रक्रिया में कोई रुचि नहीं रखता है। सामान्य व्यक्ति का तो केवल सिद्धान्त से ही सरोकार होता है। अतः अनुसन्धान से प्राप्त सिद्धान्त को सदा सरल, स्पष्ट एवं बुद्धिगम्य भाषा में प्रस्तुत करना चाहिये।

अभ्यास के लिए प्रश्न

प्रश्न 1. तथ्यों के विश्लेषण और व्याख्या की आवश्यक शर्तों, तैयारियों और प्रक्रिया की विवेचना कीजिये।

Discuss necessary conditions, preparations and process of analysis and interpretation of facts.

---

1. "(1) Is the term reasonably precise? Does it convey an exact, clear-cut meaning? (2) Does the term convey one final idea? (3) Is the term perfectly general; that is, always employed in the same sense wherever, it is used? (4) Is the idea fundamental to its particular field; that is, essential for its inclusive interpretation."

—E.E. Eubank, *Concepts of Sociology,*
D.C. Heath and Co., Boston (1931), p. 398.

22
निदर्शन
(Sampling)

निदर्शन अनुसन्धान के अन्तर्गत प्रदत्त में से कुछ प्रतिनिधि इकाइयों को चुन लिया जाता है और इन चुनी हुई इकाइयों का अध्ययन करके निष्कर्ष निकाले जाते हैं जिनको कि पूरे प्रदत्त पर लागू किया जाता है। संगणना अनुसन्धान की भाँति इसमें प्रदत्त की समस्त इकाइयों का अध्ययन नहीं किया जाता वरन् उनमें से कुछ इकाइयों को किसी निश्चित आधार पर छाँट लिया जाता है। उदाहरण के लिये, यदि किसी विश्वविद्यालय को छात्रों के मासिक व्यय के बारे में अध्ययन करना हो तो निदर्शन अनुसन्धान के अन्तर्गत कुछ छात्रों के मासिक व्यय का अध्ययन किया जायेगा और फिर इस अध्ययन से निकाले गये परिणामों को समस्त छात्रों के विषय में लागू किया जायेगा। मान लीजिए कि विश्वविद्यालय में कुल 19,000 छात्र हैं। इनमें से 500 छात्रों को, जो कि व्यय सम्बन्धी दृष्टिकोण से पूरे प्रदत्त के प्रतिनिधि समझे जाते हैं छाँट लिया जा सकता है और उनकी व्यय सम्बन्धी आदतों का गहन अध्ययन करके परिणाम निकाले जा सकते हैं। ये परिणाम सम्पूर्ण प्रदत्त पर लागू होते हैं। यदि पूरी तरह सावधानी बरती जाये तथा निदर्शन में किसी प्रकार की व्यक्तिगत पक्षपातपूर्ण रुचि न दिखाई जाये तो इस प्रकार से निकाले गये परिणाम उतने ही सही होंगे जितने कि वे संगणना विधि द्वारा निकाले जाने पर होते। इस प्रकार निदर्शन विधि से धन, समय और परिश्रम तीनों की ही बचत होती है।

निदर्शन प्रणाली का महत्व
(Importance of Sampling)

सांख्यिकीय अनुसन्धान में निदर्शन प्रणाली का सबसे अधिक प्रयोग होता है और अनुसन्धान के किसी भी क्षेत्र में इसके महत्व को झुठलाया नहीं जा सकता। शिक्षा, अर्थशास्त्र, वाणिज्य, विज्ञान इत्यादि ज्ञान की सभी शाखाओं में अनुसन्धान के लिए निदर्शन प्रणाली उपयुक्त समझी जाती है। दैनिक जीवन में भी निदर्शन का अत्यन्त महत्व है। किसी भी दैनिक प्रयोग की वस्तु को खरीदने के लिए प्रायः यह आवश्यक नहीं समझा जाता है कि उसकी समस्त इकाइयों को परखा जाये वरन् थोड़ा-सा नमूना देखकर ही वस्तु की किस्म की जाँच कर ली जाती है। स्नेडेकॉर

(Snedecor) के शब्दों में, ''केवल कुछ पौंड कोयले की किस्म को परखने से प्राप्त परिणाम के आधार पर कोयले से भरी हुई पूरी गाड़ी स्वीकृत अथवा अस्वीकृत कर दी जाती है। केवल एक बूँद रक्त का परीक्षण करके चिकित्सक रोगी के रक्त के बारे में निष्कर्ष निकाल लेते हैं। निदर्शन (Sample) कुछ इकाइयों के निरीक्षण द्वारा बड़ी मात्राओं के बारे में सूचना देने की युक्तियाँ हैं।''[1] शिक्षा के क्षेत्र में भी निदर्शन प्रणाली का अत्यन्त महत्व है। लगभग सभी अनुसन्धानों में निदर्शन प्रणाली का ही प्रयोग किया जाता है। संगणना प्रणाली का प्रयोग तो केवल जनगणना में ही उल्लेखनीय है।

निदर्शन प्रणाली के गुण
(Merits of Sampling)

निदर्शन प्रणाली के निम्नलिखित गुण हैं जो कि इसके महत्व को और भी स्पष्ट करते हैं—

(1) धन, समय और परिश्रम की बचत (Saving of Money, Time and Effort)—निदर्शन प्रणाली का सर्वप्रमुख गुण यह है कि यह विधि आसान तो है ही, समय तथा धन की भी बचत करती है। चूँकि इस विधि के अन्तर्गत केवल छाँटी गयी इकाइयों का ही अध्ययन किया जाता है अतः यह श्रम की भी बचत करती है।

(2) विश्वसनीयता (Reliability)—यदि इकाइयों का चुनाव पूर्ण सावधानी से किया जाये तो निदर्शन प्रणाली से निकाले गये निष्कर्ष भी उतने ही विश्वसनीय होते हैं जितने के संगणना विधि से निकाले गये निष्कर्ष होते हैं।

(3) विस्तृत अध्ययन (Detailed Study)—चूँकि चुनी हुई इकाइयों की संख्या सम्पूर्ण प्रदत्त से काफी कम होती है अतः उनकी विस्तृत रूप से जाँच की जा सकती है और इस प्रकार निकाले गये निष्कर्ष काफी अधिक शुद्ध तथा उचित होते हैं।

(4) वैज्ञानिक आधार (Scientific Base)—अनुसन्धान की यह विधि अधिक वैज्ञानिक है क्योंकि इस विधि से निकाले गये निदर्शन (Samples) की जाँच अन्य निदर्शन द्वारा की जा सकती है। यदि निदर्शन दैव निदर्शन (Random Sampling) के आधार पर निकाला जाये तो उसकी सम्भावित अशुद्धियों का अधिक से अधिक सही अनुमान लगाया जा सकता है।

(5) कुछ दशाओं में अधिक उपयुक्त (More Suitable in Some Cases)—यदि प्रदत्त अनन्त हो अथवा यदि वह इतना अधिक विशाल हो कि प्रत्येक

---

1. "A cartload of coal is accepted or rejected on the evidence gained from testing only a few pounds. The physicians make inferences about a patient's blood through examination of a single drop. Samples are devices for learning about large masses by observing a few individuals." --Snedecor.

इकाई के बारे में सूचना प्राप्त करना असम्भव हो तो निदर्शन प्रणाली ही उपयुक्त होती है क्योंकि इन दशाओं में संगणना प्रणाली का प्रयोग नहीं किया जा सकता। इसके अतिरिक्त निरन्तर परिवर्तनशील सामाजिक, आर्थिक तथा व्यापारिक समस्याओं के अध्ययन के लिये भी यही विधि अधिक उपयोगी है।

निदर्शन प्रणाली के दोष
(Demerits of Sampling)

निदर्शन प्रणाली के निम्नलिखित दोष होते हैं–

(1) कम शुद्धता (Less Accurate)–यदि अधिक सावधानी न बरती जाए तो इस विधि में अधिक शुद्धता का अभाव रहता है।

(2) इकाइयों की परिवर्तनशीलता (Changeability of Units)–यदि प्रदत्त की इकाइयाँ अत्यन्त परिवर्तनशील हों अथवा अधिकतर इकाइयाँ सजातीय न हों तो यह विधि अधिक उपयोगी नहीं है क्योंकि इस विधि के आधार पर सही परिणाम नहीं निकाले जा सकते।

(3) भ्रमात्मक निष्कर्ष (Misleading Conclusions)–यदि निदर्शन किसी उचित आधार पर तथा अत्यन्त सावधानी से न निकाला जाये तो ऐसे निदर्शन से निकाले गये परिणाम भ्रमात्मक हो सकते हैं। इसके अतिरिक्त यदि अनुसन्धानकर्ता निष्पक्ष नहीं हैं तो भी वह निदर्शन में परिवर्तन करके परिणामों को भ्रमात्मक बना सकता है ऐसा अनुसन्धानकर्ता तो वे ही परिणाम निकालेगा जो कि उसकी धारणाओं के अनुकूल हों।

(4) विशिष्ट ज्ञान की आवश्यकता (Need for Specialised Knowledge)–निदर्शन प्रणाली का प्रयोग तभी सफल सिद्ध हो सकता है जबकि इसका प्रयोग किसी विशेषज्ञ के द्वारा किया जाये, अन्यथा इस विधि से निकाले गये परिणाम बहुत अधिक भ्रमात्मक हो सकते हैं। जब तक सांख्यिकी का कुछ विशिष्ट ज्ञान न हो इस विधि का प्रयोग करना हानिकारक सिद्ध हो सकता है।

(5) जब निदर्शन सम्भव न हो (When Sampling is not Possible)–कुछ दशाओं में निदर्शन प्रणाली का प्रयोग नितान्त असम्भव होता है। उदाहरण के लिए, यदि समय इतना थोड़ा हो कि उसमें निदर्शन निकालना ही सम्भव न हो तो निदर्शन प्रणाली का प्रयोग नहीं किया जा सकता। इसके अतिरिक्त जब अनुसन्धान इस प्रकार हो कि सौ प्रतिशत शुद्धता वांछित हो तो भी निदर्शन प्रणाली उपयुक्त नहीं होती क्योंकि कितनी भी सावधानी से निदर्शन क्यों न निकाला जाये उसमें कुछ-न-कुछ सम्भावित अशुद्धि तो होती ही है। ऐसी दशाओं में केवल संगणना विधि ही अपनाई जा सकती है।

निदर्शन प्रणाली की उपयुक्तता
(Adequacy of Sampling)

ऊपर दिये गये गुण-दोषों के विवेचन से यह स्पष्ट हो जाता है कि दोषों के होने के बावजूद अधिकतर दशाओं में निदर्शन प्रणाली ही उपयुक्त होती है। इसीलिए प्राय: सभी प्रकार के अनुसन्धानों में इसी विधि का प्रयोग किया जाता है। उपयुक्तता के आधार पर निम्नलिखित परिस्थितियों में निदर्शन का प्रयोग किया जाना चाहिए—

(1) जब प्रदत्त विशाल हों (Vast Data)—जब प्रदत्त में इकाइयों की संख्या बहुत अधिक हो तो निदर्शन प्रणाली का ही प्रयोग किया जाना चाहिए क्योंकि यह धन, समय और श्रम तीनों की बचत करती है।

(2) जब अधिकतम शुद्धता वांछित न हो (When Utmost Accuracy is not Required)—निदर्शन प्रणाली उन दशाओं में भी बिल्कुल उपयुक्त होती है जबकि अनुसन्धान की प्रकृति इस प्रकार की हों कि पूर्ण शुद्धता आवश्यक न हो वरन् अनुमान इत्यादि ही निकालने हों।

(3) अनन्त प्रदत्त (Infinite Data)—यदि प्रदत्त अनन्त हों तो भी इसी विधि का प्रयोग किया जाता है क्योंकि अनन्त प्रदत्त की दशा में संगणना विधि का प्रयोग असम्भव है।

(4) संगणना असम्भव होना—कुछ दशाओं में संगणना बिल्कुल ही सम्भव नहीं होती। उदाहरणार्थ, यदि यह पता लगाना हो कि भारत में कुल कितना खनिज भण्डार है तो इसकी गणना समस्त खानों को खोदकर तथा खनिज पदार्थों को निकाल कर करना असम्भव है। अत: ऐसी दशाओं में निदर्शन विधि का ही प्रयोग किया जा सकता है।

(5) एकरूपता (Homogeneity)—यदि प्रदत्त की समस्त इकाइयाँ एक रूप हों तो भी निदर्शन प्रणाली का ही प्रयोग किया जाना चाहिए।

एक आदर्श निदर्शन के आवश्यक तत्व
(Essentials of an Ideal Sample)

एक आदर्श तथा प्रतिनिधि निदर्शन में निम्नलिखित तत्व होने चाहियें—

(1) प्रतिनिधित्वता (Representativeness)—निदर्शन के लिए ऐसी इकाइयों का चयन किया जाना चाहिये जो कि सम्पूर्ण प्रदत्त का उचित प्रतिनिधित्व कर सकें। एक आदर्श निदर्शन को प्रदत्त का प्रतिनिधि निदर्शन होना चाहियें।

(2) स्वतन्त्रता (Independence)—प्रदत्त की प्रत्येक इकाई को निदर्शन में सम्मिलित होने के लिये स्वतन्त्र होना चाहिये। दूसरे शब्दों में, प्रदत्त की प्रत्येक इकाई को निदर्शन में सम्मिलित होने का समान अवसर प्राप्त होना चाहिये तथा उनके चयन में किसी प्रकार का पक्षपात नहीं होना चाहिये।

(3) पर्याप्तता (Adequacy)—प्रदत्त के परिणाम के आधार पर तुलना करते

हुए निदर्शन को पर्याप्त होना चाहिये। उदाहरणार्थ 1000 में से 200 तो एक पर्याप्त निदर्शन है परन्तु यदि यह निदर्शन 20 हो अथवा 1200 हो तो यह बिलकुल ही अनुपयुक्त होगा।

(4) सजातीयता (Homogeneity)–प्रदत्त में से चुने गये निदर्शन की इकाईयों में पारस्परिक सजातीयता होनी चाहिये। निदर्शन तभी प्रदत्त का सही प्रतिनिधित्व कर सकता है जबकि इकाइयों में सजातीयता हो।

निदर्शन की रीतियाँ
(Methods of Sampling)

प्रदत्त में से निदर्शन कई विधियों द्वारा चुना जा सकता है। किसी समस्या विशेष के लिए कौन-सी विधि सबसे अधिक उपयुक्त होगी इसका निर्णय तो समस्या की प्रकृति, क्षेत्र तथा अनुसन्धानकर्ता पर निर्भर होता है। अतः निदर्शन की किसी भी विधि का चुनाव अत्यन्त सावधानीपूर्वक किया जाना चाहिए। निदर्शन की मुख्य विधियाँ निम्नलिखित हैं–

(1) उद्देश्यपूर्ण निदर्शन (Deliberate Sampling or Purposive Sampling)
(2) दैव निदर्शन (Random Sampling)
(3) अभ्यंश निदर्शन (Quota Sampling)
(4) स्तरित निदर्शन (Stratified Sampling)
(5) बहु-स्तरीय निदर्शन (Multi-stage Sampling)
(6) विस्तृत निदर्शन (Extensive Sampling)
(7) सुविधा निदर्शन (Convenient Sampling)

(1) उद्देश्यपूर्ण निदर्शन (Deliberate or Purposive Sampling)–निदर्शन चुनने की यह विधि पूर्णतया अनुसन्धानकर्ता की इच्छा पर निर्भर होती है। इस विधि के अन्तर्गत अनुसन्धानकर्ता अपनी इच्छानुसार समग्र में से कुछ इकाइयों को चुन लेता है और फिर उन्हीं का अध्ययन करता है। इस विधि में किसी इकाई का निदर्शन के लिए चुना जाना अथवा छूट जाना अनुसन्धानकर्ता की इच्छा पर निर्भर होता है क्योंकि अपनी ओर से तो वह उन्हीं इकाइयों का चयन करेगा जो कि उसके मतानुसार सम्पूर्ण समग्र का प्रतिनिधित्व करती हों।

निदर्शन की यह रीति अत्यन्त सरल है। इसका सबसे अच्छा उपयोग वहीं हो सकता है जहाँ कि प्रदत्त की समस्त इकाइयाँ लगभग एक रूप हों तथा अनुसन्धानकर्ता को समग्र को मुख्य-मुख्य विशेषताओं के बारे में ज्ञान हो। इसका कारण यह है कि सविचार निदर्शन का मुख्य उद्देश्य ही यह है कि इसमें जहाँ तक सम्भव हो प्रदत्त का प्रतिनिधित्व करने वाली इकाइयाँ ही सम्मिलित की जाएं।

उद्देश्यपूर्ण निदर्शन की आलोचना करते हुए सर्वप्रथम इस तथ्य पर प्रकाश डाला जाता है कि यह रीति पूर्णतया अनुसन्धानकर्ता के अधीन होती है। वह अपनी

व्यक्तिगत धारणाओं अथवा पक्षपातों से निकाले जाने वाले निदर्शन को प्रभावित कर सकता है। उदाहरणार्थ, यदि इस बात का अनुसन्धान किया जाये कि छात्रावास में रहने वाले छात्रों का मासिक व्यय कितना और किन-किन वस्तुओं पर होता है और इस अध्ययन के लिये अनुसन्धानकर्ता एक सविचार निदर्शन को चुने। यदि उसकी धारणा यह है कि अधिकतर छात्र अपव्ययी होते हैं और विलासिता पर अधिक व्यय करते हैं तो वह सम्पूर्ण छात्र-वर्ग में से वे ही छात्र चुनेगा जो कि अपव्ययी हों। इस प्रकार से निकाले गये निदर्शन पर आधारित उसके निष्कर्ष निश्चत रूप से उसकी धारणा की पुष्टि करेंगे जबकि वास्तविकता कुछ और भी हो सकती है। इस प्रकार अनुसन्धानकर्ता की व्यक्तिगत धारणाओं तथा पक्षपात से परिणाम अशुद्ध, आंशिक अथवा पूर्ण असत्य हो जाते हैं।

उपरोक्त तथ्य के ही कारण प्राय: निदर्शन की इस विधि को किसी भी समस्या में उचित नहीं समझा जाता है। कुछ सांख्यिकीय विशेषज्ञों ने इसे अत्यन्त निराशाजनक और असफल विधि बतलाया है। पार्टन के शब्दों में, ''सांख्यिकीय शास्त्रियों को एक वर्ग के रूप में, सविचार निदर्शन के समर्थन में कुछ भी नहीं कहना है।''[1]

उद्देश्यपूर्ण निदर्शन की आलोचना में यह भी कहा जाता है कि इसके लिये सम्पूर्ण प्रदत्त के बारे में पर्याप्त ज्ञान होना भी आवश्यक होता है। जब तक प्रदत्त के बारे में ही पता न होगा, उनमें से निदर्शन कैसे चुना जा सकेगा? परन्तु व्यवहार में यह अत्यन्त कठिन है। बहुत-सी समस्यायें ऐसी होती हैं जिनके बारे में अनुसन्धानकर्ता को बहुत कम मालूम होता है। ऐसी दशाओं में अधिकतर यही सम्भावना होती है कि निदर्शन पक्षपातपूर्ण हो।

उद्देश्यपूर्ण निदर्शन यदि बहुत ही सावधानीपूर्वक किया जाए तथा निदर्शनकर्ता यदि सांख्यिकी विशेषज्ञ हो तो इस रीति के द्वारा बहुत ही उचित निदर्शन चुना जा सकता है। परन्तु साधारणतया निदर्शन के चयन के लिए इस विधि का प्रयोग नहीं किया जाता।

दैव निदर्शन
(Random Sampling)

निदर्शन की सभी विधियों में से बेतरतीब निदर्शन विधि का ही सर्वाधिक प्रयोग किया जाता है। इसे निदर्शन की सर्वोत्तम विधि माना जाता है। इस विधि में प्रत्येक इकाई को निदर्शन में चुने जाने की समान सम्भावना दी जाती है और इस प्रकार अनुसन्धानकर्ता की व्यक्तिगत धारणा अथवा पक्षपात का निदर्शन के चयन पर कोई प्रभाव नहीं पड़ने दिया जाता। इस विधि में अनुसन्धानकर्ता की इच्छा से कोई इकाई नहीं चुनी जाती वरन् निदर्शन के लिए इकाइयाँ चुनने की क्रिया पूर्ण रूप से देव (Chance) पर छोड़ दी जाती है। इस प्रकार प्रत्येक इकाई को निदर्शन में सम्मिलित होने का समान अवसर दिया जाता है।

1. "Statiticians, as a class, have nothing to say in favour of purposive selection."
—Parten.

दैव निदर्शन निम्न विधियों में से किसी के भी द्वारा निकाला जा सकता है—

(1) लाटरी विधि—(Lottery Method)—दैव निदर्शन की यह विधि सबसे सरल विधि है। जैसा कि इसके नाम से स्पष्ट है, इस विधि के अनुसार प्रदत्त की समस्त इकाइयों की पर्चियाँ अथवा गोलियाँ बनाकर किसी डिब्बे में डाल दी जाती हैं और उनमें से किसी निष्पक्ष व्यक्ति द्वारा अथवा स्वयं ही आँखे बन्द करके उतनी पर्चियाँ निकाल ली जाती हैं जितनी इकाइयों का निदर्शन चुनना हो। कभी-कभी पर्चियाँ निकालने का कार्य किसी बच्चे को सौंप दिया जाता है ताकि पर्चियाँ निकालने में किसी भी प्रकार के पक्षपात की सम्भावना कम से कम हो जाये।

इस विधि के लिए यह आवश्यक है कि सभी पर्चियाँ अथवा गोलियाँ एक ही आकार की हों तथा बिलकुल समान हों। इसके अतिरिक्त डिब्बे में उन्हें अच्छी तरह से हिला-डुला देना चाहिये।

(2) ढोल घुमाकर (By Rotating the Drum)—दैव निदर्शन की यह विधि लाटरी विधि का ही एक संशेधित स्वरूप है। इस विधि में एक ढोल में गत्ते, टीन अथवा लकड़ी के समान आकार के कटे हुए गोल टुकड़े होते हैं और उन पर 0, 1, 2 इत्यादि संख्यायें लिखी रहती हैं। प्रदत्त की इकाइयों की एक सूची बना ली जाती है और फिर ढोल को घुमाकर इन अंको को अच्छी तरह से मिला-जुला दिया जाता है और तत्पश्चात किसी निष्पक्ष अथवा असम्बद्ध व्यक्ति द्वारा एक-एक टुकड़ा ढोल में से निकाल लिया जाता है। इन अंको के आधार पर ही इकाइयों का चुनाव किया जाता है।

(3) निश्चित क्रम द्वारा (Selecting from Sequential List)—इस विधि के अनुसार प्रदत्त की इकाइयों को संख्यात्मक (Numerical), वर्णात्मक (Alphabetical) अथवा भौगोलिक (Geographical) आधार पर क्रमबद्ध कर लिया जाता है और तत्पश्चात अपनी सुविधानुसार आवश्यक संख्या में निदर्शन के लिये इकाइयाँ चुन ली जाती हैं। प्रत्येक 10वीं, 25वीं, अथवा 100वीं इस प्रकार से इकाइयों को चुनने की विधि भी अपनाई जा सकती हैं। इस प्रकार की संख्या प्रदत्त के आकार तथा चुने जाने वाले निदर्शन के आकार पर निर्भर करती है। उदाहरण के लिए, मान लीजिए कि 100 विद्यार्थियों के वार्षिक परीक्षाफलों का अध्ययन किया जाना है और प्रदत्त के लिये 10 इकाइयाँ उचित समझी गयी हैं। अब प्रत्येक दसवें विद्यार्थी के परीक्षाफल को चुना जा सकता है। इस प्रकार। वें, 10वें, 20वें, इस प्रकार के क्रम में आने वाले विद्यार्थी के प्राप्तांकों को निदर्शन में सम्मिलित किया जायेगा।

(4) टिप्पेट की संख्यायें (Tippet's Numbers)—टिप्पेट ने जनसंख्या रिपोर्टो के आधार पर चार-चार अंको वाली 10, 400 संख्याओं की बेतरतीब आधार पर सूची तैयार की है। ये संख्यायें जनसंख्या रिर्पोटों की 41,600 अंकों के मिश्रण (Combination) से बनाई गयी हैं।

टिप्पेट की इस सूची की प्रथम चालीस संख्यायें इस प्रकार हैं—

2952	6641	3992	9792	7979	5911	3170
5624	4167	9524	1545	1396	7203	5356
1300	2693	2370	7483	3408	2762	3563
1089	6913	7691	0560	5246	1112	6107
6008	8126	4433	8776	2754	9143	1405
9025	7002	6111	8816	6446		

टिप्पेट की बेतरतीब संख्याओं के आधार पर निदर्शन चुनना अत्यन्त सरल है। उदाहरण के लिये यदि किसी प्रदत्त की 8,000 इकाइयों में से 30 इकाइयाँ चुननी हैं तो सर्वप्रथम इन 8,000 इकाइयों को 1 से 8,000 तक की संख्याओं में क्रमबद्ध किया जायेगा और फिर उपरोक्त तालिका में से पहली 30 ऐसी संख्यायें चुन ली जायेंगी जो कि 8,000 से अधिक न हों। यह इस प्रदत्त का सही निदर्शन होगा। दैव निदर्शन के लिए अधिकतर टिप्पेट की बेतरतीब संख्याओं का ही प्रयोग किया जाता है।

दैव निदर्शन के चुनाव में सावधानियाँ

दैव निदर्शन चुनते हुए इस बात का ध्यान रखा जाना चाहिए कि निदर्शन प्रदत्त का प्रतिनिधित्व तो करता ही हो, साथ ही निष्पक्ष तथा अपने आप में पूर्ण भी होना चाहिए। साधारणतया दैव निदर्शन में निम्नलिखित सावधानियों का पालन किया जाना चाहियें—

(1) अनुसन्धानकर्ता को उस जनसंख्या (Population) के बारे में सारी प्रारम्भिक जानकारी होनी चाहियें जिसमें से कि निदर्शन चुना जाना है। प्रदत्त की मुख्य विशेषतायें क्या हैं, प्रदत्त का क्षेत्र कितना है और उसमें कुल कितनी इकाइयाँ सम्मिलित हैं इस सभी बातों का ज्ञान अनुसन्धानकर्ता को अवश्य होना चाहिए।

(2) प्रदत्त की विभिन्न इकाइयों में एकरूपता (Homogeneity) होनी चाहिए। यदि इकाइयों में अत्यन्त विविधता होगी तो चुना जाने वाला निदर्शन उसका सही प्रतिनिधित्व नहीं कर सकता।

(3) प्रदत्त की सभी इकाइयाँ एक दूसरे से पृथक-पृथक तथा स्वतन्त्र होनी चाहियें। यदि प्रदत्त में ऐसी इकाइयाँ नही होगी तो निदर्शन दैव निदर्शन से निकालना असम्भव होगा क्योंकि दैव निदर्शन के अन्तर्गत यह सम्भव नहीं होता कि जब एक इकाई चुनी गयी है तो यदि कोई अन्य इकाई भी उससे सम्बन्धित है अथवा उस पर निर्भर है तो उसका भी चयन कर लिया जाये।

(4) प्रत्येक इकाई ऐसी होनी चाहिये कि जिस तक अनुसन्धानकर्ता की सुगमता से पहुँच हो। ऐसी इकाइयाँ नहीं होनी चाहियें जिनके बारे में आवश्यक सूचना प्राप्त न की जा सके और तत्पश्चात उन्हें निदर्शन में से बदलना पड़े।

स्तरित निदर्शन
(Stratified Sampling)

निदर्शन की यह विधि दैव निदर्शन तथा उद्देश्यपूर्ण निदर्शन का मिश्रित रूप है। इसके अन्तर्गत प्रदत्त को सर्वप्रथम उसकी विभिन्न विशेषताओं के आधार पर उद्देश्यपूर्ण निदर्शन के आधार पर विभिन्न वर्गों में बाँट दिया जाता है और तत्पश्चात दैव निदर्शन द्वारा इन वर्गों अथवा स्तरों में से इकाइयाँ चुन ली जाती हैं। इसलिये इस विधि को मिश्रित निदर्शन (Mixed Sampling) कहते हैं। यह विधि उन अनुसन्धानों में उपयुक्त है जिनमें ऐसे प्रदत्त हों जिनमें कि विभिन्न गुण अथवा विशेषतायें पाई जाती हैं। प्रदत्त के इन्हीं गुणों (Attributes) अथवा विविधताओं के आधार पर स्तर बनाये जाते हैं और इन स्तरों में से दैव निदर्शन से न्यादर्श के लिए इकाइयाँ छाँट ली जाती हैं। उदाहरणार्थ, यदि अनुसन्धान का विषय किसी नगर की पुरुष जन-संख्या की आय-व्यय सम्बन्धी महत्वपूर्ण तथ्य एकत्रित करना है और उनके आधार पर नगर के लोगों की आय-व्यय सम्बन्धी आदतों के बारे में पता लगाना है तो सर्व-प्रथम पुरूषों को विभिन्न स्तरों अर्थात् व्यापारी, कर्मचारी, मजदूर तथा अन्य इत्यादि स्तरों में बाँटा जा सकता है और तत्पश्चात दैव निदर्शन के द्वारा निदर्शन चुना जा सकता है।

जैसा कि ऊपर बतलाया गया है यह विधि तभी लाभदायक होती है जबकि प्रदत्त की समस्त इकाइयाँ विभिन्न गुणों को प्रदर्शित करती हों।

स्तर-निर्माण की प्रक्रिया (Process of Stratifying)—प्रदत्त में से स्तर बहुत ही सावधानीपूर्वक बनाये जाने चाहिए क्योंकि इस विधि की सफलता इन स्तरों के निर्माण पर ही निर्भर होती है। स्तर निर्माण में निम्नलिखित बातों का ध्यान रखा जाना चाहिये—

(i) प्रदत्त तथा उसमें सम्मिलित इकाइयों के विषय में विस्तृत जानकारी उपलब्ध होनी चाहिये। प्रदत्त की क्या-क्या विशेषतायें हैं और कौन-सी इकाई किस विशेषता से सम्बन्धित हैं इत्यादि तथ्यों के बारे में अनुसन्धानकर्ता को पूरा ज्ञान होना चाहिये अन्यथा स्तरों का निर्माण किस प्रकार होगा?

(ii) प्रदत्त में से बनाये गये प्रत्येक स्तर का आकार इतना बड़ा अवश्य होना चाहिये कि उसमें से सुगमतापूर्वक दैव निदर्शन इकाइयाँ छाँटी जा सकें।

(iii) स्तरों का निर्माण इस बात का ध्यान रखते हुए किया जाना चाहिए कि वे प्रदत्त से लगभग समान रूप से सम्बन्धित हों तथा पारस्परिक रूप से भी एक रूप (Homogeneous) हों।

(iv) प्रत्येक स्तर में सम्मिलत इकाइयाँ पारस्परिक सम्बन्ध में एक रूप हों परन्तु अन्य स्तर से विविध हों यदि ऐसा नहीं होता तो स्तर-निर्माण का लाभ ही क्या होगा?

(v) प्रत्येक स्तर में दैव निदर्शन द्वारा छाँटे जाने वाली इकाइयाँ उसी अनुपात

में होनी चाहियें जिसमें कि समस्त स्तर प्रदत्त से हों। उदाहरणार्थ, यदि सम्पूर्ण प्रदत्त को 4 स्तरों में बाँटा गया है और निदर्शन 64 इकाइयों का होना है तो प्रत्येक स्तर में से 1/4 अथवा 16 इकाइयाँ चुनी जानी चाहियें।

यदि ऊपर बताई गयी सावधानियों का पूर्णतया पालन किया जाये तो इस विधि द्वारा अधिकतम शुद्ध परिणाम प्राप्त किये जा सकते हैं, क्योंकि इस विधि से उद्देश्यपूर्ण निदर्शन तथा दैव निदर्शन दोनों के ही गुण सम्मिलित हैं।

अभ्यंश निदर्शन
(Quota Sampling)

निदर्शन की यह विधि अधिकतर प्रयोग में नहीं लाई जाती इस विधि में प्रदत्त को क्षेत्र के आधार पर कई भागों में बाँट दिया जाता है और प्रत्येक भाग के लिए अनुसन्धानकर्ताओं (Investigators) को यह निर्देश दे दिया जाता है कि वे अपने-अपने भाग में से किसी निश्चित संख्या में अपनी इकाइयाँ चुन दें। इस प्रकार यह रीति अनुसन्धानकर्ताओं की योग्यता, कुशलता तथा ईमानदारी पर निर्भर होती है।

बहुस्तरीय निदर्शन
(Multi-Stage Sampling)

निदर्शन की यह विधि भी लोकप्रिय नहीं है। इस विधि में इकाइयों का चुनाव अनेक स्तरों (Stages) में किया जाता है तथा प्रत्येक स्तर में से इकाइयों के चुनाव का आधार दैव निदर्शन होता है। उदाहरणार्थ, यदि उत्तर प्रदेश की प्रति एकड़ उपज ज्ञात करनी है तो पहले दैव निदर्शन के आधार पर 5 जिले छाँट लिये जायेंगे। तत्पश्चात इन 5 जिलों में से 10-10 गाँव छाँट लिये जायेंगे फिर इन गाँवों में 5-5 खेत चुन लिये जायेंगे। इस प्रकार अनेक स्तरों में निदर्शन चुना जायेगा। यह निम्न तालिका से और भी स्पष्ट हो जायेगा।

प्रदत्त
(उत्तर प्रदेश)
↓
जिले (पहला स्तर)
↓
गाँव (दूसरा स्तर)
↓
खेत (तीसरा स्तर)

विस्तृत निदर्शन
(Extensive Sampling)

यह विधि संगणना विधि का ही एक रूप है। इस विधि में उन इकाइयों को छोड़ दिया जाता है जो समस्या से प्रत्यक्ष रूप से सम्बन्धित नहीं होतीं अथवा जिनके बारे में सूचना प्राप्त करना अथवा सम्पर्क एकत्रित करना अत्यन्त कठिन हो। शेष सभी इकाइयों का अध्ययन किया जाता है इस विधि में संगणना विधि के ही गुण-दोष हैं और यह विधि भी बहुत कम उपयोग में लाई जाती है।

सुविधा निदर्शन
(Convenience Sampling)

निदर्शन की यह विधि प्राय: संयोगिक अथवा आकस्मिक विधि कहलाती है। इस विधि में अनुसन्धानकर्ता की सुविधा के आधार पर न्यादर्श एकत्रित किया जाता है। इस प्रकार के न्यादर्श को एकत्रित करने में किसी प्रकार का प्रयत्न नहीं किया जाता और न ही सूचना एकत्र करने के सम्बन्ध में कोई योजनाबद्ध रूपरेखा तैयार की जाती है व्यवहार में इस विधि का भी प्रयोग नहीं के बराबर होता है।

उपरोक्त विधियों में किसी का चुनाव प्रदत्त की प्रकृति, क्षेत्र, इकाइयों की संख्या, उनकी विशेषताओं, शुद्धता की वाँछित मात्रा इत्यादि कई बातों पर निर्भर होता है। परस्थितियों तथा आवश्यकताओं के अनुसार किसी भी रीति का चुनाव किया जा सकता है। परन्तु अधिकतर दैव निदर्शन तथा स्तरित निदर्शन का ही प्रयोग किया जाता है। शेष रीतियाँ बहुत कम प्रयोग में लाई जाती हैं।

अभ्यास के लिए प्रश्न

प्रश्न 1. निदर्शन प्रणाली क्या है और सामाजिक अनुसंधान में इस प्रणाली का क्या महत्त्व है?

What is Sampling Method and what is the importance of this method in Social Research?

प्रश्न 2. निदर्शन प्रणाली के गुण दोषों की समीक्षा कीजिये। किन परस्थितियों में उसका उपयोग उपयुक्त है?

Examine merits and demerits of sampling. In which circumstances its use is adequate?

प्रश्न 3. निदर्शन की विभिन्न विधियाँ क्या हैं? आप निदर्शन आकार और विश्वसनीयता कैसे निश्चित करेंगे?

What are the different methods of Sampling? How would you determine the size and reliability of the sample?

23

अर्न्तवस्तु-विश्लेषण
(Content Analysis)

सामाजिक घटनाओं की प्रकृति प्राकृतिक घटनाओं की प्रकृति से भिन्न होती है। प्राकृतिक घटनायें स्वभाव से गणनात्मक या परिणामात्मक होती है। इसके विपरीत सामाजिक्र घटनाएं स्वभाव से गुणात्मक और अमूर्त होती है। गुणात्मक घटनायें प्रायः अस्पष्ट एवं जटिल होती है। इसी कारण सामाजिक अनुसन्धान में परिणाम एवं निष्कर्ष सरलता से प्राप्त नहीं हो पाते। सर्वेक्षण द्वारा प्राप्त तथ्यों से परिणाम प्राप्त करने के लिए विभिन्न पद्धतियों का प्रयोग किया जाता है। अर्न्तवस्तु-विश्लेषण इन्हीं पद्धतियों में से एक मुख्य पद्धति है।

अन्तर्वस्तु विश्लेषण का अर्थ

सर्वेक्षण द्वारा प्राप्त सामग्री से परिणाम प्राप्त करने के लिए सामग्री को वर्गीकृत करना आवश्यक है। सामग्री को उचित श्रेणियों (Categories) के अधीन वर्गीकृत करना ही "अन्तर्वस्तु-विश्लेषण" कहलाता है।

अर्न्तवस्तु-विश्लेषण और संकेतन (Coding) में थोड़ा अन्तर है। सर्वेक्षण द्वारा संकलित गुणात्मक सामग्री के विश्लेषण के लिए अन्तर्वस्तु-विश्लेषण पद्धति को अपनाया जाता है और संकेतन का उपयोग अनुसन्धान की योजना में किया जाता है।

अन्तर्वस्तु-विश्लेषण के द्वारा गुणात्मक सामाजिक सामग्री को वैज्ञानिक एवं वस्तुनिष्ठ तथ्यों में बदला जाता है। अन्तर्वस्तु-विश्लेषण की परिभाषा श्री बेरलसन के शब्दों में इस प्रकार है, "अन्तर्वस्तु-विश्लेषण संचार की अभिव्यक्त अन्तर्वस्तु के वस्तुनिष्ठ, व्यवस्थित और गणनात्मक वर्णन के लिए अनुसन्धान की एक प्रविधि है।"[1] इस परिभाषा से यह स्पष्ट होता है कि अन्तर्वस्तु-विश्लेषण सामाजिक अनुसन्धान की एक पद्धति है जिसके द्वारा सामाजिक घटनाओं की गुणात्मक सामग्री को वस्तुनिष्ठ, व्यवस्थित तथा गणनात्मक ढंग से प्रस्तुत किया जाता है। कपलान

---

1. "Content analysis is a research technique for objective, systematic and quantitative description of the manifest content of communitation" —Berlson.
"Content Analysis in Communication Research." Leon Festinger and Daniel Ketz (Eds.) Research Methods in Behavioural Sciences. p. 424.

ने भी "अन्तर्वस्तु-विश्लेषण" की परिभाषा की है। उसके अनुसार, "अन्तर्वस्तु-विश्लेषण पद्धति एक दिये हुए प्रवचन-प्रबन्ध के अर्थों की एक व्यवस्थित एवं परिमाणात्मक रूप से व्याख्या करती है।"[1] इस परिभाषा से स्पष्ट होता है कि अन्तर्वस्तु-विश्लेषण पद्धति के द्वारा सामाजिक घटनाओं का व्यवस्थित एवं परिमाणात्मक या गणनात्मक अध्ययन किया जाता है।

अन्तर्वस्तु-विश्लेषण की समस्यायें

अन्तर्वस्तु-विश्लेषण का कार्य कोई सरल कार्य नहीं है। इस कार्य के अन्तर्गत सामाजिक घटनाओं का वैज्ञानिक विश्लेषण करना होता है। सामाजिक घटना की प्रकृति अत्यन्त जटिल एवं अस्पष्ट होती है। अन्तर्वस्तु-विश्लेषण के कार्य में कई समस्यायें हैं। मुख्य समस्यायें दो हैं–

1. विश्वसनीयता की समस्या (Problem of Reliability)
2. सामान्यीकरण की समस्या (Problem of Generalisation)

1. विश्वसनीयता की समस्या–अन्तर्वस्तु-विश्लेषण एक वैज्ञानिक कार्य है। वैज्ञानिक अध्ययन की मुख्य विशेषता उसके तथ्यों की विश्वसनीयता है। विश्लेषण करते समय भी यह समस्या सामने आती है कि प्राप्त तथ्य विश्वसनीय है या नहीं अथवा जिन तथ्यों का उल्लेख सर्वेक्षण-विज्ञप्ति में किया जाता है वे विश्वसनीय हैं या नहीं। इस समस्या से बचने के लिए अनुसन्धानकर्ता को विशेष सावधानी बरतनी चाहिये और व्याख्या करते समय इस बात का विशेष ध्यान रखना चाहिये कि उन आधारों का स्पष्ट वर्णन हो जिन पर निर्भर होकर तथ्य ग्रहण किये गये हैं।

प्रत्येक आधार की सुनिश्चित परिभाषा की जानी चाहिये। इससे कोई सन्देहात्मक स्थिति उत्पन्न नहीं होगी, और विश्वसनीयता को ठोस आधार मिलेगा। एक बात और ध्यान में रखनी आवश्यक है कि जिन आधारों पर निर्भर करके अनुसन्धान किया जाये वे आधार सामान्य रूप से सर्वसम्मति से मान्य होने चाहियें।

(2) सामान्यीकरण की समस्या–सर्वेक्षण द्वारा एक सीमित संख्या में तथ्य एकत्रित किये जाते हैं और उन्हीं के आधार पर सामान्य निष्कर्ष निकाले जाते हैं। अब यह समस्या उठती है कि उन एकत्रित तथ्यों से निगमित परिणाम वास्तव में उस विषय के सामान्य निष्कर्ष हैं। वास्तव में यदि सर्वेक्षण के परिणाम सामान्य सिद्धान्त बनने योग्य न हों तब पूरे सर्वेक्षण का परिश्रम, समय एवं धन व्यर्थ ही गया मानना चाहियें।

सामान्यीकरण की समस्या से बचने के लिये कुछ सावधानियाँ अपनानी अति

---

1. "Content Analysis attempts to characterise the meaning in a given body of discourse in a systematic and quantitative fashion." —A. Kaplan, *Content Analysis and Theory of Signs,* pni, Sc. (10 1943, p. 230).

आवश्यक हैं। सर्वप्रथम तो यह कि जिन सूचनादाताओं से तथ्य एकत्रित किये जायें वे अपने वर्ग, समुदाय या समूह का पूर्ण प्रतिनिधित्व करते हों। इस दिशा में इन तथ्यों पर आधारित निष्कर्ष सामान्य रूप से लागू किये जा सकेंगे। दूसरे, जिन परिस्थितियों में सर्वेक्षण कार्य किया गया हो उन परिस्थितियों का विस्तार से स्पष्ट उल्लेख होना चाहिये। इस उल्लेख के होने पर सामान्य निष्कर्षों पर आक्षेप उठाना सरल न होगा।

अन्तर्वस्तु-विश्लेषण की प्रक्रिया के मुख्य चरण
(Steps in Content Analyis)

(1) तथ्यों का उल्लेख—अन्तर्वस्तु-विश्लेषण की प्रक्रिया को उचित रूप से चलाने के लिये प्रथम कार्य आवश्यक तथ्यों का स्पष्ट उल्लेख है। इस कार्य में यह ध्यान रखना चाहिए कि केवल उन्हीं तथ्यों का उल्लेख करना चाहिए जो समस्या के समाधान के लिए आवश्यक हों। अनावश्यक तथ्यों का उल्लेख नहीं करना चाहिए क्योकि ऐसा करने से विश्लेषण के कार्य में बाधा पड़ती है और कार्य की वस्तुनिष्ठता पर भी बुरा प्रभाव पड़ता है। आवश्यक तथ्यों के उल्लेख के आधार पर ही विश्लेषण के लिए आवश्यक सारणियों का भी निर्माण करना सरल हो जाता है।

(2) सारणियों का निर्माण—अन्तर्वस्तु-विश्लेषण के कार्य को सरल एवं वैज्ञानिक बनाने के लिए विभिन्न प्रकार की सारणियों का उपयोग आवश्यक होता है। वास्तविक रूप से सारणियों के उपयोग से पहले ही इनका निर्माण कर लेना चाहिए। इससे विश्लेषण के दौरान तथ्यों को अभीष्ट स्थान पर नोट करने में सरलता होती है। इस प्रकार सारणियों के प्रयोग से विश्लेषण से सम्बन्धित किसी तथ्य के छूटने की सम्भावना नहीं रहती। सारणियों के ही आधार पर तथ्यों का वर्गीकरण करना भी सरल हो जाता है।

(3) अध्ययन की रूपरेखा तैयार करना—सारणियों के तैयार हो जाने के बाद अध्ययन की रूपरेखा तैयार की जाती है। इस कार्य के लिए सम्बन्धित परिवर्त्यों (Variables) को एक सूची में लिख देना उचित होता है। इसके बाद विभिन्न परिवर्त्यों के आधार पर तथ्यों के संकेतन का कार्य किया जाता है। परिवर्त्यों के निर्धारण और संकेतन के कार्य में सूचनादाताओं द्वारा प्राप्त सूचनाओं से भी सहायता ली जाती है।

(4) श्रेणियों का निर्माण—परिवार की सूची तैयार हो जाने के बाद श्रेणियों का निर्माण किया जाता है। श्रेणियों का निर्माण परिवर्त्यों के आधार पर किया जाता है। श्रेणियों की संख्या पर्याप्त होनी चाहिए। विभिन्न प्रकार के तथ्यों को अलग-अलग श्रेणियों के अन्तर्गत रखा जाना चाहिये। प्रत्येक परिवर्त्य के लिए अलग श्रेणी का निर्माण होना चाहिए। एक ही श्रेणी में दो या दो से अधिक परिवर्त्य नहीं होने चाहियें।

(5) अध्ययन प्रणाली निर्धारित करना—प्रत्येक प्रकार के अध्ययन के लिए किसी प्रणाली को निर्धारित करना भी आवश्यक है। अध्ययन की प्रणाली को निर्धारित करने में विशेष सूझ-बूझ से काम लेना चाहिए। एक अध्ययन में प्रारम्भ से अन्त तक एक ही प्रणाली का उपयोग करना चाहिए।

(6) परिभाषायें निर्धारित करना—पूरे अध्ययन से सम्बन्धित सब परिवर्त्यों और श्रेणियों को स्पष्ट रूप से परिभाषित कर लेना चाहिए। इस प्रकार के पारिभाषिक अध्ययन में वैज्ञानिकता एवं वस्तुनिष्ठता का अधिक समावेश कर पाना सरल होता है। परिवर्त्यों और श्रेणियों को परिभाषित करने का एक लाभ और भी होता है, वह यह है कि परिभाषाओं द्वारा अध्ययन की प्रामाणिकता की जाँच भी की जा सकती है। इसके अतिरिक्त विश्लेषण का कार्य परिभाषाओं के माध्यम से सरल एवं स्पष्ट भी हो जाता है।

(7) निर्धारित प्रणाली का प्रयोग—अन्तर्वस्तु-विश्लेषण की प्रक्रिया का अन्तिम चरण निर्धारित प्रणाली का प्रयोग करना है। निर्धारित प्रणाली का प्रयोग अध्ययन के पूर्वनिर्धारित स्वरूप के अनुसार ही होना चाहिए। यदि कहीं संशोधन की आवश्यकता हो तो सूझ-बूझ से संशोधन भी किये जा सकते हैं।

अन्तर्वस्तु-विश्लेषण के उपयोग
(Uses of Content Analysis)

सामाजिक अध्ययन की प्रविधियों में अन्तर्वस्तु-विश्लेषण का एक विशेष स्थान है। यह प्रविधि कई सामाजिक अध्ययनों में अति उपयोगी एवं सफल सिद्ध होती है। सामान्यतया अन्तर्वस्तु-विश्लेषण का उपयोग गुणात्मक घटनाओं के अध्ययन के लिये किया जाता है। इसके अतिरिक्त संचार-सम्बन्धी अनुसन्धानों में और मनोवैज्ञानिक अध्ययनों में भी अन्तर्वस्तु-विश्लेषण का विशेष उपयोग होता है। मुख्य उपयोग निम्नलिखित हैं—

(1) गुणात्मक अध्ययनों को वस्तुनिष्ठ बनाना—सामाजिक घटनाओं की प्रकृति गुणात्मक होती है। विश्लेषण द्वारा अध्ययनों को वस्तुनिष्ठ एवं वैज्ञानिक बनाया जाता है। अन्तर्वस्तु-विश्लेषण के अन्तर्गत गुणात्मक तथ्यों को वर्गीकृत करके एवं संकेतित करके तालिकाओं में प्रतिस्थापित करने योग्य बनाया जाता है। तालिकाओं, ग्राफों, लेखाचित्रों के माध्यम से गुणात्मक घटनाओं का गणनात्मक अध्ययन सम्भव हो जाता है।

(2) संचार-सम्बन्धी अध्ययनों में उपयोग—संचार-सम्बन्धी अध्ययनों में अन्तर्वस्तु-विश्लेषण पद्धति का विशेष उपयोग होता है। संचार की अन्तर्वस्तु की मुख्य प्रवृत्तियों की विवेचना इसी पद्धति द्वारा की जाती है।

आजकल संचार के साधन पर्याप्त विकसित हो गये हैं। इसी कारण विभिन्न राष्ट्र परस्पर परिचित हो रहे हैं। अन्तर्वस्तु-विश्लेषण के द्वारा संचार के साधनों के

प्रभावों का अध्ययन किया जाता है। सामान्य जनता के विचारों, धारणाओं आदि पर संचार के साधनों का विशेष प्रभाव पड़ता है। संचार के अनेक स्तर होते हैं। संचार के भिन्न-भिन्न स्तरों की तुलना भी अन्तर्वस्तु-विश्लेषण द्वारा की जाती है। साथ ही संचार के विभिन्न साधनों के प्रभाव की भी तुलना की जाती है।

(3) प्रचार के साधनों का विस्तार—अन्तर्वस्तु-विश्लेषण द्वारा प्रचार के साधनों का भी अध्ययन करना सम्भव है। अन्तर्वस्तु-विश्लेषण की सहायता से प्रचार के अच्छे साधनों का विकास किया जाता है। प्रचार के साधनों के प्रभाव को जानने के लिए भी अन्तर्वस्तु-विश्लेषण की सहायता लेनी पड़ती है।

(4) समूह की मनोवैज्ञानिक स्थिति का निर्धारण—मनौवैज्ञानिक तथ्य गुणात्मक होते हैं। समूहों की मनोवैज्ञानिक स्थिति गुणात्मक तथ्य है। अन्तर्वस्तु-विश्लेषण द्वारा गुणात्मक तथ्यों को गणनात्मक तथ्यों में परिवर्तित किया जाता है और उन्हें व्यवस्थित एवं वस्तुनिष्ठ बनाया जाता है। इसी आधार पर समूह की मनोवैज्ञानिक स्थिति का निर्धारण किया जाता है।

(क) व्यक्तित्व का अध्ययन—व्यक्तित्व का अध्ययन भी एक गुणात्मक अध्ययन है। इसे अध्ययन में भी अन्तर्वस्तु-विश्लेषण पद्धति का सहारा लिया जाता है। अन्तर्वस्तु-विश्लेषण द्वारा ही व्यक्तित्व का वैज्ञानिक अध्ययन किया जाता है। व्यक्तित्व अध्ययन में श्रेणियों एवं वर्गों का निर्माण इसी के द्वारा होता है।

अभ्यास के लिए प्रश्न

प्रश्न 1. अन्तर्वस्तु विश्लेषण का क्या अर्थ है? उसकी समस्यायें बतलाइये।
What is the meaning of Content Analysis? Point out its problems.

प्रश्न 2. अन्तर्वस्तु विश्लेषण के मुख्य कारण क्या हैं? उसका उपयोग बतलाइये।
What are the steps of Content Analysis? Point out its use.

24

समाजशास्त्र में सांख्यिकी के उपयोग और सीमायें

(Uses and Limitations of Statistics in Sociology)

अनुसन्धान की विधियों में सांख्यिकीय विधि का भी अपना स्थान है। अनुसन्धान की यह विधि नई होते हुए भी महत्वपूर्ण है। इस विधि का चलन सर्वप्रथम प्राकृतिक विज्ञानों के क्षेत्र में हुआ था। क्रमशः इस विधि की लोकप्रियता और महत्व के बढ़ने के साथ-साथ इसका चलन अर्थशास्त्र, मनोविज्ञान आदि सामाजिक विज्ञानों में प्रारम्भ हो गया। आजकल समाजशास्त्र के अध्ययनों में भी इस विधि का उंपयोग किया जाने लगा है। और लाभ उठाया जाने लगा है। गुणात्मक सामाजिक घटनाओं के गणनात्मक फल प्राप्त करने के लिए इस विधि का बहुत अधिक महत्व है।

सांख्यिकीय विधि की परिभाषा

सांख्यिकीय विधि में संख्याओं का प्रयोग किया जाता है। इस विधि में सामाजिक घटनाओं की अमूर्त प्रकृति का संख्यात्मक अध्ययन किया जाता है और गणितीय परिणाम प्राप्त किये जाते हैं। इस विधि के अन्तर्गत सम्बन्धित घटना का सर्वपक्षीय अध्ययन किया जाता है। सांख्यिकीय विधि की अनेक परिभाषायें दी गई हैं। निम्नलिखित परिभाषाओं से इस विधि के विषय में पर्याप्त परिचय प्राप्त हो जायेगा–

(1) श्री बाउले की परिभाषा–"सांख्यिकी सामाजिक व्यवस्था को सम्पूर्ण मानकर सभी दृष्टिकोणों से मापने का विज्ञान है।"[1] श्री बाउले की इस परिभाषा से यह स्पष्ट होता है कि सांख्यिकीय विधि के द्वारा सब पक्षों का सामाजिक अंध्ययन होता है।

---

1. "Statistics is the science of measurement of social phenomena, regarded as a whole in all manifestations."
—Bowley.

(2) **केण्डाल की परिभाषा**–श्री केण्डाल के अनुसार, "सांख्यिकी वैज्ञानिक विधि की वह शाखा है जो प्राकृतिक पदार्थों के समूह की विशेषताओं को मापकर या गिनकर प्राप्त की गई सामग्री से सम्बन्धित है।"[1] इस परिभाषा से स्पष्ट होता है कि सांख्यिकीय विधि का सम्बन्ध घटनाओं के संख्यात्मक पक्ष से अधिक है।

(3) **लिविट की परिभाषा**–प्रो॰ लिविट ने सांख्यिकीय विधि की परिभाषा करते हुए इस प्रकार कहा है, "सांख्यिकी वह विज्ञान है जो किन्ही घटनाओं की व्याख्या, विवरण तथा तुलना के लिए आंकिक तथ्यों का संकलन, वर्गीकरण तथा सारणीकरण का काम करता है।"[2]

(4) **किंग की परिभाषा**–श्री किंग के अनुसार, "सांख्यकीय विज्ञान वह प्रणाली है, जिसमें सामूहिक रूप से प्राकृतिक अथवा सामाजिक घटनाओं का अध्ययन, गणना अथवा अनुमान के आधार पर संकलित अंकों की विवेचना द्वारा प्राप्त फल के आधार पर किया जाता है।"[3]

सांख्यिकीय विधि की विशेषताएँ
(Characteristics of Statistical Method)

सांख्यिकीय विधि की उपरोक्त परिभाषाओं के द्वारा कुछ सामान्य विशेषताओं का परिचय प्राप्त होता है। सांख्यिकीय विधि की मुख्य विशेषताएँ निम्नलिखित हैं–

(1) **सामूहिक अध्ययन**–सामाजिक अध्ययन की अन्य पद्धतियाँ व्यक्तिगत इकाइयों का भी अध्ययन करती हैं, परन्तु सांख्यिकीय पद्धति के द्वारा केवल समूह का अध्ययन किया जाता है। इस विधि के द्वारा व्यक्तिगत इकाइयों का अध्ययन सम्भव नहीं है। सांख्यिकीय विधि के अन्तर्गत संख्यात्मक अध्ययन होता है और औसत के आधार पर निष्कर्ष निकाले जाते हैं।

(2) **गणनात्मक अध्ययन**–सांख्यिकीय विधि की एक मुख्य विशेषता यह है कि इसके द्वारा घटनाओं का गणनात्मक या संख्यात्मक अध्ययन किया जाता है। इसके अर्न्तगत प्रत्येक घटना को संख्या या अंको के माध्यम से प्रस्तुत किया जाता है। सांख्यिकीय विधि के अन्तर्गत अमूर्त एवं गुणात्मक सामाजिक घटनाओं को भी अंको में प्रदर्शित किया जाता है। इस कार्य के लिये अनेक प्रकार के पैमानों की रचना की जाती है। इन्हीं पैमानों की सहायता से सांख्यिकीय विधि में चरित्र, व्यवहार, रहन-सहन, आदि के विषय में बहुत ही शुद्ध एवं गणनात्मक निष्कर्ष निकाले जाते हैं।

---

1. "Statistics is the branch of scientific method which deals with data obtained by counting or measuring properties of population or natural phenomena." —Kendall
2. "Statistics is the science which deals with collection, classification and tabulation of numerical facts as the basis for explanation, description and comparison of phenomena." —Livitt.
3. "The science of statistics is the method of judging collective, natural or social phenomena from the results obtained by analysis of enumeration or collection of estimates." —W. I. King

(3) शुद्ध अध्ययन–सांख्यिकीय विधि के द्वारा किया गया अध्ययन अपेक्षाकृत अधिक शुद्ध होता है। इस विधि में पक्षपात और मिथ्या झुकावों के लिए कम स्थान होता है। इसमें अच्छा लगने के आधार पर या रूचि के आधार पर तथ्यों को आवश्यकता से अधिक महत्व नहीं दिया जा सकता। प्रत्येक घटना एवं तथ्य के लिए निर्धारित अंक होते हैं। इन्हीं अंकों की सहायता से शुद्ध निष्कर्ष प्राप्त किये जाते हैं।

सांख्यिकीय विधि के आधार
(Bases of Statistical Method)

सांख्यिकीय विधि दो मूलभूत सिद्धान्तों पर आधारित है ये सिद्धान्त निम्नलिखित हैं–

(1) सांख्यिकीय नियमितता का नियम (Law of Statistical Regularity),

(2) महांक जड़ता (Inertia of Large Numbers) नियम

(1) सांख्यिकीय नियमितता का नियम–सांख्यिकीय विधि सांख्यिकीय नियमितता के नियम पर आधारति होती है। यह नियम गणित के ''सम्भाविता नियम'' (Law of Probability) पर आधारित करके बनाया गया है। इस नियम का अर्थ यह है कि यदि किसी बड़े समूह में दैव निदर्शन (Random Sampling) प्रणाली के द्वारा कोई चुनाव कर लिया जाये तो उस चुने हुए निदर्शन में उन गुणों का प्रतिनिधित्व होगा जो बड़े समूह के हैं। यहाँ पर यह निष्कर्ष सम्भावना के आधार पर निकाला गया है। हम शत प्रतिशत शुद्ध रूप से ऐसे निदर्शन को भले ही न प्राप्त कर सकें परन्तु काफी हद तक हमारे निदर्शन में सम्बन्धित समूह का प्रतिनिधित्व हुआ करता है। उदाहरण के लिये यदि 1000 संख्या वाली किसी आदिम जाति में से दैव निदर्शन के द्वारा 100 व्यक्ति चुन लिये जायें तो इस आशा के लिये पर्याप्त स्थान है कि वे 100 व्यक्ति पूरी आदिम जाति का प्रतिनिधित्व करेंगे। किसी एक बस्ती में से यदि दैव-निदर्शन के द्वारा कुछ परिवारों का चुनाव कर लिया जाये तो उन चुने हुए परिवारों में धनवान, निर्धन, छोटे, बड़े सब प्रकार के परिवार होगें। परिवारों के इस अनुपात के आधार पर पूरी बस्ती के परिवारों के विषय में निष्कर्ष निकाले जा सकते हैं।

यह सम्भव है कि किसी दशा में हमारे द्वारा चुने गये निदर्शन में समूह का प्रतिनिधित्व न हो। हो सकता है कि हमारे द्वारा चुने सारे ही परिवार धनवान हों। वास्तव में सही निदर्शन एवं प्रतिनिधि निदर्शन प्राप्त करने के लिए कुछ शर्तों का पूरा होना आवश्यक है। मुख्य शर्तें निम्नलिखित हैं–

(i) निदर्शन का चुनाव दैव निदर्शन प्रणाली द्वारा किया जाना चाहिए। इच्छानुसार चुने हुए निदर्शन में शुद्धता नहीं होगी।

(ii) निदर्शन का आकार भी पर्याप्त रूप से बड़ा होना चाहिये, अन्यथा कुछ प्रतिनिधि गुणों का छूट जाना सम्भव होता है।

(iii) यह नियम औसत रूप से सत्य होता है। निदर्शन से प्राप्त निष्कर्ष और पूरे समूह के तथ्यों में पूर्ण समानता होनी आवश्यक है।

(2) महांक जड़ता नियम—इस नियम को हम इस प्रकार स्पष्ट कर सकते हैं—किसी भी बड़े समूह में उसकी इकाइयों में तो आकस्मिक और अनियमित परिवर्तन हो सकते हैं, परन्तु उस बड़े समूह में समग्र रूप से कोई भी ऐसा परिवर्तन नहीं होता जो आशा के विपरीत हो। प्राय: प्रत्येक बड़े समूह में होने वाले परिवर्तन किसी न किसी नियम पर आधारित हुआ करते हैं। उदाहरण के लिये हम यह नहीं कह सकते अमुक परिवार में प्रतिवर्ष कितने व्यक्ति मरेगें, परन्तु हम सफलता से यह बता सकते हैं कि पूरे देश में प्रतिवर्ष कितने व्यक्तियों की मृत्यु होगी।

वास्तव में प्रत्येक घटना को अनेक कारक प्रभावित किया करते हैं, और समय-समय पर इन कारणों में परिवर्तन होते हैं, परन्तु परिवर्तन प्राय: सब कारकों में एक अनुपात में हुआ करते हैं। यदि किसी घटना के पक्ष के कारकों में वृद्धि होती है तो विस्तृत क्षेत्र में उसके विपक्ष के कारकों में भी लगभग उसी अनुपात में वृद्धि हो जाया करती है। इस कारण से उस घटना की प्रकृति एवं स्वभाव में विशेष अन्तर नहीं होता। इसके अतिरिक्त जहाँ कहीं कोई परिवर्तन होता भी है तो वह किसी न किसी निश्चित नियम पर आधारित हुआ करता है।

महांक जड़ता नियम के आधार पर ही सामाजिक अनुसंधानों में भविष्यवाणी तथा पूर्वानुमान का कार्य किया जाता है। प्राय: बीमा कम्पनियों वाले इसी नियम की सहायता से लोगों की मृत्य, दुर्घटनाओं आदि का अनुमान लगा लिया करते हैं और उसी के अनुसार अपने बीमें के प्रीमियम की दर को बढ़ा या घटा दिया करते हैं। बीमा कम्पनियों वाले जानते हैं कि आगामी वर्ष में कितने व्यक्ति मरेगें, परन्तु वे यह नहीं जानते कि कौन-कौन मरेगा।

सांख्यिकी के कार्य
(Funtions of Statistics)

सामाजिक अनुसंधान में अध्ययन की पद्धति के रूप में सांख्यिकी के अनेक कार्य हैं। मुख्य कार्यों का संक्षिप्त वर्णन निम्नलिखित है—

(1) तथ्यों का मापन—सामाजिक समस्याओं से सम्बन्धित दो प्रकार के तथ्य होते हैं। प्रथम प्रकार के तथ्य वे होते हैं जिनकी माप निश्चित होती है अर्थात् यह प्रमाणित तथ्य होते हैं। इस प्रकार के तथ्यों के संकलन में सांख्यिकी की सहायता ली जाती है, अर्थात् वास्तव में तथ्यों के संकलन में सांख्यिकीय विधियों का उपयोग किया जाता है। किसी भी समस्या के विषय में आँकड़ों का संकलन सम्भव नहीं होता। प्राय: निदर्शन प्रणाली द्वारा समूह के विषय में आँकड़ों को जाना जाता है। ऐसी स्थिति में निदर्शन के आँकड़ों के आधार पर अनुमान की सहायता से समग्र के विषय में आँकड़ों का पता लगाया जाता है। इस अनुमान के कार्य को वैज्ञानिक और शुद्ध बनाने के लिए सांख्यिकीय पद्धतियों की सहायता ली जाती है।

सामाजिक अध्ययनों में दूसरे प्रकार के तथ्य वे होते हैं जो प्रमापित नहीं होते। कुछ सामाजिक घटनायें और तथ्य ऐसे होते हैं जिनकी प्रकृति अमूर्त एवं गुणात्मक होती है। ऐसे तथ्यों को प्रमापित करने का कार्य भी सांख्यिकी द्वारा ही किया जाता है। विभिन्न सामाजिक घटनाओं और तथ्यों को वैज्ञानिक आधार पर संख्यात्मक भार प्रदान किया जाता है। उदाहरणार्थ मनोवृत्तियाँ, रूचि, प्रेम आदि अमूर्त स्थितियों की माप के लिए साख्यिकीय पैमानों का निर्माण किया जाता है।

इस प्रकार तथ्यों के संकलन और प्रमापन दोनों ही क्षेत्रों में सांख्यिकी से सहायता मिलती है।

(2) तथ्यों का व्याख्यात्मक वर्णन—सांख्यिकीय निष्कर्षों के द्वारा सम्बन्धित समस्या के विषय में पूर्ण परिचय प्राप्त हो जाता है। उदाहरण के लिये यदि किसी अनुसंधान के द्वारा बाल अपराधों से सम्बन्धित आँकड़े अधिक मात्रा में प्राप्त होते हैं तो इनसे स्पष्ट हो जाता है कि समाज में बाल अपराधों की क्या स्थिति है। कहने का आशय यह है कि सांख्यिकी के आधार पर सामाजिक घटनाओं की सही-सही व्याख्या की जा सकती है। किसी घटना या स्थिति का वर्णन यदि आँकड़ों के माध्यम से किया जाये तो वह वर्णन अधिक स्पष्ट एवं अधिक प्रभावशाली माना जाता है। यदि किसी घटना का वर्णन आँकड़ों से नितान्त रहित हो तो उस वर्णन को प्रायः मनगढ़न्त और काल्पनिक मान लिया जाता है। आँकड़ों सहित वर्णन को वैज्ञानिक माना जाता है।

(3) मूल्यांकन में वस्तुनिष्ठता लाना—सामाजिक घटनायें अमूर्त और गुणात्मक होती हैं। इन घटनाओं के अध्ययन में वस्तुनिष्ठता लाने के लिए सांख्यिकी का उपयोग विशेष सहायक होता है। सामाजिक घटनाओं के विषय में प्रत्येक व्यक्ति के अपने निजी विचार तथा झुकाव होते हैं। इस स्थिति में यदि उन समस्याओं अथवा घटनाओं के विषय में व्यक्तियों की राय पूछी जाये तो इनके उत्तर पक्षपातपूर्ण होगें। इस पक्षपात और मिथ्या झुकाव को समाप्त करने के लिये सांख्यिकी की सहायता लेनी पड़ती है। उदाहरण के लिये यदि जीवन-स्तर के विषय में लोगों की राय जाननी हो तो सम्बन्धित सूचनाओं को संख्यात्मक मूल्य प्रदान कर देना चाहिये, जैसे स्कूटर के खरीदने को "एक" और कार को "दस" का मूल्य दिया जा सकता है। इस प्रकार सांख्यिकी के उपयोग के द्वारा सामाजिक घटनाओं के अध्ययन एवं मूल्यांकन में वस्तुनिष्ठता को प्राप्त किया जा सकता है।

(4) तुलनात्मक अध्ययन—सांख्यिकी के द्वारा गुणात्मक एवं अमूर्त सामाजिक तथ्यों की तुलना करनी सम्भव होती है। प्रायः बुद्धिमत्ता, मनोवृत्तियाँ, रूचियाँ, प्रेम, घृणा आदि कुछ ऐसे तथ्य हैं जिनकी सीधे-सीधे तुलना करनी सम्भव नहीं, परन्तु सांख्यिकी की सहायता से यह तुलना हो सकती है। उदाहरण के लिये यदि दो प्रेमियों के अपनी-अपनी प्रमिका के प्रति प्रेम की तुलना करनी हो तो यह हम सांख्यिकी की सहायता से कर सकते हैं। इस कार्य के लिये पहले प्रेम को मापने के लिए संख्यात्मक पैमाने का निर्माण किया जायेगा और तब उस पैमाने के द्वारा दोनों प्रेमियों

के प्रेम को मापा जायेगा। इस प्रकार संख्यात्मक मापों की तुलना करना अति सरल है। बुद्धिमत्ता को मापने के लिए बुद्धिमत्ता गुणांक (I.Q.) का उपयोग किया जाता है। इसी गुणांक के द्वारा भिन्न-भिन्न आयु, लिंग और संस्कृति के लोगों की बुद्धिमत्ता की तुलना की जा सकती है।

(5) घटनाओं का पूर्वानुमान लगाना—सामान्य रूप से कहा जाता है कि सामाजिक घटनाओं के विषय में पूर्वानुमान सम्भव नहीं होता। परन्तु सांख्यिकीय पद्धतियों के विकास के साथ-साथ सामाजिक घटनाओं के विषय में भी पर्याप्त सही पुर्वानुमान लगाना सम्भव हो गया है। निश्चित परिस्थितियों में निश्चित घटनायें घटित होती हैं। साँख्यकीय विधियों के द्वारा आने वाली परिस्थितियों के विषय में पर्याप्त जानकारी प्राप्त कर ली जाती है, और इस जानकारी के आधार पर होने वाली घटनाओं के विषय में पूर्वानुमान तथा भविष्यवाणी की जा सकती है। उदाहरण के लिए जनगणना की रिपोर्ट के आधार पर आगामी वर्गों में जनसंख्या के प्रकार एवं आकार के विषय में ज्ञान प्राप्त किया जा सकता है और इस प्रकार परिस्थितियों के ज्ञान के आधार पर घटित होने वाली घटनाओं जैसे, अपराध, बेरोजगारी आदि के विषय में भविष्यवाणी की जा सकती है।

(6) तथ्यों के पारस्परिक सम्बन्ध को ज्ञात करना—सामाजिक अनुसन्धान के द्वारा विभिन्न सामाजिक घटनाओं के मध्य उपस्थित सम्बन्धों को ज्ञात किया जाता है। यदि किसी घटना के सब कारकों का सही पता लग जाए तो उस घटना को नियन्त्रित किया जा सकता है। उदाहरण के लिए यदि परिवार को विघटित करने वाले कारकों का पता लग जाए तो उन कारकों को बदलकर या समाप्त करके परिवार को विघटित होने से बचाया जा सकता है।

सामाजिक अनुसन्धान में सांख्यिकी की सहायता से विभिन्न घटनाओं के कार्य-कारण सम्बन्ध जानने में सुविधा होती है। विभिन्न तथ्यों में सहविवरण को सांख्यिकी के द्वारा जाना जा सकता है। उदाहरण के लिए प्रेम विवाह से तलाक का सम्बन्ध, शिक्षा के प्रचार से जन्म-दर का, औद्योगीकरण से अपराधों का सम्बन्ध सांख्यिकीय विधियों के द्वारा सरलता से जाना जा सकता है। यदि अन्य सब कारक समान हों और केवल प्रेम विवाहों की संख्या बढ़ जाये तब यदि तलाकों के आँकड़ों में भी उसी अनुपात में वृद्धि हो जाये तो सिद्ध हो जायेगा कि तलाक का कारण प्रेम-विवाह है। इस प्रकार सांख्यिकीय विधियों द्वारा विभिन्न घटनाओं के पारस्परिक सम्बन्धों को जाना जा सकता है।

सांख्यिकीय अनुसन्धान की प्रक्रिया
(Process of Statistical Investigation)

सांख्यिकीय विधि द्वारा किये गये अनुसंधान की प्रक्रिया के मुख्य चरण निम्नलिखित होते हैं।

(1) सांख्यिकीय तथ्यों का संकलन—सांख्यिकीय अनुसन्धान प्रक्रिया

का प्रथम चरण है—समस्या से सम्बन्धित आँकड़ों का संकलन। भिन्न-भिन्न समस्याओं से सम्बन्धित आँकड़ों को भिन्न-भिन्न विधियों द्वारा एकत्रित किया जाता है। प्राय: आँकड़ों के संकलन के लिए प्रश्नावालियों, अनुसूचियों, साक्षात्कार आदि पद्धतियों को उपयोग में लाया जाता है। कुछ आँकड़ें समस्या से सम्बन्धित द्वैतीयक स्रोतों से भी एकत्रित कर लिये जाते हैं। गुणात्मक तथा अमूर्त सामाजिक घटनाओं के विषय में आँकड़ों के संकलन के लिये पहले कुछ उचित पैमानों का निर्माण किया जाता है तब इन पैमानों की सहायता से आँकड़े एकत्रित किये जाते हैं। उदाहरण के लिए जीवन-स्तर या रुचियों की माप करने के लिये पहले पैमाना तैयार करना पड़ता है, जैसे समाचार-पत्र का खरीदना, कार का रखना, फूलों को सजाना आदि कुछ आधारों पर संख्यात्मक पैमानों का निर्माण कर लिया जाता है। फिर इन्हीं पैमानों द्वारा सम्बन्धित घटना की माप कर ली जाती है।

(2) आँकड़ों का विश्लेषण तथा विवेचन—आँकड़ों के संकलन के बाद दूसरा चरण है—आँकड़ो का विश्लेषण तथा विवेचन। किसी समाजिक समस्या के निष्कर्ष को प्राप्त करने के लिए संकलित आँकड़ों का विश्लेषण तथा विवेचन करना आवश्यक होता है। आँकड़ो का विश्लेषण तथा विवेचन का कार्य बहुत जटिल होता है। इस कार्य को निम्न प्रकार क्रमबद्ध रूप से किया जाता है—

(क) संकलित आँकड़ों का सम्पादन—संकलित आँकड़ो के विश्लेषण के लिए सर्वप्रथम उनका सम्पादन किया जाता है। सम्पादन का अर्थ है आँकड़ों का सूक्ष्म अनुवीक्षण करना। इस क्रिया के अन्तर्गत संकलित आँकड़ो में उपस्थित गलतियों, भूलों तथा भ्रान्तियों को दूर किया जाता है। आँकड़ों को व्यवस्थित भी किया जाता है। प्राय: सम्बन्धित प्रश्नावलियाँ और अनुसूचियाँ अधूरी या गलत भरी हुई होती हैं, इनको सुधारना भी सम्पादन के ही अन्तर्गत आता है।

आँकड़ों के सम्पादन का कार्य अति कठिन है। इस कार्य को करने में कुछ सावधानियों को ध्यान में रखना आवश्यक होता है। सम्पादन के कार्य को सफल बनाने के लिए संकलित तथ्यों की शुद्धता, विश्वसनीयता आदि की जाँच कर लेनी चाहिये। यह भी देख लेना चाहिये कि संकलित तथ्यों के संकलन में पक्षपात तो नहीं हुआ है। आँकड़ो को तुलनात्मक अध्ययन के योग्य होना चाहिए। केवल वाँछनीय आँकड़ों का ही संकलन होना चाहिये। इसके अतिरिक्त द्वैतीयक स्रोतों से प्राप्त आँकड़ो की अनुकूलता और पर्याप्तता की भी जाँच कर लेनी चाहिये।

(ख) सम्पादित आँकड़ों का वर्गीकरण—आँकड़ों के सम्पादन के बाद उनका वर्गीकरण किया जाता है। प्रत्येक वैज्ञानिक अध्ययन को सफल बनाने के लिए वर्गीकरण एक अति आवश्यक कार्य है। वर्गीकरण के अन्तर्गत समस्त आँकड़ों को कुछ निश्चित वर्गों में बाँट दिया जाता है। इस प्रकार वर्गों में विभाजित कर लेने पर आँकड़ों का अध्ययन करना सरल हो जाता है। प्रत्येक वर्ग के आँकड़े अपनी विशेषताओं को स्पष्ट रूप से प्रतिपादित करते हैं। इस प्रकार आँकड़ों की तुलना करनी सरल हो जाती है। उदाहरण के लिए यदि परिवार नियोजन के विषय में

आँकड़ों का संकलन एवं अध्ययन करना हो तो परिवारों का वर्गीकरण निम्न ढ़ंग से किया जा सकता है–

(i) बिना सन्तान वाले परिवारों का वर्ग।

(ii) एक सन्तान वाले परिवारों का वर्ग।

(iii) दो सन्तानों वाले परिवारों का वर्ग।

(ग) संकेतन–आँकड़ों को वर्गीकृत करने के बाद प्रत्येक वर्ग का संकेतन किया जाता है। संकेतन का आशय है प्रत्येक वर्ग को निश्चित संकेत या चिन्ह द्वारा प्रदर्शित करना। ये चिन्ह या संकेत कुछ भी हो सकते हैं जैसे– +, ÷, ×, %, आदि। इन चिन्हों के द्वारा आँकड़ों की तुलना एवं विश्लेषण में सरलता होती है। संकेतन द्वारा परिणामों के प्रतिपादन में भी सुविधा होती है।

(घ) आँकड़ों का निर्वचन–आँकड़ों के पूर्ण विश्लेषण के बाद उनका विवेचन या निर्वचन किया जाता है। निर्वचन के अन्तर्गत तथ्यों की स्थिति को स्पष्ट किया जाता है। यह कार्य आँकड़ों के आधार पर होता है, तर्क के आधार पर नहीं। सांख्यिकीय विधि के अंतर्गत आँकड़ों को न कि तर्क को महत्व दिया जाता है। यदि आँकड़े किसी घटना के पक्ष में हों तो अनेक तर्कों के विपक्ष में होने पर भी आँकड़ों द्वारा प्रतिपादित निष्कर्ष ही सही माने जायेगें। उदाहरण के लिए यदि प्रेम विवाहों के विघटित होने के पर्याप्त आँकड़े प्राप्त हों तो विवाह के विघटन का कारण प्रेम विवाह को ही मानना पड़ेगा, भले ही अनेक तर्क इसके विपक्ष में उपस्थित हों। इस कार्य में एक सावधानी रखनी आवश्यक है, वह यह कि आँकड़ों का संकलन उनकी शुद्धता, परिस्थितियों, आदि का सही-सही अध्ययन होना चाहिए।

(ड़) परिणामों का प्रदर्शन–आँकड़ों की स्थिति के विवेचन के बाद उन आँकड़ों के आधार पर सम्बन्धित परिणाम प्राप्त किये जाते हैं। इस प्रकार प्राप्त परिणामों का प्रदर्शन भी आवश्यक होता है। परिणामों के प्रदर्शन के लिए ग्राफों, रेखाचित्रों और सारणियों आदि को उपयोग में लाया जाता है। इस प्रकार से प्रदर्शित परिणाम अधिक स्पष्ट एवं बुद्धिगम्य बन जाते हैं।

सांख्यिकीय पद्धतियों का महत्व
(Importance of Statistical Method)

आज के वैज्ञानिक युग में सांख्यिकी का अत्याधिक महत्व है। जीवन के प्रत्येक पहलू के अध्ययन के लिए आज सांख्यिकीय पद्धतियों का अधिक-से-अधिक उपयोग किया जाता है। प्राचीन काल में सांख्यिकी को ''राजाओं का विज्ञान'' कहा जाता था, परन्तु आजकल इसे ''मानव कल्याण का अंकगणित'' (Arithemetic of Human Welfare) के नाम से जाना जाता है। सांख्यिकी के महत्व को बतलाते हुए डा॰ बाउले ने कहा है, ''सांख्यिकी का ज्ञान किसी विदेशी भाषा के बीजगणित के समान है, जो किसी भी समय और किसी भी परिस्थिति में उपयोगी सिद्ध हो सकता

है।"[1] सांख्यिकी का महत्व आज जीवन के प्रत्येक क्षेत्र में है। मुख्य महत्व निम्न विवरण से स्पष्ट हो जायेगा।

(1) प्रशासन में सहायक—प्राचीन काल में सांख्यिकी को जो "राजाओं का विज्ञान" कहा जाता था उसका मुख्य कारण यह था कि सांख्यिकी से प्रशासन के कार्यों में विशेष सहायता मिलती थी। प्रत्येक सरकार के कुछ ऐसे विभाग होते थे जो राज्य भर में विभिन्न प्रकार के आँकड़ों का संकलन किया करते थे। प्राय: जनसंख्या, व्यापार और सेना से सम्बन्धित आँकड़ों का समय-समय पर संकलन होता रहता था। वर्तमान काल में राज्य अथवा प्रशासनिक कार्य अति विस्तृत हो गये हैं, अत: आजकल सांख्यिकी का उपयोग एवं महत्व इस क्षेत्र में और भी अधिक विस्तृत हो गया है। प्रत्येक सरकार अपने कार्यों, योजनाओं और नीतियों के निर्धारण के लिये अनेक प्रकार के आँकड़ों का संकलन कराती है। राष्ट्रीय आय-व्यय का बजट, व्यापार की स्थिति, जनसंख्या, उत्पादन, आदि के आँकड़ों की सरकार को हर समय आवश्यकता रहती है। कानूनों के निर्माण अथवा संशोधन के लिये भी सरकार को समय-समय पर विभिन्न प्रकार के आँकड़ों की आवश्यकता पड़ती रहती है। इस प्रकार स्पष्ट है कि प्रशासनिक कार्यों को सुचारू रूप से चलाने के लिए साँख्यिकी का महत्व सर्वमान्य है।

(2) व्यापार में महत्व—वर्तमान समय में व्यापार अति विस्तृत क्षेत्र में होता है। प्रत्येक व्यापार अन्तर्राष्ट्रीय स्तर पर होता है। ऐसी स्थिति में व्यापार के क्षेत्र में भी सांख्यिकी का महत्व बढ़ गया है। सांख्यिकी के माध्यम से विभिन्न उत्पादन की वस्तुओं के उत्पादन एवं मांग के विषय में पूर्वानुमान लगा लिये जाते हैं। इसी पूर्वानुमान के आधार पर बाजारों के भाव, आदि निर्धारित होते हैं। इसके अतिरिक्त सट्टा, आदि करने वाले भी सांख्यिकी की सहायता लिया करते हैं व्यापार के क्षेत्र में उत्पादन की लागत, माल को लाने-ले-जाने की लागत, श्रमिकों की कार्यक्षमता, आदि के मापन में भी सांख्यिकी का उपयोग किया जाता है। आजकल तो अनेक बड़ी व्यापारिक और औद्योगिक संस्थाओं ने अनेक प्रकार के आँकड़ों के संकलन के लिये अलग से बड़े-बड़े सांख्यिकीय विभाग ही खोल रखे हैं। सांख्यिकी के माध्यम से आने वाली परिस्थितियों का अनुमान लगाया जा सकता है। इस प्रकार के तुलनात्मक अध्ययन से व्यापार में विशेष लाभ होता है। सांख्यिकीय सूचनाओं के व्यापार के क्षेत्र में महत्व को इन शब्दों द्वारा स्पष्ट किया जा सकता है, "यदि समाचार-पत्रों, पत्रिकाओं, रेडियो और तार की रिपोर्टों से मूल्य समंक केवल एक दिन के लिये हटा दिये जायें तो व्यापारिक जगत शक्तिहीन हो जायेगा। यदि अब उपलब्ध समस्त सांख्यिकीय सामग्री को विश्व से एक वर्ष के लिए हटा दिया जाय तो इसका परिणाम होगा—आर्थिक अव्यवस्था एवं विनाश।"[1]

---

1. "A knowledge of statistics is like a knowledge of foreign language or of algebra; it may prove of use at any time under any circumstances." —Bowley

(3) नियोजन में महत्व—वर्तमान काल नियोजन का काल है। जिस राष्ट्र की योजनायें अधिक ठीक और व्यवहारिक होंगी उस राष्ट्र की ही सामाजिक एवं आर्थिक प्रगति अधिक होगी। नियोजन के कार्य में सांख्यिकी के महत्व को बतलाते हुए टिप्पेट का कहना है कि "नियोजन आजकल का व्यस्थित क्रम है और समंकों के बिना नियोजन की कल्पना भी नहीं की जा सकती।[2] किसी भी स्तर पर यदि कोई योजना बनानी है तो सबसे पहले योजना से सम्बन्धित समस्त आँकड़ों का संकलन करना आवश्यक होता है। देश में प्राप्त होने वाले कच्चे माल, आय, प्राकृतिक तथा मानवीय साधन, आदि के विषय में सही-सही आँकड़ो की जानकारी प्राप्त करना आवश्यक होता है। इसके अतिरिक्त योजनाओं को कार्य रूप में परिणित करने के बाद समय-समय पर उनकी प्रगति एवं स्थिति की जानकारी भी सांख्यिकीय विधियों द्वारा ही प्राप्त हो जाती है। सांख्यिकीय साधनों के बिना किसी भी योजना का निर्माण या योजना को कार्य रूप देना, दोनों ही अवैज्ञानिक होते हैं, और उनकी सफलता में सन्देह बना रहता है।

(4) बैंक, बीमा कम्पनियों और रेलवे के लिए महत्व—बैंक के कार्यों में साँख्यिकी का विशेष महत्व है। सांख्यिकीय विधियों द्वारा बैंक वाले अनुमान लगा लेते हैं कि जिस समय बैंकों को कितना धन सुरक्षित रखना चाहिये और कितना धन उधार दिया जाना चाहिए।

जीवन बीमा और अन्य बीमा कम्पनियों के लिए भी सांख्यिकी का महत्व सराहनीय है। प्रत्येक बीमा कम्पनी बीमें के प्रीमियम की दरों को मृत्यु दर और दुर्घटनाओं की दर के अनुसार निश्चित करती है। ये दरें उन्हें सांख्यिकीय विधियों से ही ज्ञात होती हैं।

बैंक और बीमा कम्पनियों के समान रेलवे वाले भी विभिन्न प्रकार के आँकड़ों के आधार पर रेल के टिकट को बढ़ाया करते हैं। इसके अतिरिक्त समय-सगय पर विशेष अवसरों पर किराये में कुछ छूट भी दिया करते हैं। यह छूट भी किन्हीं आँकड़ों द्वारा पूर्ण हिसाब लगाकर दी जाती है। नई गाड़ियों की व्यवस्था भी यात्रा करने वालों के आँकड़ों को दृष्टि में रखकर की जाती है।

(5) समाजिक अध्ययनकर्ता के लिए महत्व—सामाजिक अध्ययनों में भी साँख्यिकी की विशेष आवश्यकता होती है। किसी सामाजिक समस्या के गम्भीर अध्ययन के लिए आँकड़ों की आवश्यकता होती है। उदाहरण के लिए बाल-विवाह, वेश्यावृत्ति, बेकारी, भिक्षावृत्ति, आदि सामाजिक बुराईयों के विशेष अध्ययन के लिए

---

1. "If all prices were removed from all papers, magazines, radio and telegraphic reports for a single day the business world will be paralysed. If all statistics now available were removed from the world for one year, utter economic chaos and ruin would result." —M. M. Blair
2. "Planning is the order of the day, and without statistics planning is inconceivable." —Tippett.

सम्बन्धित आँकड़ों का संकलन भी आवश्यक है। इसके अतिरिक्त तथ्यों तथा सूचानाओं से सम्बन्धित परिणाम प्राप्त करने के लिए भी सांख्यिकीय विधियों की सहायता लेनी पड़ती है। सामाजिक अध्ययनों में उसी अध्ययन को उचित एवं श्रेष्ठ माना जाता है जो आँकड़ों पर आधारित हो और जिसके परिणाम भी सांख्यिकीय ढंग से प्रस्तुत किये गये हों। इस प्रकार स्पष्ट है कि सामाजिक अध्ययनकर्ताओं के लिए भी सांख्यिकीय विधियों का विशेष महत्व है।

सांख्यिकी की सीमायें
(Limitations of Statistical Method)

सामाजिक अनुसन्धानों में सांख्यिकीय पद्धति के उपयोग में सबसे बड़ी बाधा सामाजिक घटना की प्रकृति है। सामाजिक घटना की प्रकृति गुणात्मक होती है और सांख्यिकीय प्रविधियाँ स्वभाव से ही गणनात्मक एवं संख्यात्मक होती हैं।

सांख्यिकीय विधियों की सीमाओं पर प्रकाश डालते हुए श्री न्यूजहोम का कहना है, "सांख्यिकी को अनुसंधान का एक महत्वपूर्ण साधन समझना चाहिये, किन्तु इनकी कुछ गम्भीर सीमायें हैं जिन्हें दूर किया जाना सम्भव नहीं है।"

सांख्यिकी की मुख्य सीमायें निम्नलिखित हैं–

(1) केवल गणनात्मक अध्ययनों के लिए उपयोगी–सांख्यिकीय प्रविधियाँ मूलभूत रूप से परिमाणात्मक घटनाओं के संख्यात्मक अध्ययन के लिए उपयोगी होती हैं। सामाजिक घटनायें अधिकांशतया गुणात्मक होती हैं। गुणात्मक घटनाओं का अध्ययन करने के लिए सांख्यिकीय पद्धतियाँ अधिक उपयोगी नहीं होतीं। यह सांख्यिकी की अपनी सीमा है।

(2) सांख्यिकी द्वारा व्यक्तिगत इकाइयों का अध्ययन सम्भव नहीं–सांख्यिकी की एक अन्य सीमा यह है कि सांख्यिकी द्वारा व्यक्तिगत इकाइयों का अलग से अध्ययन नहीं किया जा सकता। सांख्यिकीय प्रविधियों द्वारा सामाजिक समस्याओं का सामूहिक अध्ययन किया जाता है। किसी समस्या के विषय में सांख्यिकी द्वारा प्राप्त निष्कर्ष केवल समूह पर लागू हो सकते हैं, उस समूह के व्यक्तियों पर व्यक्तिगत रूप से लागू नहीं हो सकते। सांख्यिकीय विधियों के अन्तर्गत निष्कर्ष औसतन प्राप्त होते हैं। इसी कारण से वे निष्कर्ष प्रत्येक इकाई पर पूर्ण रूप से लागू नहीं हुआ करते। सांख्यिकी की इस सीमा का टिप्पेट ने इस प्रकार वर्णन किया है, "सांख्यिकी आवश्यक रूप से समग्रवादी है क्योंकि यह व्यक्तिगत इकाइयों से नहीं, केवल वर्गों से सम्बन्धित है।"

(3) गहन अध्ययन सम्भव नहीं–सामाजिक समस्याओं को समझने के लिये प्रायः विशेष गहन अध्ययन की आवश्यकता होती है। इसके कई कारण हैं–एक तो सामाजिक घटनायें बहुत ही जटिल होती हैं। इसमें अनेक कारण एक साथ प्रभावशाली होते हैं। दूसरे, सामाजिक घटनायें विशिष्ट हुआ करती हैं, उनमें सार्वभौमिकता का भी अभाव होता है। परन्तु सॉंख्यिकीय पद्धतियों द्वारा गहन

अध्ययन सम्भव नहीं होता। सांख्यिकी द्वारा तो समस्याओं का ऊपरी तौर पर ही अध्ययन किया जाता है। इस प्रकार सामाजिक समस्याओं का सांख्यिकी द्वारा एक सीमा तक ही अध्ययन किया जा सकता है, उससे आगे अधिक गहन एवं गम्भीर अध्ययन के लिए यह उपयोगी नहीं है।

(4) केवल विशेषज्ञ ही इसका उपयोग कर सकते हैं—सामाजिक अनुसंधानों में सांख्यिकी के उपयोग की एक और सीमा है—इस पद्धति द्वारा केवल सांख्यिकी के विशेषज्ञ ही सही परिणाम तथा निष्कर्ष प्राप्त कर सकते हैं। सामान्य समाजशास्त्री इस पद्धति का उपयोग नहीं कर सकते। यदि अध्ययनकर्ता पर्याप्त कुशल न हो तो सांख्यिकीय पद्धतियों द्वारा कुछ के कुछ परिणाम प्राप्त हो जाते हैं।

अभ्यास के लिए प्रश्न

प्रश्न 1. सांख्यिकीय विधि की परिभाषा करो। उसकी विशेषतायें और आधार बताओ।
Define Statistical Method. Point out its characteristics and bases.

प्रश्न 2. संक्षिप्त टिप्पणी लिखो—सौंख्यिकी के कार्य।
Write short note on—Functions of Statistics.

प्रश्न 3. सांख्यिकीय अनुसंधान की प्रक्रिया बताइये।
Explain the process of Statistical Invetigation.

प्रश्न 4. सांख्यिकीय विधि का महत्व और सीमायें बतलाइये।
Point out the importane and limitations of Statistical Method.

25

समंकों का वर्गीकरण
(Classification of Data)

वर्गीकरण क्या है?

साधारणतया सांख्यिकीय अनुसन्धान में समंक एक विशाल परिमाण में एकत्र किये जाते हैं और उनके एकत्रीकरण में उनके व्यक्तिगत गुणों पर कोई ध्यान नहीं दिया जाता, केवल इस बात का ध्यान रखा जाता है कि समंक उस अनुसन्धान से सम्बन्धित होने चाहियें चाहे उनमें कितने ही विविध गुण क्यों न हों। इस प्रकार से एकत्रित किये गये समंकों से कोई भी तर्कपूर्ण तथा उचित परिणाम निकालना असम्भव है जब तक कि उन्हें भली-भाँति सम्पादित करके विभिन्न श्रेणियों एवं सारणियों में विभाजित न कर दिया जाये। श्रेणियाँ तथा सारणियाँ समंकों के विभिन्न गुणों के आधार पर बनाई जाती हैं और इनके निर्माण से पूर्व यह आवश्यक है कि समंकों का उनके गुणों के आधार पर वर्गीकरण कर दिया जाये। वर्गीकरण से समंक संक्षिप्त तथा बुद्धिगम्य रूप में आ जाते हैं, उन पर साँख्यिकीय विधियों के प्रयोग से महत्वपूर्ण निष्कर्ष निकाले जा सकते हैं।

वर्गीकरण की सबसे सरल एवं संक्षिप्त परिभाषा प्रो॰ कोनोर ने दी है। उनके शब्दों में, "वर्गीकरण तथ्यों को (वास्तविक अथवा कल्पित रूप से) उनकी समानता एवं सादृश्यता के आधार पर समूहों अथवा वर्गों को क्रमबद्ध करने की क्रिया है और इससे व्यक्तिगत इकाइयों में पाई जाने वाली विविधता गुणों की एकता के रूप में व्यक्त हो जाती है।"[1]

इस परिभाषा के आधार पर वर्गीकरण के मुख्य लक्षण निम्नलिखित हैं-

(1) वर्गीकरण में समंकों को विभिन्न वर्गों में बाँटा जाता है। उदाहरण के लिये ऊँचाई के आधार पर छात्रों की ऊँचाइयों को 5'2", 5'4", 5'6" इत्यादि वर्गों में बाँटा जा सकता है।

---

1. "Classification is the process of arranging things (either actually or ideally) in groups or classes according to their resemblances and affinities, and gives expression to the unity of attributes that may subsist amongst a diversity of individuals."
—Connor

(2) वर्गीकरण करते हुए समंकों की समानता एवं सजातीयता का भी ध्यान रखा जाता है। समान गुणों वाले अंकों को पृथक् तथा किसी अन्य विशेषता वाले अंकों को पृथक् भाग में बाँटा जाता है। उदाहरण के लिये, साक्षरता के आधार पर एकत्रित किये गये समंक साक्षर तथा निरक्षर दो भागों बाँट दिये जायेंगे।

(3) वर्गीकरण वास्तविक रूप से अथवा काल्पनिक रूप से किया जाता है। समंकों को या तो उनमें निहित गुणों के आधार पर विभाजित किया जा सकता है अथवा कल्पित रूप के आधार को मान कर उन्हें विभिन्न वर्गों में बाँटा जा सकता है।

(4) वर्गीकरण इस ढंग से किया जाता है कि समंकों की विभिन्नता में से उनकी एकता (Unity in Diversity) प्रकट हो जाये।

आदर्श वर्गीकरण के तत्व

इस विषय में दो मत नहीं हो सकते कि साँख्यिकी में वर्गीकरण का विशेष महत्व है। जैसा कि पीछे बतलाया गया है, वर्गीकरण के द्वारा ही यह सम्भव हो पाता है कि विशाल परिमाण में एकत्र किये समंकों से कोई महत्वपूर्ण निष्कर्ष निकाला जा सके। अतः साँख्यिकीय अनुसन्धान में वर्गीकरण आवश्यक है। वर्गीकरण कई प्रकार से हो सकता है। परन्तु यह ध्यान रखना चाहिए कि यथासम्भव वर्गीकरण ऐसा हो सके कि उसमें अनुसन्धान-सम्बन्धी विशेष गुणों का समावेश हो तथा वह सरल एवं उत्तम हो। प्रत्येक अनुसन्धान की प्रकृति, उद्देश्य तथा क्षेत्र पर ध्यान रखते हुए वर्गीकरण का आधार निश्चित किया जाना चाहिए--

(1) वर्गीकरण असंदिग्ध होना चाहिए (Classification should be unambiguous)—वर्गीकरण का आधार ऐसा होना चाहिए कि उसमें किसी प्रकार का सन्देह अथवा दुविधा न हो। अन्य शब्दों में, वर्गीकरण स्पष्ट तथा सरल होना चाहिए और इनके अन्तर्गत बनने वाले समूह अथवा वर्गों का क्षेत्र भी स्पष्ट होना चाहिए ताकि किस इकाई को किस वर्ग में रखा जाये, इस बारे में दुविधा न उत्पन्न हो। वास्तव में वर्गीकरण का उद्देश्य ही समंक समूह से अनिश्चितता को दूर करना है। अतः वर्गीकरण ऐसा होना चाहिए कि उसमें अनिश्चित का कहीं भी स्थान न हो।

(2) वर्गीकरण विशाल होना चाहिए (Classification should be Comprehensive)—वर्गीकरण इस प्रकार से किया जाना चाहिए कि उसमें समस्त समंक समूह का समावेश हो सके। कोई भी इकाई वर्गीकरण से छूटनी नहीं चाहिए। वर्गीकरण के अन्तर्गत वर्ग इस प्रकार बनाये जाने चाहियें कि समस्त इकाइयों को उनमें सम्मिलित किया जा सके और यदि तब भी कोई इकाई छूट जाये तो उसके लिये एक पृथक् वर्ग विविध वर्ग (Miscellaneous Class) बनाया जाना चाहिए।

(3) वर्गीकरण स्थिर होना चाहिए (Classification should be Stable)—वर्गीकरण का आधार ऐसा होना चाहिए जो कि बिल्कुल स्थिर हो ताकि समय-समय पर एकत्र किये गये समंकों की तुलना की जा सके।

(4) वर्गीकरण अनुकूल होना चाहिए (Classification should be

Suitable)—वर्गीकरण अनुसन्धान के अनुकूल होना चाहिए। वर्गीकरण के विभिन्न तरीके सभी समस्याओं के अनुकूल नहीं होते। प्रत्येक अनुसन्धान की प्रवृत्ति, क्षेत्र, तथा उद्देश्य के आधार पर वर्गीकरण के ढंग में भी परिवर्तन किया जा सकता है। उदाहरण के लिये यदि विद्यार्थियों की औसत बुद्धि सम्बन्धी समंकों का वर्गीकरण उनकी आय-व्यय के आधार पर कर दिया जाये तो समस्त वर्गीकरण व्यर्थ हो जायेगा।

(5) वर्गीकरण लचीला होना चाहिए (Classification should be Flexible)—आदर्श वर्गीकरण में लचक का गुण भी होना अत्यावश्यक है। लचक से अभिप्राय यह है कि देश-काल की परिस्थितियों के अनुसार यदि विभिन्न समंकों अथवा वर्गों में परिवर्तन करने आवश्यक हों तो वे वर्गीकरण के आधार को परिवर्तित किये बिना किये जा सकें।

वर्गीकरण के प्रकार

सांख्यिीकरण वर्गीकरण दो प्रकार का होता है।

(1) गुणात्मक वर्गीकरण (Qualitative Classification)

(2) संख्यात्मक वर्गीकरण (Quantitative Classification)

(1) गुणात्मक वर्गीकरण—सांख्यिकी के उन तथ्यों का वर्गीकरण, जिनको कि अंकों में माप कर नहीं जाना जाता, गुणात्मक वर्गीकरण कहलाता है। उदाहरणार्थ साक्षरता को मापा नहीं जा सकता, केवल यह मालूम किया जा सकता है कि किसी दिये हुए क्षेत्र में कितने व्यक्ति साक्षर हैं और कितने नहीं। अत: साक्षरता के आधार पर किया गया वर्गीकरण गुणात्मक वर्गीकरण कहलायेगा। इसी प्रकार बेकारी, धर्म, वैवाहिक स्थिति, अन्धापन इत्यादि तथ्यों का भी केवल गुणात्मक वर्गीकरण किया जा सकता है।

(2) संख्यात्मक वर्गीकरण—संख्यात्मक वर्गीकरण उन तथ्यों का हो सकता है जिन्हें कि अंकों में प्रत्यक्ष रूप में मापा जा सकता है। उदाहरणार्थ विद्यार्थियों की ऊँचाई को प्रत्यक्ष अंकों में मापा जा सकता है। और इसका वर्गीकरण विभिन्न वर्ग बनाकर किया जा सकता है जैसे 5' से 5'1'', 5'1'' से 5'2'' इत्यादि वर्गान्तर बनाकर विद्यार्थियों की विभिन्न ऊँचाइयों का वर्गीकरण किया जा सकता है। इसी प्रकार आय, व्यय, भार इत्यादि तथ्यों को भी वर्गान्तरों के अनुसार वर्गीकृत किया जा सकता है।

गुणात्मक वर्गीकरण की रीतियाँ

सांख्यिकीय प्रदत्तों का गुणात्मक वर्गीकरण दो रीतियों से किया जा सकता है—

(1) द्वंद्व-भाजन वर्गीकरण (Classification according to Dichotomy)।

(2) बहुगुण वर्गीकरण (Manifold Classification)।

(1) द्वंद्व-भाजन वर्गीकरण—वर्गीकरण की इस रीति के अन्तर्गत किसी

गुण से सम्बन्धित एकत्रित किये गये आँकड़ों को दो वर्गों में बाँटा जा सकता है। पहले वर्ग में वे आँकड़े सम्मिलित किये जायेंगे जिनमें कि वह गुण उपस्थित है और दूसरे वर्ग में वे जिनमें वह गुण उपस्थित नहीं हैं। उदाहरणार्थ, साक्षरता सम्बन्धी आँकड़ों को यदि दो वर्गों 'साक्षर' और 'असाक्षर' में बाँटा जाये तो यह वर्गीकरण द्वंद्व-भाजन वर्गीकरण कहलायेगा। इसी प्रकार धर्म के आधार पर भी दो वर्ग बनाये जा सकते हैं, धार्मिक और अधार्मिक।

(2) बहुगुण वर्गीकरण—जब एक से अधिक गुणों के आधार पर वर्गीकरण किया जाये तो वह बहुगुण वर्गीकरण कहलाता है। इनमें वर्गों की संख्या निश्चित नहीं होती क्योंकि एक गुण के आधार पर दो वर्ग तो बनते ही हैं, फिर किसी अन्य गुण के आधार पर प्रत्येक वर्ग के उपवर्ग बन जाते हैं। एक गुण के ही यदि बहुत से उपवर्ग बन सकें, तो वह भी बहुगुण वर्गीकरण ही कहलायेगा, उदाहरणार्थ, यदि साक्षरता, धर्म और लिंग (Sex) के आधार पर वर्गीकरण किया जाये तो यह बहुगुण वर्गीकरण होगा क्योंकि इसमें तीन गुणों के आधार पर प्रदत्तों को वर्गीकृत किया गया है, परन्तु यदि केवल साक्षरता के आधार पर ही विभिन्न वर्ग और उपवर्ग जैसे साक्षर और निरक्षर, हिन्दी-भाषी, आंग्ल-भाषी, इत्यादि बना दिये जायें तो यह वर्गीकरण भी बहुगुण वर्गीकरण कहलायेगा।

गुणात्मक वर्गीकरण में कठिनाइयाँ

उपरोक्त विवरण से ऐसा विदित होता है कि गुणात्मक वर्गीकरण बहुत सरल है। परन्तु व्यावहारिक रूप में ऐसा नहीं है। गुणात्मक वर्गीकरण में सबसे बड़ी कठिनाई वर्ग बनाने में आती है। बहुधा ऐसा होता है कि विभिन्न वर्गों का क्षेत्र निश्चित रूप से ज्ञात नहीं किया जा सकता, जैसे साक्षर और निरक्षर वर्गों में वर्गीकरण करते समय यह ज्ञात होना आवश्यक है कि कौन साक्षर है और कौन नहीं। मामूली-सा पढ़ा लिखा व्यक्ति साक्षर है अथवा नहीं? और जो व्यक्ति केवल भाषा बोल सकता है और लिख नहीं सकता उसे किस वर्ग में रखा जाये? ऐसे कई प्रश्न उपस्थित हो जाते हैं। अतः विभिन्न वर्गों के क्षेत्र के सम्बन्ध में निश्चित रूप से ज्ञात होना आवश्यक है।

गुणात्मक वर्गीकरण में दूसरी कठिनाई यह आती है कि इसमें गुणों में होने वाले परिवर्तनों का भी ध्यान रखना पड़ता है। आज कोई व्यक्ति निरक्षर है लेकिन हो सकता है कुछ ही समय में वह साक्षर हो जाये। इसी प्रकार कोई अविवाहित कुछ समय बाद विवाहित हो सकता है। गुणात्मक वर्गीकरण में ऐसे परिवर्तनों का पर्याप्त ज्ञान होना चाहिए और वर्गीकरण लचीला होना चाहिए ताकि इन परिवर्तनों का समावेश हो सके।

संख्यात्मक वर्गीकरण

संख्यात्मक वर्गीकरण वर्गान्तरों के द्वारा किया जाता है। विद्यार्थियों की ऊँचाई, वजन, आय, व्यय, इत्यादि से सम्बन्धित एकत्रित किये तथ्यों का वर्गीकरण

वर्गान्तरों के द्वारा किया जाता है। उदाहरणार्थ, यदि विद्यार्थियों की आय के सम्बन्ध में तथ्य इकट्ठे किये गये हैं तो इन तथ्यों को 10 रू० से 20 रू०, 20 रु ० से 30 रू०, 30 रू० से 40 रू०, इत्यादि वर्गान्तरों में वर्गीकृत किया जा सकता है। इसी प्रकार यदि किसी विद्यार्थी की आय 25 रू० प्रतिमास है तो उसे 20-30 वाले वर्ग में रखा जायेगा।

संख्यात्मक वर्गीकरण में निम्न परिभाषा शब्दों (Terms) का प्रयोग किया जाता है—

(1) वर्ग सीमाएँ (Class Limits)—प्रत्येक वर्ग की दो सीमाएँ होती हैं एक सीमा निचली (Lower) और दूसरी ऊपरी (Upper) सीमा जैसे 15-20 वर्ग में 15 तो निचली सीमा है और 20 ऊपरी। प्रायः पहले वर्ग की ऊपरी सीमा और दूसरे वर्ग की निचली सीमा एक ही संख्या होती है जैसे 15-20, 20-25, 25-30, इत्यादि।

(2) वर्ग-विस्तार (Magnitude of Class-Interval)—दोनों सीमाओं के अन्तर को वर्ग-विस्तार कहा जाता है। इसे इस प्रकार ज्ञात किया जाता है—

Upper Limit — Lower Limit = Magnitude

उदाहरण कि लिए 15-20 का वर्ग-विस्तार 20-15=5 होगा।

(3) मध्य बिन्दु (Mid Point)—दोनों वर्ग सीमाओं के केन्द्र बिन्दु को मध्य बिन्दु कहते हैं, इसे इस प्रकार ज्ञात किया जाता है—

$$\frac{\text{Lower Limit} + \text{Upper Limit}}{2}$$

अतः 15-20 वर्ग का मध्य बिन्दु होगा।

$$\frac{15 + 20}{2} = 17.5$$

(4) वर्ग आवृत्ति (Class Frequency)—किसी वर्ग की सीमाओं के अन्तर्गत जितने मूल्य आते हैं उन्हें उस वर्ग की आवृत्ति कहते है।

संख्यात्मक वर्गीकरण के प्रकार

संख्यात्मक वर्गीकरण भी दो प्रकार से किया जा सकता है। दोनों रीतियों में वर्ग बनाये जाते हैं परन्तु उनकी सीमाओं के निर्धारण में अन्तर है।

ये रीतियाँ हैं—

(1) अपवर्जी रीति (Exclusive Method),

(2) समावेशी रीति (Inclusive Method)।

(1) अपवर्जी रीति—अपवर्जी रीति के अनुसार जो वर्ग बनाये जाते हैं उनकी ऊपरी सीमा और उससे अगले वर्ग कि निचली सीमा एक ही संख्या होती है जैसे

15–20 वर्ग की ऊपरी सीमा 20 है और यही अगले वर्ग की अर्थात् 20–25 वर्ग की निचली सीमा है। जिन इकाइयों का मूल्य किसी वर्ग की ऊपरी सीमा (Upper Limit) के बराबर होता है उन्हें उस वर्ग में नही वरन् उससे अगले वर्ग में रखा जाता है जैसे किसी इकाई का मूल्य 20 है तो इसे 15–20 वर्ग में सम्मिलित किया जाएगा। वर्गीकरण की इसी विशेषता के कारण इसे अपवर्जी रीति (Exclusive Method) कहा जाता है।

(2) समावेशी रीति—समावेशी रीति के अनुसार एक वर्ग की ऊपरी सीमा और दूसरे वर्ग की निचली सीमा में साधारणतया 1 का अन्तर होता है। इसे समावेशी रीति इसलिये कहते हैं क्योंकि इस रीति के अन्तर्गत किसी इकाई को, जिसका कि मूल्य किसी वर्ग की ऊपरी सीमा के बराबर हो, उसी में वर्गीकृत किया जाता है। उदाहरण के लिए यदि किसी इकाई का मूल्य 20 है तो उसे 15–20 वर्ग में ही वर्गीकृत किया जायेगा।

अपवर्जी और समावेशी रीतियों में अन्तर—वर्गीकरण की अपवर्जी और समावेशी रीतियों का पारस्परिक अन्तर निम्नलिखित तालिका से स्पष्ट हो जायेगा—

अपवर्जी और समावेशी रीतियों में अन्तर

अपवर्जी रीति	समावेशी रीति
1. इसमें प्रथम वर्ग की ऊपरी सीमा अगले वर्ग की निचली सीमा के बराबर होती है।	1. इसमें पहले वर्ग की ऊपरी सीमा और दूसरे वर्ग की निचली सीमा में प्रायः अन्तर होता है।
2. इस रीति में किसी वर्ग की ऊपरी सीमा के बराबर की इकाई का उससे अगले वर्ग में वर्गीकरण किया जाता है।	2. इस रीति के अन्तर्गत किसी ऐसी इकाई का उसी वर्ग में वर्गीकरण कर दिया जाता है।

आवृत्तियों की गणना (Summing up of Frequencies)—वर्गीकरण करते समय जब वर्गों का निर्धारण कर लिया जाता है जब उन वर्गों में उनसे सम्बन्धित आवृत्तियों को मिलान रखा जाता है। इन आवृत्तियों को मिलान चिन्ह (Tallies) द्वारा प्रकट किया जाता है। प्रत्येक वर्ग में आने वाली इकाई के लिए एक रेखा (1) खींच दी जाती है और प्रत्येक पाँचवी इकाई के लिए पिछली चार रेखाओं को काटती हुई रेखा खींची जाती है (||||) इस प्रकार पाँच-पाँच के समूह बना लिये जाते हैं और अन्त में समस्त समूहों को गिनकर वह संख्या आवृत्ति (Frequency) वाले खानें में रख दी जाती है। इस प्रकार प्रत्येक वर्ग की आवृत्ति ज्ञात की जाती है।

उदाहरण—1–से 30 विद्यार्थियों की ऊँचाई (Height) निम्न प्रकार से दी हुई है। (48–50) को सबसे निचला वर्ग मानते हुए उन्हें वर्गीकृत करना है।

(इंचों में) 54, 56, 56, 53, 49, 55, 57, 48, 60, 62, 56, 59, 52, 50, 49, 55, 56, 57, 60, 52, 53, 58, 56, 59, 50, 51, 54, 59, 60, 51।

हल—अपवर्जी रीति के अनुसार—

30 विद्यार्थियों की ऊँचाई

वर्ग	मिलान चिन्ह	क्रम आवृत्ति
48–50	|||	3
50–52	||||	4
52–54	||||	4
54–56	||||	4
56–58	~~||||~~ ||	7
58–60	||||	4
60–62	|||	3
62–64	|	1
		30

उदाहरण 2—नीचे दिये हुए समंकों को समावेशी रीति (Inclusive Method) द्वारा वर्गीकृत कीजिये। वर्गान्तर 10 होना चाहिए।

3, 5, 9, 10, 14, 13, 13, 15, 19, 22, 20, 26, 33, 41, 39, 43, 50, 52, 28, 25, 21, 16, 6, 27, 39, 46, 57, 38, 32, 33, 23, 29, 17, 11, 37, 46, 43, 40.

हल—

वर्ग	मिलान चिन्ह (Tallies)	आवृत्ति
0–9	||||	4
10–19	~~||||~~ ||	10
20–29	~~||||~~ ||	10
30–39	~~||||~~ ||	7
40–49	~~||||~~ |	6
50–59	|||	3

उदाहरण 3—60 सेना अधिकारियों द्वारा दिये गये सामान्य वर्गीकरण समंकों का 5 वर्गान्तर से वर्गीकरण कीजिये।

97, 107, 96, 118, 81, 113, 81, 94, 82, 103, 118, 123, 107, 93, 98, 102, 97, 106, 86, 92, 93, 112, 104, 125, 121, 99, 103, 100, 110, 107, 104, 103, 100, 108, 102, 104, 89, 100, 111, 85, 97, 100, 104, 117, 109, 104, 122, 98, 112, 99, 90, 100, 91, 92, 96, 105, 95, 114, 109, 87.

हल— **60 सेना अधिकारियों के वर्ग**

वर्ग	मिलान चिन्ह	सेना अधिकारियों की संख्या
80–85	|||	3
85–90	||||	4
90–95	||||/ ||	7
95–100	||||/ ||||/	10
100–105	||||/ ||||/ ||||/	15
105–110	||||/ |||	8
110–115	||||/ |	9
115–120	||||	4
120–125	|||	3
		60

वर्गीकरण में आवश्यक बातें

(अ) वर्गों की संख्या नियत करना—(To Determine the Number of Classes)—वर्गीकरण करते समय सर्वप्रथम यह निश्चित करना आवश्यक होता है कि प्रस्तुत समग्र-समूह (Data) को कितने वर्गों में विभाजित किया जाये ताकि उसकी जटिलता समाप्त हो जाये और उससे महत्वपूर्ण निष्कर्ष प्राप्त किया जा सकें। सभी दिशाओं में और प्रत्येक समग्र-समूह के लिए कोई एक नियम लागू नहीं हो सकता कि वर्गों की संख्या सदैव निश्चित हो। आवश्यकतानुसार वर्गों की संख्या घटाई या बढ़ाई जा सकती है। वास्तव में अनुसन्धान का विषय, एकत्रित किये गये आँकड़ों की मात्रा तथा अनुसन्धान की प्रकृति के आधार पर ही वर्गों की संख्या नियत की जा सकती है और प्रत्येक अनुसन्धान की विशेषताओं को वर्गों में विभाजित किया जाता है। ये वर्ग ऐसे होने चाहियें जो कि उन विशेषताओं का सही रूप से प्रतिनिधित्व कर सकें।

वर्गों की संख्या के निर्धारण के सम्बन्ध में कुछ सामान्य नियम निम्नलिखित हैं—

(1) इस बात का ध्यान रखना चाहिये कि वर्गों की संख्या न तो बहुत कम हो और न अधिक। वर्गों की संख्या उतनी ही होनी चाहिए जिससे कि आँकड़ों की सभी विशेषताएँ उभरकर सामने आ जायें। यदि वर्गों की संख्या बहुत कम होगी तो प्रत्येक वर्ग में आवृत्तियों का अधिक जमाव हो जायेगा जिससे कि सतह की मौलिक विशेषताएँ छिपी रह जायेंगी। दूसरी ओर यदि वर्गों की संख्या बहुत अधिक होगी तो प्रत्येक वर्गान्तर में बहुत कम आवृत्तियाँ आयेंगी और उनके आधार पर निकाले गये परिणाम समस्त समग्र-समूह का सही और उचित प्रतिनिधित्व नहीं करेंगे।

(2) वर्गों की संख्या इतनी होनी चाहिये कि उसमें समग्र की समस्त इकाइयों का समावेश हो जाये। छोटी-से-छोटी और बड़ी-से-बड़ी इकाई उन वर्गान्तरों में आ जानी चाहिये ताकि साँख्यिकीय विश्लेषण (Statistical Analysis) इत्यादि से निकाले गये परिणाम समस्त इकाइयों पर आधारित माने जायें।

(3) साथ ही साथ इस बात का भी ध्यान रखा जाना चाहिये कि वर्ग निरन्तर होने चाहियें जैसे 0-10, 10-15, 15-20, 20-50 इत्यादि। इन वर्गों में यद्यपि वर्ग-विस्तार (Magnitude) बराबर नहीं हैं पर फिर भी निरन्तर (Continuous) हैं। परन्तु यदि वर्ग 0-5, 15-25, 50-75 इत्यादि बनाये जायें तो ये निरन्तर नहीं कहलायेंगे। यदि वर्ग निरन्तर न हों तो साँख्यिकीय विश्लेषण इत्यादि में बहुत कठिनाई होती है और इस प्रकार से प्राप्त किये गये परिणाम भी अधिक उपयोगी नहीं होते। वर्गों के निरन्तर होने के साथ-साथ यह भी प्रयत्न किया जाना चाहिए कि उनका वर्ग-विस्तार (Magnitude) बराबर हो।

(4) साधारणतया वर्गों की संख्या 6 से कम तथा 20 से अधिक नहीं होनी चाहिए। परन्तु इस नियम के अपवाद भी हो सकते हैं। यदि आंकड़े बहुत ही अधिक हैं और अनुसंधान का क्षेत्र भी बहुत विस्तृत है तो वर्ग 20 से अधिक भी बनाये जा सकते हैं। कृषि आंकड़ों में प्रायः 20 से अधिक वर्गों की आवश्यकता पड़ती है।

(4) वर्ग-विस्तार (Magnitude of Class-Intervals) वर्गों की संख्या नियत करने के पश्चात् वर्ग-विस्तार निश्चित किया जाता है। वर्ग-विस्तार समंक समूह के अधिकतम और न्यूनतम मूल्यों के आधार पर निश्चित किया जाता है। उदाहरण के लिए यदि 20 विद्यार्थियों के प्राप्तांकों को 5 वर्गों में बाँटना है और अधिकतम और न्यूनतम अंक क्रमशः 65 तथा 15 है तो वर्ग-विस्तार 65-15=50÷5=10 होगा। इस विधि को निम्नलिखित सूत्र के रूप में भी लिखा जा सकता है।—

$$\text{Class — interval} = \frac{\text{Largest Value — Smallest Value}}{\text{Number of Classes}}$$

$$\text{or } \frac{L - S}{n}$$

वर्ग-विस्तार निश्चित करते समय यथासम्भव इस बात का ध्यान रखा चाहिए है कि वर्ग-विस्तार पूर्णांक में होना चाहिये। यदि उपरोक्त सूत्र के आधार पर निकाला

गया वर्ग-विस्तार पूर्णांक में न हो तो उसे सन्निकट पूर्णांक में परिवर्तित कर लेना चाहिए। इस बात का भी प्रयत्न किया जाना चाहिए कि समस्त वर्गों का वर्ग विस्तार समान हो और 2, 5, 10, 20, 25, 100 इत्यादि संख्या में हो ताकि गणन-क्रिया आदि में जटिलता उत्पन्न न हो।

(5) वर्ग सीमाओं का निर्धारण (Determination of Class Limits)—जहाँ तक सम्भव हो सके, वर्ग-सीमाएं पूर्णांकों में होनी चाहियें जैसे 5, 10, 20, इत्यादि। इसके अतिरिक्त वर्ग सीमायें ऐसी होनी चाहियें कि इनमें श्रेणी की समस्त इकाइयों का समावेश हो सके। सभी वर्गों की दोनों सीमाएँ स्पष्ट होनी चाहियें ताकि किसी इकाई को वर्गीकरण में रखते हुए कोई अनिश्चितता अथवा कठिनाई उपस्थित न हो।

वर्ग-सीमाएँ दो प्रकार से बनाई जा सकती हैं—

(1) अपवर्जी सीमायें (Exclusive Limits)—ये सीमायें इस प्रकार की होती हैं कि एक वर्ग की ऊपरी सीमा उससे अगले वर्ग की निचली सीमा के बराबर होती है। जैसे 5-10, 10-15, 15-20 इत्यादि।

(2) समावेशी सीमायें (Inclusive Limits)—समावेशी सीमाओं में प्राय: एक वर्ग की ऊपरी सीमा तथा उससे अगले वर्ग की निचली सीमा में 1 का अन्तर होता है जैसे 0-9, 10-19, 20-29 इत्यादि।

सांख्यिकीय श्रेणियाँ
(Statistical Series)

समंकों को व्यवस्थित करके जो क्रम बनाया जाता है उसे साँख्यिकीय श्रेणी (Statistical Series) कहते हैं। उदाहरण के लिए यदि कक्षा के विद्यार्थियों के प्राप्तांको का व्यवस्थित विवरण (Record) रखा जाय तो यह विवरण संख्यिकीय श्रेणी कहलायेगा। होरेस सीक्राइस्ट (Horace Secrist) ने साँख्यिकीय श्रेणी की परिभाषा इस प्रकार की है—"साँख्यिकी में समंक श्रेणी उन पदों के गुणों को कहा जा सकता है कि जो किसी तर्कपूर्ण क्रम के अनुसार व्यवस्थित किये जाते हों।"[1] इस प्रकार समंको के व्यवस्थित रूप को साँख्यिकीय श्रेणी कहते हैं।

समंक श्रेणियों के प्रकार

सांख्यिकी में समंक श्रेणियाँ तीन प्रकार की हो सकती हैं—

(1) व्यक्तिगत पदों पर आधारित (Based on Individual's Observation)

(2) खण्डित श्रेणी (Discrete Series)

(3) वर्गान्तर वाली श्रेणी (Continuous Series)

---

1. "A series as used statistically may be defined as thing or attributes of things arranged according to some logical order."
—Horace Secrist, *An Introduction to Statistical Method,* p. 157.

इन तीन प्रकार की श्रेणियों का संक्षिप्त विवरण इस प्रकार है—

(1) व्यक्तिगत पदों पर आधारित—(Based on Individual's Observation)—जैसा कि नाम से स्पष्ट है, व्यक्तिगत श्रेणी में प्रत्येक पद का पृथक्-पृथक् मूल्य दिया जाता है तथा उनके समूह अथवा वर्ग (Group) बनाये जाते हैं। व्यक्तिगत श्रेणी तब बनाई जाती है जबकि एकत्रित समंक ऐसे हों जिनके समूह अथवा वर्ग बनाने सम्भव न हों अथवा प्रत्येक पद को पृथक्-पृथक् महत्व देना हो। व्यक्तिगत श्रेणी का उदाहरण निम्नलिखित है—

विद्यार्थी	अंक
A	25
B	27
C	17
D	28
E	35
F	14
G	22
H	18

व्यक्तिगत श्रेणी को इस प्रकार भी लिखा जा सकता है—एक कक्षा के विद्यार्थियों द्वारा प्राप्त अंक निम्नलिखित हैं—

25, 27, 17, 28, 35, 14, 22, 18

(2) खण्डित श्रेणी (Discrete)—खण्डित श्रेणी तब बनाई जा सकती है जबकि प्रत्येक इकाई का एक यथार्थ (Exact) माप हो तथा विभिन्न पदों में अन्तर निश्चित (Definite) तथा नियमित (Regular) हो। खण्डित श्रेणी का एक उदाहरण नीचे दिया गया है—

वेतन	श्रमिकों की संख्या
60	3
65	7
70	10
75	25
80	28
85	11
90	8
95	5
100	2

खण्डित श्रेणी की पहचान यह है कि इसमें दो खाते होते हैं—एक मूल्य अर्थात् माप (Size) का तथा उसकी पद संख्या अथवा आवृत्ति (Frequency) का।

(2) वर्गान्तर वाली श्रेणी (Continuous Series or Series of Class-Individuals)—वर्गान्तर वाली श्रेणी में विभिन्न वर्ग (Classes Groups) बनाये जाते हैं तथा उनमें सम्मिलित होने वाली इकाइयाँ अर्थात् उनकी आवृत्ति लिख दी जाती

है। वर्गान्तर श्रेणी तब बनाई जाती है जब कि समंक समूह के विभिन्न पदों का यथार्थ (Exact) माप सम्भव न हो। वर्गान्तर श्रेणी का एक उदाहरण निम्न प्रकार है—

अंक	विद्यार्थी
20–25	5
25–30	11
30–35	13
35–40	17
40–45	14
45–50	10
50–55	8
55–60	2

वर्गान्तर वाली श्रेणी खण्डित श्रेणी के बिल्कुल विपरीत होती है। खण्डित श्रेणी में तो पदों के माप तथा उनके सम्मुख उनकी आवृत्ति लिखी जाती है। इसीलिए खण्डित श्रेणी के सभी पद ऐसे होने चाहियें जिनका यथार्थ माप हो सकता हो। इसके विपरीत वर्गान्तर वाली श्रेणी में विभिन्न वर्गान्तर बनाये जाते हैं और उनमें इकाइयों को वर्गीकृत करके कुल आवृत्ति प्रत्येक वर्ग के सम्मुख लिख दी जाती है। वर्गान्तर वाली श्रेणी के लिए मूल्यों का यथार्थ होना आवश्यक नहीं होता।

अभ्यास के लिए प्रश्न

प्रश्न 1. संक्षिप्त टिप्पणी लिखिये—समंकों का वर्गीकरण।

Write short note on—Classification of Data.

26

सारणीयन
(Tabulation)

अर्थ तथा परिभाषा

समंकों का वर्गीकरण करने के पश्चात् उन्हें तालिकाओं (Tables) तथा सारणियों (Series) के रूप में प्रस्तुत किया जाता है ताकि उनमें निश्चित गुण तथा विशेषतायें स्पष्ट रूप से सामने जा जाएँ। वास्तव में समंकों का सारणीयन तथा समंकों का वर्गीकरण ये दोनों क्रियायें परस्पर सम्बन्धित होती हैं। समंकों का वर्गीकरण इसीलिये किया जाता है ताकि सारणियों के रूप में उन्हें प्रस्तुत किया जा सके जिससे कि वे साँख्यिकीय विधियों के प्रयोग के लिए उपयुक्त बन जायें।

सारणीयन की क्रिया की निम्नलिखित परिभाषायें महत्वपूर्ण हैं—

(1) कौनर (Connor) का मत—''किसी विचाराधीन समस्या को स्पष्ट करने के लिये किया जाने वाला साँख्यिकीय तत्वों का क्रमबद्ध एवं सुव्यवस्थित प्रस्तुतीकरण सारणीयन होता है।''[1] इस परिभाषा में सारणीयन का अर्थ स्पष्ट हो जाता है। परन्तु इस परिभाषा में सारणीयन की क्रिया तथा इसके महत्वपूर्ण गुणों पर कोई प्रकाश नहीं डाला गया है।

(2) होरेस सीक्राइस्ट (Horace Secrist) **की धारणा**—सारणीयन के सन्दर्भ में सबसे महत्वपूर्ण परिभाषा होरेस सीक्राइस्ट ने की है। उनके शब्दों में, ''सारणियों में वर्गीकरण द्वारा किए गये विश्लेषण को स्थायी रूप से लेखबद्ध किया जाता है तथा उनके द्वारा समान और तुलनीय वस्तुओं को परस्पर निकटता की उचित स्थिति में रखा जाता है।''[2] सारणीयन की इस परिभाषा में सारणीयन की क्रिया का भी उल्लेख किया गया है। इसके अतिरिक्त सारणीयन के एक महत्वपूर्ण गुण समंकों को तुलना योग्य बनाने पर भी प्रकाश डाला गया है।

---

1. "Tabulation involves the orderly and systematic presentation of numerical data in a form designed to elucidate the problem under consideration."
—Connor, *Statistics in Theory & Practice*, p. 20
2. "Tables are a mans of recording in permanent form the analysis that is made through classification and of placing in juxtaposition things that are similar and should be compared."
—Horace Secrist.

(3) ब्लेयर (Blair) द्वारा परिभाषा—ब्लेयर के शब्दों में, "सारणीयन, विस्तृत अर्थ में, कालमों और पंक्तियों के रूप में समंकों की क्रमबद्ध व्यवस्था है।"[1] इस परिभाषा में सारणीयन के स्वरूप को स्पष्ट किया गया है।

सारणीयन के उद्देश्य
(Objectives of Tabulation)

सारणीयन के उद्देश्य निम्नलिखित हैं–

(1) सारणीयन के द्वारा समंकों का व्यवस्थित प्रस्तुतीकरण होता है। सारणीयन के द्वारा विशाल परिमाण में एकत्रित किए गए समंकों को इस प्रकार व्यवस्थित रूप में प्रस्तुत किया जाता है कि उन पर साँख्यिकीय विधियों का प्रयोग सम्भव हो सकता है।

(2) सारणीयन का दूसरा उद्देश्य समंकों को संक्षेप में प्रस्तुत करना है। सारणीयन द्वारा समंकों के बारे में अधिकतम सूचना कम से कम स्थान में आ जाती है।

(3) सारणीयन के द्वारा अनुसंधान के सम्बन्ध में एकत्रित सूचना को इस प्रकार प्रस्तुत किया जाता है कि समस्या सरल तथा स्पष्ट हो जाती है। समस्या के विभिन्न अंगों से संबंधित समंकों को पृथक्-पृथक् कालमों (Coulumns) में क्रमबद्ध रूप से प्रस्तुत किया जाता है।

(4) सारणीयन का एक उद्देश्य समंकों को तुलना योग्य बनाना भी है। दो अथवा अधिक समस्याओं से सम्बन्धित समंकों की तुलना तभी की जा सकती है जब कि ये सारणियों (Tables) के रूप में हों अन्यथा तुलना अत्यन्त कठिन तो होती ही है साथ ही कोई उपयोगी परिणाम निकालना भी कठिन होता है।

सारणीयन के लाभ
(Merits of Tabulation)

सारणीयन के निम्न लाभ हैं जो कि इसके महत्व को भी स्पष्ट करते हैं।

(1) समंको की जटिलता को दूर करना (To Eliminate the Complexity of Data)– सारणीयन द्वारा समंको की जटिलता को दूर करके उन्हें सरल बनाया जाता है। सारणीयन से अन्य सांख्यिकीय विधियों में भी सहायता मिलती है क्योंकि किसी भी समस्या से सम्बन्धित समंकों को उनकी विभिन्न विशेषताओं के आधार पर सारणियों में संक्षिप्त रूप में प्रस्तुत किया गया होता है। इसके अतिरिक्त समंकों की सभी विशेषतायें सारणी इत्यादि पर केवल एक दृष्टिपात से स्पष्ट हो जाती हैं।

(2) समंकों को गणना योग्य बनाना (To Make Data Calculable)–

1. "Tabulation, in its broadest sense, is any orderly arrangement of data in columns and rows." —Blair.

सारणीयन के द्वारा समंको को इस रूप में प्रस्तुत किया जाता है कि उन पर साँख्यीकरण विधियों के अन्तर्गत गणनायें सम्भव हो पाती हैं। सारणीयन की अनुपस्थिति में विश्लेषण, निर्वचन इत्यादि से सम्बन्धित साँख्यिकीय विधियों का समंकों पर प्रयोग नहीं किया जा सकता। इसके अतिरिक्त सारणियों में समंकों से सम्बन्धित गणनायें जैसे गुणा, भाग, जोड़ना, घटाना इत्यादि भी सरल हो जाती हैं।

(3) समंकों को तुलना योग्य बनाना (To Make Data Comparable)—सारणीयन से समंक तुलना योग्य बनते हैं। सारणियों में समंकों की विशेषताओं के आधारों पर उन्हें विभिन्न खानों (Columns) में रखा जाता है। इस प्रकार समान असमान समंकों को पृथक्-पृथक् कर दिया जाता है। समंकों के इस प्रकार के विन्यास (Arrangement) से उनका गुणात्मक अध्ययन किया जाता है।

(4) समंको का रेखा चित्रों द्वारा प्रदर्शन (Presentation of Data through Diagrams)—सारणियों के आधार पर ही समंकों को रेखाचित्र अथवा ग्राफ पेपर पर आकर्षण ढंग से प्रस्तुत किया जा सकता है।

सारणीयन के प्रकार
(Types of Tabulation)

उद्देश्य के आधार पर वर्गीकरण—साँख्यिकी में विभिन्न समस्याओं के आधार पर भिन्न-भिन्न प्रकार की सारणियों का प्रयोग किया जाता है। परन्तु मौलिक रूप से उद्देश्य के आधार पर सारणियाँ दो प्रकार की होती हैं—

(1) सामान्य उद्देश्य वाली सारणी,

(2) सारांश सारणी

(1) सामान्य उद्देश्य वाली सारणी (General Purpose Table)—सामान्य उद्देश्य वाली सारणी को संदर्भ सारणी (Reference Table) भी कहते हैं क्योंकि इस सारणी का मुख्य उद्देश्य केवल यही होता है कि समंकों को इस प्रकार व्यवस्थित किया जाए कि आवश्यकतानुसार पृथक्-पृथक् इकाई भी ढूँढी जा सके। क्रॉक्स्टन व काउडेन के शब्दों में, "संदर्भ सारणी का मुख्य और प्राय: एकमात्र उद्देश्य समंकों को इस प्रकार प्रस्तुत करना होता है कि व्यक्तिगत इकाइयाँ किसी पाठक द्वारा तुरन्त ढूँढी जा सकें।"[1] जैसा कि नाम से ही स्पष्ट है, इस प्रकार की सारणी का कोई विशेष उद्देश्य नहीं होता, वरन् यह संदर्भ के प्रयोजन से बनाई जाती है। जनसंख्या रिपोर्ट (Census Report), कृषि आँकड़े (Agricultural Statistics) इत्यादि संदर्भ सारणी के मुख्य उदाहरण हैं।

(2) सारांश सारणी (Summary Table)—साराँश सारणियों को किसी विशेष उद्देश्य के लिए बनाया जाता है। किसी समस्या से सम्बन्धित किसी विशेष

1. "The primary and usually sole purpose of a reference table is to present the data in such a manner that individual items may be found readily by a reader."
—Croxton and Cowden : *Applied General Statstics*.

उद्देश्य के लिए साराँश सारणियाँ बनाई जाती हैं। साराँश सारणी संदर्भ सारणी की सहायता से बनाई जा सकती है। साराँश सारणी का मुख्य उद्देश्य किसी समस्या से सम्बन्धित समंकों को संक्षिप्त रूप से इस प्रकार व्यवस्थित करना है कि समंक साँख्यिकीय विधियों के उपयुक्त हो जायें तथा तुलना योग्य बन जायें।

रचना के आधार पर वर्गीकरण—रचना के आधार पर सारणियाँ दो प्रकार की होती हैं—

(1) सरल सारणी, (2) जटिल सारणी

(1) सरल सारणी (Simple Table)—सरल सारणी केवल एक ही गुण के आधार पर बनाई जाती है। इसीलिए इसे एक गुण वाली सारणी (One Way Table) भी कहते हैं। सरल सारणी के उदाहरण हैं—जनसंख्या के आधार पर विभिन्न राज्य, विभिन्न ज्ञात शाखाओं के आधार पर विद्यार्थियों का वितरण इत्यादि।

चूँकि सरल सारणी एक ही गुण पर आधारित होती है। अतः इसे बनाना अत्यन्त सुगम होता है। सरल सारणी का स्वरूप इस प्रकार होता है—

प्राप्तांकों के अनुसार एक कालेज के विद्यार्थियों का वितरण

प्राप्तांक	विद्यार्थियों की संख्या
0–10	
10–20	
20–30	
30–40	
40–50	
50–60	
60–70	
70–80	
80 से ऊपर	
योग :	

(2) जटिल सारणी (Complex Table)—एक से अधिक गुणों के आधार पर बनाई जाने वाली सारणियाँ जटिल सारणियाँ कहलाती हैं। उदाहरणार्थ विद्यार्थियों की संख्या के आधार पर विभिन्न प्राप्ताँक-वर्गों में विभाजन तथा विद्यार्थियों का लिंग (Sex) के आधार पर विभाजन।

यदि सारणी दो गुणों अथवा विशेषताओं के आधार पर बनाई जाए तो उसे द्विगुण सारणी (Two Way Table)—कहते हैं। इसी प्रकार तीन गुणों पर आधारित सारणी त्रिगुण सारणी (Three-Way Table) कहलाती है और तीन से अधिक गुणों पर आधारित सारणी को बहुगुण सारणी (Manifold Table) कहते हैं।

द्वि-गुण सारणी का एक उदाहरण निम्नलिखित रूप में प्रदर्शित किया गया है—

प्राप्ताँक और लिंग के अनुसार विद्यार्थियों का वितरण

प्राप्ताँक	विद्यार्थियों की संख्या		
	पुरुष	स्त्री	योग
0–10 10–20 20–30 30–40 40–50 50–60 60–70 70–80 80 से ऊपर			
योग:			

ऊपर दी हुई सारणी में विद्यार्थियों का दो गुणों अर्थात् लिंग (Sex) तथा प्राप्तांकों (Marks) के आधार पर वर्गीकरण किया गया है।

त्रि–गुण सारणी (Three-Way Table) का एक उदाहरण नीचे दिया गया है–

Distribution of Students of .....Colleges According to Faculties, Marks and Sex

	Numbers of Students								
Marks	Male			Female			Total		
	Arts	Science	Commerce	Arts	Science	Commerce	Arts	Science	Commerce
0-10 10-20 20-30 30-40 40-50 50-60 60-70 70-80 Over 80									
Total									

उपरोक्त सारणी में विद्यार्थियों का वर्गीकरण तीन विशेषताओं के आधार पर किया गया है। ये विशेषतायें हैं क्रमशः ज्ञान-शाखा (Faculty) प्राप्ताँक तथा लिंग।

पीछे बनाई गई तीनों सारणियों से यह स्पष्ट हो गया होगा कि ज्यों-ज्यों वे गुण बढ़ते जाते हैं, जिनके आधार पर कि सारणी निर्माण होना है, त्यों-त्यों सारणी जटिल होती जाती है।

सारणी का निर्माण
(Preparation of a Table)

सारणी निर्माण इतना सुगम नहीं है जितना कि प्रतीत होता है। किसी समस्या के लिये सबसे उपयुक्त सारणी कैसे बनेगी यह तो कोई साँख्यिकी विशेषज्ञ ही बतला सकता है। सारणी ऐसी बननी चाहिये कि समंको में निहित समस्त गुण स्पष्ट रूप से उभर कर सामने आ जायें। अत: साँख्यिकीय सारणी बहुत सावधानी से बनाई जानी चाहिए। सारणी निर्माण के लिए साधारणतया निम्नलिखित नियमों एवं सावधानियों पर ध्यान देना चाहिये–

(1) सारणी का शीर्षक (Title of the Table)–प्रत्येक सारणी का एक शीर्षक होना चाहिये ताकि शीर्षक देखते ही उनमें निहित वर्गीकरण का आभास हो जाये। शीर्षक संक्षिप्त, सरल तथा स्पष्ट होना चाहिये ताकि उससे यह प्रकट हो जाये कि समंक किस विषय से सम्बन्धित हैं और किस गुण के आधार पर उनका वर्गीकरण किया गया है।

(2) खाने व पंक्तियाँ (Columns and Rows))–सारणी में उतने ही खाने तथा पंक्तियाँ बननी चाहिये जितनी आवश्यकता हो। आवश्कयता से अधिक अथवा कम खाने होने पर समस्या सरल बनने की अपेक्षा अधिक जटिल (Complex) बन जाती है।

(3) खानों तथा पंक्तियों के शीर्षक (Caption and Stubs)–खानों तथा पंक्तियों की संख्या निश्चित कर लेने के पश्चात् तथा खाने और पंक्तियाँ बना लेने के बाद उन पर भी शीर्षक डाल देने चाहिये। खानों तथा पंक्तियों के शीर्षक भी संक्षिप्त तथा स्पष्ट होने चाहियें और उनसे किसी प्रकार का भ्रम नहीं उत्पन्न होना चाहिये।

(4) रेखायें (Rulings)–विभिन्न खानों तथा पंक्तियों को रेखाओं के द्वारा पृथक किया जाता है, आवश्यकतानुसार ये रेखायें मोटी, बारीक तथा दोहरी बनाई जा सकती हैं। किसी खाने को अधिक महत्व देना हो तो उसे मोटी अथवा दोहरी रेखाओं से बनाना चाहिए।

(5) तुलना योग्य समंकों को पास-पास रखना–(To Arrange Comparable Figures Side by Side)–जिन समंको की सारणी में भी तुलना करनी

है उन्हें पास-पास के कालमों अथवा खानों में रखना चाहिये ताकि एक दृष्टिपात से ही (At a Glance) उनकी तुलना की जा सके।

(6) व्युत्पन्न समंक (Derivatives)—व्युत्पन्न समंक जैसे, प्रतिशत, अनुपात इत्यादि को मूल समंकों के निकटवर्ती खाने में ही रखना चाहिये ताकि सारणी को देखते हुए तुरन्त इस बात का पता चल जाये कि मूल समंकों के अतिरिक्त व्युत्पन्न अंक भी सारणी में हैं। व्युत्पन्न अंक समंकों की तुलना में सहायता करते हैं।

(7) खानों का आकार (Size of Columns)—खानों का आकार भी समस्या की आवश्यकता के अनुसार ही होना चाहिये। प्राय: खानों का आकार उस समस्त स्थान (Space) के आधार पर निश्चित किया जाता है जो कि सारणी के लिये उपलब्ध हो। वैसे भी सारणी के खाने इत्यादि उपयुक्त आकार के बनाये जायें तो सारणी आर्कषक लगती है।

(8) पदों की व्यवस्था (Arrangement of Items)—पदों की व्यवस्था भी समस्याओं की आवश्यकताओं के आधार पर की जानी चाहिये। सैद्धांतिक रूप से अधिक महत्वपूर्ण पदों को पहले तथा अन्य पदों को बाद में स्थान दिया जाना चाहिये। बहुगुण सारणी में पदों की व्यवस्था में अत्याधिक सावधानी बरती जानी चाहिये।

(9) विशेष महत्व (Special Emphasis)—सारणी में निहित जिन सूचनाओं को विशेष महत्व देना हो, उन्हें मोटे अथवा भिन्न अंकों में लिखना चाहिये ताकि एक दृष्टि में ही पता लग जाये कि कौन-कौन से पद सारणी में विशेष महत्वपूर्ण हैं।

(10) माप की इकाई (Unit of Measurement)—कई बार सारणियाँ वास्तविक अंकों पर नहीं बनाई जातीं; वरन् वास्तविक अंकों के माप की इकाई (Unit) के आधार पर बनाई जाती हैं। उदाहरणार्थ, जनसंख्या की सारणी में विभिन्न प्रान्तों की वास्तविक जनसंख्या न लिखकर उनकी इकाई लिखी जाती है जैसे, जनसंख्या 12, 71, 259 को 12·71 (In Lakhs) में लिखा जाता है। यदि सारणी में समंकों की इकाई का प्रयोग किया गया है तो इस इकाई को सारणी के शीर्षक से निचले खानों में लिख देना चाहिये।

(11) उपसादन (Approximation)—समंको का कितना उपसादन किया गया है, इस विषय में भी सारणी के ऊपर, शीर्षक के नीचले खानों में लिख देना चाहिये।

(12) टिप्पणियाँ (Foot Notes)—समंकों के किसी पद के बारे में यदि कोई विशेष सूचना देनी हो और वह सूचना सारणी में न आ सकती हो तो उसके बारे में सारणी के नीचे एक टिप्पणी देनी चाहिये ताकि उस के बारे में स्पष्ट सूचना मिल सके।

(13) योग (Total)—समंकों में प्रत्येक खाने का अलग-अलग योग इस

प्रकार से किया जाना चाहिये कि प्रत्येक खाने का योग और कुल योग एक ही पंक्ति में आये ताकि योग से सम्बन्धित यदि कोई बात है तो उसका सरलता से पता लग सके।

(14) समंकों के श्रोत (Sources of Data)—सारणी के नीचे समंको के श्रोत के बारे में भी सूचना देनी चाहिये। यदि समंक किसी संदर्भ सारणी के लिये गये हैं तो उसका स्पष्ट रूप से उल्लेख किया जाना चाहिये।

अभ्यास के लिए प्रश्न

प्रश्न 1. सारणीयन का क्या अर्थ है? उसके उद्देश्य बतलाओ।
What is the meaning of Tabulation? Point out its objectives.

प्रश्न 2. संक्षिप्त टिप्पणी लिखो—सारणीयन के प्रकार
Write short note on—Types of Tabulation.

प्रश्न 3. सारणी निर्माण की व्याख्या कीजिये।
Explain preparation of a Table.

27

केन्द्रीय प्रवृत्ति के माप
(Measures of Central Tendency)

यह तो पिछले अध्यायों में भली-भाँति बतला दिया गया है कि वर्गीकरण और सारणीयन के द्वारा विशाल परिमाण में एकत्र किये गये समंकों को संक्षिप्त तथा व्यवस्थित किया जाता है परन्तु वर्गीकरण तथा सारणीयन के इसी आधार पर कोई भी परिणाम नहीं निकाले जा सकते क्योंकि समंक समूह को सभी महत्वपूर्ण विशेषताएँ इन रीतियों द्वारा स्पष्ट नहीं होती और दूसरे, समंकों का परिमाण तो उतना ही रहता है। हाँ इतना अवश्य है कि वे व्यवस्थित हो जाते हैं। साँख्यिकीय माध्य (Statistical Average) के द्वारा किसी समंक श्रेणी की समस्त विशेषताओं को एक अंक (One Figure) में संक्षिप्त करके प्रकट किया जा सकता है।

साँख्यिकीय माध्य श्रेणी की जटिलता को कम करते हैं और उसे इस योग्य बनाते हैं कि महत्वपूर्ण निष्कर्ष निकाले जा सकें तथा अन्य समंक समूहों से तुलना की जा सके। उदाहरण के लिए यदि एक स्कूल के 500 छात्रों के प्राप्तांकों की तुलना किसी अन्य समूह के 500 छात्रों के प्राप्ताँकों से करनी है तो यदि व्यक्तिगत रूप से एक विद्यार्थी की एक से तुलना की जाये तो न तो कोई महत्वपूर्ण परिणाम निकलेगा और कठिनाई अतिरिक्त होगी। परन्तु यदि पहले समूह के औसत (Average) की तुलना दूसरे समूह के औसत से कर दी जाये तो तुरन्त अन्तर पता चल जायेगा। इस उदाहरण से साँख्यिकीय माध्य की उपयोगिता का आभास मिलता है।

अर्थ—प्रत्येक समंक श्रेणी में एक ऐसा बिन्दु होता है जिसके दोनों ओर अन्य समंकों के केन्द्रित होने की प्रवृत्ति पाई जाती है। प्रायः यह बिन्दु श्रेणी के लगभग केन्द्र में होता है। इसलिए सांख्यिकीय माध्यों को केन्द्रीय प्रवृत्ति के माप (Measures of Central Tendency) कहते हैं। अन्य शब्दों में, एक माध्य सम्पूर्ण समंक-श्रेणी की केन्द्रीय प्रवृत्ति को संक्षिप्त एवं सरल रूप से प्रकट करता है। श्री ए० एल० बाउले (A. L. Bowley) के शब्दों में, "माध्य के प्रयोग से जटिल समूह तथा अत्यन्त अधिक संख्यायें थोड़े-से महत्वपूर्ण शब्दों अथवा अंकों में प्रस्तुत की जाती हैं।"[1]

---

1. "By the use of average, complex groups and large numbers are presented in a few significant words or figures." —A. L. Bowle

इसी प्रकार क्राक्सटेन व काउडेन (Croxten and Cowden) के शब्दों में, "माध्य समंकों के विस्तार के भीतर स्थित एक ऐसा मूल्य होता है जिसका प्रयोग श्रेणी के समस्त मूल्यों का प्रतिनिधित्व करने के लिए किया जाता है।"[1]

आदर्श माध्य के आवश्यक तत्व

साँख्यिकी में कई प्रकार के माध्यों का प्रयोग किया जाता है जिनके भिन्न-भिन्न गुण होते हैं परन्तु एक आदर्श (Ideal) तथा प्रतिनिधि (Representative) माध्य में निम्नलिखित गुण होने चाहिये–

(1) स्थिर परिभाषा (Rigid Definition)–आदर्श माध्य की परिभाषा स्थिर तथा स्पष्ट होनी चाहिए। यदि माध्य केवल अनुमान मात्र है और कोई स्थिर संख्या नहीं है तो ऐसे माध्य को प्रतिनिधि माध्य नहीं कहा जा सकता।

(2) सरल व बुद्धिगम्य (Simple and Readily Comprehensive)–आदर्श माध्य ऐसा होता है जो कि सरलता से समझा जा सके और जिसके प्रयोग के लिए किसी विशेष प्रकार की अतिरिक्त योग्यता की आवश्यकता न हो। ऐसे माध्य निर्धारण में अधिक गणतीय जटिलता भी नहीं होनी चाहिए।

(3) सभी मूल्यों पर आधारित (Based on all the Observations)–एक प्रतिनिधि माध्य समंक श्रेणी के सभी मूल्यों पर आधारित होता है। यदि ऐसा माध्य श्रेणी के सभी मूल्यों पर आधारित नहीं होगा तो वह श्रेणी की विशेषताओं का भली-भाँति प्रतिनिधित्व नहीं कर सकता।

(4) निर्धारण की सरलता (Easy to Calculate)–आदर्श माध्य की निर्धारण विधि अत्यन्त गणितीय (Mathematical) नहीं होनी चाहिए अन्यथा निर्धारण विधि में अत्यन्त गणितीय कठिनाइयाँ उत्पन्न हो जायेंगी।

(5) निदर्शन के परिवर्तनों का न्यूनतम प्रभाव (Least Effect of Fluctuations of Sampling)–कई बार ऐसा होता है कि समस्त आँकड़ों का अध्ययन न करते हुए उनमें से कुछ न्यादर्श (Samples) निकाल लिए जाते हैं और फिर उनका अध्ययन किया जाता है। इस प्रकार से निकाले गये न्यादर्शों के माध्यमों में अधिक अन्तर नहीं होना चाहिए। यदि न्यादर्श में भी कोई परिवर्तन किया जाये तो उसका माध्य पर ऐसा प्रभाव नहीं पड़ना चाहिए कि माध्य के मूल्य में बहुत अधिक परिवर्तन हो जाये। आदर्श माध्य के मूल्य पर न्यादर्शों के परिवर्तनों का बहुत कम प्रभाव पड़ता है।

(6) गणितीय उपयोगिता (Mathematical Utility)–आदर्श माध्य ऐसा होना चाहिए कि उसका बीजगणितीय विवेचन किया जा सके तथा उसे अन्य साँख्यिकीय विधियों में प्रयुक्त किया जा सके। कुछ माध्य ऐसे होते हैं जिनका कि विवेचन सम्भव ही नहीं होता। परन्तु आदर्श तथा प्रतिनिधि माध्य में गणित सम्बन्धी ये गुण होने चाहियें।

---

1. "An average is a single value within the range of the data that is used to represent all the values in the series." —Croxten and Cowden

माध्य के कार्य

सांख्यिकीय माध्यों की उपयोगिता तथा महत्ता उनके निम्नलिखित कार्यों से स्पष्ट हो जायेगी–

(1) समंक समूह को संक्षिप्त करना (To Condense the Statistical Data)–माध्य का सबसे महत्वपूर्ण कार्य समंक समूह को संक्षिप्त करना है। यह तो पहले ही बतला दिया गया है कि बिना संक्षिप्तीकरण के समंकों के विशाल समूह में से कोई भी परिणाम निकालना अनुचित है। उदाहरण के लिए 500 छात्रों के प्राप्तांकों को पृथक्-पृथक् देखते हुए कोई भी उचित परिणाम नहीं निकाला जा सकता। परन्तु औसत प्राप्तांकों को सरलता से समझा जा सकता है और इस प्रकार माध्य द्वारा समंकों को बोधगम्य बनाया जा सकता है।

(2) समंको को तुलना-योग्य बनाना (To Make Statistical Data Comparable)–माध्य द्वारा दो अथवा अधिक समंक समूहों के समंको की पारस्परिक तुलना की जा सकती है। उदाहरणार्थ, एक विद्यालय के छात्रों के औसत प्राप्तांकों की तुलना दूसरे विद्यालय के छात्रों के प्राप्तांकों से की जा सकती है। परन्तु एक विद्यार्थी के प्राप्तांकों की तुलना कठिन भी है और व्यर्थ भी। कारण यह है कि इस प्रकार की तुलना में कोई भी महत्वपूर्ण परिणाम नहीं निकाला जा सकता।

(3) सम्बन्ध प्रकट करना (To Determine Relationships)–दो अथवा अधिक समंक श्रेणियों का पारस्परिक गणितीय सम्बन्ध तथा उनकी दिशा को माध्यों के द्वारा प्रकट किया जा सकता है।

माध्यों के प्रकार
(Kinds of Averages)

साँख्यिकी में कई प्रकार के माध्यों का प्रयोग किया जाता है जिनमें प्रमुख निम्नलिखित हैं–

(1) अंकगणित माध्य (Arithmetic mean)

(2) मध्यांक (Median)

(3) भूयिष्ठक (Mode)

(4) गुणोत्तर माध्य (Geometric Mean)

(5) हरात्मक माध्य (Harmonic Mean)

उपर्युक्त माध्यों में से प्रथम तीन माध्य अत्यन्त लोकप्रिय हैं और इन तीनों में से भी सबसे अधिक प्रयोग अंकगणित माध्य का होता है। अंकगणित माध्य के सर्वप्रिय होने का कारण उसके गुण (Properties) हैं जिनका विवेचन आगे किया गया है।

अंकगणित माध्य
(Arithmetic Mean)

सांख्यिकी में सर्वाधिक लोकप्रिय माध्य अंकगणित माध्य है। इसका सबसे अधिक प्रयोग किया जाता है। अंकगणित माध्य को समानान्तर माध्य अथवा केवल 'माध्य' भी कहते हैं। वैसे भी दिन-प्रतिदिन की भाषा में जब कभी भी औसत का जिक्र किया जाये तो उससे तात्पर्य अंकगणित माध्य का ही होता है।

परिभाषा—अंकगणित माध्य किसी समंक श्रेणी के समस्त मूल्यों के योग को उनकी संख्या से भाग देने पर प्राप्त होने वाली संख्या है। उदाहरण के लिए यदि आठ छात्रों के प्राप्तांक क्रमशः 28, 32, 30, 26, 16, 24, 20, 25 हैं तो उनके प्राप्तांकों का माध्य

$$\frac{28+32+30+26+16+24+20+25}{8}$$ होगा

अर्थात् उन विद्यार्थियों के प्राप्तांकों का माध्य $\frac{201}{8} = 25.11$ होगा।

माध्य की गणना—व्यक्तिगत मूल्यों की श्रेणी, खण्डित श्रेणी तथा वर्गान्तर श्रेणी में माध्य की गणना दो विधियों द्वारा की जा सकती है—

(1) प्रत्यक्ष विधि (Direct Method)

(2) लघु विधि (Short Cut Method)

(1) प्रत्यक्ष विधि—व्यक्तिगत मूल्यों की श्रेणी (Series of Individual Observations) में प्रत्यक्ष विधि के अनुसार माध्य की गणना इस प्रकार की जाती है—

(i) सर्वप्रथम समंक श्रेणी के सभी मूल्यों का योग करके उनका जोड़ (ΣM) ज्ञात कर लिया जाता है।

(ii) तत्पश्चात् श्रेणी के पदों की संख्या (n) से भाग देकर माध्यम ज्ञात कर लिया जाता है।

माध्य की इस गणना का सूत्र निम्नलिखित है—

$$a = \frac{\Sigma m}{n}$$

जहाँ पर a = माध्य

Σm = समस्त मूल्यों का योग

n = पद संख्या

उदाहरण—एक परीक्षण में विद्यार्थियों ने निम्नलिखित अंक प्राप्त किये। अंकगणित माध्य निकालिये।

16, 14, 22, 25, 15, 11, 33, 28, 26, 22, 30, 13, 16, 27, 82 ।

हल—

क्रम संख्या	प्राप्तांक
1	16
2	14
3	22
4	25
5	15
6	11
7	33
8	28
9	26
10	22
11	30
12	13
13	16
14	27
15	82
$n = 15$	$\Sigma m = 380$

$$a = \frac{\Sigma m}{n}$$

$$= \frac{380}{15}$$

$$= 25.33$$

$$\therefore \quad \text{माध्य} = 25{\cdot}33$$

(2) लघु विधि—व्यक्तिगत मूल्यों की श्रेणी (Series of Individual Observations) में लघु विधि के अनुसार माध्य की गणना इस प्रकार की जायेगी—

(i) सर्वप्रथम दिये हुए मूल्यों में से किसी एक को कल्पित माध्य (Assumed Average) अथवा (x) मान लीजिये।

(ii) प्रत्येक व्यक्तिगत मूल्य (m) में से इस कल्पित माध्य (x) को घटाइये और इस प्रकार विचलन (Deviation) ज्ञात कीजिये।

(iii) विचलनों का योग कर लीजिये और अग्र सूत्र का प्रयोग कीजिये।

$$a = x + \frac{\Sigma dx}{n}$$

जहाँ पर a = माध्य

x = कल्पित माध्य

Σdx = कल्पित माध्य से विचलनों का योग

n = पद संख्या

पीछे दिये उदाहरण का माध्य लघु विधि के द्वारा इस प्रकार निकाला जायेगा।

क्रम संख्या	प्राप्तांक (n)	कल्पित माध्य से विलचन (dx)
1	16	−9
2	14	−11
3	22	−3
4	25	0
5	15	−10
6	11	−8
7	33	+8
8	28	+3
9	26	+1
10	22	−3
11	30	+5
12	14	−12
13	16	−9
14	27	+2
15	82	+57
		+76
		−71
$n = 15$		$\Sigma dx = +5$

$$a = x = \frac{\Sigma dx}{n}$$

$$= 25 + \frac{5}{12}$$

$$= 25.41$$

$\therefore$ माध्य = 25·41

खण्डित श्रेणी में माध्य की गणना

खण्डित श्रेणी (Discrete Series) में माध्य की गणना इस प्रकार की जाती है—

(1) प्रत्यक्ष विधि—प्रत्यक्ष विधि के अनुसार माध्य की गणना इस प्रकार की जाती है—

(i) प्रत्यक्ष मूल्य *(m)* को उसकी आवृत्ति *(f)* से गुणा कीजिए।

(ii) इन गुणनफलों का योग कीजिए।

(iii) निम्न सूत्र का प्रयोग कीजिये–

$$a = \frac{\Sigma mf}{n}$$

जहाँ पर a = माध्य

Σmf = मूल्यों की आवृत्ति से गुणा का योग

n = पद-संख्या अथवा कुल आवृत्ति

उदाहरण–निम्नलिखित श्रेणी से अंकगणित माध्य निकालिये:–

प्राप्तांक	विद्यार्थियों की संख्या
20	1
19	2
18	4
17	8
16	11
15	10
14	7
13	4
12	2
11	1

हल–

प्राप्तांक *(m)*	विद्यार्थियों की संख्या *(f)*	*(mf)*
20	1	20
19	2	38
18	4	72
17	8	136
16	11	176
15	10	150
14	7	98
13	4	52
12	2	24
11	1	11
	$n=50$	$\Sigma mf=777$

$$a = \frac{\Sigma mf}{n}$$

$$= \frac{777}{50}$$

$$= 15.54$$

अंकगणित माध्य = 15.54

(2) लघु रीति—खण्डित श्रेणी में लघु रीति के अनुसार माध्य की गणना इस प्रकार की जाती है—

(1) मूल्यों में से एक कल्पित माध्य (x) मान लीजिये।

(ii) प्रत्येक मूल्य (m) में से कल्पित माध्य (x) घटाकर विचलन (Deviation) निकाल लीजिये।

(iii) प्रत्येक विचलन (dx) की गुणा उससे सम्बन्धित आवृत्ति (f) से कीजिये और इन सभी गुणनफ़लों का योग निकालिये।

(iv) निम्न सूत्र प्रयोग कीजिए—

$$a = x + \frac{\Sigma fdx}{n}$$

जहाँ पर a = माध्य

x = कल्पित माध्य

Σfdx = कल्पित माध्य से विचलनों के गुणनफल

n = कुल आवृत्ति

पीछे दिये गये उदाहरण को लघु रीति द्वारा इस प्रकार किया जायेगा—

अंक	**विद्यार्थियों की संख्या**	**कल्पित माध्य से विचलन**	**आवृत्ति विचलन**
(m)	(f)	(dx)	(fdx)
20	1	+5	+5
19	2	+4	+8
18	4	+3	+12
17	8	+2	+16
16	11	+1	+11
15	10	0	0
14	7	−1	−7
13	4	−2	−8
12	2	−3	−6
11	1	−4	−4
	$n = 50$		+52
			−25
			$\Sigma fdx = +27$

$$a = x + \frac{\Sigma fdx}{} = 15 + \frac{27}{50}$$

∴ अंकगणित माध्य = 15.54 प्राप्तांक

वर्गान्तर श्रेणी में माध्य की गणना

वर्गान्तर श्रेणी (Continuous Series) में माध्य की गणना इस प्रकार की जाती है–

(1) प्रत्यक्ष विधि–प्रत्यक्ष विधि के अनुसार माध्य की गणना इस प्रकार की जाती है–

(i) प्रत्येक वर्गान्तर मध्य-मूल्य (Mid-Value) निकालिये।

(ii) प्रत्येक मध्य-मूल्य (m) की उससे सम्बन्धित आवृत्ति से गुणा कीजिए और इन गुणनफलों का योग प्राप्त कीजिए–

(iii) निम्न सूत्र का प्रयोग कीजिये–

$$a = \frac{\Sigma mf}{n}$$

जहाँ पर a = माध्य

Σmf = मध्य बिन्दुओं की आवृत्तियों से गुणफल का योग

n = कुल आवृत्ति

उदाहरण–निम्नलिखित में अंकगणित माध्य निकालिये–

संयुक्त राज्य अमरीका की जनसंख्या (9745) आयु के अनुसार

आयु वर्ग सीमा	आवृत्ति (दस लाख)
0–5	11
5–10	11
10–15	12
15–20	12
20–25	12
25–30	11
30–35	10
35–40	10
40–45	9
45–50	8
50–55	7
55–60	6
60–65	5

आयु वर्ग सीमा	आवृत्ति (दस लाख)
65–70	4
70–75	3
75–80	3

हल—

आयु सीमा (i)	मध्य बिन्दु (m)	जनसंख्या आवृत्ति (f)	मध्य बिन्दू आवृत्ति (mft)
0–5	2.5	11	27.5
5–10	7.5	11	82.5
10–15	12.5	12	150.0
15–20	17.5	12	210.0
20–25	22.5	12	270.0
25–30	27.5	11	302.5
30–35	32.5	10	325.0
35–40	37.5	10	375.0
40–45	42.5	9	382.5
45–50	47.5	8	367.5
50–55	52.5	7	337.5
55–60	57.5	6	345.0
60–65	62.5	5	312.5
65–70	67.5	4	270.0
70–75	72.5	3	217.5
75–80	77.5	3	232.5
		$n = 134$	4250.0

$$a = \frac{\Sigma fm}{n}$$

$$= \frac{4250}{134}$$

$$= 31.72$$

$\therefore$ अंकगणित माध्य = 31.72

(2) लघु रीति—लघु रीति के अनुसार वर्गान्तर श्रेणी (Continuous Series) में माध्य की गणना इस प्रकार की जाती है—

(i) सर्वप्रथम प्रत्येक वर्गान्तर का मध्य-मूल (*m*) निकालिये।

(ii) इन मध्य-बिन्दुओं में से किसी एक का कल्पित माध्य (*x*) मानिये।

(iii) प्रत्येक मध्य-बिन्दु में से कल्पित माध्य को घटाकर विचलन (dx) ज्ञात कीजिये।

(iv) विचलनों को उनसे सम्बन्धित आवृत्तियों से गुणा कीजिये तथा इन गुणनफलों का योग (Σfdx) निकालिये।

(v) निम्न सूत्र प्रयुक्त कीजिये–

$$a = x + \frac{\Sigma fdx}{n}$$

जहाँ पर a = माध्य

x = कल्पित माध्य

Σfdx = कल्पित माध्य के विचलनों का आवृत्तियों से गुणनफलों का योग

n = कुल आवृत्ति

पीछे दिये गये उदाहरण में से लघु रीति के द्वारा माध्य की गणना इस प्रकार की जायेगी–

हल–

आयु (वर्ग सीमा) (i)	**मध्य बिन्दु** (m)	**आवृत्ति** (f)	**कल्पित माध्य से विचलन 27.5** (dx)	**विचलन × आवृत्ति** (f×dx)
0–5	2.5	11	–25	–275
5–10	7.5	11	–20	–220
10–15	12.5	12	–15	–180
15–20	17.5	12	–10	–120
20–25	25.5	12	–5	–60
25–30	27.5	11	0	0
30–35	32.5	10	+5	+50
35–40	37.5	10	+10	+100
40–45	42.5	9	+15	+135
45–50	47.5	8	+20	+160
50–55	52.5	7	+25	+175
55–60	57.5	6	+30	+180
60–65	62.5	5	+35	+175
65–70	67.5	4	+40	+160
70–75	72.5	3	+45	+135
75–80	77.5	3	+50	+150
		n=134		–855
				+1420
				Σfdx= +565

$$a = x + \frac{\Sigma fdx}{n}$$

$$= 27.5 + \frac{565}{134}$$

$$= 27.5 + 4.22$$

$$= 31.72$$

∴ विभिन्न आयु-समूहों के अनुसार अमरीका की जनसंख्या का अंकगणित माध्य 31.72 करोड़ है।

पद-विचलन विधि—पद-विचलन विधि (Step-Deviation Method) वास्तव में लघु रीति का ही सरलीकरण है। इसके द्वारा माध्य निकालते समय अंकगणितीय गणनाओं में कमी हो जाती है और माध्य भी सरलता से तथा शीघ्रता से निकाला जा सकता है। इस रीति के अुनसार माध्य की गणना इस प्रकार की जाती है—

(i) सर्वप्रथम दिये हुए वर्गान्तरों के मध्य-बिन्दु (m) ज्ञात किये जाते हैं।

(ii) तत्पश्चात् इनमें से किसी एक का कल्पित माध्य (x) मानकर प्रत्येक मध्य-बिन्दु में से इस कल्पित माध्य को घटाकर विचलन (dx) ज्ञात किये जाते हैं।

(iii) इन विचलनों को वर्ग-विस्तार (i) से भाग देकर पद-विचलन ($d^n x$) ज्ञात किये जाते हैं। इस विषय में स्मरणीय बात यह है कि पद-विचलन (Step-Deviation) तभी ज्ञात किये जा सकते हैं जबकि श्रेणी के समस्त वर्गान्तरों का वर्ग-विस्तार बराबर हो।

(iv) पद-विचलनों ($d^n x$) की गुणा आवृत्ति (f) से की जाती है और इन सब गुणनफलों का योग ज्ञात किया जाता है। ($\Sigma fd^n x$)

(iv) निम्न सूत्र का प्रयोग किया जाता है—

$$a = x + \frac{\Sigma fd^n x}{n} \times i$$

जहाँ पर a = माध्य

x = कल्पित माध्य के मध्य बिन्दुओं से पद-विचलनों की आवृत्तियों से गुणनफलों का योग।

n = कुल आवृत्ति

i = वर्ग विस्तार (Magnitudes)

उदाहरण—निम्नलिखित में अंकगणित माध्य निकालिये—

मासिक आय					कर्मचारियों की संख्या
रू०	15 से अधिक किन्तु	20 रू० से कम			1
,,	20 ,,	25	,,	,,	7
,,	25 ,,	30	,,	,,	21
,,	30 ,,	35	,,	,,	27
,,	35 ,,	40	,,	,,	42

मासिक आय						कर्मचारियों की संख्या
रू०	15 से अधिक किन्तु		20 रू० से कम			
,,	40	,,	45	,,	,,	45
,,	45	,,	50	,,	,,	54
,,	50	,,	55	,,	,,	34
,,	55	,,	60	,,	,,	9
,,	60	,,	65	,,	,,	1

वर्गान्तर	मध्य बिन्दु	आवृत्ति	कल्पित माध्य से विचलन 42.5	पद-विचलन	पद-विचलन × आवृत्ति
(i)	(m)	(f)	(dx)	$(d^{n}x)$	$(d^{n}x\times f)$
15–20	17.5	1	−25	−5	− 5
20–25	22.5	7	−20	−4	−28
25–30	27.5	21	−15	−3	−63
30–35	32.5	27	−10	−2	−54
35–40	37.5	42	− 5	−1	−42
40–45	42.5	45	0	0	0
45–50	47.5	54	+ 5	+1	+54
50–55	52.5	34	+10	+2	+78
55–60	57.5	9	+15	+3	+27
60–65	62.5	1	+20	+4	+4
		$n = 241$			−192
					+183
					− 9

$$a = x + \left(\frac{\Sigma fd''x}{n} \times i\right)$$

$$= 42.5 + \left(\frac{-9}{241} \times 5\right)$$

$$= 42.5.18 = 41.32$$

∴ अंकगणित माध्य $= 41{\cdot}32$

माध्य के लाभ

अंकगणित माध्य के निम्नलिखित लाभ हैं—

(1) अंकगणित माध्य की गणना अत्यन्त सरल है और यह आसानी से प्रत्येक व्यक्ति के द्वारा समझा जाता है।

(2) माध्य श्रेणी के समस्त मूल्यों पर आधारित होता है। अत: यह श्रेणी का सही रूप से प्रतिनिधित्व करता है।

(3) माध्य का मूल्य सदैव निश्चित होता है। इसकी गणना में किसी प्रकार का अनुमान इत्यादि नहीं लगाना पड़ता वरन् गणितीय क्रियाओं के प्रयोग से इसका मूल्य ज्ञात किया जाता है।

(4) माध्य की गणना उस दशा में भी की जा सकती है जबकि श्रेणी के सभी मूल्यों का योग ज्ञात हो परन्तु पृथक् मूल्य ज्ञात न हों।

(5) माध्यों के आधार पर दो अथवा अधिक श्रेणियों का संयुक्त माध्य (Combind Mean) ज्ञात किया जा सकता है।

(6) माध्य में अनेक बीजगणितीय गुण होते हैं। इसीलिए अनेक सांख्यिकीय रीतियों तथा विश्लेषणों में माध्य का ही प्रयोग किया जाता है।

माध्य के दोष

ऊपर दिये गये गुणों के कारण माध्य का प्रयोग सभी माध्यों से अधिक किया जाता है और इसकी उपयोगिता भी अन्य माध्यों की अपेक्षा बहुत अधिक है। परन्तु माध्यों में कुछ दोष (Demerits) भी हैं। वे निम्नलिखित हैं–

(1) चूँकि माध्य सभी मूल्यों पर आधारित होता है अत: श्रेणी के असाधारण अथवा सीमान्त मूल्यों (Extreme Values) का इस पर अत्यधिक प्रभाव पड़ता है। उदाहरणार्थ, कुछ व्यक्तियों की आय के आँकड़े एकत्रित किये गये हैं। सभी व्यक्तियों की आय 80 से 250 रू० तक है। परन्तु उनमें से एक व्यक्ति की आय 10,000 रू० है। इन समंकों का यदि अंकगणित माध्य निकाला जायेगा तो वह बहुत अधिक होगा तथा श्रेणी का प्रतिनिधित्व नहीं करेगा।

(2) प्राय: माध्य ऐसा मूल्य होता है जो कि समंक श्रेणी से बाहर होता है। उदाहरणार्थ– 5, 25, 50, 15, 5, का माध्य 20 होगा जो कि श्रेणी के मूल्यों से पृथक् है। अत: माध्य श्रेणी का पूर्ण रूप से प्रतिनिधित्व नहीं करता। मध्यांक (Median) तथा भूयिष्ठक (Mode) हमेशा श्रेणी के मूल्यों में से ही एक होते हैं।

(3) कभी-कभी माध्य अत्यन्त हास्यास्पद परिणाम निकाल देता है। उदाहरणार्थ–प्रति परिवार 3.8 बच्चे।

(4) जब समस्त मूल्यों के विषय में ज्ञान न हो अथवा जब तक उनके मूल्यों का योग तथा कुल पद संख्या ज्ञात न हो, माध्य का निर्धारण नहीं हो सकता। अत: खुले सिरे वाली तालिका (Open End Table) में माध्य का निर्धारण नहीं किया जा सकता।

(5) मध्यांक (Median) तथा भूयिष्ठक (Mode) की भाँति इसका निर्धारण केवल निरीक्षण (Observation) के आधार पर नहीं हो सकता।

उपयोग

उपर्युक्त अनेक दोषों के होने के बावजूद भी अपने गुणों के कारण अंकगणित माध्य का सबसे अधिक प्रयोग किया जाता है। इन्हीं गुणों के आधार पर इसे एक आदर्श माध्य (Ideal Average) माना जाता है। उन सभी स्थानों पर जहाँ कि सभी

मूल्यों का महत्व लगभग समान हो, माध्य का ही प्रयोग किया जाना चाहिये क्योंकि माध्य के परिणामों का बीजगणितीय विवेचन सम्भव है तथा साँख्यिकीय विश्लेषण में माध्य का ही प्रयोग होता है।

मध्यांक
(Median)

किसी समंक श्रेणी में मध्यांक वह मूल्य होता है जो कि श्रेणी के बिल्कुल मध्य में आये। उदाहरणार्थ, 5, 10, 12, 15, 17, 20, 27, श्रेणी के मध्यांक मध्य में स्थित मूल्य अर्थात् 15 होगा। इस विषय में यह स्मरणीय है कि श्रेणी के समस्त मूल्य आरोही (Ascending) अथवा अवरोही (Descending) क्रम में व्यवस्थित होने चाहियें।

व्यक्तिगत श्रेणी में मध्यांक का निर्धारण—व्यक्तिगत समंकों की श्रेणी (Series of Individual Observations) में मध्यांक का निर्धारण निम्न रीति में होता है—

(1) सर्वप्रथम दिये मूल्यों को आरोही (Ascending) अथवा अवरोही (Descending) क्रम में व्यवस्थित कीजिये।

(2) निम्न सूत्र का प्रयोग कीजिये—

$$m = \text{Size of } \left(\frac{n + 1}{n}\right) \text{ th item.}$$

जहाँ पर m = मध्यांक

n = कुल पद-संख्या

उदाहरण—निम्नलिखित अंकों का मध्यांक निकालिये—

16, 14, 22, 15, 11, 33, 28, 26, 22, 30, 13, 16, 27, 82

विद्यार्थी अंक

हल—

आरोही क्रम में अंकों की व्यवस्था

क्रम संख्या	मूल्य
1	11
2	13
3	14
4	15
5	16
6	16
7	22
8	22
9	25
10	26

क्रम संख्या	मूल्य
11	27
12	28
13	30
14	33
15	82

$$M = \text{size of } \left(\frac{n+1}{2}\right)$$

$$= \text{size of } \left(\frac{15+1}{2}\right) \text{th items}$$

$$= \text{size of 8th item}$$

$$= 22$$

∴ मूल्यांक मूल्य = 22

इस विषय में ध्यान देने योग्य बात यह है कि प्राय: मध्यांक का मूल्य ऐसा होता है जो कि श्रेणी के मूल्यों में से ही एक होता है। उदाहरणार्थ ऊपर दिये गये प्रश्न में मध्यांक 22 है और यह मूल्य श्रेणी में सम्मिलित है।

परन्तु कभी-कभी उपरोक्त सूत्र के आधार पर ऐसा मूल्य आ जाता है जो कि पूर्णांक में नहीं होता और न ही श्रेणी के मूल्यों में से एक होता है। ऐसे प्रश्न में उस मूल्य के दोनों ओर की क्रम संख्याओं को जोड़कर 2 से भाग देने पर मध्यांक का मूल्य निकाला जाता है। उदाहरण के लिए यदि सूत्र के अनुसार यह परिणाम आये-Size 9.5th item तो मध्यांक मूल्य इस प्रकार ज्ञात होगा-

$$\frac{\text{Size of 9th item + Size of 10th item}}{2}$$

उदाहरण—निम्नलिखित प्राप्तांक के मध्यांक निकालिये—

विद्यार्थी	प्राप्तांक
क	14
ख	15
ग	17
घ	17
ड़	17
च	21
छ	23
ज	23
झ	25
ञ	27
ट	30
ठ	30
ड	30

विद्यार्थी	प्राप्तांक
ढ	32
ण	35
त	41

हल—

क्रम संख्या	विद्यार्थी	प्राप्तांक
1	क	14
2	ख	15
3	ग	17
4	घ	17
5	ङ	17
6	च	21
7	छ	23
8	ज	23
9	झ	25
10	ञ	27
11	ट	30
12	ठ	30
13	ड	30
14	ढ	32
15	ण	35
16	त	41

$$M = \text{size of } \left(\frac{n+1}{2}\right) \text{ th item}$$

$$= \text{size of } \left(\frac{16+1}{2}\right) \text{ th item}$$

$$= \text{size of 8.5th item}$$

$$\text{Size of 8.5th item} = \frac{\text{size of 8th item + size of 9th item}}{2}$$

$$= \frac{23 + 25}{2}$$

$$= \frac{48}{2}$$

∴ मध्यांक 24 अंक है।

खंडित श्रेणी (Discrete Series) में मध्यांक निर्धारण—खंडित श्रेणी में मध्यांक निर्धारण निम्नलिखित विधि से किया जाता है—

(1) सर्वप्रथम आवृत्तियों को संचयी आवृत्ति (Cumulative Frequency) में परिवर्तित किया जाता है।

(2) निम्न सूत्र द्वारा मध्यांक-संख्या (Median Number) ज्ञात की जाती है–

$$\text{Median Number} = \text{Size of } \left(\frac{n+1}{2}\right) \text{ th item}$$

(3) मध्यांक-संख्या के सम्मुख जो भी मूल्य (Size) हो वही मध्यांक है।

उदाहरण–एक विशेष वर्ष में एक विशेष स्टोर में बेचे गये जूतों के आकार सम्बन्धी अंक निम्नलिखित हैं–

आकार	बिके हुए जोड़ों की संख्या
4.5	1
5	2
5.5	4
6	5
6.5	15
7	30
7.5	60
8	95
8.5	82
9	75
9.5	44
10	25
10.5	15
11	4
11.5	3
12	

जूतों का मध्यांक आकार ज्ञात कीजिये।

हल–

आकार	आवृत्ति	संचयी आवृत्ति
4.5	1	1
5	2	3
5.5	4	7
6	5	12
6.5	15	27
7	30	57
7.5	60	117
8	95	212
8.5	82	294
9	75	369
9.5	44	413
10	25	438
10.5	15	453

आकार	आवृत्ति	संचयी आवृत्ति
11	4	457
11.5	3	460
12	1	461

$$n = 461$$

$$\text{Median Number} = \text{Size of} \left(\frac{n+1}{2}\right) \text{th item}$$

$$= \text{Size of} \left(\frac{461+1}{2}\right) \text{th item}$$

$$= \text{Size of 231st item}$$

मध्यांक संख्या के अनुसार आकार 231 है।

∴ मध्यांक आकार 8.5 है।

वर्गान्तर श्रेणी में मध्यांक का निर्धारण

वर्गान्तर श्रेणी (Continuous Series) में मध्यांक का निर्धारण इस प्रकार किया जाता है—

(1) सर्वप्रथम आवृत्तियों को संचयी आवृत्ति (Cumulative Frequency) में परिवर्तित किया जाता है।

(2) निम्न सूत्र के प्रयोग से मध्यांक वर्ग (Median Group) ज्ञात किया जाता है—

$$M = \left(\frac{n}{2}\right) \text{th item}$$

इस सूत्र के प्रयोग से जो भी संख्या आये उसके सम्मुख वाला वर्ग (Group) मध्यांक होता है।

$$M = l + \frac{i}{f}(m - c)$$

जहाँ पर M = मध्यांक

l = मध्यांक वर्ग की निचली सीमा (Lower Limit)

i = वर्ग विस्तार (Magnitude)

f = मध्यांक वर्ग की आवृत्ति

m = मध्यांक संख्या जो वर्ग $\left(\frac{n}{2}\right)$ th item से प्राप्त होती है

c = मध्यांक वर्ग से पहले की आवृत्ति (Cumulative Frequency)

उदाहरण—निम्नलिखित वर्गीकरण से मध्यांक निकालिये—

(i)

प्राप्तांक	आवृत्ति
70–71	2
68–69	2
66–67	3
64–65	4
62–63	6
60–61	7
58–59	5
56–57	4
54–55	2
52–53	3
50–51	1
	n=39

(ii)

प्राप्तांक	आवृत्ति
90–94	2
85–89	2
80–84	4
75–79	8
70–74	6
65–69	11
60–64	9
55–59	7
50–54	5
45–49	0
40–44	2
	n=56

हल—

(i)

प्राप्तांक	आवृत्ति	संचयी आवृत्ति
70–71	2	2
65–69	2	4
66–67	3	7
64–65	4	11
64–63	6	17
60–61	7	24
58–59	5	29
56–57	4	33
54–55	2	35
52–50	3	38
53–51	1	39
	n=39	

$$M = \text{Size of } \left(\frac{n}{2}\right) \text{ th item}$$

$$= \text{Size of } \left(\frac{39}{2}\right) \text{ th item}$$

= Size of 19.5th item.

19.5th item is in group 60—61. Therefore, the median group is 60—61.

$$\text{Now } M = l_1 + \frac{i}{f}(M)$$

$$= 60 + \frac{2}{7}(19.5—17)$$

$$= 60 + \frac{2 \times 2.5}{7}$$

$$= 60 + .7$$

$$= 60.7$$

∴ मध्यांक मूल्य 60.7 है।

(ii)

प्राप्तांक	आवृत्ति	संचयी आवृत्ति
90-94	2	2
85-89	2	4
80-84	8	8
75-79	8	16
70-74	6	22
65-69	11	33
60-64	9	42
55-59	7	49
50-54	5	54
45-49	0	54
40-44	2	56
	n=56	

$$M = \text{Size of } \left(\frac{n}{2}\right) \text{ th item.}$$

$$= \text{Size of } \left(\frac{56}{2}\right) \text{ th item.}$$

= Size of 28th item.

28th item included in (65—69) group. Therefore the Median Group is 65—69.

$$\text{Now. } M = l_1 + \frac{i}{f}(m - c)$$

$$= 65 + \frac{5}{11}(28 - 22)$$

$$= 65 + 2.7$$

$$= 67.7$$

∴ मध्यांक मूल्य 67.7 है।

मध्यांक के गुण—मध्यांक में निम्नलिखित गुण होते हैं।

(1) मध्यांक का निर्धारण करना अत्यन्त सरल है। कई बार तो केवल निरीक्षण (Observation) द्वारा ही मध्यांक का निर्धारण हो जाता है।

(2) मध्यांक का निर्धारण रेखाचित्र द्वारा ग्राफ पेपर (Graph Paper) पर भी किया जाता है।

(3) मध्यांक का मूल्य निश्चित तथा स्थिर होता है। श्रेणी को चाहे आरोही क्रम में अथवा अवरोही क्रम में व्यवस्थित किया जाये, मध्यांक का मूल्य एक ही आयेगा।

(4) माध्य (Mean) की भाँति इस पर चरम-मूल्यों (Extreme Values) का प्रभाव नहीं पड़ता है।

(5) मध्यांक के निर्धारण के लिए श्रेणी के समस्त मूल्यों का ज्ञान होना आवश्यक नहीं होता। केवल श्रेणी के मध्य में स्थित मूल्यों का पता हो तो मध्यांक ज्ञात किया जा सकता है।

मध्यांक के दोष—मध्यांक के दोष अथवा सीमायें (limitations) निम्नलिखित हैं—

(1) वैसे तो मध्यांक का निर्धारण करना अत्यन्त सरल होता है परन्तु कभी-कभी जबकि श्रेणी के मूल्य अथवा पद अधिक हों और ये आरोही अथवा अवरोही क्रम में व्यवस्थित न हों तो मध्यांक के निर्धारण में कुछ जटिलता आ जाती है।

(2) वर्गान्तर श्रेणी (Continuous Series) में मध्यांक का मूल्य इस मान्यता (Assumption) पर आधारित होता है कि प्रत्येक वर्गान्तर आवृत्तियाँ उसमें समान रूप से वितरित (Distributed) हैं जबकि व्यवहार में ऐसा नहीं होता है।

(3) मध्यांक मूल्य का बीजगणितीय विवेचन सम्भव नहीं है। अतः अन्य साँख्यिकीय रीतियों में इसका प्रयोग नहीं किया जा सकता।

(4) मध्यांक श्रेणी के समस्त मूल्यों पर आधारित नहीं होता है। अतः यह समंक-श्रेणी का सही प्रतिनिधित्व नहीं कर सकता।

(5) दो अथवा अधिक श्रेणियों के मध्यांक-मूल्यों के आधार पर सम्मिलित मध्यांक नहीं निकाला जा सकता।

(6) यदि समंक-श्रेणी के मूल्यों में अन्तर अधिक हो तो भी मध्यांक श्रेणी का प्रतिनिधित्व नहीं कर सकता। उदाहरणार्थ, 5, 10, 50, 100, 1000, 1200, 1500 श्रेणी का मध्यांक 1000 जो कि श्रेणी का प्रतिनिधित्व नहीं करता और न ही उससे श्रेणी की रचना का कुछ ज्ञान होता है।

(7) समंक श्रेणी में यदि एक पद की वृद्धि या कमी हो जाये तो मध्यांक का मूल्य भी बदल जाता है।

उपयोग—उपरोक्त दोषों के बावजूद मध्यांक का सांख्यिकी में अपना ही महत्व है। उसका निर्धारण अत्यन्ध सरल है तथा उसे समझना भी आसान है। गुणात्मक तथ्यों (Qualitative Facts) के विश्लेषण में मध्यांक उपयोगी है। अत: बुद्धि, स्वास्थ्य, इत्यादि गुणात्मक तथ्यों में मध्यांक का उपयोग किया जाता है। इसके अतिरिक्त जब चरम-मूल्यों को महत्व न देना हो तो मध्यांक द्वारा श्रेणी से औसत-सम्बन्धी परिणाम निकाले जा सकते हैं।

चतुर्थक
(Quartiles)

जिस प्रकार मध्यांक एक समंक श्रेणी को दो भागों में विभाजित करता है उसी प्रकार चतुर्थक (Quartiles) एक श्रेणी को चार भागों में विभाजित करते हैं। इस प्रकार एक श्रेणी में चार चतुर्थक होते हैं। परन्तु दूसरे चतुर्थक का वही मूल्य होता है जो कि मध्यांक का होता है और चौथा चतुर्थक श्रेणी का अधिकतम मूल्य होता है। अत: व्यवहार में केवल दो अर्थात् प्रथम और तृतीय चतुर्थक की गणना की जाती है।

चतुर्थकों का निर्धारण—व्यक्तिगत श्रेणी, खण्डित तथा वर्गान्तर श्रेणी तीनों में चतुर्थकों की गणना उसी तरह की जाती है जिस प्रकार कि मध्यांक की। अन्तर केवल इतना है कि प्रथम चतुर्थक के लिए व्यक्तिगत तथा खण्डित श्रेणी में सूत्र में $\left(\frac{n+1}{2}\right)$ की अपेक्षा $\left(\frac{n+1}{4}\right)$ तथा वर्गान्तर श्रेणी में $\left(\frac{n}{2}\right)$ की अपेक्षा $\left(\frac{n}{4}\right)$ हो जाता है। इसी प्रकार तृतीय चतुर्थक के लिए $\left[\frac{3\,(n+1)}{4}\right]$ व्यक्तिगत तथा खण्डित श्रेणी में तथा $\left[\frac{3\,(n)}{4}\right]$ वर्गान्तर श्रेणी में हो जाता है।

सूत्र के रूप में—

व्यक्तिगत श्रेणी में, q_1=Size of $\left(\frac{n+1}{4}\right)$ th item

तथा q_3=Size of $\left[\frac{n\,(n+1)}{4}\right]$th item

खण्डित श्रेणी में, q_1=Size of $\left(\frac{n+1}{4}\right)$ th item

q_3=Size of $\left[\frac{3\,(n+1)}{4}\right]$ th item

इस प्रकार जो भी चतुर्थक अंक (Quartile Number) आये उसे संचयी आवृत्ति में देखकर चतुर्थकों का मूल्य ज्ञात कर लिया जाता है।

वर्गान्तर श्रेणी में q_1=Size of $\left(\frac{n}{4}\right)$th item

तथा q_3=Size of $\left[\frac{3\,(n)}{4}\right]$ th item

इस प्रकार चतुर्थक-अंक (Quartile Number) ज्ञात करके चतुर्थक वर्गों (Quartile Groups) को ज्ञात किया जाता है और तत्पश्चात् निम्नलिखित सूत्रों का प्रयोग होता है—

$$q_1 = l_1 + \frac{i}{f}\,(q_1 - c)$$

तथा

$$q_3 = l_1 + \frac{i}{f}\,(q_3 - c)$$

जहाँ पर q_1 तथा q_3 = प्रथम तथा तृतीय चतुर्थक

l_1 = चतुर्थक वर्ग की निचली सीमा

i = चतुर्थक वर्ग का वर्गान्तर

f = चतुर्थक वर्ग की आवृत्ति

q_1 तथा q_3 = प्रथम तथा तृतीय चतुर्थक अंक (Quartile Number)

c = चतुर्थक वर्ग से एक वर्ग पहले की संचयी आवृत्ति

उदाहरण—अग्रलिखित आवृत्तियों के प्रथम और तृतीय चतुर्थक निकालिये—

प्राप्तांक	विद्यार्थी
20–25	50
25–30	70

30-35	100
35-40	180
40-45	150
45-50	120
50-55	70
55-60	60

हल–

प्राप्तांक	विद्यार्थी (आवृत्ति)	संचयी आवृत्ति
20-25	50	50
25-30	70	120
30-35	100	220
35-40	180	400
40-45	150	550
45-50	120	670
50-55	70	740
55-60	60	800
	n=800	

$$q_1 = \text{Size of} \left(\frac{n}{4}\right) \text{th item}$$

$$= \text{Size of} \left(\frac{800}{4}\right) \text{th item}$$

$$= \text{size of 200th item}$$

$$q_3 = \text{Size of} \left[\frac{3\,.(n)}{4}\right] \text{th item}$$

$$= \text{Size of} \left[\frac{(3\text{x}800)}{4}\right] \text{th item}$$

$$= \text{Size of 600th item.}$$

निरीक्षण से यह पता चलता है कि 200वीं संख्या (30-35) वर्ग में तथा 60वीं वीं संख्या (45-50) वर्ग में सम्मिलित हैं। अतः प्रथम चतुर्थक वर्ग (30-35) है तथा तृतीय चतुर्थक वर्ग (40-50) है।

अब $$q_1 = l_1 + \frac{i}{f}(q_1 - c)$$

$$= 30 + \frac{5}{100}(200—120)$$

$$= 30 + \frac{5 \times 80}{100}$$

$$= 30 + 4$$

$$= 34$$

तथा $$q_3 = l_3 + \frac{i}{f}(q_3—c)$$

$$= 45 + \frac{5}{120}(600—550)$$

$$= 45 + \frac{5 \times 50}{120}$$

$$= 45 .+ 2.08$$

$$= 47.08$$

अतः प्रथम चतुर्थक = 34

तथा तृतीय चतुर्थक = 47·08

शतांक
(Percentiles)

मध्यांक तथा चतुर्थकों की भाँति शतांक (Percentiles) भी विभाजक मूल्य (Partition Values) हैं। शतांक एक समंक श्रेणी को सौ भागों में बाँटते हैं। इस प्रकार एक समंक श्रेणी में 100 शतांक होते हैं, परन्तु गणना केवल98 शतांकों की, की जाती है क्योंकि पचासवाँ शतांक मध्यांक होता है और सौवाँ शतांक समंक श्रेणी का अन्तिम मूल्य होता है।

शतांकों का निर्धारण—शतांकों का निर्धारण भी मध्याँक तथा चतुर्थकों के समान ही किया जाता है। अन्तर केवल इतना है कि व्यक्तिगत तथा खण्डित श्रेणी में $(n+1)$ को सौ से भाग कर दिया जात है तथा जो भी शतांक ज्ञात करना हो उसकी गुणा $(n+1)$ से कर दी जाती है। इसी प्रकार वर्गान्तर श्रेणी में $\left(\frac{n}{100}\right)$ की शतांक संख्या से गुणा कर दी जाती है और उसके बाद अगला सूत्र प्रयुक्त किया जाता है। सूत्रों के रूप में—व्यक्तिगत तथा खण्डित श्रेणी में

$$P_1 = \text{Size of} \left(\frac{n+1}{100}\right) \text{th item}$$

$$P_{19} = \text{Size of} \left[\frac{19.(n+1)}{100}\right] \text{th item}$$

$$P_{94} = \text{Size of} \left[\frac{94.(n+1)}{100}\right] \text{th item इत्यादि}$$

वर्गान्तर श्रेणी में

$$p_1 = \text{Size of} \left(\frac{n}{100}\right) \text{th item}$$

और तत्पश्चात्

$$P_1 = l_1 + \frac{i}{f}(p_1 - c)$$

इसी प्रकार

$$P_{27} = \textit{Size of} \left[\frac{27.(n)}{100}\right] \textit{th item}$$

और तत्पश्चात्

$$P_{27} = l_2 + \frac{i}{f}(p_{27} - c) \text{ इत्यादि}$$

उदाहरण—Calculate the value of 2nd, 28th, 48th, and 98th, percentile from the following :

प्राप्तांक	विद्यार्थियों की संख्या
1–5	3
6–10	10
11–15	20
16–20	30
21–25	20
26–30	9
31–35	5
36–40	3

हल—

प्राप्तांक	आवृत्ति	संचयी आवृत्ति
1–5	3	3
6–10	10	13
11–15	20	33
16–20	30	63
21–25	20	83
26–30	9	92
31–35	5	97
36–40	3	100

$$p_2 = \text{Size of} \left[\frac{2\ (n)}{100}\right] \text{th item}$$

$$= \text{Size of} \left[\frac{2\ (100)}{100}\right] \text{th item}$$

= Size of 2nd item जो कि (1—5) वर्ग में है।

अत:

$$P_2 = l_1 + \frac{i}{f}(p_2 - c)$$

$$= l + \frac{5}{3}(2 - 0)$$

$$= 1 + \frac{5 \times 2}{3}$$

$$= 1 + 3.33$$

$$= 4.33$$

$$p_{28} = \text{Size of} \left[\frac{28\ (n)}{100}\right] \text{th item}$$

$$= \text{Size of} \left[\frac{28(100)}{100}\right] \text{th item}$$

= Size of 28th item जो कि (11—15) वर्ग में है।

अत:

$$p_{28} = l_1 + \frac{i}{f}(p_{28} - c)$$

$$= 11 + \frac{5}{20}(28 - 13)$$

$$= 11 + \frac{5 \text{x} 15}{20}$$

$$= 11 + 3.75$$

$$= 14.75$$

$$P_{48} = \text{Size of} \left[\frac{48\ (n)}{100}\right] \text{th item}$$

$$= \text{Size of} \left[\frac{48(100)}{100}\right] \text{th item}$$

= Size of 48th item जो कि (16—20) वर्ग में है।

अतः

$$P_{48} = l_1 + \frac{i}{f}(p_{48} - c)$$

$$= 16 + \frac{5}{30}(48 - 33)$$

$$= 11 + \frac{5 \times 15}{30}$$

$$= 16 + 2.5$$

$$= 18.5$$

$$P_{98} = \text{Size of}\left[\frac{98\,(n)}{100}\right]\text{th item}$$

$$= \text{size of}\left[\frac{98(100)}{100}\right]\text{th item}$$

= Size of 98th item जो कि (36—40) वर्ग में है।

अतः

$$P_{98} = l_1 + \frac{i}{f}(p_{98} - c)$$

$$= 36 + \frac{5}{3}(98 - 97)$$

$$= 36 + \frac{5 \times 1}{3}$$

$$= 36 + 1.67$$

$$= 37.67$$

अतः उपरोक्त श्रेणी में

$P_2 = 4.33$
$P_{28} = 14.75$
$P_{48} = 18.5$
$P_{98} = 37.67$

अन्य विभाजक मूल्य
(Other Partition Values)

मध्यांक, चतुर्थांक तथा शतांक के आधार पर समंक श्रेणी को और भी भागों में विभक्त किया जा सकता है। इन सब मूल्यों को जो कि समंक श्रेणी को अनेक

भागों में विभाजित करते हैं। विभाजक मूल्य (Partition Values) कहते हैं। उनका संक्षिप्त विवरण इस प्रकार है–

(1) पंचमक (Quintiles)–पंचमक जैसा कि नाम से ही स्पष्ट है, श्रेणी को पाँच भागों में बाँटा करता है। इसकी गणना के लिए $(n+1)$ अथवा n (जैसी कि समंक श्रेणी हो, को पंचमक के क्रम-मूल्य (Serial Number) से गुणा करके 5 से भाग दे दिया जाता है। इस प्रकार जो भी पद-संख्या आये उसका मूल्य समंक श्रेणी में देख लिया जाता है। उदाहरणार्थ–

$$q_3 = \text{Size of} \left[\frac{3\,(n+1)}{5} \right] \text{th item}$$

(2) अष्टमक (Octiles)–अष्टमक समंक श्रेणी को आठ भागों में बाँटते हैं। चौथा अष्टमक मध्यांक होता है तथा आठवाँ अष्टमक श्रेणी का अधिकतम मूल्य है। अत: $n+1$ व्यवहार में केवल छ: अष्टमकों की गणना की जाती है। इनकी गणना का भी वही सूत्र है। (n+1) को अष्टतक क्रम संख्या से गुणा करके 8 से भाग देकर जो भी पद-संख्या आये उसका मूल्य समंक श्रेणी में देख लिया जाता है। उदाहरणार्थ–

$$q_7 = \text{Size of} \left[\frac{7\,(n+1)}{8} \right] \text{th item}$$

(3) दशमक (Deciles)–दशमक एक समंक श्रेणी को दस भागों में विभाजित करते हैं। पाँचवाँ दशमक मध्यांक तथा दसवाँ दशमक श्रेणी का अन्तिम मूल्य होता है। अत: केवल आठ दशमकों की गणना की जाती है $(n+1)$को दशमक क्रम संख्या से गुणा करके 10 से भाग दे दिया जाता है और जो भी पद-संख्या आये उसे समंक श्रेणी में देख लिया जाता है। उदाहरणार्थ–

$$D_4 = \text{Size of} \left[\frac{4\,(n+1)}{10} \right] \text{th item}$$

पंचमक (Quintiles), अष्टमक (Octiles) तथा दशमक (Desciles) की गणना के लिए वर्गान्तर श्रेणी में उपरोक्त सूत्रों के अतिरिक्त दूसरा सूत्र भी लगाया जाता है। दूसरा सूत्र बिल्कुल वही है जो कि मध्यांक इत्यादि की गणना में प्रयुक्त होता है। उदाहरणार्थ –

$$D_4 = l_1 + \frac{i}{f}\,(d_4 - c)$$

अथवा

$$P_3 = l_1 + \frac{i}{f}\,(p_3 - c)$$ इत्यादि।

भूयिष्ठक
(Mode)

किसी समंक श्रेणी में जो भी मूल्य सबसे अधिक बार आये उसे भूयिष्ठक कहते हैं। उदाहरणार्थ 5, 10, 5, 3, 1, 7, 5, 8, 6, श्रेणी में जो 5 सबसे अधिक बार अर्थात् 3 बार सम्मिलित है अतः इस श्रेणी का भूयिष्ठक 5 है। क्राक्सटन तथा काउडेन (Croxton and Cowden) ने भूयिष्ठक की इस प्रकार परिभाषा की है, "भूयिष्ठक एक समंक वितरण का वह मूल्य है जिसके आस-पास श्रेणी की इकाइयाँ अधिक-से-अधिक केंद्रित होती हैं।"[1]

व्यक्तिगत श्रेणी में भूयिष्ठक का निर्धारण

व्यक्तिगत श्रेणी में भूयिष्ठक का निर्धारण तब तक नहीं किया जा सकता जब तक उसे खण्डित श्रेणी (Discrete Series) में परिवर्तित न किया जाये। अतः सर्वप्रथम दिये हुए समंकों से एक खण्डित श्रेणी बना लेनी चाहिए और तत्पश्चात् निरीक्षण द्वारा यह देख लेना चाहिये कि श्रेणी में किस मूल्य (Size) की आवृत्ति (Frequency) अधिकतम है। यही मूल्य उस श्रेणी का भूयिष्ठक होगा।

उदाहरण—निम्नलिखित अंकों में भूयिष्ठक निकालिये—

4, 6, 8, 8, 10, 12, 15, 8, 5, 7, 6, 11, 10, 15, 1, 13, 8, 11, 6, 4, 3, 15, 12, 8, 9, 6, 5, 3, 15, 12, 10, 8, 8, 3, 1, 10, 12, 8, 6, 5, 11, 15।

हल—

मूल्य	आवृत्ति
1	2
2	0
3	3
4	2
5	3
6	5
7	1
8	8
9	1
10	4
11	3

1. "The mode of a distribution is the value at the point around which the items tend to be most heartily concentrated."
—Croxton and Cowden, *Applied General Statistics*, p. 212.

मूल्य	आवृत्ति
12	4
13	1
14	0
15	5

The maximum frequency is 8 and its corresponding size is also 8.

$\therefore$ Mode = 8

कभी-कभी दो अथवा अधिक मूल्यों (Size) की आवृत्ति बराबर होती है। ऐसी दशा में श्रेणी में जितनी भी अधिकतम आवृत्तियाँ होंगी वे सभी भूयिष्ठक होंगी। यदि दो अधिकतम आवृत्तियाँ होंगी तो श्रेणी दो भूयिष्ठक वाली (Bi-modal), यदि तीन अधिकतम आवृत्तियाँ होंगी तो श्रेणी तीन-भूयिष्ठक वाली (Tri-modal) और यदि इससे भी अधिक होंगी तो श्रेणी अधिक भूयिष्ठक वाली (Multi-modal) कहलाती है।

खण्डित श्रेणी में भूयिष्ठक का निर्धारण

खण्डित श्रेणी (Discrete Series) में भूयिष्ठक को निरीक्षण द्वारा (By Inspection) ज्ञात किया जाता है। जैसा कि पीछे बतलाया गया है, जिस मूल्य (Size) की आवृत्ति अधिकतम होती है वही भूयिष्ठक होता है।

वर्गण विधि—परन्तु कभी-कभी श्रेणी की इकाइयाँ नियमित नहीं होती हैं अर्थात् उनमें उतार-बढ़ाव बहुत होते हैं। अथवा कभी-कभी दो अथवा अधिक मूल्यों की अधिकतम आवृत्तियाँ बराबर होती हैं। ऐसी दशा में भूयिष्ठक निकालने की एक अन्य विधि भी है जिसे वर्गण विधि (Grouping Method) कहते हैं। वैसे वर्गण विधि से भी किसी श्रेणी के दो अथवा अधिक भूयिष्ठक हो सकते हैं। वर्गण विधि के अनुसार भूयिष्ठक की गणना इस प्रकार की जाती है—

(1) सर्वप्रथम तालिका (Table) बनाई जाती है जिसमें आठ खाने (Eight Columns) बनाये जाते हैं।

(2) पहले खाने में आवृत्तियों के मूल्य तथा दूसरे में आवृत्तियाँ लिख दी जाती हैं।

(3) तीसरे खाने में प्रारम्भ से दो-दो आवृत्तियों के जोड़ लिखे जाते हैं।

(4) चौथे खाने में पहली आवृत्ति को छोड़कर दो-दो आवृत्तियों के जोड़ लिखे जाते हैं।

(5) पाँचवें खाने में आरम्भ से तीन-तीन आवृत्तियों के जोड़ लिखे जाते हैं।

(6) छठे खाने में पहली आवृत्ति को छोड़कर तीन-तीन आवृत्तियों के जोड़ लिखे जाते हैं।

(7) सातवें खाने में पहली आवृत्तियों को छोड़कर तीन-तीन आवृत्तियों के

जोड़ लिखे जाते हैं।

(8) आठवें खाने में प्रत्येक खाने की अधिकतम आवृत्ति के सामने उसके चल-मूल्यों (Size) के लिए रेखाओं से चिन्ह अंकित कर दिये जाते हैं। इन चिन्हों को गिन लिया जाता है और जिस मूल्य के सबसे अधिक चिन्ह हों, वहीं भूयिष्ठक होता है।

उदाहरण—निम्नलिखित श्रेणी का भूयिष्ठक ज्ञात कीजिये—

मूल्य	आवृत्ति
1	48
2	52
3	56
4	60
5	63
6	57
7	55
8	50
9	52
10	57
11	41
12	57
13	63
14	40
15	48
16	50
17	52
18	42
19	40

इस प्रश्न में दो मूल्यों 5 और 6 सम्मुख बराबर संख्या में अधिकतम आवृत्ति के रेखा-चिन्ह हैं। अतः इस श्रेणी में दो भूयिष्ठक अर्थात् 5 और 6 भूयिष्ठक हैं। अतः यह श्रेणी दो भूयिष्ठक वाली (Bio-modal) श्रेणी है।

वर्गान्तर श्रेणी में भूयिष्ठक का निर्धारण

वर्गान्तर श्रेणी (Continuous Series) में भूयिष्ठक का निर्धारण निम्न रीति से किया जाता है—

(1) सर्वप्रथम निरीक्षण विधि (Observation Method) अथवा वर्गण विधि (Grouping Method) द्वारा भूयिठक वर्ग (Modal-Group) का निर्धारण किया जाता है।

(2) तत्पश्चात भूयिष्ठक का निर्धारण करने के लिए अग्रलिखित सूत्र प्रयुक्त किया जाता है—

हल—

<table>
<tr><td>मूल्य</td><td></td><td>आवृत्ति</td><td></td><td></td><td></td><td></td><td></td><td></td></tr>
<tr><td>(1)</td><td>(2)</td><td>(3)</td><td>(4)</td><td>(5)</td><td>(6)</td><td>(7)</td><td>(8)</td><td></td></tr>
<tr><td>1</td><td>48</td><td></td><td></td><td></td><td></td><td></td><td></td><td></td></tr>
<tr><td>2</td><td>52</td><td>100</td><td></td><td>156</td><td></td><td></td><td></td><td></td></tr>
<tr><td>3</td><td>56</td><td></td><td>108</td><td></td><td>168</td><td></td><td></td><td></td></tr>
<tr><td>4</td><td>60</td><td>116</td><td></td><td></td><td></td><td>179</td><td>||</td><td>2</td></tr>
<tr><td>5</td><td>63</td><td></td><td></td><td>180</td><td></td><td></td><td>||||</td><td>4</td></tr>
<tr><td>6</td><td>57</td><td>120</td><td>122</td><td></td><td>175</td><td></td><td>||||</td><td>4</td></tr>
<tr><td>7</td><td>55</td><td></td><td></td><td></td><td></td><td>162</td><td>||</td><td>2</td></tr>
<tr><td>8</td><td>50</td><td>105</td><td></td><td>157</td><td></td><td></td><td>||</td><td>1</td></tr>
<tr><td>9</td><td>52</td><td></td><td>112</td><td></td><td>159</td><td></td><td></td><td></td></tr>
<tr><td>10</td><td>57</td><td>109</td><td></td><td></td><td></td><td>150</td><td></td><td></td></tr>
<tr><td>11</td><td>41</td><td></td><td></td><td>155</td><td></td><td></td><td></td><td></td></tr>
<tr><td>12</td><td>57</td><td>98</td><td>102</td><td></td><td>161</td><td></td><td></td><td></td></tr>
<tr><td>13</td><td>63</td><td></td><td></td><td></td><td></td><td>160</td><td></td><td></td></tr>
<tr><td>14</td><td>40</td><td>103</td><td>98</td><td>151</td><td></td><td></td><td></td><td></td></tr>
<tr><td>15</td><td>48</td><td></td><td>120</td><td></td><td>138</td><td></td><td></td><td></td></tr>
<tr><td>16</td><td>50</td><td>98</td><td></td><td></td><td></td><td>150</td><td></td><td></td></tr>
<tr><td>17</td><td>52</td><td></td><td>88</td><td>144</td><td></td><td></td><td></td><td></td></tr>
<tr><td>18</td><td>42</td><td>94</td><td>120</td><td></td><td>134</td><td></td><td></td><td></td></tr>
<tr><td>19</td><td>40</td><td></td><td>82</td><td></td><td></td><td></td><td></td><td></td></tr>
</table>

$$z = l + \frac{f_1 - f_0}{2f_9 - f_0 - f_2} \times i$$

जहाँ पर z = भूयिष्ठक

l = भूयिष्ठक वर्ग (Modal Group) की निचली सीमा

f_1 = भूयिष्ठक वर्ग की आवृत्ति

f_2 = भूयिष्ठक वर्ग के तुरन्त बाद वाले वर्ग की आवृत्ति

f_n = भूयिष्टक वर्ग से तुरन्त पहले वाले वर्ग की आवृत्ति

i = भूयिष्ठक वर्ग का विस्तार (Magnitude)

उदाहरण—निम्नलिखित वर्गान्तर में भूयिष्ठक निकालिये—

(i)

प्राप्तांक	आवृत्ति
70–71	2
68–69	2
66–67	2

प्राप्तांक	आवृत्ति
64–65	4
62–63	6
60–61	7
58–59	5
56–57	4
54–55	2
52–53	3
50–51	1
	n=39

(ii)

प्राप्तांक	आवृत्ति
90–94	2
85–89	2
80–84	4
75–79	8
70–74	6
65–69	11
60–94	9
55–59	7
50–54	5
45–49	0
40–44	2
	n = 56

हल—(i) दी हुई समंक श्रेणी का आवृत्ति वितरण (Frequency Distribution) नियमित है और इसमें अधिकतम आवृत्ति (60–61) वर्ग की है अतः भूयिष्ठक वर्ग (60–61) है।

$$z= 1 + \frac{f_1 - f_0}{2f_1 - f_0 - f_2} \times i = 60 + \frac{7 - 6}{14 - 6 - 5} \times 2$$

$$= 60 + \frac{1}{3} \times 2 = 60.67$$

∴ भूयिष्ठक = 60.67 है।

(ii) प्रश्न के इस खण्ड में भी आवृत्ति वितरण नियमित (Regular) है और अधिकतम आवृत्ति (55–69) वर्ग की है। अतः यही वर्ग भूयिष्ठक वर्ग (Modal Group) है। फिर भी हम इसकी वर्गण रीति (Group Method) से जाँच कर लेते हैं।

अग्रलिखित वर्गण से स्पष्ट है कि भूयिष्ठक वर्ग (65–69) है।

$$z = l_1 + \frac{f_1 - f_0}{2f_1 - f_0 - f_2} \times 1$$

$$= 65 + \frac{11 - 16}{22 - 6 - 9} \times 5$$

$$= 65 + \frac{5}{7} \times 5$$

$$= 68.6$$

∴ भूयिष्ठक = 68.6 है।

<table>
<tr><th>प्राप्तांक</th><th>आवृत्ति</th><th></th><th></th><th></th><th></th><th></th><th></th></tr>
<tr><th>(1)</th><th>(2)</th><th>(3)</th><th>(4)</th><th>(5)</th><th>(6)</th><th>(7)</th><th>(8)</th></tr>
<tr><td>90–94</td><td>2</td><td></td><td></td><td></td><td></td><td></td><td>| 1</td></tr>
<tr><td>85–89</td><td>2</td><td>4</td><td></td><td>8</td><td>14</td><td></td><td>||| 3</td></tr>
<tr><td>80–84</td><td>4</td><td></td><td>6</td><td></td><td></td><td>18</td><td>|||| 5</td></tr>
<tr><td>57–79</td><td>8</td><td>12</td><td></td><td></td><td></td><td></td><td>||| 3</td></tr>
<tr><td>70–74</td><td>6</td><td></td><td>14</td><td>25</td><td>26</td><td></td><td>| 1</td></tr>
<tr><td>65–69</td><td>11</td><td>17</td><td></td><td></td><td></td><td>27</td><td></td></tr>
<tr><td>60–64</td><td>9</td><td></td><td>20</td><td></td><td></td><td></td><td></td></tr>
<tr><td>55–59</td><td>7</td><td>16</td><td></td><td>21</td><td>12</td><td></td><td></td></tr>
<tr><td>50–54</td><td>5</td><td></td><td>12</td><td></td><td></td><td>7</td><td></td></tr>
<tr><td>45–49</td><td>0</td><td>5</td><td></td><td></td><td></td><td></td><td></td></tr>
<tr><td>40–43</td><td>2</td><td></td><td>2</td><td></td><td></td><td></td><td></td></tr>
</table>

संक्षेप में, भूयिष्ठक के गुण (Merits) निम्नलिखित हैं–

भूयिष्ठक के गुण

(1) भूयिष्ठक का निर्धारण करना अत्यन्त सरल है वर्गान्तर श्रेणी को छोड़कर अधिकतर निरीक्षण द्वारा ही भूयिष्ठक का निर्धारण हो सकता है।

(2) भूयिष्ठक समझने में आसान है। जनसाधारण भी इसका अर्थ भली–भाँति समझ सकते हैं क्योंकि भूयिष्ठक तो ऐसा मूल्य है जो कि श्रेणी में सबसे अधिक प्रचलित है।

(3) भूयिष्ठक के मूल्य को रेखाचित्र (Graphs) द्वारा ज्ञात किया जा सकता है।

(4) मध्यांक (Median) की भाँति भूयिष्ठक पर भी श्रेणी की चरम सीमाओं (Exetreme Iimits) का बहुत कम प्रभाव है।

(5) भूयिष्ठक ज्ञात करने के लिये श्रेणी के सभी पदों का मूल्य ज्ञात होना आवश्यक नहीं होता। यदि भूयिष्ठक वर्ग और उसकी आस–पास की इकाइयाँ ज्ञात

हों तो भूयिष्ठक का मूल्य निकाला जा सकता है।

(6) किन्हीं दशाओं में भूयिष्ठक श्रेणी का सबसे अच्छा प्रतिनिधित्व करता है क्योंकि यह वह मूल्य होता है जो कि श्रेणी में बार-बार आता है।

भूयिष्ठक की सीमायें (Limitations) अथवा दोष (Demerits) निम्नलिखित हैं—

भूयिष्ठक के दोष

(1) भूयिष्ठक का सबसे बड़ा दोष इसका अनिश्चित (Uncertain) होना है। यदि श्रेणी के सभी मूल्यों की आवृत्ति समान हो तो भूयिष्ठक क्या होगा? इसके अतिरिक्त किसी श्रेणी में दो अथवा उससे भी अधिक भूयिष्ठक हो सकते हैं। ऐसी दशाओं में भूयिष्ठक श्रेणी का सही प्रतिनिधित्व नहीं कर सकता।

(2) भूयिष्ठक का अन्य साँख्यिकीय विधियों में उपयोग नहीं हो सकता क्योंकि इसका बीजगणितीय विवेचन सम्भव नहीं है।

(3) भूयिष्ठक श्रेणी के सभी मूल्यों पर आधारित नहीं होता है। अतः यह श्रेणी का प्रतिनिधित्व नहीं करता।

(4) भूयिष्ठक के निर्धारण में समंक-श्रेणी के चरम मूल्यों पर ध्यान नहीं दिया जाता। अतः उन दशाओं में जबकि चरम-मूल्यों को महत्व देना हो तो वह अनुपयुक्त (Unsuitable) है।

(5) भूयिष्ठक का मूल्य वर्ग-विस्तार (Magnitude) पर निर्भर होता है। वर्ग-विस्तार में तनिक भी परिर्वतन हो जाने पर भूयिष्ठक का मूल्य भी भिन्न हो जाता है।

उपयोग

भूयिष्ठक का उपयोग दैनिक जीवन तथा व्यापारिक क्षेत्र में अत्यन्त महत्वपूर्ण है। चूँकि इसका निर्धारण सरल होता है अतः इसका प्रयोग अधिक किया जाता है। व्यापारिक श्रेत्र में विभिन्न वस्तुओं की लोकप्रियता का अनुमान भूयिष्ठक से लगाया जाता है। इसके अतिरिक्त मौसम सम्बन्धी पूर्वानुमानों में भी भूयिष्ठक का ही प्रयोग किया जाता है। शिक्षा के क्षेत्र में भी विद्यार्थियों की परीक्षा सम्बन्धी तथ्यों आदि के निर्धारण में भूयिष्ठक को ही आधार बनाया जाता है। उदाहरणार्थ—"परीक्षा में अधिकतर विद्यार्थियों की द्वितीय श्रेणी आई" अथवा "कक्षा में ज्यादातर विद्यार्थियों को 45 अंक प्राप्त हुए।" इत्यादि कथन भूयिष्ठक पर आधारित होते हैं।

गुणोत्तर माध्य

(Geometric Mean)

गुणोत्तर माध्य किसी समंक श्रेणी का वह मूल्य होता है जो कि श्रेणी के सभी मूल्यों के गुणनफल के nth मूल (Root) के बाराबर होता है। अन्य शब्दों में, गुणोत्तर माध्य श्रेणी के समस्त मूल्यों के गुणनफल का वह मूल (Root) होता है जितनी कि उसमें इकाइयाँ हों। उदाहरणार्थ यदि तीन संख्याओं का मूल्य क्रमशः 5, 25 तथा

27 है तो उनका गुणोत्तर माध्य इस प्रकार ज्ञात होगा।

गुणोत्तर माध्य $= \sqrt[3]{(5 \times 25 \times 27)}$

$= \sqrt[3]{(3375)}$

$= \sqrt[3]{(3 \times 3 \times 3 \times 5 \times 5 \times 5)}$

$= 3 \times 5$

$= 15$

गुणोत्तर माध्य की गणना अत्यन्त कठिन है। यदि 3 अथवा 4 संख्यायें हों तो गुणोत्तर माध्य की गणना उपरोक्त रीति से की जा सकती है परन्तु इससे अधिक संख्यायें होने पर इस रीति से गणना अत्यन्त जटिल है। उदाहरण के लिए यदि किसी समंक श्रेणी में 10 पद हैं तो इन 10 पदों का पारस्परिक गुणनफल निकालना पड़ेगा और तत्पश्चात् इस गुणनफल का दशवाँ मूल (10th Root) निकालना पड़ेगा। ऐसी दशाओं में गुणोत्तर माध्य की गणना (Logarithm) अथवा Log की सहायता से की जाती है।

शिक्षा के क्षेत्र में गुणोत्तर माध्य का इसकी गणना सम्बन्धी जटिलता के कारण न्यूनतम प्रयोग किया जाता है। वैसे भी गुणोत्तर माध्य की उपयोगिता प्रतिशत अथवा आनुपातिक परिवर्तनों इत्यादि में माप के लिये ही उल्लेखनीय है। निर्देशांक (Index number) के निर्माण में भी गुणोत्तर माध्य का ही प्रयोग किया जाना चाहिये।

अभ्यास के लिए प्रश्न

प्रश्न 1. टिप्पणी लिखिए—औसत।

Write short note on--Averages.

एक अच्छे माध्य के आधार क्या हैं? उपरोक्त आधारों पर माध्यक (Mean) माध्यिका (Median) तथा बहुलक (Mode) के गुण तथा दोषों की विवेचना कीजिये।

What are the criterions of a good Average?

Discuss the merits and demerits of atleast three averages in the light of the above criteria?

Discuss the relative merits of measures of Central tendency.

Define mean deviation and standard deviation.

प्रश्न 2. संक्षिप्त टिप्पणी लिखो—मध्यांक।

Write short note on--Median.

प्रश्न 3. टिप्पणी लिखो—(अ) चतुर्थक (ब) शतांक।

Write note on--(a) Quartile, (b) Percentile.

प्रश्न 4. भूयिष्ठक क्या है? उसका निर्धारण कैसे होता है? उनके गुण दोषों का विवेचन कीजिये।

What is Mode? How is it determined? Discuss its advantages and disadvantages.

प्रश्न 5. संक्षिप्त टिप्पणी लिखो—गुणोत्तर माध्य।

Write short note on--Geometric Mean.

28

चित्रमय और ग्राफ प्रदर्शन
(Diagrammatic and Graphic Representation)

चित्रमय प्रदर्शन : आवश्यकता एवं अर्थ

सांख्यिकी के विस्तृत क्षेत्र को देखते हुए यह आवश्यक है कि सांख्यिकीय तथ्यों को इतना स्पष्ट एवं बोधगम्य बनाया जाये कि सांख्यिकीय आँकड़े जन-साधारण के मस्तिष्क पर एक अनावश्यक बोझ न बनकर अधिक चित्ताकर्षण बन सकें। किसी निर्दिष्ट संकलित समंक को जनसाधारण के लिए उपयोगी बनाने के दृष्टिकोण से चित्रों का सहारा लेने को सांख्यिकी का चित्रमय प्रदर्शन कहते हैं। सांख्यिकीय तथ्यों को चित्रमय रूप में प्रदर्शित करने से निम्नलिखित लाभ हैं–

(1) चित्र तुलना करने में सहायक होते हैं।

(2) चित्र दूसरों को सूचना पहुँचाने में सहायक होते हैं।

(3) चित्र बहुत आर्कषक तथा अपनी ओर ध्यानाकर्षण करने वाले होते हैं।

(4) चित्रों से ज्ञानवृद्धि के साथ-साथ मनोरंजन भी होता है।

(5) ये भविष्य का अनुमान लगाने में सहायक सिद्ध होते हैं।

(6) चित्रों को समझाने के लिए विशेष ज्ञान की आवश्यकता नहीं होती।

(7) चित्र अधिक समय तक याद रखे जा सकते हैं।

(8) चित्र समंकों को सरल और सुबोध बनाते हैं।

(9) चित्रों द्वारा प्रस्तुतीकरण में समय और श्रम की बचत होती है।

उपरोक्त लाभों के साथ-साथ चित्रों द्वारा प्रदर्शन की कुछ सीमायें भी होती हैं। सबसे पहले यह प्रत्येक प्रकार के अनुसन्धान में सम्भव नहीं है दूसरे, यह निष्कर्ष का केवल एक साधन है। तीसरे, प्रस्तुत चित्रों का दुरुपयोग होता है तथा ये भ्रामक होते हैं चौथे, दो या दो से अधिक मूल्यों का सूक्ष्म अन्तर दर्शाया जाना सम्भव नहीं है। पाँचवें, तुलना के लिये गुण तथा स्वभाव की समानता आवश्यक है अस्तु ये केवल तुलनात्मक अध्ययन के लिये ही उपयोगी होते हैं तथा इनका संख्यात्मक प्रदर्शन असम्भव है।

चित्रों को बनाने में काफी सर्तकता बरती जानी चाहिये अन्यथा ये चित्र बहुत भ्रमात्मक होंगे तथा कोई प्रयोजन हल नहीं कर पायेंगे। चित्र खींचने से पूर्व शुद्धता, आकृर्षक, सरलता, प्रकार का चुनाव, आकार पैमाना, बायें से दायें, या नीचे से ऊपर, महत्वपूर्ण बातें गहरे रंग में, आवश्यक विवरण, रेखाचित्र का प्रयोग आदि पर ध्यान दिया जाना चाहिए।

चित्रों के प्रकार
(Types of Diagrams)

सुविधा के अनुसार सांख्यिकी के चित्रों में निम्न प्रकारों का प्रयोग होता है।

(1) एक विस्तार वाले चित्र (One Dimensional Diagram)—ये रेखाचित्र (Line Diagram) या दण्ड चित्र (Bar Diagram) के रूप में हो सकते हैं।

(2) दो विस्तार वाले चित्र (Two Dimensional Diagram)—इनमें आयात चित्र (Rectangular Diagram), वर्ग चित्र (Square Diagram) तथा वृत्त चित्र (Circular Diagram) आते हैं।

(3) तीन विस्तार वाले चित्र (Three Dimensional Diagram)

(4) मानचित्र (Map Diagram); तथा

(5) चित्रलेखा (Pictogram) होते हैं।

1. एक विस्तार वाले चित्र (One Dimensional Diagram)—इनका मुख्य विभाजन निम्नलिखित आधारों पर होता है—

(i) **रेखा चित्र** (Line Diagram)—इनके अन्तर्गत सीधी रेखाओं द्वारा सांख्यिकीय तथ्यों का स्पष्टीकरण किया जाता है। रेखाओं में मोटाई कोई नहीं होती। दो रेखाओं के बीच समान दूरी होती है। उदग्र (Vertical) व क्षैतिज (Horizontal) हो सकते हैं।

उदहारणार्थ—पाँच विद्यार्थियों की प्राप्त लम्बाई को रेखाचित्र द्वारा इस प्रकार दिखाया जा सकता है।

विद्यार्थियों के नाम	अ	ब	स	द	इ
ऊँचाई (इंचों में)	60"	64"	68"	72"	75"

5 विद्यार्थियों की ऊँचाई

पैमाना—1 सेन्टीमीटर=20 इन्च

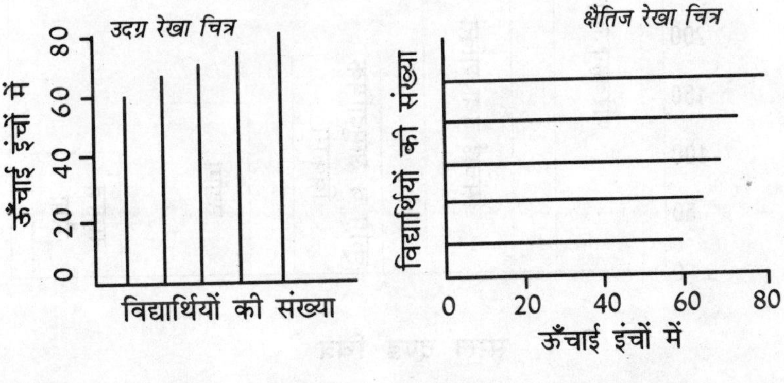

रेखाचित्र प्रदर्शन की उपरोक्त रीति बहुत सरल है। इसके निर्माण के लिए विशेष योग्यता की आवश्यकता नहीं है, परन्तु रेखाओं में चौड़ाई का अभाव होने के कारण यह चित्र अधिक आकर्षक नहीं बन पाता है।

(ii) **दण्ड चित्र** (Bar Diagram)—इस प्रकार के चित्रमय प्रदर्शन को निम्नलिखित कई भागों में विभाजित किया जाता है जैसे साधारण दण्ड चित्र, अन्तर्विभक्त दण्ड चित्र तथा प्रतिशत अन्तर्विभक्त चित्र।

(अ) साधारण दण्ड चित्र (Simple Bar Diagram)—ये भी उदग्र (Vertical) तथा क्षैतिज (Horizontal) दोनों ही प्रकार के हो सकते हैं, परन्तु उदग्र रूप ही अधिक प्रयोग में आता है।

केन्द्रीय सरकार के विकास आयोजन में व्यय प्रथम पंचवर्षीय योजना

शीर्षक	व्यय करोड़ रुपयों में
1. परिवहन तथा संचार	409.47
2. सिंचाई और शक्ति	265.90
3. कृषि और सामुदायिक विकास	186.34
4. उद्योग	146.71
5. समाज सेवा	106.26

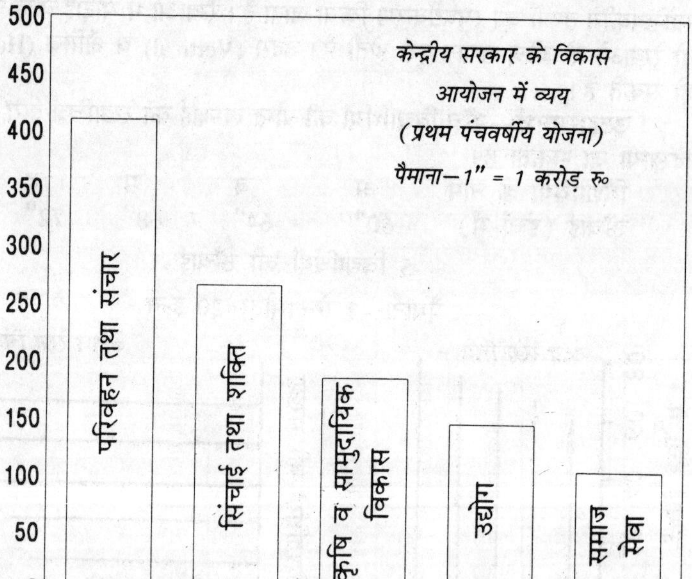

सरल दण्ड चित्र

(ब) अन्तर्विभक्त दण्ड चित्र (Sub-Divided Bar Diagrams)—जब समंकों के योग तथा उनके विभिन्न खण्ड भी दिखाये जाते हैं उस समय अन्तर्विभक्त दण्ड चित्र की आवश्यकता पड़ती है। जैसे—

	करोड़ो रुपयों में बिक्री		
विभाग	1965	1966	1967
अ	10	12	15
ब	8	11	16
स	5	7	10
द	12	11	10
कुल बिक्री	35	41	51

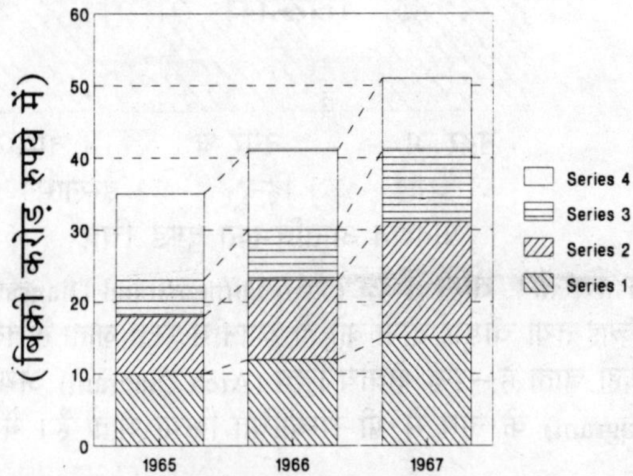

अन्तर्विभक्त दण्ड चित्र

(स) प्रतिशत अन्तर्विभक्त दण्ड-चित्र (Percentage Sub-divided Bar Diagram)—जब पूर्ण का मूल्य सौ मानकर उसके विभिन्न भागों को प्रतिशत के रूप में विभक्त किया जाता है तो इसे प्रतिशत अन्तर्विभक्त दण्ड चित्र कहते हैं। इसके लिए विभिन्न वर्गों को पहले प्रतिशत के रूप में परिवर्तित कर लिया जाता है। इस प्रतिशत का संचयी प्रतिशत (Cumulative Percentage) निकाल लिया जाता है। उदाहरणार्थ—

	नगर अ			नगर ब			नगर स		
धर्म	अनुयायियों की संख्या	प्रतिशत	संचयी प्रतिशत	अनुयायियों की संख्या	प्रतिशत	संचयी प्रतिशत	अनुयायियों की संख्या	प्रतिशत	संचयी प्रतिशत
हिन्दू	5,000	50	50	4,200	70	70	3,000	60	60
इस्लाम	3,000	30	80	1,000	20	90	1,000	90	20
ईसाई	2,000	20	100	600	10	100	1,000	100	20
	10,000	100		6,000	100		5,000	100	

पैमाना – 1 सेमी० = 20%

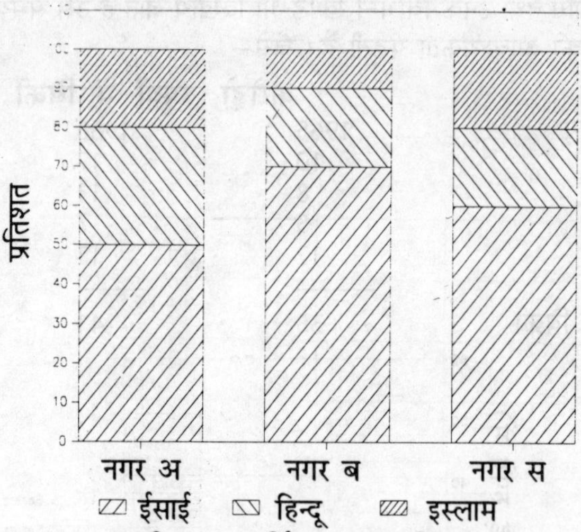

प्रतिशत अन्तर्विभक्त दण्ड चित्र

2. दो विस्तार वाले चित्र (Two Dimensional Diagrams)—जब चित्रों के प्रदर्शन ऊँचाई तथा चौड़ाई दोनों को ही ध्यान में रखा जाता है तब यह दो विस्तार वाला चित्र कहा जाता है—इन्हें क्षेत्रीय चित्र (Area Diagram) अथवा धरातल चित्र (Surface Diagram) के नाम से भी सम्बोधित किया जाता है। ये निम्न प्रकार के हो सकते हैं—

(अ) आयत चित्र (Rectangular Diagrams)—इसके अन्तर्गत दो पारस्परिक

पैमाना – 1 सेमी० = 20%

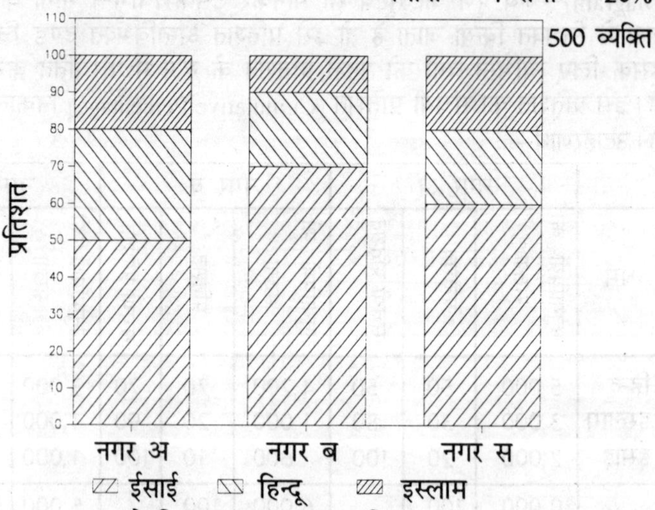

दो विस्तार वाला आयत चित्र

राशियों की तुलना की जाती है। उपरोक्त उदाहरण में ही आयत चित्र द्वारा प्रस्तुतीकरण इस प्रकार होगा–

(ब) वर्ग चित्र (Square Diagrams)–जब तथ्यों के न्यूनतम तथ अधिकतम मूल्यों में आवश्यकता से अधिक अन्तर पाया जाता है तो दण्ड चित्र बनाना भ्रमात्मक होगा। अस्तु दिये गये तथ्यों का वर्गमूल (Square-Root) ले लिया जाता है ($80 \times 80 = 80^2$ या $x \times x = x^2$) उदाहरण के लिए–

परिवार	अ	ब	स	द
आय रुपयों में	4900	2500	1600	400
वर्गमूल	70	50	40	20
परिवर्तित विस्तार	3.5	2.5	2	1

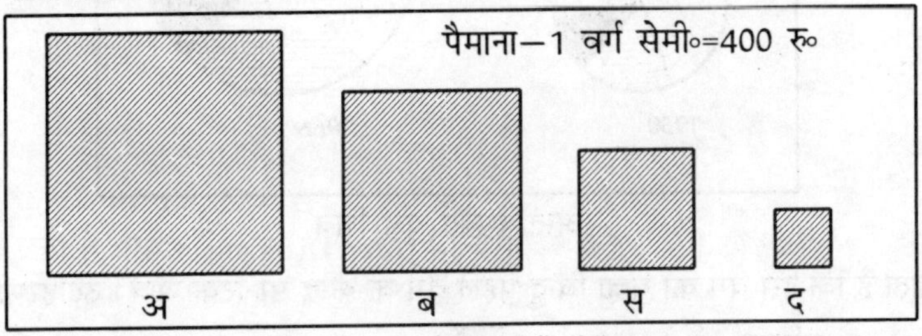

वर्ग चित्र

(स) वृत्त चित्र (Circular or Pie Diagrams)–जब तथ्यों के न्यूनतम तथा अधिकतम मूल्यों में आवश्यकता से अधिक अन्तर पाया जाता है तो साधारण दण्ड चित्र बनाना भ्रमात्मक रहेगा, अतः वर्ग या वृत्त-चित्र का प्रयोग किया जाता है। वृत्त का क्षेत्रफल πr^2 के बराबर होता है π (pie)=3.1416 या 22/7 तथा r=radius त्रिज्या के बराबर होता है। मान लीजिए कि अ, ब, स, द, परिवारों की आय क्रमशः 4900, 2500, 1600, और 400 रुपये हैं। इस उदाहरण में त्रिज्याओं को क्रमशः 1.75 सेमी; 1.25 सेमी; 1 सेमी तथा .5 सेमी लेने के लिए–1 सेमी की त्रिज्या (Radius) वाले वृत्त का क्षेत्रफल $\pi \times r^2 = 1600$ या $22/7 \times 1^2$ वर्ग सेमी = 1600 या 1 वर्ग सेमी = रू० 509। इसका वृत्त चित्र अग्रलिखित होगा।

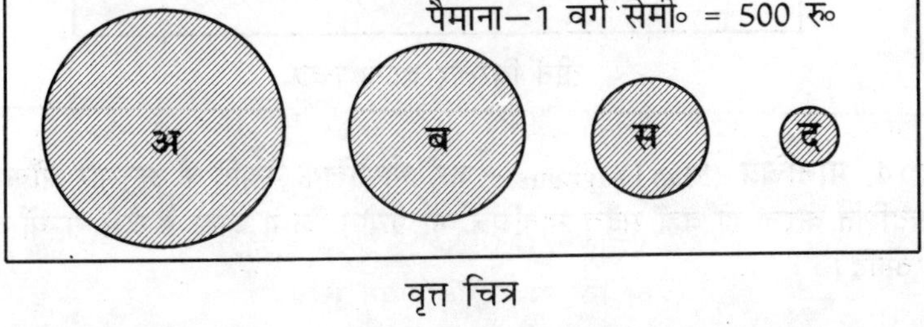

वृत्त चित्र

3. तीन विस्तार वाले चित्र (Three Dimensional Diagrams)—जहाँ दो मूल्य की तुलना करनी हो तथा उनके मूल्यों में अत्यधिक मात्रा में अन्तर पाया जाये तो साधारण खण्ड चित्र बनाया जाना भी अधिक उपयुक्त नहीं रहता—अतः इसके लिए तीन विस्तार वाले चित्र बनाये जाते हैं। अन्तर केवल इतना ही है कि इसके अन्तर्गत भुजाओं का वर्गमूल के स्थान पर घनमूल निकाला जाता है। इस प्रकार के चित्र बनाने के लिए घन की भुजा के आधार पर पहले एक वर्ग बनाया जाता है फिर ही बड़ा दूसरा वर्ग बनाते हैं। फिर पहले वर्ग पर दूसरा वर्ग इस प्रकार रखा

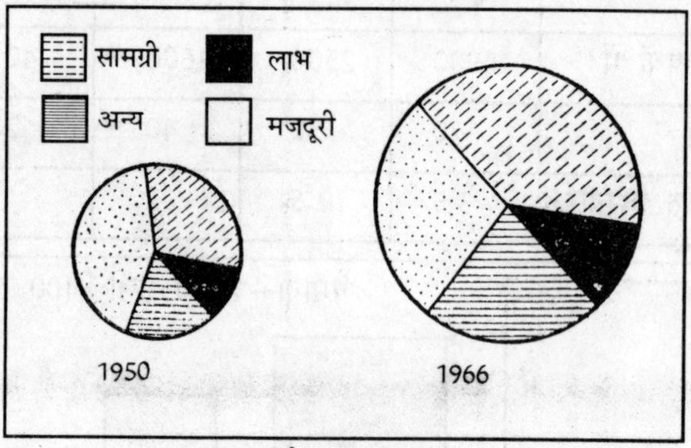

अन्तर्विभक्त वृत्त चित्र

जाता है कि इस वर्ग का बाह्य बिन्दु पहले वर्ग के केन्द्र पर टिक जावे। उदाहरणार्थ—

परिवार	आय रुपयों में	घन मूल	घन की मूल सेमी में
अ	125	5	1·25
ब	512	8	2

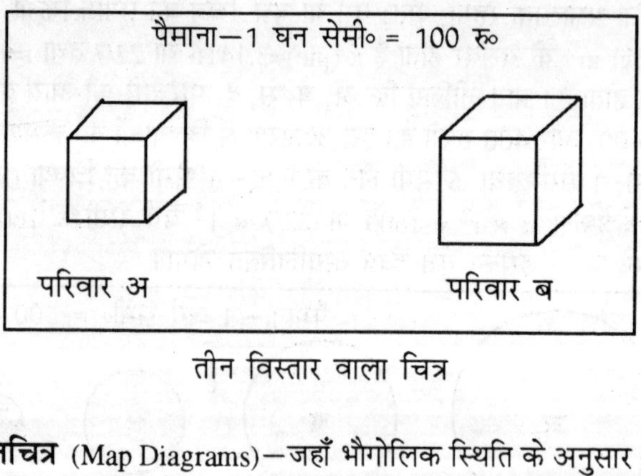

तीन विस्तार वाला चित्र

4. मानचित्र (Map Diagrams)—जहाँ भौगोलिक स्थिति के अनुसार आँकड़ों को प्रदर्शित करना हो वहाँ सदैव मानचित्र का प्रयोग किया जाता है जैसे राज्यों की वर्षा आदि।

5. चित्रलेख (Pictograms)—चित्रलेख किसी तथ्य के स्पष्टीकरण के लिए अनेक लिखित प्रस्तुतीकरण से हजार गुने अच्छे होते हैं। अत: प्रस्तुतीकरण के लिए चित्रों का प्रयोग किया जाता है। आवश्यकता के अनुसार किसी भी आधार पर चित्रों का प्रयोग एक विस्तार, दो विस्तार, तीन विस्तार, मानचित्र अथवा चित्रलेख के रूप में प्रयोग किया जा सकता है।

ग्राफ द्वारा प्रदर्शन
(Graphical Representation)

आवश्यकता और अर्थ

सांख्यिकी आँकड़े इतने जटिल एवं विशाल होते हैं कि जन सामान्य के लिये उनसे कोई निष्कर्ष निकालना एक समस्या है। रेखाओं व वक्रों के उतार-चढ़ाव का प्रभाव मनुष्य के मस्तिष्क पर बहुत गहरा प्रभाव पड़ता है अत: सांख्यिकीय प्रस्तुतीकरण में बिन्दुरेखा (Graph) का प्रयोग किया जाता है। ग्राफ प्रदर्शन समझने व रचना में सरलतम, सर्वाधिक गतिशील और सबसे अधिक प्रयोग में आने वाला चित्र है। इसके लाभ निम्नलिखित हैं—

1. आवृत्ति बाँटने (Frequency distribution) में सहायता।
2. ऐतिहासिक तथा कालिक सूचनाओं का दर्शाया जाना।
3. अन्तरगणन (Interpolation) तथा बाह्यगणन (Extrapolation) में सहायता।
4. सांख्यिकीय माध्यों का ज्ञान।
5. सह सम्बन्ध का पूर्वानुमान।
6. तुलनात्मक अध्ययन में सहायता।
7. आर्कषक और प्रभावशाली।
8. स्थायी प्रभाव
9. समझने में सरलता।
10. समय में बचत।

लाभों के साथ-साथ बिन्दुरेखा प्रदर्शन की कुछ सीमाएँ भी हैं जैसे—अपर्याप्त सूचना देना, प्रभाव तर्क-संगत न होना, उद्धरण के रूप में प्रस्तुत न किया जाना, शुद्धता की जाँच न हो सकना तथा दुरुपयोग सम्भव होना।

सावधानियाँ—बिन्दुरेखा के प्रदर्शन में काफी सतर्कता बरती जानी चाहिए अन्यथा वे चित्र भ्रमात्मक होंगे जो कोई भी प्रयोजन हल करने में सफल नहीं होंगे। बिन्दुरेखा प्रदर्शन में उपयुक्त शीर्षक, मापदण्ड का चुनाव, कृत्रिम आधार रेखा, संकेतों का देना, पैमाने का दिया जाना, समंकों का दिया जाना आवश्यक है।

बिन्दुओं का प्रकार—सुविधा के अनुसार बिन्दुरेखीय प्रदर्शन को निम्नलिखित भागों में प्रदर्शित किया जा सकता है।

(1) काल श्रेणी (Time Series) **प्रदर्शन के लिए ग्राफ**–जिसमें एक काल श्रेणी या दो बहुकाल श्रेणी (Absolute Histogram with One Variable, Two or More Variables) को प्रदर्शित करने वाले हो सकते हैं। तथ्यों के अनुसार उन्हें साधारण रेखा द्वारा स्पष्टीकरण या कृत्रिम-आधार रेखा द्वारा प्रदर्शित किया जा सकता है।

(2) आवृत्ति-वितरणों (Freqrency Distribution) **के रेखाचित्र प्रदर्शन के लिए ग्राफ**–ग्राफ जिसमें रेखा आवृत्ति चित्र आवृत्ति बहुभुज तथा वक्र तथा संचयी आवृत्ति वक्र का प्रयोग हो सकता है।

(1) काल श्रेणी के कालिक ग्राफ–इसका मुख्य विभाजन दो आधारों पर हो सकता है।

(a) साधारण आधार रेखा का प्रयोग–जहाँ मूल्यों का अधिक विस्तार न हो तथा अन्तर स्पष्ट मालूम पड़े तो साधारण आधार रेखा का ही प्रयोग किया जाता है। यह एक तथ्य के स्पष्टीकरण के लिये अथवा दो से अधिक तथ्यों के स्पष्टीकरण के लिये प्रयोग में लाया जाता है।

(i) **एक तथ्य का स्पष्टीकरण**–जब बिन्दुरेखा प्रदर्शन के अन्तर्गत एक तथ्य का स्पष्टीकरण किया जाये। जैसे–

1966-67 में हंस प्रकाशन की बिक्री

काल	जुलाई	अगस्त	सितम्बर	अक्टूबर	नवम्बर	दिसम्बर	जनवरी	फरवरी	मार्च	अप्रैल	मई	जून
बिक्री	26	26	58	28	24	24	30	28	20	22	20	16

हजार रुपयों में

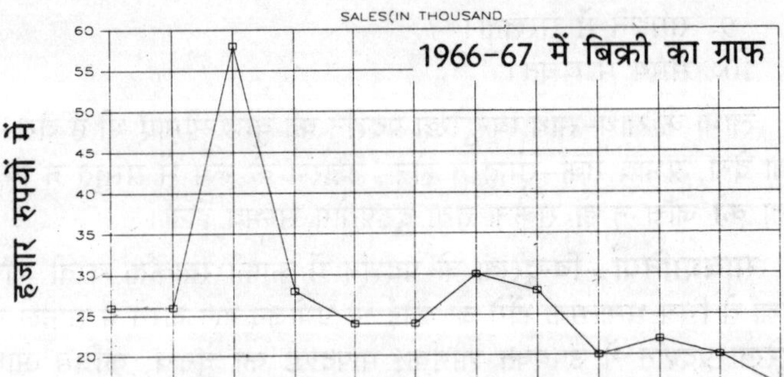

एक काल श्रेणी ग्राफ

(ii) दो या दो से अधिक तथ्यों का स्पष्टीकरण–जब एक ग्राफ प्रदर्शन में एक से अधिक तथ्यों को दर्शाया जाना हो तो उन्हें ग्राफ में विभिन्न रंग

या प्रकार की

काल	जुलाई	अगस्त	सितम्बर	अक्टूबर	नवम्बर	दिसम्बर	जनवरी	फरवरी	मार्च	अप्रैल	मई	जून
बिक्री (हजार रुपयों में)	26	26	58	28	24	24	30	28	20	22	20	16
खर्चा	22	23	46	23	18	17	22	24	18	17	17	14
आय	4	3	12	5	6	7	8	4	2	5	3	2

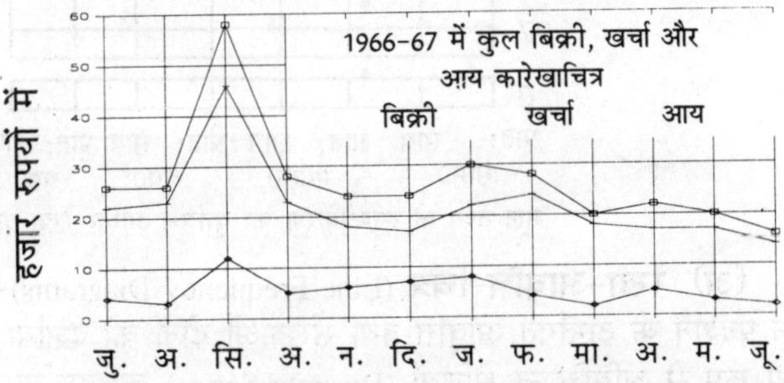

काल क्षेत्र के कालिक ग्राफ दो से अधिक आधारों पर

(b) कृत्रिम आधार रेखा का प्रयोग (False Base Line)—जब पदों में बहुत कम अन्तर जाये जिसे साधारण ग्राफ के अन्तर्गत दर्शाया जाना सम्भव न हो तो पैमाने की सुविधा के दृष्टिकोण से कृत्रिम आधार रेखा का प्रयोग किया जाता है। यदि साधारण रेखा का प्रयोग किया जाये तो चित्र व्यावहारिक महत्व देने के लिये आधार रेखा का प्रयोग करने से ग्राफ बहुत स्थान घेरेगा और बहुत ही भ्रमात्मक रहेगा। ये निम्नलिखित दो प्रकार के होते हैं।

(i) एक तथ्य का स्पष्टीकरण—इसके अन्तर्गत एक तथ्य का ही स्पष्टीकरण किया जा सकता है। जैसे—

मेरठ के प्यारेलाल शर्मा अस्पताल में रोगी सीताराम का तापक्रम

दिन	सोमवार		मंगलवार		बुधवार		बृहस्पतिवार	
समय	प्रातः	सायं	प्रातः	सायं	प्रातः	सायं	प्रातः	सायं
तापक्रम	99.2	101	96	100.4	98.	599.4	98	98.4

(ii) एक तथ्य से अधिक तथ्यों का स्पष्टीकरण—जब एक ग्राफ के अन्तर्गत ही एक से अधिक तथ्यों का स्पष्टीकरण किया जाये तो एक-दूसरे से सम्बन्धित होते हुए भी तुलनात्मक न हो तथा उनके मूल्यों (Values) में भी महान् अन्तर न पाया जाये तो एक ही ग्राफ में दो पैमाने मानकर चित्रित किया जा सकता है।

(2) आवृत्ति वितरणों (Frequency Distribution) **के रेखाचित्र**—इसका

मुख्य विभाजन अग्रलिखित आधार पर किया जाता है—

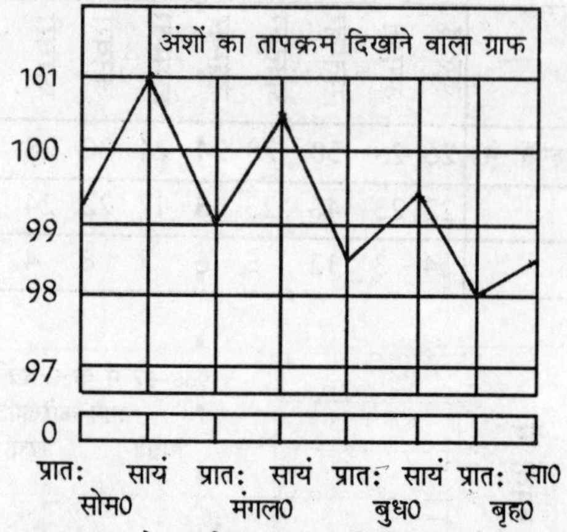

मूल तथ्य के स्पष्टीकरण का कृत्रिम आधार रेखा ग्राफ

(अ) **रेखा-आवृत्ति-चित्र** (Line Frequency Diagrams)—इस प्रकार के ग्राफ प्रदर्शन के अन्तर्गत आवृत्ति तथा संख्याओं दोनों को दर्शाया जाता है। इसमें मुख्य रूप से अविच्छिन्न श्रेणियों (Discrete Series) को दर्शाया जाता है जैसे—

ऊँचाई इंचो में	72	63	64	65	66	67	68	69	70	71	72
विद्यार्थियों की संख्या	4	5	7	10	25	16	12	8	6	3	2

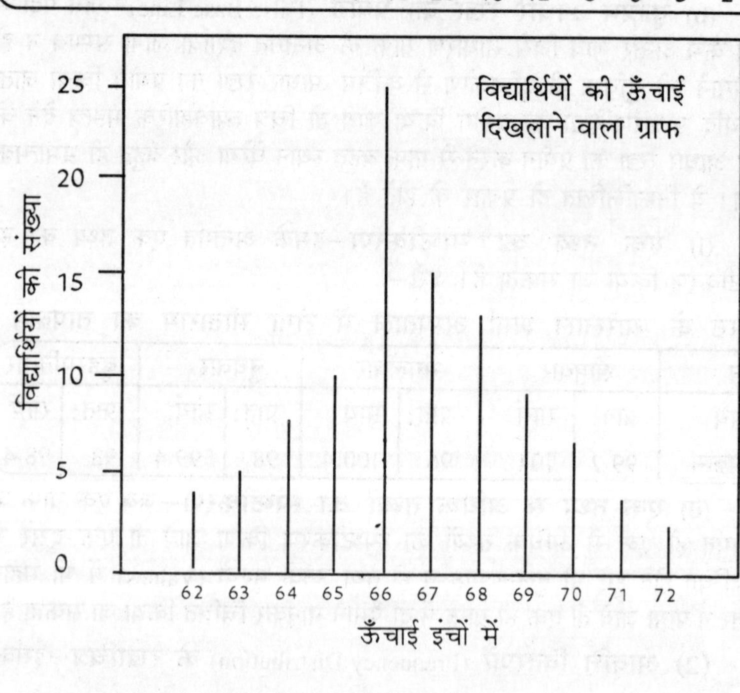

(ब) आवृत्ति चित्र (Histograms)—आवृत्ति के अन्तर्गत वर्ग-विस्तार (Class-Interval) को क्षैतिज पैमाने (Horizontal Scale) पर तथा आवृत्तियों (Frequencies) को उदग्र पैमाने (Vertical Scale) पर लिखते हैं। यह आवृत्ति निकालने में सहायक होता है। जैसे—

प्राप्तांक	0–10	10–20	20–30	30–40	40–50	50–60	60–70
विद्यार्थियों की संख्या	5	10	15	25	20	17	5

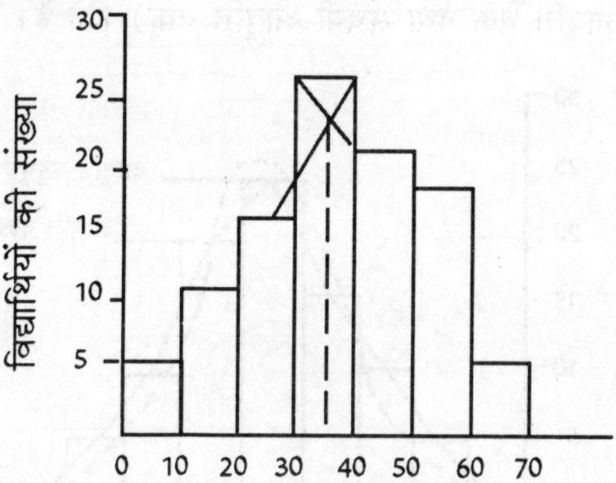

प्राप्तांक आवृत्ति चित्र

(स) आवृत्ति बहुभुज (Frequency Polygon)—इस प्रकार का ग्राफ तैयार करना बहुत आसान है। आयत की ऊपरी भुजा के मध्य बिन्दु को लेकर सरल रेखा द्वारा मिला दिया जाता है।

(द) आवृत्ति वक्र (Frequency Curve)—आवृत्ति बहुभुज को सरल तथा बोधगम्य बनाने के लिए आवृत्ति बहुभुज के कोणों को समाप्त कर दिया जाता है। ये घनात्मक विषम वक्र (Positively Skewed Curve) ऋणात्मक विषम वक्र (Negatively-Skewed Curve) हो सकते हैं। इसके अन्तर्गत सरलित वक्र (Smoothed Curve) बना दिया जाता है।

चित्रों एवं मानचित्रों के रूप में प्रदर्शित करने की क्रिया को चित्रमय प्रदर्शन की संज्ञा दी जाती है। इसके लाभ हैं—तुलना में सहायक, सूचनादायी, आकर्षक, ज्ञान-वर्धक, मनोरंजक। अनुमान लगाने में सहायक, अधिक समय तक स्मरणीय, अधिक योग्यता आवश्यक नहीं, समय और श्रम की बचत। इनकी सीमाएँ हैं—भ्रमात्मक, सभी समंकों का प्रस्तुतीकरण असम्भव, संख्यात्मक प्रदर्शन असम्भव हैं। इसे सावधानी से बनाना चाहिये। इसके प्रकार हैं—एक विस्तार वाले (रेखाचित्र, दण्डचित्र, साधारण विभक्त तथा प्रतिशतों) दो विस्तार वाले, (आयात, वर्ग, वृत्तचित्र, साधारण तथा कोण वाले), तीनों विस्तार वाले, मानचित्र तथा लेख होते हैं।

ग्राफ द्वारा प्रदर्शन—रेखाओं तथा वक्रों को उतार-चढ़ाव रूप में प्रस्तुत करना ग्राफ है। इसके लाभ हैं—आवृत्ति बाँटने में सहायक, ऐतिहासिक तथा कालिक सूचनाओं का दिया जाना, माध्यों का ज्ञान, सह सम्बन्ध का पूर्वानुमान, तुलनात्मक अध्ययन में सहायक, आकर्षक व प्रभावशाली, सरल तथा समय में बचत। इसकी सीमायें हैं—भ्रमात्मक अपर्याप्त सूचना देने वाले होते हैं। इसके प्रकार हैं—काल श्रेणी के ग्राफ (साधारण आधार रेखा में)—एक तथ्य स्पष्ट करने वाले तथा दो तथ्य स्पष्ट करने वाले, कृत्रिम आधार रेखा के प्रयोग में—एक तथ्य स्पष्ट करने वाले तथा दो तथ्य स्पष्ट करने वाले), आवृत्ति विवरण ग्राफ (रेखा आवृत्ति चित्र, आवृत्ति चित्र, आवृत्ति बहुभुज, आवृत्ति वक्र तथा संचयी आवृत्ति वक्र) होते हैं।

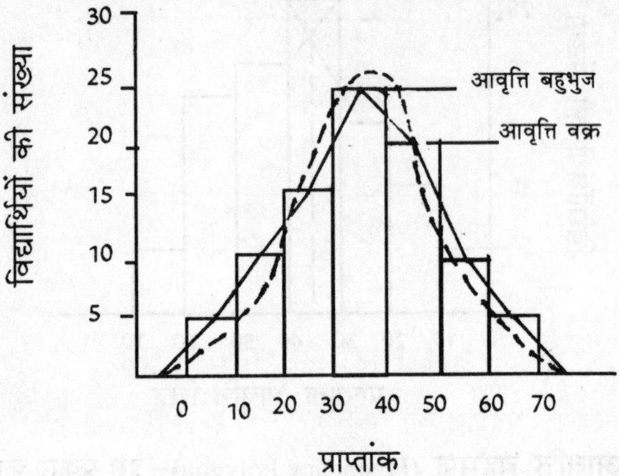

संचयी आवृत्ति वक्र (Cumulative Frequency Curve or Ogive)—इसके अन्तर्गत आवृत्तियों को जोड़ लिया जाता है, तथा फिर उसे संचय करने के उपरान्त वर्ग-आवृत्ति की अन्तिम सीमा पर निशान लगाकर वक्र खींच दिया जाता है। यह मध्यांक या चतुर्थक आदि निकालने में सहायक होता है । जैसे—

प्राप्तांक	0–11	10–20	20–30	30–40	40–50	50–60	60–70
विद्यार्थियों की	5	10	15	25	20	10	5
संख्या	5	15	30	55	75	85	90

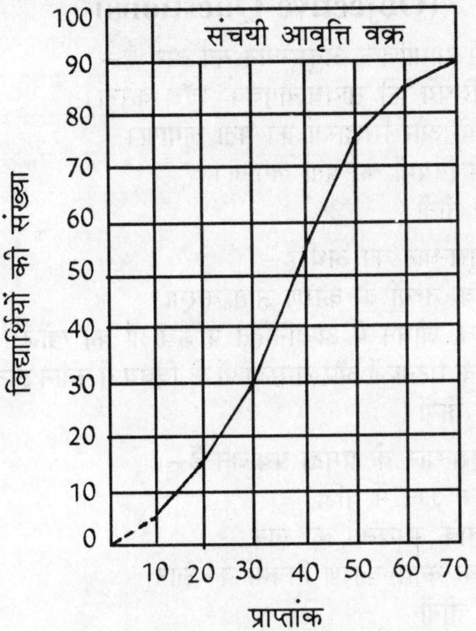

अभ्यास के लिए प्रश्न

प्रश्न 1. चित्रमय प्रदर्शन की क्या आवश्यकता और अर्थ है? चित्रों के प्रकार बतलाइये।

What is the need and meaning of Graphic Representation? Describe type of diagrams.

प्रश्न 2. ग्राफ प्रदर्शन की क्या आवश्यकता और अर्थ है? उसके प्रकार बतलाइये।

What is the need and meaning of Graphic Representation? Describe its types.

वस्तुनिष्ठ प्रश्न
(Objective Questions)

1. समाजशास्त्र में सामाजिक अनुसन्धान का अर्थ है–
   (अ) किसी विषय की सावधानीपूर्वक जाँच करना।
   (ब) नये तथ्यों और सिद्धान्तों का पता लगाना।
   (स) तथ्यों में नियमों का पता लगाना।
   (द) उपरोक्त तीनों।
2. सामाजिक अनुसन्धान का अर्थ है–
   (अ) सामाजिक तथ्यों के कारण ज्ञात करना।
   (ब) सामाजिक जीवन में अन्तर्निहित प्रक्रियाओं की खोज
   (स) सामाजिक घटनाओं और समस्याओं के विषय में नवीन ज्ञान प्राप्त करना।
   (द) उपरोक्त तीनों।
3. सामाजिक अनुसन्धान के प्रमुख प्रयोजन हैं–
   (अ) सामाजिक ज्ञान में वृद्धि
   (ब) प्रकार्यात्मक सम्बन्धों का ज्ञान
   (स) सामाजिक कार्य-कारण नियमों का ज्ञान
   (द) उपरोक्त तीनों
4. सामाजिक अनुसन्धान के व्यवहारिक प्रयोजन हैं–
   (अ) सामाजिक समस्याओं का निदान
   (ब) योजनाओं को कार्यान्वित करने में सहायता
   (स) सामाजिक नियन्त्रण में सहायता
   (द) उपरोक्त तीनों
5. सामाजिक अनुसन्धान का सबसे प्रमुख लक्ष्य है–
   (अ) सामाजिक ज्ञान में वृद्धि
   (ब) सामाजिक समस्याओं का निदान
   (स) सामाजिक नियन्त्रण
   (द) सामाजिक योजनाओं को कार्यान्वित करना
6. सामाजिक अनुसन्धान के प्रमुख सोपान हैं–
   (अ) सामग्री का संगह
   (ब) सामग्री का वर्गीकरण
   (स) कारकों की गणनात्मक अभिव्यक्ति
   (द) उपरोक्त तीनों
7. सामाजिक अनुसन्धान में सबसे प्रमुख सोपान हैं–
   (अ) उप-कल्पना का निर्माण (ब) तथ्यों का अवलोकन और संग्रह
   (स) तथ्यों का वर्गीकरण (द) सामान्यीकरण

8. सामाजिक घटना का अर्थ--
(अ) प्राकृतिक घटनायें (ब) राजनैतिक उथल-पुथल
(स) सामाजिक कार्य-कलाप (द) उपरोक्त में से कोई नहीं

9. सामाजिक घटनाओं की प्रमुख विशेषतायें हैं–
(अ) जटिलता (ब) सार्वभौमिकता का अभाव
(स) वस्तुनिष्ठता का अभाव (द) उपरोक्त तीनों

10. सामाजिक घटनाओं के विषय में भविष्यवाणी करने में कठिनाई के कारण हैं–
(अ) जटिलता (ब) गुणात्मकता
(स) गतिशीलता (द) उपरोक्त तीनों

11. सामाजिक घटनाओं में वैज्ञानिक प्रणालियों के प्रयोग के प्रमुख लाभ हैं–
(अ) सामाजिक घटनाओं के कारणों की खोज
(ब) सामाजिक घटनाओं के कार्य-कारण की व्याख्या
(स) सामाजिक घटनाओं के क्षेत्र में सिद्धान्तों की स्थापना
(द) उपरोक्त तीनों।

12. सामाजिक घटनाओं के अध्ययन में वैज्ञानिक प्रणालियों के प्रयोग करने में कठिनाइयों के कारण हैं–
(अ) तटस्थता का अभाव
(ब) विषय सामग्री मापने में असमर्थता
(स) विषय घटनाओं की जटिलता और गुणात्मकता
(द) उपरोक्त तीनों

13. अनुसूची के उद्देश्य हैं–
(अ) वस्तु विषयकता (ब) स्मृति में सहायता
(स) विश्लेषण में सहायता (द) उपरोक्त तीनों।

14. मानांकन के लिए उपयुक्त अनुसूची है–
(अ) मानांकन अनुसूची (ब) प्रलेख अनुसूची
(स) संस्थागत अनुसूची (द) निरीक्षण अनुसूची।

15. व्यक्तियों का अध्ययन करने के लिये उपयुक्त अनुसूची है–
(अ) मानांकन अनुसूची (ब) प्रलेख अनुसूची
(स) संस्थागत अनुसूची (द) निरीक्षण अनुसूची।

16. संस्थाओं का अध्ययन करने के लिये उपयुक्त अनुसूची है–
(अ) मानांकन अनुसूची (ब) प्रलेख अनुसूची
(स) संस्थागत अनुसूची (द) निरीक्षण अनुसूची।

17. साक्षात्कार करने के लिये इनमें कौन-सी इस्तेमाल की जाती है–
(अ) साक्षात्कार अनुसूची (ब) मानांकन अनुसूची
(स) प्रलेख अनुसूची (स) संस्थागत अनुसूची।

18. अच्छी अनुसूची के गुण हैं—
(अ) सही सन्देशवहन (ब) सही प्रतिक्रिया
(स) भ्रमरहित होना (द) उपरोक्त तीनों।

19. अनुसूची के आन्तरिक पक्ष में महत्वपूर्ण बातें हैं—
(अ) प्रश्नों का निर्माण (ब) प्रश्नों की क्रमबद्धता
(स) प्रामाणिकता की जाँच (द) उपरोक्त तीनों।

20. अनुसूची के बाह्य पक्ष में महत्वपूर्ण बातें हैं—
(अ) प्रयुक्त सामग्री (ब) आकार और लम्बाई
(स) इकाइयों की व्याख्या (द) उपरोक्त तीनों।

21. अनुसूची अनुसंधान के संगठन में उत्तरदाताओं का चुनाव करने के लिये ये गुण देखे जाने चाहिये—
(अ) ईमानदारी (ब) विषय का ज्ञान
(स) अनुभव (द) उपरोक्त तीनों।

22. साक्षात्कार से इन्कार करने के प्रमुख कारण हैं—
(अ) व्यस्तता (ब) अविश्वास
(स) प्रयोजन में शंका (द) उपरोक्त तीनों।

23. अनुसूचियों के सम्पादन में मुख्य सोपान हैं—
(अ) अनुसूचियों की जाँच (ब) प्रविष्टियों की जाँच
(स) कोड नम्बर डालना (द) उपरोक्त तीनों।

24. प्रश्नावली में सबसे अधिक सरल प्रश्न हैं—
(अ) निर्दिष्ट प्रश्न (ब) अनिर्दिष्ट प्रश्न
(स) विविध चुनाव प्रश्न (द) संकेतक प्रश्न।

25. प्रश्नावली में सबसे अधिक विकल्प देने वाले प्रश्न हैं—
(अ) निर्दिष्ट प्रश्न (ब) अनिर्दिष्ट प्रश्न
(स) विविध चुनाव प्रश्न (द) संकेतक प्रश्न।

26. निम्नलिखित प्रकार के प्रश्नों में कौन-सा भ्रामक है—
(अ) निर्दिष्ट प्रश्न (ब) द्वन्द्वात्मक प्रश्न
(स) अनेकार्थक प्रश्न (द) संकेतक प्रश्न।

27. निम्नलिखित प्रश्न दोषपूर्ण हैं—
(अ) सरल प्रश्न (ब) संकेतक प्रश्न
(स) जटिल प्रश्न (द) विविध चुनाव प्रश्न।

28. निम्नलिखित में से कौन से प्रश्न कभी नहीं किये जाने चाहिये—
(अ) व्यक्तिगत प्रश्न
(ब) सामाजिक आदर्श सम्बन्धी प्रश्न
(स) सन्देहात्मक प्रश्न
(द) व्यर्थ प्रश्न।

29. प्रश्नों के क्रम में इनमें से कौन-सा नियम पालन करना चाहिये–
(अ) सरल से जटिल की ओर
(ब) कम से अधिक आकर्षकता की ओर
(स) विषय की क्रमबद्धता के अनुसार
(द) उपरोक्त तीनों।

30. प्रश्नावली की उपयुक्तता का आधार है–
(अ) अभीष्ट जानकारी का प्रभाव (ब) सूचनादाता का प्रकार
(स) उत्तरदाताओं तक पहुँच (द) उपरोक्त तीनों।

31. प्रश्नावली के निर्माण में सबसे अधिक महत्वपूर्ण सोपान है–
(अ) अपील (ब) भरने के निर्देश
(स) प्रश्नों का क्रम (द) आकर्षकता।

32. प्रश्नावली से सबसे अधिक अविश्वसनीय हैं–
(अ) विविध उत्तर प्रश्न (ब) भ्रामक प्रश्न
(स) जटिल प्रश्न (द) संकेतन प्रश्न।

33. प्रश्नावली प्रविधि का सबसे अधिक महत्व का कारण है–
(अ) खर्चे की बचत
(ब) समय की बचत
(स) कुछ क्षेत्रों में अधिक प्रामाणिकता
(द) सरलता।

34. वैयक्तिक अध्ययन विधि का प्रमुख लक्ष्य है–
(अ) सामाजिक इकाई का अध्ययन
(ब) गहन और व्यापक अध्ययन
(स) व्यवहार विधि के कारण ज्ञात करना
(द) सम्पूर्ण इकाई का अध्ययन

35. वैयक्तिक अध्ययन विधि की मूल मान्यता है–
(अ) मानव प्रकृति की एकता (ब) परिस्थितियों की पुनरावृत्ति
(स) काल क्रम का प्रभाव (द) मनुष्यों में समान अनुक्रियायें।

36. वैयक्तिक अध्ययन का प्रमुख श्रोत है–
(अ) व्यक्तिगत प्रलेख (ब) जीवन वृत्त
(स) उपरोक्त दोनों (द) इनमें से कोई नहीं।

37. वैयक्तिक अध्ययन विधि में सबसे बड़ी कठिनाई है–
(अ) झूठा आत्म विश्वास (ब) अव्यवस्था
(स) व्ययसाध्य (द) समयसाध्य।

38. अभिवृत्तियों के माप के लिये निम्नलिखित पैमाने इस्तेमाल किये जाते हैं–
(अ) मत मापदण्ड (ब) मूल्यांकन मापदण्ड

(स) परोक्ष मापदण्ड (द) उपरोक्त तीनों।

39. लिकर्ट मापदण्ड की गणना निम्नलिखित में की जाती है–
(अ) मत मापदण्ड (ब) मूल्यांकन मापदण्ड
(स) परोक्ष मापदण्ड (द) सामाजिक दूरी के पैमाने।

40. बोगार्डस के पैमाने की गणना निम्नलिखित में की जाती है–
(अ) मत मापदण्ड (ब) मूल्यांकन मापदण्ड
(स) परोक्ष मापदण्ड (द) सामाजिक दूरी के पैमाने।

41. कैफेटेरिया प्रश्न का अर्थ होता है–
(अ) अनेक उत्तर विकल्प (ब) सरल प्रश्न
(स) जटिल प्रश्न (द) प्रासंगिक प्रश्न।

42. लिकर्ट मापदण्ड का उद्देश्य है–
(अ) अभिवृत्तियों का माप (ब) सामाजिक दूरी का माप
(स) शिक्षा सम्बन्धी माप (द) प्रजातिवाद का माप।

43. बोगार्डस का पैमाना निम्नलिखित की माप करता है–
(अ) अभिवृत्तियों का माप (ब) सामाजिक दूरी का माप
(स) शिक्षा सम्बन्धी माप (द) प्रजातिवाद।

44. समाजमितीय माप का निर्माण सर्वप्रथम इन्होंने किया था–
(अ) जे॰ एल॰ मोरेना (ब) हर्स्टन
(स) लिकर्ट (द) बोगार्डस।

45. होरोविथ्स की प्रणाली निम्नलिखित में गिनी जाती है–
(अ) श्रेणी सूचक पैमाने (ब) तीव्रता मापक पैमाने
(स) समाजमितीय माप (द) मूल्यांकन मापदण्ड।

46. किसी व्यक्ति के विचारों का मूल्यांकन करने के लिये यह प्रणाली इस्तेमाल की जाती है–
(अ) मत मापदण्ड (ब) मूल्यांकन मापदण्ड
(स) परोक्ष मापदण्ड (द) समाजमितीय माप।

47. समाजमितीय माप से मिला हुआ चित्र कहलाता है–
(अ) सोश्योग्राम (ब) तालिका
(स) सूची (द) सविस्तार पैमाने।

48. प्रक्षेपण विधियों की गणना निम्नलिखित में की जाती है–
(अ) मत मापदण्ड (ब) परोक्ष मापदण्ड
(स) मूल्यांकन मापदण्ड (द) समाजमितीय पैमाने।

49. बोगार्डस के सामाजिक दूरी के पैमाने को निम्नलिखित में गिना जा सकता है–
(अ) मत मापदण्ड (ब) मूल्यांकन मापदण्ड
(स) परोक्ष मापदण्ड (स) समाजमीतिय माप।

50. थर्सटन मापदण्ड को निम्नलिखित में गिना जाता है—
(अ) मत मापदण्ड (ब) मूल्यांकन मापदण्ड
(स) परोक्ष मापदण्ड (स) समाजमीतिय माप।

51. लिकर्ट का सबसे प्रसिद्ध पैमाना इनके विषय में था—
(अ) नीग्रो (ब) राष्ट्रीय सम्मान
(स) राजनैतिक जनमत (द) शान्ति और युद्ध

52. एक व्यक्ति और दूसरे व्यक्ति की स्थिति में अन्तर को मापने के लिये यह पैमाना इस्तेमाल किया जाता है—
(अ) मत मापदण्ड (ब) मूल्यांकन मापदण्ड
(स) परोक्ष मापदण्ड (स) समाजमीतिय माप।

53. निदर्शन अनुसंधान में अध्ययन का विषय है—
(अ) समाजशास्त्रीय तत्व (ब) दार्शनिक तत्व
(स) व्यक्तिगत विचार (द) जनमत।

54. किसी समरस समूह में अध्ययन करने का तरीका है—
(अ) निदर्शन अनुसंधान (ब) समूह का अध्ययन
(स) समाजमितीय माप (द) जनमत गणना।

55. निदर्शन प्रणाली का प्रमुख गुण है—
(अ) विश्वसनीयता (ब) धन की बचत
(स) समय की बचत (द) परिश्रम की बचत।

56. निदर्शन प्रणाली के प्रमुख दोष हैं—
(अ) कम शुद्धता (ब) कुछ क्षेत्रों में व्यर्थ
(स) भ्रामक निष्कर्ष (द) परिवर्तनशीलता।

57. निदर्शन प्रणाली सबसे अधिक इस परिस्थिति में उपयुक्त है—
(अ) विशाल प्रदत्त (ब) शुद्धता की आवश्यकता
(स) अनन्त प्रदत्त (द) विषमरूपता।

58. आदर्श प्रतिनिधित्व निदर्शन का प्रमुख तत्व है—
(अ) प्रतिनिधित्व (ब) स्वतन्त्रता
(स) पर्याप्तता (द) सजातीयता।

59. निदर्शन की यह विधि अनुसंधानकर्ता की इच्छा पर निर्भर है—
(अ) उद्देश्यपूर्ण निदर्शन (ब) दैव निदर्शन
(स) स्तरित निदर्शन (द) विस्तृत निदर्शन

60. निदर्शन की सर्वश्रेष्ठ विधि है—
(अ) उद्देश्यपूर्ण निदर्शन (ब) दैव निदर्शन
(स) स्तरित निदर्शन (द) विस्तृत निदर्शन

61. दैव निदर्शन की सबसे सरल विधि है—
(अ) लाटरी विधि (ब) निश्चित क्रम द्वारा चुनाव
(स) टिप्पेट की संख्याएँ (द) ढोल घुमाकर निदर्शन निकालना।

62. दैव निदर्शन और उद्देश्यपूर्ण निदर्शन को मिलाकर निदर्शन की जो विधि बनती है वह है—
(अ) स्तरित निदर्शन (ब) अभ्यंश निदर्शन
(स) बहुस्तरीय निदर्शन (द) विस्तृत निदर्शन।

63. निदर्शन की यह विधि बहुत कम प्रयोग की जाती है—
(अ) अभ्यंश निदर्शन (ब) उद्देश्यपूर्ण निदेर्शन
(स) दैव निदर्शन (द) स्तरित निदर्शन।

64. सांख्यिकीय तथ्यों का क्रमबद्ध और सुव्यवस्थित प्रस्तुतीकरण यह कहलाता है—
(अ) वर्गीकरण (ब) सारणीयन
(स) निरिक्षण (द) अनुसन्धान।

65. सारणीयन की सबसे अधिक महत्वपूर्ण परिभाषा इन्होंने दी है—
(अ) होरेस सी क्राइस्ट (ब) कोनर
(स) ब्लेयर (द) बोर्गाडस।

66. सारणीयन का सबसे प्रमुख उद्देश्य है—
(अ) समंकों को व्यवस्थित करना (ब) समंकों को संक्षिप्त करना
(स) कालम बनाना (द) तुलना।

67. सारणीयन का प्रमुख लाभ है—
(अ) गणना योग्य समंक देना (ब) जटिलता दूर करना
(स) तुलना योग्य समंक देना (द) उपरोक्त तीनों।

68. सामान्य उद्देश्य वाली सारणी का नाम है—
(अ) सन्दर्भ सारणी (ब) सारांश सारणी
(स) सरल सारणी (द) जटिल सारणी।

69. केवल एक ही गुण के आधार पर बनाई जाने वाली सारणी का नाम है—
(अ) सन्दर्भ सारणी (ब) सारांश सारणी
(स) सरल सारणी (द) जटिल सारणी।

70. एक से अधिक गुणों के आधार पर बनाई जाने वाली सारणी का नाम है—
(अ) सन्दर्भ सारणी (ब) सारांश सारणी
(स) सरल सारणी (द) जटिल सारणी।

71. सारणी के निर्माण में प्रथम सोपान है—
(अ) पदों की व्यवस्था
(ब) सारणी का शीर्षक
(स) खानों और पंक्तियों के शीर्षक

(द) तुलना योग्य समंकों को पास-पास रखना।

72. किसी अध्ययन को विस्तार सहित प्रस्तुत करना कहलाता है—
(अ) सारणीयन (ब) विज्ञप्तिलेखन
(स) वर्गीकरण (द) वैज्ञानिक व्याख्या।

73. विज्ञप्ति का सर्वोच्च उद्देश्य है—
(अ) ज्ञान का प्रसारण (ब) सूचना देना
(स) वैधता की जाँच (द) इनमें से कोई नहीं।

74. सर्वेक्षण विज्ञप्ति का प्रथम सोपान है—
(अ) समस्या का विवरण (ब) निदर्शन चुनाव
(स) सर्वेक्षण का संगठन (द) प्रस्तावना।

75. विज्ञप्ति तैयार करने में सबसे बड़ी समस्या है—
(अ) भाषा समस्या
(ब) तकनीकी शब्दों की समस्या
(स) वस्तुनिष्ठता की समस्या
(द) सत्य और असत्य में अन्तर की समस्या।

76. अच्छी विज्ञप्ति का सर्वश्रेष्ठ गुण है—
(अ) आकर्षकता (ब) व्यावहारिकता
(स) कल्पना का अभाव (द) पुनर्रावृत्ति

उत्तर तालिका

1. (द), 2. (द), 3. (द), 4. (द), 5. (अ), 6. (द),
7. (अ), 8. (स) 9. (द), 10. (द), 11. (द), 12. (द),
13. (द), 14. (अ) 15. (ब) 16. (स) 17. (अ) 18. (द),
19. (द), 20, (द), 21. (द), 22. (द), 23. (द), 24. (अ)
25. (स), 26. (स) 27. (स), 28. (द), 29, (द), 30. (अ),
31. (अ), 32. (ब), 33. (स), 34. (अ), 35. (अ), 36. (अ)
37. (अ), 38. (द), 39. (अ), 40. (द), 41. (द), 42. (अ),
43. (ब), 44. (अ), 45. (द), 46. (अ), 47 (अ), 48. (स),
49. (द), 50. (अ), 51. (अ), 52. (द), 53. (अ), 54. (अ),
55. (अ), 56. (अ), 57. (अ), 58 (अ), 59. (अ), 60. (ब),
61. (अ), 62. (अ), 63. (अ), 64. (ब) 65. (अ), 66. (अ)
67. (अ), 68. (अ), 69. (स), 70. (द), 71. (ब), 72. (ब),
73. (अ), 74. (द), 75. (स), 76. (अ)